Bergischer Verlag

Hans Jürgen Roth

Geschichte unserer Stadt

Remscheid | Lennep | Lüttringhausen

ISBN 978-3-945763-43-8

2. aktualisierte Auflage 9/2017

Bergischer Verlag
RS Gesellschaft für Informationstechnik mbH & Co. KG
Verleger Arndt Halbach, Martin Czialla
Auf dem Knapp 35 / 42855 Remscheid
E-Mail: info@BergischerVerlag.de / www.BergischerVerlag.de

Die Neuauflage des Buches wurde ermöglicht durch die
freundliche Unterstützung der **Stadtsparkasse Remscheid**
und des **Lions Club Remscheid**

Hans Jürgen Roth

Geschichte unserer Stadt

Remscheid | Lennep | Lüttringhausen

Geleitwort des Oberbürgermeisters

Geschichte wird lebendig

Remscheid ist auf einem spannenden Weg. Nach vielen Jahren, in denen Politik und Verwaltung auf Grund der allgemeinen Finanzkrise kaum noch gestaltungsfähig waren, ergeben sich heute vorsichtige Handlungsoptionen. Innenstadtvitalisierung, Ausbau der Kindertagesstättenbetreuung, Modernisierung unserer Schulen, wichtige Projekte, die unserer Stadt ein neues Profil geben.

Geschichte ohne Zukunft ist retrospektiv, Zukunft dagegen ohne Blick auf die Geschichte ohne Wurzeln und damit bodenlos. Remscheid verändert sich. Wir müssen und werden aber dabei darauf achten, dass unsere Stadt ihr Profil nicht verliert. Wir sind eine Großstadt mit einer bedeutenden Werkzeugindustrie, mit vielen Unternehmen von Weltrang. Wir sind eine Stadt, in der viele Menschen aus anderen Ländern zugewandert sind und hier gut miteinander leben und arbeiten. Wir sind eine Stadt mit Menschen, die sich in Sport, Kultur und Freizeit engagieren. Wir sind eine Stadt mitten in einer wunderschönen Umgebung. Wir sind Remscheid!

Das Buch von Herrn Roth ist für alle eine wunderbare Reise durch unsere Stadt. Stadtgeschichte, Wirtschaft, politische Entwicklungen, alles hat Raum zur Entfaltung. Zusammenhänge werden dargestellt, Abläufe erklärt. Es ist kein Buch zum Lesen, sondern eines zum Stöbern. Ich nehme die Erstausgabe immer wieder gerne zur Hand, blättere in ihr, lese einzelne Abschnitte, freue mich über die detaillierten Darstellungen.

Herr Roth hat mit der jetzt vorliegenden Ausgabe Teile überarbeitet und aktualisiert. Er hat Hinweise zur ersten Auflage aufgegriffen und dialogisch einzuarbeiten versucht.

Im letzten Jahrzehnt haben sich in unserer Stadtgeschichte Veränderungen ergeben. Dazu hat der Autor an zuständigen Stellen Erkundigungen eingeholt und sich auf der Basis der Auskünfte um Aktualisierung bemüht.

Die Einarbeitungen, ob Abänderungen oder Ergänzungen, waren nicht immer leicht. Denn sie mussten sich in den vorgegebenen Raum einfügen. Der Seitenrhythmus musste gewahrt bleiben. Auch wenn nach außen hin nicht zu sehen, war das alles eine große Menge Kleinarbeit. Eines hat sich nicht geändert: das Buch bleibt ein spannendes Kompendium über eine spannende Stadt. Dafür ganz herzlichen Dank.

Ihr Burkhard Mast-Weisz
(Oberbürgermeister)

Vorwort des Autors zur ersten Auflage

1. Vom Reichtum einer Stadt

Dieses Buch möchte die **schaffensreiche Entwicklung** des heutigen Remscheid beschreiben sowie behutsam und auf begrenztem Raum darstellen, was für das Werden und Bestehen der Stadt bedeutsam war und ist. Es möchte zusammenstellen, was an „**Abdrücken**" der Zeiten vorhanden ist und an „**Eindrücken**" von Zeiten existiert, den Reichtum dieser Stadt erschließen und die Schätze seiner Geschichte bergen. Dazu wurde eine Fülle von **alten Quellen** bis hin zur Abfrage von **subjektiven Erinnerungen** verarbeitet.

Eine **Fülle von Fragen** wird den Leser begleiten. Für was haben die Menschen im Wupperviereck gekämpft, wofür mussten sie leiden? Welche **Siege und Niederlagen** hat es gegeben, z. B. im Kampf mit den Kräften der **Natur**, im Ringen um Rohstoffe, mit den Tücken der Technik und ihren Möglichkeiten, im Erkämpfen von sozialer **Gerechtigkeit** oder **Demokratie**? Was waren die herausragenden **Leistungen** und mit welchen **Persönlichkeiten** sind sie verbunden? Was haben diese Menschen bewegt, bleibend für die Stadt und über ihre Grenzen hinaus?

Auf vielfältige Weise ins Bild gesetzt und mit notwendigem Perspektivenwechsel möchte das Buch die **ungeheure Vielseitigkeit einer Gemeinschaft** herausstellen, die weit über eine Generation hinausreicht. Wir leben von dem, was uns unsere Vorfahren hinterlassen haben. Das verlangt von uns **Identifikation** mit dem urbanen Raum, in dem wir leben, bedeutet Erinnerungen, die uns mit Dankbarkeit und Stolz, aber auch Trauer erfüllen.

2. In Kenntnis der Wurzeln die Zukunft gestalten

Warum sind die Stadt und ihre Bürger so, wie sie sind? Das Buch will auf breiter Ebene **informieren** über die Entwicklung Remscheids, möchte Sinnbezüge verdeutlichen inmitten von Komplexität, den **Standort der Gegenwart** verständlich machen als Endpunkt dieser historischen Entwicklung und die Stadt ihren Bürgern näher bringen. Je mehr wir wissen über den Raum, in dem wir leben, über die Stadt oder auch nur den Stadtteil, umso mehr können wir uns ihm verbunden fühlen. Eine Stadt wird **erst interessant, wenn man ihre Zusammenhänge kennt**. Nur was einem Menschen vertraut ist, kann zur Heimat werden, aus Ortsverbundenheit erwachsen Identifikation und Integration.

Wo Menschen lernen, die eigene **Gegenwart aus der Vergangenheit heraus besser zu verstehen**, womöglich daraus „klug für ein andermal" geworden sind, da können, ganz pragmatisch, **neue Kräfte** wachsen: mehr Gelassenheit im Umgang mit dem Augenblick, Gewinn von Perspektiven für die Zukunft, größere Planungssicherheit aus dem Bewusstsein, ein reiches Erbe zu verwalten, vor allem größerer Mut zur verantwortlichen Gestaltung von „Heimat". Nur im Bewusstsein der historischen Individualität einer Stadt oder eines Stadtteils lassen sich Lebensräume im ausgewogenen Spannungsfeld von Bewahren gewachsener Traditionen und aktiver Weiterentwicklung **lebenswert erhalten und gestalten**.

3. Zu einer Methode mit vielen Kompromissen

Das vorliegende Buch will **keine Chronik im herkömmlichen Sinne**, keine Stadtmonographie sein. Das verbietet sich aus mehreren Gründen. Die Geschichte dieser Stadt ist **kein einförmiger Prozess**, der sich in zeitlicher Abfolge bruchlos erzählen ließe.

Die heutige Stadt ist ein aus **drei Teilen** bestehendes Gebilde, von denen jeder über Jahrhunderte hin selbständig war, sich weitgehend unabhängig voneinander entwickelt hat und die erst in „jüngster Zeit" (1929) zu einer Einheit verbunden wurden. Diesem Eigenwert hinsichtlich ihrer räumlichen Lage, ihrer politischen Abhängigkeit bzw. Ausgestaltung und Industrieentwicklung muss Rechnung getragen werden. Das heißt, die einzelnen Ortsteile müssen in ihrer Entwicklung bis zur Eingemeindungszeit umfassend und systematisch berücksichtigt, womöglich sich bereits früh abzeichnende Prozesse allmählicher Integration aufgezeigt werden.

Dazu kommt die zwangsläufige **Fülle unterschiedlicher Themenbereiche**. Um hier die Übersicht zu behalten und die Entwicklungsgeschichte bis hin zur Gegenwart besser nachvollziehen zu können, ist eine Darstellungsweise gewählt worden, die vorgegebenen **Entwicklungssträngen** folgt, d.h. jedes Kapitel verfolgt eine bestimmte Leitlinie. Daraus ergibt sich, dass dem Leser zuweilen Mehrfacherwähnungen von Personen oder Sachen unter wechselnden Gesichtspunkten begegnen werden.

Der kundige Leser wird vielleicht **Einwände** haben, Vertrautes vermissen, ihm Wichtiges ausführlicher dargestellt wissen wollen oder sich da und dort größere Genauigkeit wünschen. Die hier gewählte **Darstellung ist voller Kompromisse**, ein ständiger Drahtseilakt zwischen Übersichtlichkeit, exemplarischer Auswahl, möglichst großer Anschauung und wissenschaftlicher Genauigkeit. Sie erhebt nicht den Anspruch, bahnbrechende, neue Erkenntnisse zu liefern, möchte vielmehr Bekanntes in Zusammenhänge einordnen, um sie besser zu verstehen.

Bei dieser Gelegenheit sei betont: Alle Auswahl der Inhalte und jede Akzentsetzung ist zwangsläufig **geprägt von subjektiven Entscheidungen**.

Das gilt umgekehrt auch für Erwartungshaltungen. Was jemand aus heutiger Sicht und persönlicher Erfahrung vielleicht für bedeutsam und erwähnenswert hält, kann im Licht der Gesamtgeschichte zu einem kleinen Mosaiksteinchen schrumpfen. Was es heißt, Kürzungen vornehmen zu müssen, hat der Autor bei jedem Kapitel im mühsamen **Kampf mit der Fülle des Stoffs** aufs Neue selbst erfahren, als es galt, sich mit schlechtem Gewissen von Inhalten zu trennen. Es wäre ihm leichter gefallen, ein doppelt so umfangreiches Werk zu schreiben. Dazu kommt, dass für diese durch die Stadt vergebene **Auftragsarbeit nur zwei Jahre zur Verfügung** standen, da sie zur Feier des Stadtjubiläums abgeschlossen sein sollte. In den immerhin 4000 Arbeitsstunden hat sich allerdings so viel Material angesammelt, dass es sich lohnen würde, zu den einzelnen Kapiteln „Tiefenbohrungen" anzulegen, um das Werk in **womöglich folgenden Quellenbänden zu ergänzen**.

4. Ausgerechnet ein „Hergeluopener"

Es mag verwundern, dass sich ausgerechnet ein „Hergeluopener" an eine Remscheider Stadtgeschichte wagt. Doch die **Verbindung zur Stadt scheint vorprogrammiert** gewesen zu sein. Da gibt es einen Bezug zu Lenneps **Textilindustrie**: Ich bin geboren in der schlesischen Textilstadt Langenbielau, wo mein Großvater Textilingenieur war, dem Ort von Gerhart Hauptmanns Drama „Die Weber". Vertrieben, lebte ich als Kind zu Füßen des Müsener „Stahlbergs", am Ende der **Eisenstraße**, dem Lebensquell Remscheids, der die Stadt mit dem lebensnotwendigen Rohstoff versorgte. Meine Jugend habe ich in der Kölner Pfarrgemeinde **St. Kunibert** verbracht. Vom alten Stift St. Kunibert wurden vor Jahrhunderten die Geschicke Lenneps bestimmt. Und jetzt zum Erscheinen des Buches bin ich auf den Monat **40 Jahre** Bürger der Stadt und mit ihr verwachsen, habe hier ein uraltes Haus erworben und restauriert, das erste in Remscheid eingetragene **Denkmal**, in dem ich seit bald 30 Jahren wohne. **Es muss kein Nachteil sein**, wenn ein „Hergeluopener", der sich mit der Stadt identifiziert, ihre Geschichte schreibt. Vielleicht kann er sich eher frei machen von der Übermacht der Traditionen und kann **unbefangener** schreiben, bewahrt bleiben vor einer zu verklärten Betrachtung der Vergangenheit, vor der Tendenz harmonisierender Geschichtsbetrachtung, weniger geleitet vom Publikumsgeschmack und von gut gemeinten kommunalpolitischen Wünschen.

5. Gemeinschaftswerk mit Freude an Geschichte

Nicht nur das **kleine Team**, das mir zur Seite stand, hat zu diesem Buch beigetragen, auch die vielen **Bürger aus allen Bereichen der Stadt**, aus nahezu allen Schichten. Sie waren Geschenk und Erlebnis zugleich. Für ihre ausnahmslos große **Hilfsbereitschaft** bin ich dankbar. Die zahllosen Begegnungen und Gespräche waren **bereichernd**. Sie ließen eintauchen in andere Zeiten und Orte, waren wie ein aufgeschlagenes Buch erlebter Stadtgeschichte. Zugleich waren sie Beleg für die **Freude an Geschichte**, zumal, wenn sie sich mit der eigenen verknüpfen ließ. Sie führten zu Fragen, die man sich allein nie gestellt hätte. Der Hunger nach Geschichtsinformation, das überall gegenwärtige Interesse am Festhalten von Historischem, war ermutigend. Diese Erfahrungen haben auch dieses **Buch maßgeblich geprägt** und bereichert. Deshalb möchte ich es als **Gemeinschaftswerk** der Bürger unserer Stadt verstehen. Nicht von ungefähr sind Menschen auf seinen Umschlag gesetzt, Menschen, welche die Geschichte Remscheids mitgestaltet haben, und solche, die Hoffnungsträger für morgen sein können.

6. Vielen dienen

So lade ich zum Lesen ein. Die **Älteren**, die in Remscheid verwurzelt sind, mögen darin spazieren gehen wie in einem Wald der Erinnerung, Vertrautes wiedererkennen und es möglicherweise in neue Zusammenhänge einordnen. Die **Jugend**, die mir als altem Lehrer besonders am Herzen liegt und für die ich mich besonders um Anschaulichkeit bemüht habe, möchte ich neugierig machen auf Geschichte. Ich möchte ihr Interesse wecken am eigenen Lebensraum, für die Herkunft unserer Lebensbedingungen, Verhaltensweisen, Deutungsmuster und Handlungsmöglichkeiten. Ich möchte zu mehr Achtung vor der Vergangenheit hinführen, anleiten zu neuem und genauerem Hinschauen auf das, was auf scheinbar allzu bekannten Wegen liegt.

Auch die **„eingemeindeten Bewohner"** von Lennep und Lüttringhausen, die sich seit 1929 manchmal wie ein Anhängsel Remscheids fühlen, möchte ich ansprechen. Ihre eigenständige Geschichte wird im Rahmen der Möglichkeiten gewürdigt, ebenso ihre jahrhundertlange Selbständigkeit und ihre Vorreiterrolle gegenüber Alt-Remscheid.

Schließlich ist dieses Buch auch eine Einladung an interessierte **„Zugewanderte"**, eine Hilfe, den Ort, an dem sie leben, besser zu verstehen und womöglich schätzen zu lernen.

Hans Jürgen Roth

Rückblick des Autors

Zwei Dinge haben mich als Autor tief beeindruckt:

Erstens bin ich dankbar für die vielen Begegnungen, die mir bei der Recherche für das Buch geschenkt wurden – ein bis heute andauernder Dialog.

Zweites bin ich dankbar, dass ich mit dem Buch einen Beitrag zur Integration leisten konnte. Denn da waren etliche „Hergeluopene", Deutsche wie Ausländer, die mich ansprachen: „Ich habe Ihr Buch und darin gelesen. Nun fühle ich mich stärker zu Hause in dieser Stadt."

Ihr Hans Jürgen Roth

Eine Stimme aus der Stadtverwaltung

Neun Jahre nach der Erstveröffentlichung hat sich Hans Jürgen Roth erneut mit großer Sachkunde und nimmermüdem Engagement einer zweiten Auflage gewidmet. Der Erfolg der ersten Auflage ist für ihn eine wichtige Triebfeder gewesen. Die „Geschichte unserer Stadt" ist ein Lesebuch, das dazu einlädt, in die Geschichte der eigenen Heimat in all ihren Facetten einzutauchen. Alteingesessene lädt es dazu ein, das Erlebte in Erinnerung zu rufen. Neuzugewanderten hilft es, diese Stadt und ihre Tradition besser zu verstehen. So erfahren Menschen aus mehr als 120 Nationen in diesem Buch, wie sich ihre gemeinsame Heimat über Jahrhunderte im Wandel der Zeiten entwickelt hat. Herrn Roth gilt es für diesen wertvollen Beitrag zur Geschichte unserer Stadt herzlich zu danken.

Sven Wiertz, im September 2017

Inhaltsverzeichnis

1. Leben mit Bedingungen aus grauer Vorzeit

1. Remscheid tief im Meer – umgeben von Muscheln und Fischen

Einst wogte über dem Land, auf dem Remscheid heute steht, ein **großes Meer**. Es nahm den größten Teil Nordwest-Deutschlands ein und reichte bis Frankreich und England. Man hat es nach der englischen Grafschaft Devonshire Devonmeer genannt und jene Epoche das Zeitalter des „**Devon**". Damals, vor etwa 400 Millionen Jahren, schwammen Fische und Muscheln hier umher, und exotische Tiere, die aussahen wie Seelilien, wurzelten am Grund des Meeres. Erst weiter im Norden erhob sich eine **riesige Landmasse**, die wegen ihres Eisengehaltes rötlich gefärbt war. Die Forscher haben ihr deshalb den Namen „Old-Red-Island" gegeben.

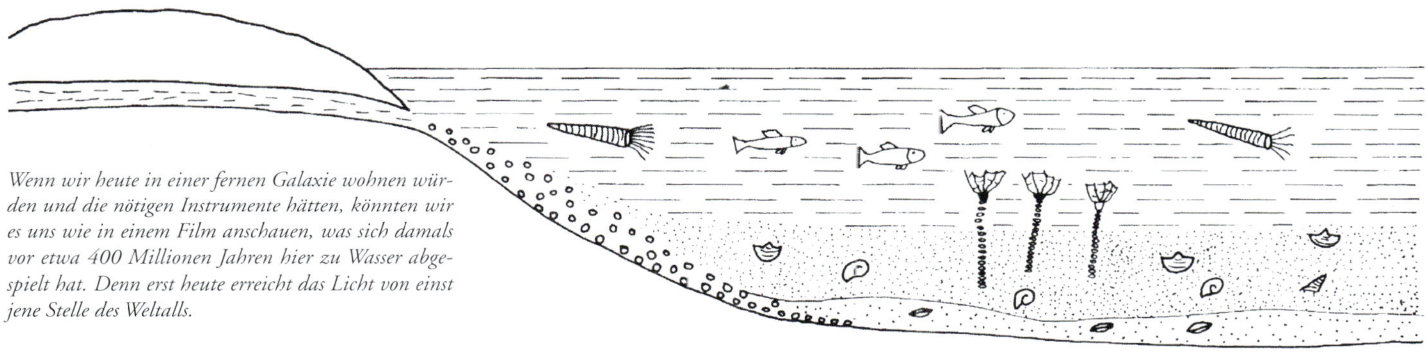

Wenn wir heute in einer fernen Galaxie wohnen würden und die nötigen Instrumente hätten, könnten wir es uns wie in einem Film anschauen, was sich damals vor etwa 400 Millionen Jahren hier zu Wasser abgespielt hat. Denn erst heute erreicht das Licht von einst jene Stelle des Weltalls.

In jenem Zeitalter wurden in Millionen von Jahren größere und kleinere Teilchen vom Festland ins Meer gespült. Abgesprengte, harte Geröllteilchen blieben als Kiesel in Küstennähe liegen, der leichtere Sand und Tonschlamm, dazwischen Eisensulfate, trieben weiter ins Meer hinaus, um sich dort abzulagern. Die Körper der toten Seetiere sanken hinab und wurden vom Schlamm begraben. So lagerte sich Schicht auf Schicht, unterschiedlich wie die Jahresringe eines Baumstammes, die Auskunft geben über Klima und Lebensbedingungen einer Epoche.

Unter dem Druck der wachsenden Ablagerungen, zumal auf die tiefer liegenden Schichten, verhärtet sich der Meeresschlamm und wird in abermals Millionen von Jahren zu Stein. Diese Gesteinsschichten, je nach Zusammensetzung und Lage von ganz unterschiedlicher Art, begegnen uns auf Remscheider Boden. Das härteste und damit widerstandsfähigste Gestein, auch „Knubben" genannt, ist ein aus Geröll bzw. Kiesel zusammengewachsenes Konglomerat; wir finden es auf den höchsten Stellen unserer Stadt, dem Holscheidsberg und dem Hohenhagen. Der größte Teil des Grundes, auf dem wir leben, besteht aus tonigem Material, dem „Remscheider Schiefer" (80 %). Der ist aber nicht so hart, wie man sich den klassischen Schiefer vorstellt; er ist eher rau und faserig, mit Sand vermischt. Hinzu kommt, dass einst das Meer hier relativ flach war und nicht den für einen guten Schiefer nötigen Druck ausüben konnte. Entsprechend verwitterungsanfällig ist dieses Gestein. Eher an der Peripherie unseres Stadtgebietes tauchen dann vorzüglich aus Sand entstandene Schichten an der Oberfläche auf, die bergische Grauwacke.

Typische Formation von „Remscheider Schiefer" bei Müngsten

2. Remscheid tief unter der Erde – umschlossen von einem alpinen Gebirge

An die 50 Millionen Jahre später kam es zu **gewaltigen Bewegungen im Erdinneren**. Und das hatte seinen Grund. Die Strahlen der Sonne verloren langsam an Kraft, dementsprechend sank die Temperatur der Erde. Der Erdkern zog sich zusammen und wurde kleiner. Es war mit der Erdoberfläche wie bei einem kräftigen Menschen, dem nach langer Krankheit der Rock nicht mehr passt und Falten wirft. Ganz langsam, unter dem **Druck aus der Tiefe (I)**, hervorgerufen durch die Wärme des Erdinneren, hebt sich bei uns das Land aus dem Meer, selbst die tiefsten und härtesten Schichten kommen in Bewegung und werden über den Wasserspiegel gedrückt.

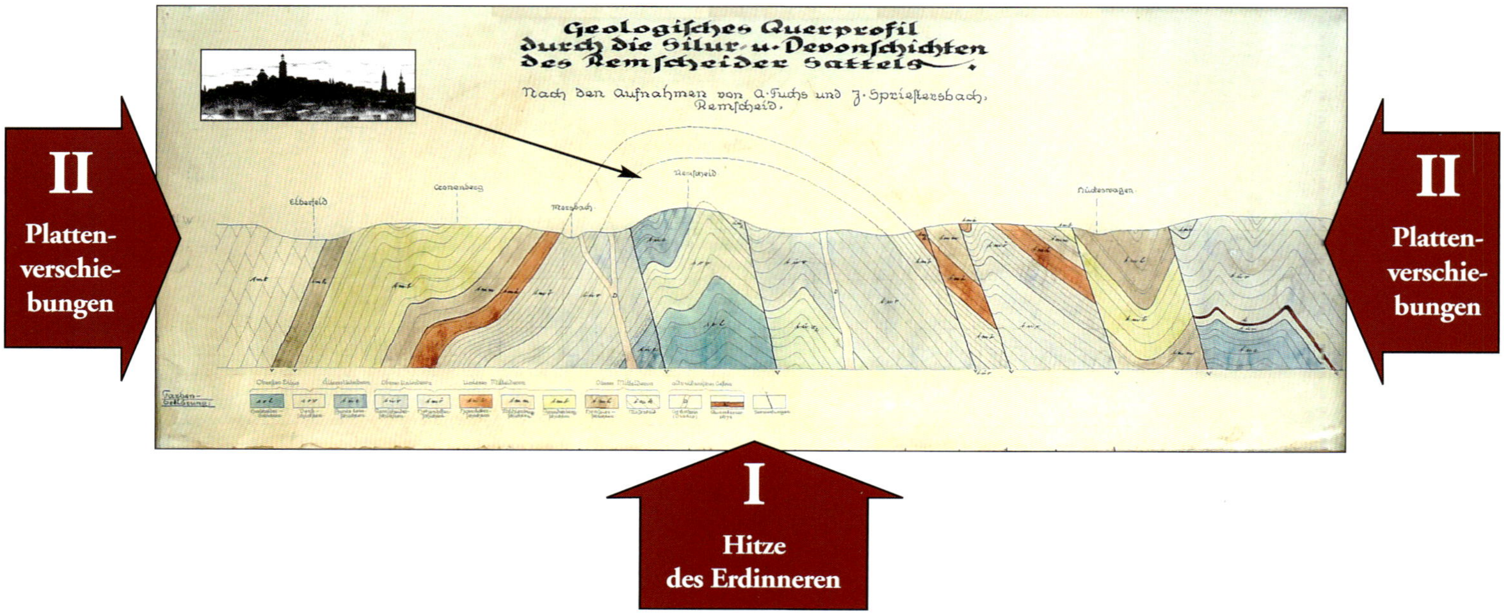

Und abermals 50 Millionen Jahre später kommt es zusätzlich durch Bewegung der Erdplatten zu einem **gewaltigen Seitendruck (II)**, der das Land in Süd-Nord-Richtung zusammenpresst, auf bis zu 40 Prozent seiner ursprünglichen Ausdehnung. Bei diesen Erdbewegungen entstehen riesige Faltungen, vielleicht mit bis zu **6000 oder gar 8000 Metern hohen Bergen** und dementsprechend tiefen Tälern. Zudem verwandelt der enorme Seitendruck die versteinerten festen Tonschichten in bröckeliges schiefriges Gestein. Die Remscheider Höhen sind eine der **nördlichsten Faltungen des Rheinischen Schiefergebirges.**
Das ist der Grund, warum wir die im Meer waagerecht abgelagerten Gesteinsschichten nur noch selten in dieser Lage finden, sondern meist schräg gestellt, oft gebogen und gefaltet. Besonders gut zu beobachten sind diese Formationen bei den „Holzer Klippen".

An den „Holzer Klippen" über dem Morsbachtal lassen sich die Gesteinsfaltungen der „Remscheider Schichten" gut erkennen.

3. Heute – freigelegt durch Erosion – die „Stadt auf dem Berge“

Dass es diese alpinen Berge nicht mehr gibt, liegt wiederum daran, dass sich andere Kräfte ans Werk machten, um die Erdfalten wieder einzuebnen. **Wind und Regen, Sonne und Kälte** haben die Bergriesen im Laufe von abermals Millionen Jahren bis auf unsere heutige Höhe regelrecht abgehobelt. Auf dem verbliebenen **Resthügel**, dessen ausgesprochen hartes Gestein der Verwitterung getrotzt hat, erhebt sich Remscheid. Es ist aus einem kleinen Dorf entstanden, das sich einst in den Windschatten des Berges geduckt hat und dann auf dem Bergkegel buchstäblich emporgewachsen ist zur Stadt. Gleich nebenan, noch 13 Meter höher als der Stadtkegel und zugleich die höchste Stelle im Wupperviereck (379 m), stellt sich der Hohenhagen Wind und Wetter entgegen.

Während unsere alpine Berglandschaft in einem langwierigen Prozess Stück für Stück abgeschliffen wurde, hielt sich die Erde ruhig. Nur einmal noch und das war bereits zur Zeit, als sich Menschen anschickten, die Welt in Besitz zu nehmen, gab es nochmals eine Periode großer **Umwälzungen** (Tertiärzeit). Aus der Ferne war es wie ein grandioses Schauspiel. Am Horizont, in Siebengebirge und Eifel, loderten Feuer speiende Berge. Doch in seinen Auswirkungen war es ein furchtbares Erdbeben, das unsere Heimat zutiefst erschütterte. Der Boden hob und senkte sich, die alten Gesteinsschichten brachen vielerorts auseinander und gewaltige Querspalten wurden in die Erde gerissen. Die **alten Schichten** des urzeitlichen Meeres traten da und dort an die Erdoberfläche, vor allem in den Einschnitten unserer Täler. Für den, der sie zu lesen versteht, wird zum Beispiel im „Tyrol“ im Eschbachtal die **Urzeit Gegenwart.**

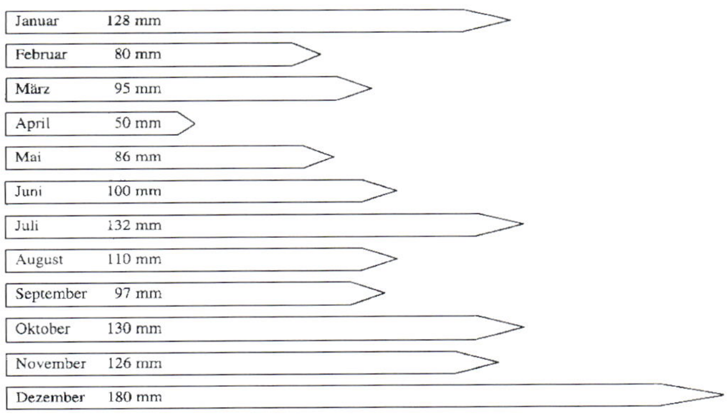

Noch heute treiben die (Erosions-) Kräfte mit Remscheid ihr Spiel. Sie kommen vor allem von Westen, vom Meer her, in Gestalt von Regen und Wind. Und da Remscheid auf dem ersten Höhenzug jenseits der Rheinebene liegt, dazu noch auf deren höchstem Punkt, ist es dem Wetter besonders ausgesetzt. Während Köln pro Jahr nur etwa 700 mm, Düsseldorf etwa 900 mm Regen abbekommt, trifft es die bergischen Städte Solingen (1100 mm) und Wuppertal (1150 mm) schon erheblich stärker. Die Spitzenposition hält allerdings Remscheid mit ***1300 mm*** *und ist damit die* ***verregnetste Großstadt Deutschlands****.*

Die Wege des Wassers

Der harte und tonhaltige Remscheider Boden ist naturgemäß kaum wasserdurchlässig. Wohin also mit dem vielen Regen? Als auf unseren Bergen noch dichter Wald stand, konnten Wurzelwerk und Moos eine Menge Wasser **speichern**. Das meiste suchte sich den Weg durch die tief eingeschnittenen Täler und floss in etwa 60 kleinen und größeren **Bächen** in die Wupper ab, die unser Gebiet in einem großen Viereck umzieht. Eine dritte Abflussmöglichkeit bot sich durch die unterirdischen **Spalten**, welche die großen Erdbeben in unsere Erde gerissen hatten.

Als man 1966 vor dem Rathaus die Tiefgarage baute, stieß man auf rot gefärbten, also eisenhaltigen Tonschiefer. Hunderttausende von Jahren hatte Wasser das Gestein unserer Heimat durchdrungen und die löslichen Bestandteile, z.B. Metallsalze, ausgewaschen. Auf seinem unterirdischen Weg zu Tal hatte es sich in den Erdspalten oder beim Austritt aus dem Berg in Mulden in Form von Brauneisen abgelagert.

Bei Ausschachtungsarbeiten zur Erweiterung des Allee-Centers 2008 vermischte sich das eisenhaltige Gestein mit dem Remscheider Regen zu einem schmierigen Belag und färbte die Straßen rot.

Man sagt, die Remscheider kommen bereits mit einem Regenschirm zur Welt.

4. Das Reich des Julius Spriestersbach

Über 40 Jahre lang durchstreifte Spriestersbach unsere bergische Heimat, immer auf der Suche nach Spuren, die uns das Urmeer hinterlassen hat: eine abenteuerliche Entdeckungsreise in eine andere Welt. Manchmal begleitete ihn sein alter Studienfreund Alexander Fuchs, ebenfalls ein Fachmann auf dem Gebiet der Fossiliensuche, mit dem er sich austauschen konnte.
Spriestersbach konnte nachweisen, dass die von ihm so genannten „**Remscheider Schichten**", die bei uns aus der Erde hervorbrechen, einmalig in Europa sind. Anhand seiner Funde, die er diesen Schichten entnahm, ist er dem Leben im Devonmeer auf den Grund gegangen.

140 devonische Fossilien hat der unermüdliche Forscher entdeckt und ausführlich beschrieben. Darunter waren 83 Arten versteinerter **Muscheln**, eine bei uns sehr häufige Gattung, die man darum „Montanaria" nennt. Hinzu kamen viele **Schnecken** mit kleinen zierlichen Gehäusen und kleine **Schalenkrebse**, die das Meer in ungeheurer Menge bevölkerten.

An höher entwickelten Tieren gab es in unserem Devonmeer nur **einige Fischarten**. Ihre Körper waren mit Panzerplatten bedeckt, ihr Skelett bestand noch teilweise aus Knorpel.

Solch interessante Meeresbewohner gab es einst bei uns. Heute sind sie ausgestorben.

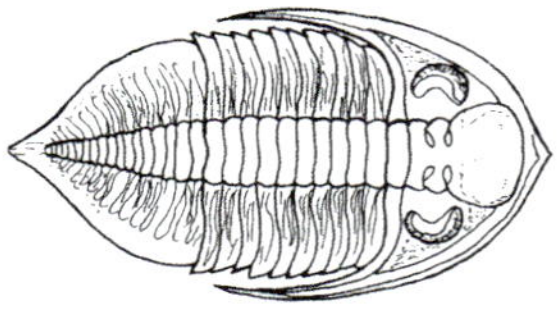

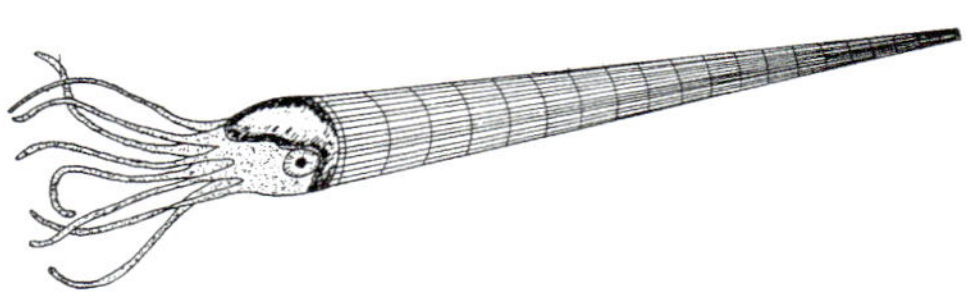

Einst ehrte die Stadt den Forscher in besonderer Weise und zeichnete ihn aus mit den Worten: „Durch die Einführung der Remscheider Schichten in ein geologisches System haben Sie den Namen der Stadt Remscheid eng mit der Wissenschaft verbunden" (1926).
Nach seinem Tod sah sich die Stadt nicht in der Lage, die umfangreiche Sammlung zu übernehmen, sodass lange Zeit Privatpersonen in die Bresche springen mussten. Heute ist sie im Historischen Zentrum.

Julius Spriestersbach (1871-1945)

Der **Lehrer im Hauptberuf** kam über die Schulen Bonich /Rh und Solingen-Wald nach Remscheid. Hier unterrichtete er an der Volksschule Stachelhausen (ab 1899), dann in Reinshagen (ab 1911), wo er 1930 Rektor wurde.
Insgesamt war er 43 Jahre im Schuldienst, davon 35 Jahre in Remscheid.
Viel bedeutender war er als **geologischer Heimatforscher**. Auf diesem Gebiet betrat er absolutes Neuland. In seinem ersten Werk beschäftigte er sich mit der bisher unbekannten *„Fauna der Remscheider Schichten"* (1909). Es folgten *„Neue oder wenig bekannte Versteinerungen"* (1919), *„Die Oberkoblenzschichten des Bergischen Landes und Sauerlandes"* (1924). Auf dieses Hauptwerk wurde die Universität von Köln aufmerksam und verlieh ihm die Ehrendoktorwürde. Nach seiner Pensionierung schrieb er seinen *„Beitrag zur Kenntnis der … Fauna des rheinischen Devon"* (1935) und dann als Krönung sein letztes Werk: *„Lenneschiefer – Stratigraphie, Facies und Fauna"* (1942), eines der bedeutendsten Werke in der Paläontologie.

So hat dieser Mann nicht nur die Struktur unserer heimatlichen Berge erforscht, sondern ist über die Stadt hinaus zu einem Weltbegriff in der Wissenschaft geworden.

Spriestersbach starb im Alter von 74 Jahren. Das Haus in der Reinshagener Str. 68, wo er in der 1. Etage gewohnt hat, steht heute noch. Eine Straße ist nach ihm benannt und eine Grundschule hält die **Erinnerung an ihn wach**.

5. Was uns die Kräfte der Natur zum Leben übrig gelassen haben

1. Der Ackerboden – erste Grundlage zum Leben

Lennep

Lüttringhausen

Remscheid, vom Hohenhagen (1809)

Der nahezu **undurchdringlichen Wildnis** unserer heimischen Wälder, welche die Nässe speichern, musste der Acker erst durch mühsames Roden abgerungen werden. Auf den aus hartem Gestein bestehenden Kuppen war an Ackerbau nicht zu denken. Aber auch der restliche Boden war nicht unbedingt landwirtschaftsfreundlich. Im weitgehend aus **Tonschiefer** bestehenden Boden versickert das Wasser nicht, und die sich bildende *Staunässe* erschwert die Landwirtschaft. Immerhin ist das bröckelige Tongestein verwitterungsanfällig und lässt sich durch hinzugekommene Humusanreicherung nutzen. Auf den alten Darstellungen legt sich ein Kranz von Feldern um unsere Orte, in Lennep gar eine ganze Schar von Ackerbürgerhäusern.

Bei einer solchen Bodenbeschaffenheit lässt sich **allein von der Landwirtschaft auf Dauer nicht leben**.

2. Eisenfunde im Boden – Reichtümer von Wald und Wasser

Schon früh entdeckten die Menschen die herumliegenden schweren **eisenhaltigen Steinknollen**. Sie nutzten diese Funde und brachten das Eisen mit Hilfe des Reichtums des Waldes – mit seinem zunächst noch unerschöpflichen Holzbestand – zum **Schmelzen**, um es dann auszuschmieden. Mit steigender Nachfrage folgten sie den Eisenadern, vor allem auf Reinshagener Gebiet, bis tief in die Erde hinein.

Im Laufe der Zeit lernten sie auch die Kräfte des Wassers zu nutzen, ein Reichtum, wie er sonst in Deutschland kaum zu finden ist. Ein Netz von Bächen stürzt sich durch die zum Teil schluchtartigen Waldtäler, oft mit starkem Gefälle. Kein Wunder, dass man seit dem 14. Jh. danach strebte, sich diese **Naturkräfte nutzbar** zu machen, um sich mit Hilfe von großen Wasserrädern Energie zum Ausschmieden des Eisens zu holen.

So bot die Natur den Menschen, zumal in Remscheid, ein **zweites Standbein**, mit dessen Hilfe sich leben ließ.

Alter Stollen in der Wolfskuhle auf Reinshagen. Axel Ritscher hat in mühsamer Grabarbeit den Zugang zu diesem alten Stollen wieder freigelegt. Er zeigt auf die 250 Jahre alten Schleif- und Messerspuren. Von hier her erschließt sich ein 300 bis 500 Meter langes Bergwerkssystem.

Ibachs Hammer im Hammertal

3. Wohnen – geschützt vor dem Wind

Im Schutz vor dem Wetter, in **Mulden** (Lennep, Lüttringhausen) oder angelehnt an den Windschatten der Berge (Remscheid) bauten die Menschen ihre Siedlungen. Wo das nicht möglich war oder um ihre Häuser zur Wetterseite hin noch weiter zu schützen, zogen sie ihnen einen besonderen **Wettermantel** an. Der bestand anfangs aus Holzschindeln, wie sie der örtliche Wald lieferte, erst später mit den besseren Transportmöglichkeiten aus dem heute noch überall verwendeten haltbareren (auswärtigen) Schiefer.

Häuser haben sich an der Wetterseite, manche sogar rundum mit einem Regenmantel versorgt.

Haus des Autors in der Alte Straße (an die 300 Jahre alt, erstes in Remscheid eingetragenes Denkmal)

4. Baumaterial – wie in der Region zu finden

Natürlich bezogen die Menschen Baumaterial von Anfang an aus dem Reichtum ihrer Wälder. Indem sie für ihre Felder Lücken in den Wald schlugen (anfangs weitgehend Birkenwald, Birgden I, II und III), nutzten sie das anfallende **Holz** zugleich auch zum Bau ihrer Häuser. Aus den Stämmen entstand das tragende Fachwerk.

Vom Bauen mit Holz und Lehm zu Bauten aus bergischer Grauwacke

In die Gefache setzten sie ein Geflecht aus biegsamen Ästen, das mit **Lehm** verstrichen wurde, den sie überall zur Genüge fanden, ein preiswertes und zugleich wärmedämmendes Material.

Für besondere Bauten nahm man größere Mühen in Kauf. Man baute aus Stein und zog dazu den tonigen **Lenneschiefer** oder die sandige **Grauwacke** heran, wie sie an der Peripherie des Stadtgebietes zu finden war. Aus diesem Gestein erbaute man die kirchlichen Zentren unserer drei Städte. Aus Beyenburger Steinbrüchen entstand 1903-05 der Rathausbau, das Wahrzeichen der Stadt auf dem Berge.

*Bei der **Talsperre** hatte man Glück; die bergische Grauwacke befand sich direkt an Ort und Stelle.*

Aus Remscheider Gestein erbaut: die alten Kirchen von Lennep, Lüttringhausen und Remscheid sowie das Rathaus von 1906 (von links). An vielen dieser denkmalgeschützten Gebäude hat der Zahn der Zeit seine Spuren hinterlassen. Steine beginnen zu bröckeln und Türme zu schwanken. Immer wieder stehen Restaurierungsarbeiten an.

Die drei schönsten Remscheider „Ziegelstein-Kathedralen“

Als im 19. Jh. mit der Industrie die Bevölkerungszahl explodierte und ein reger Bauboom einsetzte, besann man sich auf die Remscheider Tonschichten. **Ziegeleien** entstanden auf Neuenkamp und in Lüttringhausen und deckten den Bedarf. Die sichtbarsten Zeugen dieser Zeit sind die heute größten Kirchen in unserem Stadtgebiet, aber auch zahlreiche Fabrikfassaden.

St. Suitbertus in Neoromanik (kath., 1884/94)
Lutherkirche in Neogotik (evang., 1896)

Die alte Feilenfabrik auf Berghausen (um 1900), einst die größte Europas. Sie leistete sich, wie eine Kirche, einen neoromanischen Turm mit Uhr, über dessen Spitze eine Weltkugel schwebte.

6. Industriestadt mit einem Thron für die Natur

Am unteren und oberen Ende der Alleestraße, der Hauptgeschäftsstraße und dem Aushängeschild der Stadt, stehen – sicher zufällig – **zwei Kunstwerke**, die kaum besser symbolhaft das ausdrücken könnten, was Remscheid ausmacht: eine Stadt, die bis heute umgeben ist von einer eindrucksvollen Naturlandschaft, und zugleich eine Industriestadt, welche die Kräfte der Natur seit jeher für sich zu nutzen verstand.

1. Ein Thron für die Natur

Der Stuhl steht direkt vor der Adlerapotheke, wo bis 2008 die Natursammlung Spriestersbach untergebracht war.

Am unteren Ende der Alleestraße steht der „**Kreuzblütlerstuhl**“. Anatol Herzfeld (geb. 1931), Meisterschüler von Joseph Beuys, hat 1985 an Ort und Stelle und unter den Augen der Passanten aus einem grün schimmernden Dolomitblock die Metamorphose der Natur herausgearbeitet. Im Zentrum der Lehne erscheint eine **Kreuzblüte**. Sie soll die Kraft des Lebens symbolisieren, dem Senfkorn gleich, das zu einem großen Baum heranwächst. Auf der linken Wange sitzt eine **Gebärende**, auf der Rückenlehne steht ein **Paar** in der Mitte des Lebens und auf der rechten Seite fällt der Mensch in den Tod. Es ist eine Reflexion über die Kraft der Natur, der Mutter alles Lebendigen, die neues Leben hervorbringt, aber auch Leben bedrohen und vernichten kann. Die Natur hat das Ihrige getan und tut es fort. Wie meistern wir heute die Naturbeherrschung?

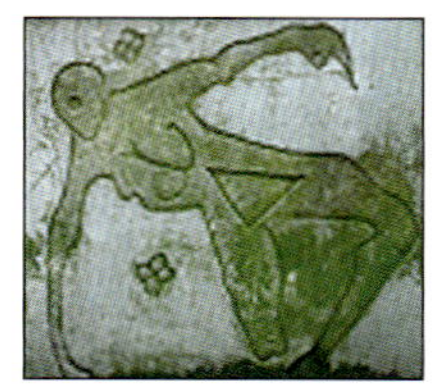

2. Eine Doppelzange für die Industrie

1995 ließ eine Spenderin (Ria Freesen) ans obere Ende der Alleestraße eine acht Meter hohe Doppelzange setzen, abends wie ein Lichttor ausgeleuchtet. Sie steht für menschliche Leistung und unterstreicht die Bedeutung Remscheids als Werkzeugstadt. Doch nicht alle mögen sie: „Hier sollen lieber Bäume hin, von denen wir alle etwas haben.“

3. Ein Grüngürtel um die Stadt

Remscheid ist durch seine herrliche Lage von der Natur verwöhnt. Wie bei kaum einer anderen Stadt liegen Industrie und Natur dicht beieinander. Stundenlang kann man durch Wald laufen, durch verwunschene Täler vorbei an Bachläufen oder von Menschenhand geschaffenen Seen, dazu bieten sich von den Bergen herrliche Ausblicke. Die Natur hier hat es verdient, auf einen Thron gehoben zu werden.

2. Besitznahme des Landes

1. Erste Menschenspuren im Abseitsland

Eine eigenwillige Landschaft wie die unsere, einst ein nahezu undurchdringliches Urwaldgebirge, dazu umsäumt von tiefen, sumpfigen Talschluchten (ganz anders als im südlichen und westlichen Teil des Bergischen), machte es Menschen schwer, von ihr Besitz zu nehmen. Man hat zwar am Rande des Remscheider Raumes Feuersteinbeile und andere Steinzeitgeräte gefunden, die belegen, dass hier bereits **vor 5000 Jahren Menschen** lebten. Doch im Verhältnis zu der unserem Waldgebiet vorgelagerten offenen Rheinterrasse oder zum nahen Neandertal sind die hiesigen Funde aus Stein-, Bronze- und Eisenzeit eher spärlich bzw. Zufallsfunde. Sie lassen nicht auf eine Dauerbesiedlung schließen, **eher auf durchziehende Jäger**.

Auch die Römer mieden bei aller Eroberungslust unser unwegsames Waldgebiet; sie zogen den Kampf im offenen Gelände vor. Auf ihren Feldzügen umgingen sie deshalb das Gebiet nördlich und südlich und ließen es wie eine unwegsame Insel liegen.

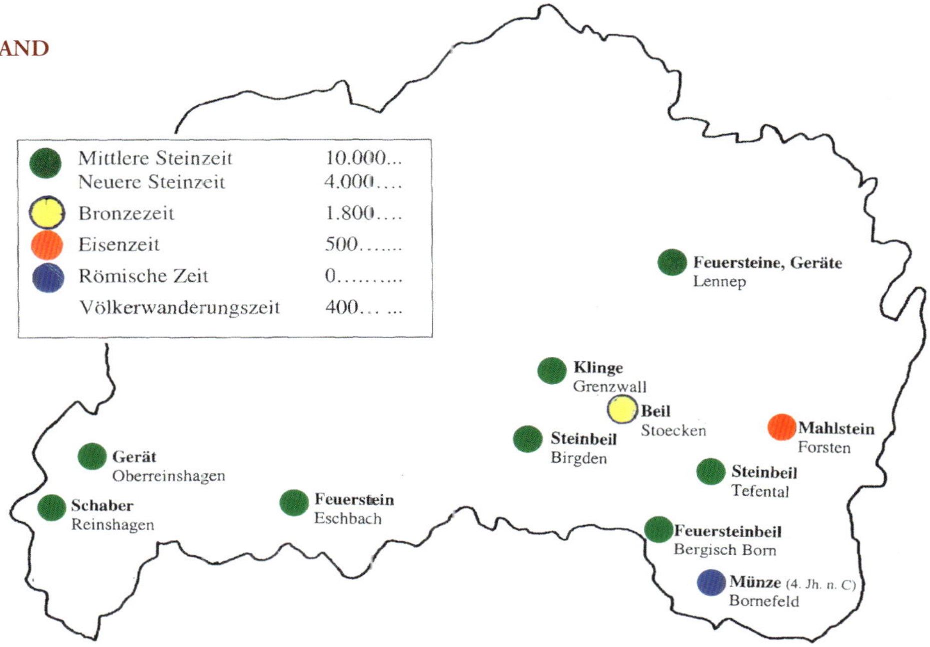

Diese Abseitslage blieb bis in die **merowingisch-fränkische Zeit** (5./8. Jh.). Das große Waldgebiet des Bergischen war noch lange Zeit wie ein Grenzzaun. Der schied die Siedlungsgebiete der Franken im Westen von denen der Sachsen im Osten. Es blieb also bis in die Frankenzeit im Wesentlichen ein Durchgangsgebiet. Zusammengefasst lässt sich sagen: Bis in die ersten Jahrhunderte n.Chr. war unsere Heimat so gut wie nicht bewohnt.

2. Erste Siedler erobern den Wald

Zur Zeit Karls des Großen im 8./9. Jh. waren längst **erste Siedler in den Wald** eingedrungen. Sie kamen aus dichter besiedelten Gebieten und suchten hier eine neue Existenz, wahrscheinlich als Waldbauern und Viehzüchter.

Der jahrhundertelange **Umgang mit dem Wald** lebt heute noch fort in vielen Ortsnamen. Da ist vom Holz die Rede („Holz", „Durchsholz") und den hier immer wieder vorkommenden Bäumen, von Buchen („Büchen", „Buchholzen") und Birken („Birgden", je einmal auf Remscheider, Lenneper und Lüttringhauser Gebiet), von Eichen („Eiche", Lüttringhausen) und Erlen („Erdelen", zwischen Steinberg und Haddenbach).

Suche nach einer Lebensgrundlage im Wald
Blick von Tyrol über das Hammertal zum Stadtkegel

Der römische Schriftsteller Tacitus beschreibt die Siedlungsweise der Germanen (117 n. Chr.):

„Dass die germanischen Völker keine Städte bewohnen, ja dass sie nicht einmal zusammenhängende Wohnsitze lieben, ist allbekannt. Einsam und abgesondert siedeln sie sich an, wo gerade ein Quell, ein Gehölz einladet." (Germania, Kap. 16)

Diese Beschreibung trifft genau auf die bei uns siedelnden Sachsen zu (s.u.).

Auch der **Kampf mit der Natur** hat Spuren in Ortsnamen hinterlassen. Denn jede Ansiedelung musste dem Wald mühsam abgerungen werden. Zahlreiche Höfe sind daher nach frühen Rodungen benannt, zugleich ein Beleg dafür, wie die Bevölkerung angewachsen ist und ihre Siedlungen immer weiter in den Wald vorgeschoben hat. Neben der bei uns bekanntesten Rodung in „Radevormwald" lässt sich im Remscheider Stadtgebiet verweisen auf Rath, Oelingrath, „Rodt" (bei Büchel) und „Rodenberg" (bei Fürberg). Weil die ersten Siedlungen vor allem auf **Trinkwasser** angewiesen waren, sind viele nach nahen wasserreichen Stellen genannt. Dies gilt für das an einer **Quellmulde** gelegene ***Lennep*** oder für die vielen an Bächen gelegenen Orte mit „***Siepen***" im Namen. Zwölfmal taucht Siepen noch in heutigen Straßennamen auf, und an die vierzigmal sogar in Flurbezeichnungen. Hinzuzufügen ist, dass die ältesten Siedlungen fast ausnahmslos an die Südabhänge unserer Berge gesetzt sind, bemüht, im rauen Klima jeden Sonnenstrahl einzufangen.

Quellen kommen überall, wie hier im Stadtpark im Quellgebiet des Ibachs, mit aller Plötzlichkeit aus dem Boden. Heute werden sie mehr oder weniger sofort aufgefangen, kanalisiert und unterirdisch den Bächen zugeführt.

1. Zunächst kommen die Sachsen

Schon deshalb, weil sich im Westen tief eingeschnittene Täler in den Weg stellen, spricht alles für eine erste Siedlungswelle von Osten, also von Sachsen (Westfalen) her, über Radevormwald und Lennep. Was in ihrer Heimat Brauch war, brachten diese Siedler in das wilde, fremde Land mit. Dazu gehörte, wie schon Tacitus Jahrhunderte zuvor den Germanen nachsagte, vor allem das **Siedeln in Einzelhöfen**. Das heißt, die sächsischen Siedler lebten – nach heimischer Art – zerstreut auf Höfen.

Neben dieser Siedlungsform brachten sie auch ihre Sprache mit. In den „**-inghausen-Namen**" klingt noch das Niedersächsische nach und verweist auf alte Einzelhöfe, wohl verbunden mit den Namen der ersten Siedler bzw. ihrer Sippe, z.B. Ehringhausen, Bliedinghausen, Menninghausen, Vieringhausen, Endringhausen, Seringhausen und Lüttringhausen.

Um die Wiesen und Äcker der neuen Höfe inmitten der Wälder gegen die wilden Tiere zu schützen, bedurfte es dichter Hecken aus Sträuchern, auch „**hagen**" genannt. Diese so eingehegten Waldsiedlungen leben ebenfalls bis heute in unserer Sprache fort, z.B. Hohenhagen, Reinshagen, Garschagen.

2. Bald folgen die Franken

Sie stießen offensiv vom Rhein her auf unser Land zu und siedelten im Gegensatz zu den Sachsen **vornehmlich in Dörfern**. Wer so auf engem Raum zusammenlebt, muss naturgemäß stärker aufeinander eingehen als Einzelhofbewohner, muss Organisationsformen der Zusammenarbeit entwickeln. Ein Volksstamm wie die Franken, der auf dem Boden des ehemaligen Römischen Reiches groß geworden ist, hat hier sicherlich einiges lernen können, auch mit den Konsequenzen für die staatliche Organisation. Die Grenze zwischen beiden Siedlungsformen verläuft weiter südlich von uns, unser Gebiet steht zunächst noch eher unter sächsischem Einfluss. Mit dem Sieg Karls des Großen über die Sachsen hatte das Bergland südlich der Wupper seinen Grenzlandcharakter verloren, seit 775 gehörte es zum Frankenland. Zunehmend drangen fränkische Elemente ein und hinterließen ihre Spuren.

So wird nach einem vorübergehenden „Kampf der Kulturen" unser Landstrich zu einem **Mischgebiet**, in dem sich beide treffen.

Grenze zwischen sächsischer Einzelhof- und fränkischer Dorfbesiedlung

3. Vom „Kampf der Kulturen“ zum wechselseitigen Miteinander

Es gibt eine **Wechselbeziehung** zwischen Raum und Mensch. Das gilt auch für sächsische und fränkische Lebensart.

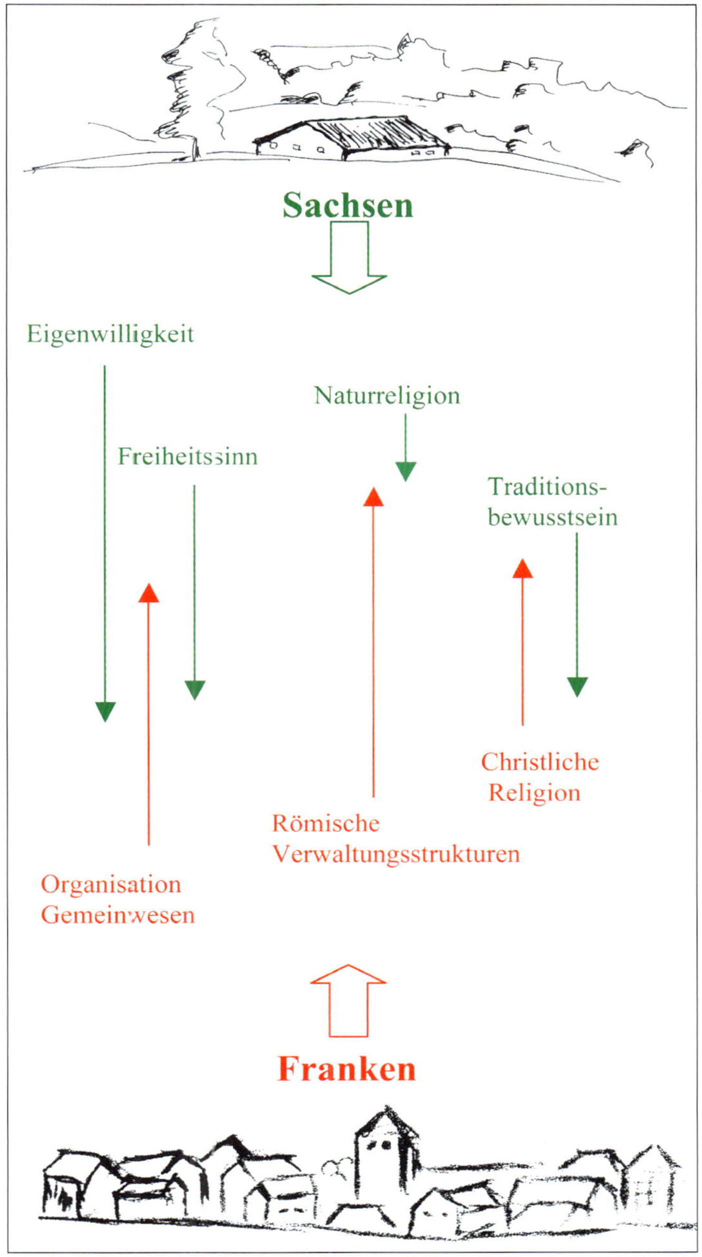

Bei den **Sachsen**, die eher individualistisch in Einzelhöfen siedelten, finden wir eine ausgeprägte Eigenwilligkeit, ja einen **Freiheitssinn**, allerdings auch – die problematische Kehrseite – eine geringe Neigung, sich unter einer einheitlichen Führung zu organisieren. Ihr religiöses Empfinden war geprägt durch die Begegnung mit der Natur. Gott wurde erlebt in **heiligen Hainen und Quellen**. Wohnend im Abseits und unwegsamen Gebiet, war man abgeschnitten von den Strömen der Völkerwanderung, aber auch vom Erbe römischer Kultur; entsprechend stark war das Beharren auf hergebrachter **Tradition**, das sich nicht so schnell zu einem neuen Denken (Glauben) bewegen ließ.

Vieles von diesem **niedersächsischen Einfluss**, so sagt man, hat auch weiterhin die Bewohner unseres Gebietes geprägt.

Die **Franken**, mehr die Dorfsiedlung bevorzugend, auf dem Nährboden des römischen Reiches groß geworden und von dort her bereits christlich geprägt, können sich mit ihren erprobten **Organisationsformen des Gemeinwesens** einbringen. Das geschieht vor allem durch den Franken Karl den Großen, der von Aachen aus ein „neues Rom“ konzipiert und zum krönenden Abschluss die römische Kaiserkrone bekommt (800 n. Chr.). Mit seinem Sieg über die Sachsen setzt er dem Kampf der Kulturen ein Ende. **Römisch-fränkische Verwaltungsstrukturen** halten Einzug in unserem Land. Über Gaue (für uns der Deutzgau) und Herrenhöfe werden die Siedler organisiert (auch zum Zwecke der Abgabenregelung). Und zur Durchdringung des Landes mit der **christlichen Religion** (auch zum Zwecke der Mission) lässt die fränkische Reichsführung in der Nachbarschaft zu Herrenhöfen kirchliche Gebäude (Eigenkirchen) errichten.

Für unseren Raum ist Köln das kulturelle Oberzentrum. Somit ist unser Land von alters her – bis heute spürbar – auch dem **rheinischen Einfluss** ausgesetzt.

4. Sprache als Spiegelbild der Siedlungsgeschichte

1. Die Ortsnamen

Rund um den Hohenhagen, die höchste Erhebung und zugleich die geographische Mitte unseres Stadtgebietes, gruppieren sich die drei großen, ehemals selbständigen Teile unserer Stadt: Lüttringhausen, Lennep und Alt-Remscheid. Auch in der Bedeutung ihrer Namen lässt sich manches aus der Siedlungsgeschichte ablesen, wenngleich manche Deutungen etwas abenteuerlich erscheinen und gelegentlich der Wunsch Vater des Gedankens ist. Das mag im Folgenden deutlich werden:

„Lüttringhausen" – der Hof eines Lutilman

Im Wort „**inghausen**", so wird angenommen, steckt ein echter Siedlungsname. Er deutet hin auf Siedler aus dem sächsisch-westfälischen Raum, die sich hier in einem Einzelhof niederließen, vielleicht sogar schon in vorkarolingischer Zeit. Die älteste Schreibweise spricht von „Lutiminchusen" oder „Luthelminchhusen" (1170). Das heißt, hier hat der **Hof eines Luthelm oder Lutilman** o. ä. gestanden. Da die mittelalterlichen Anfänge aber weithin ungeklärt sind, haben sich auch Sagen entwickelt, die den Namen Lüttringhausen auf andere Weise zu erklären versuchen, so die folgende aus späterer, christlicher Zeit: Ein Kreuzbruder namens Lothar aus dem Kloster Beyenburg hatte sich zum Betteln auf den Weg gemacht. Unterwegs brach ein gewaltiges Donnerwetter über ihn herein, und er glaubte, sein letztes Stündlein habe geschlagen. In seiner Todesnot machte er ein Gelübde: „Wenn ich aus dem Unwetter heil herauskomme, errichte ich an dieser Stelle einen Wohnplatz mit Kirche und Kreuz." Ihm zu Ehren hat man diesen Ort dann **„Lotharinghausen"** genannt. – Das ist eine schöne Erklärung, doch Lüttringhausen ist älter als das Kloster der erst 1296 nach Steinhaus / Beyenburg berufenen Kreuzbrüder.

„Lennep" – Siedlung am Wasser

Zumal in der früheren Schreibweise („Linnepe", „Lennepe", „Limpe", „Lempe") glauben Sprachforscher zwei Grundworte zu erkennen, die auf eine **Ansiedlung aus germanischer, zumindest frühfränkischer** Zeit um das 7./8. Jh. hinweisen:

Das **Wort „epe"**, aus „apa", „apha" bedeutet fließendes Wasser, wäre also Hinweis auf den hier in einer Quellmulde entspringenden Bach, damals ein bevorzugter Siedlungsort, wobei der Bachname dann auf die Siedlung übertragen wurde. Das Wort „**linn**" dagegen ist mehrdeutig, und entsprechend fantasievoll unterschiedlich sind die Deutungen. Man hat es abgeleitet aus lind, gleich lau oder matt, ein Hinweis auf ein **matt dahinfließendes Gewässer**. Doch so träge kann der heute unterirdisch kanalisierte Bach auch nicht gewesen sein, zumal er später mehrere Mühlen betrieben hat. So hat man unermüdlich nach anderen Deutungen gesucht. Da meint jemand, im Quellgebiet habe ein „**Lindenberg**" gelegen. Ein anderer denkt an einen „**Bach an der Lehne**" (an einem Bergrücken). Und wieder einer sieht darin bereits einen Hinweis auf die später für Lennep so bedeutende **Leinenpflanze**.

Hohenhagen
379 m

„Remscheid" – eine Völkerscheide?

Im Laufe der Zeit hat sich der **Ursprungsname** unserer heutigen Stadt, zumal mit seiner zweiten Silbe, immer wieder verändert: „remissgeid" (1217), „remescheid" (1251), „rymschyt" (1312), „remschet" (1496), „rembscheidt" (1700). Mit Vorliebe hat man im rheinischen und westfälischen Gebiet trennende Höhen „Scheid" genannt. Doch darüber, was bei Remscheid einst geschieden wurde, gibt es unterschiedliche, zum Teil abenteuerliche Deutungen.

So hat man den Namen einmal als „**Römerscheide**" gedeutet. Dies ist schon deshalb unhaltbar, weil die Römer unsere rauen Berge gemieden haben und die Wasserscheide des Rheins als eine viel praktischere Trennlinie ansahen.

Am ehesten darf man annehmen, dass es sich bei „Remscheid" ursprünglich um einen **Waldnamen** handelte; eine alte Urkunde spricht vom Hohenwald, „genannt dat Remscheid" (1369). Mit dieser Deutung ließe sich auch zweierlei vereinbaren: Unser Gebiet war ein Raum, der **Franken und Sachsen „schied"**. Und der Name des Waldes ging später **über auf die in ihm liegenden Siedlungen**.

Auch eine kirchliche Deutung hat man lange Zeit favorisiert. Nach ihr ist „remes-geid" oder „remis-geid" auf den **heiligen Remigius** zurückzuführen, welcher der erste Patron unseres Dorfkirchleins gewesen sein soll und dem Flecken seinen Namen gegeben habe. Zum fränkischen Missionsprogramm würde das gut passen, denn Remigius, Bischof von Reims, hat den Frankenkönig Chlodwig getauft (496) und die Franken zu Christen gemacht. Doch auch für diese Deutung gibt es keinen stichhaltigen Beweis.

2. Remscheid eine Dialekt-Insel

„Unsere (der Franken) Grenzen und die der Sachsen berühren sich fast überall in der Ebene außer an wenigen Stellen, an welchen entweder **größere Wälder oder mitunter ein Bergrücken beide Gebiete durch eine bestimmte Schranke trennen**." So berichtet der Biograph Karls des Großen um 800. Diese Beschreibung gilt genau für den Remscheider Raum. Lange Zeit war er rundum abgeschlossen durch schwer zugängliche Waldgebiete und die tiefen Talschluchten von Morsbach, Eschbach und Wupper. Im Schutze dieser natürlichen Grenzen entwickelten sich zwangsläufig Besonderheiten, sprachliche Eigentümlichkeiten, die sich von anderen Städten unterscheiden. Der Remscheider Sprachforscher Dr. Erich Mengel kommt sogar zu dem Ergebnis: „Das bergische Land ist eine der ältesten und archaischsten Dialektlandschaften des deutschen Sprachraums überhaupt." (1987)

Der tiefe Einschnitt des Wupper-Grabens

Sprachlich gesehen liegt das Remscheider Gebiet **eher in einer Randlage**, in der sich **zwei verschiedene Spracheinflüsse** gemischt haben, ein **niedersächsisch-westfälischer** und ein **fränkisch-rheinischer**. „Die ältesten …Bestandteile unseres mundartlichen Wörterbuchs weisen eindeutig nach Norden und Osten", demzufolge sind sie es, die im bergischen Wesen und im Remscheider Platt die deutlichsten Spuren hinterlassen haben. Im Blick auf weitere Einflüsse sagt Mengel: „Bei der Erkenntnis bergischen Wesens darf… nicht unterschätzt werden, daß das alte Berg ein Uferstaat des Rheins war und daß das Bergische Land weithin im Schatten des Kölner Domes liegt. Seit jeher ist der Rhein die wichtigste Handels- und Verkehrsstraße Europas… Alle Wasser des Bergischen fließen zum Rhein, das Gesicht des Bergischen Landes schaut nach Westen, seit jeher stand es darum allen Einflüssen offen, die auf dem Rhein und über den Rhein aus fernen und fernsten Kultur- und Handelszentren heranrollten…" Wenn sich dieser rheinische Einfluss auch wie ein Firnis über unseren Sprachraum gelegt hat, so hat der sächsische doch das Übergewicht. „Es ist geradezu ein Wunder, dass das Bergische Land seine Eigenarten im Volkstum, im Brauchtum und in der Mundart unter dem unablässigen und übermächtigen Druck von Köln zum mindesten in seinem Kerngebiet, der Wupperhaube, überhaupt bis heute erhalten konnte." (Mengel)

Die eigentliche fränkisch-sächsische **Sprachgrenze** verläuft jenseits von Eschbach und Wupper, wo schon im benachbarten Wermelskirchen das Rheinische viel deutlicher zu spüren ist. Bei uns, in der Randlage „zwischen den Kulturen", in einem langen und bis zu 20 km breiten Schlauch, der die gesamte Wupperhaube mit Lennep, Lüttringhausen, Ronsdorf, Remscheid und Cronenberg umfasst, hat sich ein mehr oder weniger gemischter Dialekt erhalten, eine „von Ort zu Ort verschieden getönte Mischung rheinischer und westfälischer, fränkischer und sächsischer Elemente." (Mengel)

Natürlich haben Menschen, die hier in unterschiedlichen Berufen Fuß gefasst haben, weitere **individuelle Akzente** gesetzt. So konnten Remscheider **Schmiede**, in der Regel einfache und von Berufs wegen in gröberen Strukturen denkende Menschen, sich in dieser eher westfälisch geprägten Sprache gut wiederfinden und dieser ihrerseits ihren Stempel aufdrücken. Das schlägt sich nieder in einer oft derben Ausdrucksweise, geprägt von allerlei Kraftausdrücken.

Dagegen dachten die **Weber bzw. Bandwirker**, die mehr im Raume Lennep und Lüttringhausen zu Hause waren, von Berufs wegen nicht so drastisch. Am meist häuslichen Webstuhl hatten sie mehr Zeit nachzudenken, konnten feinfühligere, oft auch religiöse Gedanken spinnen. Das färbte auch auf den Dialekt ab. Einige Beispiele auf der folgenden Seite mögen das verdeutlichen.

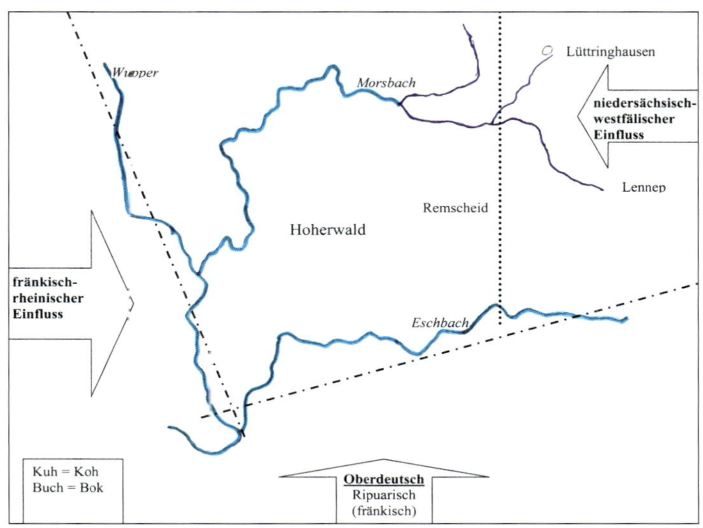

Schmiede in Remscheid

Nach schweren Arbeitswochen: endlich einmal Feierabend/Osterspaziergang

Wenn no des Wengtersch langen Dagen
Die Frühjohschsonn wihr Blüht on Blahder drehft,
Kann mer die Stuhwenlouht nit guht verdragen,
Jedwedderiener ongähn te Hiehmen bliehft,

Wenn en so nette Dag die Pohschdag fallen,
Wieht troppwehs en ten Böschen passelackt,
Mer sütt dann ganze Karawanen wallen,
Aen Uhtflog wieht no hie on do gemackt,

Der Eng thüt met denn Blagen, bis tum Jöngsten,
Tum Bretzelnkoffe no der schiwen Burg,
Aen anger Tröppken busselt raff no Möngsten,
Schnitt do mern Kahn die Wopperwellen durch,

Buchholzen an der Thalsperr wieht bie Thieden,
Subaul der iehschte Eimer Melk alt kömmt,
Belästigt van denn Suhmerwanderlüden,
Van denn he för sing Melk die Groschen nömmt.

Bergischer Dialekt von A-Z

Kleine Auswahl vom Dialekt geprägter Ausdrücke, deren derber, auch eigenwilliger Ursprung zu einem Teil sicherlich bei den Männern in den Hämmern, Kotten und Mühlen zu suchen ist oder am Webstuhl:

Arbetsgemak .... *Werkstätte*
Aultrüscher .... *Althändler/in*
Bestenmuoder .... *Großmutter*
Brölldöppen .... *Nachtgeschirr*
Chresbuomkeäze ..... *Weihnachtskerze*
Donnerkiel .... *Fluch*
Drietlepel .... *Schöpflöffel für Abort*
Enkels .... *Tinte*
Enonger .... *Mittagsschlaf*
Fi‘emelte .... *Feuersalamander*
Flabes .... *alberner Mensch*
Gatau .... *Bandwirkerstuhl*
Gerespels .... *Bett*
Hömpel .... *Durcheinander*
Höttenbromm .... *Stubenhocker*
I'edäm .... *Schwiegersohn*
Ipekrätzer .... *schlechter Mensch / Wein*
Jöcksteät .... *unruhiger Mensch*
Jütte .... *allg. Bez. fürs weibl. Geschlecht*
Klandies .... *Genosse*
Kossmüter .... *Essgeschirr*
Kriiönselte .... *Stachelbeere*
Laban .... *langer Mensch*
Lappasch .... *feiger Mensch*
Muffzoppe .... *heftige Auseinandersetzung*
Muken .... *großer Brocken*
Naukuomes .... *Kleinigkeitskrämer*
Öätschen .... *Örtchen / Abort*
Ömmes .... *jemand*
Plätschbarbes .... *barfüßig*
Pöngel .... *Bündel*
Quaaterfott .... *Jammerlappen*
Quällmann .... *Pellkartoffel*
Rappelschöttel .... *poltrige Frau*
Reenränn .... *Dachrinne*
Salbederen .... *törichtes Zeug reden*
Schlappsack .... *nachlässiger Mensch*
Schmettenknüösel ... *Schmiedelehrling*
Stromer .... *Landstreicher*
Ti'emeltopp .... *Baumspitze*
Tölpes .... *unbeholfener Mensch*
Uoler .... *Speicher*
Üöwerfli'eger .... *sehr begabter Mensch*
Versenn .... *Irrtum*
Vertögerenk .... *Verzögerung*
Wahsdom .... *Wachstum*
We'it .... *Mädchen*
Zöbbel .... *Mensch ohne Entschluss*
Zoppe .... *breiige Suppe*

Bandwirker in Lüttringhausen

Krach em Paradies (Lüttringhauser Mundart)

Kum wor de irschte Mensch gemakt,
kum wor he warm em Paradies,
do feng he an to muulen, un seit:
„Der ganze Kroom es mies,
mer löpt heröm so sonder Glieken.
Dat Äppel on dat Bieren eten
werd mer met de Tied soo lied.
Mer möss en Kompeneismann han,
dann kön mer alt jet angersch fangen aan,
un tesamen Mühlenstrieken.“

Us Herrgott kreg dat kum te Ohren,
dat de Adam so röm knurrt.
Es deit garnech lange duuren,
bes he dem Adam in den Rebben purt.
He trock et Eva ruut tem Leven.
Dat Look, wo he em Adam drenn gewühlt,
kleeft he widder tu,
sös hät der Adam sech verküllt.

Wie der Adam nu dat Eva süt,
froog he alt glieken:
„Kass du ok Mühlenstrieken“?
„Dat muts du weeten, van dem Boom,
der meeden in dem Gaaren stieht,
darfs du nix eten!“
Et Eva seit: „Ek wellt mer merken.“
Doch wor em dat nech reit em Sinn.
En paar Dag drop schloog et met der Härken
medden in de Äppel rinn.

Den Adam wusst et te verführen.
Dat he ook in den Appel beet.
Do is nu nech mier völl te sage.
Us Herrgott schmeet se ut dem Garen.
Nu köchet pudelnackt op der Strooten ston,
un in den Dagluun gon.

3. Herrscher kommen und gehen. Geschichte und Geschichten aus 1000 Jahren

1. In den Armen des Deutz-Gaus

1. Zwischen Abhängigkeit und Unabhängigkeit

Über die Anfänge unserer unscheinbaren Dörfchen und deren Abhängigkeiten wissen wir wenig, da Urkunden nicht vorliegen. Damit sind wir weitgehend angewiesen auf Kombinationen und Rückschlüsse. So glauben Sprachforscher aus dem Namen Lennep auf eine Ansiedlung aus dem 7. oder 8. Jh. schließen zu dürfen. Andere verweisen darauf, dass die **Franken**, die gewöhnlich über Flusstäler vorgedrungen seien, sich auf diese Weise auch den Höhenrücken im Wupperviereck unter ihren Einfluss gebracht haben. Die Frankenkönige verwalteten das Land durch Aufteilung in Gaue. Lennep, Lüttringhausen und Remscheid gehörten zum **Deutzer Gau**, einem Gebiet **zwischen Agger und Wupper**. Der Gaugraf residierte auf einem Kastell in Köln-Deutz, das noch aus der Zeit Kaiser Konstantins stammte. Jeder Gau zerfiel in eine Menge **Honschaften** („Hundertschaften"). Das waren Ansammlungen von Bauernhöfen, deutlich kleiner als ein Dorf, die dem König bei Bedarf an die 100 wehrfähige Männer stellen mussten. Eine solche Honschaft muss Remscheid gewesen sein, wenngleich urkundlich erst 1555 bezeugt; sie wurde natürlich begrenzt von Wupper, Eschbach, Morsbach und Mückenbach. Im Raum Lüttringhausen gab es sogar vier Honschaften.

Es gibt auch Stimmen, die sagen, die fränkische Gaustruktur habe das bergische Waldgebiet noch nicht voll einbezogen. Auch von daher mag es sicher zutreffen, dass unser Remscheider Waldgebiet **ursprünglich von freien Bauern verwaltet** wurde, die sich im Zuge fortschreitender Besiedlung zu Markgenossenschaften zusammenschlossen. So konnten sie der unbeschränkten Waldnutzung Einzelner einen Riegel vorschieben und sich besser gegen obrigkeitliche Übergriffe wehren. Auf regelmäßigen Markengerichten waren alle Markgenossen urteilsberechtigt.

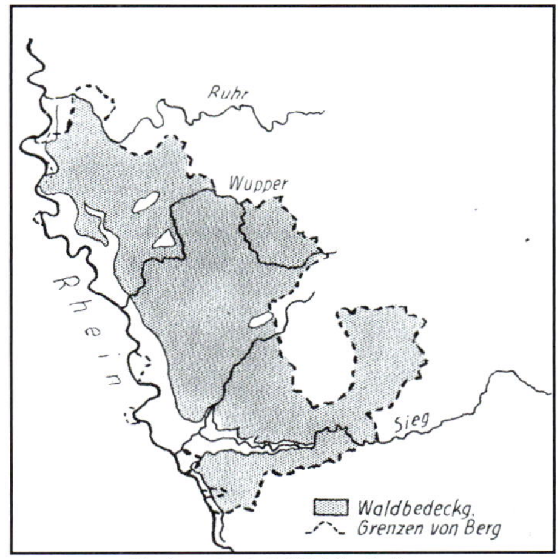

Frühgeschichtl. Waldbedeckung

2. Zwischen Grafen und Bischöfen

Kaiser Otto I. stellt neben weltlichen Herren (ihm zur Linken) auch kirchliche Würdenträger (zu seiner Rechten) gleichrangig in seinen Dienst.

Als Herrscher jener Zeit traten die **Grafen** auf. Sie standen den Gauen voran, zunächst in königlichem, seit Karl dem Großen in kaiserlichem Auftrag. Die Grafen wurden immer mächtiger und ihr Amt schließlich erblich. Deshalb suchte Kaiser Otto der Große (836-873) das Reich neu zu straffen angesichts der erstarkenden weltlichen Territorialgewalten. Dabei setzte er auf die Kirche und suchte insbesondere **Bischöfe als Gegengewicht**. Um ihnen als Partner mehr Einfluss zu geben, versah er sie reichlich mit Schenkungen. So kam es, dass die Kölner Erzbischöfe mit den weltlichen Herren **rivalisierten**, bis Erzbischof Anno (1056-1075), auch selbst im Umgang mit der Gewalt nicht gerade zimperlich, die Oberhand gewann.

Erzbischof Anno von Köln nutzt die gewonnene Position zum Vorteil der Kirche.

Für den Kölner Erzbischof, ohnehin im Reich nach dem Kaiser der mächtigste Mann, bedeutete sein Sieg, dass er nun seinerseits Untergrafen belehnte (eher im Rang von Verwaltern). Darunter waren für den Deutz-Gau die Grafen von Berg. Es war übrigens die Zeit, da die Kirche so mächtig wurde, dass es sich der Papst herausnehmen konnte, sogar über den Kaiser den Bann zu verhängen, wodurch sich dieser gezwungen sah, in Canossa im Büßergewand zu Kreuze zu kriechen (1077).

3. Der Fronhof von Remscheid

Bevor die Grafen von Berg in Remscheid Fuß fassen konnten, lag dieses Gebiet wahrscheinlich im Einflussgebiet der **Grafen von Hückeswagen**. Übrigens auch die Herren von Lennep dürften ursprünglich wohl Dienstmannen dieser Grafen gewesen sein. Demzufolge muss es bereits unter ihnen hier im Remscheider Waldgebiet einen Fronhof gegeben haben, den die Grafen von Berg später übernehmen konnten.

Im frühen Mittelalter war umfangreicher **Grundbesitz die Grundlage für Wohlstand**. Er sicherte seinen Besitzern und ihrem Gefolge den ihnen zustehenden Lebensunterhalt. Das Land wurde zu Lehen weitergegeben und dafür wurden Abgaben verlangt; diese zog man, in der Regel in Naturalien, über Fronhöfe ein. Den Kern eines Fronhofverbandes, meist von der Größe eines Kirchspiels, bildete der Herrenhof.

Wo dieser **Fronhof in Remscheid** gelegen hat, ist nicht mehr genau zu lokalisieren, wohl an einem Quellteich (am „alten Pohl") in der Nähe der späteren Dorfschule nahe der heutigen Stadtkirche. Zum Herrenhof gehörte das **„Salland"**, das dem Herrn zum Eigenanbau vorbehalten war, wobei ihm die umliegenden Bauern helfen mussten. Zur Zeit seiner größten Ausdehnung reichte das vom Holscheidsberg bis zum Handweiser. Die besten Äcker lagen nordwestlich der Stadtkirche, dazu im Bereich des heutigen Stadtfriedhofs, der Nord- und Bismarckstraße und im Tal von Dorfmühle bis Unterführung, wo es auch Fischteiche gab. Die **Bauern der Umgebung** mussten für das ihnen verliehene Land neben Feld-, Wiesen- und Waldarbeiten auf dem Herrengut auch Abgaben über den Fronhof entrichten. Auch gab es dort ein **Hofgericht**, das alle Angelegenheiten im Fronhofsverband regelte.

4. Eine eigene Kirche auf dem Herrenhof

Auf dem Grund und Boden des Fronhofes gab es im 11. Jh., vielleicht sogar schon seit der Jahrtausendwende, ein kleines Kirchlein. Das entsprach ganz einem im Mittelalter aufgekommenen Brauch, der im 9./10. Jh. seinen Höhepunkt erreichte. Demzufolge errichteten **Grundherren, meist Laien**, z. B. auch örtlicher Adel, auf privatem Grund so genannte „Eigenkirchen". Damit hatten sie dann das Recht, die Pfarrer ein- und abzusetzen, sogar ohne Bewilligung des Bischofs. Auf der andern Seite mussten sie aber auch für die Kosten von Kirche und Seelsorge aufkommen. Dafür betete man dort auch noch nach ihrem Tod für ihr Seelenheil.

Bei Grabungsarbeiten im Sommer 1979 stieß man in der Remscheider Stadtkirche auf die **Fundamente dieses ersten Kirchleins**. Es war eine bescheidene Saalkirche mit einem kleinen Rechteckchor. Wir dürfen hier also einen örtlichen Mittelpunkt sehen für die geistliche Versorgung der Landbevölkerung.

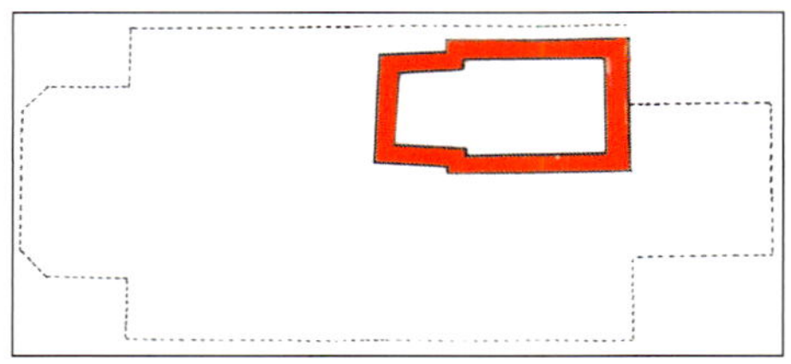

Grundriss des ersten Kirchleins. Es lag einst im hinteren Teil der heutigen Stadtkirche. Der Gemeinderaum war gerade mal sechs Meter breit und gut acht Meter lang, Dazu kam ein vier Meter tiefer Chorraum.

5. Der sagenhafte Silberschatz im Fronhofsverband

Es war einmal ein Mann ohne Arbeit, der suchte **im Reinshagener Wald** nach Beeren und fand unter einer Felsenklippe eine Menge schwärzliche Münzen, vermutlich im Jahre 1930. Was da verbuddelt war, stopfte er sich in die Taschen. Doch es war zu viel, **fast 1400 Münzen**, und er musste mehrmals gehen, um sie heimzutragen. Er ahnte nicht, dass er den vielleicht bedeutendsten, größten und ältesten Münzfund des Bergischen Landes gemacht hatte. Als ihn jemand kurz nach 1084 hier vergrub, hätte man dafür 50 Ochsen kaufen können oder 2700 Zentner Getreide! Der Ahnungslose wusch seinen Fund mit Seifenlauge und legte ihn erst mal beiseite. Eines Tages las er dann in der Zeitung: Ein Händler aus Hamburg sucht alte Münzen. Also verhökerte er seinen Schatz, und der Münzhändler brachte ihn **in den Handel**, mit ärgerlichen Folgen. Der spitzfindige Leiter des Remscheider Heimatmuseums, Dr. Rees, kam der Sache auf den Grund und alarmierte die Hamburger Polizei. Die Geldstücke, soweit sie nicht schon an Sammler verkauft waren,

wurden beschlagnahmt. 350 Münzen fanden 1935 nach Remscheid zurück, von denen heute noch etwa **200 im Historischen Zentrum** vorhanden sind.
Beim Reinshagener Silberschatz handelt es sich um 20 unterschiedliche Prägungen aus Soester, Dortmunder, Duisburger und Kölner Münzstätten. Die allermeisten aber stammen aus Westfalen. Die aus Köln müssen noch zur Zeit des Kölner Erzbischofs Anno im Umlauf gewesen sein, der erstmals die Grafen von Berg mit dem Deutzgau belehnt hat.
Wer diese hochwertigen Einheitsmünzen unter den Reinshagener Bäumen versteckt hat, ist bis heute nicht geklärt. Sicher hat man sie nicht zum alltäglichen Einkauf benutzt, denn Getreide und was für Haushalt und täglichen Bedarf nötig war, erwarb man sich damals eher durch Tauschhandel. Wahrscheinlicher ist es deshalb, dass diese Silbermünzen im Groß- und Fernhandel eingesetzt wurden. Die Kölner, Dortmunder und Soester Prägungen verweisen auf die alte über diese Städte führende Handelsstraße nach Norden. Der Schluss liegt nahe, dass damals bereits bei Reinshagen ein wie auch immer gearteter Weg von Solingen her über die Wupper zu der alten durch Lennep führenden Handelsstraße bestand.

Die Vorderseite der „Kölner Ottonen": In einem Kreis von Perlen ein Kreuz (es geht auf Karl den Großen zurück). In jedem Winkel des Kreuzes befindet sich je eine Kugel. Die Umschrift lautet: +ODDO+IVIRHNA (= OTTO IMPERATOR). Das Münzbild bezieht sich auf Otto II. (973-83) und Otto III. (983-1002).

*Die Burganlage der Bergischen Grafen, hoch über dem Tal der Wupper, wie sie sich später zu „**Schloss Burg**" entwickelt hat.*

2. Grafen unterwegs vom alten Berg zum neuen Berg (1101-1225)

1. Die Grafen vom „Alten Berg“

Die Grafschaft Berg ging aus kleinstem Allod (lehnsfreies Vermögen) hervor. Die **Stammburg** des Geschlechts lag auf einem kleinen **Berg an der Dhünn**, südwestlich des Altenberger Domes. Heute gibt es von der Keimzelle des späteren Bergischen Landes kaum noch etwas zu sehen; die spärlichen Reste sind von Gestrüpp überwuchert.

Die Vorfahren des Geschlechts, die höchstwahrscheinlich **aus dem Westfälischen** kamen, wurden um die Jahrtausendwende erstmals als Vögte erwähnt.

1068 versah ein Spross der Familie, mittlerweile Vogt der Abteien von Deutz und Werden, seinen Namen Adolf mit dem Zusatz: „vom Berge“ (latinisiert: „de Monte“). Um 1080 wurden in seinem oder seines Nachfolgers Namen dann bereits Silbermünzen geprägt mit der Aufschrift „ADOLPHUS COMES DE MONTE". Damit überging das Geschlecht einerseits das nur dem Erzbischof zustehende Recht, Münzen zu schlagen, zudem beanspruchte es für sich den Grafentitel (Comes). 1101 wurde dieser ihm dann hochoffiziell zuerkannt, mit kaiserlicher Urkunde.

Der alte Burgberg liegt ganz in der Nähe des heutigen Domes, in südwestlicher Richtung, jenseits und etwas oberhalb der Autostraße. Um 1980 hat man dort Ausgrabungen vorgenommen und alte Mauerreste freigelegt.

Mit **Adolf I. von Berg** (1101-1106) beginnt demzufolge die Zählung der Grafen von Berg. Mit ihm öffnet sich im Ahnensaal von Schloss Burg der Stammbaum des stolzen Geschlechts, der dort im Bild gar auf Adam und Eva zurückgeführt wird. Das **Wappen** der Berger Grafen, das sie schon um 1100 als Reiterzeichen getragen haben, ist ein Doppelzinnenbalken, der an eine wehrhafte Burg erinnern soll. (Bild links)

2. Der Aufstieg zum „Neuen Berg“

Sein Sohn und **Nachfolger Adolf II.** (1115-1160) suchte zu seinem westfälischen Besitz auch das hiesige Gebiet einzugliedern. Um seine „**Hausmacht**“ zu stärken, machte er weniger starke Lehnsherren zu Vasallen, erwarb Eigengüter und sicherte sich Vogteirechte und Waldgrafschaften.

Im Jahre 1118 entschloss er sich, die alte Stammburg im abgeschiedenen Altenberg aufzugeben. Ein **idealer Standort für seine „Neue Burg“** (novum castrum) war ein Bergsporn hoch über der Wupper, wo sich vermutlich schon eine befestigte, ältere Anlage bewährt hatte. Dazu lag seine neue Burg unweit des alten Handelsweges, der von Köln durch Lennep nach Dortmund führte.

Im Gegensatz zum „Alten Berg“ sprach man beim neuen Stammsitz noch lange vom „Neuen Berg“ (novus mons). Die Burg muss anfangs noch recht bescheiden ausgesehen und lediglich aus einem **Wohnturm** bestanden haben, den man verteidigen konnte. Um die Anlage lief eine Mauer, die auch eine Handwerkersiedlung schützen konnte. Doch je weiter die Grafen auf der Machtleiter emporstiegen, umso mehr gingen sie daran, ihre kleine Trutzfeste zum **Hauptschloss** auszubauen; schon seine Nachfolger, Bruder Engelbert I. von Berg (1161-1189) und dessen Sohn Adolf III. (1197-1218) erweiterten und verschönerten den Bau.

Graf Adolf II. steht auf den Zinnen seiner neuen Burg, neben ihm sein Bruder Eberhard, der Mönch geworden ist und dem er die Baupläne erläutert. (Gemälde im Rittersaal der Burg).

3. Grafen zwischen Machthunger und Frömmigkeit

Klostergründer von Altenberg

Nach dem Auszug zum Neuenberg sollte das Stammschloss auf dem Altenberg aber nicht leer stehen. Graf Adolf II., dem man tiefe Frömmigkeit nachsagt, und sein frommer Bruder Eberhard wandelten es kurzerhand in ein Kloster um, in das auch Adolf später eintrat. Die Mönche dazu suchten sie sich, ganz auf der Höhe der Zeit, unter den modernsten und engagiertesten, die sie damals in Europa finden konnten: **Zisterziensermönche** aus dem fernen Frankreich. Doch den Mönchen schien es dort oben auf der Bergburg (seit 1133 Abtei) nicht so recht gefallen zu haben, denn schon 12 Jahre später zogen sie hinunter ins Tal, wo sie sich ein neues Kloster aufbauten, dessen Konvent sich bald mehr als verzehnfacht hatte und wo 1259 dann der Grundstein zu jener großen Klosterkirche gelegt wurde, die sich heute „Altenberger Dom“ nennt.

Adolf II., Erbauer der neuen Burg, steht seit 1900 als Bronzestandbild wie ein Wächter vor dem Treppenaufgang zu Schloss Burg. Seine kriegerische Haltung erinnert daran, dass die Grafen einst von hier aus ihren Besitz zu vermehren suchten. Er selbst ist später ins Kloster Altenberg eingetreten. Es heißt, die Grausamkeiten des Krieges hätten ihn dazu bewogen.

Der Zisterzienserorden entstand um 1100 als Protestbewegung gegen die kirchliche Prunksucht, die sich damals sogar schon in den Klöstern der Benediktinermönche breitzumachen begann. Vorreiter dieser Reformbewegung war Bernhard von Clairvaux. Er sprach vom Verrat des Armutsideals und setzte den reich ausgeschmückten Klosterkirchen provokativ neue, ganz schlicht gehaltene Kirchen entgegen. Diese Aufbruchsstimmung begann damals die kirchliche Welt Europas zu erfassen.

So waren die Mönche, die in diese weltabgeschiedene Wildnis gerufen wurden, ganz im Sinne des Stifters wahre **Entwicklungshelfer**, nicht nur in Sachen Frömmigkeit. Außerdem fand das Grafengeschlecht hier nicht nur eine **würdige Grablege**, sondern auch einen Ort, wo man für seine Seelenruhe betete.

Wegbereiter zum erzbischöflichen Stuhl

Nach Adolfs Tod (1161) verloren die Grafen zwar durch Erbteilung das westfälisch-märkische Gebiet, wobei die Wupper wohl der Grenzfluss war. Doch sie mochten es verschmerzen, hatten sie sich doch auf kirchenpolitischen Wegen manchen Ersatz geschaffen. Adolfs Brüder, Eberhard und Bruno, waren ins Kloster eingetreten; der eine hatte es zum **Abt in Thüringen** gebracht, der andere gar zum **Erzbischof von Köln** (Bruno II., 1131-37). Um 1150 hatte man den erzbischöflichen Deutzgau ins Herrschaftsgebiet eingegliedert. Und noch drei weitere Male sollten die Grafen den Erzbischof von Köln stellen: Friedrich II. (1156-58), Bruno III. (1191-93) und Engelbert I. (1216-25, ab 1218 zugleich Engelbert II. von Berg), der Bedeutendste von ihnen.

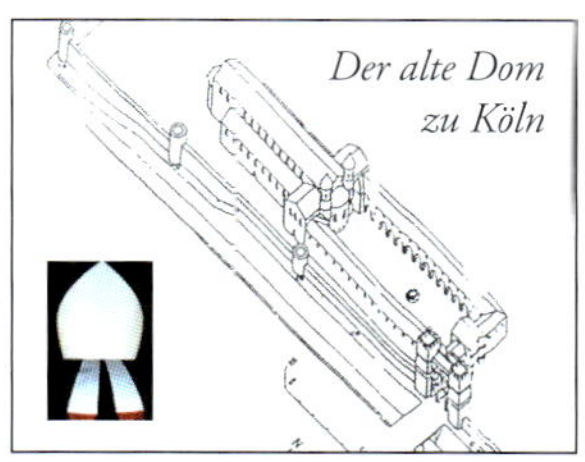

Der alte Dom zu Köln

4. Übernahme des Remscheider Gebietes

Mit der neuen Burg und dank ihres überragenden Einflusses dürften die Grafen von Berg auch Remscheid und Teile von Lennep und Lüttringhausen in ihre Hand bekommen haben. Nach einer alten Notiz war der Landesherr als „doppelter Hoffsman“ am Remscheider Hohenwald beteiligt. Sollten die Remscheider wirklich die Idee gehabt haben, den Grafen aus eigenem Antrieb in ihren Kreis aufzunehmen, um ihn als Schutzherrn **des Waldes** zu gewinnen, hatten sie aufs falsche Pferd gesetzt. Denn die Herren von Berg rissen nach und nach den ganzen Wald an sich und dazu alle angrenzenden Gemarke **bis Krebsöge**. So schufen sie sich direkt vor ihrer Haustür bequeme Jagdgründe.

Remscheid – vom Lehnsmann zum Ordensmann

Für den gräflichen **Fronhof Remscheid** mit seinen weit verstreuten Bauerngütern wird z.B. ein gewisser Arnold als grundherrlicher Beamter (Maier oder Schultheiß) genannt. Als Pächter bzw. Lehnsmann bewirtschaftete er den Herrenhof und war zuständig für die Einforderung von Diensten und die Abführung des Zehnten. Er saß auch im Namen des Hofesherrn dem Hofesgericht vor.

Lehnsherr und Abgabe von Zehnt.

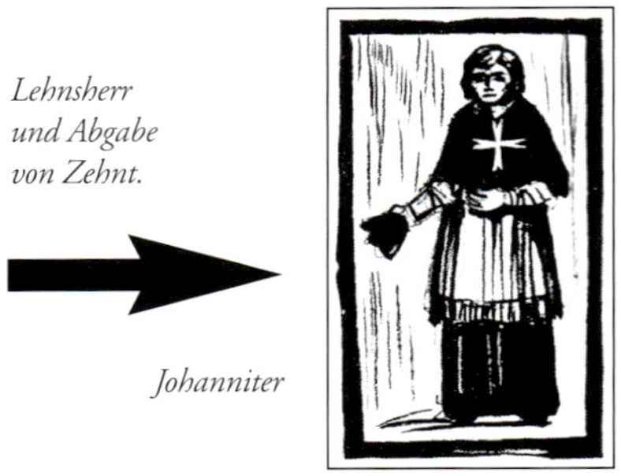

Johanniter

Der Johanniterorden
Im Zusammenhang mit dem ersten Kreuzzug (1096-99) schlossen sich einige Ritter in Jerusalem zu einer Krankenpflegebruderschaft zusammen. 1113 erklärte sie der Papst zu einem religiösen Orden, dem „Ritterorden vom Hospital des heiligen Johannes zu Jerusalem". In den Folgejahren übernahm der Orden auch Aufgaben zum Schutz der Pilger (ab 1137) und wandelte sich bis ca. 1180 zu einem geistlichen Ritterorden. Vollmitglieder verpflichteten sich zu Armut, Ehelosigkeit, Gehorsam, Armenbetreuung und Verteidigung des Glaubens. Adelige Söhne fanden hier vielfach ihre Versorgung. Deshalb war das Verhältnis des weltlichen Ritterstandes zum geistlichen Ritterorden ein sehr freundschaftliches, und es gab viele Stiftungen und Vermächtnisse, mit denen ihre wohltätigen Bestrebungen gefördert werden sollten.

1167 holte sich Graf Engelbert (1161-89) **Johanniter auf seine Burg** und traf mit ihnen auf Brief und Siegel (1173-89) Vereinbarungen. Danach erhielten die Johanniter eine **Kapelle innerhalb der Burgmauern**, deren Patron bis auf den heutigen Tag der heilige Pankratius ist, übersetzt „Alleinherrscher", ein tapferer Märtyrer aus römischer Zeit. Die Ordensbrüder, die dort Dienst taten, wo heute Kirchlein und Pfarrhaus stehen, durften die Tischgemeinschaft mit dem Grafen teilen. Der schenkte ihnen bald darauf, mit Zustimmung seiner Gemahlin, auch die kleine **Kapelle auf dem Remscheider Fronhof**, mittlerweile seine Eigenkirche, und dazu versprach er 100 Mark als Ausstattung für die Kirche und zum Unterhalt der Geistlichen. Das war eine so bedeutende Summe, dass der Graf mit der Auszahlung überfordert war und sie umwandelte in eine Jahresrente von 6 Mark aus den Erträgen des Fronhofes und ihnen den dritten Teil des Zehnten zur Ausstattung der Kirche überließ. Mit der Zeit kamen weitere Stiftungen dazu, so ein Bauerngut in Haddenbach, drei weitere Güter und eine Mühle. Sein Sohn und Nachfolger Adolf III. (1189-1218) bestätigte nochmals all diese Vereinbarungen (1217), um dann im Zeichen des Kreuzes zu einem Kreuzzug ins Heilige Land aufzubrechen, wo er, wie schon sein Vater fast 20 Jahre zuvor, im Kampf sein Leben lassen musste.

Etwa um 1200 wurde Remscheids Fronkirche durch einen Neubau ersetzt. Er hatte die Form einer **romanischen Basilika** und war fünfmal so groß wie die alte Kirche. Mit ihrer Größe wuchs das Selbstbewusstsein, und über ein halbes Jahrhundert später wurde sie als Pfarrkirche unter den Johannitern selbständig. Wohl abgetrennt aus der Großpfarrei Wermelskirchen, vielleicht auch aus Lüttringhausen, erhielt sie den fest umrissenen Sprengel im Zehntbereich des alten Fronhofes. Bis 1351 nahmen die Johanniter den dem Orden zustehenden Kirchenzehnt vom **Wiedenhof** aus ein. Dann verkaufte ihnen ein Ritter Johann von Hoengen seinen Hof **Stachelhausen**, der fortan als Sammelstelle zum Haupthof wurde. Die Johanniterstraße, die heute von der evangelischen Stadtkirche zur katholischen Suitbertuskirche führt, hält die Erinnerung an die Ordensbrüder fest, die bis zur Reformation die Remscheider Seelsorge ausübten. Der alte Hof Stachelhausen lebt in einer Straße und einem ganzen Stadtteil weiter.

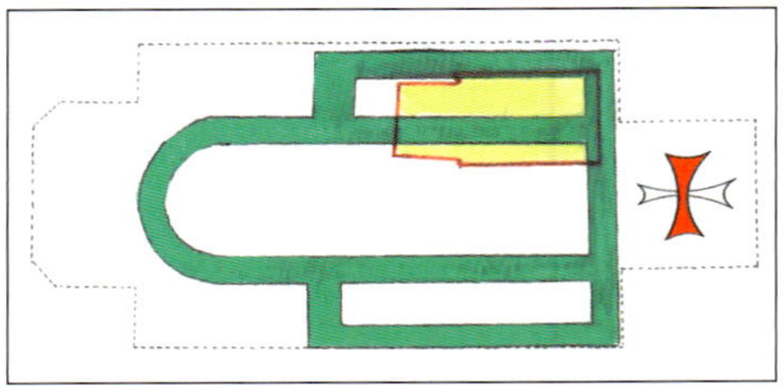

Um 1200 erbauten die Johanniter eine romanische Kirche (grüner Grundriss), in der über 500 Jahre in Freud und Leid gebetet und gesungen wurde.

Lüttringhausen und Lennep – unter gräflichem Dach

Gegen Ende des 12. Jh. kamen auch die **Fronhöfe von Lüttringhausen und Lennep** in die Hände der Bergischen Grafen. So konnten diese die einzelnen Hofsgenossenschaften unserer Region, je in sich geschlossene Wirtschaftseinheiten, unter einem Dach vereinigen und ihre Landesherrschaft Zug um Zug ausbauen.

Damals gab es in **Lennep zwei Herrenhöfe**, deren Salland (zum Fronhof gehörender Streubesitz) jedoch eine Einheit bildete. Der alte Fronhof, „Bongartshof" genannt, ursprünglich auch eine Herberge an der alten Handelsstraße, blieb nach wie vor Haupthof und war der Sitz des Wirtschafters. Im zweiten hatte der Dorfherr neuen Wohnsitz bezogen; er lag im Ursprungssumpf einer Lennepequelle und führte den Namen „Weyerhof". Die Straßenbezeichnung „Am Weyerhofsfeld" an der Hackenberger Straße erinnert heute noch daran.

Wie auch in Remscheid, gehörte zum Herrenhof eine **Hofeskapelle**. Wenn sie auch nur eine Nebenkapelle im Lüttringhausener Pfarrverband war, machte sie doch aus den Lenneper Weilern ein Dorf. Die am Lüttringhauser Herrenhof stehende Kapelle dagegen war bereits Anfang des 12. Jh. zur Pfarrkirche erhoben worden.

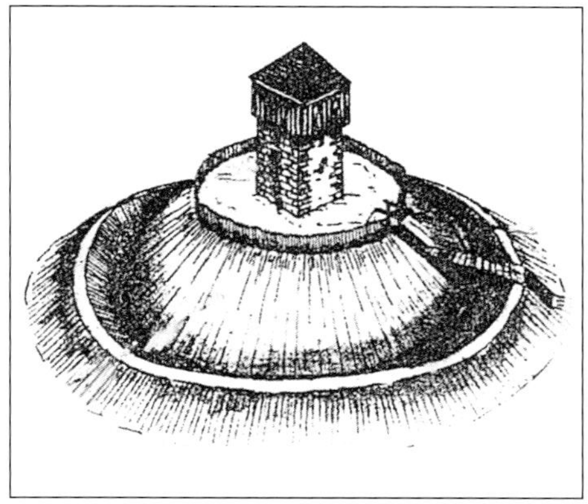

Die Herrenhöfe waren befestigte Anwesen. So könnte z.B. der Weyerhof zu Lennep ausgesehen haben: eine von Wasser umgebene Erdaufschüttung, umgeben von einem Palisadenzaun, in der Mitte ein Wohnturm.

5. Blütezeit unter Engelbert II. – gleichzeitig Graf und Erzbischof

Die Grafen von Berg verstanden ihr Schifflein sicher durch die Strömungen der Zeit zu steuern. Je nach den Machtverhältnissen änderten sie die Haltung. Adolf und Engelbert waren treue Gefolgsmänner des Kaisers. Adolf III. (1189-1218) hielt es mehr mit dem Kölner Erzbischof. So schufen sie sich aus den verschiedensten Besitzungen ein einheitliches Gebiet bis an den Rhein.

All seine Vorgänger überragte **Engelbert II.** Bereits mit 31 Jahren wurde er Erzbischof von Köln (1216). Mit 33 Jahren übernahm er die Grafschaft Berg (1218), nachdem sein älterer Bruder auf einem Kreuzzug gefallen war. Drei Jahre später machte ihn Friedrich II. zum Reichskanzler (1221), dann zum Vormund und Erzieher seines Sohnes Heinrich III., den Engelbert 1222 in Aachen zum König krönte. Damit war er der mächtigste Mann nördlich der Alpen, denn der Kaiser residierte weit weg in Unteritalien.

So lag es nahe, dass ein Mann mit solcher Ämterfülle die Burg über der Wupper zu einer repräsentativen Hofburg mit prächtigem Palast ausbaute, zugleich aber auch zu einer uneinnehmbaren Festung, einer der größten Burganlagen in Westdeutschland. Das Volk liebte und verehrte ihn, weil er den Bedrängten beistand gegen die Machtgelüste der Großen. Doch beim **Adel in Deutschland** hatte er sich mit Durchsetzungskraft und neuen Ideen viele Feinde gemacht, weil er ihnen zu groß und mächtig wurde.

Das größte Problem erwuchs ihm aus dem **Kreise der eigenen Verwandten**, denn die Familie warf ihm vor, dass er die Herrschaft über die Grafschaft Berg nicht rechtmäßig an sich gebracht habe. Denn von Rechts wegen hätte, nachdem sein Vorgänger und Bruder Adolf III. im fernen Ägypten auf einem Kreuzzug gefallen war, dessen Tochter Irmgard die Nachfolge antreten müssen, die wiederum verheiratet war mit dem Herzog von Limburg (htg. Niederlande). Hinzu kam, dass Engelbert sich Ärger einhandelte, als er einen beträchtlichen Teil aus dem Familienvermögen zum Bau eines von ihm geplanten neuen Kölner Domes ausgeben wollte. Ein Komplott gegen ihn bahnte sich an.

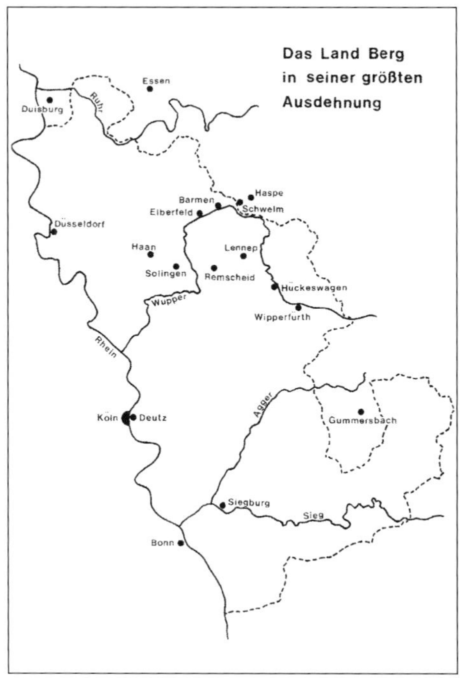

Ein hinterhältiger Mord

Es war am 7. November 1225, einem trüben Tag. Engelbert war auf der **Rückreise von Soest nach Köln**. Etliche Begleiter waren vorausgeritten. Hinter den Büschen an einem Hohlweg bei **Gevelsberg** lauerten die 35 Verschwörer und stürzten sich von den Höhen auf die Ahnungslosen, unter ihnen sein eigener Vetter, Friedrich von Isenberg, Anführer und Haupttäter in diesem ungleichen Kampf. Engelbert hatte keine Chance. **Bis heute wird noch darüber gestritten**: Sollte er nur gefangen genommen werden, um ihn dann gegen ein hohes Lösegeld und um den Preis von Zugeständnissen wieder freizulassen? Oder wollte man ihn endgültig aus dem Weg schaffen, da er zu mächtig geworden war?

Ein moderner Roman über Engelbert beschreibt den Überfall auf den Erzbischof:

Bevor Engelbert antworten konnte, gellte ein Pfiff durch den Wald, dass einige Pferde hochstiegen. Gleichzeitig hob ein Geheul an, als seien tausend Teufel los. Von allen Seiten brachen Bewaffnete aus dem Gebüsch….

„Schlagt ihn nieder, den Räuber, der die Edlen ihres Erbteils beraubt…!"

Engelbert sprang aus dem Sattel seines Zelters und schwang sich auf sein Streitroß. Nur auf dem kampferfahrenen Tier würde er eine Chance haben. Kaum saß er im Sattel, spürte er einen stechenden Schmerz. Einer der Angreifer hatte ihm einen Dolch in den linken Oberschenkel gestoßen. Engelbert ritt den Mann nieder...

Der größte Teil des Trosses steckte im Hohlweg fest. Auf der engen Kreuzung der beiden Wege drängte sich ein Dutzend Reiter, wovon genau die Hälfte zu Engelbert stand…

Mann gegen Mann hätten sie sich gewiß behaupten können, aber gegen die Angriffe der bewaffneten Kämpfer zu Fuß waren sie machtlos. Wie Ameisen, die über einen Käfer in Rückenlage herfallen, quollen die Angreifer in immer neuen Wellen aus dem Unterholz….

Dann wurden einem der Leibwächter … beide Unterschenkel abgetrennt und er stürzte vom Pferd. Als er zwischen die Angreifer fiel, wurde er regelrecht in Stücke geschlagen. Auch den zweiten Leibwächter zerrten sie vom Pferd und zerschmetterten ihm mit einem Morgenstern den Schädel. Die Meute war im Blutrausch….

Plötzlich zwängte sich ein weiterer Reiter durch den Pulk…. Die eigenen Leute niederreitend, lenkte er sein Pferd an Engelberts Seite, richtete sich im Sattel auf und sprang den Erzbischof an. Gemeinsam gingen sie zu Boden.

Engelbert kam schneller wieder auf die Beine, war aber hilflos angesichts der Übermacht um ihn. Ihm wurde die rechte Hand abgeschlagen. Seines Schwertes beraubt, konnte er sich nur noch mit dem Dolch in seiner Linken zur Wehr setzen...

„Schlagt ihn tot, den Hund!" kreischte von Isenberg...

Bodennebel lag wie ein Leichentuch über dem Schlachtfeld.

Im Hohlweg türmten sich die Leichname und verstopften ihn wie Unrat eine Abflussrinne…

Engelbert lag in einer Lache geronnenen Blutes. Sein Leib war übersät von Verletzungen. Hieb-, Stich- und Schnittwunden reihten sich in unvorstellbarer Dichte aneinander. Sein Schädel war zertrümmert und das Gesicht fast bis zur Unkenntlichkeit zerschlagen.

Aus: Der Bastard von Berg. Ein Kriminalroman aus dem Mittelalter, Edgar Noske, Köln 2004, S. 281-283

Am folgenden Tage wollen seine Getreuen den Leichnam in die Burg bringen. Sie können es nicht fassen, dass die Zugbrücke hochgezogen und Mauern und Türme mit Soldaten des Heinrich von Limburg (verh. mit Irmgard, Tochter von Engelberts Bruder Adolf III.) besetzt sind, der die Burg bereits in seine Gewalt gebracht hat und den Einlass verweigert.

(Bilder aus dem Rittersaal Schloss Burg)

Das Entsetzen in Deutschland war groß. Friedrich von Isenberg, sein Vetter und Haupttäter, wurde gefangen. Auf ihn wartete die grausamste Strafe, die man sich im Mittelalter denken konnte. Er wurde gerädert. Sein bedauernswertes Opfer Engelbert aber hat bis heute sichtbare Spuren hinterlassen.

Das Herz schlägt in Altenberg
Von seiner Burg, die dem Leichnam Engelberts die Tore verschlossen hatte, brachte man ihn zur Familiengrablege nach Altenberg. Dort entnahm man ihm das Herz und begrub es im Zentrum der Kirche. So fand ein Teil von ihm, dem Letzten seines Geschlechts, im Kreise seiner Vorfahren im Dom zu Altenberg seine letzte Ruhe.

Der „abgekochte" Erzbischof ruht in Köln
Den Leichnam selbst brachte man von Altenberg zum Dom von Köln, zu dessen Neubau Engelbert einst die Idee hatte. Um die Gebeine möglicht gut für alle Zeiten zu erhalten, hat man den Leichnam regelrecht abgekocht. Bis heute kann man an den Knochen die Spuren des Kampfes erkennen. Über 35 Schwerthiebe haben sich in sie eingegraben. Im Chorumgang des Domes gab man ihm eine eigene Kapelle und stellte darin seinen Sarkophag auf. Später, als man seine Heiligsprechung betrieb, wurden die Gebeine in einen kostbaren Schrein umgebettet, der heute in der Domschatzkammer seinen Platz gefunden hat. In Remscheid erinnert die Engelbertstraße an ihn.

Der Graf reitet auf Schloss Burg
Vor seiner Burg, die er als Ausweis seiner Macht, zu einem richtigen Schloss ausgebaut hatte, steht in stolzem Glanze sein Reiterstandbild.

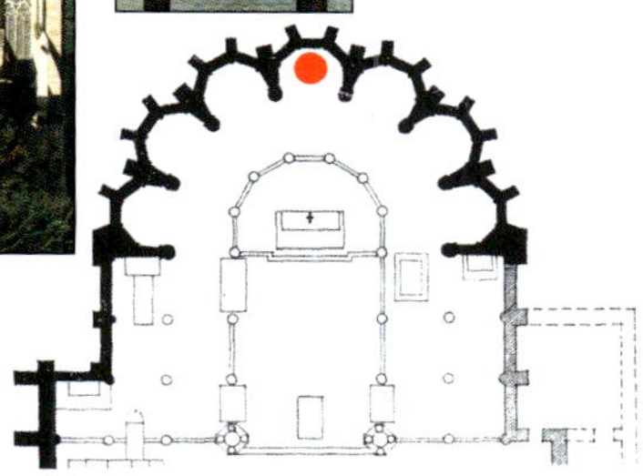

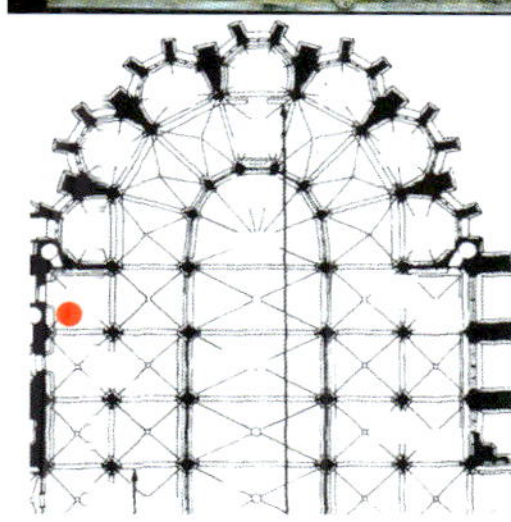

St. Engelbert, Remscheid

Der umstrittene Heilige – auch in Remscheid
Wenngleich für die Menschen seiner Zeit ein Hoffnungsträger, war Engelbert doch mehr ein Politiker. Dennoch wurde er bald als Märtyrer heiliggesprochen, und im Dreißigjährigen Krieg als Schutzpatron der katholischen Liga verehrt. Im Erzbistum Köln haben ihn vier Kirchengemeinden zum Patron erwählt, so in Köln-Riehl, Leverkusen-Pattscheid, Solingen-Mangenberg und die Filialkirche St. Engelbert in Remscheid-Vieringhausen: Sie ist die jüngste von allen und liegt zugleich dem Geburtsort des Patrons am nächsten. (Bild links)

Die Erben in der Verwandtschaft warten schon
Mit der Ermordung Engelberts war die männliche Linie des Bergischen Grafengeschlechts erloschen und musste in weiblicher Linie fortgeführt werden. Erbin war Irmgard von Berg, die Nichte Engelberts. Diese war verheiratet mit Herzog Heinrich von Limburg, der damit die Grafschaft übernehmen konnte (1225-46). In der Ahnengalerie von Schloss Burg wird die Verbindung anschaulich dargestellt. (Bild rechts)

3. Grafen aus dem Haus Limburg übernehmen Berg (1225-1348)

1. Ein neues Wappen für das Land

Das Haus Limburg hatte seinen Besitz im Gebiet zwischen Aachen und Maas. Es brachte dem Bergischen Land ein neues Wappentier: den **Löwen mit zweifachem Schweif**. Auch die heutige belgische Provinz Limburg zeigt noch den roten, allerdings goldgekrönten, zweischwänzigen Löwen mit goldenen Krallen im silbernen Feld. Im Bergischen wird er ebenfalls rot auf weißem (silbernen) Grund dargestellt, doch Krone wie Zunge und Krallen, die Attribute der Wehrhaftigkeit, sind blau.
Die **älteste Abbildung** des doppelschwänzigen Löwen finden wir auf einem Siegel des Grafen Adolf VI. von Berg (1308-48) vom 6. Juli 1308. Er hat es in dieser Form endgültig eingeführt, nachdem die Hauptlinie der Limburger ausgestorben (1297) und das Wappen frei geworden war.

Warum nur hat der Löwe **zwei Schwänze**? Wir können nur vermuten. Möglicherweise haben die Limburger Herzöge das Wappen gewählt, als sie 1214 auch Grafen von Luxemburg wurden. Luxemburg führte ebenfalls einen Löwen im Wappen. So könnte sich die Vereinigung beider Herrschaften in dem Löwen niedergeschlagen haben.

2. Suche nach Freunden in schweren Zeiten

Der neue Graf Heinrich von Limburg (1225-46) startete mit einer mehr oder weniger **schweren Hypothek**. Er war nun einmal zutiefst in die Erbstreitigkeiten verstrickt. Jetzt an die Macht gekommen, stand er in der Schuld bei seinen **getreuen Kampfgefährten** und musste ihnen, die möglicherweise eine Geste des Dankes erwarteten, weiterhin ein verlässlicher Partner sein. Auf der anderen Seite war sein **Verhältnis zur Kirche** gespannt. Er war schließlich der Schwager des Mörders Isenberg, und das Erzstift Köln gab ihm am Tode ihres Bischofs eine heimliche Mitschuld. Deshalb musste er alles dransetzen, mit der Kirche Frieden zu schließen. Und schließlich drohte ihm im Zug der märkisch-isenbergischen Fehde auch noch **von Osten Gefahr**; denn er wollte seinem Neffen, dem Sohn des 1226 hingerichteten Mörders, dabei helfen, sein Erbe vom Grafen von der Mark zurückzuerobern. Um sich auch für den Ernstfall weiter abzusichern, brauchte es dringend befestigter Orte.
In diesem Zusammenhang müssen drei Maßnahmen gesehen werden, die für unsere Region von zukunftsweisender Bedeutung sein sollten. Dabei konnte der Limburger, wie schon die bergischen Grafen vor ihm, auf seine geerbten Herrengüter zurückgreifen.
1. Zum Dank für geleistete treue Waffenhilfe belehnte er den bergischen Ritter **Engelbert von Bottlenberg** mit dem Herrenhof und Gutsverband Lüttringhausen.
2. Um sich mit der starken Kirche gutzustehen, vermachte er dem Kölner **Stift St. Kunibert** das Lenneper Herrengut mit dazugehörigem Kirchenpatronat. So machte er sich nicht nur Freunde im Schatten des Domes, sondern gewann auch Fürsprecher für sein Seelenheil. Die sollte er brauchen, als er mit **Kaiser Friedrich II.** zu einem Kreuzzug aufbrach, um Jerusalem zu erobern.
3. Auf der Suche nach **befestigten Ortschaften** bot sich damals das Kleindorf Lennep an. Zum einen befand es sich ganz in Grenznähe zum Märkischen, das jenseits der Wupper begann. Zum anderen lag es beidseits der kölnisch-westfälischen Landstraße, war ein wichtiger Etappenort für Kaufleute. Hier konnte man Geleitgelder und Zölle erheben. Bei einer Ummauerung und richtigen Toranlagen war eine Vollsperrung des Verkehrs möglich. Deshalb wurde der Mauerring nicht um den alten Hauptort Lüttringhausen, sondern um Lennep gezogen und eine Burgmannschaft eingelagert, um die militärischen Belange wahrzunehmen.

Das reiche Kölner Stift St Kunibert finanzierte seinen großen Kirchenbau aus seinen zahlreichen Besitzungen.

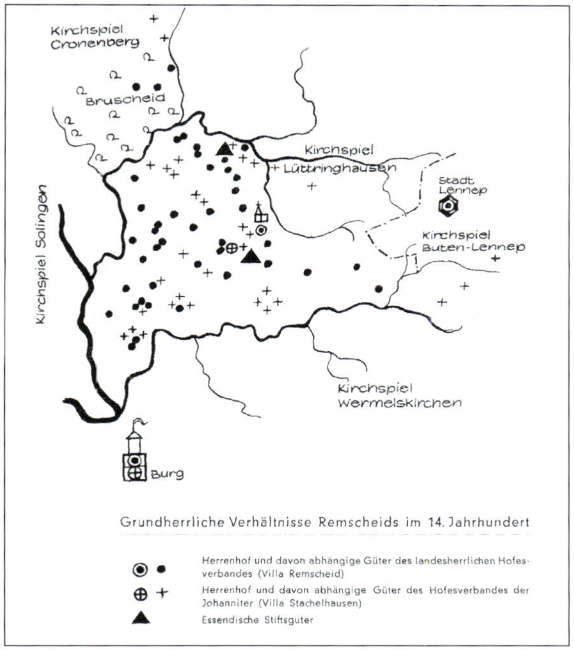

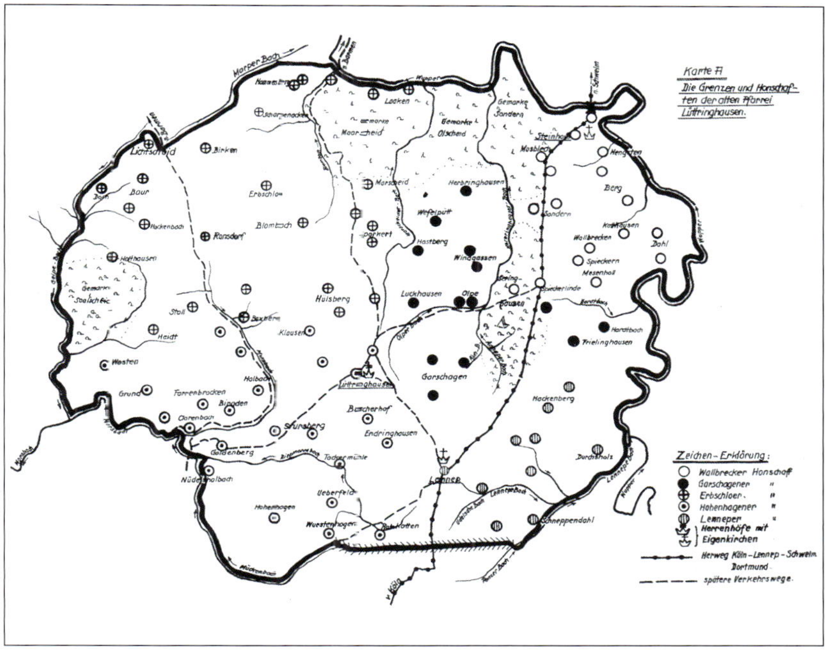

Die Karte links zeigt die damaligen Herrenhöfe im Remscheider Gebiet und dazu die vielen geistlichen Besitzungen von Johannitern und dem Stift Essen. St. Kunibert müsste noch hinzugezählt werden. – Die Karte rechts macht deutlich, dass die größte Kirchengemeinde damals Lüttringhausen war und Lennep von ihr abhängig.

3. Konsequenzen für Lüttringhausen – ein adeliges Dorf

Im Rittersaal von Schloss Burg befindet sich dieses gut acht Meter breite Bild von der blutigen Schlacht bei Worringen. Die Niederlage für den Erzbischof war vernichtend. Er wurde gefangen genommen und fristete 13 Monate lang sein Dasein im Kerker von Schloss Burg.
Der alte Schlachtruf hat sich bis heute bei vielen Gruppierungen gehalten, vom Kegelverein bis zur Studentenverbindung. Am populärsten ist die alljährlich vom Remscheider Motorsportverein veranstaltete „Roemryke Berge", eine 100 km lange Orientierungsfahrt mit klassischen und Oldtimerautomobilen durch das Bergische Land.

Die Grund- und Lehnsherrschaft der Herren von Bottlenberg-Kessel über das Kirchdorf und seine verstreuten Höfe war mit dem **Patronat** über die Pfarrkirche verbunden. Das bedeutete, der Lehnsherr durfte Pfarrer und Hilfsgeistliche vorschlagen und ernennen. Die Pflichten, aber auch die Rechte der Vasallen waren schriftlich geregelt.

1. Zu den **Pflichten** der Vasallen zählten natürlich die üblichen Abgaben. Gefolgschaft bedeutete aber auch, dass sie im Bedarfsfalle ihrem Lehnsherrn ***in blutige Fehden folgen*** mussten. Demzufolge waren sicher auch Lüttringhauser mit von der Partie, als ihr Lehnsherr mit dem Grafen von Berg gegen den sich übermächtig gebärdenden Erzbischof zu Felde zog, wobei diesem im Verbund mit den Kölner Bürgern und seinen bergischen Bauern eine fürchterliche Niederlage beigebracht wurde (1288). Bergische Bauern sollen die feindlichen Linien mit dem Kampfruf durchbrochen haben: „Hya, berge romerike". Diese Schlacht bei Worringen war eine der blutigsten Schlachten des Mittelalters.

2. Aber auch die **Rechte** waren schriftlich festgelegt. 1365 wurden sie den Lüttringhausern vom Landesherr in einem ***Freiheitsbrief*** nochmals bestätigt, sogar die ***Steuerfreiheit***.

Zusammenfassend lässt sich sagen, dass die Lüttringhausener unter einem außerordentlich **milden Lehnsherrschaftsverhältnis** standen, wovon sie später wirtschaftlich und gesellschaftlich noch profitieren sollten.
In der Lüttringhausener Kirche erinnern heute noch zwei „**Lehnshüskes**", wie sie der Volksmund nennt, an die alte Lehnsherrschaft. Rechts und links vom Eingang steht je eine Loge, in denen die Familie Bottlenberg, wenn sie denn ausnahmsweise einmal vor Ort weilte, beim Gottesdienst Platz nehmen konnte. Dazwischen erscheint, als Bekrönung über der Tür und von einem Löwen gehalten, das mit der Mauerkrone der Grafen von Berg versehene alte **Familienwappen** des Lehnsherren.

Türabschluss, Erinnerung an die Hochzeit des Friedrich Christian von Bottlenberg-Kessel mit Anna Elisabeth Juliana von Syberg im Jahr 1744.

Der alten Hauptpfarrei Lüttringhausen waren **zwei Kapellen zugeordnet**: die Kapelle von Lennep (bis zur Verselbständigung) und die Kapelle des Hofes Steinhaus an der alten Handelsstraße.

Kreuzherren

Der Orden vom Heiligen Kreuz entstand aus dem Geist der Kreuzzüge und aus der Verehrung des leidenden Christus. Seine Devise lautete: In Cruce Salus („Im Kreuz ist Heil"). Er wurde 1211 in Huy an der Maas gegründet. 1248 wurde er offiziell vom Papst anerkannt und verbreitete sich bald in den Niederlanden, nach Frankreich, England und ins Rheinland bis nach Westfalen.

Der Landesherr Graf Adolf V. rief zur Stütze der Glaubensverkündigung **Mönche aus dem Orden des heiligen Kreuzes** an die Steinhauser Kapelle, und diese errichteten sich dort 1298 ein Kloster. Doch bald schon mag es den Kreuzherren bei dem Betrieb auf der Straße zu laut geworden sein, denn sie zogen ein paar hundert Meter weiter auf den von der Wupper umflossenen Bergsporn Beyenburg, wo sie sich ein neues Kloster bauten. Die dortige Kirche war bis über die Reformation hinaus an die Lüttringhausener Pfarrkirche gebunden. Noch heute gibt es Kreuzbrüder in Beyenburg. Gleich nebenan wurde eine gräfliche Burganlage gebaut (1363), die als Rendantur und Amtsverwaltung diente.

Die Kreuzherrenkirche Beyenburg. Blick von dem Ort, wo einmal oben an der Handelsstraße das alte Kloster Steinhaus gestanden hat.

Wirkungsgeschichte

Die Verehrung des Heiligen Kreuzes durch die Beyenburger Kreuzherren scheint auf Lüttringhausen abgefärbt zu haben. So gibt es hier seit dem 14. Jh. eine Schützenbruderschaft „**Zum Kreuz**". Die heutige Hauptdurchgangsstraße nach Remscheid heißt **Kreuzbergstraße**. In alter Zeit stand an ihr ein **riesiges Holzkreuz**, Pilgerziel für Gläubige des Bergischen Landes. Ursprünglich wollte man dort die katholische **Heilig-Kreuz-Kirche** (Bild links) errichten, doch realisiert wurde sie dann etwas unterhalb an ihrem heutigen Standort (1927).

Stadtwappen

Als das adelige Dorf 1856 Stadt wurde, schienen die Einwohner noch kein großes Repräsentationsbedürfnis gehabt zu haben. Denn sie beantragten ein Wappen erst 1893. Darin befindet sich der Wechselzinnenbalken der bottlenbergischen Dienstmannen, darüber der Löwe des Landesherrn und darunter das Zeichen der Kreuzherren. Das Wappen wird gekrönt mit einer Stadtmauer, die es allerdings in Lüttringhausen so nie gegeben hat.

4. Konsequenzen für Lennep – die bergische Hauptstadt

Freie Stadt mit eigenem Siegel

Unter den Limburger Grafen dürfte sich aus dem Dorf und Fronhof Lennep eine relativ **freie Stadt** entwickelt haben. Während Remscheid und Lüttringhausen offene Orte blieben, wurde Lennep mit einem Mauerring umzogen. Das geschah auf Initiative des Landesherrn, der an einem wirtschaftlich starken und militärisch befestigten Ort politisch interessiert war. Neuerdings fragen sich Forscher allerdings, ob dabei möglicherweise die Hückeswagener Grafen noch die Hauptinitiatoren waren, bevor ihr Bereich von den Grafen von Berg übernommen wurde. Auch der kirchliche Grundherr, das reiche Kölner Stift St. Kunibert, muss bei der Stadtwerdung Schützenhilfe geleistet haben. Denn es hat darauf hingewirkt, dass die Lenneper Kapelle von Lüttringhausen unabhängig und zu einer selbständigen Pfarrkirche mit eigenem Sprengel erhoben wurde.

Das alte Siegel des Lenneper Stadtgerichts um 1260/70. Hier werden die Strukturen der Stadt sichtbar gemacht. In der Mitte die Kirche des Grundherrn. Unten der Mauerring, Zeichen für eine eigenständige Stadt. Über beidem schwebt, angedeutet im Löwen, der Landesherr. Das Gebäude, das wie eine Kirche (oder gar eine Burg?) aussieht, dürfte wohl etwas übertrieben dargestellt sein.

Verbrannt und neu bestätigt

Als „**Gründungsdatum**“ der Stadt Lennep wurde bisher immer das Jahr 1230, oder eingeschränkt auf „**um 1230**“ angenommen. Aber diese Annahme ist durch nichts gesichert. In der Regel gibt es über so wichtige Ereignisse Urkunden. Doch in Lenneper Archiven gibt es davon nichts. Schuld daran dürften etliche Stadtbrände sein, die über den Ort hereinbrachen. Das erste Brandunglück gab es bereits **1325**. „Da unsere Stadt durch Brand zerstört worden ist“, so berichtet der Chronist, waren auch alle ‚Privilegien mit den zugehörigen Freiheiten, Gnaden und Rechten‘ „van unglucke verbrant, verloern … und vernychtet“.

Als Graf Adolf VI. (1308-48) auf Bitten der Lenneper Bürger **die Freiheiten und Rechte der Stadtgründung neu bestätigte**, musste er sich auf deren eidliche Aussagen verlassen. Die Urkunde, die er dann unterschrieb, galt fortan als die Magna Charta Lenneps. Die Rechte wurden in der Zukunft immer wieder bestätigt und gerieten erst im 18. Jh. in Verfall.

Magna Charta Lenneps (1325)

1. Die Grenzen der Stadt und der Außenbürgerhöfe (bei gleichen Rechten) werden festgelegt.
2. Die Bürger sind befreit von allen Diensten und Forderungen (von einigen Ausnahmen abgesehen).
3. Die Stadt hat ein eigenes Gericht, das über die Belange der Bürger entscheidet. Es dürfen auch Todesurteile verhängt werden. Berufungsinstanz ist Siegburg.
4. Die Stadt darf freie Märkte abhalten: Wochenmärkte von drei Tagen und einen Jahrmarkt von sieben Tagen.
5. Es gibt feste Regeln für die Aufnahme von Neubürgern (bei Unterschieden zwischen Landeskindern und Fremden). Für Verleihung von Bürgerrechten darf Bezahlung verlangt werden.

Die Anfänge bleiben ein Rätsel

Manche Forscher verlegen die Stadterhebung Lenneps erst in die Zeit nach 1260. Sie sagen: Wären die Grafen von Berg Stadtgründer oder von Anfang an Stadt- und Landesherren gewesen, hätten sie ihren Einfluss viel stärker geltend gemacht.

Doch wenn sie als Stadtgründer ausscheiden, bleiben als Einzige nur die Grafen von Hückeswagen übrig, die vermutlich die ursprünglichen Lehnsherren von Lennep gewesen sind.

Spätestens 1276 aber muss Lennep Stadt gewesen sein, denn in diesem Jahr wird es offiziell zum Obergerichtshof für die neue Stadt Ratingen bestimmt.

Herausragend aus der Städtekonkurrenz

Lennep gehört in jedem Falle zu den ältesten Städten des Bergischen Landes. Neben Wipperfürth (1222), Ratingen (1276) und Düsseldorf (1288) galt Lennep zudem als **eine der vier Hauptstädte** des Herzogtums Berg. Es war nicht nur Oberhof für Ratingen, sondern bald auch für Beyenburg, Gräfrath und Radevormwald. Lenneps Bedeutung spiegelt sich auch auf den Bergischen Landtagen. Seit dem 15. Jh. durfte es als **erste der Hauptstädte** die Stimme abgeben. Dazu kommt, dass der **Landesherr** in allen bergischen Städten bei der Besetzung des Stadtregiments mitredete. In Lennep dagegen wurden - in der Pfarrkirche - die Ratsherrn auf Lebenszeit aus den Patriziern gewählt und ebenso Jahr für Jahr aus ihren Reihen der Bürgermeister bzw. der Stadtrichter. Wiederholt wird die Bedeutung Lenneps herausgestellt als die „älteste und fürnebste Hauptstadt des Bergischen Landes" (Schriften des 17./18. Jh.).

Münzstätte und Zollstation im Dienste des Landes

Im 14. Jh. hatte sich das Bergische Territorium weit über die Wupper hinaus vorgeschoben, weshalb Lennep den Status einer Grenzfeste verlor. Dennoch blieb die Stadt für den Handel ein **finanzkräftiger Knotenpunkt**. So ersuchte sie der Landesherr in steigendem Maße darum, Urkunden über finanzielle Verpflichtungen mit zu unterzeichnen (erstmals nachzuweisen 1358). Darum lag es nahe, dass Lennep vom Landesherrn das Recht bekam, Münzen zu schlagen, ehemals ein erzbischöfliches Recht, gegen dessen Vergabe sich die Kölner Bischöfe nach der Worringer Niederlage nicht mehr wehren konnten. Um 1360 wird Lennep eine **Münzstätte** bekommen haben. Es gibt zwar keine Urkunde darüber, doch verschiedene Prägungen sind erhalten geblieben. Nachdem der Landesherr 1380 Herzog geworden war, wurde die Münzprägung wieder eingestellt.
Auch als Straßensperre zwischen Rhein und Weser behielt Lennep eine wichtige Funktion. Seit 1371 bekam die Stadt dazu das **Zollrecht**. Seine Burgmannschaft betrieb Zollfahndung und gab Geleitschutz.

Fast alle Lenneper Münzen tragen die Aufschrift: MONETA LEINPE (= Münze Lennep) WILHELMUS COMES (= Graf Wilhelm, 1361-93). Im Zentrum, wie schon traditionell auf vielen Münzen, befindet sich ein Kreuz.

Wirkungsgeschichte
***Die Anlage des mittelalterlichen Lenneps** ist trotz Stadtbränden heute noch aus der Luft gut zu erkennen. Nach dem dritten Stadtbrand (1746) hat es zwar Pläne der Obrigkeit gegeben, eine moderne Stadt auf neuem Grundriss zu bauen, doch die Bürger setzten sich durch. Vor gut 200 Jahren dann wurden die Stadtmauern niedergelegt, da man sie nicht mehr brauchte. Erinnerung an sie hält die **Wallstraße** wach, wo es in Kellern der Häuser sicher noch einige Reste der Mauer zu sehen gibt.*

Diese Nachbildung einer Mauer an der Wallstraße (links) erinnert daran, dass hier einmal eine Stadtmauer gestanden hat.

Das Lenneper Wappen
Seit wann Lennep ein eigenes Stadtwappen geführt hat, ist unklar. Jedenfalls orientiert es sich an einem alten Siegelbild. Auf silbernem Schild erhebt sich auf grünem Boden eine zinnengekrönte rote Stadtmauer, zum Zeichen, dass Lennep eine befestigte Stadt war. Darin steht eine Kirche. Über ihr schwebt der Löwe des Landesherrn.

4. Das Haus Jülich – der Aufstieg vom Grafen zum Herzog (1348-1521)

1. Die letzten Grafen

Da der Limburger Adolf VI. 1348 kinderlos verstarb, fiel das Bergische Land an die Tochter seiner Schwester, Margarete von Ravensberg-Berg, die mit Gerhard, dem Sohn des Herzogs von Jülich, verheiratet war. Damit begann die Herrschaft des Hauses Jülich. **Graf Gerhard** (1348-60) übernahm die Regierung in schwierigen Zeiten: eine Pestwelle wütete in Deutschland und überall zog der „Schwarze Tod" seine vernichtende Bahn.
Mit seinem Nachfolger **Wilhelm II.** (1361-93) trat dann der letzte Regent als Graf des Bergischen an. Unter ihm gab es **Ansätze neuer Freiheiten**. Den Lennepern gewährte er die Errichtung einer **Münzstätte** (um 1360). Auch den Remscheidern kam er finanziell entgegen und verbesserte ihre wirtschaftliche Lage mit einem **neuen Pachtvertrag** (Urkunde vom 1.5.1369). Diese im 14. Jh. verbrieften Rechte **bestimmten noch jahrhundertelang den Charakter der Gemeinden** im Wupperbogen: Remscheid blieb eine freie Landgemeinde, Lüttringhausen ein adeliges Dorf mit buntscheckigem Kirchspiel und Lennep eine vornehme Haupt- und Handelsstadt mit ländlichem Anhang.

Bisher galt
*Der Hauptteil der Abgabe bestand in einer Haferabgabe. Jede zehnte Garbe musste auf dem Feld stehen bleiben und wurde vom gräflichen Schultheiß dort abgeholt. Dieser **Zehnt** galt auch für Schafe und Schweine, Hühner und Eier.*

Auftretende Probleme
*Bei den Abgaben nach Ernteertrag fühlten sich die Bauern **oft willkürlich** behandelt. Außerdem sahen sie sich in der Nutzung des Waldes behindert.*

Neu ab 1369: „erblich und ewiglich"
Graf Wilhelm befreite die Remscheider von Abgaben für die Nutzung des Waldes. An die Stelle des gräflichen Zehnten trat ab sofort eine Pacht. Auch der Zehnte an die Johanniter wurde in dieser Zeit ein für allemal fixiert. Die neuen Abgaben liefen unter dem Namen „Burghafer". Sie wurden im Fronhof gesammelt und zur Burg gebracht, dann unter „Johanniterhafer" vom Pächter des Stachelhauser Hofes eingenommen und zu den Johannitern auf Burg gebracht.

Vorteil der Neuregelung
*Man möchte meinen, „Pacht" war nur ein anderes Wort für Zehnt. Doch der Vorteil war, dass die Abgaben nicht mehr wie bisher, von Jahr zu Jahr, oft willkürlich von oben bestimmt, sondern ein für allemal **festgeschrieben** waren.*

2. Die ersten Herzöge (1380)

Die alte Residenz Schloss Burg nach Jahren des Verfalls wieder aufgebaut um 1900

Im Jahre 1380 erhob Kaiser Wenzel auf dem Reichstag zu Aachen die Grafschaft Berg zum Herzogtum. Von dieser Zeit an führten die Grafen von Berg den Titel Herzog. Mit der Erhebung zum **Reichsfürsten** rückte der Landesherr nicht nur höher hinauf, sondern auch weiter weg. Die Residenz in **Schloss Burg wurde aufgegeben**. Neue Kriegstechniken hatten Burgen wertlos gemacht.

*Vermutlich hatten die Grafen in Düsseldorf zunächst nur ein **befestigtes Haus**. Ein Schloss wird erst 1386 erwähnt, und musste nach Bränden (1496, 1510) neu errichtet werden (oben die Ansicht von 1756).*
*Aus dem anfänglichen **Jagdschloss** vor den Toren in Benrath sollte später eine eigene **Residenz** entstehen (1755-73), unten im Bild.*

Die **neue Residenz wurde nach Düsseldorf verlegt**, also an den Rhein. Bereits 1288, nachdem die bergischen Grafen den Erzbischof bei Worringen in die Schranken gewiesen hatten, waren dem kleinen Fischerdorf an der Düssel Stadtrechte zuteil geworden. So war auf einer Fläche von knapp 200 mal 200 Metern ein mit Stadtmauern **gesicherter Handelsplatz** entstanden. Mit der Errichtung der Burganlage bekundete der bergische Landesherr seinen Herrschaftsanspruch auf den Zugang zum Rhein. Ihrer strategischen Bedeutung gemäß, verfügte die Burg über eine feste Mannschaft. Damit bot sie auch den Bürgern der Stadt bei Angriffen Schutz. Mit dem Einzug der Grafen setzte eine rege Bautätigkeit ein. Nicht weit entfernt entstand in **Benrath ein Jagdschloss**, wo man auch Feste feiern konnte.

Zur Selbstdarstellung braucht es Geld

Ein derartiges Repräsentationsbedürfnis und dazu noch anstehende Kriege mussten irgendwie finanziert werden. Das führte zu einem gesteigerten Geldbedarf. Deshalb kamen die Herzöge auf die Idee, sich Geld zu leihen. In diesem Zusammenhang kam es zu einer Verpfändung des Landes. Das **Amt Beyenburg** ging an einen märkischen Ritter und das **Kirchspiel Lüttringhausen** an einen Eberhard von Limburg. Später wurden Amt und Kirchspiel gleich zusammen verpfändet (1427). Beides kam zunächst an eine Ritterfamilie, dann für knapp 90 Jahre an die Grafen von Waldeck (ab 1505), und danach traten noch weitere Pächter an. Das adelige Dorf Lüttringhausen jedoch war von diesen Verpfändungen nicht betroffen.

Um aus seinen Finanznöten herauszukommen, ging Herzog Gerhard 1451 sogar noch weiter. Für den Fall, dass er kinderlos sterben sollte, war er bereit, **ganz Berg** gegen klingende Münze an das Erzstift Köln abzutreten. Fünf Tage später ratifizierte der Magistrat der Stadt Lennep auf dem öffentlichen Markt in Gegenwart des Erzbischofs und des Herzogs sowie deren Gefolge und einer großen Menge Volks den vorgelesenen und erläuterten **Abtretungsvertrag**, hängte das große Stadtsiegel daran und leistete anschließend in die Hand des Kölner Erzbischofs den Eid der Treue. Zu guter Letzt warfen dieser und die Vertreter des Domkapitels Münzen unter das Volk und sicherten der Stadt die Bestätigung ihrer Privilegien zu. Der Eventualfall trat allerdings nicht ein.

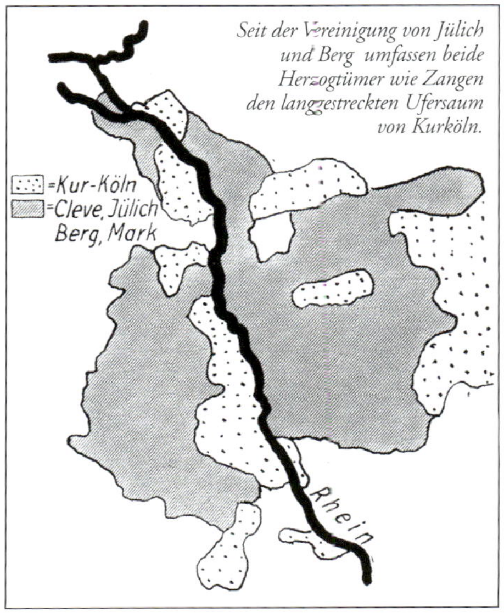

Seit der Vereinigung von Jülich und Berg umfassen beide Herzogtümer wie Zangen den langgestreckten Ufersaum von Kurköln.

Erweiterung des Herrschaftsgebiets

1423 vereinigen sich die Herrschaftsgebiete Jülich und Berg zu Jülich-Berg. 1496 schließen sich Jülich, Berg, Cleve, Mark und Ravensberg zu einer Union zusammen. Der Vertrag war eine Union von Häusern, keine Union von Ländern und damit eine Erbregelung.

Das Fresko, 1903 vom Düsseldorfer Maler Claus Meyer gestaltet, stellt die Verlobung der beiden Kinder aus hohem Geschlecht dar.

Kindereinsatz im Poker um die Macht

Die alte Residenz (Schloss Burg) trat zwar gegenüber Düsseldorf zurück. Doch nach wie vor blieb sie ein Ort für manchen gesellschaftlichen Anlass. Jagdgesellschaften trafen sich hier, und besondere Feierlichkeiten fanden ihren würdigen Rahmen. So feierte man am 25.11.1496 auf dem Schloss ein großes Familienfest, die **Verlobung** von zwei Kindern. Der Bräutigam, Johann von Cleve-Mark war gerade mal sechs Jahre alt, und seine Verlobte, Maria von Jülich-Berg, sogar erst fünf. Vierzehn Jahre später, wieder auf Schloss Burg, feierte das Paar dann **Hochzeit** (1510). Mit dieser Verlobung bzw. „Machthochzeit“ wurde der Grundstein gelegt zur späteren **Vereinigung von Jülich-Berg, Kleve-Mark**.

5. Die Landesherren rücken immer weiter weg

Die Strukturen des Landes sind nun im Großen und Ganzen vorerst festgelegt. So sollen bei den nun folgenden Herrscherhäusern nur noch einige Schwerpunkte zur Kennzeichnung ihrer unterschiedlichen politischen Bestrebungen deutlich gemacht werden.

1. Die Zeit der Herzöge aus dem Haus Kleve (1521-1609)

Eines der mächtigsten deutschen Länder

Johann, das 1496 auf Schloss Burg verlobte Kind, übernahm mit 21 Jahren das Erbe seines Schwiegervaters, die Herrschaft über Jülich-Berg-Ravensberg (1511). Zehn Jahre später beerbte er auch seinen Vater, den Herzog von Kleve und Grafen von Mark Altena, und dazu noch 1528 seinen Cousin Philipp in Ravenstein (Niederlande). Damit vereinigte er alle niederrheinischen Herzogtümer in seiner Hand und herrschte über ein in Deutschland zu dieser Zeit **einmalig mächtiges Territorium**.

Johann der Friedfertige, kniend vor der Madonna

Mittler in reformatorischer Zeit

Als **Johann der Friedfertige** (1511-1539) ging er in die Geschichte ein. In der Reformationszeit vertrat er, von Humanisten beraten, eine ausgleichende Haltung und bemühte sich um einen mittleren Weg zwischen den beiden Bekenntnissen. Als die Religionsstreitigkeiten auf den Reichstagen zunahmen, blieb ihnen unser Landesherr fern. Er tolerierte, ja förderte reformatorische Bestrebungen, blieb selbst aber katholisch. So finden wir ihn, wenn sich die neue Bewegung zu extrem gebärdete, wie z.B. bei den Wiedertäufern in Münster, die sich dort ein „Gottesreich“ schaffen wollten (1534-36), im Kampf gegen sie. Die Hinrichtung des bergischen Reformators Clarenbach in Köln (1529) geht aber nicht auf sein Konto.

Gegen die Kirchentrennung

Der Tod des Remscheider Reformators Clarenbach hatte zur Ausbreitung der Reformation im Bergischen viel beigetragen. Der neue Landesherr **Wilhelm der Reiche** (1539-1592) duldete anfangs die freie Religionsausübung, war aber schließlich doch ein Gegner der Kirchentrennung. Er wollte die Einigung herbeiführen, indem er Missbräuche abzustellen und kirchliche Einrichtungen zu verbessern suchte. So ließ er um 1550 den Zustand der Kirche im Herzogtum Berg untersuchen. Das Ergebnis war vielerorts bedenklich. In Remscheid waren die Verhältnisse noch recht günstig. Die Revision hatte nichts Nachteiliges zu melden. Der Lebenswandel des Pfarrers Johann von Elspe war in Ordnung und an seiner Verkündigung nichts auszusetzen. Auch war er, und das wird besonders hervorgehoben, nicht dem Trunke ergeben. Vielleicht war das mit ein Grund, warum in Remscheid erst später reformatorisches Leben einzog. Gegen Ende von Wilhelms Regierung gewann die gegenreformatorische katholische Richtung zunehmend an Einfluss. Im Gebiet Jülich-Kleve-Berg kam es ab 1580 nochmals zu einer Welle von Hexenverfolgungen, in den unsicheren Zeiten des Dreißigjährigen Krieges (1618-48) mit zunehmender Tendenz. Die nachweislich zahlreichen Hinrichtungen betrafen jedoch nicht unseren Raum.

Ende auf dem Scheiterhaufen: Adolf Clarenbach und Peter Fliesteden (Holzschnitt aus dem Martyrologium des Ludwig Rabus, 1553)

Von Wilhelm dem Reichen wissen wir, dass er am Ende dem Wahnsinn verfiel. Sein Sohn und Nachfolger hatte das gleiche Schicksal und musste schon in jungen Jahren weggesperrt werden. 1609 starb wieder einmal ein Geschlecht aus. Ein Krieg um die Erbfolge begann.

2. Die Wittelsbacher Herzöge (1614-1806)

Die Herzöge von Pfalz-Neuburg (1614-1690)

Das mächtige Renaissanceschloss in Neuburg an der Donau (bei Ingolstadt), Residenz des Fürstentums Pfalz-Neuburg (erbaut 1505). Das Fürstentum war zu Beginn des 16. Jh. aus Erbstreitigkeiten zwischen pfälzischen und bayrischen Wittelsbachern hervorgegangen.
Aus der Schlosskirche, dem frühesten protestantischen Kirchenraum Deutschlands, wo einst die Hofprediger streng lutherisch predigten, ist nach dem Übertritt der Landesherrn zum katholischen Glauben eine barocke Marienkirche geworden. Trotz ihres kleinen Territoriums hatten es die Pfalzgrafen verstanden, mit den mächtigsten europäischen Fürstenhäusern verwandtschaftliche Beziehungen anzuknüpfen.
So kamen sie 1609-14 zu den reichen niederrheinischen Ländern Jülich und Berg und 1685 auch zur Kurpfalz.

Der Landesherr rückt in weite Ferne

Im Erbfolgestreit (1609-1614) ging es auch um die Konfession. Die Hauptkonkurrenten um das Erbe des großen jülich-klevischen Herzogtums, Pfalz-Neuburg und das Kurfürstentum Brandenburg, waren protestantisch. Daran hatte der katholische Kaiser natürlich wenig Interesse, da ihm an einer weiteren Protestantisierung des Landes nicht gelegen war. Am Ende des Streites kam es 1614 zu einem Kompromiss. Unser künftiger Landesherr, streng evangelisch erzogen, nahm den katholischen Glauben an. Das mächtige Herzogtum wurde geteilt und Jülich-Berg fiel an das wieder katholische Wittelsbach'sche Fürstentum Pfalz-Neuburg. Da der neue Herzog Wolfgang Wilhelm (1614-53) seit 1613 auch noch mit der Tochter des Herzogs von Bayern verheiratet war, hatte er auch dessen Unterstützung auf seiner Seite. Aber als er zum Antritt seiner Herrschaft den Lutheranern und Reformierten seines Landes ihren Besitzstand bestätigen musste, hatte der Regierungswechsel für die mittlerweile lutherischen Orte Lennep, Lüttringhausen und Remscheid kaum Auswirkungen.

Zwischen Glaubensstreit und reinem Machtkampf

Trotz mancher Kompromisse zwischen den Konfessionen brach vier Jahre später der **Dreißigjährige Krieg (1618-48)** aus, der als Religionskrieg begann und als reiner Machtkampf endete. Herzog Wolfgang Wilhelm (1614-53) hatte zwar seine „Neutralität" erklärt, doch konnte er damit sein Land nicht heraushalten.

So hatte auch das Bergische unter den durchziehenden Truppen zu leiden, gleich ob evangelisch oder katholisch. **Lenneps Befestigungen** und Besatzung waren viel zu schwach, um den Eindringlingen etwas entgegenzusetzen. Es kam zu Zerstörungen von Mauern und Häusern; die Bürger retteten sich aufs flache Land oder ins befestigte Köln. Es gab im Land viel „straßenschindery, raub und plunderungen". Menschen wurden entführt, um Lösegelder zu erpressen. In die **Lüttringhausener Kirche** drangen Schweden ein und zerschlugen die Schöffenkiste.

Überfall auf Landleute, Radierung von 1645.

In **Remscheid** machten sich 1629 rund hundert Reiter und Fußsoldaten breit, verteilten sich auf 32 Güter und richteten mit ihrer Disziplinlosigkeit manches Unheil an. Bei Peter Hasenclever in Lobach beispielsweise wurden die ledernen Blasebälge zerschnitten und sein Hammerwerk damit lahmgelegt. 1632 geriet Remscheid gar zwischen die Fronten. Katholische Truppen zerstörten die Dorfmühle und den Wiedenhof. Die Dorfbewohner mussten sich mit ihren Habseligkeiten im Turm der Kirche verschanzen. Evangelische Soldaten unter schwedischem Kommando beschossen und eroberten Schloss Burg (1632), alsbald zogen dort protestantische Truppen aus Hessen ein. Dann wieder kamen die Kaiserlichen, an ihrer Seite Spanier und Niederländer, und gewannen die Burg wieder zurück (1641). Als diese nach dem Westfälischen Frieden (1648) das evangelische Land räumen mussten, zerstörten sie alle Befestigungen samt Bergfried. Nur noch einige kleine Wirtschaftsgebäude blieben bewohnbar.

Die alte Schatzkiste aus der Lüttringhauser Kirche

Damit war **Schloss Burg endgültig aus der Liste** der fürstlichen Residenzschlösser gestrichen. Dennoch hatte der Herzog, trotz aller Schäden, sein Land mit seiner Neutralitätspolitik vor **größeren Schäden bewahrt**.

Auf zur Gegenreformation

Mochte **Wolfgang Wilhelm** anfänglich lediglich aus politischen Gründen konvertiert sein, so wurde er doch bald zu einem Katholiken aus Überzeugung. Um seine Position zu stärken, verlegte er die Residenz von Neuburg nach Düsseldorf. Noch im ersten Regierungsjahr gestattete er seinen Untertanen, zum katholischen Glauben zurückzukehren. Und schon bald ging er mit Eifer dazu über, seine Länder im Rahmen der Gegenreformation zum Katholizismus zurückzuführen. Um den nötigen Schub zu bekommen, holte er sich Jesuiten oder, wie man sie auch nannte, „Soldaten Christi" in seine Nähe. Es ist sicher kein Zufall, dass unmittelbar nach Vertreibung der protestantischen Truppen aus Schloss Burg (1641), jetzt sozusagen unter katholischem „Geleitschutz", Franziskanermönche aus Köln ins streng evangelische Lennep einzogen. Von ihrem Wirken zeugt heute noch die von ihnen Jahre später erbaute **Klosterkirche**. Als der Herzog schließlich in Düsseldorf starb, fand er in der von ihm errichteten Jesuitenkirche St. Andreas seine letzte Ruhe.

Die ehemalige Klosterkirche, Symbol der Gegenreformation

Aus Herzögen werden Kurfürsten (1690-1777)

Jan Wellem, Herzog von Jülich-Berg und Kurfürst von der Pfalz (ab 1690)

Der einzige Landesherr, der außer dem großen Engelbert in einem Remscheider Straßennamen in Erinnerung gehalten wird, ist **Johann Wilhelm II.** (1679-1716). Nachdem er bereits über ein Jahrzehnt Herr über Jülich-Berg war, konnte er 1690 das Erbe seines Vaters übernehmen und wurde dazu Kurfürst der Pfalz. Doch der Kampf um das Erbe zog sich hin (1690-1697), und in seinem Verlauf wurde die Pfälzer Residenz Heidelberg zerstört. Deshalb wählte er sich das Düsseldorfer Schloss zu seiner Hauptresidenz.

Als Kurfürst Jan Wellem, wie man ihn im Volksmund liebevoll nannte, kehrte er nach Düsseldorf zurück und führte dort einen seiner Würde entsprechenden, die Pracht liebenden und verschwenderischen Lebensstil. Neben dem Neubau des Bensberger Schlosses wurde auch die bereits unter Wilhelm dem Reichen (1539-92) errichtete Düsseldorfer **Residenz aufwändig ausgebaut**.

Wenngleich seine Regierung eher schwach gewesen ist, von den Zeitgenossen wurde Jan Wellem gepriesen. Gut, es gab Kritik an seinen ob der klammen Kassen ständigen Geldforderungen. Auch die Protestanten empfanden eine gewisse Distanz zu dem tief katholischen Landesherrn. Doch als **Förderer von Kunst und Kultur** war er hoch angesehen, zumal im Herzogtum Jülich-Berg. Mit seinem Bauen „wie in Versailles" beeindruckte er, zog namhafte internationale Künstler, vor allem aus Frankreich, in die Landeshauptstadt und verschaffte Handwerkern große Aufträge. Dazu verstand er sich auf die **Kunst des Feierns**, veranstaltete Maskenbälle und Opernaufführungen nach italienischer Lebensart und voll rheinischem Temperament. So gab er ein Beispiel an Lebensfreude und fand, in kleinerem Maßstab, viele Nachahmer.

Der Kurfürst residierte in Düsseldorf, wich aber im Sommer oft nach Schloss Benrath aus, für die Jagd bezog er Schloss Bensberg.

Jan Wellems Nachfolger, als Kurfürsten geadelt, wollten nicht mehr in Düsseldorf residieren. Mit dem Schloss ging es bald bergab; am 20.3.1878 brannte es dann völlig aus. Heute steht vom alten Schloss nur noch der Turm (Bilder rechts).
In Remscheid erinnert die Straße zwischen Intzeplatz und der St. Josephskirche an den kunstbeflissenen Jan Wellem, der seine Impulse auch in Remscheider Bauten hinterlassen hat.

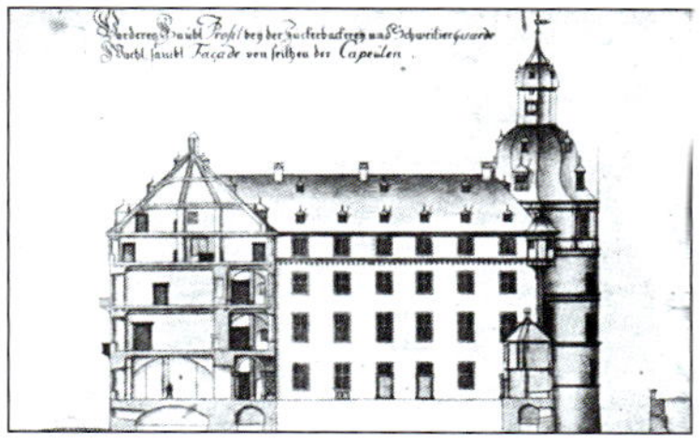

Der Landesherr ist zugleich Kurfürst von Bayern (1777-1806)

Kurfürstliches Schloss, Mannheim, 1720. Der Regent ist weit weg vom Bergischen.

Immer größer wurde das Repräsentationsbedürfnis, mit ihm wuchsen die Residenzen. So bauten sich die Kurfürsten der Pfalz 1720 in Mannheim ein neues Schloss. Aus der Sicht der Bergischen rückte der Landesherr in weite Ferne.

Auch **Karl Theodor** (1742-1799), der als Regent am längsten im Amt war, lebte vorwiegend in seinen Stammländern und fühlte sich in Heidelberg und Mannheim zu Hause. Als aufgeklärter Fürst war er an Wissenschaft und den Künsten interessiert. Da seine Regierung aber nicht im Gewande einer großen Staatsmaschine daherkam, konnte sich das Volk frei entfalten. Das hatte auch Folgen für das Bergische Land.

Karl Theodor, freiheitlich denkender Mann der Aufklärung, seit 1777 auch noch Kurfürst von Bayern.

Wirtschaftliche Blütezeit

Für das wirtschaftliche Leben des Bergische Landes brach eine große Blütezeit an. Das damals aufkommende dirigistische Wirtschaftssystem des Merkantilismus wurde vom Regenten mit leichter Hand angewandt. So konnte sich das Remscheider Gewerbe, ohne von wirtschaftspolitischen Vorgaben eingeengt zu sein, frei entfalten und mit Ausfuhren bis nach Übersee aufblühen.

Kunst und Aufschwung – Düsseldorfer Stil wird Trendsetter für bergisches Bauen

Kurfürstliche Sommerresidenz (1755-1773), anstelle des alten Benrather Wasserschlosses, bald auch ein Modell für modisches bürgerliches Bauen, heute im Gespräch als Weltkulturerbe

So haben Jan Wellem und Karl Theodor dazu beigetragen, dass bei denen, die es sich leisten konnten, ein **neuer Trend zum Bauen** einsetzte, zunächst in Düsseldorf, dann auch im Bergischen.

Gebäude wie das Benrather Schloss setzten Maßstäbe. Deren **Bauelemente**, natürlich nur im kleineren Maßstab, wurden gern aufgegriffen: Symmetrie der Fassade, senkrecht gliedernde Lisenen, Zweigeschossigkeit, geometrische Gestaltung der Portal- und Fensterrahmungen. Was nicht in Stein zu machen war, wurde in Holz nachgestaltet.

Haus Hilger auf Hasten in Bergischem Barock (1778-79) – Beispiel für Aufstieg und Fall einer Fabrikantenfamilie

Kleider machen Leute?

Das prächtige **Doppelhaus auf Hasten**, in dem sich heute das Historische Zentrum befindet, ist ein Beispiel für dieses neue Bauen, aber auch dafür, dass Aufstieg und Fall oft nah beieinander liegen. Seine Erbauer, die Brüder Caspar und Johann Hilger, waren durch Ausfuhren von Eisenwaren in die Niederlande und nach Russland zu **Reichtum** gekommen und wussten das mit ihrem neuen Haus zu zeigen. Doch schon bald hielt hinter glänzender Fassade auch die Sorge Einzug. Die politischen Ereignisse von 1791 ließen das Vermögen schmelzen, die Brüder gerieten in **Zahlungsschwierigkeiten** und mussten ihr prächtiges Doppelhaus gleich wieder verkaufen, um in der Fremde, mit Hilfe des preußischen Königs, ihr Glück neu zu versuchen. Sie verlagerten ihre ganze Stahl- und Eisenproduktion nach Danzig.

6. Mit drei Schritten in die französische Fremdherrschaft (1806-1813)

1. Vom Kurfürsten verschachert für ein Königreich (1805)

Nachdem **Kurfürst Carl Theodor** 1777 auch noch Kurfürst von Bayern geworden war, sah er sich veranlasst, mit seinem Hof nach München zu ziehen. So regierte er seine Landeskinder aus noch weiterer Ferne, und die alte Residenzstadt Düsseldorf versank vollends in Lethargie

Sein Nachfolger **Maximilian Joseph**, seit 1799 bayrischer Kurfürst und immer noch Landesherr von Berg, fühlte schon ganz französisch. Gern wäre auch er, im Schatten des neuen Kaisers Napoleon, zu noch höherem Rang aufgestiegen. Doch dazu bedurfte es dessen Zustimmung. So wurde das aus seiner Sicht fernab liegende und von französischen Revolutionstruppen ohnehin bereits zu einem Nebenland degradierte Berg zum Schacherobjekt. 1805 trat er es an Napoleon ab und erhielt dafür die **Königswürde** über Bayern. Das alte „roemryke Berge“ fand so ein unrühmliches Ende.

‚Was ist schon Berg gegen mein Bayern und meine aufblühende königliche Residenz in München!' - so mochte Maximilian Joseph (Bild links) als frisch gebackener König denken.

2. Napoleons Schwager – mit höheren Ambitionen (1806-1808)

Napoleon war beim Ausbau seiner Macht darauf bedacht, Familienangehörige zu Herrschern zu machen. So betraute er seinen Schwager Murat, mittlerweile aufgestiegen zum Reitergeneral und kaiserlichen Prinzen, mit der Regentschaft Berg, das sich, da erheblich vergrößert, nun stolz *„Grand-Duché de Berg“* nennen durfte. Mit der Schaffung solch souveräner Großherzogtümer kündigte sich die neue Politik Napoleons an. Die Bevölkerung nahm's gelassen, ohne groß Beifall oder Missfallen zu äußern. Mit dem Neuen von Napoleons Gnaden zog auch, nach französischem Muster, eine **völlig neue Zentralverwaltung** ein. Doch schon 1808 bekam Murat das verlockende Angebot, König von Sizilien (Bild links) zu werden. Da hielt ihn hier nichts mehr, und er verabschiedete sich.

3. Der Kaiser selbst übernimmt das Land (1808-1813)

Nach kurzem Zwischenspiel, in dem der gerade einmal vier Jahre alte Neffe Napoleons nominell das Land zugeschrieben bekam, übernahm es der Kaiser selbst. Die Bergischen erhofften sich sogar, in den französischen Staatsverband aufgenommen zu werden, weil sie sich davon Vorteile für die heimische Wirtschaft versprachen. Doch sie bekamen auch zu spüren, dass ihnen der **Monarch noch ferner gerückt** war. Denn er hatte ihnen deutlich gemacht, dass Bittsteller bis ins ferne Paris reisen mussten.

Die Gedanken der Aufklärung von „Freiheit, Gleichheit, Brüderlichkeit" stießen allseits auf offene Ohren. Ob jedoch auch im Bergischen um solche Freiheitsbäume getanzt wurde, ist nicht bekannt.

Als besonders drückend wird die Aushebung junger Männer für die Kriege Napoleons gegen Russland und die schwere Belastung mit Kriegsabgaben empfunden.

Rekrutierungen bergischer Männer für den Russlandfeldzug

Ein neuer Geist – weitgehend begrüßt

Code civil (1804)
Für jeden männlichen Bürger gilt: Gleichheit vor dem Gesetz, Freiheit, Schutz des Privateigentums
Vollkommene Trennung von Staat und Kirche (Das bedeutete vor Ort eine Stärkung der hiesigen Kirchengemeinden gegenüber den Einflüssen der Johanniter in Remscheid, der Minoriten in Lennep und der Kreuzherren in Lüttringhausen.)
Abschaffung des Zunftzwangs, Gewerbefreiheit und freie Berufswahl (= juristische Basis für die Marktwirtschaft)
Dieses Gesetz sollte seine Gültigkeit durch das ganze 19. Jh. behalten. Erst 1900 wurde es durch das für das gesamte Deutsche Reich eingeführte „Bürgerliche Gesetzbuch" abgelöst.

Straffe Verwaltung (1806-07)
Rechtliche ***Gleichbehandlung von Stadt und Land*** (1806)
Neuregelung der ***regionalen und kommunalen Verwaltung*** (1807)
Änderung der Kommunalgrenzen
Neue ***Gerichtsverfassung*** mit Trennung von Verwaltung und Justiz
Abschaffung der Steuerprivilegien
Das bedeutete Einheitlichkeit in Verwaltung, Rechtsprechung und Finanzwesen.

Aufhebung letzter mittelalterlicher Institutionen (1809)
Aufhebung von Leibeigenschaft und Lehnswesen (für den hiesigen Raum von geringer Bedeutung)

Völlige Neuordnung des Justizwesens (1811)

„Feindliche Übernahme" – ein tödlicher Schlag

Frankreich drängt auf den Spitzenplatz in der Wirtschaft
Über eine **scharfe Schutzzollpolitik** (1791) sucht Frankreich die Konkurrenz vom Markt zu fegen. Das betrifft auch genau jene Waren, von deren Vertrieb Remscheid, Lennep und Lüttringhausen leben: Stahlwaren, Leinen, Bänder und Tuche. Jahrhundertealte Geschäftsverbindungen beginnen zu bröckeln. Die Konjunktur verliert fühlbar an Fahrt. Als dann die **Zollgrenze** bis zum Rhein vorgeschoben wird (1801), verschärft sich die Wirtschaftsflaute noch weiter.

Militärischer Druck im Lande nimmt zu
Ab 1795 tauchen immer wieder französische Truppenverbände im Bergischen auf. Beschlagnahmend und brandschatzend durchziehen sie das Land. Vor Remscheids Toren versammelt ein General zu Feld auf Hasten seine Truppen zum Appell, und vom Ort werden 7.500 Franc Kontribution erpresst. Durch solche (bis 1801) andauernde Militärpräsenz gerät das gewerbliche Leben der Region ins Stocken.

Wirtschaft als Waffe im Krieg gegen England
Frankreich beginnt mit dem **Einfuhrverbot** für alle Waren aus England (1803). Dann folgt die **Kontinentalsperre** (1806), um das durch seine Insellage geschützte Land mit einem wirtschaftlichen Vernichtungskrieg in die Knie zu zwingen. Die Absatzmärkte für Remscheider Waren und Lenneper Tuche brechen nahezu zusammen. Als Napoleon dann noch Berg übernimmt (1808), verschärft sich die Lage weiter, denn jetzt wird zudem der **Handel mit Russland** erschwert. Schließlich werden auch noch **Kolonialwaren** aller Art mit hohen Zöllen belegt (1810), wohl mit die härteste Maßnahme, weil sich damit auch noch die Lebensmittel verteuern. Angesichts dieser Kriegsform, eine Vorwegnahme des 20. Jh., kommt die hiesige Wirtschaft teilweise zum Erliegen! Das Gespenst der Arbeitslosigkeit geht um.

4. Stadtwerdung und Entwicklung zur Großstadt

1. Eine neue Zeit bricht an

1. Remscheid – vom Dorf zur Stadt (1808)

Zur Flut neuer Gesetze nach französischem Vorbild gehörte auch die einheitliche Organisation der Kommunalverwaltungen. **Bisher hatten die Gemeinden in der Regel keine eigene Verwaltung**, allenfalls Vorsteher, die wieder abhängig waren von einem Amt; für Remscheid war es das Amt Bornefeld. Sie hatten kein eigenes Vermögen, wohl aber eigene Hofesgerichte, teilweise auch Landgerichte – unter Vorsitz eines Amtmanns.

Im Rahmen des 1807 vom Großherzog Murat erlassenen **„Gemeindeverwaltungsgesetzes"** wurden die alten Unterschiede von Stadt- und Landgemeinden beseitigt. Begriffe wie Honschaft oder Kirchspiel, Dorf, Freiheit oder Stadt verschwanden aus der Amtssprache. Es gab nur noch Munizipalitäten, ab 1809 Mairien. Der einzige Unterschied lag im Rang, wobei Gemeinden mit weniger als 5000 Einwohnern geringer eingestuft wurden. Dazu gehörten Lennep und Lüttringhausen, dagegen war Remscheid, das mit seinen Höfen 6135 Einwohner hatte, eine Kommune ersten Grades und war deshalb „Stadt".

Remscheid 1908: Das alte Kirchspiel mit seinen verstreut liegenden Höfen hatte trotz aller wirtschaftlichen Entwicklung immer noch dörflichen Charakter. Nur war es nach Erhalt der Stadtrechte nicht mehr abhängig vom Amt Bornefeld.

An die Spitze der Munizipalitäten trat fortan ein Direktor. Dazu stand **Remscheid** als Kommune ersten Grades, im Unterschied zu Lennep und Lüttringhausen, das Recht auf einen zweiten Beigeordneten zu und auf einen größeren Munizipalrat. Die **erste Ratssitzung fand am 9. Juli 1808 statt**. Bekanntmachungen der Direktoren waren anfangs noch durch die Pastoren während des Sonntagsgottesdienstes von der Kanzel zu verkündigen. Die erwählten Gemeindevertreter arbeiteten **ehrenamtlich**, durften sich aber stolze Uniformen zulegen.

Stadtdirektor
J. Gottlieb Diederichs, Schüttendelle
Verwaltung des Etats
Überwachung der Gemeindearbeiten

2 Beigeordnete
1. Engelbert Luckhaus, Bliedinghausen
2. G. Heinrich Sonntag, Hasten

20 Munizipalräte
Haushaltsaufstellung

Verwaltungsangestellte
2 Polizeikommissare
Gerichtsschöffen
Sekretär / Schreiber
Gemeindeempfänger
Erhebung von Steuern / Gebühren
Kassierer
Nachtwächter

Auf den ersten Blick ein großer Fortschritt:

Mit dem **Ende des mittelalterlichen Personalverbandstaates**, der an die Person des Landes-, Lehns- oder Kirchenherrn gebunden war, erhielt Remscheid ganz neue Freiheiten. Zur **örtlichen Selbstverwaltung** gehörten Steuerhoheit sowie Entscheidungen über Einkünfte und Vermögen. Dazu kam ein eigener, von der Verwaltung unabhängiger Gerichtsstand.

Doch die Kandidaten wurden **noch nicht vom Volk gewählt**. Die Oberbehörde in Elberfeld erarbeitete eine Kandidatenliste. Die Personen mussten in wirtschaftlich gesicherten Verhältnissen leben und Ansehen in der Gemeinde haben. Aus den Vorschlägen wählte dann der Innenminister ein Drittel aus und ernannte sie.

War die Ernennung auch „***landesfürstliche Gnade***", wollte doch nicht jeder Kandidat die ehrenamtliche Aufgabe übernehmen. Beliebteste **Ausreden** waren Geschäftsverpflichtungen und Alter.

Dazu kam: Die **Gesetze ließen wenig Raum** für Entscheidungen.

2. Erster Bürgermeister – stolzer Besitzer einer Handelsflotte

Ein Urteil, das den Innenminister überzeugte:
„Dieser [Diederichs] ist ein ausgezeichneter und angesehener Mann, der mit vielen Kenntnißen auch die vorzügliche Eigenschaft verbindet, gern für das allgemeine Beste zu würken und die Commune aus dem Grunde kennt. Derselbe ist mit seinem Bruder in Societaet, unternimmt daher nie entfernte Reisen und sein häusliches Betragen könnte in seiner Gegend zum Muster gewählt werden; -- ohne allso den beiden übrigen vorgeschlagenen Männern im geringsten zu nahe zu treten, welche ebenfals als Fabrikanten rechtschaffene, geschätzte Leute sind, ist nach meiner Überzeugung doch keiner zum Director besser geeignet." (Munizipialrat Böker, Remscheid)

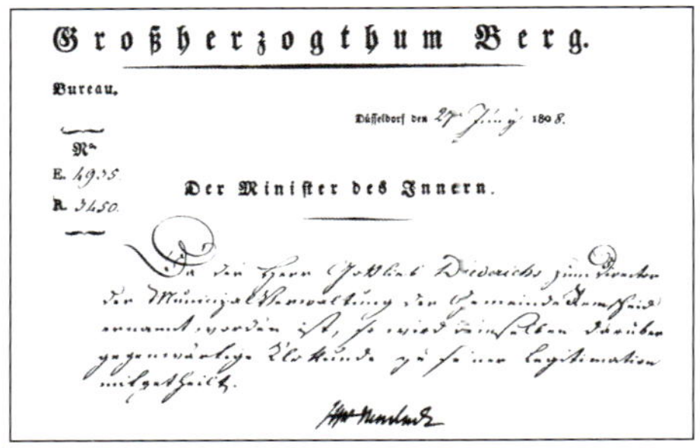
Großherzogthum Berg.
Bureau.
Düsseldorf den 27. ... 1808.
Der Minister des Innern.

Am 5. Juli 1808 wird der erste Bürgermeister vereidigt.

J.G. Diederichs erhielt seine Ernennung zum Munizipaldirektor am 27. Juni 1808 (Abb. links). Als am Jahresende die Munizipalitäten in Mairien umbenannt wurden, durfte er sich Maire (Bürgermeister) nennen.

Johann Gottlieb Diederichs (1771-1825) – ein Mann mit Qualifikation

Bürgermeister Diederichs kam aus einer alten Remscheider Familie. Diese hatte es am Mückenbach, dann im Hammertal zu mehreren Hammerwerken gebracht (spätere Ibach'sche Hämmer). Auf dieses Fundament gründete sie ein gewaltiges Exportunternehmen, das **Handelshaus** Peter Johann Diederichs & Söhne (1756). Es vertrieb Erzeugnisse aus Remscheid, Solingen und Mark bis nach Übersee und führte andererseits ausländische Waren ein. 1790 verfügte die Familie sogar über eigene Niederlassungen in New York und Charleston (South Carolina). Dazu errichtete man um 1800 eine Feilenfabrik, eine der ersten überhaupt.

Doch der Bürgermeister war nicht nur Chef des bedeutendsten Handelshauses der Gemeinde; er verfügte sogar über eine **eigene Handelsflotte**, die ihm selbst gehörte und die er mit gecharterten Schiffen ergänzte. Sein Wagemut war bewundernswert, ging es doch um beträchtliche Geldsummen, und das **Risiko war groß**. Ganze Schiffsladungen konnten in Stürmen verloren gehen, dazu kamen die Schwankungen der Konjunktur. Besonders bedrückend war die brisante politische Lage, denn Frankreich versuchte mit seiner Seeblockade England in die Knie zu zwingen.

Wohn- und Geschäftshaus Diederichs Schüttendelle Nr. 28-32, erbaut 1782.

Die Handelsflotte des Bürgermeisters musste schwerste Einbußen hinnehmen. Als Abwehr und zur Vergeltung gegen die französische Seeblockade kaperte England Schiffe der Gegenseite. Dabei verlor Diederichs fünfzehn Schiffe samt Ladung. Der Schaden war unermesslich, denn in „Kriegswirren" kam keine Versicherung dafür auf. 1817 ging Diederichs in Konkurs.

Ehrenamt im Interessenkonflikt

Die beiden ersten Bürgermeister der Stadt standen in einem gewissen Dilemma. Beide waren Kaufleute. Damit konnten sie es sich zwar leisten, weil wirtschaftlich **unabhängig**, ein unbezahltes Ehrenamt zu übernehmen. Auch qualifizierten sie für dieses Amt ihre **Beziehungen**, die sie dank ihres Patrizierstandes hatten, und damit ihr Einfluss. Überdies konnte Diederichs, Hammerwerkbesitzer, Feilenfabrikant und weltmännisch erfahrener Exportkaufmann, bestens für die **Interessen der bergische Kaufmannschaft** sprechen und diese an höherer Stelle vertreten. Das Problem war nur, dass Kaufleute bei Entschlüssen oft befangen sind, sofern es dabei auch um den **Vorteil der eigenen Firma** geht. Dieser Konflikt entzündete sich vor allem, als Entscheidungen anstanden, die vorrangige Straßenführungen betrafen und Maßnahmen zur dafür notwendigen Geldbeschaffung. Vor allem Diederichs geriet schnell bei der Konkurrenz in den Verdacht eigennütziger Vorteilsnahme und unlauterer Parteilichkeit, was ihn schließlich sogar sein Amt kosten sollte.

3. Der Kaiser drückt allem seinen Stempel auf

Zugriff auf die Gemeindeverwaltung

So attraktiv die neue Selbstverwaltung auch war, sie wurde durch Kontrolle des Staates stark eingeschränkt. Es begann schon bei den **Vorschlagslisten**, die genau überprüft, genehmigt und erst dann dem Großherzog zur Entscheidung vorgelegt wurden. Die dann Erwählten waren Amtsträger von ***Napoleons Gnaden***.

Das ovale Stadtsiegel Remscheids hatte sich offensichtlich an einem vorgegebenen Muster zu orientieren. Zwischen unten gekreuzten Eichenlaubzweigen befand sich ein geschweiftes Wappenschild mit dem Buchstaben N (Napoleon), darüber die Kaiserkrone.
Das Siegel stammt wohl aus der Zeit, als Napoleon selbst das Großherzogtum übernommen hatte.

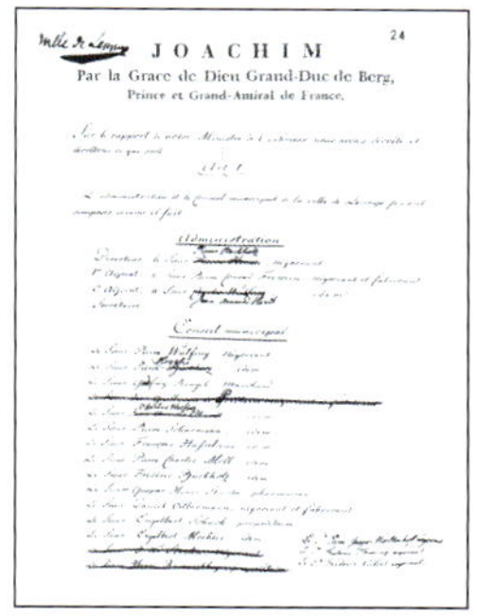
JOACHIM
Par la Grace de Dieu Grand-Duc de Berg,
Prince et Grand-Amiral de France.

Diese Lenneper Vorschlagsliste (rechts) aus Joachim Murats Zeiten mag zweierlei deutlich machen: die Streichungen von nicht genehmen Kandidaten seitens der Obrigkeit oder, was aus mancherlei Gründen gelegentlich auch vorkam, die Verweigerung des Ehrenamtes, obwohl man sich doch glücklich schätzen musste, von landesfürstlicher Gnade erwählt worden zu sein.

Maire und Beigeordnete standen auch weiterhin **unter Kontrolle**, wobei die Aufsicht gleich zweifach erfolgte, einmal durch den Präfekten zu Düsseldorf und dazu durch den Unterpräfekten in Elberfeld. Auch der **Gemeinderat**, in dem eigentlich nur Vertreter der Oberschicht saßen, war in seiner Funktion stark eingeschränkt. Er traf sich ohnehin nur einmal im Jahr; weitere Sitzungen mussten vom Provinzialrat genehmigt werden. Und wenn er sich dann unter Vorsitz des Maire das eine Mal traf, womöglich zu einer mehrtägigen Sitzung, ging es hauptsächlich um die Aufstellung des Haushaltes. Doch welchen Wert hatten Beschlüsse, wenn die Regierung im Nachhinein drastische Streichungen vornehmen konnte? Und was halfen schon Nein-Stimmen, wenn dem Rat angezeigt wurde, er habe lediglich beratende Funktion?

Kontrolle durch Verwaltungsbezirke

Zur besseren Organisation der Verwaltung wurde das Großherzogtum 1808 in vier Departements eingeteilt, diese wieder in zwölf Arrondissements (Großbezirke) und 78 Kantone (unterste Friedensgerichtsbezirke). Damit hatten die alten Landstände ihre staatstragende Kraft verloren, und die bisherigen Ämter waren abgelöst. Unsere Region gehörte fortan zum **Arrondissement Elberfeld**. Es war zuständig für die ehemaligen Ämter Elberfeld, Barmen-Beyenburg, Bornefeld-Hückeswagen, Solingen und die darin liegenden Städte und Ortschaften. Remscheid selbst gehörte zum **Kanton Ronsdorf** (seit 1745 Stadt), wo es seit 1811 auch das Friedensgericht gab.

Grundlage für einen modernen Flächenstaat

*An die Stelle der oft mit Willkür regierenden absoluten Herren trat eine **zentralistisch organisierte Verfassung**. Dabei wurde alles, bis hin zu den einfachsten Bedürfnissen, von Düsseldorf bzw. Paris gelenkt.*

*Statt des bunten Flickenteppichs deutscher Kleinstaaterei wurde das Land flächendeckend in **einheitliche Verwaltungsbezirke** eingeteilt.*

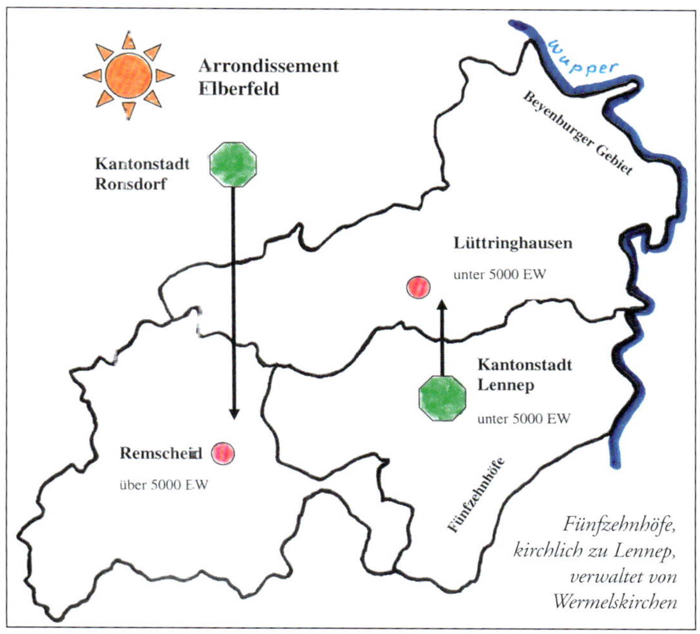

Abgrenzungen der Gemeinden 1808

2. Vom bescheidenen Beginn zur stolzen Repräsentation

1. Ratsstube zur Miete (1808-12)

Der erste Bürgermeister musste sich noch mit einem bescheidenen Verwaltungsbüro zufriedengeben. Seinem stattlichen Wohn- und Geschäftshaus gegenüber hatte er einen Raum angemietet, von wo aus er die kommunalen und polizeilichen Aufgaben erledigte. Hier hielt er auch täglich von 9.00-12.00 Uhr und von 14.00-17.00 Uhr Sprechstunde. Doch schon nach vier Wochen musste er sein Angebot aus Geschäftsgründen reduzieren, stand aber immer noch Dienstag, Mittwoch und Freitag für die Bürger bereit.

In diesem Haus in der Schüttendelle 29 soll sich das erste Verwaltungsbüro Remscheids befunden haben. Die Einrichtung des ersten „Rathauses“ war entsprechend bescheiden. 1983 musste es einer Betriebserweiterung weichen.

2. In der Privatwohnung des Bürgermeisters (1812-13)

Diederichs' Nachfolger, Heinrich Sonntag, holte sich das „Rathaus“ ins eigene Haus. Er hatte das Doppelhaus der Brüder Hilger auf Hasten übernommen, ein repräsentatives Gebäude mit sicherlich auch genügend Platz. Es lag an der Hauptstraße nach Elberfeld, dem Sitz des neuen Amtes, doch aus Remscheider Sicht eher am Rande der neuen Stadt.

Hier im heutigen historischen Zentrum in der Cleffstraße residierte eine Zeitlang der Bürgermeister.

3. Angemietetes „Gemeindehaus“ im Stadtzentrum

Der dritte Bürgermeister, Abraham Hering, schaffte es mit seinen Amtsräumen hinauf ins Zentrum der Stadt. Spätestens 1820 konnte er dort Büroräume als **„Gemeindehaus“** anmieten. Das Gebäude, in dem auch der Bürgermeister wohnte, lag vermutlich in der damaligen Kronenstraße, also am heutigen Markt.

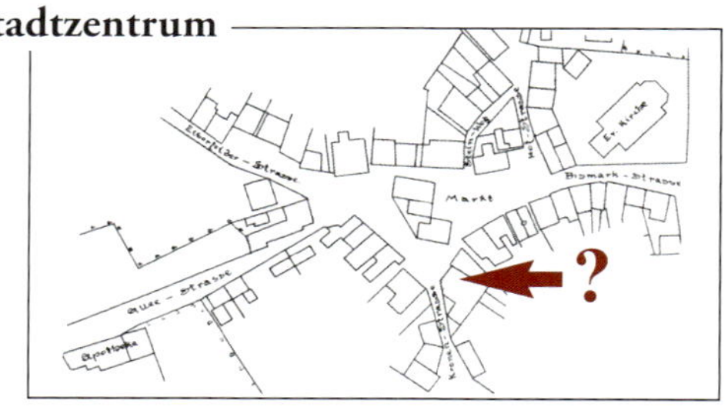

4. Das erste Rathaus (1839-1906)

Eine sich entwickelnde Industriestadt wie Remscheid wünschte sich natürlich schon länger ein eigenes Rathaus. Im November 1835 kam es zu folgendem **Gemeindebeschluss**:

> *„In Anerkenung der Nothwendigkeit eines angemessenen und sichern und bestimmten Gebäudes zur Aufbewahrung des immer wichtiger und werthvoller werdenden Gemeinde-Archivs, so wie zu den erforderlichen Verwaltungs- und Polizei-Bureaus und zu den Versammlungen des Gemeinderaths und anderen auf die verschiedenen Zweige der öffentlichen Verwaltung Bezug habenden Kommissionen und Kooperationen, äusserte sich der Gemeinderath, daß jetzt, wo die völlige Schuldentilgung so nahe sey, an der Zeit seyn dürfte, auf die früherhin schon zur Sprache gekommene, wegen ungünstiger Zeitverhältnisse aber ausgesetzte Erwerbung oder Erbauung eines Rathauses Bedacht zu nehmen.“*

Das neue Rathaus lag günstig an der **Hauptstraße zum Oberverwaltungszentrum Elberfeld**, war knapp 16 m lang und 12 m tief. Am 29. April 1839 wurde es mit Festreden und Festmahl feierlich eingeweiht.

Im **Kellergeschoss** befand sich die Wachstube der Polizei, dazu eine Arrestzelle und wohl auch noch die Wohnung des Polizeidieners. Darüber, **zu ebener Erde**, lagen drei Verwaltungsbüros, dazu zwei Räume für den Gemeindeempfänger (Steuereinnehmer), damit dieser die Staats- und Kommunalsteuern nicht mehr im Wirtshaus einzunehmen brauchte. Zwei noch verbleibende Räume wollte man zunächst noch vermieten, um Schulden abzutragen. Im **Obergeschoss** wohnte der Bürgermeister, dort waren wohl auch die beiden Versammlungszimmer des Gemeinderates.

Gleich noch im ersten Jahr zog das neu geschaffene **Fabrikengericht** (das spätere Gewerbegericht) hier ein und 1844 auch das **Friedensgericht** (später Amtsgericht). Um dieses von Ronsdorf abzuziehen und nach Remscheid zu verlagern, hatte die Stadt sich der Regierung gegenüber verpflichtet, drei Räume kostenlos zur Verfügung zu stellen. Später zog auch noch das Königliche **Eichamt** hier ein (1858). Für diesen Andrang war aber das Haus nicht gebaut, und bald wurde die Enge unerträglich. 1874 kam es zum **Anbau**. Ein zweiter Eingang wurde angelegt, in jedem Stock entstanden drei neue Räume, und von einer Dachgaube zeigte eine Rathausuhr die Zeit an.

Das alte Rathaus an der Elberfelder Straße, links der spätere Anbau. 67 bzw. 32 Jahre lang war hier die Schaltstelle der Stadt. Bald reichten die Räume vorn und hinten nicht mehr, und am Ende mussten sieben Dienststellen ausgelagert werden. 1906 hatte das Haus ausgedient. Fünf Jahre später wurde es abgerissen, und an seiner Stelle entstand das Realgymnasium (heute Ernst-Moritz-Arndt-Gymnasium).

5. Ein Rathaus zum Repräsentieren (29.5.1906)

Ein Platz, „um den uns andere Städte beneiden"

Über einen Neubau waren sich die Stadtväter einig, hinsichtlich des Standorts weniger. Schließlich richteten sich aller Augen auf den seit 1885 so genannten Kaiserplatz (heute Theodor-Heuss-Platz), zentral gelegen und hoch oben auf dem Stadtkegel.

Schützenhalle oder Rathaus?

Wohlweislich hatte die Stadt dem Remscheider Schützenverein bereits 1878 das „Schützenfeld", den späteren Kaiserplatz, abgekauft. Nach wie vor wurde er als Schützen- und Kirmesplatz genutzt. An seiner Westseite aber, genau dort, wo die Stadt ihr neues Rathaus bauen wollte, stand die Schützenhalle.

Nach langen, mühsamen Verhandlungen kam es zur Einigung. Der Verein überließ der Stadt die Schützenhalle. Dafür überließ die Stadt ihm auf der Höhe des Holscheidsberges einen neuen Schützenplatz und errichtete dort, am Rande des Stadtparks, ein neues Schützenhaus nebst Schießhalle. Außerdem gab sie den Platz frei als Festplatz für Schützen- und Volksfeste, die Remscheider Kirmes.

„Wenn wir die Zukunft Remscheids im Auge haben, müssen wir sagen, dass der Kaiserplatz am geeignetsten erscheint für den Rathausbau, denn er ist der **einzig schöne Platz hier in unseren Bergen**, um den uns andere Städte beneiden" (Stimme eines Ratsherrn 1897). Und man sprach von der „Schönheit und Zugänglichkeit der Lage und die Verschönerung der Stadt durch Rathausbau an einer Stelle, wo er auch voll und ganz zur Geltung kommt."

„Wahrzeichen der kraftvollen Blüte"

Gut drei Jahre dauerte die Bauzeit. Schon das Richtfest war ausgiebig gefeiert worden. 166 geladene Gäste sollen 3000 Glas Bier getrunken haben. Zur Einweihung am 29. Mai 1906 hatte die ganze **Stadt ihr Festkleid angelegt**. Die Straßen standen im Flaggenschmuck. Der Kaiserplatz vor dem Rathaus war herausgeputzt. In seiner Mitte stand eine geräumige Tribüne für Orchester und Sängerchor. Das mächtige Rathaus war mit Grün und Fahnen geschmückt. Kurz vor Mittag marschierten die

Ein turmgekröntes Rathaus im Stil deutscher Renaissance. Der äußere und innere Pomp zeigt das Selbstwertgefühl einer aufstrebenden Stadt.

Schulen auf und gruppierten sich um Tribüne und Kriegerdenkmal. Eine Militärkapelle spielte. Auf dem Balkon des Rathauses, von Fanfarenklängen begrüßt, zeigten sich der **Oberpräsident der Rheinprovinz**, der Regierungspräsident und andere hohe Gäste. Ein Chor aus den Remscheider **Gesangvereinen** sang ergreifend Beethovens „Die Himmel rühmen des Ewigen Ehre" und erfüllte stimmungsvoll den Platz.

Große Worte eines Offiziellen aus Düsseldorf bei der Schlüsselübergabe an den Oberbürgermeister Nollau

„... Würdig dem Rufe der Stadt Remscheid, ein Denkmal des Fleißes und der Tatkraft seiner Bewohner sollte der Bau werden. In diesem Sinne wurde er erdacht, begonnen und vollendet.
Wenn ich nun heute das fertige Werk übergebe, so kann ich das nicht anders als mit Gefühlen des Dankes, des Dankes vor allem gegen den allmächtigen Baumeister der Welt, daß er uns so gnädiglich beigestanden und seine Hand über unser Werk gehalten hat, sodaß es ohne jeden Unfall vollendet werden konnte...“
„Möge dasselbe von seiner Höhe allzeit herabschauen auf ein blühendes deutsches Land, auf eine glückliche Stadt; mögen in seinen Räumen walten Weisheit und Gerechtigkeit für und für! Das walte Gott!“

Antwort des Oberbürgermeisters

„Stolze Freude erfüllt heute die Herzen der Bürger unserer Stadt. Weit hinausragend in das Bergische Land erhebt sich ein schönes, neues Rathaus, ein Wahrzeichen der kraftvollen Blüte unserer Stadt und des Bürgersinns ihrer Bewohner. Heute gilt es, diesem Gebäude die feierliche Weihe zu geben.“

Getragen vom Gedanken an die großen mittelalterlichen Rathäuser, wurde an nichts gespart. Um die bergische Grauwacke aufzuwerten, wurde Steinmaterial aus ganz Deutschland herangefahren. Über breite, von Balustraden eingefasste Treppen schritt man zum Sitzungssaal empor. Die Decken waren mit Netzgewölben kunstvoll gestaltet und wurden von massiven Säulen getragen, alles eine bis in den letzten Winkel durchdachte Repräsentation.
1943 sind das Obergeschoss und der Rathausturm völlig ausgebrannt, und auch die darunter liegenden Räume wurden stark beschädigt. Der Wiederaufbau 1950-62 ging nur langsam voran. Die Formen sind beibehalten, auf die Ausmalung wurde verzichtet.

Treppenaufgang zum Rathaussaal vor 100 Jahren. Jedes Gewölbefeld der Flure und in den Haupträumen war bemalt, auch die hölzernen Rahmungen der Türen. Der Sitzungssaal besaß sogar eine geschnitzte Holzvertäfelung und eine gewölbte, hölzerne Kassettendecke. Heute gibt sich das Rathaus schlichter.

Das alte Rathaus in seiner heutigen Form. Es platzt mittlerweile aus allen Nähten.

6. Es wird eng im Rathaus

1909 waren im Rathaus untergebracht: Oberbürgermeisteramt, Bauamt, Polizeiamt, Meldeamt, Katasteramt, Standesamt und sogar die Sparkasse. Vorübergehend gastierte hier auch das Heimatmuseum (1925-28). Jahrzehntelang war das große Rathaus viel zu klein, und die Verwaltung musste schließlich auf zwanzig Gebäude über die ganze Stadt verteilt werden. Um wichtige Bereiche wieder zentral zusammenzuführen, entstand die Idee des Ämterhauses. Die alte Hauptpost und das ehemalige Arbeitsamt wurden 2003-05 entsprechend ausgebaut und mit einem modernen Anbau versehen (insgesamt 10.000 qm), finanziert durch die Gewag mit einer Investition von nahezu 20 Millionen Euro. Die Stadt wohnt nur zur Miete.

Im hochmodernen Anbau des Ämterhauses, erstellt von Remscheider Architekten befindet sich die Volkshochschule.

Oberbürgermeister			
Geschäftsbereich Oberbürgermeister	Interne Dienste	Jugend, Soziales und Wohnen	**Fachdezernat Kultur**
Büro des Oberbürgermeisters	Referat Stadtentwicklung und Bauen	Psychologische Beratungsstellen	Kulturmanagement
Rats- und Gemeindeangelegenheiten	**Fachdezernat Finanzen**	Gesundheitswesen	... Deutsches Röntgen-Museum
Gleichstellung von Frau und Mann	Kämmerei	**Fachdezernat Ordnung und Recht**	... Deutsches Werkzeugmuseum
Behindertenberatung	Steuern und Finanzbuchhaltung	Recht und Datenschutz	Kommunales Bildungszentrum
Personalrat	Gebäudemanagement	Umwelt	Teo Otto Theater
Personal und Organisation	**Fachdezernat Bildung, Soziales u. Sport**	Bürger, Sicherheit und Ordnung	**Job Center**
Rechnungsprüfung	Schule und Bildung	Zuwanderung und Versicherungswesen	**Technische Betriebe Remscheid**
Kommunales Integrationszentrum	Sport und Freizeit	Feuerschutz und Rettungsdienst	
Standorte im Stadtgebiet			
Rathaus	Dienstleistungszentrum	Sonstige Standorte	Stand: September 2017

Ausgelagerte Ämter
(von oben links, im Uhrzeigersinn)

Elberfelder Str. 32-36 *(Dienstleistungszentrum)*
Hindenburgstr. 52/58 *(Steuern, Finanzbuchhaltung, Gebäudemanagement)*
Auf dem Knapp 23 *(Hauptfeuerwehrwache)*
Hastener Str. 15 *(Gesundheitsamt)*
Bismarckstraße 8-12 *(Job-Center)*
Martin-Luther-Straße 28 *(Rechnungsprüfung und Recht)*
Schützenstraße 57 *(Schule und Bildung)*
Alleestraße 66 / Haddenbacher Str. 38-42 *(Soziales, Jugend und Wohnen)*
Lenneper Str. 63 (Nordstr. 48) *(Technische Betriebe Remscheid TBR)*
Rathaus Lüttringhausen *(Sport und Freizeit)*

7. Haushaltswachstum – Vergleich 1808, 1809, 2016

Anschaffungen fürs Munizipalbüro (13.8 - 23.11.1808)

1 Registraturschrank; 1 Schreibpult mit Untergestell; 1 großer, breiter Tisch; 6 Stühle; 1 Ofen mit Pfeife; 1 Presse; 2 Druckkästen

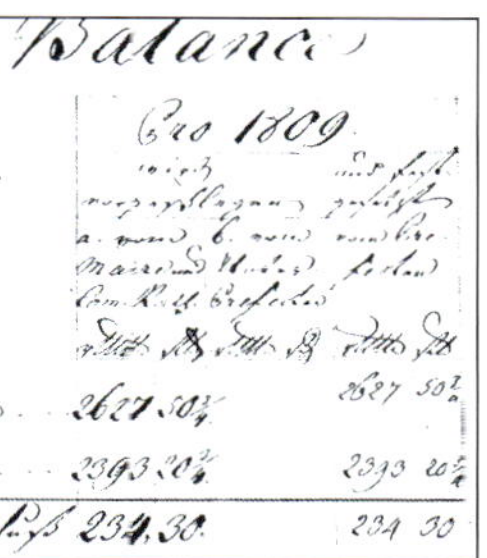

Jahresbilanz 1809

2393,20 Franc
Überschuss:
234,30 Franc

Der städtische Haushalt 2016

Erträge 367.773.638,40 Euro	*Gesamtverschuldung* 668.655.760,28 Euro
Aufwendungen 365.444.387,82 Euro	*davon Kassenkredite/Anleihen* 603.500.000,00 Euro
Ergebnis (Überschuss) 2.329.250,58 Euro	*davon Investitionskredite* 65.155.760,28 Euro

3. Die Bürgermeister von 1808-2008

1. Chronologische Übersicht

Kaiserreich Frankreich

Johann Gottlieb Diederichs

5.7.1808 - 26.9.1811
Hammerwerksbesitzer und Großkaufmann Schüttendelle

(1771-1825)

vgl. Diederichsstraße

Georg Heinrich Sonntag

1811 - 1814
geb. in Hamburg
Fabrikant und Kaufmann in Hasten

Königreich Preußen

Abraham Hering

1.6.1814 - 20.9.1851
Polizeivogt (1812/14)
Bürgermeister mit der längsten Amtszeit

(1784-1853)

vgl. Abraham-Hering-Straße

Bertram Pfeiffer

21.9.1851 - 27.8.1859

(1797-1872)

Justus Otto Hoffmeister

27.8.1859 - 15.5.1876
Erstmals Titel Oberbürgermeister (27.6.1873)
Stifter. Darf Amtskette tragen.
1875 Ehrenbürger
(1826-1888)
vgl. Hoffmeisterstraße

Besatzungszeit

Georg zur Hellen

15.4.1945 - 18.4.1946
Beigeordneter eingesetzt vom amerikanischen Kommandeur

(1886-1954)

Gustav Flohr

22.5. - 4.11.1946
(KPD)
Klempner/Schweißer
1933 verhaftet
1936 emigriert

(1895 - 1965)

Dr. August Scholz

4.11.1946 - 29.6.1948
(CDU)
Zahnarzt
In erster freier Wahl gewählt; stürzt sich in Zeiten großer Not vom Rathaus in den Tod.
(1882 - 1948)

Bundesrepublik

Walter Frey

15.11.1948 - 10.4.1961
(SPD)
Betriebsleiter

(1909 – 1966)

Gerd Lemmer

10.4.1961 - 8.5.1963
(CDU)
Regierungsdirektor
1962-66 Landesminister in NRW für Bundesangelegenheiten
2008 Ehrenbürger
(geb. 1925)

Peter Wolf

8.5.1963 - 10.10.1964
(CDU)
Fabrikant
Aufsichtsrat Stadtwerke
2000 Ehrenbürger

(1923-2000)

Deutsches Kaiserreich | **Weimar** | **„Drittes Reich“**

Ludwig von Bohlen

27.7.1876 - 21.2.1899

(1834-1899)

vgl. Ludwigstraße

Otto Nollau

20.7.1899 - 12.5.1910
Erbauer des Rathauses

(1862-1922)

vgl. Ottostraße

Dr. Karl Jarres

5.7.1910 - 30.6.1914
1924-25 Reichsinnenminister
1925 Reichspräsidentenkandidat

(1874-1951)

vgl. Karl-Jarres-Platz

Dr. Walther Hartmann

1.8.1914 - 1.7. 1937
Muss sich auf drei Regime einstellen
1937 Ehrenbürger

(1873-1964)
vgl. Dr. Walther-Hartmann-Straße / Schule

Ludwig Kraft

1937 - 1945
Zuvor Dezernent in Düsseldorf und Gauamtsleiter.
1945 amtsenthoben

(1900-1991)

Heinz Heinrichs

19.10.1964 - 28.10.1968
(SPD)
tritt als OB zurück, wird Beigeordneter (Sozialdezernent)

(1919-1996)

Willi Hartkopf

28.10.1968 - 16.10.1989
(SPD)
Gewerkschaftssekretär
1995 Ehrenbürger

(1920-2004)

Reinhard Ulbrich

16.10.1989 - 30.9.1999
(SPD)
Hauptschullehrer
Initiator der Denkerschmette
Erster hauptamtl. OB der Nachkriegszeit
(geb. 1950)

Fred Schulz

1.10.1999 - 10.10.2004
(CDU)
Geschäftsführer

(geb. 1956)

Beate Wilding

11.10.2004 - 22.6.2014
(SPD)
Einzelhandelskauffrau
Erste Frau als OB

(geb. 1956)

Burkhard Mast-Weisz

ab 23.6.2014
(SPD)

(geb. 1956)

Bürgermeister von Lennep
1808 - 1824: Franz Hasselkus
1825 - 1832: Peter Carl Moll
1832 - 1845: Carl Wille
1846 - 1872: Rudolf Trip
1872 - 1897: Ferdinand Sauerbronn
1897 - 1921: Rudolf Stosberg
1921 - 1929: Emil Nohl

Bürgermeister von Lüttringhausen
1808 - 1810: Johann Abraham vom Baur
1810 - 1811: Theodor Goldenberg
1811 - 1815: Johann Peter Moll
1815 - 1827: Carl Friedrich Morian
1827 - 1834: Franz Türk
1834 - 1846: Wilhelm Wetter
1846 - 1866: Friedrich Wilhelm Herweg
1867 - 1883: Franz Hubert Pütz
1883 - 1889: Martin Trommershausen
1890 - 1925: Richard Gertenbach
1925 - 1929: Dr. Rudolf Suthoff-Groß

Zeitweise eine Doppelspitze
Neben dem ehrenamtlichen Oberbürgermeister gab es hauptamtliche Oberstadtdirektoren als Verwaltungschefs (nach britischem Vorbild):

1946 - 1951: Artur Mebus
1951 - 1957: Dr. Paul Braess
1958 - 1961: Dr. Wolfgang Lorke
1962 - 1965: Dr. Konrad Elsholz
1965 - 1989: Dr. Günter Krug
1989 - 1994: Wilhelm Ellerbrake
1994 - 1995: Dr. Burghard Lehmann

Seit 1995 abgeschafft. Alles liegt wieder in hauptamtlicher Oberbürgermeister-Hand.

2. Von Würde und Abhängigkeiten

1. Maire mit goldener Schleife auf dem Hut

Kleider machen Leute! Gar vornehm und würdevoll gewandet müssen Remscheids erste Stadtobere vor 175 Jahren ihr Amt ausgeübt haben – vorausgesetzt, sie hielten sich an die am 13. Oktober 1807 erlassene Munizipalverfassung. Dort nämlich gab es unter der Überschrift „Von der Amtskleidung" genaue Vorschriften, die wir nachfolgend im Wortlaut zitieren:

„Die Directoren, welche Wir ernennen, werden ein französisches Kleid, von Pucefarbe tragen, mit einer doppelten Leiste von Gold von oben bis unten, auf den Taschen, den Aufschlägen und dem Kragen, nach dem dieser Verordnung beygefügten Muster; mit weisser Weste, weissen Beinkleidern, einer goldenen Schleife auf dem Hut, und einem Degen.
Die Directoren, welche der Minister des Innern zu ernennen hat, werden dasselbe Amtskleid tragen; mit dem Unterschiede in der Verzierung des Kleides, daß dasselbe nur eine einzige Leiste von Gold haben wird.
Die Directoren, welche von den Provinzial-Räthen ernannt werden, haben das Recht, dieselbe Kleidung zu tragen; jedoch nur mit einer einfachen Leiste von Silber.
Die Beygeordneten werden dieselbe Kleidung wie ihr Director tragen; jedoch wird ihr Kleid nur auf den Taschen, den Aufschlägen, und dem Kragen gestickt seyn.
Die Mitglieder des Municipal-Rathes haben das Recht, ebenfalls ein solches Kleid, wie ihre Directoren, zu tragen: jedoch nur mit gestickten Äufschlägen und Kragen, mit einer Weste von eben derselben Farbe wie das Kleid, und mit eben denselben oder auch schwarzen Beinkleidern.
Die Directoren und die Beygeordneten werden überdies, wenn sie im Dienste sind, eine Schärpe, nach den Farben des Großherzogthums, wie ein Bandelier tragen."

Der barocke Typ (G. Diederichs)

Die preußische Alternative: Der sachliche Typ (A. Hering)

1845 Einführung der neuen Rheinischen Gemeindeordnung:

Die Gemeindevertretung hat das Recht auf freie Wahl. Nur Bürgermeister und Beigeordnete werden von der Regierung ernannt.

In Preußen (und im Kaiserreich)
„Ich NN schwöre zu Gott dem Allmächtigen und Allwissenden, daß seiner Königlichen Majestät von Preußen, meinem Allergnädigsten Herrn, ich unterthänig, treu und gehorsam sein und alle mir vermöge meines Amtes obliegenden Pflichten nach meinem besten Wissen und Gewissen genau erfüllen, auch die Verfassung gewissenhaft beobachten will, so wahr mir Gott helfe." (Verordnung 715 aus dem Jahre 1867)

In der Weimarer Republik
„Ich schwöre Treue der Reichsverfassung."
(RGB 1919, Nr 153)

In Nordrhein-Westfalen
„Ich schwöre, daß ich das mir übertragene Amt nach bestem Wissen und Können verwalten, Verfassung und Gesetze befolgen und verteidigen, meine Pflichten gewissenhaft erfüllen und Gerechtigkeit gegen jedermann üben werde. So wahr mir Gott helfe."
Der Eid kann auch ohne religiöse Beteuerung geleistet werden. (1950)

Im Dritten Reich
„Ich schwöre: Ich werde Volk und Vaterland Treue halten, Verfassung und Gesetze beachten und meine Amtspflichten gewissenhaft erfüllen, so wahr mir Gott helfe."
(RG. 2.12.1933)

„Ich schwöre: Ich werde dem Führer des Deutschen Reiches und Volkes, Adolf Hitler, treu und gehorsam sein, die Gesetze beachten und meine Amtspflichten gewissenhaft erfüllen, so wahr mir Gott helfe."
(Die religiöse Formel konnte weggelassen werden.)
(26.1.1937)

Dr. Hartmann
1.8.1914
- 1.7. 1937
Kurz vor Ende seiner Dienstzeit wurde der Eid zum vierten Male geändert.

3. An der Spitze des Stadtparlaments

1850 erhielten die Gemeinden volle Selbständigkeit in Verwaltung und inneren Angelegenheiten. Die Zahl der Gemeindevertreter in Bürgermeistereien wurde auf 24 erhöht.

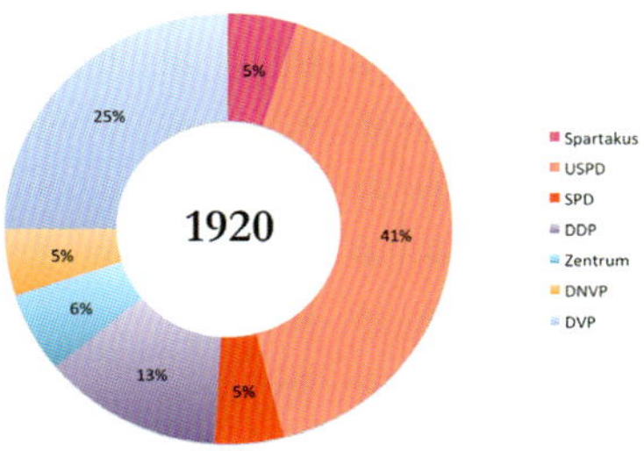

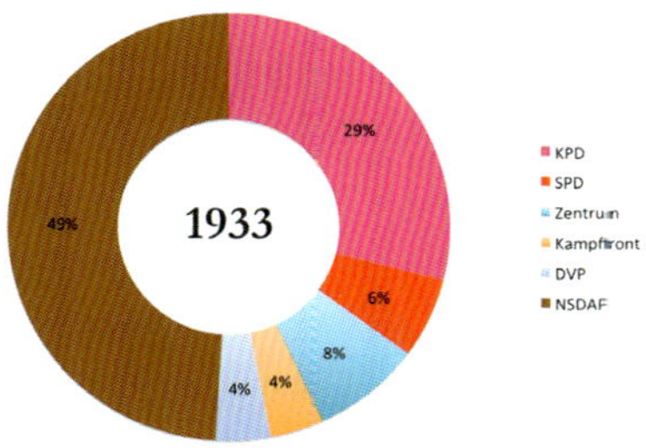

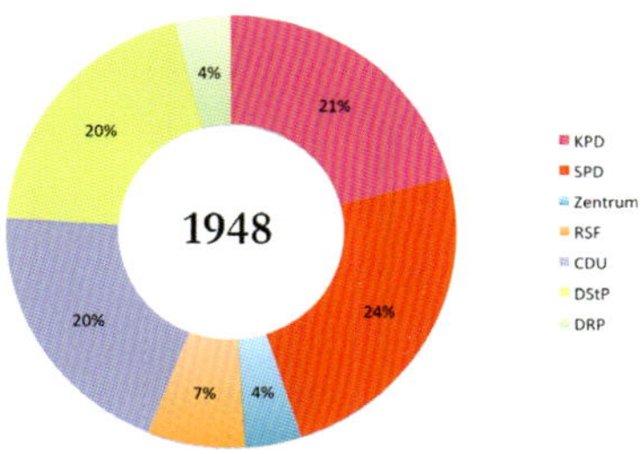

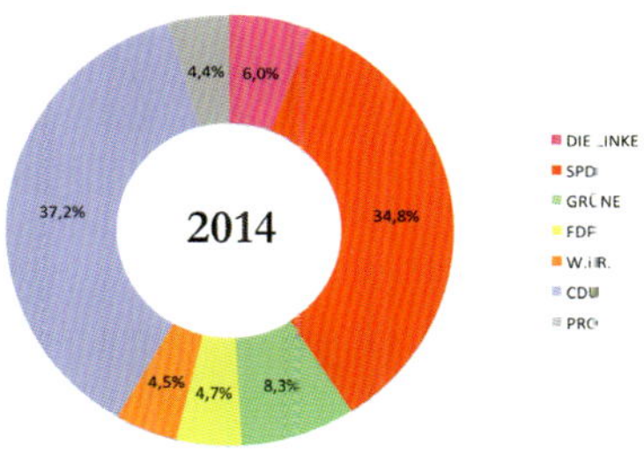

Hierarchische Sitzordnung: Bürgermeister am Kopfende, den Kaiser im Rücken, im Zentrum des Sitzungssaales

Nicht mehr Kopfende, sondern im Halbkreis um den/die OberbürgermeisterIn und die Beigeordneten. Die Bundespräsidenten sind an die Seite gerückt (Fotos hinten rechts an der Wand).

4. Das Stadtwappen und seine Entwicklung

1854 war die Stadt auf 13.000 Einwohner angewachsen. Da hätte der Bürgermeister gerne ein Stadtwappen gehabt, nicht nur, um es über die Rathaustür zu setzen, sondern auch um damit nach auswärts die **Bedeutung Remscheids** zu präsentieren.

Siegel des Landgerichts Remscheid aus dem 16. Jh.

Das napoleonische Stadtsiegel hatte mit dem Kaiser abgedankt. Im neuen Wappen Remscheids, dessen Eisen- und Stahlfabrikation zu den ältesten des Bergischen Landes gehörte, sollte natürlich seine Industrie angedeutet sein.

Da bot sich, wohl schon angeregt durch Bürgermeister Hering, der **Rückgriff auf die Tradition** an, auf ein fast schon vergessenes Schöffensiegel, das 1566 dem Remscheider Gericht verliehen worden war. Auf einem zweigeteilten Schild erscheint im oberen Teil auf silbernem Grund der zweischwänzige, rote Löwe des ehemaligen Bergischen Landesherrn (vgl. S. 42). Darunter steht aufrecht auf blauem Grund eine silberne Sichel. Sie hält die Erinnerung an die 300 Kleinschmiede fest, die in Lüttringhausen, Cronenberg und vor allem in Remscheid um die Mitte des 18. Jh. ihr Handwerk betrieben, darunter auch viele Sensenschmiede. Die Stadtfarben blau und weiß dominieren.

Dem alten Siegel und eigentlichen Wappen wurde, dem Stilgefühl der Zeit entsprechend, ein **üppiger Rahmen** gegeben. Bürgermeister Pfeiffer begründete das damit, dass die deutlich gestiegene wirtschaftliche Bedeutung Remscheids es verlangt, „daß dem früheren einfachen Wappen eine größere Zierde beigegeben werde, um so mehr, als auch andere kleinere Städte in ihren Wappen ähnliche Verzierungen besitzen". Zwei kräftige Schmiede in ihren Lederschürzen halten das Schild. Der bärtige Schmiedemeister zur Rechten hält einen Hammer, der Jüngling zur Linken eine Zange, um die sich eine Schlange windet. Die beiden sollen ein Sinnbild sein für die Remscheider Industrie, die auf den Schultern der Schmiede und Kaufleute ruht.

> **Was bedeutet die Schlange?**
>
> Sie könnte ein Zeichen sein für die Handfertigkeit der Schmiede, unter deren Händen der zum Glühen gebrachte Stahlstab sich windet wie eine Schlange.
>
> Oder hat sie etwas zu tun mit dem Äskulapzeichen der Mediziner? Denn Schmiede mussten beim Beschlagen von Pferden etwas von Tieren verstehen und wurden darüber oft zu Pferdedoktoren.
>
> Vielleicht ist es auch eine Anspielung auf Merkur, den römischen Gott des Handels. Sein Zeichen war der von Schlangen umwundene Stab.

Dann wurde das Wappen **König Friedrich Wilhelm IV.** zur Genehmigung vorgelegt. Der kannte Remscheid, da er als Kronprinz schon einmal hier gewesen war. Im Großen und Ganzen war er einverstanden. Nur der Vorschlag der Düsseldorfer Regierung, oben auf das Schild und unter den preußischen Adler einen Amboss zu setzen, war nicht nach seinem Geschmack. Stattdessen verfügte er eigenhändig eine Mauerkrone. So wurde das Remscheider Wappen mit königlichem Kabinettschreiben vom 18.2.1854 genehmigt.

Vom König 1854 eigenhändig genehmigt

Stadtwappen um 1930, darüber damals noch eine Mauerkrone, rechts das heutige Wappen

5. Eingemeindungen der Stadt Remscheid

1. Preußische Vorgaben

Nachdem die Siegermächte für eine Übergangszeit aus Napoleons Großherzogtum ein „Generalgouvernement Berg“ gemacht hatten (November 1813), fiel es 1815 endgültig an Preußen und erhielt **preußischen Zuschnitt**. Die Amtssprache Französisch wurde abgeschafft, aus Maire wurde fortan **Bürgermeister**. Die Arrondissements wurden aufgelöst, an ihre Stelle traten Landkreise. Auch **Lennep wurde Landkreis** und Sitz eines Landratsamtes (zunächst im Rathaus, dann am Thüringsberg und ab 1889 bis 1929 im Kreishaus), gewissermaßen als Nachfolgerin der ehemaligen Bergischen Ämter Bornefeld-Hückeswagen und Beyenburg. Die Gemeinden wurden in Umfang und Struktur nicht verändert. Mit der **Städteordnung von 1856** wurden alle Orte mit über 10.000 Einwohnern automatisch als Städte anerkannt. Das galt so auch für Remscheid mit 14.000 (13.6.1856) Einwohnern, dagegen wurden Lüttringhausen (8.000, 18.8.1856) und Lennep (7.700, 17.8.1857) erst auf Antrag anerkannt.

2. Gebietserweiterungen – auf dem Weg zur Großstadt

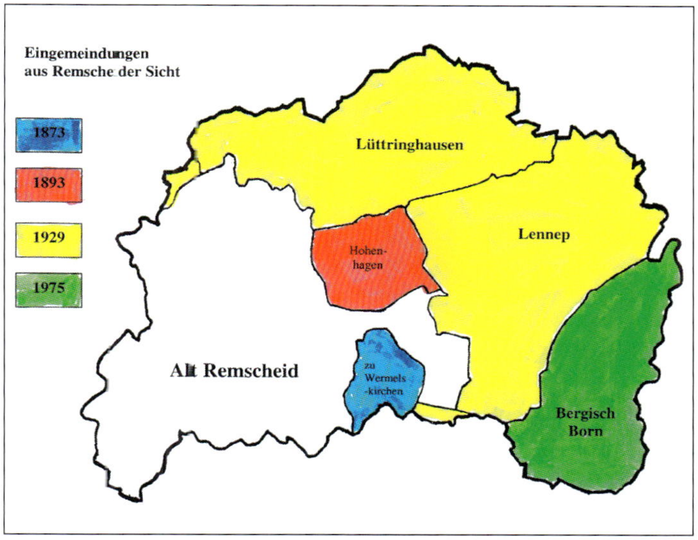

<u>1873: Erste Abrundung des Stadtgebiets</u>

Die zu Wermelskirchen gehörenden Ortschaften **Struck, Groß-Berghausen und Wüst-Berghausen** ragten wie Fremdkörper über den Eschbach hinauf in den ehemaligen Remscheider Hohenwald. Ihre 820 Einwohner fühlten sich, schon von der Ortsnähe her, eher mit Remscheid als mit Wermelskirchen verbunden. Nach längeren Verhandlungen wurde das Gebiet (780 Morgen) der Stadt Remscheid zugesprochen. Damit war eine zweckmäßige Abrundung und mit dem Eschbach eine natürliche Grenze erreicht.

<u>1893: Erstes Eindringen in die Nachbargemeinden</u>

Mit dem **Entwicklungsschub seiner Industrie** hatte Remscheid seine ältere Nachbarstadt Lennep bald überflügelt. Mit dem Jahre 1888 schied es aus dem Landkreis Lennep aus und wurde **eigener Stadtkreis**. Hinzu kam, dass Remscheid dabei war, seine Stadtgrenzen zu sprengen. Mit seinem Eisengewerbe war es schon seit langem mit dem Lüttringhausener Schmiedehandwerk verflochten, nun griff die Eisenindustrie auch auf die Stadtgemeinde Lennep über, die damals noch ganz nah an Remscheid heranreichte und den ganzen Hohenhagen bis zum Mückenbachtal umfasste. Lenneps eigene Außenbürger in Neuenkamp, die sich geschäftlich und gesellschaftlich eher mit Remscheid verbunden fühlten, gaben den Anstoß zur nächsten Eingemeindung. Natürlich sträubte sich Lennep, gab den Widerstand aber gegen eine Abstandssumme von 80.000 Mark auf. Mit der Eingemeindung bis hin zum Neuenkamp (1.4.1893) wurde Remscheids Grenze ganz erheblich nach Osten vorgeschoben, ein erster Schritt auf dem Weg zur Großstadt.

Gebietskorrekturen aus Lenneper Sicht

1893 kam es zu einem Gebietsaustausch Lenneps mit Lüttringhausen, bei dem auch die seit der Franzosenzeit bestehenden Katastergemeinden mit der Zivilgemeinde in Einklang gebracht wurden. Alte Lenneper Außenbürgerschaften fielen endgültig an Lüttringhausen und umgekehrt Lüttringhausener Enklaven an Lennep.

1906 wurde die mit Wermelskirchen verbundene Landgemeinde „Fünfzehnhöfe“ nach Lennep eingemeindet. Die nunmehr 21 Höfe vergrößerten das Lenneper Stadtgebiet um 40,53 %.

1929: Zusammenschluss mit Lennep und Lüttringhausen

Ausgelöst durch das Bedürfnis der wachsenden Großstädte nach neuem Raum für Industrie und Bevölkerung kam es in den 20er Jahren zu einer **großen Umgemeindungsaktion**. Sie mündete am 1.8.1929 in eine Neugliederung des gesamten rheinisch-westfälischen Industriegebiets. In diesem Kontext wurden die Städte Lennep und Lüttringhausen der kreisfreien Stadt Remscheid eingegliedert. Dabei musste man allerdings auf den nördlichen Teil des Lüttringhausener Gebietes mit der Honschaft Wallbrecken und Teilen Garschagens verzichten; sie wurden abgetrennt und Wuppertal zugesprochen. Dafür gab es aber auch **einige Grenzkorrekturen** zugunsten Remscheids. So trennte sich Cronenberg von den am Morsbach liegenden Orten Gerstau und Clemenshammer (rund 200 neue Bewohner). Ronsdorf gab Hülsberg und Blaffertsberg ab. Wermelskirchen verzichtete auf die Eschbachtalsperre und das an ihrem Rand liegende Restaurant. Das bedeutete einen Gebietszuwachs um über 100 % und mit den etwa 15.000 Lennepern bzw. 10.000 Lüttringhausenern einen Bevölkerungsanstieg von über 30 %. Damit überschritt die neue Kommune locker die 100.000-Einwohner-Grenze und wurde Großstadt.

1975: Vorerst letzte Gebietsreform

Das Jahrhundertwerk von 1929 hielt gerade einmal vier Jahrzehnte. Dann waren es Wirtschaft und Industrie, die nach einer weiteren Gebiets- und Verwaltungsreform riefen. Gleichzeitig meldeten Städte am Rhein und im Ruhrgebiet Gebietsansprüche an. Das schreckte auf, und trotzig tönte es aus dem Rathaus: „Remscheid bleibt kreisfrei!" (RGA 6.2.1969) Die Stadt entwickelte ihrerseits den Gedanken an einen eigenen Landkreis Remscheid mit Burg, Wermelskirchen, Radevormwald, Dabringhausen, Dhünn und Wipperfürth. Da schoss der Städtetag quer. Das ließ die drei Großstädte Wuppertal, Solingen und Remscheid zusammenrücken. Auf einem Treffen des Städteausschusses in der Mebusmühle (1972) machte Remscheid den Vorschlag einer Vereinigung mit Wermelskirchen, Hückeswagen und Radevormwald (210.000 EW). Jetzt waren die Nachbarstädte geschockt. Dazu kam, dass jeweils Wermelskirchen, Hückeswagen und Remscheid das gesamte Gebiet von Bergisch Born haben wollten. Bisher gehörte den drei Städten nur jeweils ein Teil davon. Am Ende kam es zu folgender gesetzlichen Regelung: Solingen erhielt Burg, Bergisch Born fiel ganz an Remscheid.

Remscheid 2007, eine Industriestadt, vom Grün umschlossen. Blick von Reinshagen.

6. „Hände weg von Lennep und Lüttringhausen!“, 1929 (Exkurs)

1. Pläne zur kommunalen Neugliederung – Argumente im Widerstreit

Vorstoß der Regierung

Erste Vorstöße zu einer **umfassenden kommunalen Neugliederung** seitens der Regierung in Berlin gab es bereits 1925. Die Städte sollten wirtschaftlich gestärkt werden und durch eine rationellere Verwaltung sparsamer wirtschaften können. Im Blick auf die Remscheider Region blieb es nur bei Vermutungen, und alles schien im Sande zu verlaufen. Dann legte im Januar 1928 der Regierungspräsident in Düsseldorf im Auftrag des preußischen Innenministers einen **konkreten Entwurf** vor. Es folgten Stellungnahmen der Gemeinden.

Vorstoß der Regierung – Hauptargumente in der Diskussion vor Ort

Remscheids Rathaus (1906) beherrscht schon die Silhouette der Stadt, möchte Zentrale im Städtedreieck werden.

Das Rathaus von Lennep (1891) in der Kaiserstraße, heute Bahnhofstraße, stellt sich dar im kaiserlichen Monumentalstil der Renaissance. Wer so repräsentieren kann, muss wirtschaftlich stark sein. Die gut funktionierende Kommune will ihre traditionelle Selbständigkeit natürlich nicht aufgeben.

Lüttringhausen mit seinem stolzen Rathaus (1909) möchte seine Bedeutung nicht verlieren.

Remscheid *greift den Gedanken aus Berlin gerne auf und erhebt* ***Ansprüche auf Lennep und Lüttringhausen****. Als Begründung wird im Wesentlichen Folgendes angeführt:*

1. *Das wachsende Remscheid braucht neues Bauland für* ***Wohnungen****.*
2. *Im Stadtgebiet gibt es zu wenig brauchbares* ***Industriegelände****, das sich an die Eisenbahn anbinden lässt.*
3. *Die ungünstige* ***topographische Lage*** *verlangt eine größere kommunale Zusammenfassung. Nur über eine Zentrale lässt sich eine effektive Verkehrsstruktur planen. Dazu verspricht man sich eine Verbesserung der Kanalisation.*
4. *Eine größere Kommune kann Verwaltungskosten einsparen,* ***preiswerter*** *Energie beschaffen und damit weniger Steuern verlangen.*

(Die Gründe für eine Zusammenlegung wurden in einer Denkschrift vom Juni 1928 ausführlicher begründet.)

Lennep und Lüttringhausen *lehnen den Anspruch Remscheids energisch ab. Bei unterschiedlichen Akzentuierungen haben sie ähnliche Argumente.*

1. ***Historisch natürlich gewachsene Orte*** *mit großer Tradition dürfen nicht einfach mit plan wirtschaftlichen Ideen zerschlagen werden.*
2. *Die beiden Städte gründen auf dem festen Fundament einer* ***funktionierenden Wirtschaft****: Textil- und Metallindustrie, dazu entsprechende Exportfirmen und landwirtschaftliche Mustergüter.*
3. *Die Stadtverwaltungen können auf eine* ***Fülle kommunaler Einrichtungen*** *hinweisen: Kulturangebote und Schulen vom Kindergarten bis zur Berufsschule, Sozialbetreuung vom Waisen- bis zum Altenheim, medizinische Versorgung, Sporteinrichtungen und eigenständige Feuerwehren.*
4. *Lüttringhausen vor allem, topographisch in sich geschlossen, verlangt „trotz bedeutender Industrie* ***keine Beeinträchtigung des Landschaftsbildes****, weil die Industriebetriebe über das ganze weitläufige Stadtgebiet verstreut sind und sich, z.B. durch Einschmiegen in Täler, dem Landschaftsbild anpassen.*

(Auch Lennep fasst seine Bedenken in einer Denkschrift im Januar 1929 zusammen, und entsprechend reagiert Lüttringhausen.)

2. Streitschriften und Streitführer

Remscheider Denkschrift
Juni 1928

Dr. Walther Hartmann
(1873-1964)
Seit 1914 Oberbürgermeister

Lenneper Denkschrift
Januar 1929

Emil Nohl
(1882-1959)
Seit 1921 Bürgermeister

Lüttinghausener
Dokumentation 1929

Dr. Rudolf Suthoff-Groß
(1894, + in russischer Kriegsgefangenschaft)
Seit 1925 Bürgermeister

Er war ein kenntnisreicher **Jurist** mit Praxiserfahrung und sehr korrektem Führungsstil. Rhetorisch begabt, erwies er sich als geschickter Redner und **gewandter Diskussionspartner**. Mit Gemeinplätzen gab er sich nicht zufrieden, entsprechend genau recherchiert und informativ waren seine Beiträge. Er hatte einen gewissen Vorbehalt, die Bevölkerung zu „instrumentalisieren". Andererseits scheute er sich nicht, die Sache Remscheids persönlich **in Düsseldorf, ja sogar in Berlin** zu vertreten. Dort legte er es auf eine hitzige Unterredung mit dem Innenminister an. Andererseits sprach er persönliche Einladungen an Landtagsabgeordnete aus, um sie vor Ort über die Lage zu informieren. Natürlich war ihm daran gelegen, dass so, wie er dem Innenminister in den Ohren gelegen hatte, es ihm auch seine Remscheider in die Ohren „brüllten".

Was sich uns darbietet, ist Willkür, Willkür mit vollem Bewußtsein, Willkür vom Standpunkt der Macht.

Er versuchte die Lenneper zu überzeugen und sie in ihren Ansichten zu ermutigen. Dabei ging er meist **sehr emotional** vor. So setzte er auf historisches Pathos und scheute nicht vor polemischen Äußerungen gegen Remscheid zurück. Er machte aus dem Eingemeindungskampf eine Auseinandersetzung zwischen **Sozialismus und Bürgertum**: Der Sozialismus aller Spielarten will um jeden Preis „Mammutindustriestädte", weil nun einmal die Großstadt die „Stätte seines intensiven Wirkens und Gelingens" ist. So schürte er die Angst vor der zwangsläufig zentralistischen und diktatorischen „sozialistischen Walze". Vor dieser dunklen Folie setzte er Lennep ins Licht: „Nicht die Großstadt mit ihrem Häusergewirr und ihrer Unbeständigkeit ist der Jungborn unseres Volkes, sondern das Land und die kleinere Stadt, wo eine bodenständige Bevölkerung Heimat und Bürgersinn hegt und pflegt. Dort liegt die Urzelle des Staates, die nicht verstümmelt werden darf." Mit seinen dramatischen und emotionalen Reden, auch unter Einsatz der Presse, erreichte Nohl die Bevölkerung, konnte Stimmung machen und mobilisieren. Ohne ihn als **Scharfmacher** wäre es wohl nicht zu einem Protest in dieser Form gekommen, wie im Folgenden beschrieben.

Er glich seinem Kollegen Nohl und verstand es, mit den **Emotionen** zu spielen. Er redete viel und lang, wiederholte sich, war wenig sachlich. Damit unterstützte er zwar seinen Nachbarn, doch Freundschaft verband die beiden nicht. So mangelte es an gemeinsamer Taktik.

Scharfzüngig kritisierte er den Gesetzentwurf des Innenministers, nannte ihn ein „Neugliederungs-Potpourri" und sprach von „inhaltslosen Reden" ohne Begründungen, nur aneinandergereihten Phrasen. Er war fest davon überzeugt, dass nicht „entgegen dem ausdrücklichen und ausgesprochenen Willen der Bevölkerung und der berufenen Vertretungen der Bevölkerung" eine Eingemeindung beschlossen wird, dass es also keine „Zwangseingemeindung geben kann".

Fehlende „Ideen" und ministerielle Widersprüche

Ein Neugliederungs-Potpourri

Von Bürgermeister Dr. Suthoff-Groß, Lüttringhausen.*)

3. Die Debatte wird hitziger

Kreishaus Lennep, seit 1889

Hier im Kreistag fand Lennep natürlich weitere Verbündete im Kampf gegen die Eingemeindung. Denn für diese ging es ebenfalls um Sein oder Nichtsein.

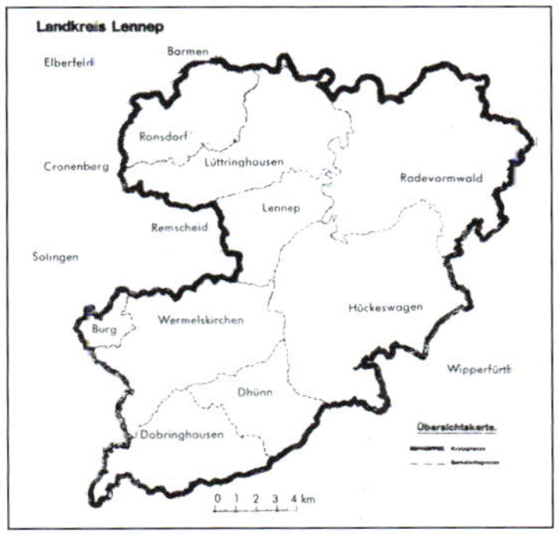

Die **Entscheidung der Politiker neigte sich mal zu der einen, mal zu der anderen Seite**. Im Gesetzentwurf vom 1.11.1928 hieß es: Lennep und Lüttringhausen sollen selbständig bleiben! Am 22.12. korrigierte der Innenminister: Die beiden Städte werden **nach Remscheid eingemeindet**. Eine schöne Bescherung war das zu Weihnachten. Der Schock saß tief. Die Debatte wurde immer hitziger. Die Zeitungen mischten kräftig mit, für Remscheid der RGA, auf Lenneper Seite das dortige Kreisblatt. Der **Kreisstadt** zur Seite standen auch der Kreistag und der dortige Wirtschaftsverband, der auch Mitte Januar zur ersten großen Protestversammlung anregte.

4. „Raus mit erhobener Faust" – eine Stadt geht auf die Straße

Für den **13. März 1929** hatte sich der Gemeindeausschuss des Preußischen Staatsrates angekündigt. Er wollte sich vom Bergischen Land ein Bild machen, bevor er eine Entscheidung fällt. Lennep wollte den Besuch beeindrucken. Am Vorabend gab es eine Protestversammlung im Berliner Hof. Ein prominenter Redner heizte die Stimmung an: „Wir wollen unter keinen Umständen eingemeindet werden und **weichen nur der Gewalt!**" Ein Stadtverordneter brachte es auf den Punkt: „Wenn morgen unser Gebiet bereist wird, sollte man die ganze Bevölkerung auf die Straße bringen und den Herren zeigen, was wir wollen. (‚Bravo!') **Wer ein deutscher Mann sein will, morgen raus mit erhobener Faust!** Wir sind bereit, nach Berlin zu marschieren!" Zugleich hatte sich Lennep herausgeputzt, um die hohe Kommission zu beeindrucken, wenn sie das Eingemeindungsgebiet in Augenschein nahm. Doch leider spielte das Wetter nicht mit, **dichter Nebel** lag über dem Land.

Dazu begann der Tag gleich mit einer **peinlichen Panne** (vgl. Lenneper Kreisblatt). Aus Unkenntnis der Fahrtroute fuhr die ungeliebte, von einem Polizisten auf Motorrad begleitete Prozession geradewegs **an Lüttringhausen** vorbei, wo die Bürger mit ihren Protestplakaten vergeblich warteten. Dafür erreichte sie **Lennep zu früh**. An der Stadtgrenze wartete schon ein Auto der Handwerkerschaft auf den Wagenzug der 35 Parlamentarier und reihte sich demonstrativ ein; auf dem Kühler stand zu lesen: **„Lenneper Handwerksmeister"**. Mit einer Geschwindigkeit von 70 Stundenkilometern, so meinten die Zeitungen, eilte der Zug durch die Stadt. Die gut gemeinten Hinweistafeln auf Lenneper Sehenswürdigkeiten konnten gar nicht wahrgenommen werden. Die Menschen säumten die Straßen. Doch die meisten sammelten sich am Tor zur Altstadt, auf dem **Bismarckplatz**. Dicht an dicht standen hier Jung und Alt beisammen, Arbeiter neben Honoratioren, und erwarteten im Schulterschluss mit ihren Politikern die Gäste. Es war ein Menschenauflauf, wie ihn Lennep noch nie gesehen hatte, der sich wie ein Schutzschild vor das Eingangstor zur Stadt stellte. Ein würdiger Empfang sollte ihnen bereitet werden. Die Protestierenden hielten

Remscheids Industrie wehrt sich

— gegen die Verunglimpfungen aus der Wirtschaft des Kreises Lennep.

Die Vertreter der Remscheider Industrie nahmen auf ihrer gestern nachmittag im Hause des Arbeitgeberverbandes abgehaltenen Sitzung mit großem Bedauern von den in Lennep anläßlich der Tagung der Wirtschaftsverbände des Kreises Lennep am 15. Januar gegen Remscheid aus Wirtschafts- und verschiedenen Organisationen gefallenen Aeußerungen Kenntnis. Sich im einzelnen gegen alle Unrichtigkeiten zur Wehr zu setzen, hält die Remscheider Industrie, wie uns geschrieben wird, für zwecklos, nachdem die Versammlung wörtlich erklärt hat, daß sich die Stimmung der Bevölkerung der Kreisstädte zu einem „erbitterten Haß gegen die [illegible] sich in starken Herabsetzungen und Verunglimpfungen ergeht.

Wenn die Remscheider Industrie den Kampf in der Oeffentlichkeit nicht fortsetzt, so ist sie sich bewußt, daß über dem Tageskampf und Tageserfolg Leben und Freiheit der von allen Seiten bedrohten Wirtschaft stehen. Sie richtet deshalb ihrerseits an die Wirtschaft des Kreises Lennep einen Appell, sich über den Tageskampf hinaus der gemeinsamen Belange bewußt zu bleiben und nicht die auch in Zukunft nötige Zusammenarbeit zu erschweren oder unmöglich zu machen.

RGA 17. Januar 1929

RGA März 1929

Der Staatsrat fährt mit 70 Kilometern

— in dichtem Nebel durch die Umgemeindung.

Eine Fahrt ohne Unterbrechung und ohne örtliche Führung. — Keine neuen Argumente bei den Verhandlungen in Elberfeld. — Plakate und Schilder zur Agitation. — „Hände weg!"

Lenneper Kreisblatt:

„Schade war es, dass der Führer des Wagenzuges anscheinend die Wege in Lüttringhausen nicht genügend kannte und anstatt über Goldenberg nach Remscheid, wie vorgesehen war, direkt nach Lennep fuhr. Bedauerlich deshalb, weil durch diesen Irrtum der Staatsrat eine Stunde früher in Lennep ankam und dadurch nicht [ganz] in den Genuss des begeisterten Empfangs kam, der ihm durch die Bürgerschaft Lenneps am Bismarckplatz bereitet werden sollte."

Protestierende Menge vor dem Kölner Tor. Hier fand am 13. März die erste Großdemonstration gegen die Eingemeindung statt.

> ***„Tempo, Tempo…***
> *14 Kraftwagen in langer Kette, dichter Nebel ringsum, angespannte Nerven der Fahrer, den Fuß auf dem Gaspedal. 50, 60, 70 Kilometer… schnell, schnell keine Zeit – das ist der Eindruck der gestrigen Besichtigungsfahrt. […]*
> *Es ist kaum möglich, daß die teilnehmenden Herren noch die Namen der Orte kennen, die sie alle durchfahren haben; von ‚Eindrücken' ganz zu schweigen […] Was mögen die Mitglieder des Staatsrats vom Bergischen Lande gesehen haben."*
> *(RGA 14.3.1929)*

> *„Gestern morgen fasste der Lenneper Einwohnerausschuß den Beschluß, die Bevölkerung zu einer Kundgebung gegen das Unrecht und die Vergewaltigung der Heimatstadt aufzufordern. Lenneper Bürger, auf die Schanzen!" „Der geistige Kampf gegen Unrecht und Vergewaltigung müsse ausgefochten werden."*
> *(RGA 17.7.1929)*

Spruchbänder: „Wo bleibt das Selbstbestimmungsrecht?" „Wir fordern Selbstbestimmung!" „Hände weg von Lennep!" Die Wut gegen „die da droben" wäre wohl noch dramatischer ausgefallen, hätte es die Panne mit der vorzeitigen Ankunft nicht gegeben. So schnell wie er gekommen, war der Spuk auch schon wieder verflogen, und die Karawane zog weiter.
Auch im „feindlichen Remscheid" war man gut vorbereitet und versuchte sachliche Informationen zu geben: „Achtung, neue Siedlung Mixsiepen", „Achtung, neue Siedlung Bökerhof". Die Müll- und Sprengwagen des Fuhrparks waren aufgefahren. Und schließlich wurde das imponierende Rathaus vorgeführt.
Das Lenneper Kreisblatt berichtete verärgert: Der Wagenzug „durchfuhr alle Winkel und Gassen". Zu einer besonders originellen Demonstration gegen eine aus Lenneper Sicht aufgeblasene und arrogante Industriestadt brachte es ein Mann, der mit einem Karren voller Mist über die Fahrtroute der Abgeordneten fuhr, darauf die Aufschrift: „Das für Remscheid!" Und noch auf der Rückfahrt nach Elberfeld, vorbei an der Stadtgrenze, grüßten Lüttringhausener mit Plakaten: „Remscheid braucht uns nicht, und wir wollen nicht".

5. „Lennep wird leben und nicht untergehen"

RGA 17. Juli 1929

„Flammender" Protest in Lennep.
* Lennep, 17. Juli. Gestern morgen f… der Lenneper Einwohnerausschuß den Besch… die Bevölkerung zu einer Kundgebung ge… das Unrecht und die Vergewaltigung

Knapp vier Monate später, am 10.7.1929, verfügte der Preußische Landtag in Berlin mit knapper Mehrheit die Eingemeindung von Lennep und Lüttringhausen.
In Lennep kamen bürgerkriegsähnliche Töne auf: „Bürger auf die Schanzen!" Am 16. Juli fand der Protest seinen Höhepunkt. Den ganzen Tag heulten stundenlang die Sirenen, Glocken läuteten Sturm. Das heizte die Stimmung auf. Die Lenneper strömten auf den Jahnplatz. Die Massenkundgebung dauerte den ganzen Nachmittag bis in den Abend hinein. Gegen acht Uhr stimmte die Feuerwehrkapelle das Bergische Heimatlied an: „Wo die Wälder noch rauschen". Lokalpolitiker traten aufs Dach der Feuerwache und hielten flammende Protestreden. Unter dem Johlen der Menge wurde das Umgemeindungsgesetz verbrannt. Der Kreisvorsitzende der Zentrumspartei sprach allen aus der Seele, als er zum „heiligen Kampf" aufrief. Mit dem Lied „Herr, mach uns frei" bekam die Veranstaltung geradezu religiösen Charakter.

> ***Resolution:***
> ***„Wir verlangen das Selbstbestimmungsrecht.** Wir erheben schärfsten Einspruch dagegen, daß man unsere alte Stadt einem fremden Gemeinwesen einverleiben will. Nie und nimmer können wir die Entscheidung des Landtags anerkennen. Wir erwarten vom Stadtrat und vom Staatsgerichtshof, den beiden Stellen, die jetzt das Wort haben, daß sie unseren Forderungen Rechnung tragen werden!"*

Eine Woche später lehnt der Preußische Staatsrat Lenneps Einspruch gegen das Umgemeindungsgesetz ab. Am 1.8. tritt das Gesetz in Kraft. Remscheid wird Großstadt.

7. Die Bevölkerung wächst – und schrumpft

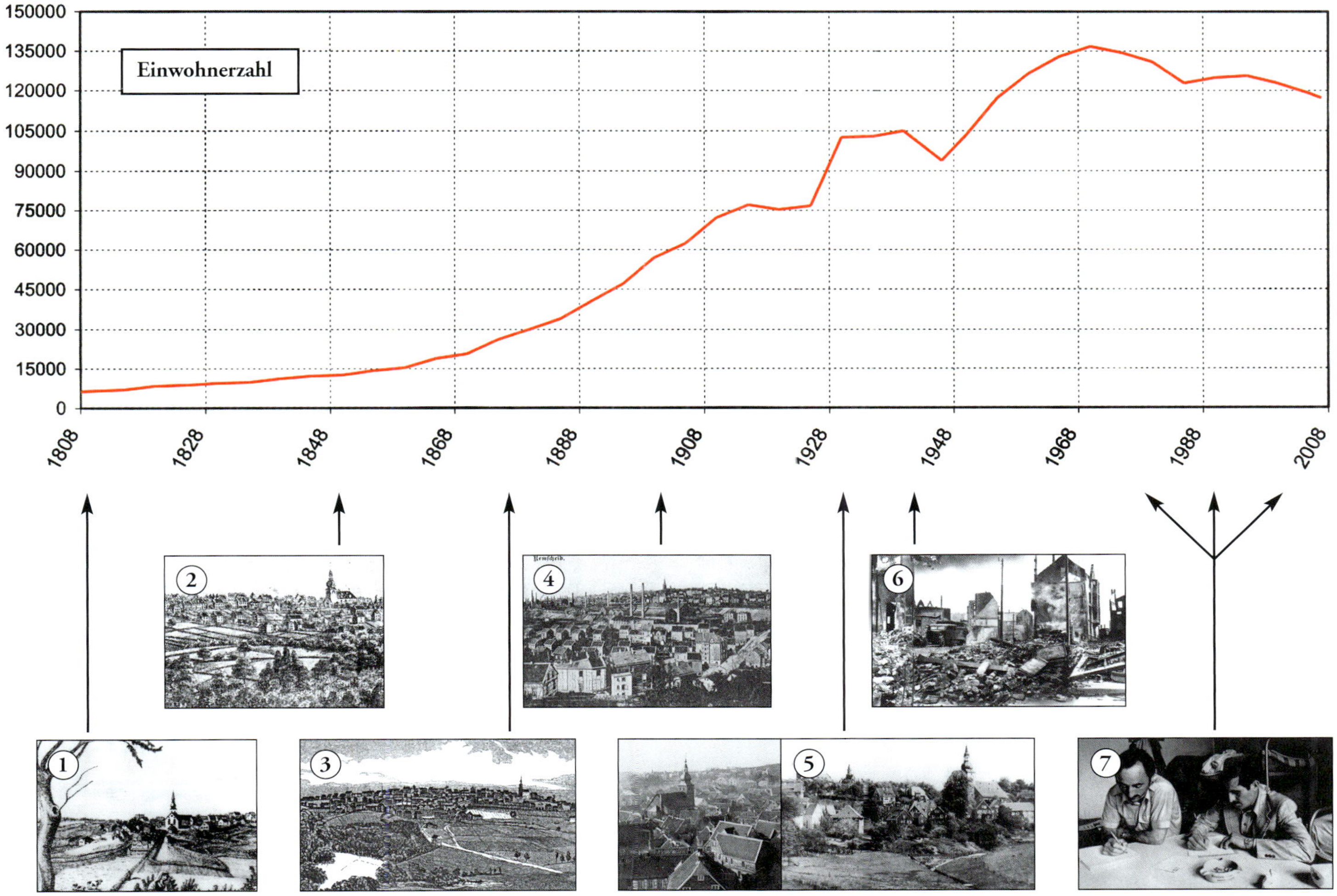

1. Dorf Remscheid (um 1808)
2. Einwanderungen (um 1850)
3. Industrialisierung (1876)
4. Gründerzeit (um 1905)
5. Eingemeindung Lennep und Lüttringhausen (1929)
6. Zerstörung durch Bomben (1943)
7. Flüchtlinge und Migranten (nach dem Krieg bis heute)
8. Seit Jahren gehen die Einwohnerzahlen zurück

8. Das Bergische Heimatlied

Etwas zur Geschichte des Liedes

Anlässlich eines Besuches des Oberpräsidenten der preußischen Rheinprovinz und des Düsseldorfer Regierungspräsidenten sollte der Solinger Männergesangverein den hohen Gästen ein Ständchen vortragen. Diese baten darum, eine das Bergische Land charakterisierende Hymne vorzutragen. Leider musste man beschämt passen.

Daraufhin machte sich der „Hausdichter“ des Sängerbundes, Rudolf Hartkopf (1859-1944), ans Werk und verfasste einen Text. Der pries ganz im Stil der wilhelminischen Zeit die Heimat und schilderte die landschaftliche und industrielle Situation des Bergischen Landes im 19. Jahrhundert: flammende Essen und rauchenden Ruß in die Luft blasende Schlote, das Brausen und Sausen der Hämmer, die Schwerter schmiedeten.

Die Melodie dazu schrieb Caspar Joseph Brambach.

Erstmalig vorgetragen wurde das Lied am 30. Oktober 1892 und fand schnell Verbreitung als „Bergisches Heimatlied“.

Heute ist es zur „Bergischen Nationalhymne“ geworden.

5. Nationales Denken – mit Licht und Schatten

1. Befreiungskrieg gegen das übermächtige Frankreich

1. Der Knüppelrussenaufstand

Die Wirtschaft kam immer mehr zum Erliegen. Unerträglich empfand man die dem Land auferlegten Sondersteuern, die Napoleons Kriegskasse füllen sollten. Der Hass auf die französische Besatzungsmacht wurde immer größer. Der örtliche Polizeivogt hatte bei Truppendurchzügen für die Einquartierungen zu sorgen, Transportmittel zu stellen und Bedarfsgüter zu beschaffen. Besonders verhasst war die **Aushebung von Soldaten**, die berüchtigte Konskription, bei der er mitzuhelfen hatte, ebenso wie bei der Ergreifung von Deserteuren, die immer zahlreicher wurden. Von den 5.000 bergischen Männern, die Napoleon im **Russlandfeldzug (1812)** einsetzte, hatte kaum jemand überlebt. Der kommende Winter brachte die Katastrophe. Die große Armee war am Ende. 500.000 Gefallene konnten nicht so leicht ersetzt werden. Das Empire hatte seinen Schutzschild verloren. Napoleons Stern sank.

Als Napoleon zu Beginn des neuen Jahres im Bergischen die Aushebung von weiteren 2.500 Mann befahl, kam es zum offenen Aufruhr, dem Aufstand der **Knüppelrussen**. Der Name dürfte sich vom Erscheinungsbild der jungen Burschen ableiten, die sich der französischen Einberufung zum Kriegsdienst entzogen. Auf dem Kopf trugen sie Mützen mit einem „R" (für Russen) darauf und zogen mit Knüppeln bewaffnet umher. Die offene Revolte begann am 22. Januar 1813 in Ronsdorf und griff gleich über auf Remscheid und Cronenberg. In den folgenden Tagen breitete sich der Tumult wie ein Flächenbrand auch auf Lennep und die umliegenden Orte aus. Man erstürmte Rathäuser und öffentliche Gebäude, sogar die Wohnhäuser der Maires. Dabei wurden die Rekrutierungsbeamten vertrieben, Behördenakten vernichtet und Amtspersonen drangsaliert. Auch Einwohner wurden in ihren Häusern bedrängt, wenn sie sich aus Furcht vor den Behörden verweigerten. Die Masse der jungen Leute, die da auf die Straße gingen, waren Opfer der napoleonischen Wirtschaftssanktionen, sozial deklassierte Tagelöhner und Arbeitslose. Viele schauten bewundernd auf sie, waren sie in ihren Augen doch „Freiheitskämpfer". Mit der Amtsführung des Bürgermeisters Sonntag jedenfalls scheint die Oberbehörde nicht zufrieden gewesen zu sein, da dieser noch im Januar sein Amt niederlegte.

2. „Die Stunde der Rache hat geschlagen! Die Morgenröte der Freiheit ist aufgegangen!"

Vom 16.-19. Oktober 1813 tobte die **Völkerschlacht bei Leipzig**. Am Ende stand die völlige Niederlage Napoleons. Von den Truppen der Verbündeten verfolgt, zogen sich Napoleons geschlagene Heeresmassen über den Rhein zurück.

Aus den Worten des Remscheider Bürgermeisters Hering klingt vaterländische Begeisterung: „Der **Sklavensinn**, der bei vielen in der langen Zeit, wo wir unter dem fremden Joche niedergebeugt wurden, ziemlich herrschend geworden war und das **hohe Gefühl für Freiheit und Menschenrechte** fast erstickt hatte, schwindet mit jedem Tage mehr und mehr. Deutlicher und klarer wird es jedem, was das Volk unter der Herrschaft des **gestürzten Tyrannen** hat erdulden und entbehren müssen, und man weiß den Werth der wieder gewonnenen Freiheit zu schätzen".

Bergische Freiwillige folgen einem Spielmannszug preußischer Soldaten in den Kampf gegen Napoleon. So hat es sich der Maler Claus Meyer neun Jahrzehnte später, kurz vor dem Kaiserbesuch im Bergischen, vorgestellt. Das Fresko ist das erste eines großen Bilderzyklus im Rittersaal von Schloss Burg. Es sollte den hohen Besuch aus Preußen in die große Tradition des Kampfes um Freiheit und Größe der Nation stellen. Allerdings erscheint es heute manchem Betrachter, als habe sich der Maler nicht voll vor den preußischen Glorienkarren spannen lassen und den endlosen Zug der Freiwilligen bereits etwas kriegsmüde dargestellt.

Unter der Flagge Preußens waren die verhassten Franzosen in die Schranken gewiesen worden. Entsprechend hoch war die Hoffnung auf die neuen Herrscher, die neue „Wacht am Rhein" und einen dauerhaften Frieden.

Große Begeisterung herrschte in Remscheid, als 1814 die Nachricht vom **Einzug der Verbündeten in Paris** eintraf. Die Glocken läuteten, Böllerschüsse ertönten, abends wurden die Häuser beleuchtet und ein gemeinsamer Dankgottesdienst gefeiert. Mit ähnlichem **Jubel** empfing man die heimkehrenden Truppen in Remscheid, Einquartierungen waren jetzt Ehrensache.

Doch kaum war das Land zur Ruhe gekommen, drohte im März 1815 neues Ungemach, denn **Napoleon war noch einmal zurückgekehrt**. Wie ein Feuersturm lief es durchs Bergische Land, so berichtet der Chronist: „Land des Fleißes, der Treue, der frommen Sitte, des stillen bürgerlichen Glückes! Deine Güter sind auf's Neue bedroht!" – „Dein Verfolger ist erstanden, um seine räuberischen Horden in deine gesegneten Fluren, deine gewerbefleißigen Täler plündernd einzuführen. **Stehet fest, Bewohner des bergischen Landes!** Kehrt zurück, Freiwillige seiner tapferen Schar!" Und wieder zogen, wie der Bürgermeister berichtet, Remscheider Söhne in den Kampf und taten ihre ***Schuldigkeit bis Waterloo***, wo in „welschem Blute" die Spuren des jahrelangen welschen Joches getilgt wurden. Der Höhenflug Napoleons endete mit einem Desaster.

3. Die Zeit der Landwehrverbände und Schützenvereine

Die bei Waterloo Daheimgebliebenen waren **in hellen Haufen in den neu begründeten „Landsturm"** eingetreten. Sie organisierten sich in einer eigenen Kompanie. Die einzelnen „Fähnlein" wurden auf Müngsten sowie auf verschiedenen Remscheider Plätzen und den entsprechenden Höfen „mit großem lobenswertem Eifer betrieben". Auch nach den Freiheitskriegen blieben Landwehr und Landsturm in Remscheid von großer Bedeutung, sie waren auch hilfreich bei der Unterstützung von **Ruhe und Ordnung**. Die **Landwehrmänner** hatten einen eigenen Schießstand (wohl auf dem Holscheidsberg) und einen Exerzierplatz. Der **Landsturm** bestand um 1820 immerhin aus etwa 1.800 Mann, betätigte sich, nach Fähnlein gegliedert, bei Übungen und half bei Verbrecherjagden.

In dieses vaterländische Bild fügten sich auch Gründungen von **Schützenvereinen**. Ihre Ursprünge liegen zwar weit zurück im Mittelalter, wie am Beispiel Lüttringhausen abzulesen ist. Die dortige **Bruderschaft „Zum Kreuz"** führt ihre Entstehung auf die Kreuzbrüder zu Beyenburg zurück. Doch im Gefolge der napoleonischen Kriege entstanden vielerorts neue Schützenvereine, so auch in **Remscheid (1816)**. Zu ihren Mitgliedern gehörten zunächst vielfach Kriegsveteranen, nicht zuletzt aus den bisherigen freiwilligen Heeresverbänden wie z.B. den Lützow'schen Freikorps. Neben gesellschaftlichen und sozialen Aufgaben fühlten sie sich politisch – gegen alle Kleinstaaterei – dem Gedanken einer **deutschen Nation** verpflichtet.

*„Willst du ein guter Schütze sein,
So stell dich auf dem Schieshaus ein. | Hier lernst du die Gewehre laden,
Und schießen, ohne dir zu schaden."*

Schießen war zu einer friedlichen Sache geworden, allenfalls ein Beitrag zur Ruhe und Ordnung (Landwehr). Die Anlehnung an die Symbole der Obrigkeit im Wappen des Remscheider Schützenvereins ist unverkennbar.

2. Unter Preussens Glorie

1. Stolze Feiern großer vaterländischer Siege

Im Freudentaumel über Napoleons **Untergang bei Waterloo** entfachten die Remscheider Landsturmmänner 1815 „auf der Höhe des Holscheidsberges" mächtige Feuer und feierten den Sieg mit **brausendem Vaterlandsgesang**. So tat man alles zur Stärkung deutscher Ehre, um die Freiheit zu feiern und das Vaterland hochleben zu lassen. Zu den großen Lustbarkeiten gehörte auch das stolze Gedenken an den **Sieg in der Leipziger Völkerschlacht**, das ebenfalls mit einem Freudenfeuer auf dem Holscheidsberg gefeiert wurde. Zur Errichtung dieses Feuers im Jahre 1816 wurden freiwillige Gaben erbeten und die Durchführung an einen Unternehmer verpachtet. Der hatte zwölf Karren trockene Schanzen und eine Karre Stroh heranzufahren und sollte, um das Siegesfeuer recht eindrucksvoll in Szene zu setzen, an einem Stamm in der Mitte des brennbaren Turms vier Fässer mit Öl oder Teer aufhängen. Dazu kam noch ein Feuerwerk aus Raketen, Rädern und römischen Lichtern. Dieses kostspielige Spektakel sollte alljährlich stattfinden. Als dann im Jahre 1818 nicht mehr genügend freiwillige Beiträge zustande kamen, wusste der Bürgermeister dies zu entschuldigen: „Man solle aus diesem Vorkommnis nicht schließen, daß in Remscheid kein deutscher Sinn herrsche, jedenfalls seien aber die Worte der hiesigen Bannerfahne **„Alle für einen und einer für alle“** nicht in den Herzen derer, die sie umgeben. Man wird in der Tat hierin **keinen Mangel an vaterländischem Geist** erblicken dürfen, sondern eine Auswirkung des Nützlichkeitssinnes der Bewohner und des im Ganzen geringen Anteils an den öffentlichen Angelegenheiten“ (nach Rees, früherer Stadtarchivar).

2. Riesenfeste zum Geburtstag Seiner Majestät

Damals wurden überall auch die Geburtstage des Königs pomphaft gefeiert. Entsprechend feierte man auch in Remscheid. Ein Bericht vom August 1829 gibt uns eine ausführliche Schilderung. Man feierte den 59. Geburtstag des Landesvaters, König Friedrich Wilhelm III. (1797-1840). Die **Glocken** läuteten morgens, mittags und abends, jeweils eine ganze Stunde lang. Am Vormittag fand ein **Festgottesdienst** statt. Derweil **böllerte** die Schützenbruderschaft aus schweren Steinen heraus, die rund um die Kirche aufgestellt waren. Am Nachmittag marschierte der Schützenverein mit Musik und flatternden Fahnen zu einem **großen Umzug** auf. Schulkinder waren mit Blumenkränzen geschmückt. Der Zug bewegte sich hinauf zum Holscheidsberg, wo Dank- und Loblieder gesungen wurden. Diese Feier wurde zwei Jahre später noch ergänzt durch ein abschließendes **Festmahl**, ein **Feuerwerk** und einen **Ball**. Der Bürgermeister wusste die väterliche Fürsorge, die Gottesfurcht und Friedenserhaltung des Königs lobend zu erwähnen. Auch der Geburtstag des Nachfolgers, Friedrich Wilhelm IV. (1840-1861), wurde, trotz hoher Kosten, in der gleichen Weise gefeiert. Transparente unterstrichen die Bedeutung des Tages, das Rathaus wurde festlich illuminiert und viele Bürger folgten diesem Beispiel.

Nachdem in der, am 5. d. abgehaltenen General-Versammlung der Bürgerwehr, die Feier des Geburtstages Sr. Majestät des Königs beschloßen ist von dem Comite folgendes

PROGRAMM

angenommen worden.

Am Vorabende, Samstag den 14. d., kündigen Kanonendonner und Zapfenstreich das Fest an, welches Sonntag früh mit Reveille und Kanonendonner eröffnet wird; hierauf

Kirchen-Parade.

Das Bataillon tritt um 9 Uhr auf dem Sammelplatze am Schwelmerthore an und begiebt sich von da mit fliegender Fahne und klingendem Spiele zur Kirche, nachdem vorher die Gewehre vor dem Rathhause zusammengestellt worden. Nach beendigtem Gottesdienste

Parade-Aufstellung

auf dem Markte und musikalische Vorträge. Abends 7 Uhr

Bürgerwehr-Ball,

im **Berlinerhofe.** Bürgergardisten frei; Fremde und Nichtmitglieder der Bürgerwehr, durch ein Mitglied eingeführt, zahlen 7½ Sgr. Entree.

Lennep, den 10. Oktbr. 1848. Das Fest-Comite.

Mit Bezug auf vorstehendes Programm ersuche ich die Herren Bürger-Gardisten sich zu der Parade Sonntag Morgen 9 Uhr pünktlich und zahlreich auf dem Sammelplatze einzufinden.

Zugleich werden die betr. Eigenthümer ergebenst ersucht, die in der Kirche vorhandenen Sitze auf der Gallerie an der Thurmseite für das Musikchor gefl. frei lassen zu wollen. Der Chef.

Das Programm der Festveranstaltung zum Geburtstag des Königs zeigt, dass die Geburtstagsfeiern in Lennep ähnlich wie in Remscheid abliefen.

Lenneper Kreisblatt 14.10.1848

3. Sehnsucht nach einer geeinten großen Nation

Das erste freigewählte Deutsche Parlament, zwei Bergische, ein Pfarrer und ein Professor, kamen am 18.5.1848 in der Paulskirche zusammen.

Als es im Jahre 1848, angestoßen durch die Revolution, schließlich zur Bildung einer gesamtdeutschen Nationalversammlung in Frankfurt kam, zogen auch zwei **Vertreter des Bergischen Landes** in das Parlament ein. Für den Wahlkreis Lennep war es **Pfarrer Eduard Hülsmann**, seit elf Jahren in Lennep im Amt, damals 47 Jahre alt. In der Paulskirche, wo das erste deutsche Parlament zusammentrat, saß er in der rechten Mitte. Der zweite Vertreter kam aus dem Nachbarwahlkreis Solingen, der ehemalige **Geschichtsprofessor Ernst Moritz Arndt** (1769-1860), damals bereits 79 Jahre alt, fraktionslos, stimmte mit dem rechten Zentrum. Beide Vertreter liegen genau im Trend der Paulskirchenversammlung. Die meisten waren Lehrer und Gelehrte, Beamte des Staates und der Justiz. Man wählte Persönlichkeiten mit einem bestimmten Bekanntheitsgrad. Personen aus niederen Schichten konnten sich eine Kandidatur kaum leisten, da eine entsprechende Vergütung für ihre politische Tätigkeit fehlte.

Als das erste frei gewählte deutsche Parlament am 27. Juni 1848 aus eigener Machtvollkommenheit eine provisorische Zentralgewalt schuf, die bis zur

Verabschiedung einer Reichsverfassung und der Bestellung eines endgültigen Staatsoberhaupts die Leitung der Exekutive für ganz Deutschland übernehmen sollte, da konnte Hülsmann aus vollem Hals jubeln. In überschwänglichem Ton pries er jene Tage:

Pfarrer Hülsmann aus Lennep, Mitglied der Frankfurter Nationalversammlung 1848

„Ich danke Gott, daß ich den Tag erlebte, und nie werden sich die tiefen Eindrücke, die er brachte, in meinem Gemüt verwischen. Deutschlands Schmach, so hoffe ich, ist zu Ende, ein neuer Glanz wird das Vaterland umstrahlen. Was der Geist schafft, kann keine materielle Macht wieder vernichten. Keine Fürstenmacht, und wäre sie noch so groß, kann dasjenige verhindern, was der Gesamtwille einer großen einigen Nation gebieterisch verlangt. Sind wir wirklich eins, eins im Geist, fühlen und erkennen wir uns als eine große Nation, soweit die deutsche Zunge klingt und Gott im Himmel Lieder singt, so sind wirs, und niemand, kein Kaiser und kein König hat uns darein zu reden, kann uns daran verhindern. Hoffe, hoffe mein Vaterland. Deutsche Einheit, sie ist kein liebliches Traumbild mehr, nein, sie ist Wahrheit, tatsächliche Wahrheit geworden. Deutschlands Schutzgeist ist wiedergekommen, er ist erwacht, aus langer Schande Nacht erwacht, zu einem neuen tatkräftigen Dasein und Leben erwacht. Ich weihe dir eine Träne der Freude, geliebtes Vaterland! Wo ist eine Nation, wie die unsrige, stark wie die deutsche Eiche, fest wie das deutsche Eisen, treu und bieder, wie keine andere, wenn wir einig sind? Kein Russland und kein Frankreich, keine Welt in Waffen haben wir zu fürchten, wenn Deutschland einig ist und bleibt."

(Lenneper Kreisblatt 5. 7. 1848)

„Mögen viele schon an der deutschen Einheit verzweifeln, ich gebe sie noch nicht auf. Mag sie im gegenwärtigen Augenblick noch so viele Gegner finden, ich gebe sie nicht auf. Mag sie manche engherzigen Sonderinteressen verletzen, ich gebe sie nicht auf. Mögen viele, in tief eingewurzelten Vorurteilen befangen, sich nicht zu dieser Idee erheben können, ich gebe sie nicht auf."

(Lenneper Kreisblatt 5. 8. 1848)

Ernst Moritz Arndt hatte noch die Zeit der Französischen Revolution miterlebt und war zu einem Verfechter der Rechte des Volkes geworden, was ihm Hass und Verfolgung der Obrigkeit einbrachte. Auf der anderen Seite hatte er die Napoleonische Fremdherrschaft aus nächster Nähe miterlebt und sich mit Flugschriften im Freiheitskampf engagiert. In unermüdlichen Aufrufen suchte er das Nationalbewusstsein des Volkes zu stärken, und er forderte das deutsche Volk auf, sich gegen Frankreich zu stellen. Dabei wählte er Worte, die sicher aus dem Zeitgefühl heraus geboren waren und später, meist aus Zusammenhängen gerissen, oft missbraucht wurden.

Arndt wurde der Patron eines Remscheider Gymnasiums, wegen mancher seiner Äußerungen heute nicht unumstritten.

Alldeutschland in Frankreich hinein
Und brauset der Sturmwind des Krieges heran,
Und wollen die Welschen ihn haben,
So sammle, mein Deutschland, dich
stark wie ein Mann
Und bringe die blutigen Gaben.
Und bringe den Schrecken und trage das Grauen
Von all deinen Bergen, aus all deinen Gauen;
Und klinge die Lösung: Zum Rhein! Übern Rhein!

Sie wollen`s: So reiße denn deutsche Geduld ...
Wir fordern die lange gestundete Schuld...
Von dem, was die schleichende List euch gewann,
Von Straßburg, von Metz und Lothringen.
Zurück sollt ihr`s zahlen, heraus sollt ihr`s geben!
So stehe der Kampf uns auf Tod und Leben!...
Mein einiges Deutschland, mein freies, heran! ...
So klinge die Lösung: Zum Rhein! Übern Rhein!
Alldeutschland, in Frankreich hinein!

*„**Eine Mischung – Verbastardung der Nationen – muss verhindert werden.** Vor allem die mit dem französischen Blut, das wie ein betäubendes Gift den edelsten Keim angreift."*
*„Der **Germane** und die von ihm Durchgeschwängerten und Befruchteten bilden den Höhepunkt der Menschheitsentwicklung."*

(Ernst Moritz Arndt)

4. Identifikationsobjekte der Nation

Germania

Im Zentrum der Paulskirche, frontal gegenüber den Parlamentariern, stand eine „Germania“, Traumbild und **Personifikation eines neuen geeinten Deutschlands**, frei von obrigkeitsstaatlicher Willkür. Die Frauengestalt verkörpert Fruchtbarkeit. Die Krone auf dem Kopf ist Sinnbild für eine starke Herrschergestalt; der Lorbeerkranz will sagen, dass der Sieg auf ihrer Seite ist. Der Doppeladler auf der Brust ist Hinweis auf das Kaisertum. Das römische Gewand signalisiert die lange Tradition des Kaisertums. Das Schwert in der Rechten und die Fahne in der Linken, zeigt sie sich kämpferisch.

Germania in Frankfurt, Traumbild einer einigen und starken Nation

Nach eben eingetroffener Nachricht ist am heutigen Tage der
König von Preußen
von der Frankfurter Nationalversammlung zum
Deutschen Kaiser
mit 290 Stimmen erwählt worden.
Es haben 240 Anwesende sich der Abstimmung enthalten.

Der Kaiser ist gewählt! Elberfeld 30.3.1849

Auch bergische Bürger waren sich einig im Wunsch nach einem **Kaiser**. So forderten die Remscheider in einer Eingabe an die Nationalversammlung die Erblichkeit des Kaisertums (4.3.1849). Vier Wochen später erbaten sie vom preußischen König die Annahme der Kaiserwürde, und Lenneps Bürger schlossen sich mit gleichem Text an (2./3. April). Doch der preußische König lehnte ab (28. April), und die Enttäuschung bei vielen war groß.

Germania, in Remscheid Konzerthalle

Auch im Gemeinwesen der aufstrebenden Stadt Remscheid bekam die **Germania** schon bald ihren Platz. Als man in der Brüderstraße eine Konzerthalle baute, Kulturzentrum und gemeinschaftsbildender Treffpunkt der Bürgerschaft, gab man ihr den Namen „Germania“.

Farben der Nation

Als die Deutsche Nationalversammlung im Mai 1848 erstmals zusammentrat, zogen 7.000 Menschen durch die schwarz-rot-gold geschmückten Frankfurter Straßen. Der Saal in der Paulskirche war ebenfalls in diesen Farben geschmückt und mit dem doppelköpfigen Bundesadler ausgestattet. Ein halbes Jahr später legte das Parlament diese Farben als nationales Symbol fest. Sie gehen einerseits zurück auf die alten kaiserlichen Farben Schwarz (Adler) und Gold, andererseits auf die Waffenröcke der Lützower, die im Kampf gegen Napoleon schwarze Uniformen mit roten Aufsätzen und goldenen Knöpfen trugen. Diese Farben wiederum wurden von den Burschenschaften übernommen als Sinnbild deutschen Freiheitskampfes und Einheitswillens.

Die neuen Nationalfarben trug man vielfach, auch in Remscheid, als Kokarden an der Kleidung. Auf dem Mantel des Bürgerwehrmannes, gemalt vom Remscheider Peter Hasenclever (Bild rechts), ist ein solches Abzeichen zu sehen. Das nationale Empfinden war hier stark ausgeprägt, dagegen das Interesse an politischen Angelegenheiten bei der bürgerlichen Schicht eher schwach. Wenn man in Remscheid einmal Initiative ergriff, betraf das mehr wirtschaftliche Belange. Dem eigenen Freiheitskampf stand man weitgehend gleichgültig gegenüber. Man vertraute sich dem Obrigkeitsstaat an. Ruhe und Ordnung waren gefragt.

Als die 1848er Revolution dann scheiterte und bürgerliche Emanzipation und staatliche Einigung missglückten, nahm das Nationalbewusstsein militantere Formen an und entwickelte sich in breiten Kreisen zum Nationalismus.

Die deutsche Nationalfarbe.

Die Farben müssen geschichtlich und heraldisch so aufeinander folgen:
Schwarz, Gelb, Roth,
jedenfalls Gelb in der Mitte. Für deutsche Kokarden ist also Schwarz im Mittelpunkt, Gelb ist der mittlere und Roth der äußere Rand. Die schwarze Farbe entspricht dem Reichsadler, die gelbe dem goldenen Schilde, und die rothe dem Gipfel oder Wimpel der Reichsfahne.

„Die gestörte Nachtruhe“, 1849
Ausschnitt aus dem Bild des Remscheider Malers Peter Hasenclever

3. Unter dem kaiserlichen Zepter ins wilhelminische Zeitalter

1. Denkmal und Mahnmal deutscher Größe (1872-74)

Ehrenmal für die gefallenen Krieger

Als nach einer Reihe von Kriegen die **Einigung der Deutschen Nation** mit einem Kaiser an der Spitze erkämpft worden war, errichtete man mitten auf dem Schützenplatz ein Kriegerdenkmal, eine Erinnerung an *„Deutschlands große Zeit“*, aus der *„des Reiches blutig Morgenrot“* emporstieg. Nach dem Vorbild der römischen Säule in Igel an der Mosel entstand aus grauem Sandstein ein 10,20 m hohes Denkmal. Oben war noch ein 1,10 m hoher Adler daraufgesetzt mit einer Spannweite von 2,80 m und einem Gewicht von zwei Zentnern. Eine Predigt in stummer, ernster Sprache sollte es sein.

Dreier Siege wurde gedacht, dreier Etappen auf dem Weg zur Einigung: der Krieg gegen **Dänemark** (1864), der gegen die deutschen Staaten unter Führung **Österreichs** (1866) und schließlich der gegen **Frankreich** (1870/71). Der Überlieferung nach sollen zwei französische Beutekanonen daneben aufgestellt worden sein.

Das Ehrenmal für die im Kampf für das Vaterland gefallenen Krieger (1872-74 errichtet). Links die Markthalle, rechts die Schützenhalle. So sah es damals auf dem heutigen Theodor-Heuss-Platz aus.
Gut ein halbes Jahrhundert später wurde das Ehrenmal versetzt. Angesichts der wachsenden Bevölkerung und des steigenden Verkehrs sollte es einer geplanten, neuen Straßenbahnführung weichen. Außerdem störte es die Symmetrie, denn es stand nicht in der Mitte des Platzes und die Achse nicht im rechten Winkel zum Rathaus. So versetzte man es – mit Zustimmung der noch lebenden Veteranen – im Mai 1927 in den Stadtpark, wo es heute noch zu sehen ist, sozusagen in der zweiten Reihe.

Heil dir im Siegerkranz

Auf der gegenüberliegenden Seite des Ehrenmals erscheint auf halber Höhe Wilhelm I. (1797-1888), seit 1861 preußischer König und ab 1871 erster deutscher Kaiser. Mit ihm stieg auch bald der Schützenplatz im Rang auf, wurde zum Kaiserplatz (1885). Wie oft mag, passend zum Ehrenmal, jenes Lied geschmettert worden sein, das seit dem deutsch-französischen Krieg zur deutschen Volkshymne geworden war und mit Spitze gegen Frankreich Vaterland und Kaiser besang.

Kaiser Wilhelm I. 1871/88

Es braust ein Ruf wie Donnerhall
wie Schwertgeklirr und Bogenprall
zum Rhein, zum Rhein, zum deutschen Rhein
Wer will des Stromes Hüter sein?

So führe uns, du bist bewährt
In Gottvertrau'n greif' zu dem Schwert
Hoch Wilhelm! Nieder mit der Brut!
Und tilg' die Schmach mit Feindesblut!

Lieb Vaterland magst ruhig sein;
fest steht und treu die Wacht
die Wacht am Rhein! ….

Zur ewigen Mahnung

Unter dem Kaiser steht die Mahnung an sein Volk:

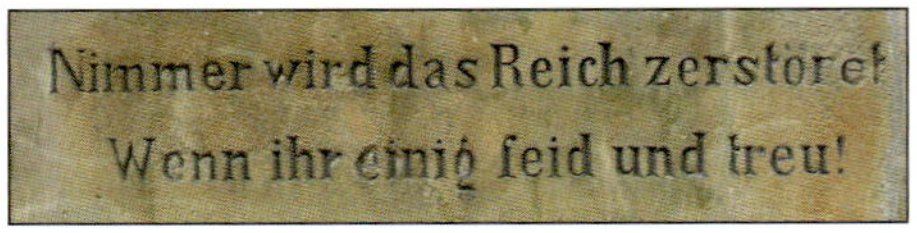

Jahr für Jahr war Feier des Sedantages
Die Erinnerung an die Schlacht von Sedan (2.9.1870) war ein großer Feiertag. Schon die Kinder hatten das Lied gelernt: „Siegreich wollen wir Frankreich schlagen, sterben als ein tapferer Held“. Und bei den Feiern in der Schule am Sedanstag sangen es die Schüler mit Begeisterung.

Siegreiche Schlachten in Straßennamen
An den deutsch-französischen Krieg (1870/71) erinnern noch heute Straßennamen auf dem Hohenhagen, 40 Jahre nach dem Krieg 1910 dort angelegt. Sie verbinden sich mit deutschen Siegen bei Saarbrücken (2.8.), Weißenburg (4.8.), Wörth und Spichern (6.8.), der den Krieg entscheidenden Schlacht bei Sedan (2.9.) und der Kapitulation von Metz (27.10).

2. Langer Weg zum Deutschen Reich – Erinnerungen in Straßennamen

Entscheidende Neuerungen oder große Siege werden gerne an großen Personen festgemacht. So gibt es in Remscheid auch heute noch eine Reihe von Straßen, deren Namen an den militärischen Weg zum Deutschen Reich erinnern.

Große Gestalten im Freiheitskampf gegen Napoleon

Scharnhorststraße
(Hasten)

Von Scharnhorst (1755-1813) war ein preußischer General. Zusammen mit Gneisenau reformierte er das preußische Militär entscheidend durch Einführung eines Reservistensystems, das die Zahl geschulter Soldaten stark erhöhte.

Blücherstraße
(Hasten)

General Fürst von Blücher (1742-1819) war erfolgreicher Militärbefehlshaber im Krieg gegen Napoleon.

Gneisenaustraße
(Lüttringhausen, seit 1934 so genannt)

Gneisenau (1760-1831) hatte als Blüchers Stabschef wesentlichen Anteil am Sieg bei Waterloo.

Generäle im Kontext der Reichsgründung

Roonstraße
(Hasten)

Graf von Roon (1803-1879) war ein preußischer General und Minister, kurzzeitig preußischer Ministerpräsident. 1859 wurde er Kriegsminister und 1861 Marineminister, am Ende Generalfeldmarschall.

Moltkestraße
(Hasten)

Graf von Moltke (1800-1891), bekannt auch als „der große Schweiger", war ein preußischer Generalfeldmarschall und hatte als Generalstabschef wesentlichen Anteil an den preußisch-deutschen Siegen im Deutsch-Dänischen Krieg, im Preußisch-Österreichischen Krieg und im Deutsch-Französischen Krieg.

3. Baumeister „mit Eisen und Blut"– ehrenvolles Gedächtnis im Bismarckturm (1900)

Als Bismarck im Jahre 1890 entlassen wurde, war mit vielen anderen auch der Remscheider Großindustrielle Moritz Böker äußerst bestürzt. Er grollte Kaiser Wilhelm II., der den Mann aus dem Amt geworfen hatte, dessen geschickter Politik das Deutsche Reich aber seine Existenz verdankte und der gerade in bürgerlichen Kreisen verehrt wurde. Als zu Bismarcks 80. Geburtstag eine Huldigungsfahrt des Rheinischen Städtebundes stattfinden sollte (18.5.1895), setzte er sich für ein Geschenk der Remscheider Industrie ein. Es bestand aus einem mächtigen Eichenklotz. Darauf stand ein Amboss mit Schmiede-, Zuschlaghammer und Schmiedezange, umfasst von einem vergoldeten, geschmiedeten Eichen- und Lorbeerkranz. Um den oberen Ambossrand lief ein eisernes Band, in das in bunter Emailleausführung die Wappen der deutschen Bundesstaaten eingelassen waren, dazu der Spruch: **„Der mit Eisen und Blut aus Haderglut geschmiedet des neuen Reiches Krone, nimm bergischer Schmiede Dank zum Lohne."** Darunter waren in ein schmuckes Lederband zwölf prächtig ausgestaltete Werkzeuge eingehängt. In den langen Huldigungszug zu Bismarcks Landsitz Friedrichsruh reihten sich auch Böker mit seinem Freundeskreis und Oberbürgermeister Nollau ein, der das Geschenk übergab.

Remscheider Geburtstagsgeschenk (1895) an Fürst Bismarck (1815-1898)

Der Turm am Stadtpark und Schützenplatz

Nach Bismarcks Tod (1898) **steigerte sich die Verehrung** noch und nahm geradezu religiöse Formen an, war gleichzeitig aber auch Ausdruck nationaler Überheblichkeit. Moritz Böker lag da genau im Trend. „Jedem drängt sich mit elementarer Gewalt nochmals die ganze Empfindung dessen auf, was das deutsche Volk dem Genius Bismarcks zu verdanken hat." Und er bekräftigt nochmals den allenthalben geäußerten „Wunsch, dem großen Toten ein Denkmal zu errichten. Hier in Remscheid soll ein Bismarckturm gebaut werden." Der Remscheider Turm ist nur einer von insgesamt 420 Bismarcktürmen, die in jener Zeit in Deutschland zum Himmel wuchsen.

Am 1. April 1900 wurde der Grundstein des Bismarckturms, unter starker Anteilnahme der Bevölkerung, die ihn mit freiwilligen Gaben auch weitgehend finanzierte, gelegt.

Aus einem Wettbewerb mit fast 200 Einsendungen ging als Sieger ein Entwurf hervor mit dem Titel **„Dem Reichsschmied"**. Knorrig wie eine bergische Eiche hatten die Architekten sich ihren Turm gedacht. So konnte er beide ehren, die bergischen Männer und den großen Mann, dem er geweiht war. Mit ihm ließ sich aufblicken „zu dem Gewaltigen, der im Schlachtendonner Deutschlands Einheit schmiedete und den **Traum der Väter Wahrheit** werden ließ."

Monumental ist der Turm, fast 30 Meter hoch, der Sockel aus Basaltlava, das Mauerwerk darüber aus bergischer Grauwacke, in einem nahen Steinbruch gebrochen; die Galerien und Fenstereinfassungen aus Ruhrkohlesandstein. Aufwendig eingearbeitet sind Bauelemente **glanzvoller deutscher Geschichte:** Säulengänge zur Rechten und zur Linken leiten halbkreisförmig zu einem großen, von zwei Türmen flankierten, romanischen Rundbogenportal. Über dem Eingang befand sich einst ein bronzenes Bismarck-Relief, auf dem ehemals pyramidenartigen Dach ein Bronzeadler.

Am 10.5.1901 fand die Einweihung statt. Seit 1968 wird der Turm, nachdem man ihm eine Kuppel aufgesetzt hatte, als Sternwarte genutzt. 1984 stellte man den Turm unter Denkmalschutz. Mit den Jahren wurde seine Grauwacke brüchig, so dass er 2007 aufwändig restauriert werden musste.
Die Erinnerung an den Reichsgründer halten heute auch noch eine Alte und neue Bismarckstraße wach.
Der ehemalige Bismarckplatz in Lennep existiert nur noch als Name einer Bushaltestelle.

4. Rathaus mit nationalem Programm (1900-06)

Grundsteinlegung (1902)

Fünf Wochen nach der Grundsteinlegung des Bismarckturms gab der Stadtrat am 8. Mai 1900 den Startschuss zum Bau des Rathauses, und zwei Jahre später wurde der Grundstein gelegt. Schon die Urkunde atmet nationale Gesinnung: „Heute, am 18. Oktober 1902, dem Gedenktage der Völkerschlacht bei Leipzig, dem Geburtstage des hochseligen Kaisers Friedrich III., unter dessen Regierung das erste Verwaltungsjahr der Stadt Remscheid als selbständiger Stadtkreis (1888) begonnen hatte, fand die Grundsteinlegung zu dem neuen Rathausbau am Kaiserplatz statt."

Rathaus am Kaiserplatz, erbaut 1902-06, dem Kriegerdenkmal direkt gegenüber

Ausdruck von stolzem Bürgersinn.

Ganz in der mittelalterlichen Tradition eines aufwärts strebenden Bürgertums wollten die Bürger stolzes Selbstbewusstsein demonstrieren und schufen bei allem Rückgriff auf die deutsche Geschichte zugleich doch einen neuzeitlichen Bau, im Stile der Zeit. Ein **Achtung gebietendes Monumentalgebäude** musste es sein in jenen Gründerjahren des Deutschen Reiches: 86 m breit mit einem 62 m hohen Turm, hoch oben auf dem Stadtkegel. Es besteht aus bergischer Grauwacke, Bauteile und Bildhauerschmuck aus hellem Sandstein aus Heilbronn. In der Spitze des Hauptgiebels befand sich, in Stein gehauen, das von bergischen Schmieden gehaltene **Stadtwappen**, doch eingebettet in den Geist von Nation und von ihm überhöht, denn darüber im First schwebte die **Kaiserkrone**.

Der ursprüngliche Hauptgiebel des Rathauses. Zwei Schmiede halten das Wappen. Darüber der Adler und die Kaiserkrone.

Einweihung im vaterländischen Geist (1906)

Alles, was Rang und Namen hat, hatte sich eingefunden, vom Oberpräsidenten der Rheinprovinz, dem Regierungspräsidenten aus Düsseldorf, dem Oberlandesgerichtspräsidenten bis hin zu Landtagsabgeordneten, Landräten und benachbarten Bürgermeistern, auch der namhafte Remscheider Dichter und Schriftsteller Johannes Fastenrath war dabei. **Oberbürgermeister** Nollau stellte Bürgersinn und Treue zu Kaiser und Reich heraus: „Stolze Freude erfüllt heute die Herzen der Bürger unserer Stadt. Weit hinausragend in das Bergische Land erhebt sich dies schöne, neue Rathaus, ein **Wahrzeichen der kraftvollen Blüte** unserer Stadt und des Bürgersinns ihrer Bewohner. Heute ist diesem Gebäude die feierliche Weihe zu geben." Und er schloss mit dem Wunsch: „Stets sei das neue Rathaus daher auch ein sicherer **Hort der Liebe zu unserm Vaterlande, der Treue zu Kaiser und Reich!**"

Zur Einweihung hatte man auf dem Kaiserplatz eine große Tribüne errichtet.

Nationales Programm am Eingang

Über dem Haupteingang, ebenfalls eingebunden in die beiden vorspringenden Erker, hinter den drei großen Fenstern, befindet sich der Sitzungssaal.

Das Eingangsportal erinnert an ein mittelalterliches, von zwei Türmen flankiertes Stadttor, nur im moderneren Renaissancestil (Bild links). Den hier Eintretenden blicken von oben herab drei ernste Gesichter an. Sie stehen für die große nationale Idee des 19. Jahrhunderts.

Zur Linken schaut der bärtige Kaiser Barbarossa herab. Mit ihm verband sich seit den Freiheitskriegen die Hoffnung auf die Auferstehung des alten Reiches. Als Symbol für nationale Einigung in einem neuen, glanzvollen Kaiserreich wurde er schwärmerisch glorifiziert. Entsprechende Legenden bildeten sich, wie die vom Kyffhäuserberg, die davon erzählt, dass der alte Kaiser nur in einen tiefen Schlaf gefallen sei und bald wiederkehre.

Zur Rechten des Eingangs erwartet den Eintretenden, sozusagen als Gegenpart zum väterlichen Barbarossa, Germania, die Mutter der Nation. Auch sie stand für die Einigung ihrer Kinder, war im 19. Jh. Personifikation für ein geeintes, kämpferisch zusammenstehendes Deutschland. Vielleicht deshalb hat die kriegerische Dame hier etwas männliche Züge.

Im Scheitelpunkt des Eingangsportals ist ein Männerkopf mit stilisierter Kaiserkrone zu sehen. Er steht für den Kaiser der Gegenwart, der den Bestand des Deutschen Reiches garantiert.

Der repräsentative Ratssaal mit Holzkassettendecke, Wandvertäfelung und großem Kronleuchter

Heldenepos unter den Augen seiner Majestät

Der äußere Pomp, die Würde und Hoheit der Fassade spiegelten sich auch im Inneren wieder, waren zugleich Ausdruck der Selbstwertübersteigerung in der wilhelminischen Ära. Am deutlichsten wurde dies im großen Sitzungssaal. Fast zehn Meter hoch war er und großzügig ausgestattet. Durch drei große, kunstvoll verglaste Fenster fiel das Licht hinein. Im oberen Teil des Mittelfensters abermals **Germania**, über allem schwebend in einer Aureole von Licht, mit einem Lorbeerkranz in der Rechten, wohl gedacht für die Männer unter ihr, den Schmied und den Kaufmann. Die beiden standen für die Verbrüderung von Industrie und Handel, also für das, was Remscheid groß gemacht hatte. Auch Bilder und Büsten von Ehrenbürgern der Stadt schmückten den Raum, allen voran aber das Bildnis von **Bismarck**.

Den krönenden Abschluss der erlauchten Gesellschaft bildete der **Kaiser**. In Lebensgröße stand Wilhelm II. gleich hinter dem erhöht sitzenden Oberbürgermeister und seinen Beigeordneten, die Abgeordneten immer vor Augen.

Unter der Germania und vor dem Kaiser leuchteten aus den Fenstern bergische Gestalten, Schmiede und Feilenhauer, Sägenmacher und Kaufleute, statuenhaft wie Helden der Arbeit oder in der Sprache der Zeit: **edle deutsche Menschen**.

Knapp vierzig Jahre später, in einer Sommernacht des Jahres 1943, sollte dieses stolze Programm im Bombenhagel feindlicher Flieger untergehen. Beim Wiederaufbau in den Jahren 1950-62 entschloss man sich, auf den alten Pomp und die nationalen Bildprogramme zu verzichten. So blieb nur das erhalten, was die Bomben verschont hatten.

5. „Hurra, der Kaiser kommt!“ (1899)

Als sich Kaiser Wilhelm II. für den 12. August 1899 höchstpersönlich als Besuch ankündigte, stand Remscheid **in heller Aufregung** und tat alles, um den hohen Gast würdig zu empfangen und ihm zu imponieren. Das Hochgefühl, das die Stadt ergriff, lässt sich mit heutigen Worten kaum noch beschreiben. Deshalb soll hier ein Zeitzeuge zu Wort kommen, ein bekannter Remscheider Lehrer, dem die Stadt mit dem durch ihren großen Park führenden Hauptweg ein Denkmal gesetzt hat (Carl-Grüber-Weg). Noch ganz unter dem Eindruck des Besuchs beschreibt er diesen Tag:

„Ein ganz besonderer Fest- und Ehrentag aber, der als ein hervorragend denkwürdiger für alle Zeiten in der Geschichte des Bergischen Landes glänzen wird, zog über den Bergen und Tälern dieser alten, ehrwürdigen Lande herauf, als Kaiser Wilhelm II. selbst kam, um dem großen Riesenbauwerke, der **Müngstener Talbrücke** zwischen Remscheid und Solingen, die eigentliche Weihe zu geben, zugleich aber auch dem Schlosse seiner Ahnen und dem ganzen Bergischen Lande seinen Besuch abzustatten. Am 12. August 1899 war es, da die Kaiserstandarte über unsere Berge getragen wurde. Der **helle Jubel**, von dem die Berge und Täler an jenem einzigartigen, unvergleichlich herrlichen Tage widerhallten, klingt auch heute noch in unseren Herzen nach und wird fortklingen für alle Zeit in den Herzen aller derer, die ihn mit erleben durften. Wer erinnert sich nicht noch mit vaterländisch warmem Herzen der voraufgehenden Tage und **Vorbereitungen** und der Augenblicke, da der Kaiserzug vorüber ging!

Am 23.3.1897, dem 100. Geburtstag des ersten Deutschen Kaisers Wilhelm I. (1871-1888), war in großer Feier der letzte Niet eingeschlagen worden, verbunden mit einem Telegramm nach Berlin: „In dankbarer Erinnerung an den hochseligen Kaiser und König Wilhelm des Großen Majestät und nach einem donnernden in den Bergen widerhallenden Hochs auf des regierenden Kaisers und Königs Majestät ist heute Mittag der Bogen der Müngstener Brücke feierlich geschlossen.“ – An der nach seinem Großvater benannten Brücke begann Wilhelm II. seinen Besuch.

Und nachher: in den Straßen, die er gezogen, welch ein **Wogen und Branden der froh bewegten Menge**, und wer war nicht mit ergriffen von dem Jubel und der Freude, wovon die Herzen überquollen. Die **ganze Stadt blühte wie eine ungeheure Blume**. Ich sah den Kaiserschmuck vieler Städte, sah als Teilnehmer an der Spalierbildung am Hochzeitstage des Kaisers, wie des Reiches Hauptstadt sich zu diesem Festtage herausgeputzt, sah die Ausschmückung vieler Festorte der großen deutschen Turnfeste, aber **ein so herrliches, einzigartiges Festkleid sah ich nie**.“

In Vieringhausen steht zum Empfang der erste Triumphbogen bereit. „Heil, Kaiser Wilhelm!“ schallt es aus der Menge.

Das alte Rathaus ist geradezu überladen geschmückt. Davor wartet die feine Gesellschaft der Stadt.

Der Markt ist in einen Lorbeer- und Palmenhain umgewandelt. Mittendrin steht effektvoll eine Riesenbüste des Kaisers. Militärkapellen spielen, Männerchöre erschallen, bergische Schmiede tun sich hervor.

„Die ganze weite Strecke von der Kaiser-Wilhelm-Brücke durch Remscheid bis zur Talsperre und zurück, weiter über Ehringhausen nach Schloß Burg, dann zum Kaiserzelt in Müngsten, ein einziges hochzeitlich geschmücktes Jubelhaus, eine **einzige Via triumphalis**. Nur wenige Tage – nach erstmaliger Absage traf die endgültige Nachricht des Kaiserbesuches etwas plötzlich ein – standen zur Verfügung, und die der städtischen Verwaltung wie der Bürgerschaft gestellte Aufgabe war keine kleine. Aber unwiderstehlich brach sich in allen Schichten der Bevölkerung das Gefühl Bahn, daß dies ein Ehrentag sei, und **mit seltener Einigkeit gingen alle ans Werk**. Ganze Wälder von Laubgewinden werden von den Schulkindern hereingetragen, Berge von grünem Gezweig türmen sich auf, aus den dürren Bürgersteigen wachsen geschmückte Birkenbäume auf, hebt sich der Fahnenmasten reicher Wald. Überall ein emsiges Klopfen und Hämmern, ein Klettern auf Simsen und Dächern; allenthalben frisches Zusammenwirken, reger Wetteifer, Sorge um das Gelingen, teilnehmende Augen und Hände, und als dann aus Abend und Morgen der letzte Tag vollendet, konnte man aus aller Augen herausleuchten sehen: **Nun darf er kommen, der geliebte Landesvater.** Und wer dann am Festtage selbst mit hochschlagendem Herzen durch diese Straßen voll wogender Fahnen und Banner, voll Laubgewinde, Kränze und Blumenschmuck dahinschritt, der mußte sich sagen: wenn du auch wohl die bürgerlichen Tugenden, die Liebe und Treue dieses gewerbfleißigen Volkes zu dem Manne kanntest, der in seiner Person die Macht und Größe und Einheit unseres Vaterlandes verkörpert, gestehe nur: deine Erwartungen sind übertroffen. Ein Festtagsschmuck wie selten, wo ein Bild sich an das andere reihte, das eine immer noch schöner als das vorherige, und ein **Grüßen und Jubeln ohne Ende**, mit einem Wort – Remscheid hatte sich selbst übertroffen. ‚Wo hätte ich je 30 Kilometer Spalier gesehen!' Dieses Wort aus den Danksagungen des Kaisers ist so recht bezeichnend für die überwältigenden Eindrücke dieser herrlichen und unvergeßlichen Kaiserfahrt durch Remscheid und das Bergische Land." (Carl Grüber)

Weiterfahrt über die heutige Bismarckstraße. Natürlich hatten die Kinder heute schulfrei. Ein Sechsjähriger geriet vor lauter Vorwitz fast unter die Hufe der Leibgarde. Ein 14-Jähriger bewunderte mit seiner Klasse die prächtigen Helmbuschstolzen der Lakaien und verpasste, geblendetvon solchem Glanze, fast den hohen Gast. Seine Majestät geruhte einen ausgebrannten Zigarrenstummel beiseite zu werfen. Horden von Menschen stürzten sich auf die wertvolle Reliquie.

Höhepunkt des Besuchs war die Eschbachtalsperre, gerade 6 Jahre alt und Prestigeobjekt der Stadt. Hier sprach Oberbürgermeister Nollau seinen „untertänigsten Willkommensgruß". Die Tochter des Beigeordneten Paaß erfreute den Gast mit einem Gedicht:

„In unserer Berge Gau, der ruhmreichen,
Erhabener Herr, laß uns willkommen sagen!
Wie leuchtet uns aus deinen Herrschertagen
Auf Land und Meer ein Glänzen ohnegleichen."

Der Gesangsverein des Alexanderwerkes, begleitet von Ehrendamen, sang dem Gast Kaiserlieder:

„Dir möchte ich diese Lieder weihen,
geliebtes deutsches Vaterland,
denn dir, dem neu erstand'nen, freien
ist all mein Sinnen zugewandt.
Doch Heldenblut ist dir geflossen,
dir sank der Jugend Schönheit Zier
nach solchen Opfern, heilig großen
was gelten diese Lieder dir." (Uhland)

Der Gast musste weiter. Das Programm war eng. Über die heutige Burgerstraße ging es nach Bliedinghausen und Ehringhausen. Dort stand, am heutigen Klinikum, der letzte Triumphbogen. Den Abschluss fand der Besuch auf **Schloss Burg**, dort, wo große deutsche Geschichte Renaissance feierte. Der Kaiser besichtigte den Gang der Wiederaufbauarbeiten der alten Ruine und zeigte sich recht spendabel. So viel wie die

Bürger für den Bau aufgebracht hatten, so hoch sollte auch seine Spende sein, 20.000 Reichsmark.
Am Ende hatte der Kaiser **gut drei Stunden auf Remscheider Gebiet** verbracht. Der hohe Herr zeigte sich ausgesprochen interessiert an den Anliegen der Bürger und lobte die Remscheider in den höchsten Tönen. Das tat ihnen gut, wie die Zeitungsmeldungen zeigen.

Durch das Spalier des Empfangskomitees schreitet der hohe Gast auf den von Girlanden geschmückten Rittersaal zu (vorn links oben).

In der Vorhalle zum Rittersaal befindet sich, über vier Wandflächen verteilt, der Stammbaum der bergischen Grafen, dessen verwandtschaftliche Beziehungen bis zum hohenzollerschen Kaiserhaus reichen. Deshalb steht an seinem Ende Wilhelm II. (Bild links).

Bericht des Tüpitters am Tag danach
„Wer die wahrhaft erhebende von hell auflodernder nationaler Begeisterung getragene patriotische Kundgebung anläßlich des gestrigen Kaiserbesuches in unserer Stadt miterlebt und unbefangen mitten im Volke den ganzen Schatz von freiwilliger Liebe und Verehrung, den die ***treu-deutschen bergischen Herzen*** *für des Reiches Schirmherrn hegen, auf sich wirken ließ, der weiß, was das oft zitierte Wort: ‚Das deutsche Volk ist monarchisch bis in die Knochen hinein', zu bedeuten hat. Im brausenden Jubel der beiden Kaisertage in Dortmund und Remscheid hat sich von neuem erwiesen, daß die* ***Hingebung des Volkes*** *an den erlauchten Träger der Kaiserkrone ein unerschöpfliches Lager des köstlichsten Edelmetalls ist, das in die Teufe geht, auf das der allerhöchste Bergherr also nur recht zu teufen braucht, um der steten Ergiebigkeit dieses Schatzes sicher zu sein. Als der Kaiser die gestrige* ***Huldigung unserer Bürgerschaft*** *entgegennahm, als er sah, wie ohne Unterschied des Standes und des Ranges die Herzen derer, die das* ***gemeinsame Band der Vaterlandsliebe und Königstreue*** *umschlingt, so warm für ihn schlagen, da mußte sein hoher kaiserlicher Sinn ergriffen werden von der Wahrheit, daß nicht Roß noch Reisige, sondern allein die Liebe des freien Mannes im Stande ist, die steile Höhe eines Fürstenthrones zu sichern."*
(RGA 13.8.1899)

Fazit des Tüpitters
„Aus den impulsiven Kundgebungen des gestrigen Festtages konnte man denn auch erkennen, daß die staatserhaltende Kraft der ***monarchischen Tradition*** *bei unserem bergischen Volke starke Wurzeln hat und daß das soziale Band, welches* ***sich um Fürst und Volk schlingt, unzerreißbar*** *ist."*

„Dieser Tag war der glanzvollste, den Remscheid mit seiner Umgebung seit jeher gesehen hat."
So wird später eine Zeitung schreiben.

Sorge um deutsche Politik aus Haltung des Gottesgnadentums
Um nicht den Eindruck entstehen zu lassen, ein derartiger Kaiserkult habe flächendeckend um sich gegriffen, sei auch auf kritische Stimmen aufmerksam gemacht. Es gab auch Menschen, die sich diesem Bann, zumindest teilweise, entzogen. Stellvertretend für sie mag wieder der Remscheider Großindustrielle Moritz Böker stehen, der den alten Bismarck sehr verehrte, dem jungen Kaiser jedoch sehr reserviert gegenüberstand: „Der junge Kaiser macht in allen seinen Unternehmungen einen sehr nervösen Eindruck und stößt vielfach an durch seine Reden, in denen er **sich als Herrscher von Gottes Gnaden und alleiniger Herr hinstellt**, dem man blindlings zu folgen hat…" (1891) „Die Art des jungen Kaisers, sich in alle Dinge einzumischen und seinen Willen für alle Entscheidungen maßgebend sein zu lassen – und zwar heute so, morgen so –, fängt nachgerade an, die größte Beunruhigung und Unzufriedenheit im Lande hervorzurufen. Es ist jedenfalls ein gewagtes Stück, am Ende des 19. Jahrhunderts das **absolute Königtum herauszukehren**."

Aber dennoch unterzeichnet Böker einen **Aufruf im Stadtrat vom 3.8.1914**: „Das Vaterland ist in Gefahr. Tausend und aber Tausend wackere Söhne unserer Stadt sind dem Rufe unseres obersten Kriegsherrn gefolgt und zu den Fahnen geeilt, um ihr Leben einzusetzen für die Ehre und das **Wohl unseres Vaterlands, zum Schutze deutschen Wesens und deutscher Kultur**. Unsere Vaterstadt wird den Kriegern und unserem Vaterland gegenüber den Beweis der Dankbarkeit nicht schuldig bleiben. Dafür werden wir alle sorgen, denen es nicht vergönnt ist, mit ins Feld zu ziehen."

6. Nationale Richtlinien für den Unterricht

In besonderem Maße wirkte sich der Erste Weltkrieg auf die Unterrichtsinhalte aus. Stolz wies zum Beispiel der Schulleiter der **Höheren Töchterschule** (heute Gertrud-Bäumer-Gymnasium) in seinem Jahresbericht (1914/15) darauf hin, dass „das durch Ministerialerlaß vorgeschriebene Pensum in der Hauptsache erledigt werden konnte. An einigen Beispielen soll dargelegt werden, in welcher Weise die Unterrichtsarbeit in verschiedenen Lehrgebieten durch den Krieg beeinflusst worden ist. Am stärksten zeigt sich dieser Einfluß natürlich bei den Fächern des Gesinnungsunterrichts." Hier einige Zitate aus dem **Schulleiterbericht**:

Im Zentrum der Aula der Höheren Töchterschule leuchtete neben anderen geistigen Größen der Deutschen Nation die Büste des Kaisers.

*Und dann unsere **Geschichtsstunden**! Wie gar zu schnell waren sie doch immer zu Ende! Wir Geschichtslehrer waren wirklich zu beneiden. Einen breiten Raum nahmen in unseren Besprechungen die **Zeitereignisse** selbst ein. Kaum eine Stunde verging, daß dieser größte Krieg der Menschheitsgeschichte nicht zur Erörterung gekommen wäre. Und unsere Kleinsten wußten dabei am meisten und am gründlichsten zu fragen. [...] Daß es Aufgabe der Geschichte sei, auf das Verständnis der Gegenwart hinzuwirken, den Sinn für staatsbürgerliche Pflichten und ein warmes Gefühl für Vaterland und Freiheit zu wecken – daran brauchte man sich wirklich nicht zu erinnern, es ergab sich ungewollt von selbst. Behandelte man die alten Kolonialreiche Athen, Tarent, Karthago, Rom – sofort stellten sich England und Deutschland zum Vergleiche ein. Kriegführung, Kriegstechnik, Bewaffnung, Größe der Heere, Verwundetenpflege, Völkerrecht und vieles andere führten aus früheren Epochen der Weltgeschichte fast regelmäßig zu einer Verknüpfung mit der Gegenwart. Söldnerheer und Volksheer, ritterliche und barbarische Kriegführung, der deutsche Bund in seiner Ohnmacht und Jämmerlichkeit und das **unter Bismarcks gewaltiger Führung einig und mächtig gewordene neue deutsche Reich**: die Vergangenheit wollte geradezu an der Gegenwart gemessen und durch die Gegenwart beurteilt sein.*

*Dabei führte die Hervorhebung des geschichtlichen Lehrgehalts andererseits ganz unwillkürlich zur Erkenntnis allgemein gültiger Gesetze: **Es gibt eine sittliche Weltordnung, die den Völkern Aufgaben zuweist.** Deutschland ist seine größte Aufgabe noch vorbehalten. Der Glaube an die Zukunft unseres Volkes. **„An deutschem Wesen soll dereinst die Welt genesen."** Handel und Industrie bringen Reichtum, Reichtum aber führt oft zu Wohlleben, zum sittlichen Verfall und geistiger Verflachung und zum kulturellen und politischen Niedergang usw.*

Mit ganz anderem Interesse als sonst wurde auch auf die geschichtliche Entwicklung der außerdeutschen Staaten – der uns befreundeten und der feindlichen Staaten – eingegangen. Wir haben in mehreren Klassen die Geschichte Frankreichs, Englands, Amerikas, Rußlands und der Türkei in den Hauptzügen durchgegangen und sind auch hierbei zu einigen wertvollen Vergleichen und Ergebnissen gekommen.

*Im **Rechenunterricht** konnte ebenfalls oft und fruchtbringend an die Zeitereignisse angeknüpft werden, namentlich im Hinblick auf die Frage der **Volksernährung: Einfuhr und Ausfuhr, Verbrauch pro Kopf** der Bevölkerung sonst und jetzt, Ersparnis an Getreide und Brot beim Einzelnen, in der Gemeinde, im Reiche, wenn ein die Gesundheit keineswegs schädigender Abzug von 10 % (20 %) gemacht wird, usw.*

*Anregungen in reicher Fülle erhielt ferner der **erdkundliche Unterricht** durch die Zeitereignisse. Der Weltkrieg – wohin führte er uns nicht! Wir begleiteten unsere tapferen Truppen und die unserer Bundesgenossen nach Ost und West, auf dem Land und zur See. Die **Karten mit den Fähnchen** wurden uns immer vertrauter. Die Welt wurde so klein! [...]*

*Schließlich gewannen auch die **wirtschaftspolitischen** Fragen, sonst ein wenig beliebtes Gebiet, Blut und Leben durch die rauhe Wirklichkeit. Import und Export Deutschlands! Wie steht es mit seiner Lebensmittelversorgung, besonders mit ausländischem Getreide? Klar erkannten wir die **Abhängigkeit des Auslandes** und nicht zuletzt Englands vom deutschen Wirtschaftsmarkt und verstanden den Unmut der Neutralen gegenüber der englischen Handelssperre. Wir versuchten ein Urteil darüber zu gewinnen, ob Deutschland ausgehungert werden und sein Handel unterbunden werden kann. So hat der erdkundliche Unterricht mit dem Wellenschlag unserer großen Zeit innige Fühlung gehalten und dem Ziele, das Verständnis der großen Wirtschaftsfragen anzubahnen, kräftig zusteuern können.*

Auch der ***Deutschunterricht*** *sah sein vornehmstes Ziel darin, die Schülerinnen zu befähigen, lebendigen Anteil an den Zeitereignissen zu nehmen und das Gefühl und Verständnis dafür zu vertiefen, daß wir eine große Zeit durchleben, daß es den Kampf um die heiligsten Güter auszufechten gilt. […] Es wurden sofort Dramen ausgewählt, die Gelegenheit gaben, die Ereignisse der Gegenwart im Lichte der Vergangenheit zu behandeln und namentlich die Probleme des Krieges, der* ***Disziplin****, des echten* ***Heldentums****, sowie der falschen und wahren* ***Freiheit*** *zu besprechen: so vor allem im „Götz von Berlichingen" und im „Prinzen von Homburg". […] Bei Kleist interessierte vor allem die tiefe Tragik des glühenden* ***Vaterlandsfreundes****, der die große Stunde Deutschlands nicht sah, weil er sie nicht erwarten konnte: wie haben die Schülerinnen gewünscht, daß er das heutige Völkerringen miterlebt hätte ! Und bei Goethe war es vor allem die Stellung zu den* ***Freiheitskriegen****, die immer wieder das Problem lebendig machte, wie wohl Goethe sich zu unserm großen Weltkrieg gestellt haben würde. War doch gerade kurz vorher, ehe der Krieg ausbrach, „Hermann und Dorothea" in beiden Oberklassen gelesen worden, und hatte doch der herrliche vaterländische Schluß die* ***Deutschheit*** *des großen Kosmopoliten in die Herzen geprägt. […] Wie so ganz anders denn sonst fand manches geflügelte Wort aus diesen Dramen starken Widerhall im Herzen der Kinder, und mit tiefer Überzeugungstreue und voll heiliger Begeisterung klang es aus ihrem Munde: „Was ist unschuldig,* ***heilig, menschlich gut, wenn es der Kampf nicht ist ums Vaterland!****" – und „Nichtswürdig ist die Nation, die nicht ihr alles freudig setzt an ihre Ehre!" Auch fand das Wort Schillers: „Denn ewig bleibt es wahr:* ***französisch Blut und englisch kann sich redlich nie vermischen!****" im Hinblick auf das gegenwärtige, unnatürliche Bündnis zwischen Engländern und Franzosen volles Verständnis. […] Auch wurde in allen Klassen zur Sammlung von* ***Kriegsgedichten*** *aufgefordert. Das Wertvolle wurde ausgesondert, besprochen, von der ganzen Klasse oder von einzelnen Schülerinnen nach freier Wahl auswendig gelernt und zu gelegentlichen Vorträgen bei Siegesfeiern verwandt.*

Auch im ***Zeichenunterricht*** *bot sich auf allen Stufen Gelegenheit, an die Ereignisse unserer Zeit anzuknüpfen. Mit großem Eifer zeichneten die Schülerinnen auf Postkarten und Briefbogen das* ***Eiserne Kreuz****, unsere und der Verbündeten* ***Fahnen****, unsere* ***Schiffe****,* ***Heldengräber*** *usw. Da jede Karte mit einem Spruch versehen war, konnte auch die ornamentale Schrift dabei Verwendung finden.* ***Karten und Briefbogen*** *wurden in das Feld geschickt. Auch Wappen fertigten wir an, ebenfalls mit Bild und Schrift verziert und mit schwarz-weiß-rotem Bändchen zusammengehalten. Kleine* ***Szenen vom Liebesgabentag*** *wurden von den Schülerinnen geschickt wiedergegeben. Ebenso boten die* ***Tagesereignisse*** *für das Modellieren reichlich Stoff. (Soldaten, Kanonen, Wagen vom Liebesgabentag usw.)*

„Unsere Zukunft liegt auf dem Meere!" Mit dieser Parole unterstrich der Kaiser das koloniale Großmachtstreben des Reiches. Dieses Denken war allgengenwärtig, auch bei dem Remscheider Moritz Böker: „Das einzige, was wir Deutsche tun können, ist, in aller Ruhe und Stetigkeit unsere Flotte auszubauen, damit wir bei einer Komplikation für oder gegen England eine gesuchte Unterstützung in einem Kampfe zur See werden." Dementsprechend war der Matrosenlook bereits seit Jahrzehnten eine beliebte Kinderkleidung.

Und endlich unser ***Gesangunterricht****. Was Herz und Gemüt am tiefsten bewegt, das läßt der Deutsche im Liede ausklingen.* ***Manches alte Vaterlandslied und Volkslied****, das bereits als abgegriffen erschien, gewann neues Leben und neuen Wert. Aus den Gesangsstunden wurde die Sangeslust in die übrigen Unterrichtsstunden hineingetragen. Trat der Lehrer ins Klassenzimmer, da gab, wie es ihr erlaubt war, die Klassenführerin gar oft bekannt: Wir singen jetzt:* ***O Deutschland, hoch in Ehren!*** *Wir singen jetzt:* ***Ich hab' mich ergeben!*** *– Soviel und so urkräftig ist noch nie gesungen worden wie in dieser Kriegszeit.*

2. Mein Herz ist entglommen, dir treu zugewandt, |: du Land der Frei'n und Frommen, du herrlich Hermannsland! :|

3. Will halten und glauben an Gott fromm und frei |: will, Vaterland, dir bleiben auf ewig fest und treu! :|

4. Ach Gott, tu' erheben mein jung' Herzensblut |: zu frischem freud'gen Leben, zu freiem frommen Mut. :|

5. Laß Kraft mich erwerben in Herz und in Hand, |: zu leben und zu sterben fürs heil'ge Vaterland! :|

H. F. Maßmann, 1797-1874.

4. Weimarer Zeit - im Strömungswandel

1. Vom Versuch, alte Zeiten mit neuen Tüchern zu verhängen

Das **Reich des Kaisers hatte den Krieg verloren**. Am 9. November 1918 wurde die Republik ausgerufen. Auf den Schlachtfeldern trat Ruhe ein. Verlust alter Größe wollte kompensiert werden, zum Beispiel mit Hindenburg, dem Retter von Ostpreußen, der dem Stadtpark und der dorthin führenden Straße seinen Namen gab (29.1.1918). Der Kaiser musste abdanken (28.11.). Sein Bild im Sitzungssaal des Rathauses wurde fürs Erste zugehängt. Nach Neuwahlen zum Stadtparlament (2.3.1919) konnten die drei sozialistischen Parteien die Bürgerlichen mit 32 zu 22 Sitzen überstimmen.

Ein kurzer Dialog zwischen einem KPD-Abgeordneten und dem Oberbürgermeister Dr. Hartmann ist uns überliefert (28.10.1919): „Wann gedenkt man das **zugedeckte Kaiserbild hier im Saal zu beseitigen**? Oder glaubt die Verwaltung, die Zeit käme, wo man es wieder lüften könnte? [...] Darüber wird die **Verfassungskommission entscheiden**."

Doch bald schon (1922) konnte die „Rote Front" auf republikanischem Schlachtfeld ihre Erfolge verbuchen. Aus dem Kaiserplatz wurde ein **Rathausplatz**, die Kaiser-Wilhelm-Straße zur **Friedrich-Engels-Straße**. Die Bismarckstraße verwandelte sich in die **Birgderkamper Straße** und der Bismarckturm in einen **Parkturm**. Die Sedanstraße hieß fortan **Karl-Marx-Straße**. Und auch Hindenburg fiel dem Reformprogramm zum Opfer; der Antrag auf Leninstraße fiel zwar durch, doch im Kompromiss wurde aus ihr die **Neuscheider Straße** und der Hindenburgpark zum **Volkspark**. All diese Umbenennungen waren jedoch nur von kurzer Dauer, denn bereits 1924 kehrte man, wohl auch unter dem Eindruck französischer Besatzung, zu den alten Namen zurück.

Sitzungssaal 1929. Das Kaiserbild ist längst aus dem Verkehr gezogen, doch an seine Stelle ist noch nichts Neues getreten, sie ist leer geblieben.

2. Unter den Zwängen französischer Besatzung

Die Siegermächte hatten mit dem Frieden von Versailles empfindliche **Reparationsforderungen** verbunden. Als Deutschland damit in Rückstand geriet, **besetzten französische und belgische Truppen** am 11.1.1923 das **Ruhrgebiet**. Am 6. Februar 1923 besetzten französische Truppen dann auch **Lennep**. Ein alter Frontsoldat schrieb damals, weiteres Unheil vorausahnend, an die Remscheider Bevölkerung:

*„Nachdem die Franzosen nunmehr Lennep besetzt haben, ist mit der Möglichkeit zu rechnen, daß sie auch unsere Stadt besetzen. Für uns ist es **Pflicht, die Eindringlinge nicht zu beachten**. Neugierige schänden das Ansehen unserer Stadt, sie sind ehrlos, weil sie französischen Agenten Gelegenheit geben, nach Paris einen glänzenden Empfang der französischen Truppen in Remscheid zu melden. Solche Neugierigen schädigen unser Ansehen im Ausland. Daß die Geschäftsleute die Franzosen boykottieren, darf wohl als selbstverständlich gelten. In Dortmund und in Oberhausen mußten die Franzosen klein beigeben, weil die Bevölkerung sich mutig und entschlossen zeigte. **Würde und Haltung sind vaterländische Pflicht. Die Franzosen müssen hier in Remscheid auf Granit beißen.** Keiner darf ihnen den Weg zeigen. Wir sind Deutsche und werden den **Eindringlingen deutschbewußt entgegentreten.**"*

Am 7. März marschierte eine französische Einheit von Lennep kommend **in Remscheid** ein. Ihr Hauptmann verlangte vom Oberbürgermeister Quartier für 100 Mann, ein paar Pferde und ein Lager für Gepäck. Alles Protestieren half nichts. Die Franzosen besetzten die Schule Steinberg, die Kinder mussten weichen. Eine Woche später folgten zur Verstärkung weitere 100 Soldaten, und ein paar Wochen später war es schon eine ganze Garnison; jetzt mussten auch Realgymnasium, Lyzeum sowie eine weitere Schule geschlossen werden.

Durch diese Ereignisse wurde das **Nationalgefühl aufgeheizt**, nicht nur in Remscheid, sondern überall in Deutschland.

Schon vor Goldenberg begann das „Ausland“

Am 9. März 1923 besetzten die Franzosen weitere Ortschaften von Lüttringhausen und errichteten am Singerberger Hammer eine **Zollstation**. Damit verlief direkt vor den Toren Remscheids mitten durch Lüttringhausener Gebiet eine Zollgrenze zum unbesetzten Deutschland. Eine rege **Schmuggeltätigkeit** war vorprogrammiert. Um die Kontrolle wahren zu können, mussten alle Personen über 16 Jahren einen Pass bei sich tragen, der beim Überschreiten der Grenze abzustempeln war. Im Juni verhängten die Franzosen sogar den **Ausnahmezustand**. Von 21 Uhr abends bis 5 Uhr in der Frühe bestand striktes Ausgangsverbot im Stadtkreis Remscheid, und eine Schwadron Dragoner wurde zur Verstärkung geholt, um darüber zu wachen.

Die Zollgrenze und das damit verbundene Ausfuhrverbot rührten an die Lebensgrundlage Remscheids. Deshalb war **Schmuggel unverzichtbar**, und er blühte, allen Sperren zum Trotz. Denn er fand seine Verbündeten in der Topographie, dem dichten Wald und manchen ausgeklügelten Tricks.

Stadtchronik.

Remscheid, den 8. Mai 1923.

Der Paßzwang für das besetzte Gebiet.

Remscheid, den 27. August 1923.

Neue scharfe Grenzbestimmungen der Franzosen.

„Zuwiderhandelnde werden beschossen oder verhaftet.“

Mit allen Mitteln suchten die Franzosen ihre Zollgrenze durchzusetzen.

Französischer Doppelposten

Dieser Gedenkstein bei Hermannsmühle erinnert an den Arbeiter Walter Dannenberg vom Hof Güldenwerth, der am 11.9.1923 hier von französischen Zöllnern beim Schmuggeln ertappt und erschossen wurde.

*„Einmal, es war eine sehr kalte Nacht, zogen wir mit vier Mann und einer Ziehkarre, beladen mit 5.000 Zangen, nach Lüttringhausen. Aber auf dem Weg von **Hermannsmühle** nach Lüttringhausen hatten die Franzosen **tiefe Gräben** aufgeworfen, um die Durchfahrt zu verhindern. Plötzlich hingen wir mit unserem schwer beladenen Wagen im Dreck und konnten nicht mehr weiter. Zu unserem Unglück kam auch noch eine **Patrouille**, die uns festnahm. Alles wurde beschlagnahmt, wir eingesperrt. Wir sollten verraten, wer unser Auftraggeber sei, aber wir haben den Franzosen was gepfiffen. Unverrichteter Dinge haben sie uns dann wieder freigelassen.*

*Deshalb haben wir das Schmuggeln aber nicht drangegeben; wir sind nur viel vorsichtiger geworden. Etwas später lernten wir ein **Mädchen** kennen, das wir dann immer vorausschickten, um mit den Patrouillen zu flirten. Es hat seine Arbeit so gut gemacht, daß wir keine Angst mehr hatten, erwischt zu werden."*

(Nach einem späteren Bericht im RGA)

Feindbilder überlagern Friedensangebote

*„Als die Franzosen hier waren und **auf Wermelskirchen zu die Engländer lagen**, nahm uns der **Rektor Wunn** mit in den Busch. Da kriegte **jeder Schüler einen Stock**, den mußte man an den Mund tun, wie eine Flöte. Dann mußten wir pfeifen: **‚Sie sollen ihn nicht haben, den freien deutschen Rhein'**. Dabei mußten wir gehen wie die Soldaten. Der Wunn war derart in dem alten System noch drin, er konnte nicht verstehen, daß der Krieg verloren war."*

*„Die **Soldatenküche der Franzosen** gab Brot und Suppe aus. Die Suppe wurde speziell für Leute gekocht, die nichts hatten. [...] Für mich als Kind, wenn ich jetzt das Erlebnis schildere, war es wunderbar. Zur Suppenausgabe gingen wir gerne hin. [...] In der Soldatenküche konnten wir uns den Bauch vollschlagen [...] Hinter der ganzen Sache standen **Hilfsorganisationen von Frankreich** aus, der Siegermacht. Das Hilfsbereite konnte man auch da merken. Nur im Volk wurde ja immer gesagt der ‚Feind'. Und **wir hatten ja auch richtig Angst:** Wie sich ein Hund so an sein Herrchen herankriecht, so habe ich mich gefühlt, wie ich das erste Mal dahin kam. Man dachte, der Franzose erschlägt einen oder man würde erschossen. Uns ist ja auch ein **Feindbild vorgemalt** worden. Ich habe auch gesehen, wie Leute geweint haben, als man an der Grenze ihre Waren beschlagnahmte. Das Bild war für mich wieder anders. **Für mich waren die Soldaten gute Menschen**, weil sie Suppe ausgaben. [...] Ich habe es in der Clarenbach erlebt, daß Frauen mit Kindern kamen, und der französische Arzt hat, ohne zu fragen, die Kinder behandelt. Nachdem die Angst einmal überwunden war, ging auch die Scheu schnell verloren. **Der Deutsche sagte zwar, von Franzosen nimmt man nichts, da stirbt man lieber**. Das wurde ja damals so hochgespielt.“ (ein Kind als Augenzeuge)*

Erleichtert, dass der Spuk vorbei ist

„Die französische Besatzung, unter deren ungeheurem Druck die Stadt ... gestanden hatte, wurde aufgehoben. Am 22. Oktober 1924 erfolgte der **Abmarsch der Franzosen, die zuletzt in einer Stärke von rund 500 Mann** in unserer Stadt gelegen hatten. Die Stadtverwaltung, die den scharfen Kontrollbestimmungen der Besatzungsmacht unterlegen hatte, gewann damit ihre volle Handlungsfreiheit zurück. Die zahlreichen, von den Franzosen mit Beschlag belegten Gebäude, insbesondere die Schulen, konnten nach ihrer Wiederherstellung ihren eigentlichen Bestimmungen zurückgegeben werden.“ (Oberbürgermeister Dr. Hartmann)

Die verhasste Besatzungsmacht mit aufgepflanzten Bajonetten und Maschinengewehren. Sie ließ die Wunde wieder aufbrechen, die nach Vergeltung schrie.

3. „Treue zum Volk“ und „Alldeutsch“ sind Trumpf

Das Lied der Sechzehner.

Frisch auf, Kameraden, hacketau, hacketau! | Wenn ein Krieg uns droht und Gefahren, | wir eilen dann mutig von Heimat und Frau, | bekämpfen die feindlichen Scharen; | die Sechzehner sind stets flink bei der Hand, | wenn's heißt für's deutsche Vaterland.

Frisch auf, Kameraden, hacketau! hacketau! | Wo es gilt, den Feind zu besiegen. | Wir gehen nun vorwärts und schießen genau | im Stehen, im Knien, im Liegen, | wir stechen und hauen, wie's gerade uns paßt, | weshalb auch der Feind uns Sechzehner haßt.

Frisch auf, Kameraden, hacketau! hacketau! | Die feindlichen Reihen zu lichten. | Wir nehmen es freilich ja auch nicht genau | sie sämtlich dann all' zu vernichten! | So kämpft für's deutsche Vaterland, | sechzehntes Regiment, wie allbekannt.

Frisch auf, Kameraden, hacketau! hacketau! | Dem Feinde das Fell zu versohlen, | wir kommen vom Hellweg, aus Süderlands Au, | wie es uns vom Kriegsherrn befohlen; | drum Hoch das sechzehnte Regiment, | Weil man uns die Hacktäuer nennt.

*Das Hacketäuer-Regiment war am 19. Dezember 1918 in Mühlheim/Rhein aufgelöst worden, lebte aber im Remscheider Kriegerverein weiter. Am 4.9.1927 feierten die **„Hacketäuer“** ihr 30-jähriges Bestehen. Am Jubiläumstag traf man sich morgens auf dem Kaiserplatz und marschierte zum Ehrenhain in Reinshagen. Dort fand ein Feldgottesdienst statt, eine Gedenkfeier für die Kameraden und die Fahnenweihe. Dann marschierte man zurück zur Stadtparkhalle, wo es eine Wiedersehensfeier mit den alten Kameraden gab.*

Sie führten sich zurück auf ein Infanterieregiment, das 1813 während der Befreiungskriege gegen die napoleonische Fremdherrschaft gekämpft hatte. Als durch anhaltende Regenfälle die Gewehre versagten, setzten die Soldaten im Nahkampf gegen die im Bajonettkampf besser ausgebildeten Franzosen den Gewehrkolben ein und siegten. Dabei wurden die Kameraden mit dem Schlachtruf „Hacke Tau“ (Schlag drauf) „Es geit fort Vaterland“ angetrieben.

Kundgebungen und **Umzüge reaktionärer und republikfeindlicher Kriegervereine** bestimmten in jener Zeit an manchem Wochenende das Bild Remscheids. In ihnen sammelten sich ehemalige Frontsoldaten. Sie waren groß geworden mit dem Ideal der **Treue zum Kaiser und den Kampfgenossen**. Treue war für sie die unabdingbare Tugend des Soldaten und Ausdruck von Männlichkeit und größtem Heldenmut; fest zusammenstehen war ihnen Grundbedingung für Kampf und Sieg. Sie vermag gesellschaftliche Unterschiede und religiöse Gegensätze auszugleichen. In Volksheeren von heute ist sie noch unentbehrlicher als bei Germanen. – So erklärt es sich, dass die alten Soldaten und Kameraden, die im Dienst zusammengestanden waren, auch später in kameradschaftlichen Vereinigungen zusammenfanden: „Treu zum Tod wie zum Leben gesellt“. Erst recht verbunden fühlten sich die Kameraden mit dem stolzen Gefühl, einem alten, kampferprobten Regiment angehört zu haben. Zu den stärksten Remscheider Kriegervereinen gehörten die „Hacketäuer“.

Der „Alldeutsche Verband“ (1891-1939)

*Dieser lautstarke Agitationsverband wirkte auch in Remscheid, oft im Schulterschluss mit Kriegervereinen. Sein Programm war expansionistisch und nationalistisch. Seit 1919 verfolgte er die **Wiederherstellung des Kaisertums**, den Aufbau einer **starken Armee**, die **Rückgewinnung der verlorenen Gebiete**. Da sie auch für eine **„rassische Höherentwicklung“** des deutschen Volkes eintraten, waren selbstverständlich Juden aus dem Verband ausgeschlossen.*

5. Nationalsozialistische Selbstdarstellung

1. Ergreifung der Macht (1933)

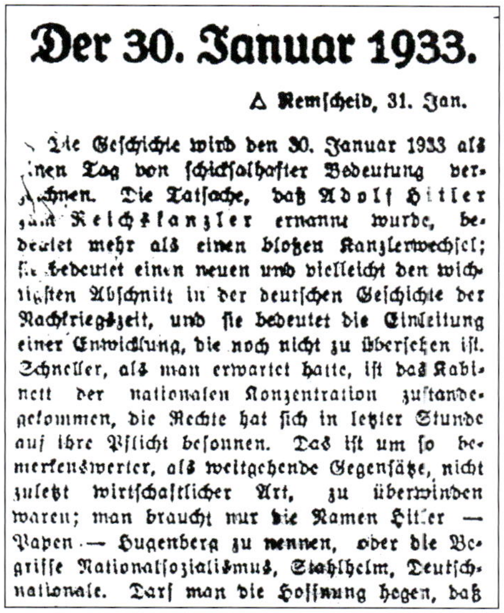

Der 30. Januar 1933.

Δ Remscheid, 31. Jan.

Die Geschichte wird den 30. Januar 1933 als einen Tag von schicksalhafter Bedeutung verzeichnen. Die Tatsache, daß Adolf Hitler zum Reichskanzler ernannt wurde, bedeutet mehr als einen bloßen Kanzlerwechsel; sie bedeutet einen neuen und vielleicht den wichtigsten Abschnitt in der deutschen Geschichte der Nachkriegszeit, und sie bedeutet die Einleitung einer Entwicklung, die noch nicht zu übersehen ist. Schneller, als man erwartet hatte, ist das Kabinett der nationalen Konzentration zustandegekommen, die Rechte hat sich in letzter Stunde auf ihre Pflicht besonnen. Das ist um so bemerkenswerter, als weitgehende Gegensätze, nicht zuletzt wirtschaftlicher Art, zu überwinden waren; man braucht nur die Namen Hitler — Papen — Hugenberg zu nennen, oder die Begriffe Nationalsozialismus, Stahlhelm, Deutschnationale. Darf man die Hoffnung hegen, daß

Reichskanzler Hitler und sein Kabinett „nationaler Konzentration"

Optimistisch bezeichnete der RGA (links) den 30. Januar als den vielleicht wichtigsten Abschnitt deutscher Geschichte der Nachkriegszeit. Das **Kabinett der „nationalen Konzentration"** gab ihm die Hoffnung auf Aussöhnung aller Gegensätze. Dem Beispiel vieler Städte folgend, demonstrierte die NSDAP am Wochenende darauf ihr Siegesgefühl mit einem großen Fackelzug zum Kaiserplatz.

Neuwahlen und der Kampf um ein „Ermächtigungsgesetz"

Gut vier Wochen später gewinnen die Nationalsozialisten mit **Neuwahlen** (5.3.) an Boden und schaffen sich die Voraussetzung zu einem parlamentarisch abgesicherten **„Ermächtigungsgesetz"** (21.3.). In Riesenlettern hält der RGA die beiden Schritte auf Hitlers Weg zur Macht fest (rechts). Der RGA spricht von einer „nationalen Wiedergeburt", von einer **„Neugründung des Reichs"**, von einem „Tag des deutschen Volkes".

Das Volk hat gesprochen:

Für ein neues Deutschland!

RGA 6.3. (oben) und 22.3.1933 (unten)

Tag der Nation in Remscheid

Remscheids nationale Bürgerschaft marschiert. Geschlossene Front. – Treueschwur unter nächtlichem Himmel

1938 geht die neue Regierung noch einen Schritt weiter und träumt immer lauter vom „großdeutschen Reich". Dieses Spruchband hing später gegenüber dem Rathaus, damals Stadtsparkasse und Stadtwerkehaus, heute ist hier das Alleecenter.

2. Ein Volk, ein Reich, ein Führer

Am Abend des 21. März wird vor dem Remscheider Rathaus unter einem prächtigen Kranz von Bannern, mit schmetternden Musikkapellen, Männerchören und tausenden gereckten Händen die Einheit der Nation beschworen. So berichtet der RGA:

Der Oberbürgermeister sprach „ein eindringliches Bekenntnis zur nationalen Erneuerung unseres Volkes. Es ist zugleich ein Appell zu Ausgleich und Versöhnung unter den Volksgenossen. Die Mahnung jedes Verständigen: das ganze Deutschland muss es sein! – Die ernsten Worte verhallen. Das Deutschlandlied steigt empor – wie ein Treueschwur."

Der Sturmbannführer fand noch markigere Worte: „Mit Hitler ist Gott, und Gott ist mit uns Deutschen. Wir aber geloben Treue bis zum letzten Mann. Im übrigen muss jetzt gehandelt werden… – Der Redner schloß mit einem stürmisch aufgenommenem Heil auf das deutsche Volk…"

Die nationalsozialistische Revolution war mehr als ein Regierungswechsel

„Sie war eine totale Revolution und bedeutete damit eine Zeitenwende, sie erzog dieses Volk auch zu einer einheitlichen Weltanschauung, die die Bedeutung von Blut und Boden für die völkische Entwicklung eindeutig und erstmalig herausstellte. Damit musste die Pflege der Kultur, die in ihrer rassischen Bedingtheit erkannt wurde, ein neues Gesicht erhalten. Die artfremde Maske, die sie entstellt hatte, wurde zerschlagen, das vertraute deutsche Antlitz wurde wieder sichtbar… Das Ziel war in den großen Kulturreden des Führers vorgezeichnet… War bereits in der vergangenen Epoche eine Zusammenfassung und einheitliche Ausrichtung der privaten und vereinsmäßigen Kulturpflege angestrebt worden, so wurde sie jetzt erreicht… Das Volk, durch die Partei in seiner Gesamtheit aufgerüttelt zur Erkenntnis von der Bedeutung deutscher Kultur, wurde in all seinen Ständen und Gliederungen Mitträger des neuen kulturellen Wollens."

So urteilte Dr. Walter Rees, damals Leiter des Heimatmuseums

3. Die Inszenierung der Macht – am Beispiel des Bergischen Löwen (1939)

Große Straßen bekamen nationalsozialistische Namen. Die Alleestraße wurde zur Adolf-Hitler-Straße, die Hastener Straße zur Horst-Wessel-Straße. Die Kölner Straße in Lennep wurde Hermann-Göring-Straße genannt, und die heutige Lindenallee in Lüttringhausen bekam den Namen Albert-Leo-Schlageter-Allee, den die Nationalsozialisten zu ihrem Märtyrer gemacht hatten (+1923).

Der alte Kaiserplatz, inzwischen **Adolf Hitler-Platz**, wurde mit dem monumentalen Rathausbau und dem repräsentativen Stadtsparkassen/Stadtwerke-Gebäude die **geeignete Kulisse** zur Inszenierung von Großkundgebungen. Die größte ihrer Art war die Einweihung des „Bergischen Löwen" am 1. Mai 1939.

„Dem Schöpfer Groß-Deutschlands"

Remscheid am „Nationalen Feiertag des deutschen Volkes" / Aufmarsch der 27000 Volksgenossen Enthüllung des Bergischen Löwen / Ehrung der Sieger im Reichsberufswettkampf / Feuerwerk ...

Immun gegen die Kriegshetze

Der 1. Mai in Deutschland / Englische Regierung kapituliert vor den Hetzern Aufstachelung Polens gegen Deutschland

Die Titelseite des RGA am 2. Mai ist gefüllt mit Kriegshetze fremder Nationen (vgl. oben). Im Lokalteil gibt es einen seitenlangen Bericht (vgl. unten).

Über 27.000 Menschen – wohl niemals sonst sind hier so viele auf diesem Platz zusammengekommen – einst Kaiserplatz, dann Adolf-Hitler-Platz, heute Theodor-Heuss-Platz.

„**Ganz Großdeutschland** hat den 1. Mai nicht nur als Fest der Arbeit, sondern als das Fest des Lebens und zugleich als einen Tag der **Huldigung für den Führer** begangen [...] in einer Zeit starker internationaler Spannung [...]"

„Punkt 11 Uhr schmettert der Fanfarenzug der Hitlerjugend helle Klänge zum Himmel empor. [...] Aufmarschleiter Standartenführer [...] Meldung an den Kreisleiter: Aus den Ortsgruppen Mitte, Süd, West und Hasten sind 27.545 Volksgenossen angetreten. [... Der] Kreisleiter schildert den geistigen Werdegang des Denkmals, das man wenig später enthüllen wird. [...] Es ist als Mahnmal und **Aufforderung zur Treue und Einigkeit** dem Führer in Dankbarkeit errichtet worden. Man wählte als Figur des Ehrenmales den Löwen, jenes Wappentier aus dem Wappen des Bergischen Landes, um damit die Kraft, den **Mut und den Lebenswillen des bergischen Volkes** auszudrücken. [...] Und während man das Denkmal betrachtet, fällt der Blick auf den Spruch im Sockelstein, der da lautet: ‚Dem Schöpfer **des großdeutschen Reiches in Dankbarkeit**. 1. Mai 1939' Die Kapelle spielt den Marsch ‚**Volk ans Gewehr**' und der Sprecher der SA lässt der Musik ein Gedicht folgen. Die Enthüllung ist vollzogen. [. . .] In flammenden Worten schildert der Kreisleiter die **Fahne als das Sinnbild eines Ideals**, für das **ein Mensch lebt, kämpft und stirbt**. Aus der Fahne des zweiten Reiches, aus dem Schwarz-Weiß-Rot, unter dem die Frontsoldaten ins Feld zogen, hat der Führer das Hakenkreuzbanner geformt. Und unter der Fahne mit dem Hakenkreuz sind [...] 400 Kämpfer für Deutschlands Erneuerung gefallen. Heute marschiert unter dem Hakenkreuz ein ganzes Volk. [...]

Und dann [am Abend] erstrahlt das Rathaus in herrlichem Silber-Licht, von den oberen Fenstern fließt ein breiter Silberstrom herab, und riesengroß erscheint in bunten **Farben das Hoheitszeichen** und das Abzeichen der Deutschen Arbeitsfront. Noch einmal ein lautes Krachen, ein Blitzen, noch einmal steigen Raketen hoch, explodieren in der Luft und kehren wie feiner Sprühregen zur Erde hernieder. Dann nimmt das Feuerwerk sein Ende. Das Rathaus erstrahlt in schönstem roten Licht, und die Anwesenden grüßen den Führer mit einem **dreifachen Sieg-Heil** und den **Liedern der Nation**, dann erlischt der bunte Zauber wieder und unser bergischer Löwe blickt voll Würde und Ruhe der dichten Menge nach, die nun langsam den Platz verläßt." (RGA 2. Mai 1939) – Vier Monate später brach der Zweite Weltkrieg aus!

6. Internationale und andere Freundschaften

Nie wieder Krieg! Mit den Erfahrungen, wohin ein extremer Nationalismus führen kann entstanden in den Jahren und Jahrzehnten nach dem Krieg vielerorts internationale Paten- und Partnerschaften, so auch in Remscheid.

1. Patenschaft mit Sensburg, heute Polen (1954)

Der älteste Kontakt besteht mit Sensburg, der ehemals deutschen Stadt in Ostpreußen, dem heutigen polnischen Mragowo. Erste Bande soll es schon

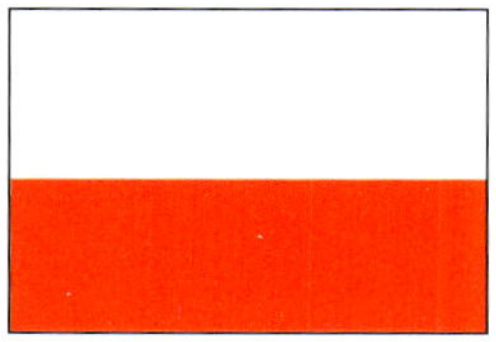

seit 1942 gegeben haben, als ein Bataillon mit Sensburger Soldaten auf dem Weg nach Frankreich vorübergehend in Remscheid stationiert war. Am 20.12.1954 beschloss der Rat der Stadt dann einstimmig eine Patenschaft. Das hieß zunächst Hilfe bei der **Integration der heimatvertriebenen Patenkinder** in den Bergischen Raum. So hat man versucht, alle **Sensburger weltweit in einer Kartei** zu erfassen; sie ist im Sensburg-Zimmer im Lüttringhausener Rathaus untergebracht. Dazu war man über die Jahrzehnte hin Gastgeber für ihre regelmäßig hier stattfindenden Zentraltreffen. Später kam dann eine materielle Unterstützung für die im Kreis Sensburg verbliebenen Deutschen hinzu, z.B. Kleider-, Wäsche- und Medikamentenspenden bzw. finanzielle Beteiligung an einer Johanniter-Sozialstation, die bis heute von Johannitern geführt wird und auch der polnischen Bevölkerung offen steht. Als man 2004 das 50-jährige Jubiläum in der Aula des Berufskollegs Technik feierte, war der Andrang groß, anwesend war auch eine polnische Delegation. Beide Seiten betonten, an einer Verständigung zwischen Deutschen und Polen arbeiten zu wollen. Zurzeit gibt es den Gedanken, die Patenschaft in eine Partnerschaft zu verwandeln.

An mehreren Orten Remscheids wird die Patenschaft besonders deutlich sichtbar. Wer die Treppen im Rathaus emporsteigt, sieht eine große Karte des Kreises Sensburg direkt vor sich (Bild oben). –
Im Südbezirk gibt es eine Sensburger Straße. –
Am ersten Wochenende im Mai wird zur Bekräftigung der Partnerschaft mit Sensburg der Nikolaikener Stinthengst im Stadtparkteich zu Wasser gelassen, wo er den Sommer über seine Kreise zieht (Bild unten links).

2. Partnerschaft mit Quimper, Frankreich (1971)

Anfang der 50er Jahre gab es bei Deutschen und Franzosen gleichermaßen die **Sehnsucht nach friedlichem Zusammenleben** und Aussöhnung, die

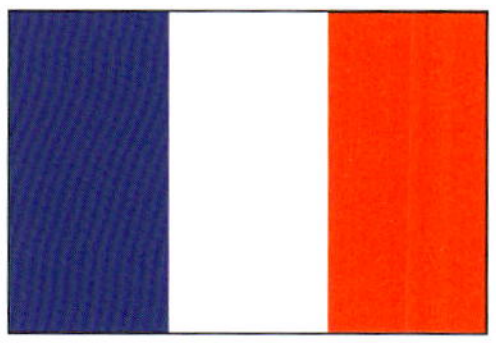

Hoffnung, über alle trennenden Grenzen hinweg vor allem die Jugendlichen der einst verfeindeten Nachbarstaaten zusammenzuführen, durch persönliches Kennenlernen die alten Vorurteile und **traditionellen Klischees** zu überwinden. Auch in Remscheid mehrten sich seit Mitte der 60er Jahre die Stimmen für einen Jugendaustausch mit einer französischen Stadt.

Ende 1968 kam es – eher zufällig – zu einem ersten Kontakt mit **Quimper**, der Hauptstadt des Départements Finistère in der Bretagne, etwa 15 Kilometer vom Atlantik entfernt, heute 67.000 Einwohner. Es war „Liebe auf den ersten Blick“. 1969 kam es zum ersten Besuch einer **Jugendgruppe** in Quimper und gleich darauf zu einem Gegenbesuch in Remscheid. Dem Beispiel der Jugend folgten im März bzw. Mai die **offiziellen** Rats- und Verwaltungsdelegationen. Sie wurden jeweils herzlich empfangen. Der 29.6.1971 war für Remscheid ein „historischer Tag“. An ihm wurde im großen Sitzungssaal des Rathauses die **Partnerschaft** unterzeichnet (Bild rechts). Oberbürgermeister Hartkopf und Bürgermeister Leon Goraguer verpflichteten sich, das eingegangene „Vertrauensbekenntnis“ mit Leben zu erfüllen.

Die Partnerschaft ist schon längst zum Selbstläufer geworden. Austauschprogramme in Schulen haben bereits lange Tradition: z.B. das Gertrud-Bäumer-Gymnasium und das Collège La Tour d'Auvergne (seit 1969), die Lenneper Realschule und das Collège La Tourelle (seit 1973). Bei Französischen Wochen oder Europawochen wird gemeinsam gefeiert. Es gibt Begegnungen in den Bereichen Kultur, Industrie und Sport. Das über 1000 km entfernte Quimper ist ein Geheimtipp für Urlauber. Im Laufe der Jahre haben sich Freundschaften entwickelt und ganze Familien zusammengefunden. Ein Partnerschaftsverein pflegt die Kontakte. In Quimper gibt es eine Avenue d'Remscheid, in Remscheid seit 1977 den Quimperplatz, vor dem Polizeigebäude. Der Platz ist zu einem kleinen Park ausgebaut, in dessen Mitte eine drei Meter hohe Partnerschaftssäule aus Granit steht, mit den Namen und Wappen beider Städte, gestiftet von einem Remscheider Fabrikanten.

Als man den Platz 1988 neu gestaltete, planten die beiden Städte zwei in den jeweiligen Landesfarben gehaltene Blumenbeete sowie mehrere typisch bretonische Stechginsterbüsche sowie einen „Partnerschaftsbaum". Von der Idee geblieben ist nur der Tulpenbaum (direkt hinter der Säule), der inzwischen eine stattliche Größe ereicht hat.

3. Partnerschaft mit Wansbeck, Großbritannien (1978)

Zwei **Offiziere der englischen Besatzungsmacht** gaben nach dem Krieg den ersten Anstoß zu einem Jugendaustausch. Nie wieder so ein schrecklicher Krieg!, das war auch ihr Motiv, „Ein Klima des Vertrauens schaffen!" So

kam es schon 1950 zu ersten Jugendbegegnungen mit der nordenglischen Stadt **Ashington**, die zu engen und herzlichen Kontakten führten. 1974 wurde sie mit zwei anderen Städten zu **Wansbeck** zusammengeschlossen, so genannt nach dem Fluss, der den Distrikt durchfließt, eine Großgemeinde von 65.000 Einwohnern. Der Bezirk hat sich den Charakter einer stolzen Vergangenheit im Kohlebergbau bewahrt, der ihm um die Jahrhundertwende großen Wohlstand bescherte. Die eingegangene Partnerschaft wurde von Wansbeck übernommen und 1978 in eine **offizielle Partnerschaft** überführt. Es gab Orchesterbesuche, und lange Jahre war das Pfingstturnier der SG Hackenberg ein sportlicher Anziehungspunkt für englische Mannschaften. Als im Jahre 2000 das 50-jährige Jubiläum des Jugendaustausches gefeiert wurde, kam noch einmal eine englische Gruppe nach Remscheid. Seitdem ist die Partnerschaft etwas eingeschlafen, sicher auch nicht mehr so aktuell wie einst. Das Engagement der ersten Generation hat etwas nachgelassen. Mit neuen Impulsen will man den Austausch beleben.

Die Bergwerkslore aus Wansbeck vor dem evangelischen Stadtfriedhof an der Wansbeckstraße erinnert an die Partnerstadt.

4. Partnerschaft mit Presov, Slowakei (1989)

Die Partnerstadt ist die **drittgrößte Stadt der Slowakei** (ca. 95.000 Ew.), zugleich Bischofssitz und seit Jahrhunderten ein starkes **Kultur- und Bildungszentrum** mit Hochschule. Die Städtepartnerschaft gründet sich vorwiegend auf Jugendaustausch und offizielle Besuche. Am 23.1.2003 wurde in der Denkerschmette ein Verein gegründet, der die bereits bestehenden freundschaftlichen Beziehungen der Bürgerinnen und Bürger beider Städte pflegt und versucht, breite Schichten der Bevölkerung einander näher zu bringen (Schüler-, Studentenaustausch).

5. Partnerschaft mit Pirna, Sachsen (1990)

Die 750 Jahre alte Partnerstadt an der Oberelbe hat etwa 50.000 Einwohner. Sie ist das **Tor zur Sächsischen Schweiz**. Erste Beziehungen wurden noch zu DDR-Zeiten geknüpft. Remscheid hat nach dem Mauerfall dem Partner beim demokratischen und wirtschaftlichen **Aufbau Hilfestellung** geleistet. Natürlich ging es beiderseits auch um besseres gegenseitiges Kennenlernen. Noch begeistert erinnern sich Remscheider daran, als sie in der Pirnaer Klosterkirche gemeinsam und voller Innbrunst „Einigkeit und Recht und Freiheit" gesungen haben. Unvergessen ist auch die Hilfe nach der Jahrhundertflut (2002). Inzwischen ist die Anfangseuphorie etwas gewichen. Ein Partnerschaftsverein organisiert aber touristische Begegnungen mit Pirna.

6. Remscheid sucht Anschluss an die Schlagadern der Welt

1. Die alte Fernhandelsstrasse

1. Wo Straßen laufen, pulsiert das Leben

Straßen sind wie Schlagadern, sie bringen Leben in ein Land. Wo sie fehlen oder gestört sind, fließt das Leben vorbei; gibt es kein Nehmen und Geben, kein Wachstum. Die älteste bedeutsame Lebensader unserer Region ist eine Straße, die das ehemals Fränkische mit dem Sächsischen verbindet. Vielleicht hat sie mit einem frühgeschichtlichen **Trampelpfad** begonnen oder zumindest einem Weg, der ins 6. Jh. zurückreichen soll und bereits von Siedlern benutzt wurde, der sich schließlich zu einer bedeutender **Handelsstraße** entwickelte.

Vom Hochmittelalter an (13. Jh.) wurde diese Straße zur **Hauptschlagader der Hanse**. Sie verband Brügge, Umschlaghafen für den Weltmarkt, „Stapel der Christenheit", über Köln, Dortmund mit dem den Ostseehandel beherrschenden Lübeck und Russland. Über sie zogen **Kaufleute** mit flandrischem Tuch und Wein vom Rhein, mit Pelzen aus dem fernen Russland, mit kostbarem Wachs und Leinwandrollen, mit Fisch und Eisenwaren. Bis 1300 erfolgte der gesamte Ost-West-Güteraustausch ausschließlich auf dem Landweg. An dieser bedeutenden Handelsstraße nun lag der Etappenort Lennep, bei guter Reisegeschwindigkeit genau eine Tagesreise (35 km) zwischen Köln und Dortmund. **Kriegsleute** transportierten über diese Straße die Leiche des erschlagenen Erzbischofs Engelbert nach Köln (1225). Die **Pilgerscharen** wurden immer größer, sie folgten diesem Weg ins „hillige Köln", nach Aachen oder gar ins ferne Santiago de Campostella („heiliger St. Jakob vom Sternenfeld"), damals drittgrößter Wallfahrtsort nach Rom und Jerusalem.

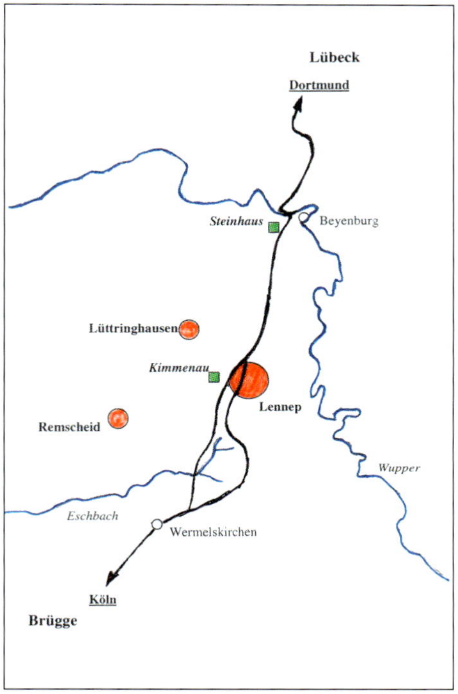

2. Verkehrsmittel und Service am Wegesrand

Bis um die Jahrtausendwende waren es **Ochsenkarren**, welche die Waren transportierten.

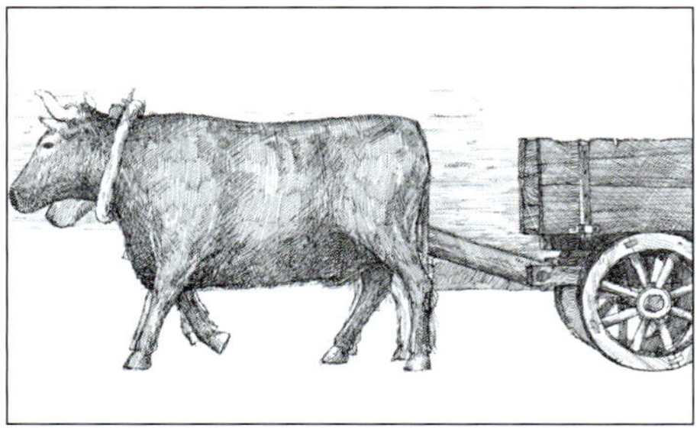

Sie schafften etwa 20 km am Tag. Als man diese dann durch **Pferdegespanne** ersetzte, kam man schon 10 km weiter. **Reiter** allein brachten es sogar auf 50 km pro Tag. Natürlich musste man auch übernachten. Das ging nicht irgendwo unter freiem Himmel. Allein schon um die oft kostbaren Waren vor Räubern und der Witterung zu schützen, brauchte man ein sicheres Dach über dem Kopf. Diesen Service boten **Raststätten** überall an den Fernstraßen, in der Regel im Abstand von einer Tagesreise. Es gab sie in Städten, bei Klöstern, an Kirchen, dort, wo Straßen sich kreuzten oder Flüsse zu überqueren waren. – So erreichte der von Köln kommende Reisende nach 20 km am ersten Abend Kalteherberg; der Name verweist auf eine nicht geheizte Herberge. Am zweiten Abend konnte er bei Lennep in „Camenaden" (das heutige Kimmenau) übernachten; Kemenate deutet auf eine Herberge mit wenigstens einem geheizten Raum hin. Vor dem Übergang der Wupper bei Beyenburg erreichte er Steinhaus, eine Herberge in einem festen, sicheren Ort.

An diesen Stellen konnten Kaufleute, Pilger oder sonstige Reisende auch **allen Service** in Anspruch nehmen: Da war für Beköstigung und Futter zu sorgen, Wagen mussten repariert werden, Pferde beschlagen, Kranke gepflegt oder Tote begraben werden.

3. Die Straße – oft eine Zumutung

Die Straße damals war im Großen und Ganzen **unbefestigt**. Um die sumpfigen, oft unpassierbaren Täler zu umgehen, führte man die Straße vornehmlich über Höhenzüge, allenfalls über Berghänge. Dort war der Boden relativ trocken und fest. Wo Täler nicht zu vermeiden waren, wählte man den wenngleich steilen, so doch kürzesten Weg auf den nächsten Bergrücken. Doch wenn es regnete, sammelte sich das Wasser auch dort in den Fahrrinnen. Die waren dann so aufgeweicht, dass sich die Fuhrwerke neue Wege suchen mussten; manchmal lagen zehn Spuren nebeneinander.

Dies lässt sich für unser Gebiet gut nachvollziehen. Die **Fernstraße verlief**, von Köln kommend, über Wermelskirchen, dann zunächst wohl unter Umgehung des Eschbachtales über den Bergrücken durch Bergisch

Die alte Handelsstraße hat ihre Spuren hinterlassen. Tief in die Landschaft eingegraben und zum Hohlweg geworden, hat sich heute der Verkehr von ihr zurückgezogen (Bodendenkmal östlich von „Grenzwall").

Born, Bergerhöhe, Lehmkuhle zur Trecknase und dann, die einst sumpfige Quellmulde Lennep rechts liegen lassend, über Kimmenau am Bergrücken (Westerholt) weiter nach Steinhaus-Beyenburg Richtung Dortmund.

So aufgeweicht konnte nach längerem Regen damals die Fernstraße aussehen, verkommen zur Schlammstraße, in der die Räder versanken.

Wohl später erst (so meinen einige), im Zusammenhang mit der verbesserten Straßenhaltung im Spätmittelalter (ab 1250) und dem aufkommenden Einsatz von Pferdegespannen, schnitt man den großen Bogen **über die Höhe** von Bergisch Born einfach ab und suchte sich gleich hinter Wermelskirchen den **kürzesten Weg** nach Lennep hinunter ins Tal über eine Furt des Eschbachs und am steinernen Kreuz (an der Talsperre) wieder hinauf, vorbei an Birgden und Grenzwall zur Trecknase.

Mit dem Niedergang der Hanse im 16. Jh. scheint auch die alte **Handelsstraße herunterzukommen**. Denn es mehren sich die Klagen über ihren schlechten Zustand. Eine Bemerkung aus dem Jahre 1555 beschreibt den Straßenzustand bei Lennep als „verderbt und verwoust". Gut 60 Jahre später klingt es noch viel trostloser:

Die Reisegesellschaft hatte offensichtlich die völlig vereisten, tiefen Rinnen und Hohlwege durchs Eschbachtal vermeiden wollen, hatte den leichteren Höhenweg nach Wermelskirchen gewählt und stöhnte über die Strapazen dieses Weges.

Kein Wunder, dass sich der Durchgangsverkehr bald immer mehr von dieser Straße zurückzog.

„Den 9. Dezember (1616) zogen wir aus Lennep einen überaus bösen Weg den Berg hinauf, so sehr tiefe hohle Wege hatte, die alle hart gefroren, also daß man die Wagen mit Bömen und Winden mußte heraufer helfen, und war ein Wunder, daß wir Wagen und Pferde nicht ganz zu Schanden machten; aber der liebe Gott half uns den Tag auch allgmach furt; wir konnten die Heerstraße nicht halten wegen des tiefen Weges, mußten durch die Äcker und Garten fahren, und wurden den Tag mehr als 30 Zeune durchgebrochen und Graben ausgefüllet, damit wir furt konnten. …"

4. Der Kampf der Fuhrleute mit den Tücken des Weges

Der Transport der Waren geschah zu Anfang noch durch die Hersteller und Kaufleute selbst. Doch schon im 15./16. Jh. übernahmen ihn besondere „Frachter". Mit ihnen war der Beruf des Fuhrmanns verbunden, der über Jahrhunderte ein hohes Ansehen genoss. Er war eine Herausforderung an Fitness, Umsicht und Mut. Um auf tückischen Wegen wochenlang unterwegs zu sein und dabei Wind und Wetter zu trotzen, bedurfte es einer vorzüglichen **körperlichen Kondition**. Um defekte Wagen zu reparieren, brauchte es handwerkliches Können, und um verletzte Tiere zu versorgen, **medizinische Kenntnisse**. Bei weiten Reisen waren fremde **Sprachen** gefragt. Er musste sich auskennen in **Zoll- und Rechtsfragen**. Er musste **verlässlich** sein, trotz widriger Umstände pünktlich an Ort und Stelle; denn zu spät gelieferte Waren konnten an Wert verlieren. Und schließlich brauchte er **Mut und Risikobereitschaft**, denn die Ware konnte auf mancherlei Weise verloren gehen, durch Unbill des Weges oder Konfiszierung durch Behörden oder Räuber, und der Fuhrmann wurde dann von seinem Auftraggeber für den Schaden haftbar gemacht. Die Landesherren, schon aus wirtschaftlichen Gründen am Wohlergehen der Fuhrleute interessiert, stellten sie unter ihren besonderen Schutz.

Fuhrmann mit Warenladung, 1425

5. Wirtschaftlicher Aufstieg im Zuge der Handelsstraße

Vor allen Dingen **Lennep**, direkt an der großen Handelsstraße gelegen, konnte seinen Nutzen aus ihr ziehen. Nicht nur, dass die durchziehenden Reisenden Geld einbrachten, es profitierte auch von

Die Stadtwerdung Lenneps wird allgemein auf das Jahr 1222 bzw. um 1230 datiert. Im unteren Teil des alten Siegels erscheint symbolhaft die Krone der Stadtmauer.

deren Impulsen beim Aufbau einer eigenen Tuchindustrie. Man konnte Fäden knüpfen, Beziehungen aufbauen und diese nutzen zum Export der heimischen Waren. Schon im 13./14. Jh. tauchen Lenneper Unternehmernamen in Köln und Dortmund auf und bald auch im Ausland. Der wirtschaftlich aufblühende Ort an der Hansestraße im Grenzgebiet zum Märkischen fand bald auch das Interesse des Landesherrn, nicht nur aus finanziellen, sondern auch aus strategischen Gründen. Lennep bekam Stadtrechte zugesprochen und konnte seinen Handelsreichtum mit einem Mauerring sichern. Zugleich konnte es mit seinen Toranlagen (Schließung des Kölner Tores) auch leicht für eine Vollsperrung des Durchgangsverkehrs sorgen. Es war nur logisch, dass es von dieser Verbindung zur Hanse profitierte (2. Hälfte 14. Jh.).

So wie Lennep vom Strom der Händler angeregt und mitgerissen wurde, geriet auch das **Umland bald in den Sog der Handelsstraße**. Fächerförmig, je nach Zustand des Geländes oder der politischen Verhältnisse, entstanden Stichstraßen ins abseits gelegene Land und führten dieses – mehr oder weniger – dem Fernverkehr zu. So konnte **Lüttringhausen** (durch das „Lüttringhauser Tor") Anschluss an den großen Handelsweg finden, blieb aber liegen im Schatten des befestigten Lennep. Noch schwerer tat sich das **Alt-Remscheider Gebiet**. Nach drei Seiten abgeschnitten durch tiefe Täler, bot sich ihm lange Zeit nur ein einziges einigermaßen gangbares Ausfallstor an: über den Höhenrücken bei Mixsiepen nach Lennep. So konnten Remscheider Eisenfabrikate (anfangs als „Lenneper Waren") über mühsame Pfade in den Handelsstrom der Hanse und bald in den Weltmarkt einfließen.

Als mit dem **Niedergang** der Hanse auch der **Zustand** der alten Fernstraße heruntergekommen war und die Verkehrsströme zum Teil auf andere Wege (z.B. durchs Märkische) ausgewichen waren, mühte man sich um deren Erhalt und Ausbau – mit mehr oder weniger Erfolg. Die mittlerweile aufblühende Tuch- und Eisenindustrie brauchte mehr denn je den Anschluss an die weite Welt. Über sie gelangte man zur Rheinschiene, nach Süden in Richtung Köln, nach Norden in Richtung Duisburg/Amsterdam, ins Ostseegebiet und nach Ostdeutschland. Auf diesem Fernweg erreichten auch die lebensnotwendigen Rohstoffe unseren Raum, z.B. spanische, münsterländische und schlesische Wolle oder schwedisches Eisen, über ihn verteilte sich der Export. Ende des 18. Jh. nahm man für Ausbau und Verbreiterung der Nord-Süd-Achse sogar den **Abriss der Lenneper Stadttore** in Kauf, ein geradezu symbolischer Akt: Die alte Zeit war überholt, Tore und Stadtmauern wurden nicht mehr gebraucht, nur noch als Engpass empfunden. Eine **neue Zeit** war angebrochen.

2. Die „Eisenstrasse“

1. Die Notwendigkeit dieser neuen Straße

Die heimischen Erzvorkommen, die bereits im Mittelalter zur Verhüttung und Verarbeitung des Eisens geführt hatten, waren bald völlig erschöpft. Neue **Rohstoffquellen** mussten erschlossen werden. Solche gab es in der Grafschaft Mark im Sauerland und **im fernen Siegerland**. Das Siegener Eisen war besonders beliebt, da es wegen seines Mangangehalts besonders zäh war, zudem nahezu unerschöpflich, gab es doch bei Müsen einen ganzen „Stahlberg“.

Um das Eisen bis nach Remscheid zu bringen, baute man um 1600 die **„Iserstrote“**, die wichtigste bergische Straße seinerzeit. Diese folgte wahrscheinlich der Linie eines alten Saumpfades aus dem 14. Jh., führte durch oft tief zerklüftetes Gelände über Olpe, Gummersbach, Wipperfürth und Hückeswagen in unser Gebiet.

Wo sie im Goldenbergshammer, heute weitab vom Straßenverkehr, ins Remscheider Gebiet eintritt, hat sie tiefe **Spuren hinterlassen**. Wenn auch nichts mehr zu hören ist vom Wiehern der Pferde und Poltern der Räder und Wald und üppiges Strauchwerk von ihr Besitz ergriffen haben, so kann man sie immer noch begehen und dabei hautnah erleben, wie damals moderne Hauptstraßen angelegt waren.

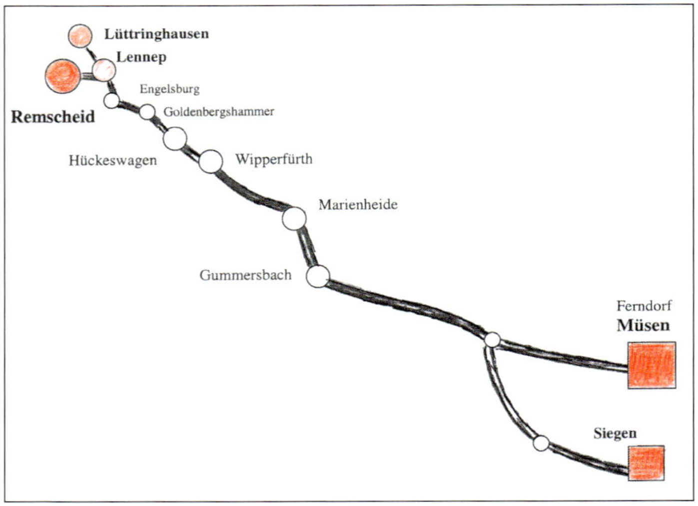

Die neue Transportstraße brachte es mittlerweile auf eine **Breite von 20 Metern**. Immer noch, wie in alten Zeiten, suchte auch sie sich den direkten Weg zum Ziel. In ganzer Breite fiel sie gradlinig in die Tiefe des Dörpetales, überquerte den Bach in einer Furt und kletterte gegenüber geradewegs und ohne Kurven wieder steil hinauf nach Forsten Engelsburg zur Lehmkuhle. Dort teilte sich der Eisenstrom in der Nähe der Trecknase. Einmal ging der Weg über Lennep nach Lüttringhausen, wo die Hämmer im Morsbachtal, am Marscheider- und Herbringhauser Bach versorgt wurden. Der Hauptstrom aber floss über Greuel, Mixsiepener Höhe nach Remscheid und von dort weiter nach Cronenberg und Solingen. Wie die meisten Fernwege war auch dieser noch **unbefestigt**. So konnten die Räder tiefe Furchen in den Boden ziehen und Regengüsse aus ihnen Bachläufe machen, die sie ausschwemmten, zu manchmal über drei Meter tiefen **Hohlwegen**. Bei einer Fahrspurbreite von kaum zwei Metern war da für die schweren Eisenkarren ein Ausweichen oft unmöglich. So hatte man an kritischen Stellen, zumal in Hohlwegbereichen, wie hier an den Berghängen des Dörpetales, einfach eine zweite Fahrspur angelegt, damit der Gegenverkehr fließen konnte.

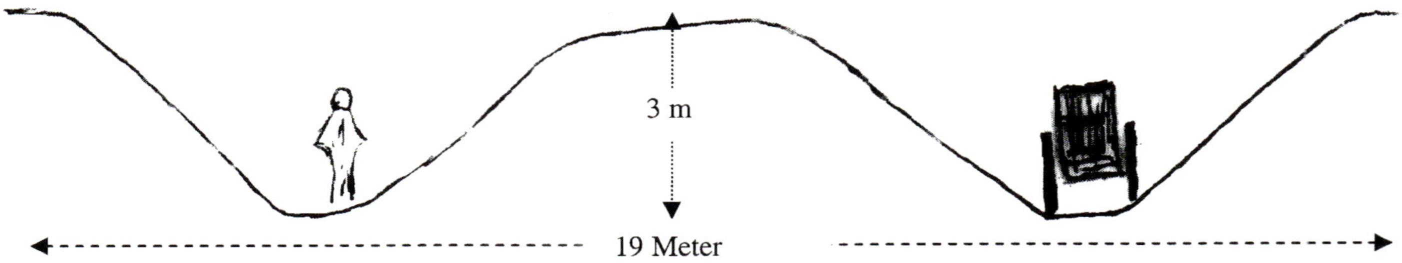

Profil der Eisenstraße bei Goldenbergshammer

2. Die Helden der Eisenstraße

Erfolgte der Transport ursprünglich noch auf dem Rücken der Pferde, so kamen mit dem Bau der Eisenstraße **spezielle Transportwagen** auf, die so genannten „Hessenkarren". Wie die Fuhrleute es fertiggebracht haben, ihre schweren Eisenkarren durch das **zerklüftete Gebiet** und die engen Wege zu bringen, erscheint uns heute unbegreiflich. Sicherlich motivierte sie eine hohe **Gewinnmöglichkeit**, bekamen sie doch in schwierigen Zeiten allein für die Fracht fast 25 % des Warenpreises ausgezahlt. Zum anderen wurde den Bergbewohnern eine besondere Zähigkeit nachgesagt, die sie solche Strapazen ertragen ließ.

Jedenfalls begründete sich im 17. Jh. der **legendäre Ruf der bergischen Fuhrleute**. Sie waren Importeure und Exporteure auf abenteuerlichen Wegen. Auf ihren Schultern ruhte der Wohlstand von Handwerkern und Kaufleuten der ganzen Region. Sie waren geachtet ob ihrer Vielseitigkeit. Sie hatten es gelernt, mit Tieren und Menschen umzugehen; und ob sie nun hünenhaft von Gestalt oder klein und zäh waren, sie konnten zupacken und sich an ihrer Aufgabe festbeißen. Auch Teamgeist war ihnen nicht fremd. Gewöhnlich fuhren sie in langen Zügen, um sich an schwierigen Stellen gegenseitig helfen zu können. Mit ihrer Kleidung unterstrichen sie ihr Standesbewusstsein. Bei kräftigem Regen konnte man sie schon von weitem erkennen am breitkrempigen, schwarzen Hut, dem schweren Lodenmantel und den ledernen, bis zum Gesäß reichenden „Botzen", die sie zum Schutz über die Hosen zogen. Bei schönem Wetter und zur Sommerzeit konnten sie auch ganz anders in Erscheinung treten. Dann sah man sie in kurzem Jackett, schwarzer Samtweste mit weißen Hornknöpfen, womöglich mit silberner Uhrenkette über dem Wams. Im Wirtshaus waren sie beliebte Gäste, schon allein deshalb, weil sie Neuigkeiten mitbrachten und schöne Geschichten erzählen konnten. Andererseits hatte der Fuhrmannsstand auch ein großes **Berufsrisiko** zu tragen. Bei Eis, Schneeschmelze und Dauerregen waren die Wege nicht befahrbar. Monatelang standen oft die Wagen still und die Männer waren arbeitslos.

Mit diesen zweirädrigen „Hessenkarren" transportierten die Fuhrleute anfangs noch die halbfertigen Stahlkuchen (Stahlluppen), später dann den bereits im Siegerland verhütteten fertigen Rohstahl. Wagen mit solch hohen Rädern hatten eine gute Straßenlage, sie blieben nicht so leicht stecken auf den zerfurchten und oft morastigen Wegen.

3. Straße unter Hochdruck

Dank der Eisenstraße wuchs die bergische Industrie. Eine Dokumentation Remscheider Kaufleute aus dem Jahr 1791 gibt uns erstmals verlässliche Zahlen. Danach gab es damals an unseren Wasserläufen bereits **131 Hämmer** (94 Reckhämmer und 37 Breithämmer). Diese benötigten im genannten Jahr **gut 6.000 Tonnen an Stahl und Eisen**. Wenn man davon ausgeht, dass man auf einen Wagen nicht mehr als 500 Kilogramm packen konnte, mussten also über **12.000 Hessenkarren pro Jahr** über die Straße rollen. Rechnen wir einmal, dass Schnee, Eis und Regen die Eisenstraße für zwei Monte unpasserbar machten, dann fuhren täglich 40 Karren von Remscheid ins Siegerland, und genauso viele kamen ihnen als Schwertransporter und Verkehrshindernis entgegen. Da konnte es manchmal eng werden.

4. Unternehmergeist am Wegesrand

Neben den Fuhrleuten und den Eisengewerbetreibenden in Remscheid und Lüttringhausen gab es auch noch andere, die es verstanden, aus der Eisenstraße Kapital zu schlagen. Da wären **zwei clevere Lüttringhausener** zu nennen.

Der eine war **Caspar Clarenbach**, Schuhmachermeister von Beruf; er lebte zu Stursberg nahe dem Dorf Lüttringhausen. Wenn er aus dem Fenster seiner Werkstatt schaute, sah er die eisenbeladenen Wagen ins obere Morsbachtal hinabziehen. Manchmal blieben sie aus, nicht selten monatelang, und er hörte von seinen Kunden, dass wieder mal einige Hammerschmiede sich nicht rechtzeitig mit Roheisen versorgt hatten und ihre Betriebe jetzt, wo das Wetter die Wege sperrte, in große Schwierigkeiten gerieten. Da kam dem Mann im Jahre 1680 eine geniale Idee: Ich kann mir doch etwas Geld leihen und in den Sommermonaten Eisen aufkaufen. Das lagere ich auf meinem Grundstück und brauche bloß auf Schlamm und Schnee zu warten. Dann kann ich es wieder mit Gewinn weiterverkaufen, womöglich zum doppelten Preis. Zehn Jahre später investierte der unternehmungslustige Mann seinen Gewinn. In einer wilden Gegend, dort wo der Dörpebach in die Wupper fließt, oberhalb von „Krähwinkler Brücke", nicht weit von der großen Eisenstraße, errichtete er einen Eisenhammer, dem bald ein weiterer folgte. Es scheint sich gelohnt zu haben, denn sein ältester Sohn Peter konnte das väterliche Erbe auf neun Hämmer erweitern.

Goldenbergshammer
Hier überquerte einst die Eisenstraße den Dörpebach.

Diesem Beispiel folgte bald **Tilmann Goldenberg**, von Beruf Schmied, der bereits Hämmer im Morsbachtal (Gerstau) und am Mückenbach hatte. 1714 zog es auch ihn ins Dörpetal, wo er direkt an der Eisenstraße eine alte Öl- und Walkmühle erwarb und diese zu einem Hammer umbaute. Der Ort trägt heute noch seinen Namen: Goldenbergshammer. Der pfiffige Schmied verstand seine Lage auszunutzen. Denn hier konnte er bereits im Vorfeld Siegerländer Eisen aufkaufen, es im eigenen Betrieb bearbeiten und das Produkt gewinnträchtig an die Remscheider Werkstätten weiterliefern.
So konnten sich die beiden cleveren Lüttringhausener zusammentun und dank ihrer Schlüsselpositionen in den Handelszug einschalten. Abgesichert durch Sonderverträge mit den Siegerländern, fungierten sie sozusagen als „Zwischenhändler" und brachten es bald zu einer **Monopolstellung**. Auf lange Zeit hatten sie den gesamten Stahl- und Eisenhandel im Bergischen unter ihre Kontrolle gebracht.

Damit machten sie sich natürlich keine Freunde. Schon im Jahre 1715 kam es zu einer **Konkurrentenklage** beim Handwerksgericht. Die Remscheider Schmiede warfen den beiden vor, aus ihrer Preistreiberei spreche die nackte Profitgier. Mit ihrem Verhalten trieben sie die braven

Handwerksleute und Schmiede Remscheids in den Ruin, zum größten Kummer der hiesigen Kaufleute.

5. Der Untergang und seine Gründe

Gegen 1800 verlor die Eisenstraße, jahrhundertelang Grundlage für den Wohlstand und Reichtum der bergischen Schmiede und zugleich Symbol ihrer Abhängigkeit, langsam an Bedeutung. Um diese Zeit kam es zu einer Wende im Straßenbau. Erste **neuzeitliche Kunststraßen** mit befestigtem Unterbau entstanden, zum Beispiel auch eine zwischen Hückeswagen und Bergisch Born (1780-90); die neue Umgehungsstraße ließ die beschwerliche Eisenstraße veröden. Außerdem entstand ein wenig weiter im Osten in der Grafschaft Mark, unter preußischer Herrschaft, eine **neue Eisenstraße von Siegen nach Hagen** (1788-94); sie lenkte die Verkehrsströme in eine andere Richtung. Mittlerweile wurde auch **neues, billigeres Eisen** angeboten und war dabei, den Markt zu erobern; dieses aber kam aus einer ganz anderen Richtung, nämlich aus Schweden.

Ein letzter Blick auf die auslaufende Eisenstraße, nahe Eichenhof/Engelsburg in Richtung Engelsburg

3. Die Kohle-Strassen im 18. und 19. Jahrhundert

1. Die Energiequellen gehen zur Neige

Um das aus dem heimischen Raum geschürfte Erz zu verhütten und weiter zu bearbeiten, bedurfte es **großer Mengen an Holzkohle**. Das dazu nötige Holz stand in den riesigen Wäldern rund um Remscheid in scheinbar unerschöpflichem Maß zur Verfügung. Die Köhlerei stand in hoher Blüte, die Zahl der Meiler ging in die Hunderte. Das schien dem Landesherrn schon im 16. Jh. an die Substanz zu gehen, denn er erließ Bestimmungen zum Schutz des Waldes, damit der „nicht durch unordentliches Verhauen in Untergang und Verderben gerate" (1562). Doch mit dem unaufhaltsamen **Wachstum der Industrie**, nicht zuletzt dank der Lieferungen aus dem Siegerland, stieg auch der Bedarf an Holzkohle bald ins Unermessliche. So kam, was kommen musste, die **Energiequellen gingen zur Neige**. Einige Rohstahlschmiede suchten bereits das Heil in der Flucht und verlegten ihre Werke in entlegene Waldbezirke. 1730 war der Holzmangel so bedrückend, dass neue Hammerwerke nur dem noch genehmigt wurden, der **neue Energien** nachweisen konnte. Bereits in der 2. Hälfte des 18. Jh. kam es schließlich zur endgültigen Ablösung der Holzkohle durch die Steinkohle.

***Kohlestraßen um 1835** – Die Karte zeigt, dass Remscheid noch lange auf eine wünschenswerte Anbindung an die Kohlestraße warten musste. Sie erfolgte erst 1845 mit einer Straße nach Ronsdorf. Das abgelegene Eschbachtal war noch schlechter dran.*

2. Ein neues Versorgungsnetz muss her

Die nächsten Bergwerke lagen bei **Sprockhövel und Haßlinghausen**. Anfangs waren das noch primitive „Kohlenpütts", doch nach der Erfindung der Dampfmaschinen, die den Bau tiefer Schächte möglich machten, wuchsen sie schnell zu leistungsstarken Konzernen heran. Das Heranschaffen der neuen Steinkohlenenergie war jedoch nicht leicht. Diese Zechen lagen 16-18 km weit von Remscheid-Dorf entfernt; dazwischen lag das zerklüftete Tal der Wupper; dazu kam, dass es vor 1790 noch keine für dieses Transportgut befahrbare Straßen gab.

Schon bald kristallisierten sich drei so genannte „Kohlestraßen" heraus, auf denen die lebensnotwendige neue Energie mehr oder weniger mühsam unserer Industrie zufloss. Die Kohle aus Sprockhövel kam über die **Elberfelder Kohle-Straße** und gelangte über Cronenfelder/-berger Gebiet durch enge Hohlwege zu den Hämmern im mittleren und unteren Morsbachtal. Die Haßlinghauser Kohle verteilte sich auf zwei Wege, einer über Barmen, der andere über Schwelm. Die **Barmer Kohle-Straße** führte nach Ronsdorf. Von dort hatte man schon 1792-94 einen über Lüttringhausen nach Lennep führenden Anschluss ausgebaut. Die **Lenneper Kohle-Straße** folgte der Kölner Straße und erreichte Lennep über Beyenburg. Diese alte Handelsstraße war jedoch zwischenzeitlich so verfallen, dass man sie neu ausbauen musste (1815).

Die ankommende Kohle brachte den Eisen verarbeitenden Orten Remscheid und Lüttringhausen eine stürmische Entwicklung. Zum Dank nannten die Bürger je eine Straße im Zentrum nach dem schwarzen „Gold". Die Remscheider Hochstraße (links) hieß früher „Kohle-Straße" und der Lüttringhausener Volksmund nannte die heutige Gertenbachstraße (rechts) noch 1914 die „Kollstroote".
Auch die Lenneper Textilindustrie konnte aus der neuen Energie Kapital schlagen. 1830 wurde hier die erste Dampfmaschine als Antriebskraft aufgestellt.

3. Der Kohlentransport

Weil es zwischen den Tälern von Wupper und Eschbach vor 1790 keine ordentlich befahrbaren Straßen gab, vollzog sich der Transport der Steinkohle lange Zeit noch über schmale Pfade durch entlegene Schluchten auf dem Rücken der Pferde. **Hunderte Kohletreiber** (auch „Kollprüßen" genannt) trieben ihre mageren Gäule der Sprockhöveler Zeche zu, bepackten sie mit Kohlesäcken, und gleich ging es zurück zu den bergischen Schmieden. Die Durchschnittsgeschwindigkeit lag bei gut drei Kilometern in der Stunde. Wenn es regnete und sich die Wege in Sümpfe verwandelten, ging es erheblich langsamer voran. Auf ungebahntem Weg verbrauchte ein Packpferd fast achtmal so viel Kraft wie auf einer ausgebauten Chaussee. Allein das schon war Grund genug, in den Ausbau von Kohlestraßen zu investieren, weil man damit auf Fuhrbetrieb umstellen konnte. Doch das Problem für die Tiere war weniger die Last als die scharfkantigen, harten Kohlen, die ihnen den Rücken wund scheuerten.

„Der Kohletreiber war Eigentümer einer kleinen, im Walde gelegenen Kate, die ihm für 3 bis 4 elende Pferde dürftiges Futter lieferte. Mit diesen zog er bei Tagesanbruch zum nächstgelegenen Pütt, um hier jedem der Tiere einen mit 2 bis 3 Zentnern Kohlen gefüllten Sack auf den mageren Rücken zu laden und sie dann gemeinsam mit denen seiner Nachbarn, gleich einer großen Kamelkarawane der Wüste, unter unzähligen Flüchen und Schlägen und Genuss von unerhörten Mengen von Schnaps den meistens mehrere Meilen entfernten Hämmern zuzutreiben, wo der Schmied ihrer wartete."

Luis Berger (1829-1891),
Schwiegersohn von Fritz Harkort,
bedeutendster Industrieller der Frühindustrialisierung

„Vor eine Karre gespannt, würde das Pferd vielleicht 8 bis 10 Eimer (1 Eimer Kohlen = 1 1/3 Berliner Scheffel = 75 kg.) ziehen können; allein, da es alsdann auch stärker sein und besser gefüttert werden müsste, und da in den Gebirgsgegenden das Geschirr zuviel leiden würde, so befindet man sich bei der jetzigen Art des Transports besser."

Pfarrer Friedrich Christoph Müller,
aus eigener Anschauung
Schweim (1769)

4. Die benötigten Kohlemengen

Im Jahre 1791 benötigen die 131 Remscheider Hämmer, Ambossschmieden, Werkzeugfabriken und Kleinschmiede insgesamt **knapp 300.000 Eimer Kohle**. Ein Eimer wog anderthalb Zentner, womit man auf einen Bedarf von über **22.000 Tonnen** Kohle kam. Anfangs hatte man gewaltige Mengen noch unter schwierigsten Verkehrsverhältnissen und zu teuren Preisen aus dem Märkischen geholt, teuer deshalb, weil die preußische Regierung noch Ausfuhrzölle erhob.

Als Remscheid dann zu Preußen kam, begann man auch seitens der Düsseldorfer Regierung neu zu kalkulieren und in das hiesige Straßennetz zu investieren, um im Sinne der Industrie **aus Saumpfaden befahrbare Kohlestraßen** zu machen.

„...Da ein Pferd nur höchstens 300 Pfund tragen, wohl aber 1500 Pfund auf einer guten Straße ziehen kann, so lässt sich der Jahresverlust leicht errechnen. Hätte die Natur die beiden Stoffe, Erze und Steinkohlen, statt 11 bis 14 Meilen nur etwa 1 Meile von einander gelegt, so würden unsere Rivalen England und Schweden der einheimischen Eisen- und Stahlfabrikation nicht schädlich sein, und dieser verderbliche Einfluss kann nur durch Straßenbau gehoben werden."

Regierungsassessor Wesermann
Düsseldorf 1816

4. Ausbau des innerörtlichen Strassennetzes

1. Die wichtigsten Wege aus dem Dorf Remscheid im 17./18. Jahrhundert

Zu den Warenumschlagplätzen
Richtung Elberfeld ging es zu den Nord- und Ostseeländern.
Über die Kohlfurtbrücke gelangte man zum bergischen Rheinhafen Hitdorf. Zweihundert Hafenarbeiter verluden hier Eisen- und Textilwaren aus dem Bergischen, und in die andere Richtung Schleifsteine, Getreide, spanische Wolle und Schiefer.

Zum Handwerksgericht in Cronenberg
Dort wurden von Remscheid bis Lüttringhausen alle wichtigen Angelegenheiten des Handwerks geregelt, Warenzeichen eingetragen und Streitigkeiten geschlichtet. Der Weg dorthin führte noch über die heutige Allee-, damals Scheider Straße (eine bessere Landstraße), weiter über die Neuscheider-, heute Hindenburgstraße, an „Deutsche Eiche" hinab durch die Sümpfe des Stadtparks zur Herderstraße, über Feld und Hasten zum Morsbach und bei Gerstau wieder hinauf nach Cronenberg.

Zum Solinger Absatzmarkt
Remscheider lieferten den Solinger Klingenschmieden notwendigen Raffinierstahl. Es war ein mühsamer Weg von Stachelhausen hinunter zum Mühlenteich, hinauf nach Güldenwerth, über Bornstal hinab nach Müngsten, dort über eine kleine Kahnfähre, später eine kleine Holzbrücke, und wieder hinauf.

Zum Finanzamt auf Schloss Burg
In der alten Residenz des Landesherrn war die Steuerstelle. Man kam dorthin über einen Höhenweg (Vieringhausen, Westhausen), konnte diesen aber auch anstrengender durchs Tal vorbei am Mühlenteich nach Güldenwerth hin abkürzen. Weniger benutzt war der Weg über Ehringhausen.

Zur Kohlenzeche Sprockhövel über die Elberfelder Kohlestraße

Zum Landgericht Wermelskirchen
Dorthin musste man bei Kaufverträgen, Erbschaften und Konkursen oder wenn es gar um Verbrechen ging. Zwei Wege waren möglich, beide führten durchs Eschbachtal. Der eine ging über Falkenberg, Dorfmüllershammer, Kenkhausen, der andere über Bliedinghausen, Preyersmühle. In Wermelskirchen erreichte man dann auch den Zuweg zum Rhein über die alte Handelsstraße.

Zur Ronsdorfer Kohlestraße
Der seit der 2. Hälfte des 18. Jh. viel benutzte Kohleweg führte ins Morsbachtal nach Spelsberg und wieder hinauf über Grüne.

Zu Lüttringhausener Freunden
Dort gab es viele Gemeinsamkeiten im Eisengewerbe und im lutherischen Bekenntnis. Über den Dorfmühlenweg hinab überquerte man den Mückenbach und gelangte jenseits zur Ölmühle und weiter nach Nüdelshalbach. Hier ging es über den Diepmannsbach, dann steil hinauf weiter über Goldenberg und Stursberg.

Zur Kreisstadt Lennep
Der Weg führte damals nördlich der heutigen Straße nach Lennep: Vom Markt über die Kirchhofstraße, steil hinab zur Dorfmühle, dort über einen Damm, unter Umgehung des Sumpfgebietes, damals „Quatsche" genannt (heute von der Birgderkamper Brücke überspannt); dann den Südhang des Hohenhagen hinauf und wieder hinab über Wüstenhagen durch die oft sumpfige Senke nach Kimmenau und Lennep.

Zu Rohstofflagern im Siegerland
Die sog. „Eisenstraße" folgte etwa dem Verlauf der Lenneper Straße, bog dann noch vor der Trecknase ab über Greuel, Lehmkule, Engelsburg. An ihr hing das Wohl und Wehe der Industrie.

Zum Verwaltungszentrum Bornefeld
Das zuständige Amtshaus lag in Bergisch Born, im Bereich der heutigen Waldorfschule. Dorthin ging es über Baisiepen hinab steil ins Tal, dann wieder hinauf nach Birgden – dort kreuzte man die alte Handelsstraße von Lennep nach Köln –, weiter über Buchholzen und Jägerhaus zur damaligen Verwaltungszentrale.

2. Der erbärmliche Straßenzustand ruft nach Sanierung

Fast alle diese „Straßen“ waren im 18. Jh. noch in ausgesprochen **primitivem, ja ruinösem Zustand**, vielfach tief ausgefahren zu Hohlwegen. Die Transporte waren nur auf dem Rücken von Saumtieren, bestenfalls mit kleinen Karren zu bewerkstelligen. Auch mit den Verbindungswegen zu den Hämmern sah es traurig aus. Bei jedem Regen verwandelten sie sich in Bäche und Sümpfe. Solch mühsame Fortbewegung trieb die Kosten in die Höhe.

Deshalb war der Bau **befestigter Straßen** wettbewerbs- und existenzentscheidend. Er setzte aber erst um die Mitte des 18. Jh. ein. In den 70er Jahren begann man mit der Anlage einer solchen Kunststraße von Hückeswagen nach Bergisch Born, einer Parallelstraße zur Eisenstraße. Man versuchte sich auch an einem teilweisen Ausbau der alten, durch Lennep führenden Handelsstraße. Dabei wurden die zu eng gewordenen Stadttore niedergerissen und die Mauern gleich mit; mit den Steinen pflasterte man die Straßen der Stadt. Doch im Gegensatz zum benachbarten Mark, wo die Preußen bereits die Herrschaft hatten, wollte es im **Straßenbau nicht so recht vorangehen**. Damit kam die ohnehin im Abseits liegende Region um Remscheid in eine kritische Lage. Es musste alles getan werden, um den lebensnotwendigen Anschluss an die großen, meist auf Landeskosten erbauten Fernstraßen zu suchen, wo wahre Ungetüme von Frachtwagen fahren konnten, mit allen Vorteilen für eine rationelle und schnellere Beförderung.

Da und dort gab es auch Versuche, die Straßen mit **heimischem Gestein** auszubessern. Doch der weiche Tonschiefer verwitterte schnell, und der Regen machte aus der Fahrbahn eine Schlammbahn, dass es mit ihnen bald schlimmer stand als zuvor. Die Remscheider hatten aus diesem Schlamassel gelernt und setzten fortan gewitzt auf ihr granithartes Konglomerat aus den Brüchen des Holscheidsberges.

Schon Ende des 18. Jh. hatten Remscheider **Firmen Eingaben** an den Landesherrn gemacht, man möge doch zumindest den Anschluss an die Eisenstraße bis Bergisch Born chausseemäßig ausbauen – vergeblich. Neuen Schwung gab es mit dem **ersten Bürgermeister** Remscheids, dem 1808 von Napoleons Gnaden eingesetzten Maire Johann Gottlieb Diederichs. Der machte sich – Remscheid war gerade Stadt geworden – mit Feuereifer daran, das Wegenetz voranzutreiben.

Der Bürgermeister, zugleich Unternehmer eines der größten Remscheider Handelshäuser mit **Firmensitz an der Schüttendelle**, favorisierte vor allem den Ausbau zweier Straßen (vgl. Karte, grüne Linien): Die eine führte zum Siegerländer Eisen, war also die Verbindung nach Bergisch Born. Die andere sollte der Strecke *Ronsdorf-Remscheid-Müngsten-Solingen* folgen und auf der einen Seite den Weg zur Kohle, auf der anderen den zu den Häfen am Rhein verbessern. Natürlich lag sein Betrieb an dieser Straße. – Darüber hinaus hatte er die Idee, durch die Täler, sozusagen ringförmig um Remscheid, Kohlestraßen anzulegen und von dort sternförmig Stichstraßen hinauf nach Remscheid auszubauen. Die **Kaufleute im Südbezirk**, vor allem um die Ehringhausener Handelsherren Hasenclever, setzten stärker auf den Ausbau der Strecke *Remscheid-Ehringhausen-Burg*, um auf schnellstem Wege zum Rhein zu gelangen (schwarze Linien). Eine dritte Gruppe um den Kaufmann Joh. Jakob Grothaus aus dem Dorf Remscheid setzte sich für die Strecke *Gerstau-Remscheid-Wermelskirchen* ein, der kürzeste Anschluss an die Elberfelder Kohlestraße und die Fernstraße nach Köln (rote Linien).

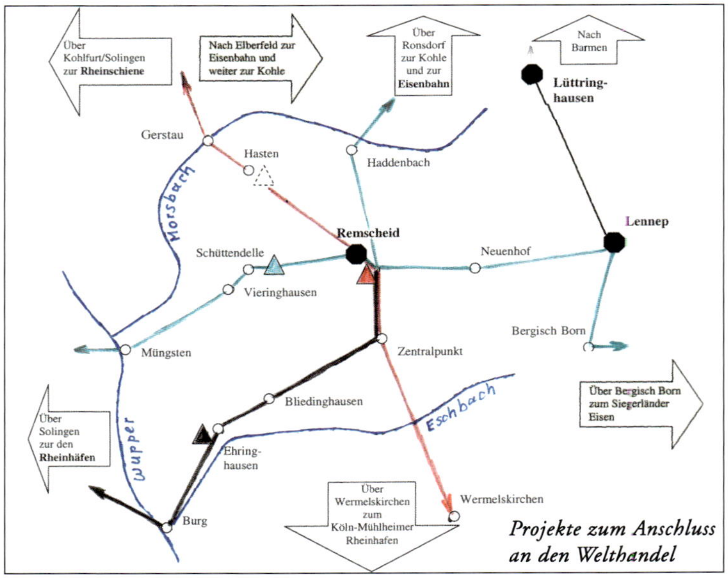

Projekte zum Anschluss an den Welthandel

3. Allein es fehlt an Geld

Es war wie zu allen Zeiten. Die Wünsche wuchsen in den Himmel, doch wie üblich waren die Kassen chronisch leer, zumal in diesen Zeiten der napoleonischen Kriege! Grundsätzlich stand die Landesregierung hinter den Projekten, ja drängte sogar darauf, doch wenn es ums Geld ging, hielt sie sich bedeckt, machte lediglich Vorschläge zur Eigeninitiative.

Finanzierung durch Wegegeld

Wie also sollte der Remscheider Bürgermeister in diesen Notzeiten an Geld kommen? Er besann sich auf einen Weg, der vor kurzem noch in Lennep beschritten worden war. Dort hatte man mit Billigung der Regierung **Schlagbäume** aufgestellt und Wegegeld verlangt, seit 1798 sogar noch ein eigenes Pflastergeld, um somit die vorfinanzierten Ausgaben bzw. die laufenden Straßenkosten wieder hereinzubringen. Allein zwischen Bergisch Born und Ronsdorf gab es sechs solcher Mautstellen. Diese „Barriereeinnahmen" hatte Diederichs im Kopf und machte sich ans Werk. Doch von Anfang an regte sich Widerspruch. Denn um vorab Geld in die Kasse zu kommen, mussten die künftigen Wegegeldeinnahmen im Vorfeld erst einmal beliehen werden. Der Bürgermeister lud jeden Fabrikanten extra ein und jeder kam mit eigenen Wünschen, vor allem, um das eigene Unternehmen möglichst schnell an den Fernverkehr anzubinden. Er berichtete, es „hätte ihm oft die Zunge am Gaumen geklebt vor Anstrengung, einen Starrkopf zu überreden". Als sich die Projekte dann verzögerten und damit verteuerten, zogen die Geldzeichner auch noch ihre Unterschriften zurück. Diederichs begann 1809 mit dem Ausbau der Solinger Straße von Remscheid nach Müngsten. Zur Finanzierung ließ er gut zehn Barrieren im äußeren Stadtgebiet aufstellen. Sofort kam es zu **scharfem Protest**, vor allem von den Ehringhausener Handelsherren, zugleich zu einer Klage über seine anmaßende Amtsführung. Die Regierung gab der Klage nach, nannte das Vorgehen des Bürgermeisters „ein unerhört unmäßliches Beginnen" und bestand auf der Beseitigung zum Jahresbeginn 1810. Schon drei Wochen später ging die nächste Beschwerde in Düsseldorf ein. Eine immer noch bestehende Mixsiepener Wegsperre wurde angemahnt und zum Beweis ein entsprechender Barrierezettel beigefügt. Diese Anzeige schlug bei der französischen Regierung ein wie eine Bombe. Der Mauterheber behauptete zwar, das sei keine Diederichssperre, denn sie stamme noch aus alter Zeit. Der Bürgermeister aber stand unter dem Vorwurf der Unwahrhaftigkeit und war derart empört, dass er seinen Rücktritt einreichte (1811).

Sicher war der erste Remscheider Bürgermeister taktisch nicht immer sehr klug vorgegangen. Doch immerhin hatte er die Vorarbeiten zu zwei maßgeblichen Straßen ganz gut vorangebracht und sie auf eine Breite von 24 Fuß (1 Fuß = ca. 30 cm) weitgehend planieren lassen: die heutige **Solinger Straße** nach Müngsten auf knapp 2 km und die **Elberfelder-Hastener** Straße auf Gerstau zu auf etwa 2 km.

Der erste Bürgermeister der Stadt – in seiner Ehre schwer getroffen

„Mich einer absichtlichen Täuschung durch Unwahrheiten zu beschuldigen, das ist für mein Ehrgefühl zu viel. Mißgriffe kann sich der redlichste Beamte zu Schulden kommen lassen, zumal er kein schulgerechter Beamte ist. Er kann und wird sie, wenn man ihn aufmerksam macht, verbessern; aber die hohen Behörden durch Unwahrheiten täuschen wollen, das konnte nicht gesagt werden, und wenn 100 Barrierezettel heute noch vorgezeigt würden." (Diederichs)

Finanzierung durch Sonderleistungen

Sein Nachfolger, Bürgermeister Heinrich Sonntag, versuchte sein Glück auf einem zweiten Wege, wobei er sich auf die französischen Landesherren stützen konnte, die sich am Straßenbau durchaus interessiert zeigten. Denn denen war, als sie die finanziellen Ausweichmanöver der begüterten Kaufleute sahen, die Geduld gerissen und sie hatten auf **obrigkeitliche Druckmittel** gesetzt: Den vermögenden Bürgern wurden per Gesetz **Straßenbeiträge** auferlegt bzw. höhere Steuersätze. Den Rest der Bevölkerung zog man anderweitig heran; es waren **Hand- und Spanndienste** abzuleisten, und wer sich weigerte, dem drohten bis zu fünf Tage Arrest. So setzte der neue Bürgermeister auf den Zwang des Gesetzes, der angesichts der wirtschaftlichen Depression als äußerst drückend empfunden wurde. Es kam bis zum offenen Widerstand und zu Bußgeldbescheiden. Sonntags Straßenprogramm setzte den Schwerpunkt auf den Ausbau der Strecke **Remscheid-Lehmkuhle** (Anbindung an die Eisenstraße) und **Remscheid-Elberfelder Straße-Gerstau** (Anbindung an die Kohle und den Rhein), eben jener Straße, an der sein eigener Firmensitz lag.

Der zweite Bürgermeister – sehr auf seinen Vorteil bedacht

Unternehmer und Bürgermeister Sonntag hatte in das Haus Cleff an der Hastener Straße eingeheiratet (das heutige Historische Zentrum). Unter diesem Dach vereinigte er Privatwohnung, Firmensitz und dann auch das Bürgermeisteramt. Doch da die Rechtslage an diesem Haus nicht ganz klar war, führte er mit der Familie seiner Frau einen langen Prozess. Beim Ausbau der heutigen Hastener Straße ließ er ein ausgefahrenes Steilstück (heute Alte Straße) beseitigen und führte die neue Straße in flacherem Bogen näher an seinem Wohnsitz vorbei. Zugleich ließ er den Weg vor seinem Haus (die heutige Cleffstraße) durch ein Gitter absperren, ohne Rücksicht auf die dahinter liegenden Anwohner, denen er die Zufahrt zu ihren Häusern versperrte, was die Nachbarn auf die Palme brachte. So hatte er neben dem Hausprozess noch einen Straßensperrungsprozess am Hals, der sich jahrelang bis 1829 bzw. 1842 hinzog. Man sagte dem Bürgermeister nach: Wie sonst hat er es in schlechten Zeiten zu einem so beträchtlichen Vermögen gebracht, wenn er nicht ein Leben lang auf seinen eigenen Vorteil bedacht war?

Finanzierung durch Unternehmertum

Schließlich kam es noch zu einer dritten Form der Straßenbaufinanzierung, der **Privatinitiative einzelner Unternehmer**. Kurz nach dem Rücktritt Diederichs' vom Bürgermeisteramt schlossen sich die Firmen Diederichs & Söhne (Schüttendelle), Böker (Vieringhausen), Halbach (Müngsten) und Hilger auf eigene Faust zusammen, um gemeinsam den Weg, an dem ihre Unternehmen lagen, zur Straße auszubauen.

Natürlich wurde so eine Privatinitiative von der **Obrigkeit genehmigt**, sogar eine Schranke für die Maut bewilligt. Doch die Felssprengungen, Planierungen und Befestigungen verschlangen solche Mittel, dass das Werk nicht beendet werden konnte. Dazu kam die Niederlage Napoleons, die allen Straßenbau vorerst zum Stillstand brachte und die Vollendung den Preußen überließ.

Der Vertrag

„Um den unaufhörlichen Differenzen wegen des Wegebaues ein Ende zu machen, erklären sich die Endesunterzeichneten willfährig, die Kommunikationsstraße vom Dorf Remscheid nach Müngsten auf ihre alleinigen Kosten fortzuführen und zu vollenden, unter dem Vorbehalt, daß das hohe Ministerium uns eine ganze Barriere (d.h. die volle Einnahme an einer zu errichtenden Schranke) auf dieser Wegstrecke, welche 1 Stunde und 7 Minuten lang ist, während eines Zeitraumes von 15 Jahren als ein Eigentum bewillige."

P.J. Diederichs & Söhne,
Johann Arnold Halbach, Böker u. Hilger

Tags darauf schrieb Diederichs an den Innenminister:
„Die anliegende Erklärung dreier Handlungshäuser wird den Widerspruchs- und Zankgeist einiger Egoisten beschämen und allen Diffikultäten wegen des Wegebaues an einer Seite der Kommune ein Ende machen."

Diese schöne Fichtenallee zu Müngsten war einst der ganze Stolz der selbstgebauten Straße

4. Unter Preußen erfüllt sich der Traum vom Weg an den Rhein

Trotz allen Mühens hatte die Werkzeugstadt unter Napoleon den Anschluss an die großen Durchgangsstraßen und die Zentren am Rhein nicht gefunden. Alles war noch in **halbfertigem Zustand**. Die Straßen waren nur ansatzweise bis Gerstau bzw. Müngsten gekommen. Auch im Stadtgebiet gab es immer noch von Gebüsch überwucherte Hohlwege.

Erst mit den Preußen kam es zu einer klaren Planung. Ein **Untersuchungsbericht** (Januar 1816) der Regierung über die Straßenverhältnisse kam zu dem Ergebnis: Bei besseren Straßen hätte Remscheid sich schon längst zu einem zweiten Birmingham entwickelt.

Eine **landrätliche Kommission** drängte auf einen beschleunigten Ausbau und legte Leitgedanken zum Straßenbau für die nächsten Jahrzehnte fest (Mai 1816). Sie gab bestimmte Normen vor: Die Befestigungsdecke zwischen den Gräben müsse drei Meter tief und acht Meter breit sein – im Vergleich zu heute bescheidene Maße. Dazu belegte sie den Straßenbau mit einem Wegegeld.

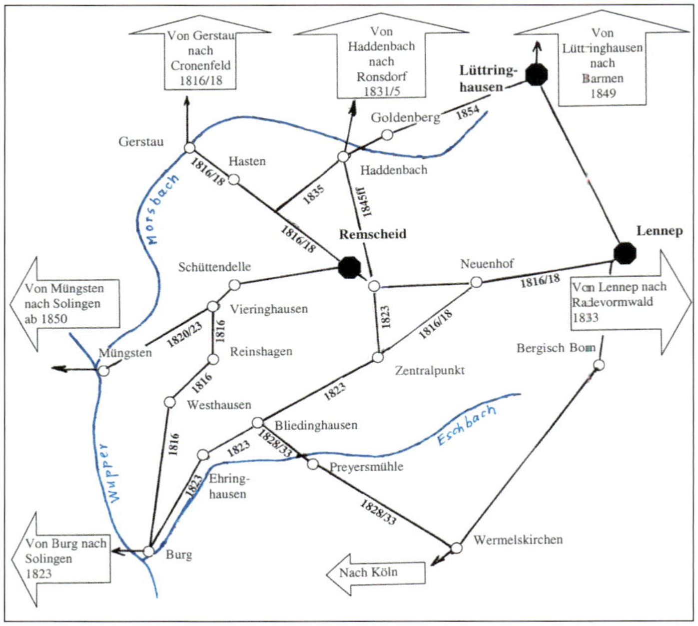

Es ging vor allem um den **Ausbau eines Straßennetzes**, über das man möglichst leicht die Häfen am Rhein erreichen konnte bzw. die dortigen Fernstraßen, die unser bergisches Gebiet umgingen. Drei Linien sollten beschleunigt ausgebaut werden: 1. Trecknase – Birgderkamp – Ehringhausen – Burg; 2. Birgderkamp – Gerstau; 3. Remscheid – Vieringhausen – Müngsten. Die Verbindungsstraßen zu den Höfen sollten erst in einem zweiten Schritt abgewickelt werden nach Vollendung der Hauptverbindungswege. Verhältnismäßig früh vollendet wurde die Straße über Preyersmühle nach **Wermelskirchen** (1833). Man brauchte nicht mehr über die Lehmkuhle bzw. die steile und schlecht ausgebaute Strecke über Falkenberg zu fahren. Sie erleichterte den Fuhrverkehr nach Köln erheblich und damit zum Rhein, der Hauptschlagader des Westens. Mit der Straße nach Radevormwald verschaffte man sich Zugang zum Märkischen und dem Sauerländischen. Größtes Sorgenkind war die Weiterführung der Straße über **Müngsten nach Solingen**. Geländeschwierigkeiten brachten den vereinten Unternehmergeist der Firmen Diederichs, Böker und Halbach an seine Grenzen. Der Müngstener Sensenfabrikant Halbach hatte, zunächst in Selbstinitiative, weiterhin die größten Anstrengungen unternommen, um aus seiner Abseitslage herauszukommen. Als das seine Kräfte überstieg, versuchte er sogar den preußischen Minister von Bülow mit ins Boot zu nehmen und die Regierung am Brückenschlag über die Wupper zu interessieren. Zwischenzeitlich gab es sogar, von Elberfeld unterstützt, den Plan zum Ausbau einer Straße durchs Wuppertal von Sonnborn bis nach Opladen, womit man im Notjahr 1848 auch Arbeitslose hätte beschäftigen können; doch das scheiterte an der Enge des Tales und weil sich die Anrainer nicht beteiligen wollten. So ließ der große Traum vom Weg zum Rhein noch lange auf sich warten und gelang erst um die Mitte des 19. Jahrhunderts.

So sah es einmal am Übergang der Wupper in Müngsten aus. Die alte hölzerne Fuß- und Reitbücke war 1830 von den Fluten und dem Eisgang der Wupper weggerissen worden. Hier ist sie bereits, ganz modern, durch eine Steinbrücke ersetzt.

Verkehrshindernisse am Wegesrand

Um den staatlich geförderten Straßenbau zu finanzieren, waren **Wegegeld-Barrieren** bald kein Tabu mehr. Mit Kabinettsorder vom 29.3.1819 gab die preußische Regierung an den Neubaustrecken grünes Licht zur Errichtung von Schlagbäumen, die es, wenn auch umstritten, an vielen Stellen vorher schon gegeben hatte. So musste, wer nach Burg oder nach Lennep bzw. Lüttringhausen fahren wollte, an der Barriere Birgderkamp seine Maut entrichten. Von 1830 an stand auch in Preyersmühle an der neuen Straße nach Wermelskirchen und Köln eine solche Barriere; denn das Land war nicht bereit, die Straße zu übernehmen, und der Gemeinde wuchsen die Kosten über den Kopf. Diese Vielzahl von Wegehemmnissen fiel erst endgültig mit dem Jahr 1874.

Der Stolz des Bürgermeisters

Schon 1833 konnte Bürgermeister Abraham Hering, damals fast 20 Jahre im Amt, mit Stolz erklären: „Die **Kommunalwege** sind jetzt im allgemeinen in ziemlich **gutem Zustand**. Die zu ihrer Unterhaltung notwendigen Arbeiten werden teils durch die Wegewärter, teils durch Hilfsarbeiter und Lohnfuhren bewirkt." Dieses Feststellung traf natürlich bestenfalls für die oben genannten großen Hauptstraßen zu. Denn bis über die Jahrhundertmitte hinaus war beispielsweise die Lüttringhausener Kreuzbergstraße noch ein Hohlweg und die Remscheider Hochstraße noch in keiner Weise ausgebaut.

Wegegeldstellen 1816

Kölner Straße
- *Beyenburg*
- *Lusebusch*
- *Bergisch Born*
- *Wermelskirchen*

Wetterauer Straße
- *Lüttringhausen*
- *Ronsdorf*
- *Lichtenplatz*

Birgderkamp-Gerstau
- *Birgderkamp*
- *Rödershäuschen*

Lehmkuhle – Ehringhausen
- *Lehmkuhle*
- *Ehringhausen*

Remscheid – Müngsten
- *Schüttendelle*

Elberfeld – Cronenberg – Solingen
- *Elberfeld*
- *Trübsal (Hahner Berg)*
- *Kohlfurt*

5. Die Stunde der Post hat geschlagen

Mit den Staatsstraßen entwickelte sich der Postverkehr. Doch die großen **Poststraßen liefen um Alt-Remscheid herum**. Die eine führte von Elberfeld über Solingen nach Köln, die andere über Ronsdorf, Lüttringhausen, Lennep nach Wipperfürth. Parallel zum Ausbau der Remscheider Anschlussstraßen sollte es bald auch hier zu wesentlichen Verbesserungen des Postwesens kommen.

Im Jahre 1809 suchte die Regierung im Großherzogtum das **Postwesen per Dekret** zu regeln. Ein regelmäßiger Dienst der Briefpost und einheitliche Beförderungspreise wurden festgesetzt, auch um das wild wuchernde Boten- und Lohnfuhrwesen in den Griff zu bekommen. Zudem bekräftigte man das staatliche Monopol auf Paketpost und Personenbeförderung. **Remscheid** war 1818 nur durch eine Botenpost mit Elberfeld verbunden. Sie ging täglich um 7 Uhr in der Frühe von Elberfeld ab und verließ Remscheid wieder in Gegenrichtung um 14 Uhr. Nach Köln hin benutzten eilige Remscheider Kaufleute aber lieber die zahlreichen privaten Postboten, weil die schneller waren.

Für Postillione galt die Vorschrift, in geschlossenen Ortschaften langsam zu fahren. Denn hier waren die Straßen eng und Unfälle trotz aller Vorschrift vorprogrammiert.

In **Lennep**, das an der alten Fernstraße lag, war es mit den postalischen Anschlüssen weit besser bestellt. 1821 kam die alte Kölner Straße von Minden, über Schwelm, Beyenburg nach Köln, als Poststraße zu neuen Ehren. 1824 wurde diese Linie dann über Elberfeld geführt. Dreimal pro Woche, bald täglich, verkehrten **reitende Postboten** in alle Richtungen, nach Elberfeld, nach Wipperfürth und nach Köln. Daneben gab es die **fahrende Post**, die auch Personen beförderte. Damals waren Fußmärsche nach Köln, Bonn oder Düsseldorf nichts Außergewöhnliches; Ernst Moritz Arndt besuchte seine Freunde in Remscheid, von Bonn kommend, zu Fuß. Doch wer es sich leisten konnte, nahm zumal für Fernreisen gern die Postkutsche in Anspruch. Zunächst fuhr sie nur einmal pro Woche zweispännig auf der Strecke Elberfeld–Lüttringhausen– Lennep –Olpe–Siegen–Wetzlar. 1823 wurde sie durch Eilwagen ersetzt. Diese starteten jeden Montag und Freitag gegen Mittag in Elberfeld und waren am nächsten Abend in Wetzlar. 25 Kilogramm Gepäck durfte man mitnehmen. Wer nur Handgepäck bei sich hatte, zahlte 25 % weniger. Ein Trinkgeld wurde nicht verlangt. Wer von Lennep nach Düsseldorf wollte, musste in Elberfeld umsteigen und erreichte von dort in bequemen, verdeckten Wagen, worin acht Personen Platz hatten, in 3 Stunden die Landeshauptstadt. Wer Köln als Ziel hatte, musste früh aufstehen, konnte die Reise aber bequem in sechssitzigen, gefederten Wagen antreten. Abfahrt von Lennep war jeden Donnerstagmorgen gegen sechs Uhr in der Frühe.

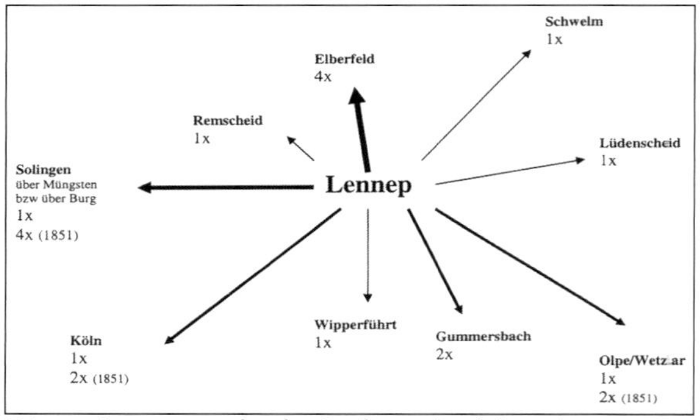

Die von Lennep ausgehenden Postlinien (1843/1851)

Dagegen kann Remscheid nur darauf verweisen, dass es die am meisten befahrene Linie besitzt (1860)

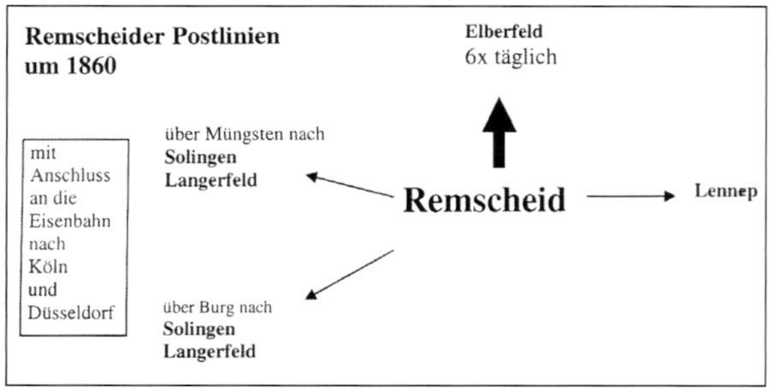

Während von Lennep neun Postlinien ausgingen, konnte das abseits liegende **Remscheid** bald mit der am meisten befahrenen in unserer Region aufwarten, der Verbindung nach Elberfeld. Nachdem die Eisenbahn die Wupper erreicht hatte (1841), wurde die Stadt zur wichtigsten Postverbindung für den Fernverkehr und Ausgangspunkt für größere Reisen. Bald fuhren täglich sechs Wagen hin und her. Wer sich im Schnellwagen einen Platz sichern wollte, musste sich oft schon Wochen vorher anmelden.

Häufig musste der Hauptwagen noch sechs bis acht Beiwagen mitführen. Wenn die Kolonne auf dem Remscheider Markt einfuhr, meldete der Postillion mit seinem Horn ihre Anzahl. Nachdem dann die Straße über Müngsten nach Solingen fertig war, stand eine weitere Postverbindung nach Westen hin offen. Die Fahrt vom Remscheid nach Langenfeld dauerte 3 Stunden. Wenn es geschneit hatte oder bei Glatteis war es eine halsbrecherische Tour.

Postkutsche im Schnee

Ein zweispänniger Postwagen auf dem Remscheider Markt

Aus dem oben Gesagten geht hervor, dass auch **Lüttringhausen Anschluss ans Postliniennetz** gefunden hatte. Die Straße von Lennep war am Clarenbachdenkmal vorbei bis Eisernstein ausgebaut; das Gleiche galt für die von der Wuppertaler Seite herkommende Barmer Straße.

Von den Poststationen zu „Kaiserlichen Postämtern"

An die alte **Lenneper Poststation** erinnert heute noch die Poststraße. Sie war Haltepunkt für berittene Briefpost und die Postwagen. Der angegliederte Pferdestall bestand aus zwei Abteilungen, in die je 24 Pferde eingestellt werden konnten.

Die **Remscheider Posthalterei** befand sich anfangs am Birgderkamp in der heutigen Bismarckstraße zwischen Unterführung und Zentralpunkt. In den dortigen Ställen standen 1840 fünfzehn Pferde. Doch schon bald wurde es hier zu eng und man musste neue Räume anmieten. Am Remscheider Postamt lässt sich gut zeigen, wie man das von der Industrie angeschlagene Tempo mitging. So gab es 1854 bereits neben dem Postmeister noch weitere Beamte, einen Wagenmeister sowie je einen Stadt- und Landbriefträger. Die Schalter waren von morgens um 7.00 Uhr (im Winter ab 8.00 Uhr) bis abends um 20.00 Uhr geöffnet, mit einer einstündigen Mittagspause. Das war für die Beamten ein Zwölfstundentag im Dienste einer ständig wachsenden Kundschaft. Drei Jahrzehnte später leistete sich das aufstrebende Remscheid dann an der Elberfelder Straße eine neue Hauptpost vom Feinsten, eben ein „Kaiserliches Postamt" und gleich daneben das „Kaiserliche Telegrafenamt". Heute ist die Post auf die Alleestraße am Markt umgezogen, das alte Gebäude wurde zum städtischen Ämterhaus umgebaut.

Die alte Lenneper Post am Mollplatz (links), Nachfolgerin der Pferdestation mit den Ställen auf Höhe der Lüttringhausener Straße, wurde um 1880 erbaut.
Auch das kleinere Lüttringhausen wächst bald über die bescheidene Poststelle in „Kohlhagens Haus" an der evangelischen Kirche hinaus und leistet sich, wie auf der Fassade zu lesen, ein „Kaiserliches Postamt" (rechts).

Am 27. Mai 1882 wurde das neue Postamt mit Telegrafenamt (rechts) eingeweiht. Die mittlerweile angewachsene Belegschaft hatte sich zur Feier das Tages in Positur gestellt.

Ein Jahr bevor Remscheid ans Netz der Eisenbahn angeschlossen wurde, zeigte der Postverkehr diese Entwicklung.

Postverkehr im Jahre 1867				
Poststelle	Brief-sendungen	Pakete ohne Wertdeklaration	Pakete/Briefe mit Wertdeklaration	Personen-beförderungen
Lennep	162.175	24.115	9.711	35.496
Remscheid	348.348	31.655	13.429	21.797
Hasten	52.780	5.135	3.315	3.096
Neuenhaus	10.683	2.860	364	1.251
Lüttringhausen	41.652	4.953	1.534	3.997
Summe	615.638	68.718	28.353	65.637

Die alte Poststation Ehringhausen (1905) wurde bis vor kurzem noch als Gaststätte genutzt. Daneben gab es noch zwei weitere Postämter im Remscheider Stadtgebiet, deren Gebäude heute noch erhalten sind: eines in Reinshagen 74, das andere in Vieringhausen 24. Bis auf einen Briefkasten vor dem Letzteren erinnert heute nichts mehr an alte Postherrlichkeit.

Auch an den Ausfallstraßen des Postwagenverkehrs baute man ansehnliche Zweigstellen. So auf der Strecke nach Burg in **Bliedinghausen** und **Ehringhausen**. Der prachtvollste Bau aber entstand an der Hauptstraße nach Elberfeld inmitten der Hofschaft **Feld** (Bild unten links). Heute hat die Post solchen Luxus gestrichen. Da und dort kümmert noch eine Zweigstelle als winzige Einheit dahin.

Den Wettlauf mit der Eisenbahn musste die Postkutsche verlieren. Am längsten noch fuhr sie auf der Strecke Remscheid–Bliedinghausen–Ehringhausen–Burg–Solingen. Mit Fertigstellung der Müngstener Brücke (1897) kam auch hier das endgültige Aus.

Ein besonders beeindruckendes Postamt stand auf Feld, wohl in den 1880er Jahren errichtet. Es lag günstig an der verkehrsreichen Straße nach Elberfeld und dann an der Endstation der Hastener Eisenbahn (seit 1883), dem Tor zu den dortigen Industriewerken.

Ende der Postkutschenromantik: Die Postkutsche auf ihrer allerletzten Fahrt vor dem Postamt Bliedinghausen. Auch dieses Haus auf der Burger Straße steht heute noch, des Schiefers entkleidet, und leuchtet in kräftigem Gelb.

5. Die Revolution durch die Eisenbahn

1. Das Transportproblem – ein riesiger Standortnachteil

Alle noch so großen Anstrengungen im Straßenbau konnten nicht mehr sein als ein erster Schritt. Denn die Konkurrenz aus England saß der heimischen Eisenfabrikation im Nacken und drohte sie über kurz oder lang zu erdrosseln, sollte nichts Entscheidendes geschehen. Das Problem für die vergleichsweise **im Abseits liegende Stadt** Remscheid war vor allem der hohe Transportkostenanteil bei den siegerländischen und märkischen Rohstoffen bzw. der Kohlenenergie aus dem Ruhrgebiet. Auch auf besseren und schnelleren Straßen war es doch beim altmodischen Karrentransport über Berg und Tal geblieben, das kostete, war zeitaufwändig und immer noch witterungsabhängig. Erschwerend kam hinzu, dass anderenorts bereits das **Zeitalter der Eisenbahn** und damit eine umwälzende Transporttechnik angebrochen war, so auch gleich über dem Berg im Tal **der Wupper**. Bereits 1841 hatte Elberfeld Gleisanschluss nach **Düsseldorf** erhalten, die erste Eisenbahn im Bergischen. Vier Jahre später war von Vohwinkel aus die erste **Kohlebahn nach Essen-Steele** fertig, die Verbindung zu den Ruhrkohlezechen. Bald folgte der Ausbau der Strecke nach Dortmund und dann auch in Gegenrichtung nach Köln.
Die Remscheider hatten alle Hoffnung darauf gesetzt, dass die Hauptlinie der Eisenbahn zwischen Rhein und Weser, in etwa der alten Handelsstraße Köln-Dortmund-Minden folgend, durch ihr hochindustrialisiertes Gebiet führte. Dann war die Enttäuschung umso herber, als man höheren Ortes dieses Projekt im Blick auf die bergige Landschaft und die daraus resultierenden **technischen Schwierigkeiten** fallen ließ und der Linienführung durch die Rhein-Ruhr-Ebene über Ohligs der Vorzug gab.

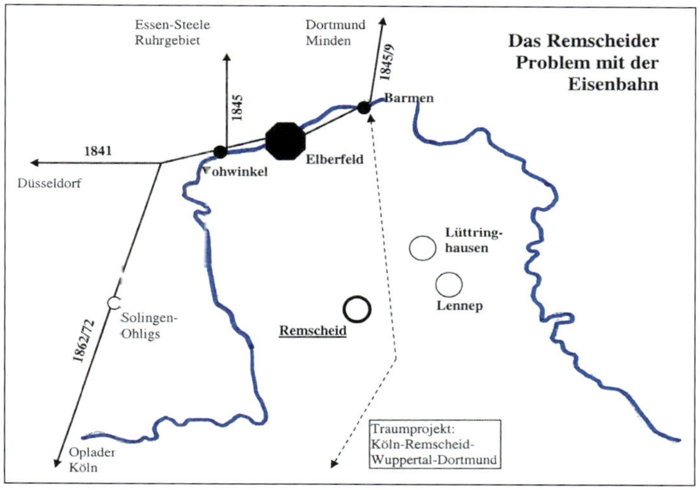

2. Der Eisenbahnanschluss – eine Lebensfrage

Wenn man bedenkt, dass die **Konkurrenz** mit Bahnanschluss nur die Hälfte des Preises für Kohle und Eisen zahlen musste und man für **Grundnahrungsmittel** wie Kartoffeln und Brot in Remscheid noch bedeutend mehr zahlen musste als im ohnehin schon teuren Elberfeld, dann war die Lage für Remscheid ernst.
Das Verkehrs- und Transportproblem wurde immer drängender. Man schielte zu den Nachbarn, sah deren Aufschwung und entwickelte **eigene Streckenpläne**. Der Reinshagener Schulleiter **Jakob Voßnack** (1803-1879) rechnete durch, welche Vorteile die Eisenbahn mit sich bringe, und stellte fest: Die Rohstoffbeschaffung wird 45 % billiger, die Exportkosten sinken deutlich, der günstigere Getreidetransport vom Niederrhein wirkt sich auf die Brotpreise aus und damit auf die Lebenshaltungskosten. In Gedanken ließ er sein Feuerross schon einmal auf verschiedenen Strecken von Elberfeld nach Remscheid fahren. Er wählte eine Strecke mit möglichst wenig Steigung, fuhr durchs Tal der Wupper, durchs Morsbach- und Mückenbachtal hinauf nach Remscheid und von dort weiter nach Lennep und Lüttringhausen.
Von Elberfeld unterstützt, kam der Vorschlag, die angedachte Bahntrasse von Müngsten durchs Tal der Wupper weiterzuführen Richtung Köln. Er erwog sogar die Strecke Vohwinkel-Solingen, um von dort, auf einer Kettenbrücke die Wupper überquerend, nach Remscheid zu gelangen.

Unterstützung durch die Lenneper Handelskammer (1855)
Sie erklärte, dass die Remscheider Industrie „… uralt hier eingebürgert und früher unter den gleichen Verhältnissen ebenbürtig und wetteifernd mit den Vorzüglichkeiten des In- und Auslandes nicht eher wieder ein gesundes und frisches Leben gewinnen, den so lange behaupteten Rang auch ferner behalten und damit unseren Ort neu aufblühen lassen wird, bis auch unserem Kreise die so dringend notwendigen Wohltaten der neuesten Verkehrsmittel zuteil geworden sind.“

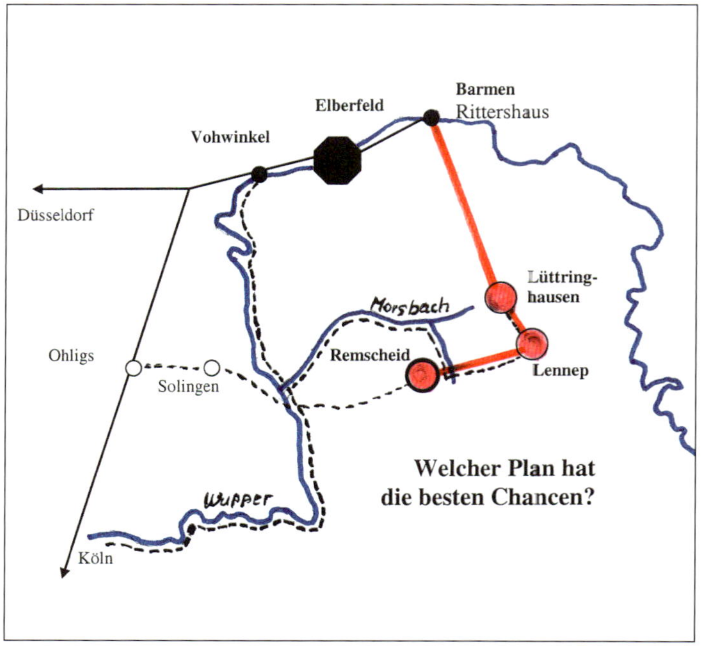

Er **warb für seine Vorstellungen** bei Gemeinderäten, im Gewerbeverein und bei den Fabrikanten und fand Unterstützung bei der hiesigen Kaufmannschaft. Letzten Endes aber waren die Projekte zum Scheitern verurteilt angesichts der engen Täler, der notwendigen Tunnelbauten, letztlich wegen der fehlenden Finanzen. Zum Schluss blieb nur noch eins seiner Projekte übrig, die Linie von **Rittershaus** (bei Oberbarmen) **über Lüttringhausen und Lennep nach Remscheid**. Um die Anbindung an die große Welt nicht ganz zu verlieren, konnte über eine Mitfinanzierung der bergischen Städte die landesherrliche Genehmigung und Unterstützung erreicht werden.
1865 wurde mit den Erdarbeiten am Birgderkamp begonnen. Der Bau der auf Barmen zu relativ steilen Strecke (stellenweise 1:40) verzögerte sich. Aber am 1. September 1868 konnten die ersten Züge mit Volldampf Fahrt aufnehmen.

Mit Volldampf ins Industriezeitalter

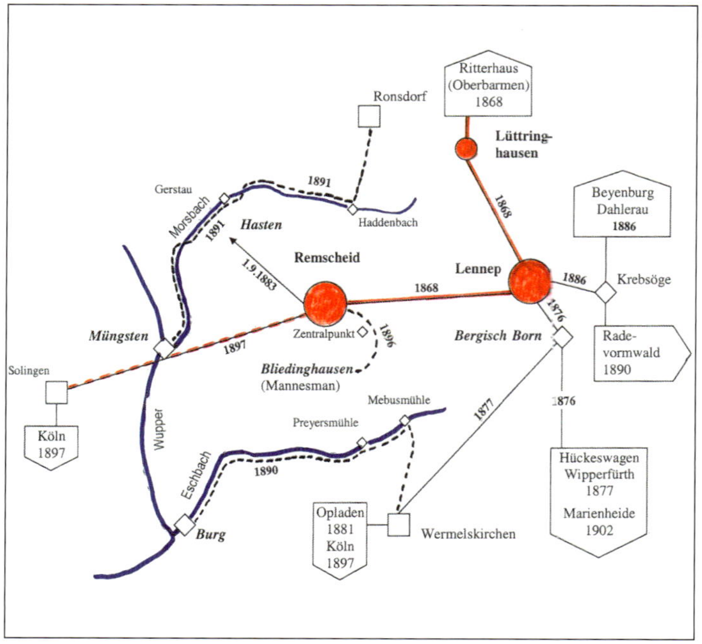

Von dieser Kernlinie wird das Eisenbahnnetz in den nächsten drei Jahrzehnten weitergesponnen. Was fällt dabei auf?

Der erste Remscheider Bahnhof war von Anfang an voll funktionsfähig. Das Empfangsgebäude war allerdings noch ein bescheidener Holzbau, im Volksmund „Zigarrenkiste" genannt.

1. **Hauptumschlagdrehscheibe** war zunächst **Lennep**. Von hier wurden Verbindungen ausgebaut über Hückeswagen ins Bergische, über Wermelskirchen nach Köln und über Krebsöge und Radevormwald ins Märkische.
2. Den **Remscheidern** ging es zunächst um den **Anschluss ihrer Industrieanlagen** (Vieringhausen, Hasten, Bliedinghausen). Diese waren mit den Dampfmaschinen immer mehr den Berg hinaufgezogen, zugleich auch gelockt durch die neuen Bahnanschlüsse.

3. Schließlich wurden auch die **engen Täler erobert**. Über Beyenburg kroch das Dampfross durchs Tal der **Wupper** Richtung Krebsöge (1886), wohin es vor allem die Textilindustrie (Wülfing u.a.) gezogen hatte, weil man sich vom kräftigen Wupperstrom unerschöpfliche Energie versprach. Für die beiden anderen Täler reichte es nur zu Schienen auf Straßenbahnbreite (1890/91). Von Ronsdorf fuhr eine Dampfbahn ins **Morsbachtal** bis Müngsten und von Wermelskirchen her eine ins **Eschbachtal** bis Burg, dann wurden beide Strecken wegen Unzulänglichkeit des Dampfbetriebes elektrifiziert (zwischen 1900 und 1903).

(v.l.n.r.:)
Das im Volksmund so genannte „Pustekalinken" fuhr vom Hauptbahnhof nach Hasten.

Schmalspurbahnen von Wermelskirchen durchs Eschbachtal nach Burg.

Schmalspurbahnen von Ronsdorf durchs Morsbachtal nach Müngsten.

3. Der entscheidende Brückenschlag zum Rhein

Doch aller Ausbau des Bahnsystems konnte nichts daran ändern, dass **Remscheid ein Sackbahnhof** blieb, ein unzureichendes „Bruchstück", denn es fehlte die Weiterführung nach Westen. Dieser Anschluss wurde für die aufblühende Remscheider Eisen- und Stahlwarenfabrikation wieder einmal zur **Lebensfrage**, ohne ihn wäre die Stadt, trotz allen Fleißes, dem wirtschaftlichen Untergang preisgegeben gewesen.

Vorüberlegungen zum Brückenschlag über die Wupper gab es schon lange. 1882 wurde der erste Antrag beim Ministerium gestellt – und abgelehnt, wegen technischer Schwierigkeiten. 1886 entschlossen sich die Stadtverordnetenversammlungen und Handelskammern von Remscheid und Solingen zu gemeinsamem Vorgehen. Sie einigten sich auf ein gemeinsames Projekt und machten vereint Druck bei der Regierung. Das zeigte Wirkung. 1890 bewilligte der **Landtag** den stattlichen Betrag von 5 Millionen Mark für den Brückenbau, ließ die Grunderwerbskosten für den Gleisbau allerdings außen vor. Man hielt Remscheid für zahlungsfähig genug, um diese Mittel selbst aufzubringen. Sollte die Stadt am Ende auch auf 30 % der Erwerbskosten, einer knappen Million Mark, sitzen bleiben, so war das eine lohnende Investition, verkürzte sich doch die Strecke über Wuppertal nach Solingen von 44 auf 11 Kilometer und war von weit tragender Bedeutung für die bergische Industrie.

Das Ministerium hatte **drei Entwürfe** verlangt: eine Auslegerbrücke, eine Gerüstbrücke und eine Bogenbrücke. Siegerin bei der Ausschreibung blieb die Bogenbrücke, weil sie dem Landschaftsbild angemessener war. Auch sollte die Brücke ursprünglich **noch 13 Meter höher** sein und das Tal nahe der heutigen Landstraße überqueren, doch dann ermittelte man ein wenig südlicher eine günstigere Stelle.

Nach Ankauf bzw. Enteignung der notwenigen Grundstücke konnte man sich an den **Streckenbau** machen. Vom Hauptbahnhof bis zur Brücke war ein Höhenunterschied von hundert Metern zu überwinden. Doch im Mittelpunkt stand nicht der Streckenausbau, sondern die **Konstruktion und Montage** der Brücke. Zwanzig Ingenieure hatten den Bau mit 700 Zeichnungen vorbereitet und standen für die ganze Bauzeit bereit.

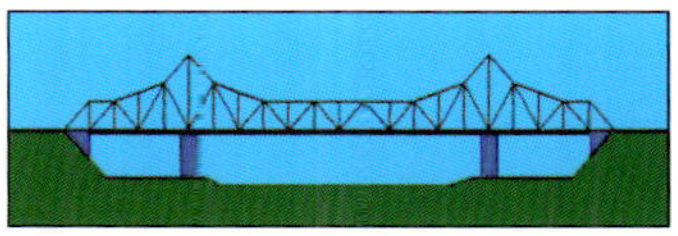

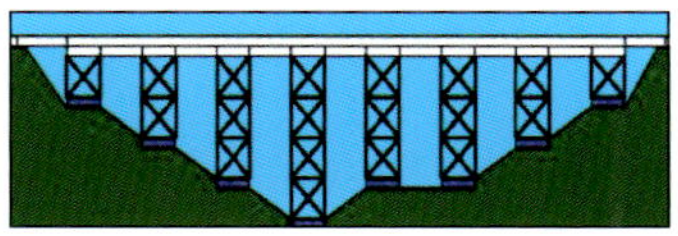

Die drei Alternativen: Auslegerbrücke, Gerüstbrücke und Bogenbrücke

Triumph deutscher Ingenieurskunst

Das Jahr 1893 stand ganz im Zeichen der **Vorarbeiten**. Aufenthaltsräume und Maschinenhallen wurden erstellt, dazu eine Behelfsbrücke (Bild rechts), die über 30 Meter hoch war.
1894 begann die eigentliche Arbeit. Der riesige Brückenschlag bedurfte **kräftiger Fundamente**, doch der Untergrund bestand aus festem Gestein. Um ihn aufzubrechen, wurden große Mengen an Pulver und Dynamit gebraucht. 1895 ging es an die Aufmauerung der Pfeilerfundamente, je drei zu beiden Seiten des geplanten Brückenbogens. Dort, wo der Bogen aufsetzen sollte, wurden sie rechtwinklig in die Talwand eingelassen. Dazu kam noch je ein Fundament an den Enden der Brücke. Diese sollten als **Widerlager** dienen, sozusagen als Anker, um die halbfertige Brücke festzuhalten, bis der Bogen geschlossen war und sie sich selbst tragen konnte. Auf die Pfeiler wurde von beiden Seiten her eine Fahrbrücke montiert, die auf einem sechs Meter hohen Unterbau ruhte. Sie ruhte auf Rolllagern, damit sie sich je nach Temperatur ausdehnen konnte. Drahtseilzuganker, die an den Endpfeilern befestigt waren, hielten den Oberbau so fest, dass ein freier Vorbau zur Mitte hin möglich war. Das Ganze vermochte auch den Winterstürmen zu trotzen.
Im Sommer 1896 wagte man sich dann an die kühnste Aufgabe heran: die freie Montage des Bogens mit einer **Mittelöffnung von 170 Metern Stützweite** (mit Hilfe von Holzgerüsten). Die Brückensegmente waren in den Werkshallen der Firma M.A.N. vorgefertigt (Bild rechts), montiert und als Bausatz nach Müngsten geliefert worden. Weit vorgeschoben auf den Brükkenenden standen elektrische Drehkräne. Mit ihrer Hilfe konnten die angelieferten Einzelteile hochgezogen und fertig montiert werden.

Der „letzte Niet" im Namen des Kaisers

War es ein Zufall, dass der letzte Niet an **Kaisers Geburtstag** eingeschlagen wurde? An diesem Tag, dem 22. März 1897, wäre der populäre erste deutsche Kaiser Wilhelm I. (1871-1888) hundert Jahre alt geworden. Feierlichen Schrittes, begleitet von 160 Personen und unter Musikbegleitung, schritt der königliche Baurat über die Brücke zum Bogenscheitel. „Erst wägen, dann wagen!", so begann er seine Weiherede. Dann folgten die **drei Hammerschläge auf den Schlussniet**, die er mit den Worten begleitete: „Dem Gemeinwohl zur Förderung. / Dem Verkehr zur Erleichterung. / Der Technik zur Anerkennung." Zum Abschluss sang man den Choral: „Nun danket alle Gott".
Aus Gold soll er gewesen sein, der letzte Niet, so erzählte man sich später. Das veranlasste zu mancher wagemutigen Kraxelei, um ihn zu finden. Vergeblich. Alles nur Legende. In Wirklichkeit dürfte es sich, denn er hatte etwas auszuhalten, eher um einen doppelt feuervergoldeten Niet gehandelt haben. Zur schönsten Sommerzeit, am 15.7.1897, wurde die wahrhaft „kaiserliche" Brücke **dem Verkehr übergeben**. Eigens dazu angereist als Vertreter des Kaisers war Seine Königliche Hoheit, Prinz Friedrich Leopold.

Technische Daten
107 m hoch
höchste Stahlgitterbrücke Dtlds.
465 m lang
160 m Bogenspannweite innen
180 m Bogenspannweite außen
21.000 m³ Stein bewegt

Herstellungskosten
Bahnstrecke: 5.650.000 Mark
Brücke: 744.000 Mark

Verbrauch
1500 kg Pulver
1400 kg Dynamit
5000 Tonnen Eisen
934.456 Nieten
1,1 Tonnen Schrauben
13.500 kg Farbe pro Anstrich

Arbeitskräfte
200 Arbeiter *waren täglich auf der gigantischen Baustelle tätig.* ***Sechs Arbeiter*** *kamen während der Bauzeit ums Leben.*

Kaiser Wilhelm I. gab der Brücke den Namen. Nach Ende des Kaiserreiches 1918 nannte man sie nur schlicht „Müngstener Brücke".

4. Empfangsplatz Bahnhof – Statussymbole einer Stadt

Bahnhof Hasten, um 1900
Seit 2007 stehen auf dem Bahnhofsgelände Supermärkte.

Remscheid Hbf., 1911
Die Stadt leistete sich diese großzügige Anlage, zerstört im Bombenhagel 1943.

Lüttringhausen, um 1910

Bahnhof Vieringhausen, 1907
Das Haus steht noch an der Schüttendelle, wenngleich in seiner Form etwas verändert, heute ein Wohnhaus.

Lennep, um 1910
Einst Drehscheibe des Bahnverkehrs

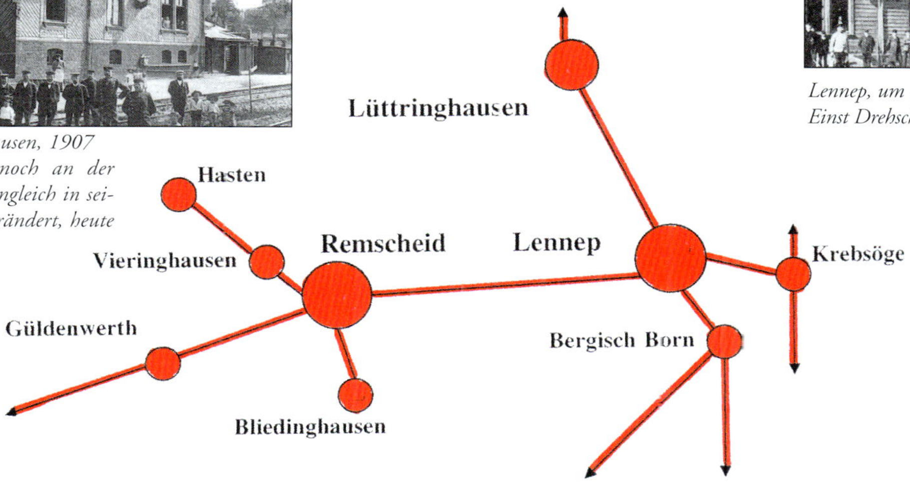

Bahnhof Krebsöge, einst ein kleiner Knotenpunkt, heute der Wuppersperre gewichen.

Bahnhof Güldenwerth, 1901 errichtet, mit schmucken Fresken an seiner Fassade.
1972 wurde das Empfangsgebäude abgerissen. An seine Stelle traten Parkplätze.

Bahnhof Bliedinghausen
Die hier bei Mannesmann endende Bahnstrecke hat immer nur dem Güterverkehr gedient. Heute dient der alte Bahnhof als Wohnhaus und Domizil für einen kleinen Betrieb.

Bahnhof Bergisch Born

5. Probleme mit der Eisenbahn

Spektakuläre Unfälle in der Vergangenheit

An der Endstation Bahnhof Hasten kam es wiederholt zu Entgleisungen des „Pustekalinken", so am 7. Juli 1899.

Noch spektakulärer war der Unfall auf der Strecke Remscheid-Müngsten am 11.10.1907 (Bericht rechts).

„Betriebsunfälle" unserer Tage?

Strecken geschlossen:

Hauptbahnhof - Hasten
1922 für den Personenverkehr
1986/88 endgültig stillgelegt

Oberbarmen - Krebsöge - Radevormwald
1976 für den Personenverkehr (nach dem schrecklichen Unfall, bei dem fast eine ganze Schulklasse ums Leben kam)
1980 für den Güterverkehr

Lennep - Wipperfürth
1986 für den Personenverkehr

Beyenburg - Dahlhausen
1989 eingestellt (von einem privaten Eisenbahnverein für Sonderfahrten aufrechterhalten)

Lennep - Wermelskirchen („Balkanlinie")
1994 letzter Güterverkehr eingestellt

Zugfrequenz sinkend!

1887	*17 Züge*
1914	*63 Züge*
1929	*52 Züge*
1965	*77 Züge*
1989	*79 Züge*
2007	*ca. 69 Züge*

Im Zuge der Motorisierung wurde das Angebot der Bahn immer weniger genutzt, auch weil es immer unattraktiver wurde.

Remscheider General-Anzeiger (12.10.1907)

„Der Unfall ereignete sich unmittelbar vor dem **Büchener Tunnel**. Als der mit zwei Maschinen bespannte Personenzug Nr. 529, der 8.36 Uhr von Remscheid abfährt, eben die Tunnelöffnung erreicht hatte, sprangen die zweite Maschine und sodann auch der Packwagen sowie sechs Personenwagen aus den Schienen. Die Lokomotive stieß gegen die seitlich vorspringende Mauer der Tunnelöffnung und fiel auf die Seite. Qualmend und pustend blieb sie dicht vor dem Tunneleingang liegen. Der Packwagen und zwei dreiachsige Wagen der IV. Klasse schoben sich quer über den Bahnkörper, wodurch der schmale, steilwandige Felseneinschnitt vor dem Tunnel geradezu verrammt wurde. Die folgenden vier Wagen (zwei III. und zwei II. und die I. Klasse) entgleisten ebenfalls, blieben aber, zum Teil mit eingedrückten Bremshäuschen und auch sonst nicht unerheblich beschädigt, auf dem Bahnkörper stehen. Wunderbarerweise ist bei dem Unfall **kein Menschenleben zu beklagen**. Nur ein Passagier erlitt an Kopf und Schulter Verletzungen, und eine mitfahrende Dame wurde ohnmächtig. [...] Der Zug war nur schwach besetzt; daraus erklärt sich in erster Linie die geringe Zahl der Verletzten. Ein reines Wunder ist es aber, daß das Zugpersonal lediglich mit dem Schrecken davon kam. Dies gilt besonders dem Führer und dem Heizer der Lokomotive, die einen ganz gefahrvollen Sturz getan hat..."

Abriss des Hauptbahnhofs

Der 1958 wieder aufgebaute Hauptbahnhof, wurde 2006 abgerissen. An der Stelle des alten Hauptbahnhofs soll ein Gebäude mit kleinen Geschäften und Gastronomiebereich entstehen. Der Bahnsteige sind barrierefrei erreichbar, zwei „Wartemodule" bieten Schutz vor der bergischen Witterung. Auf dem Gelände südlich der Gleise entstehen Gebäude für Discounter, Diskothek und Fachmärkte mit den dazugehörigen Parkmöglichkeiten.

Weiterleben in...

Die stillgelegte Bahnstrecke vom Hauptbahnhof nach Hasten wurde 2006 in eine „Trasse des Werkzeuges" umgewandelt. Sie wird von Fußgängern, Sportlern und Radfahrern gerne genutzt und gewährt Einblicke in die Remscheider Industriegeschichte. Das Bild rechts zeigt sie auf der Höhe des alten Vieringhauser Bahnhofs.

6. Abenteuer Straßenbahn – zur Erschließung von Stadt und Städtedreieck

1. Zwischen Notwendigkeit und „Unmöglichkeit"

Verlockende Lösung für ein innerstädtisches Problem

Infolge der wirtschaftlichen Entwicklung war es im 19. Jh. zu einem **anhaltenden Zuzug** aus „Bauernländern" gekommen. Die Bevölkerung wuchs sprungartig. Die Folge war eine wachsende **Wohndichte**. Ein **städtischer Mittelpunkt** war im Entstehen, mit allem, was dazugehört. Die weit verstreut liegenden alten Einzelhöfe, mittlerweile zu größeren Ortschaften herangewachsen, mussten über Berg und Tal und langgestreckte Straßen den Anschluss an die City suchen. In Remscheid war es eben anders als im mittelalterlichen Lennep, das von innen nach außen wachsen konnte, hier musste die Stadt umgekehrt **von außen nach innen zusammenwachsen**. Auch geistig war es ein langer Weg, um die Abgeschlossenheit der Höfe zu einem zusammenhängenden Gemeinwesen zu verschmelzen. Da konnte eine schnellere Verbindung mittels Straßenbahn ein guter Weg sein zu mehr Gemeinschaftsbewusstsein.

Eine zweite Notwendigkeit kam aus dem **Strukturwandel der Wirtschaft**. Schon lange hatten die Fabrikanten mit vielen selbständigen kleineren Meisterbetrieben zusammengearbeitet, die bei ihnen Waren abholten, bearbeiteten und wieder zurückbrachten. Es war also viel Verkehr auf der Straße. Mit der Tendenz zu größeren Betrieben, ja **Großunternehmen**, wurden hunderte, ja **tausende von Arbeitern** benötigt. Die wohnten nicht alle gleich nebenan, sondern mussten von weit her geholt und wieder heimgebracht werden. Eine Straßenbahn konnte, ganz im Interesse der Unternehmer, die Arbeiter schneller und ausgeruhter zur Arbeit bringen. Das schaffte Zeit, und Zeit war Geld.

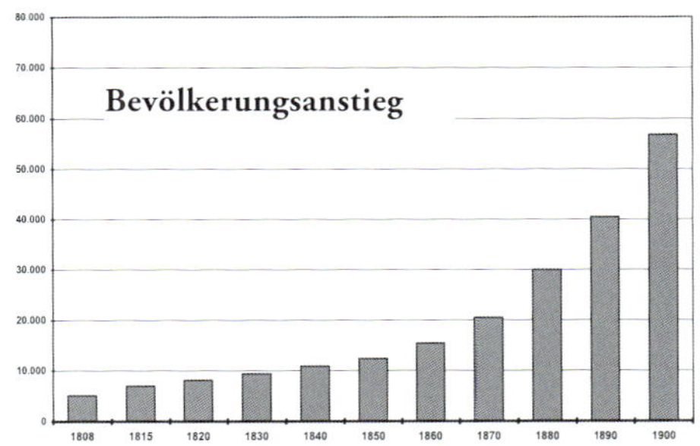

Bedenken, die zögern lassen

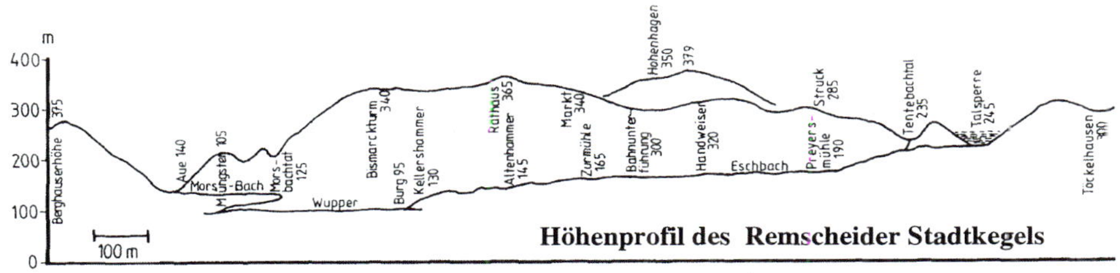

Nein, sagen die Fachleute, das ist **technisch unmöglich**. Remscheid liegt auf einem Berg und einige Strecken sind viel zu steil. Sie könnten wohl von einer Zahnradbahn bezwungen werden, niemals aber von einer Straßenbahn. Und selbst wenn das möglich wäre, was würde das kosten und vor allem: **Wer soll das bezahlen?**

2. Sturz ins Abenteuer

Es war das **Verdienst Robert Bökers**, dieses für Remscheid lebenswichtige Problem zu lösen. Ein „Unmöglich" gab es für ihn nicht. Schon jahrelang war er mit der Straßenbahnfrage beschäftigt. Viel steilere, allerdings Kabelbahnen, hatte er sich in Melbourne und San Francisco angeschaut, doch die waren ihm zu teuer. In Bremen sah er eine elektrisch betriebene Bahn und bekam den entscheidenden Impuls, mutig Neuland zu betreten. Er studierte amerikanische Bahnen, die Steigungen selbst bei Schnee überwinden konnten. Er ließ sich genau ausrechnen, was eine Linie vom Zentralpunkt bis Ibruch mit Wagen für 32 Personen kosten würde. Zugleich bedachte er die Finanzierung. Als er 1892 sein Projekt dem Stadtrat vorstellte, hatte er es über zwei Jahre gründlich durchdacht, Vorzüge und Mängel abgewogen und dazu noch unter den Bürgern Remscheids 600.000 Mark zusammengebracht; so brauchte die Stadt nur noch 400.000 Mark beizusteuern. Dank solchen Einsatzes konnte die erste Bahn bereits im Jahr darauf ihre Fahrt aufnehmen. – Sein Bruder Moritz Böker, später Chef der BSI, kommentierte das Unternehmen im Nachhinein wie folgt: „Wo Remscheid auf fremde Hilfe – auf Staatshilfe – angewiesen war, ist es stets im Hintertreffen geblieben; in dem, was es durch **Selbsthilfe** erreichen konnte, ist Remscheid andern voraus gewesen. so ist die **elektrische Straßenbahn die zweite in Deutschland** gewesen, trotz der entgegenstehenden großen technischen Schwierigkeiten." (1924)

3. Start zur schönen Kirmeszeit

Erste amtliche Probefahrt am 30. Juni

RGA, Sonntag, den 1. Juli 1893
„In aller Frühe fand gestern die **erste Probefahrt** unserer elektrischen Straßenbahn statt. Die Vorbereitungen für dieselbe hatten die Tätigkeit von ungefähr einem halben Hundert Arbeiter bis spät in die Nacht hinein in Anspruch genommen. In den für die Fahrt bestimmten Straßen konnte man noch bis gegen 12 Uhr die Leute emsig damit beschäftigt sehen, mit Pikken und Besen die Straßenstränge zu reinigen.
Als gegen 4 Uhr an der Kraftstation ein Wagen zum Abfahren bereit stand, hatten sich nur erst einige wenige Zuschauer eingefunden. Die erste Fahrt ging die **Freiheitstraße entlang bis nach Schüttendelle** [...]
In einem anderen Wagen wurde hierauf eine Fahrt die **Blumenstraße hinauf über den Marktplatz** die Elberfelder Straße entlang bis zum Rathaus [...] unternommen. Bald nach fünf Uhr war das ganze Experiment, das bis auf einen kleinen Zwischenfall ziemlich glatt von statten ging, beendet. An der Stelle nämlich, wo Freiheits-, Blumen- und Honsbergerstraße zusammentreffen, wurde einer der beiden Wagen durch Steine, welche in den Schienen lagen, zum Entgleisen gebracht. [...]
Wie jetzt verlautet, werden Bismarck- und Alleestraße vorläufig vom Betriebe ausgeschlossen sein [...wegen Kirmes]."

Beginn des Fahrbetriebs am 9. Juli

An diesem ersten Betriebstag war **Kirmes in Remscheid**. Weil die aber auch die Alleestraße voll für sich in Anspruch nahm, fuhren die fünf eingesetzten Straßenbahnwagen nur auf den Außenstrecken Richtung Hasten und Vieringhausen. Dennoch wurde der Start zum großen Volksfest. Die Begeisterung war überwältigend. An vielen Häusern hatte man Fahnen gehisst. Über 2.500 **Fahrgäste** wurden allein am ersten Tag gezählt, und die Nachfrage blieb so groß, dass schon 14 Tage später weitere Wagen zum Einsatz kommen mussten. Am 15. August wurde dann die Strecke **Rathaus – Bliedinghausen** eröffnet, wegen des hohen Zuspruchs fuhr die Bahn schon bald im 15-Minuten-Takt.

Robert Böker (1843-1912)

Der Sohn eines stadtbekannten Industriellen ging schon in jungen Jahren im Auftrag des Vaters nach **New York**, um sich in den dortigen Geschäften umzusehen (1862). Er sammelte Erfahrungen in **Montreal** (Kanada) und ging dann nach **Mexiko**, wo er mit Vaters Hilfe eine eigene Firma gründete (1865). Doch dann brachen politische Wirren aus und er musste vor revolutionärer Gewalt das Land verlassen, unter Lebensgefahr und mit nur wenigen Habseligkeiten. Zwar kehrte er nochmals zu seiner Firma zurück, die er mit so viel Pioniergeist aufgebaut hatte. Es heißt, sein Unternehmen, die „Casa Böker", habe sich später zum bedeutendsten Eisengeschäft Mexikos entwickelt.
1873 zog es ihn endgültig in seine Heimat zurück. Noch jung an Jahren, doch schon reich an Erfahrung, widmete er sich neuen Aufgaben. Dabei stellte er sich neben seinen kaufmännischen Tätigkeiten (36 Jahre war er Vorsitzender des Aufsichtsrates der BSI) **ganz in den Dienst seiner Vaterstadt**. Er übernahm – ohne Bezahlung und für zehn Jahre (1877-1887) – das Amt des Beigeordneten (Dezernent). Er gehörte 27 Jahre zum **Stadtverordnetenkollegium** (1882-1909). Er war Mitglied der städtischen **Finanzkommission** und des Sparkassenkuratoriums. Zwischenzeitlich machte er sogar eine Weltreise nach Australien (1887), um dort, einem in Deutschland fast unbekannten Land, Geschäftsbeziehungen anzuknüpfen. Der weit gereiste und lebenserfahrene Mann erwies sich vor allem als der entscheidende Stadtplaner und schaffte damit den weiteren Aufstieg der Stadt. Er sorgte sich um die **Gasversorgung**, war Leiter der Gasanstalt (1876-87) und stützte damit vor allem die kleineren Betriebe, die sich keine Dampfmaschine leisten konnten. Als das **Wasser** in der Bergstadt knapp wurde, traf er mit Brunnen- und Talsperrenbau die Vorkehrungen zu einer ausreichenden Wasserversorgung. Er war auch der Vater der **elektrischen Straßenbahn**, die die Stadt zusammenwachsen ließ.
Es ist deshalb kein Wunder, dass die Bürger der Stadt diesem Mann mit Weitblick und Einsatz für das Gemeinwohl höchste Ehren zukommen ließen. An der Eschbachtalsperre haben sie ihm eine Statue als Denkmal gesetzt. Und im Rathaus, neben dem Eingang zum Ratssaal, hängt das Bild des **Ehrenbürgers** in Öl gemalt, Erinnerung und Vermächtnis für die heutige Generation.

Die erste Straßenbahn auf ihrem steilsten Stück in der alten Bismarckstraße, als Attraktion bestaunt von Groß und Klein.

Einige Daten zur Straßenbahn

Steilste Bahn Deutschlands
Ohne Zahnradbetrieb
Höchste Steigung 1:9,6
Zweite Straßenbahn in Westdeutschland

Anfertigung der ersten Wagen
Fahrgestelle aus der heimischen BSI
Holzaufbauten aus Köln
Erste Motoren aus Amerika
Triebwerke 2x 15 PS

Fahrgäste
Jahresrekord 1948: 22 Millionen
In 76 Jahren: 427 Millionen

Tarife
1893 Einheitstarif: 10 Pfg.
1894-1910: 15 Pfg.
1923: 300.000 Mark

Vorschrift!!!
(1929)

Von der Fahrt sind auszuschließen Damen, die trotz Warnung ungeschützte Hutnadeln tragen und nicht beseitigen!

4. Zehnmal modernisiert in 76 Jahren

Die erste Wagenserie (1893-97) war recht klein und die Fahrer noch **Wind und Wetter** ausgesetzt (Bild rechts).
Im Laufe der Jahrzehnte folgten noch weitere zehn, immer modernere Wagenserien.
Schon mit dem zweiten Bausatz (1897) bekam der Fahrer, um nicht im Regen und Wind zu stehen, einen **geschützten Raum** (Bild rechts, bereits aus der dritten Serie).

Um das starke **Schlingern bei Kurven in den Griff** zu bekommen, kam 1906 ein viertes Modell auf den Markt, unter Beteiligung der BSI (Fahrgestelle).
Der Service für die Fahrgäste wurde weiter ausgebaut. Ab 1914 gab es **Schaffner**, die sich in den oft überfüllten, engen Wagen des Problems von Frischluft und Zugluft annahmen. Ab 1925 konnte man sogar bei den Fernstrecken (nach Lennep, Burg und Wermelskirchen) auf **gepolsterten Sitzbänken** Platz nehmen.
1929 kam eine neue **Serie mit Beiwagen** auf den Markt. Die Remscheider waren angetan von der „geschmeidigen und rassigen Linienführung". (Bild von 1937)

Auch im **Güterverkehr** kam die Straßenbahn immer wieder zum Einsatz. So transportierte sie beispielsweise Lebensmittel (1917-23), half nach dem Angriff von 1943 bei der Trümmerbeseitigung und übernahm Kohlefahrten ins Ruhrgebiet (1943-46).
Noch 1960 erfolgte mit der elften Wagenserie ein Vorstoß in eine neue Ära. Es kamen Gelenkwagen zum Einsatz (Bild rechts) bzw. **Großraumwagen** mit der beeindruckenden Länge von 18 Metern, schnittig, sachlich elegant, mit ferngesteuerten Türen und einer Spitzengeschwindigkeit von 45 km/h.

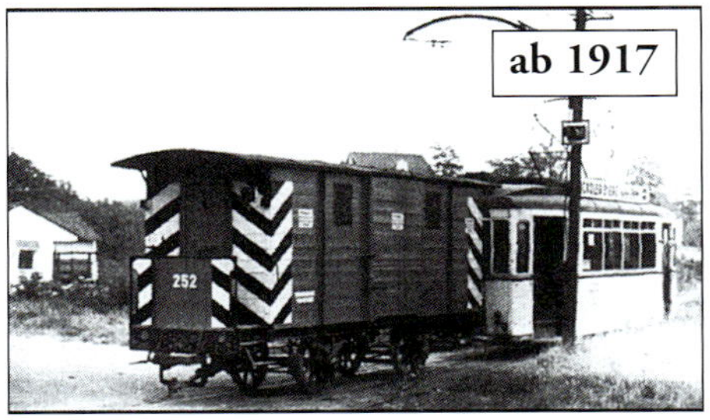

5. Alle Bahnen führen zum Markt

Markt in Remscheid, 1925 – Blick Richtung Elberfelder Straße.

Kreuzungspunkt aller Linien war der Markt. Von hier verteilten sich die Bahnen nach Westen und Osten, auf insgesamt fünf Hauptstrecken.

Drei Linien führten **nach Westen**. Die mittlere führte über die Allee, am Rathaus vorbei über die Hindenburgstraße zum Stadtpark. Die südwestliche ging über die Blumenstraße, Freiheitsstraße zum Krankenhaus nach Güldenwerth. Die Nordwestlinie erreichte über die Elberfelder Straße Hasten und dann auch Gerstau. Unterwegs hatte man in „Schöne Aussicht“ Anschluss nach Ronsdorf und Barmen bzw. in der Gerstau nach Elberfeld.

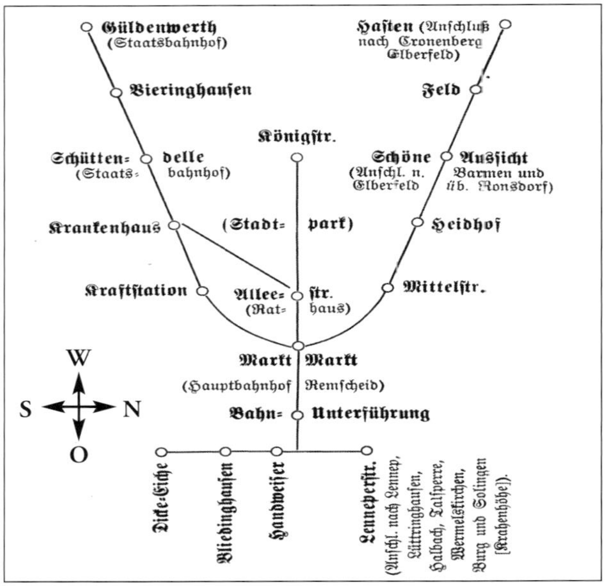

Nach Osten fuhren die Linien zunächst auf gleicher Strecke die steile Bismarckstraße hinunter und wieder hinauf zum Handweiser, heute Zentralpunkt (1906 im Siebenminutentakt). Dort verteilte sich der Verkehr. Mit der einen Linie gelangte man nach Ehringhausen (ab 1925 weiter bis Burg), mit der anderen über Struck zur Mebusmühle. Dort war Umsteigemöglichkeit hinauf nach Wermelskirchen bzw. durchs Eschbachtal nach Burg. Oder man wählte den Anschluss nach Lennep, von wo man per Straßenbahn nach Lüttringhausen weiterfahren konnte (Endstation Tannenhof).

6. Problemfelder werden überwunden

An den Umgang mit den Tücken der Witterung war man in Remscheid gewöhnt. Hier bahnt sich eine Bahn auf dem Steilstück der Alten Bismarckstraße den Weg durch knapp einen Meter Schnee.

An der Gleiskreuzung am Bahnhof **Vieringhausen** mussten vor dem Einbau von Schranken die Fahrgäste aus Sicherheitsgründen aus- und in einen Wagen auf der anderen Seite umsteigen.

Ein größeres Problem gab es nahe des Hauptbahnhofs. Da sprangen wegen der **Kreuzung mit der Eisenbahn** die Wagen aus den Schienen oder man ließ die Schranken überlang geschlossen. Ein Wärter stellte jedem Straßenbahnwagen einen kostenpflichtigen Passierschein aus. Um sich aus dem Weg zu gehen, legte man ein wenig weiter auf Lennep zu die heute noch existierende Unterführung an. Am 10.10.1900 wurde sie in Betrieb genommen.

Eisenbahnübergang Bismarckstraße, 1898. Im Hintergrund wartet eine Bahn an der Ausweiche auf die Gegenbahn vom Markt her.

7. Niederlage der Straßenbahn

Bald hatte die städtische Straßenbahn im innerörtlichen Publikumsverkehr der staatlichen **Eisenbahn den Rang abgelaufen**. Infolgedessen musste die Personenbeförderung auf den beiden innerstädtischen Eisenbahnstrecken nach Hasten (1922) und Bliedinghausen aufgegeben werden und man beschränkte sich nur noch auf den Transport von Industriegütern. Die Straßenbahn hatte den Sieg davongetragen.

Engstelle auf Vieringhausen etwas unterhalb der Stockder-stiftung. Hier war höchste Achtsamkeit vonnöten.

Doch auf den oft engen Straßen der Stadt verlor die Straßenbahn immer mehr an Boden. Im Vergleich zu den aufkommenden Autos war sie einfach **nicht wendig genug**. Deshalb ergänzte die Straßenbahnverwaltung ihr **Angebot mit Bussen**. Die ersten wurden im Jahr 1927 angeschafft, und im Laufe der nächsten Jahrzehnte, vor allem in den Nachkriegsjahren, kamen immer mehr dazu. Das hatte viele Gründe. Der Hauptgrund war der Kostenfaktor. So war 1948 der Anschaffungspreis für Dieselbusse um ein Drittel billiger als der für Straßenbahnwagen. Weit mehr zu Buche aber schlugen der Unterhalt der Gleiskörper und die Personalkosten. Hinzu kam noch, dass mit Bussen auch gleislose Nebenstrecken bzw. attraktive Fernstrecken bedient werden konnten. Bereits 1954 fuhren die Remscheider lieber mit dem Autobus als mit der Straßenbahn.

Dieser Bus gehörte zu den ersten Automobilen, die 1927 angeschafft wurden. Er hatte gerade einmal 65 PS und fuhr noch mit Rechtssteuerung.

Die Konsequenzen blieben nicht aus. Mit dem Vormarsch der Busse schrumpfte das Straßenbahnnetz. 1953 wurden die Linien **nach Reinshagen, Lennep und Lüttringhausen eingestellt**. 1966 schrieb der RGA, die Straßenbahn sei „der **Staudamm im Verkehr**"; ein einziger Wagen genüge, um den gesamten Verkehr zum Erliegen zu bringen. Lange Autoschlagen krochen hinter der „Lektrischen" her, vor allem am Verkehrsknotenpunkt „Unterführung", wo es die heutige Stelzenstraße noch nicht gab. Stück um Stück musste die Straßenbahn neuer Verkehrsplanung weichen. Am neu geschaffenen Friedrich-Ebert-Platz entstand ein **Busbahnhof**. Die ehrwürdige „alte Dame" hatte den Wettlauf verloren.

1952 findet sich im Betriebshof an der Neuenkamper Straße diese Busparade ein: von links die Baujahre 1944, 1948, 1929, 1949, 1950.

Ganz Remscheid war auf den Beinen, einige sogar in historischen Kostümen, als es zur letzten Fahrt ging. Die Wagen wurden verkauft oder wanderten ins Museum, die letzten wurden 1970 verschrottet.

Am **10.4.1969 fuhr die Straßenbahn** nach 76 Jahren zum letzten Mal. Eine stolze Vergangenheit mit Höhen und Tiefen ging zu Ende. 427 Mio. Fahrgäste hat sie transportiert. Heute sind es 20 Mio. Fahrgäste im Jahr und 86 Mio. km werden dabei zurückgelegt.

Letzte Erinnerung an die „Lektrische" auf dem heutigen Markt

Die neuste Busgeneration der Stadtwerke: Die Motoren halten inzwischen achtmal so lange wie in der frühen Anfangszeit. Die Gelenkbusse verfügen über 160 Plätze, darunter 46 Sitzplätze. Dazu bieten sie Kinderwagen- und RollstuhlfahrerInnen barrierenfreie Zustiegsmöglichkeiten.

7. Siegeszug des Automobils – die Autobahn

1. Ein erbärmlicher Straßenzustand

Mochte im 19. Jh. auch manches im Straßenbau geschehen sein, in vielen Bereichen, zumal auf den Nebenstraßen, wurde je nach Witterung die Fortbewegung auf ihnen zum Hindernislauf. An Regentagen war ihre Benutzung alles andere als ein Vergnügen. Da heißt es über den Zustand unserer Alleestraße im Jahre 1880: „Links und rechts der gewölbten Straße laufen die **gepflasterten Gossen**, die sich nahe an die Häuser drängen. An Regentagen haben sie Mühe, die vielen Rinnsale zu fassen, und sie bergab zu führen. Die gesamte Straße ist dann eine ‚Laawer-mott'." Oder über die Mozartstraße (damals Augusta-Straße) und Carl-Friedrichs-Straße (damals Friedrichs-Str.) lesen wir in der Zeitung: „Hunderte Arbeiter und Beamte, Schüler undSchülerinnen, Lehrer und Lehrerinnen sind gezwungen, wenn sie nicht Umwege von ca. 30 Minuten machen wollen, diesen **Sumpf** täglich 4 mal zu durchwaten." „Es ist ein Bild zum Erbarmen, wenn man die kleinen Schulkinder sich durch diesen Sumpf arbeiten sieht." (RGA9.1.1906). Und wenn es dann einmal nicht regnet, ergeben sich andere Probleme: „... der **leidige Staub**, an welchem die Verkehrsstraßen unsererStadt so reich sind, gestaltete sich in letzter Zeit zu einer Landplage. Bei dem geringsten Luftzug erinnern einzelne Wege mit ihren dichten Staubwolken geradezu an eine Sandwüste. Die Lungen der Passanten, welche bei der natürlichen Beschaffenheit unserer Bergstadt fast unausgesetzt in erhöhter Tätigkeit sich befinden, werden auf eine harte Probe gestellt, da der Staub, der nebenbei schädliche Pilze und Krankheitserreger der mannigfachsten Art mit sich führt, einer der schlimmsten Feinde unserer Atemwerkzeuge ist. Ladenbesitzer und Hausfrauen verbrauchen eine Unzahl von Staubtüchern." (RGA 16.5.1898). Erst zögerlich zog um die Jahrhundertwende der **gepflasterte Fortschritt** ein.

Die Pflasterung der städtischen Straßen begann zunächst im Bereich der Zentren, wie die alte Lenneper Alleestraße, heute Thüringsberg (Bild oben). Dann kämpfte man sich zu den Hofschaften vor, wie hier in Büchel (Bild darunter). Ausbau und Befestigung der Straßen sollte sich noch bis Mitte der 1930er Jahre hinziehen.

2. Was läuft und fährt denn da?

Manche Verkehrswege waren **nur mit Eseln** zu begehen. So berichtet Moritz Böker (1853-1933), der spätere Chef der BSI, von den Pfaden seiner Kindheit und was er alles mit diesen Lastenträgern erlebt hatte:

„Die Verbindung der vielen Schleifkotten im **Morsbachtal** mit der großen Straße war nur auf schlechten, schmalen Wegen vorhanden. Die dorthin zu bringenden bzw. abzuholenden Stahlwaren wurden auf kleinen, durch Esel gezogene Karren befördert. Abends gegen 7 Uhr kehrte gewöhnlich eine ganze Karawane zurück, die in Vieringhausen am großen Kastanienbaume Halt und kurze Rast machte; es gab dabei stets ein großes I-A-Konzert zur Freude der zu Bett gebrachten Kinder. Die Eseltreiber, wie die Fuhrherren hießen, waren zum Teil köstliche Originale. Einer derselben, der Mickes Jan genannt, wußte manchen, der seinen Scherz mit ihm treiben wollte, schlagfertig abzutrumpfen. In der Nähe von Vieringhausen wohnte ein Stadtverordneter, der die Passanten gern etwas hänselte. So rief er eines Tages den Mickes Jan mit der Frage an, weshalb er denn seine Esel anstatt voreinander nebeneinander gespannt habe, worauf dieser würdig erwiderte, der eine Esel sei ein Stadtrat und der andere ein Presbyter, und da sie sich immer so viel zu erzählen hätten, habe er sie nebeneinander gespannt."

Von einem „I-A-Konzert" auf den Pfaden im Morsbachtal berichtet uns Moritz Böker.

Die **Alleestraße**, Hauptschlagader der Stadt, wurde erst im Sommer 1900 durchgehend gepflastert. Wenig Verkehr: Bis auf einzelne **Fuhrwerke** gab es damals, bereits seit 7 Jahren, nur die Straßenbahn (links).

Elberfelder Straße, Ausfalltor nach Elberfeld. Überschaubar war der Fahrzeugbestand, und Kinder konnten noch problemlos spielen. (Bild rechts, oben: Blick vom htg. Ämterhaus zur EMA). 100 Jahre später wälzt sich hier eine Autoschlage. Typische **Transportkarren** für den Güterverkehr prägten das Straßenbild, wie hier auf dem Markt im Jahre 1893 (Bild rechts, Mitte).

Nicht selten zu sehen auf unseren Straßen waren die **Hundekarren**. Mit ihnen ließen sich kleinere Lasten transportieren. So teilten sich Bäcker oder Metzger oft einen Ziehhund, um ihre Ware zu liefern. Sogar Kinder konnte man mit ihnen losschicken, um Vaters Feilen zum Schleifkotten zu bringen. So ein Hund konnte schon einiges fortbewegen. Einmal im Jahr jedoch musste auch er zum „TÜV“. Der war im Schlachthof, wo untersucht und festgestellt wurde, wie viel Zentner er noch ziehen durfte.

Ein Milchhändler auf Lieferfahrt. Dieses Gefährt zählt schon eher unter damalige „Lastwagen“ (Bild rechts, unten).

Fuhrpark mit dem Motto: „Alles Schwere leicht bewegen“

Remscheids ältestes Fuhrunternehmen **Vöpel** begann 1864 mit zwei Pferden. Über ein flexibles Angebot von Kutschenvermietung bis Holz- und Kohlenhandel schaffte es den Aufstieg. Bald übernahm man auch Spezialtransporte. In den zwanziger Jahren des vergangenen Jahrhunderts standen 60 Vierbeiner in den zweistöckigen Pferdeställen an der **Kirchhofstraße** (zwischen dem heutigen Restaurant Pyramide und der Stadtkerntangente). Die beiden letzten, „Max“ und „Molli“, wurden 1936 in den Ruhestand versetzt; denn seit 1925 begann man sich auf das Motorenzeitalter einzustellen. Das 1939 in die Kipperstraße umgezogene Unternehmen wird heute in der fünften Generation geführt und hat sich ganz auf den Fernverkehr eingestellt. Von den heute 22 großen Lastwagen ist der schwerste ein Achtzigtonner mit 530 PS, also mit fast zehnmal so viel Pferdestärken wie in den 20er Jahren der ganze Betrieb.

Fuhrpark der Firma Vöpel etwa 1898

Ende des 19. Jh. kamen **erste kutschenähnliche Automobile** auf den Markt. Exemplare dieser benzingetriebenen Kraftdroschken müssen nach Angaben unseres Stadtarchivs schon 1900 über Remscheider Straßen gefahren sein. Es waren recht kleine Wagen; einen Schutz vor der Witterung boten sie noch nicht, immerhin hatten sie bereits eine Beleuchtung. Von Anfang an war das Auto ein Statussymbol, mit dem sich seine Besitzer voller Stolz präsentierten, um zu zeigen, aus welch erlauchten, ja exklusiven Kreisen man kam. Bevor es auf Fahrt ging, griff man aber vorsichtshalber zum Regenschirm, um nicht jäh als „begossener Pudel" dazustehen.

Wie rasant die Entwicklung voranschritt, zeigt das Bild aus den Jahren 1911/14. Da werden Autos zunehmend gewerblich genutzt, wie an diesen **ersten Taxis vor dem Remscheider Hauptbahnhof** zu sehen ist. Und auch im Service wird mehr geboten. Der Fahrgast ist mittlerweile vor Regen geschützt, wenngleich die Fahrt immer noch zugig genug ist.

„Schaffst du dir einen Wagen an, so wähle einen Mannesmann"

„Die Wagen sind solide gebaut, sehr bequem, äußerst leicht und einfach zu bedienen. Der Brennstoffverbrauch und die Abnutzung sind denkbar gering. Sie eignen sich als Luxuswagen für Sport- und Naturfreunde ebenso wie als Gebrauchswagen für Ärzte, Beamte, Geschäftsreisende Ingenieure usw."

„Ein für jedes Gelände geeigneter Gebrauchs- und Luxuswagen."

„Er lässt sich sehr rasch beschleunigen, was ihn im Großstadtverkehr besonders schmiegsam macht. Dabei ist sein Brennstoffverbrauch gering."

Ungefähr 10 Jahre lang (1920-1930) wurden bei **Mannesmann** in Remscheid Autos gebaut. Die ersten Modelle waren Zweisitzer mit 16 PS, dazu kamen Viersitzer mit 24 PS.

Um möglichst ausgereifte Kleinwagen auf den Markt zu bringen, beschloss man, sie in Dauertouren zu **testen**. Schließlich konnte Mannesmann darauf verweisen, dass seine Wagen nicht nur in den bergischen Steigungen erprobt waren, sondern auch spielend Alpenpässe überwunden hatten, und das noch an heißen Tagen ohne irgendeinen Schaden zu nehmen. Man brauchte die Konkurrenz nicht zu scheuen.

Vor allem im motorsportlichen Wettbewerb sorgte Mannesmann für Aufsehen. Ein zum Rennwagen umgebautes Firmenauto fuhr im Eifelrennen bei Nideggen der Konkurrenz gleich dreimal auf und davon und gewann die „Deutsche Tourist-Trophäe" (1925, 1926, 1927) – mit einem Stundenmittel von 66 km.

„Wer mit Mannesmann Konkurrenz will bestehen, den läßt er sehr bald seinen Auspuff sehen."

3. Die Autobahn

Wie knapp 100 Jahre zuvor auf die Eisenbahn mussten die Remscheider auch lange auf ihre Autobahn warten. Nachdem die Entscheidung für die kürzeste Verbindung Köln/Ruhrgebiet gefallen war, konnte 1935 die Planung beginnen. Noch einmal stellte sich dem Bau einer Durchgangsstraße die **Natur des Bergischen Landes** im wahrsten Sinne des Wortes **in die Quere**: 300 Meter aufragende, bewaldete Höhen, zahlreiche, im raschen Wechsel folgende kurze Täler, die auch noch in verschiedene Richtungen liefen. Man gab sich alle Mühe, eine Strecke zu finden, die technisch geeignet und wirtschaftlich tragbar war. Zumal im Raum Remscheid die Linienführung schwierig und sehr umstritten war. Dank intensiver Bemühungen des damaligen Oberbürgermeisters Dr. Hartmann wurde sie dann durch das Stadtgebiet geführt.

Der Bau selbst wurde zur Titanenarbeit. **Bis zu 40 m hohe Dämme** mussten gebaut werden, die Felsmassen dazu wurden auf hohen Transportbrücken von Bergkuppen herangeschafft. Allein für die ersten zehn Kilometer bis Burscheid benötigte man mehr Erdmassen als für den Bau der Großglocknerstraße. Um den Damm für die Anschlussstelle Remscheid zu schaffen, hatte man eigens eine Drahtseilbahn errichtet, die Erdreich aus den Haldenmassen der Deutschen Edelstahlwerke in Remscheid heranschaffte. Darüber hinaus waren **kostspielige Brücken** erforderlich. Auf den 24 Kilometern von Leverkusen nach Lennep mussten sechs Brücken gebaut werden, als größte die Höllenbachtalbrücke (306 m lang, 50 m hoch) bei Preyersmühle.

Ende 1939 war die Autobahn aus Richtung Leverkusen bis Wermelskirchen vorgedrungen und für den Verkehr freigegeben. Man hatte die Trasse schon bis Remscheid weitergetrieben und bis Wuppertal mit den Erdarbeiten und Brückenbauten begonnen. Doch das Projekt musste **kriegsbedingt 1942 eingestellt** werden und blieb liegen. Als die Amerikaner kamen, nutzten sie die halbfertigen Flächen als Riesenmilitärparkplatz.

Erst 1951 ging man dann an die Beseitigung der Kriegsschäden und den Weiterbau der Trasse. Im Sommer 1952 hatte die Autobahn **Lennep** erreicht. Da auf ihrem weiteren Verlauf bis **Wuppertal** noch fünf breite Täler zu überqueren waren, zog sich der Bau noch bis zum Sommer 1956 hin. Im gleichen Jahr wurde der Verkehr dann noch bis Hagen freigegeben.

Zum Bau der Autobahn musste 1938 jede Menge Erdreich bewegt werden. Die Schlackenhalden der BSI wurden mit einer eigens dazu gebauten, 4,4 km langen Seilbahn über Bliedinghausen, Berghausen, Struck zur Baustelle transportiert.

Die Diepmannsbachtalbrücke, die einzige Autobahnbrücke auf Remscheider Stadtgebiet. Um sie harmonisch in die Landschaft einzufügen, hat man sie mit Grauwacke verkleidet.

Traum erfüllt – auf den Spuren der alten Handelsstraße

Es fällt auf, dass die Autobahn weitgehend den Windungen der uralten Handelsstraße folgt. Wie einst hat man sie möglichst über die Höhen gelegt. Wie damals sucht sich auch die Autobahn den Weg zwischen Remscheid und Lennep so weit wie möglich durch Waldgebiete, um Siedlungen und Kulturland zu schonen. Überhaupt haben die **alte und die neue Straße denselben Zweck**, nämlich auf schnellstem Weg von Köln zur Nord- bzw. Ostsee zu kommen. Nachdem 100 Jahre zuvor Remscheider Kaufleute den Traum von einer Eisenbahn auf dieser Linie schmerzhaft ausgeträumt hatten, erfüllte er sich jetzt endlich mit der Autobahn.

Ein **Traum mit Konsequenzen**: Die Stadt ist leichter erreichbar. Güter- und Personenverkehr verlegen sich stärker von der Schiene auf die Straße. Ein Verkehrskollaps im neuen Jahrtausend ist vorprogrammiert. Mit Millioneninvestitionen hat man die Erweiterung der Autobahn in Angriff genommen, ein Projekt, das wohl erst 2010 abgeschlossen sein wird.

So einsam konnte es in den 50er Jahren bisweilen noch auf der Autobahn bei Remscheid aussehen. 50 Jahre später lässt sich ein drohendes Verkehrschaos nur verhindern, indem man im Zug des sechsspurigen Autobahnausbaus auch die Brücken erweitert. So wird neben die alte Diepmannsbachtalbrücke eine zweite moderne Brücke gesetzt. Um sie nicht ganz wie einen Fremdkörper in der Landschaft erscheinen zu lassen, hat man auch sie mit Bruchsteinen verkleidet.

4. Remscheid – eine noch autogerechte Stadt?

Mit der Zunahme der Autos kam es schon bald zu **kritischen Engpässen**. Der erste und größte war im Bereich der **Unterführung** in Bahnhofsnähe. Um diesen „gordischen“ Verkehrsknoten zu zerschlagen, begann man 1968 mit dem Bau der **Neuenkamper** Brücke, im Verbund mit dem Überwurf auf Stelzen, der **Birgderkamper** Brücke, Errungenschaften des „neuen Remscheid, das sich sein modernes Gesicht gibt“. (RGA 24.6.1971) Heutigen Ansprüchen genügt sie schon längst nicht mehr: Für den Schwerverkehr sind die Brücken viel zu schwach. Vierzigtonner kommen auf diesem Weg nicht in die Stadt.

„Tor ins Stadtzentrum“: Blick vom Überwurf der Birgderkamper Brücke (1968-70) auf die Neuenkamper Brücke .(1970/71)

„Stadtkerntangente“: Wansbeckstraße

Nächstes Problemfeld wurde der **Markt**, der dem Verkehr nicht mehr gewachsen war. Die Idee der **Stadtkerntangente** entstand (1983). Sie sollte die Innenstadt umgehen, „geschmeidig und reibungslos, am besten, ohne dass man es merkt“, so meinte damals Baudezernent Dr. Pernice. Die Entlastung gelang, doch es gab Kritik wegen der Zerschneidung der Innenstadt. Natürlich musste der Tangentenverkehr vernünftig angebunden werden. So haben am oberen Ende Elberfelderstr., Hochstr., Peterstr. sowie am unteren Ende der Bahnhofkreisel Verteilerfunktion.

Doch kaum war ein Verkehrsloch geschlossen, tat sich anderswo ein neues auf. Zurzeit erregt der Stau zu Spitzenzeiten an der **Trecknase in Lennep** die Gemüter. Und auch über den **Lüttringhausener Verkehrsknoten** (Barmer Straße / Gertenbachstraße / Lindenallee) wird gestöhnt. Wieweit die 2006 eröffnete neue Autobahnabfahrt Blume die beiden Knoten entlastet oder belastet, bleibt abzuwarten. Über die Lösungen dieser Verkehrsprobleme streiten die Experten. Die einen meinen, man könne durch **Umgehungsstraßen**, westlich oder östlich an Lennep bzw. Lüttringhausen vorbei, Entlastung schaffen. Doch das ist nicht nur eine kostspielige Angelegenheit, sondern ruft dazu auch noch heftige Proteste von Bürgerinitiativen hervor. Andere setzen auf eine **Kreisellösung** an kritischen Verkehrsknoten, sicher zustimmungsfähiger und dazu noch preiswerter.

Neuerdings häufen sich Klagen von Anwohnern, besonders der Freiheitsstraße, über den **Verlust von Lebensqualität**. Dort fahren tagtäglich 21.000 Autos und 800 schwere LKWs durch; mit ihnen kommen Lärm und Feinstaubbelastung. Der Feinstaub ist nicht das größte Problem, denn dank des bergischen Windes bleiben die Grenzwerte noch überall im gesetzlichen Rahmen. Doch die Bewohner drohen abzuwandern, eine Wohnqualität ist nicht mehr vorhanden, auch mit ein Grund für die seit einiger Zeit sinkenden Bevölkerungszahlen.

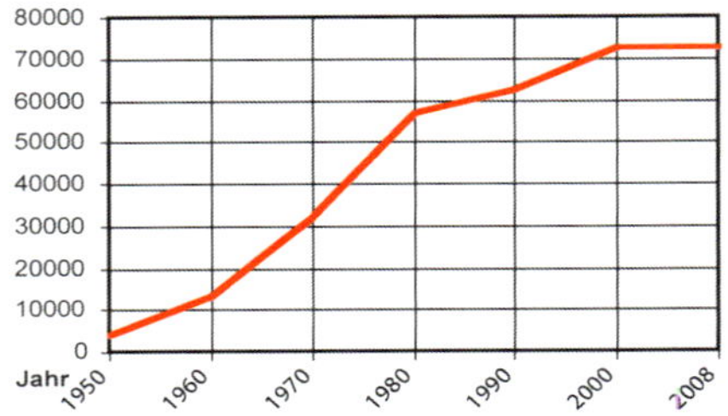

Entwicklung des PKW-Aufkommens in Remscheid

Da müssen sich Stadtplaner schon etwas einfallen lassen. Der einstige Traum von einer **autogerechten Stadt ist aufgegeben**. Staus in Spitzenzeiten werden in Kauf genommen. Für die Freiheitsstraße z.B. denkt man bereits an die Zurücknahme von Fahrspuren, an die Verbreiterung durch den Abriss maroder Nachkriegsblocks und an eine weitgehende Durchgrünung der so verbreiterten Straße.

Noch hält Remscheid im gewerblichen Bereich einen Spitzenplatz in NRW. Um den zu halten, bedarf es neben einer verkehrsgerechten Anbindung auch eines Angebots von Gewerbeflächen und Wohnungen, bei denen die Stadt 60-70 % unter dem der Nachbarstädte liegt. Da stellt sich die Frage: Wollen wir die **letzte Industriestadt** in NRW sein? Oder sollen wir uns, wie andere Städte es schon längst getan haben, mehr **auf Dienstleistung umstellen?**

Normalität und Problem auf der Freiheitsstraße

7. Industrie als Grundlage der Region

Drei Industriezweige haben unserem Bergischen Land weit über seine Grenzen hinweg einen bedeutenden Ruf verschafft: die Lenneper Tuchindustrie, die Lüttringhausener Bandwirkerei und vor allem die Eisenindustrie mit Schwerpunkt in Remscheid.

1. Lenneper Tuche

1. Vom Zwischenhandel zur Tuchmacherstadt (14. Jh.)

Bevor Lennep zum Zentrum der Wolltuchweberei wurde, hatte die Stadt vor allem aus der alten Handelsstraße, an der sie lag, Nutzen gezogen und ihren Ruf ausschließlich durch den damit verbundenen **Zwischenhandel** begründet. Bereits im 14. Jh. tauchten Lenneper Kaufleute überall im Raum der Hanse auf, in Köln und Dortmund, ja sogar als Großhändler in Schweden und Finnland. Unter ihren Handelsgütern befanden sich heimische Waren, darunter bergische Eisenwaren. Wenn damals in Lennep auch bereits Tuche hergestellt wurden, so doch nur von Ackerbürgern, also von Bauern, die bei dem kargen Boden der Gegend auf solche Nebentätigkeiten angewiesen waren. Ihre Tücher waren jedoch noch von grober Qualität und ließen sich bestenfalls im Kleinhandel verkaufen. Für die meisten Bürger in Stadt und Land mochte das reichen, denn man begnügte sich damals mit grau in grau gehaltenen groben Gewändern, blaue und feinere Tücher konnten sich nur die Vornehmen leisten.

„Bruderschaft des löblichen Wullenhandwerks St. Jacobi“

Die Weber stellten sich unter den Schutz des Apostels Jakobus der Jüngere, welcher der Legende nach mit einer Walkerstange erschlagen wurde (sein Symbol, siehe Bild). In der Stadtkirche gab es seinen Bruderschaftsaltar, den ein eigener Priester betreute. Eine eigene Kirchenglocke läutete den Arbeitstag der Weber ein.

Erste Zeugnisse über **gewerbsmäßige Tuchweberei** gibt es erst aus der zweiten Hälfte des 14. Jh. Damals hatten etliche Kölner Weber im Kampf ihrer Zunft mit dem aufstrebenden Bürgertum (1371) ihrer Stadt den Rücken gekehrt, wobei etliche sich im Bergischen niederließen, möglicherweise auch in Lennep. Mit ihrem Wissen bekamen die hiesigen Tücher eine bessere Qualität, und Lennep wuchs bald heran zu einer **Tuchmacherstadt**.

Weber um 1500, Tuchmuseum in Lennep

Aus dem ehemaligen Nebenberuf wurde bald ein **Hauptberuf**. Die Zahl der Webstühle stieg im 15. Jh. sprunghaft an. In den Gärten standen die Tuchrahmen, eine interessante Beute für Diebe. Die Tuchmacher schlossen sich zu einer **Bruderschaft** zusammen mit zwei Brudermeistern an der Spitze. Sie trafen sich in einem eigenen Zunfthaus, aus Stein gebaut, in dem auch ihr geistlicher Präses wohnte. **Gemeinschaftlich verarbeiteten sie** die anfangs noch heimische, doch bald auch schon aus Sachsen eingeführte Schafwolle und betrieben dazu eine Walkmühle und ein Färberhaus, mit dem eine Wollküche verbunden war. Dazu benutzten sie das Wasser des Stadtgrabens. Bevor die Webwaren auf den Markt gingen, wurden sie **genau auf Qualität geprüft**. Man unterschied das grobe Tuch für den Massenbedarf und das etwas bessere **„gemeine Tuch“**, farblich den Kundenwünschen angepasst. Feinere Tücher wurden noch nicht produziert.

2. Der Markt verlangt Anpassung und Spezialisierung

Im 16. Jh. kam der Wunsch nach feineren Tüchern und noch modischeren Farben auf. Die Appretur schien auf einmal wichtiger als die Weberei. Die steigenden Ansprüche machten eine **Spezialisierung das Handwerks** notwendig, und es entstanden neue Berufsgruppen. Die alte Bruderschaft bestand bald nur noch aus Webern. Die St.-Jakobs-Walkmühle wurde an Pächter vergeben, die das Walken, eine Routinearbeit, mit Lohnarbeitern betrieben. Die Tuchschererei wurde zur besonderen Kunst und einem

Weben

Walken

Rauen und Scheren

Färber bei der Arbeit

zunftmäßig organisierten eigenen Berufsstand. Das Färberhaus wurde an spezialisierte Färbermeister verpachtet. Mit den aufkommenden modernen Mustern war Färben zu einer Wissenschaft geworden. Die Kaufleute und Tuchhändler gaben, den Kundenwünschen entsprechend, die Aufträge vor. Sie bestimmten die zu verwendende Wolle, gaben statt Geld sogar oft eigene Rohwolle in Zahlung oder bestellten nur weiße Tücher und legten sie sich auf Lager, um sie anderenorts, je nach aktuellem Modetrend und Kundenwunsch, färben zu lassen.

Es entstand der Spruch
„Zehn Ellen ist die Kammer lang und sieben in die Breite,
mit Fächern an der Wand entlang von mäßig hoher Weite.
Dort lagert dann der Tuchkaufmann
Rohtuch, soviel er kaufen kann.
Dann lässt er's appretieren
und zu dem Färber führen."

Das Lenneper Erfolgsrezept: klare Arbeitsorganisation des Handwerks, Schulterschluss der Kaufleute in einer eigenen Vereinigung, strenge Qualitätskontrolle der Tücher und die schnelle Anpassung an den gewünschten Trend der Zeit.

3. Krisenzeiten und Neuanfänge auf höherem Niveau (16.-18. Jh.)

Stadtbrand 1563

Als dieser verheerende **Stadtbrand** über Lennep hereinbrach, versank der Wohlstand der Tuchmacherstadt in Schutt und Asche. Um wieder auf die Beine zu kommen, bedurfte es fremder Hilfe. Sie kam in Gestalt **obrigkeitlicher Privilegien**. Um 1600 hatte sich Lennep vom Brand völlig erholt und seinen Ruf als Tuchmacherstadt neu gefestigt.

Dreißigjähriger Krieg und seine Folgen

Während dieses Krieges verließen viele Weber die Stadt, um auf dem platten Land, vorbei an jeder Zunftordnung, ihr Gewerbe weiter auszuüben. Obwohl ihre **Tücher von minderer Qualität** waren, bot man sie im Handel als „Lenneper Tücher" an. Und da die „Plagiate" auf den ersten Blick von Qualitätstüchern nicht zu unterscheiden waren, kam Lenneper Tuch immer mehr in Verruf, mit bösen Auswirkungen. Der Markt erkannte ihm das Qualitätssiegel ab, und mit dem Wohlstand ging es schnell zurück, unaufhaltsam schien der Niedergang. Diesmal war es nicht die Obrigkeit, sondern **Kaufmannsinitiative**, die eine Wende herbeiführte. 1695 schlossen sich die Familien Frielinghaus, Hardt, Moll und Wülfing zu einer Gesellschaft zusammen und begannen eine neue Produktion mit feinen Tuchen aus spanischer Wolle in allen erdenklichen Farben. Dazu holten sie sich, an der Zunft vorbei, fremde Weber und Scherer in ihre Werkstätten. Um 1725 hatte das neue Lenneper Tuch mit seiner Spitzenqualität alle anderen Laken im Bergischen verdrängt. Die alte Weberzunft musste aufgeben (1731), die meisten Mitglieder stellten sich auf die neuen Verhältnisse ein. Es begann die Zeit freier Gesellschaften, die von der Obrigkeit mit entsprechenden Erlassen und Aufträgen (z.B. für Uniformen) gefördert wurden. Um die Nachfrage zu bewältigen, musste sogar das Umland für die Produktion herangezogen werden.

Stadtbrand 1746

Der **nächste Stadtbrand** legte die Tuchindustrie vorübergehend wieder völlig lahm. Mehrere Firmen wanderten aus bzw. verlegten ihre **Produktion in andere Städte**. Einige gingen ins nahe Lüttringhausen, andere gar bis nach Hagen, Duisburg und ins Aachener Gebiet und machten den Daheimgebliebenen Konkurrenz. In Lennep suchte man die **Weber auf dem Land** für sich zu gewinnen und ging an den Wiederaufbau. Zum Brandschutz wurden die Häuser verschiefert. Zunächst gab es noch Klagen, dass das Tuch ungleich war, weil mal

Privilegien des Landesherrn
Steuerbefreiung
Lammwollprivileg (1571)
Ausschließlich Lenneper Bürger haben das Recht zur Verarbeitung feiner Lammwolle.
Wegegeldeinnahmen
von durchziehenden Fuhrleuten
Halber Zoll
für alle eingeführten Waren
Halbe Verbrauchssteuer
für alle ausgeführten Waren

„Spaniermühle" zwischen Lennep und Krebsöge. Der Ort erinnert an die Zeit, als man mit spanischer Wolle zu arbeiten begann.

Stammhaus Wülfing an der Schwelmer Straße mit Lagerräumen bis zum Speicher, nach dem Stadtbrand im Schiefergewand erbaut.

hier und mal dort gesponnen wurde, und dass die Farben nicht glänzend genug waren. Aber Unternehmer bemühten sich eifrig um Verbesserung der Qualität, und schon 1774 klapperten in Lennep wieder rund 330 Webstühle. Es wurden neue **Farbhäuser** errichtet und fremde Färber in die Stadt geholt, die nach neuen Rezepten arbeiteten. Die in Lennep bisher unbekannte Blaufärberei wurde eingeführt. Die Unternehmer beschafften sich die teuersten **Schergeräte**, wie sie die Zunft nicht besaß, und holten sich auch fremde Scherer, die damit optimal umgehen konnten. Das gab Konflikte mit den ansässigen Tuchscherern, deren Zunft schließlich der modernen Zeit unterlag und 1780 von der Regierung aufgehoben wurde. Um die Tuche angemessen **zu bearbeiten und zu glätten**, errichteten die Unternehmer eigene Betriebe und stellten auch dort Spezialisten von auswärts ein. Dank solcher Neuerungen ließ der Aufschwung nicht lange auf sich warten. Die Tuche erreichten eine **Spitzenqualität,** und der Umsatz stieg. Dazu kam noch, dass mit Einführung einer neuen Technik, d.h. mit schneller fliegenden Weberschiffchen, die monatliche Produktion eines Webstuhls um 30 % erhöht werden konnte. Die Fabrikanten, die ausschließlich feine Tücher herstellten, bekamen ein neues Standesgefühl; sie redeten nicht mehr von ihrer Tuchfabrik, sondern von der „**Gewandschaft**". Um die Geschäfte in geregelten Bahnen abwickeln zu können, gab sich diese um 1790 eine Art Verfassung mit eigenem **Gewerbegericht**.

4. Nach den Freiheitskriegen: Aufstieg zu Großbetrieben (1816-1856)

Als die französischen Revolutionstruppen anrückten, war es mit der anfänglichen Begeisterung schnell zu Ende, denn schon bald, mit der neuen **Zollgrenze am Rhein**, waren den Lenneper Fabrikanten die Wege zu Rohstoffen und Kunden weitgehend versperrt. Deshalb wanderten Lenneper Firmen wie Bauendahl, Wülfing & Sohn, Schürmann & Schröder **ins französisch gewordene linksrheinische Gebiet** aus (1811-1814), um dort mit bergischen Fachleuten und einheimischen Arbeitskräften weiterzuarbeiten. So konnten sie in ihren Zweigbetrieben drei Viertel der Produktion abwickeln. Zugleich lernten sie dort in Eupen, Verviers oder Burtscheid **moderne Maschinen und Arbeitsmethoden** kennen.

Nach Napoleons Niederlage kehrten die Firmen, auf dem Stand neuester Technik, nach und nach **in ihre Stammwerke zurück**. Sie brachten die modernen **Textilmaschinen** mit und machten den Anfang mit mechanischer Fertigung. Zudem hatten sie Beziehungen zu **neuen Absatzmärkten** eröffnet, die Lennep bisher verschlossen waren, bis hin zu den USA. Die Konjunktur blühte auf.

Preußischer Kantonvogt berichtet nach Düsseldorf
„Die hiesigen Wollentuchmanufakturen befinden sich in dem blühendsten Zustand; zum Beweise dient, daß seit ein paar Monaten außer den ortsansässigen Beschäftigungslosen mehr als 400 auswärtige Arbeiter hier Arbeit gefunden haben. Es wird in den meisten Fabriken von morgens 5 Uhr bis abends 9 Uhr, in einer ganzen Anzahl Etablissements sogar auch nachts gearbeitet." (1815)

Auf der Suche nach **günstigen Antriebskräften** für die neuen Maschinen bot sich das **Tal der Wupper** an, zumal dort etliche Hammerwerke der Kleineisenindustrie leer standen, da sie infolge der napoleonischen Wirtschaftssperre bankrott gegangen waren. So zogen jetzt Textilfirmen dorthin und füllten die entstandene Lücke aus: Johann Wülfing & Sohn nach Dahlerau (ehemals Buschhämmer), Peter Schürmann & Schröder nach Vogelsmühle und C.H. & A. Bauendahl nach Dahlhausen. Die Stunde der Großbetriebe hatte geschlagen. Die meisten textilen Kleinbetriebe Lenneps wurden nach und nach geschluckt, aus Heimarbeitern wurden Fabrikarbeiter. Das war der Preis der neuen Gewerbefreiheit.

Tuchfabrik Bauendahl in Lennep um 1840/50. Sie war wie die anderen Großfabriken zweigeteilt: ihr Stammsitz in der Stadt, die Hauptfabrikationsstätten eine Stunde entfernt an der Wupper. Seit 1862 aufgegeben und an Hermann Emil Hardt verkauft. 1912/13 entstand an ihrer Stelle ein Warenhaus, seit 1926 Karstadt, heute Hertie. Auf der Rückseite, hier dem Betrachter zugewandt, liegt der Hardtpark.

Technische Revolution der Tuchindustrie

Die Großen aber hatten die Mittel, technisch aufzurüsten. Um die **mechanisch** angetriebenen Webstühle zu betreiben, wurden die alten **Stauanlagen** beträchtlich vergrößert. Für wasserarme Zeiten traten an die Stelle von Wasserrädern **Dampfmaschinen** und später moderne **Turbinen**.

Maschinenfabrik als Konjunkturspritze

*Für eine zunehmend auf Arbeitsmaschinen aufbauende Textilindustrie war eine Maschinenfabrik unverzichtbar. Sie ist verbunden mit dem Namen **Friedrich Haas**. Der kam als junger Mechaniker 1826 von Stolberg (bei Aachen) nach Lennep. Jahre zuvor hatte er in Verviers, der Hauptstadt der belgischen Wollindustrie, erlebt, wie die Spinner, Weber und Scherer die modernen Maschinen, die ihnen die Arbeit stahlen, kurz und klein geschlagen hatten. Das hatte sein Interesse geweckt, und jetzt kam er, mit Maschinenplänen in der Tasche, nach Lennep, wo er am **Schwelmer Tor eine Werkstatt** errichtete, um Textilmaschinen und Trocknungsanlagen zu entwickeln. Um die technischen Probleme besser studieren zu können, gliederte er seiner Werkstatt gleich eine Spinnerei und Walkerei an. In seinem Betrieb wurden die Maschinen durch eine moderne **Dampfmaschine** betrieben, der ersten im heutigen Remscheider Gebiet (1831). Damit war sein Betrieb, nun keine Manufaktur mehr, zur ersten Remscheider Fabrik geworden. Sie wurde 1968 verkauft und zehn Jahre später aufgegeben.*

Alle Wupperfabriken behielten weiterhin ihren Sitz in Lennep. An der Wupper wurde gesponnen, gewebt und gewalkt, in Lennep sortiert, verfeinert und der Versand organisiert. Als ein hoher preußischer Beamter 1829 die Firma Bauendahl in Lennep besuchte, zeigte er sich entzückt von dieser Fabrik:

„Seine Fabrik verdient ihren Namen im wahren Sinne. Spinnerei und Walke sind eine Stunde entfernt (in Dahlhausen und Friedrichsthal), die Stühle zerstreut bei den Arbeitern, das übrige vereint in Lennep, namentlich vortreffliche Rauh- und französische Schermaschinen. Man decatiert (steigert die Wollqualität) wie in allen guten Fabriken auch in der hiesigen Gegend vor dem Färben, nach dem Walken und einigen ersten Schritten, wollfarbiger in demselben Stadio, dann wird das Tuch auf einer einfachen Waschmaschine in reinem Wasser ausgewaschen."

Amtlicher Bericht über die Firma Wülfing & Sohn (1844)

„Diese Fabrik mit Maschinenweberei ist eine der bedeutendsten in der Preußischen Rheinprovinz und beschränkt ihren Absatz nicht nur auf Deutschland, sondern dehnt denselben auf Italien, die Levante, Spanien und andere Länder aus. Lennep besitzt an 400 Stühle für Tuch; es ist der alte Hauptsitz der Bergischen Tuchweberei; die Spinnereien befinden sich an den Gefällen der Umgegend; jährliches Erzeugnis mit Hückeswagen zusammen 40 000 Stück."

(Deutsche Gewerbeausstellung, Berlin)

Die Firma **Wülfing** eroberte die Märkte und entwickelte sich, auch unter Beteiligung der Familie **Hardt**, zum **führenden Tuchimperium in Europa**. Abgesehen von einer vorübergehenden kriegswirtschaftspolitischen Schließung im Ersten Weltkrieg, bestand das Unternehmen bis in die 90er Jahre des 20. Jh.

An der Ecke Schwelmer / Hackenberger Straße, direkt gegenüber der heutigen katholischen Kirche, stand die erste Fabrik Lenneps. So sah sie in den Anfangsjahren (1826-40) aus. Heute ist sie zur Wohnanlage „Weberhof" umgebaut.

Wülfing in Dahlerau, wo einst mit 5000 Arbeitern das Leben pulsierte, gibt es nicht mehr. Angesichts der Konkurrenz aus den Billiglohnländern ging Wülfing 1996 in Konkurs (als letzte der drei oben genannten Firmen). Heute ist dort (inzwischen zu Radevormwald gehörend) ein Industriemuseum untergebracht. Eine Attraktion ist eine Maschine, die 1891 dort aufgestellt wurde. Sie war die größte Dampfmaschine des Bergischen Landes.

5. Die „Kammgarn“ – eine Textilfabrik zieht wieder nach Lennep hinauf

Kammgarn wird aus langfaseriger Wolle gesponnen. Im Gegensatz zum ungekämmten Streichgarn, dessen Oberfläche voluminös und rau ist, werden beim Kammgarn die kurzen Faserstücke und Verunreinigungen aus der Rohwolle herausgekämmt. Dazu wird das Garn mehrfach gestreckt und gemischt. So entsteht ein gleichmäßiges, glattes, feines Material, das auch für modische Effekte reicheren Spielraum bietet. Auf speziellen Spinnmaschinen weiter verarbeitet, entsteht ein hochwertiges Produkt, das höchsten Ansprüchen genügt, vor allem in der Bekleidungsindustrie.

Im 19. Jh. drängte ein neues hochwertiges Gewebe auf den Markt, das „Kammgarn“. Natürlich ging Wülfing auch hier mit der Zeit und begann 1875 in größerem Umfang mit dem Weben. Bald reifte der kühne Entschluss, eine Kammgarnspinnerei am Stadtrand Lenneps zu bauen, obwohl das dazu nötige Wasser hier oben knapp war. 1878 erwarb die Firma ein Gelände ganz in der **Nähe des Güterbahnhofs** und hatte damit schon einmal den Eisenbahnanschluss. Dank Dampfmaschinen ließ sich Wasser mittlerweile auch aus tiefer liegenden Bächen und Teichen heraufpumpen. Das Unternehmen wuchs und hatte vor dem Ersten Weltkrieg bereits eine Kapazität von **45.000 Spindeln**, dazu schon bald einen international erstklassigen Ruf. In den Jahren 1935-39 wurden **synthetische Fasern** in die Produktion mit einbezogen. Während des Krieges mussten dann größere Teile für bombengeschädigte andere Firmen zur Verfügung gestellt werden. Vor größeren Kriegsschäden war die Kammgarnspinnerei verschont geblieben, nicht jedoch vor den inflationären Produkten aus **Billigländern**. Lange setzte Wülfing in Lennep auf moderne Maschinen hinter den denkmalwürdigen Mauern. In den 60er Jahren hatte sie noch über 1000, 1997 nur noch 220 Arbeitsplätze. Der Konkurs von Kammgarn Wülfing war nicht mehr aufzuhalten.

Die Kammgarnspinnerei um 1900

6. Die Barmag – ein Textilmaschinenbauer von Weltruf

Schon drei Jahre nach Gründung der „Barmer Maschinenfabrik AG“ (Barmag) wurde es ihr im Wuppertal zu eng, sodass sie 1925 an den Stadtrand von Lennep zog. Ihr Schwerpunkt war die Konstruktion von **Maschinen zur Weiterverarbeitung von Chemiefasern**, die damals angesichts einer **boomenden Textilindustrie** in der ganzen Welt gefragt waren. 1929 hatte die Barmag bereits 1300 Beschäftigte, dann sank die Zahl infolge der Weltwirtschaftskrise zeitweise (1929-33) auf 300 Mitarbeiter herab, doch konnte sie sich schnell wieder erholen. Während des **Weltkrieges** musste sich das Werk im Rahmen der Kriegswirtschaft an Rüstungsaufträgen beteiligen. Als 1943 Bombardierungen drohten, wurden Teile der Produktion nach Schlesien (Liebau) verlegt. Kurz vor Kriegsende schlugen dann die Bomben ein (10.3.1945) und zerstörten zwei Drittel des Werks. Mit Einmarsch der Amerikaner musste der größte Teil der Belegschaft entlassen werden. 1947 durfte die Barmag, von der britischen Militärregierung genehmigt, den Maschinenbau wiederaufnehmen. Die Zahl der **Beschäftigten** wuchs stetig (1955 waren es über 1000, 1965 an die 2500, 1975 über 3000). Durch Zukauf von Grundstücken dehnte sich das Werk in kurzer Zeit um über 50 % aus. Der Bau einer **Versuchsfabrik** (1961) machte die Barmag zu einem **international** führenden Hersteller von Maschinen für Chemiefasererzeugung. Tochtergesellschaften wurden gegründet in den USA (1965), in Brasilien (1973) und Asien, der Schweiz und natürlich auch in der Bundesrepublik. Der **Umsatz** stieg rapide an (1955: 20,7 Mill., 1970: 238 Mill., 1975: 368 Mill., 1988: 615 Mill.). Die Barmag wurde zum größten Lieferanten des deutschen Maschinenbaus nach China. 1995 brach dann der Umsatz um 23 % ein, das war ein **Bilanzverlust** von 40 Millionen Mark. Im Jahr 2000 ging das Unternehmen mehrheitlich in eine Schweizer Firmengruppe über, die ihrerseits 2006 Bestandteil der Schweizer Oerlikon-Gruppe wurde, ein Unternehmen mit 18.000 Mitarbeitern weltweit. **Oerlikon-Barmag** ist heute ein Unternehmen, das am Standort Remscheid 800, in Chemnitz über 300 und weltweit mehr als 1700 Mitarbeiter beschäftigt. Es gilt als Weltmarktführer im Bereich Spinnanlagen für Chemiefasern wie Polyester, Nylon und Polypropylen sowie Texturiermaschinen. Die Hauptmärkte liegen in Asien und hier insbesondere in China und Indien. Das Unternehmen ist wieder im Aufwind.

Bis zu 700 m entlang der Ringstraße erstreckte sich einst das Werksgelände der Barmag; hier die heute noch imponierende Ansicht von Oerlikon-Barmag.

2. Lüttringhauser Bandwirker

1. Weberei neben Landwirtschaft – es begann im 17. Jahrhundert

Auch in Lüttringhausen lebte man ursprünglich von der **Landwirtschaft,** und auch hier brauchte man zum Überleben ein zweites Standbein. Das waren **Fuhr- und Spanndienste, Kleineisenindustrie** oder **Webarbeiten**. Die Eisenindustrie soll im Zusammenhang mit Remscheid zur Sprache kommen. Hier soll, weil von Anfang an typisch für Lüttringhausen, besonders auf das Bandwirken eingegangen werden, eine besondere Form der Weberei.

Bandstuhl zur Herstellung von Schmuckbändern, 1698

Eigentlich hat das Bergische mit seinem Regenreichtum beste Voraussetzungen für die Weberei, denn Wolle lässt sich bei hoher Feuchtigkeit am besten verspinnen und weben. Während sich das benachbarte Lennep schon längst ganz auf die Tuchmacherei eingestellt hatte, hielt die Weberei in Lüttringhausen wohl erst im 17. Jh. ihren Einzug, und dann auch nur hier und da. Das lag sicher mit daran, dass den Lenneper Verlegern die Arbeitskräfte knapp geworden waren und sie sich andernorts nach Heimwerkern umsehen mussten. Nur war es ihnen dann auch wieder nicht recht, dass die Lüttringhausener einen Teil der Stoffe dann selbst weiterverkauften und das auch noch unter dem Namen „Lenneper Tuche". Man unterstellte den unliebsamen Konkurrenten auch gleich „minderwertige Ware" und warf ihnen vor, dem guten Ruf Lenneps zu schaden.

Moderner Bandwirkerbrunnen vor dem Lüttringhausener Rathaus. Er erinnert an das alte Gewerbe (aufgestellt 1998).

Als 1746 Lennep abbrannte, nahm die Zahl der Lüttringhausener Weber deutlich zu. Der Lenneper Caspar Moll gründete hier eine Tuchfabrik, die Tuchmacherei wurde heimisch. Man wurde Zulieferer zu den Manufakturen der Nachbarorte, nach Ronsdorf eher weniger (seit 1745 Stadt geworden und von Lüttringhausen abgetrennt), aber vor allem nach Lennep. Um 1800 konnte der Ortspfarrer Elbers über die aufblühende Tuchindustrie in seiner Gemeinde berichten: „Man zaehlte 27 Tuchgezauen (Webstühle), auf denen die feinsten Tuecher gewebet wurden. 149 Siamosen-Gezauen und 102 Bandstühle lieferten eine Menge Fabrikate und gaben so vielen Menschen ihr reichliches Auskommen. Nehmen wir die Tuchscherer, Baumwolle-, Wollen- und Wollart-Spinnereien, so waren gewiß 2500 Menschen an unseren Fabriken beschaeftigt."

2. Neue Ideen und neue Techniken (ab 1848)

Als dann infolge der Napoleonischen Wirtschaftsblockade Europa verarmte und es kaum noch Bedarf für zierende Bänder aus Lüttringhausens Bandwirkereien gab, kam eine jahrzehntelange Depression. Neue Ideen, neue Verfahren und damit neue Maschinen mussten her. Das Umdenken kam fast schlagartig 1848. Die Unternehmen entwarfen ansprechende Farbmuster, ganz auf die neue Mode abgestellt, wie sie die Bürger sich wünschten. An die Stelle trister Bänder aus Baumwolle traten jetzt feine Seidenbänder, schmucke Besatzbänder für Herren- und Frauenkleider. Inzwischen erfolgte auch die Umstellung auf mechanische Webstühle. Die Nachfrage nach Bändern schnellte in die Höhe, und dem Ansturm auf die neuen Produkte waren auch die Bandstuhlschreiner kaum gewachsen. **Flexibles Handeln** war verlangt. Die Bandwebmaschinen wurden immer schneller und größer und präziser, was **ständiges Umrüsten** verlangte. Nach und nach kamen Jacquardmaschinen zum Einsatz, sie ermöglichten eine nie gekannte Mustervielfalt: modische Hutbänder, Wäschebesätze, Namensbänder, Hosenträger- oder Gürtelbänder und vieles mehr. Ein mechanischer Antrieb war lange Zeit nicht möglich. Viele Hofschaften hatten keine Wasserkraft, und wo es sie gegeben hätte, lagen die Rechte bei der Eisenindustrie. Dampfmaschinen waren für die Kleinbetriebe zu teuer.

Bandwebstuhl mit Drehbaum aus der Übergangszeit vom Handbetrieb zum elektrischen Antrieb

Einmal in der Woche musste ausgeliefert werden. Dann machten sich die Hausbandweber mit ihrem blau karierten Liefersack auf, um

über **weite Stecken** auf schlechten Wegen die Fertigware nach Ronsdorf oder ins Wuppertal zu liefern bzw. von dort Nachschub an Garnen in ihre „Wirkskammer" zu holen. Das kostete Kraft und Zeit – ein großer Nachteil gegenüber der Konkurrenz. So erfanden sie das „**Lüttringhausener Mützenband**", ein Band aus feinen Fäden, kompliziert gemustert, aufwändig herzustellen, nicht so schwer und damit noch leichter zu transportieren, und auch nicht unwichtig: Es brachte mehr Lohn ein als die üblichen Seidenbänder.

Mit dem weiteren Einzug der Technik kam manche Erleichterung. Der Straßenbau machte Fortschritte. Die **Eisenbahn** (1868) und später die **Straßenbahn** halfen die Wege nach Wuppertal, Lennep und Remscheid abzukürzen. Seit Einrichtung der städtischen Gasanstalt Ende der 80er Jahre kamen **leuchtgasgefeuerte Motoren** auf, die auch für Kleinbetriebe rentabel waren. Und die Stadt war bereit, Motoren zu vermieten bzw. günstige Darlehen zu geben. Mit dem **elektrischen Strom** konnten schließlich auch die entlegenen Höfe erreicht werden. Jeder Hausbandwirker konnte sich einen Motor ins Haus stellen. Das machte ihn unabhängiger. Für die größer dimensionierten Webstühle, von denen man infolge der Motorkraft mehrere gleichzeitig betreiben konnte, waren Neu- bzw. **Anbauten** nötig. Um möglichst viel Licht für den Arbeitsplatz einzufangen, baute man hohe Sprossenfenster ein, gelegentlich wurden Anbauten auch nach dem Stil der Shedbauten mit sägezahnartigem Dachaufbau errichtet. Meist bestand eine Verbindung zur Wohnung und eine Außentür zum Garten. Vereinzelt kam es auch zu genossenschaftlichen Zusammenschlüssen. Jedenfalls nahm die Bandwirkerei fortan gewaltigen Aufschwung. Wohlstand kehrte ein.

Ein typischer Anbau einer Bandwirkerei an ein Lüttringhausener Wohnhaus (Ecke Klausener/Lockfinker Straße)

3. Niedergang der Hausbandweberei

Im Zusammenhang mit dem Ersten Weltkrieg kam es zu einer ersten Depression. Es fehlte an allem, die hungernde Bevölkerung hatte anderes im Kopf als Bandwaren. Aber man rappelte sich wieder auf und kam

Blick in den Websaal einer modernen Seidenbandweberei in Lüttringhausen

zu schönen Erfolgen. Im Zweiten Weltkrieg wurden die meisten Hausbandweber eingezogen und die Daheimgebliebenen mussten „kriegswichtige" Dinge herstellen: Fallschirmgurte und Gasmaskenbänder. Nach dem Krieg gab es zwar einen neuen Boom an Aufträgen, doch es fehlte an Fachkräften. Viele waren gefallen, andere noch bis 1953 in Kriegsgefangenschaft. Dennoch blieb Lüttringhausen bedeutender Produktionsort für Bänder. Doch Mitte der 60er Jahre, als die Konjunkturtäler länger wurden und die Hausbandweberei sich nicht rechtzeitig bzw. gar nicht mehr auf den technologischen Wandel einstellen konnte, kam es zu einer dramatischen Entwicklung.

Aus heutiger Sicht werden **vier Gründe für den Niedergang der Hausbandwirker** genannt: 1. Mit verbesserten Garnqualitäten konnten mehr Maschinen gleichzeitig eingesetzt und beaufsichtigt werden. Viele Betriebe waren dafür räumlich zu klein. 2. Die Einführung neuer Nadelbandwebtechnik erforderte hohe Investitionen und Teilnahme an Weiterbildungen. Kleine Betriebe waren damit überfordert. 3. Die Jacquardbandwebtechnik führte neue computergestützte Techniken ein. Dazu aber brauchte es pro Arbeitsplatz Investitionen in Millionenhöhe. 4. Fachkräfte mit hoher Qualifikation, die erforderlich waren, bewarben sich risikoloser eher in größeren Betrieben mit Beschäftigungsgarantie. **Einige Hausbandweberfamilien haben den Sprung in die moderne Zeit geschafft.** Sie arbeiten weiterhin erfolgreich mit einem breiten Sortiment für medizinische, floristische und industrielle Bereiche. Tag für Tag laufen unvorstellbare Längen von raffiniert gestalteten Bändern durch die Maschinen und beliefern den deutschen und europäischen Markt.

3. Remscheider Eisenindustrie

1. Vom Wald, vom Acker und von der Weide zum Eisen

Das Feilenhauerdenkmal (aufgestellt 19.8.1999) auf dem Remscheider Markt erinnert an eines der wichtigsten Eisengewerbe Remscheids

Die Remscheider **Waldbauern** züchteten Schafe und Schweine, vom 15. Jh. ab auch Kühe. Hauptsächlich bauten sie Hafer an. Das halbe Leben drehte sich um Hafer; er war Hauptnahrung, Pferdefutter und schließlich auch Handelsgut in die Städte. Die Bevölkerung wuchs, der Boden war karg, das Wetter ungünstig. Deshalb sah man sich zusätzlich zu einer gewerblichen Beschäftigung gezwungen. Das war das **Eisengewerbe**. Grundlage war eisenhaltiges Gestein, das man auf Reinshagen, Kremenholl und im Morsbachtal fand, zunächst knollenartig an der Oberfläche. Man folgte diesen Nestern durch Schürfgräben (sog. „Pingen") ins Erdreich hinein, allerdings zunächst nur so tief, wie es das eindringende Wasser erlaubte, also nur im Tagebau. Wann man damit anfing, lässt sich heute nicht mehr genau sagen, manche meinen: schon vor 1000 Jahren. Jedenfalls war es keine sprunghafte, sondern eine langsame Entwicklung.

Brauneisenstein aus dem Morsbachtal

Eine alte Verhüttungsstelle im Wald bei Gerstau im Morsbachtal. Für den geübten Blick gibt es rund um Remscheid noch viele davon. Man kann sie erkennen an kleinen Plattformen und Schlackenresten .

2. In die Täler zum Wasser (um 1400)

Wohl um 1400, ein genauer Zeitpunkt dieser Entwicklung lässt sich nicht angeben, wanderten die Eisenhütten in die Täler. Das Gewerbe entdeckte die Kraft des Wassers und damit den Reichtum der heimischen Bäche. Überall an den Bachläufen entstanden einfache Häuser, sog. „**Kotten**". Sie wurden mit Wasserrädern ausgestattet, an welche **Hämmer** angeschlossen wurden, die den Menschen die Knochenarbeit des Schmiedens erleichterten. Außerdem nutzte man sie bald auch zum Schleifen von ausgeschmiedeten Gebrauchsgegenständen. Fürs Schmieden wurde man erfinderisch und schloss über zweite Wasserräder auch **Blasebälge** an. Dadurch ließen sich im Holzkohlenfeuer **höhere Temperaturen** erzielen, und das wachsweich gewordene Eisen ließ sich **bequemer zu Gebrauchseisen** verarbeiten. Hinzu kam, dass das Feuer zum Frischen regulierbar war und sich dadurch mehr oder weniger störende Kohlenstoffmengen entziehen ließen, man also **verschiedene Sorten von Eisen** erzeugen konnte. Wohl um 1500 war man dann sogar so weit, mit noch stärkeren Blasebälgen **flüssiges Eisen** zu erzeugen.

Das Eisen wurde gereckt, d.h. im Wesentlichen zu Stangen geformt, die bereits im 15. Jh. weitgehend genormt waren. Dieses Gebrauchseisen gab man weiter **an die hiesigen Schmiede**, die daraus Werkzeuge machten. Das **Schmiedewesen spaltete sich** immer mehr in Erzeugung und Verarbeitung auf. Weil sich mit der neuen Technik größere Mengen Eisen herstellen ließen, wurde es auch zum guten Teil **ausgeführt**, zunächst z.B. nach Köln, dann am Ende des Jahrhunderts als „Lenneper Iseren" auch Richtung Norden. Der Anstieg der Produktion hatte aber auch zur Folge, dass die oberirdischen Erznester bald erschöpft waren

Jetzt ging man mit dem Bergbau in die Tiefe. **Stollen und Schächte** wurden gegraben, wobei man das Grubenwasser in ledernen Säcken mit Hilfe einer Haspel nach oben zog. Mit der Hammerschmiederei begann für die Remscheider (und Lüttringhausener) Industrie ein neues Zeitalter. An allen größeren Wasserläufen entstanden Wassertriebwerke, Frucht- und Walkmühlen, Schmelzhütten, Hämmer und Schleifkotten.

Hütten auf Remscheider Gebiet (urkundlich überliefert, 16./17. Jh.)
am Morsbach
Gockelshütte beim Gockelshammer
Gerstau
bei Clemenshammer
am Platz
bei Gründerhammer
am Eschbach
am Neuenhammer
„unter Ehringhausen“ (Altenhammer)
am Lobach
Loosenhütte im Hammertal

3. Entdeckung des Raffinierstahls – und seine Folgen

Dann kam es an den Remscheider Hämmern im Morsbachtal zu einer einschneidenden Entdeckung. Man entwickelte den Raffinierstahl, den „Edelstahl“ der damaligen Zeit, ähnlich dem biegsamen „Damaszenerstahl“. Dieser mit Hämmern und Windmaschinen produzierte bergische Stahl hatte um 1500 eine solche Qualität erreicht, dass er die auswärtige Produktion vom Markt drängen konnte und sogar dem damals besten Klingenstahl Europas, der in der Steiermark hergestellt wurde, Konkurrenz machen konnte, weil er preiswerter war.

Etwa ab 1550 war Raffinierstahl bei Solinger Klingenschmieden hoch begehrt, und der Raum um Remscheid, Lüttringhausen und Cronenberg blieb das Land der Raffinierhämmer, der sich Jahrhunderte lang im Wettbewerb erfolgreich behaupten konnte. Mit dem Zuwachs an Eisen, der neuen Qualität und dem guten Absatz, blühte das Schmiedegewerbe, und neue spezialisierte Hämmer entstanden: Raffinierhämmer, Reckhämmer, Breithämmer für Bleche und Bandeisen.

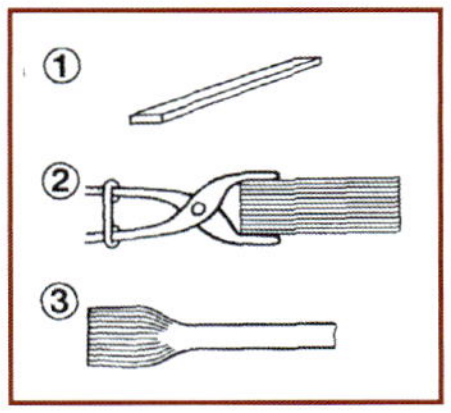

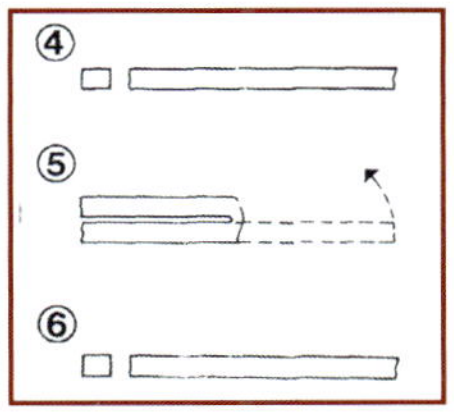

Zur Technik des Raffinierens *(raffinieren= verfeinern, siehe Skizze)*
1. *Das Eisen wird zu Leisten („Rippen“) ausgeschmiedet, etwa im Querschnitt 50 mal 5 mm stark und 70 cm lang.*
2. *An die 14 bis 20 Rippen, meist aus drei unterschiedlichen Eisensorten, werden mit einer großen Zange geklammert.*
3. *Das Eisenbündel wird im Ofen zum Glühen gebracht und unter gewaltigen Schlägen „zusammengeschweißt“.*
4. *Dabei wird das Rippenbündel mindestens doppelt so lang.*
5. *Das zusammengeschweißte Eisen wird erhitzt, gereckt und dann umgebogen, bis sich die Enden berühren.*
6. *Noch einmal wird das Ganze erhitzt und auf mindestens das Doppelte ausgeschmiedet. Eine noch bessere Qualität wird erreicht, wenn man das Schmiedestück ein zweites und drittes Mal oder noch öfter umbiegt und ausschmiedet. Eine Spitzenqualität, z.B. für besten Messerstahl, liegt bei 160 Schichten, für Degenstahl bei 320 Schichten.*

4. Spezialisierung der Werkzeugindustrie in besondere Berufsstände

Den neuen Möglichkeiten entsprechend, kam es auch in der verarbeitenden Industrie zu Spezialisierungen. Bei der Werkzeugherstellung kristallisierten sich zunächst drei Berufsstände heraus: Sensenschmiede, Sichelschmiede und Messermacher.

Die Sensenschmiede – Zunft mit strenger Planwirtschaft

Das Produktionsprogramm dieser Berufsgruppe umfasste neben Sensen auch Häckselmesser und Waffen, z.B. Picken und Hellebarden. Allein die Herstellung der später so genannten „Weißen Sensen“ war ein aufwendiges Unternehmen. Eisen musste ausgeschmiedet, dann dünne Streifen aus Raffinierstahl „aufgeschweißt“ werden, die dann unter schnell schlagenden, leichten Klopfhämmern zu scharfen Schneiden ausgearbeitet wurden. 1600 gaben sich die Sensenschmiede eine eigene Zunftordnung, im Sinne einer Bruderschaft der Schmiede, Schleifer und Kaufleute. Die Menge, die jedes Mitglied produzieren durfte, wurde genau festgelegt. Denn nicht allein die Nachfrage wirkte sich auf die Produktion aus, in besonderem Maße auch das Wetter. Im Sommer war die Wasserzufuhr zu gering, im Winter waren die Wasserräder vereist. Je nach Nachfrage wurden jedem Meister 400-1000 Stück zugewiesen. Ebenso streng überwacht wurden die Preise, Stückzahl und Qualität, bevor die Ware zum Verkauf freigegeben wurde. Auch der Tag, an dem der Verkauf beginnen durfte (meist Anfang Mai), war festgesetzt, damit sich niemand zum Schaden des anderen vordrängen konnte. Die Zunft drückte mit Zwangsmaßnahmen auf den Zwischenhandel; nur Sensenkaufleute und Handwerksbrüder durften sie vertreiben. Um alle gleich zu halten, durfte kein Schmied gleichzeitig Schleifer sein. Der Gleichheit wegen durften auch nur drei Personen in der Schmiede beschäftigt sein, ein Meister, ein Meisterknecht und ein Lehrling.

In diesem Haus auf Siepen wohnte im 18. Jh. der Sensenvogt Peter Frohn. Er stand einer Gruppe von 215 Sensenschmieden vor, die an einem zunftmäßigen Zusammenschluss festhielten. Die Johann-Peter-Frohn-Straße erinnert noch an ihn. An der Stelle seines Hauses steht heute die Melanchthonkirche.

Die enge **Reglementierung** war der Anfang vom Ende der bergischen Sensenindustrie. Sie bewährte sich nicht. Sie sperrte sich gegen alle Neuerungen. 1603 blieben über 13.000 Sensen unverkauft. Viele Sensen- und Hammerschmiede **wanderten in die benachbarte Grafschaft Mark** aus, errichteten dort an der Ennepe neue Betriebe, die von Anfang an mit Wasserhämmern arbeiteten. Bald überflügelten sie die Remscheider Sensenzunft, zumal im Märkischen auch die Steinkohle billiger war. Um 1750 hatten Remscheider Kaufleute ihr Interesse am nicht mehr so lohnenden Sensengeschäft fast verloren und zogen sich zurück. Als die Zunft 1713 die Beschränkungen endlich fallen ließ, war es zu spät gewesen. Der Niedergang war vorprogrammiert. Um 1800 kam die **Zunft der „Weißen Sensen" zum Erliegen**.

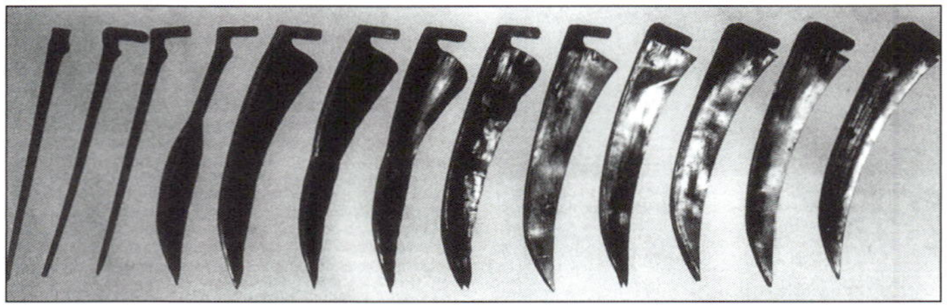

Werdegang einer Sense (Remscheider Werkzeugmuseum)

„Blaue Sensen" – die große Konkurrenz

Mit der Blausense kam eine ganz neue Qualität in den Handel. Diese war (abgesehen von der Rückenrippe) ***ganz aus Stahl****, wurde nicht mehr geschliffen, sondern* ***scharf geklopft****. Das neue Spitzenprodukt aus der fernen* ***Steiermark*** *begann schon bald auch den hiesigen Markt zu beherrschen. Kein Wunder, dass man hierzulande, zunächst in der Grafschaft Mark, alles daransetzte, um der Herstellungsweise auf die Schliche zu kommen. Doch trotz allen Experimentierens und Probierens konnte die steirische* ***Qualität zunächst nicht erreicht*** *werden.*

Da taten sich 1769, außerhalb der Zunft, ***28 kapitalkräftige Kaufleute*** *aus Remscheid, Cronenberg und Lüttringhausen zusammen, alle Besitzer von Hammerwerken. Sie stellten die Mittel für ein „Wirtschaftsförderungsprogramm" bereit, das zum Ziel hatte, die Sensenfabrikation auf die Höhe der Zeit zu bringen. Dazu warben sie Meister aus der Steiermark an und verkauften die neuen Sensen trotz lautstarker Proteste aus Österreich als steirische Markenware.*

Die ***Fabrikation*** *lag hauptsächlich bei einigen wenigen Familien, die ihre Werke zu leistungsstarken Betrieben ausbauten: Halbach in Müngsten, bald auch Hasenclever im Eschbachtal, Busch in Dahlerau und dazu ein Betrieb im Morsbachtal (Gründerhammer).*

Um 1790 hatte die bergische Blaueisenindustrie die märkische ***überholt*** *und erweiterte ihr Angebot über die Sensen hinaus u. a. zu aller Art von Häckselmessern für Tierfutter.*

Links: Haus eines wohlhabenden Kaufmanns auf Goldenberg. Der Kaufmannsstand war naturgemäß an einer florierenden Wirtschaft interessiert.

Rechts: In Müngsten wurde 1772 das erste Blausensenwerk errichtet. Nach kurzer Zeit der Blüte verlegte man die Hauptproduktion nach Blankenberg an der Ruhr. 1830 wurden die Hämmer an der Wupper aufgegeben. Die märkische Industrie hatte die bergische Blausensenindustrie besiegt.

Die Sichelschmiede – mit den Vorteilen der freien Wirtschaft

Die Sichelschmiede waren der Zunft der Sensenschmiede nicht beigetreten und hatten sich damit ihre Freiheit bewahrt. Sie konnten sich Wasserhämmer errichten, wie sie wollten. Viele besaßen zugleich Raffinierhämmer und verkauften vorzüglichen Stahl. Sie kannten auch keine Arbeitsteilung wie die Sensenschmiede. Sie waren alles in einer Person: Schmied, Schleifer und Verkäufer. Exportiert wurde nach Frankreich, Holland, England, Polen und Russland. Die meisten ihrer Werkstätten lagen auf Lüttringhausener Gebiet. Die Sichelschmiede hatten hohes Ansehen. Um 1700 sprach man von ihnen mit Hochachtung als Schmiedefabrikanten und Fabrikkaufleuten. Erst die Französische Revolution führte sie in die Krise. Noch einmal bäumten sich die Sichelschmiede auf, indem sie einen zunftmäßigen Zusammenschluss anstrebten (1797). Doch 1820 war ihre Zeit vorbei. Andere Regionen konnten preiswerter produzieren. Welche Bedeutung sie für die Wirtschaft der Region hatten, kann man am Siegel des Remscheider Landgerichts (1566) ablesen, in das eine Sichel eingegeben ist, Ursprung unseres heutigen Stadtwappens.

In Erinnerung an eine Zeit großer wirtschaftlicher Blüte finden wir eine Sichel im Siegel des Remscheider Landgerichts (1566) und, von diesem übernommen, im heutigen Stadtwappen Remscheids.

Die „Metzmacher" – mit Gespür für den Trend der Zeit

Zu einem neuen Modeartikel wurde im 16. Jh. das Tischmesser. Daraus entwickelte sich ein neuer Berufsstand, die Messermacher. In Remscheid gab es sie nur kurze Zeit, in Cronenberg länger, in Lüttringhausen bis ins späte 18. Jh. 1571 schlossen sich Remscheider, Solinger, Cronenberger und Lüttringhausener zu einer **anerkannten Zunft** zusammen. Die **Lüttringhausener** bewahrten sich jedoch das Recht, anders als ihre Solinger Kollegen, Schmieden und Schleifen in einer Hand zu behalten. Dementsprechend waren hier viele Messermacher Inhaber von Stahlhämmern und Schleifkotten zugleich. Doch bei der Kontrolle ihrer Waren und dem Zwang, sie mit dem Firmensiegel auszuzeichnen, unterlagen auch sie den gleichen Bedingungen. Und den Beruf ausüben durfte nur, wer in das Handwerk hineingeboren worden war. Bald lief das Lüttringhausener Zunftquartier den beiden Nachbarn den Rang ab, und Remscheid und Cronenberg wurden ihm unterstellt. Bis 1700 stand das Handwerk in voller Blüte. Dann starb es aus, die Werkstätten wurden von den ihnen verwandten Sichelschmieden und Kleinschmieden übernommen.

Die Werkzeugmacher – Pioniere und Garanten für den Aufschwung der Industrie

Konjunkturflauten wurden überwunden durch neue, bisher in den Schmieden unbekannte Arbeiten. Mit dem Niedergang der Sichelproduktion wandten sich die Kleinschmiede Remscheids lohnenderen Produktionszweigen zu und legten den Schwerpunkt auf die Werkzeugherstellung. Damit öffneten sie das Tor zur Neuzeit, legten den Grundstein für Remscheids weltweiten Ruf als Werkzeugstadt.

Die Entwicklung zum Werkzeug hatte bereits lange vorher begonnen. Schon in der Frühzeit hatte man im Remscheider Raum Beile und Äxte zum Fällen der Baumriesen hergestellt, Schüppen und Hacken zum Bestellen der Felder. Ab 1700 kamen dann Sägen, Hobeleisen und Feilen dazu, bald auch Schlittschuhe. 1759 organisierten sich die Kleinschmiede zunftmäßig im „Sechzehn-Kleinschmiedehandwerk", wohl so genannt nach bereits 16 Erzeugergruppen. Hauptgrund des Zusammenschlusses war der Eid, kein Wissen weiterzugeben, und die Regelung der Warenpreise. Die Entwicklung verlief rasant. Schon bald sollen es 30 Erzeugergruppen gewesen sein, und 1763 produzierten sie bereits an die 300 Sorten. Als die Franzosen alle Zunftprivilegien aufhoben, hatten die Werkzeugmacher endlich freie Bahn. Eine Erhebung aus diesem Jahr nennt 190 Schleifer, 300 Hammerschmiede und 2700 Schmiede. Nach zwischenzeitlichem Einbruch, bedingt vor allem durch die von Napoleon an den Rhein gelegte Zollgrenze, gab es 1814 bereits eine erstaunlich vielseitige Produktpalette. Der Landwirtschaft bot man neben Sensen auch Pflugscharen und andere Ackergeräte an. Für Tischler gab es Sägen, Hobeleisen und Bohrer, Schrauben und Nägel, Winkeleisen und Zirkel. Es gab spezielle Hämmer für Schuster und feinere für Gold- und Silberschmiede. Die Feilenhauer boten ein weites Programm, von ganz groben Feilen bis hin zu feinen für die Uhrmacher, an Handwerkzeugen alles von Zangen über Schraubstöcke, Winden bis zum Amboss, dazu Schlösser, Riegel und was man so für Türen und Fenster brauchte. Die Weber fanden hier ihre Tuchscheren, die Gerber und Sattler, Drechsler und Maurer konnten sich mit entsprechenden Werkzeugen eindecken. Sogar Utensilien fürs Militär oder den

Schiffsbau wurden geliefert. An Haushalts- und Küchengeräten war eine große Auswahl vorhanden, z.B. alles für den Herd, vom Rost bis zur Pfanne, dazu Waagen, Waffeleisen, Kaffeemühlen und vieles mehr. Kaum eines der vielen Werkzeuge und Gegenstände fehlte, die in der damaligen Welt in Gebrauch waren. 1827 waren im Werkzeugmachergewerbe 2200 Arbeiter beschäftigt. Fast jeder Fabrikant und Meister arbeitete selbständig und lieferte auf Bestellung für ein Handelshaus. Die Produkte gingen in alle Länder Europas und bis Amerika.

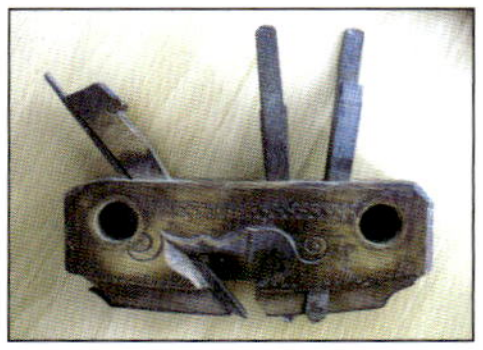
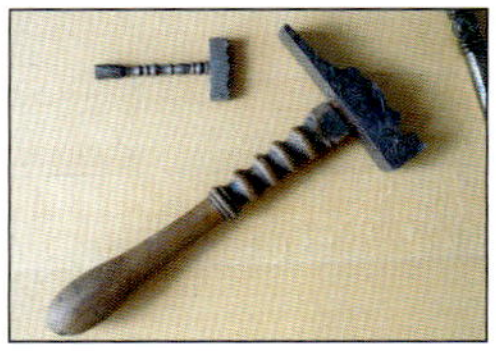

Die Werkzeuge des 17.-19. Jh. waren oft reich verziert. Da waren Pflanzenmotive eingraviert, Delfinköpfe oder Gesichter, da und dort auch geflügelte Engel. Manchmal steht das Jahr der Herstellung auf ihnen. Es war noch keine Massenware, jedes Stück ein in Handarbeit hergestelltes Unikat. Manche dieser Werkzeuge waren kleine Kunstwerke und begleiteten ihren Besitzer womöglich ein Leben lang.

Auszeichnung der Ware

Offensichtlich hatte jede Kleinschmiedegruppe zunächst ein gemeinsames Warenzeichen, beispielsweise ein auf einem Ankerbogen stehendes Kreuz mit drei Pfeilen. Die Bohrerschmiede durften als ihr Zeichen das „lateinische A" prägen, die Streicheisenschmiede (Bügeleisen) einen Adler mit Zepter und Reichsapfel, die Feilenhauer ein „B", überhöht von einem achtstrahligen Stern. So konnten sie die eigenen Produkte hervorheben und Verwechslungen vermeiden. Erst nach und nach wurden die Markierungen durch persönliche Zeichen ersetzt.

Konkurrenzkampf mit „Plagiaten"

Da das Kleinschmiedehandwerk nicht so streng reglementiert war wie die Zünfte, glaubte man sich größere Freiheiten erlauben zu dürfen. So gingen einige clevere Fabrikanten dazu über, ihre Ware unter fremden Namen zu vertreiben. Sie eigneten sich das berühmte steirische Sensenzeichen an und versahen es lediglich mit einem eigenen Beizeichen. Aus der Sicht der österreichischen Konkurrenz war das Missbrauch, die Waren sahen ähnlich wie die ihren aus, waren für sie aber „Plagiate". Und es kam, wie heute auch, zu Notenwechseln auf höchster Regierungsebene, ja sogar zu Einfuhrverboten für bergischen Stahl.

Betriebsspionage zur Wirtschaftsförderung

Neben dem Versuch, durch Abwerbung (s. S. 138) hinter das Geheimnis der blauen Sensen zu kommen, versuchte man es auch mit Betriebsspionage. Um 1770 begann man auf Müngsten mit der Fabrikation der blauen oder steirischen Sensen. Da hier wie dort die Herstellungsweisen wohlgehütete Geheimnisse waren, konnte die Verpflanzung nach Remscheid nur auf dem Wege von unterschiedlichster Betriebsspionage geschehen sein. Einige sagen, der Kaufmann Gottlieb Halbach auf Müngsten soll im Auftrag von 42 Remscheider Kaufleuten in die Steiermark gereist sein und habe das Geheimnis mitgebracht. Andere meinen, der Sensenschmied Röntgen, der als Gefangener durch die Steiermark transportiert wurde, konnte zufällig einem Hammerschmied beim Sensenschmieden zusehen und sei so hinter ihr Geheimnis gekommen.

5. Die alten Produktionsstätten

Eisengewinnung in Rennhütten an den Berghängen (bis ins 19. Jh.)

Die Verarbeitung von Eisenerzen in so genannten Rennöfen ist **seit Jahrtausenden** bekannt. Diese älteste Vorrichtung zur Eisenherstellung wurde auch von den **Remscheider** Waldbesitzern und Bauern übernommen. Das geschah im größeren Umfang, doch immer nur als Nebentätigkeit, wohl vom Jahr 800 ab, vor allem auf Reinshagen. Das Erz wurde im **Tagebau** abgebaut und gleich an Ort und Stelle, direkt neben den Schürfstellen, verhüttet.

Die **Rennöfen** waren etwa mannshoch und hatten eine Ofenwand von etwa 25 cm Dicke. Sie bestand aus Ton, der mit kleinen Steinen durchsetzt war und hohe Hitzegrade aushalten konnte. Man lehnte die Öfen an die Berghänge. So bekamen sie auf ihrer Rückseite eine natürliche Stütze, und in das gegenüberliegende Ofenloch konnte der aus dem Tal aufströmende Wind hineinfahren, sozusagen als Brandbeschleuniger. Das Ganze wurde noch durch einen dicken Mantel Lehmerde mit Grauwacke verstärkt.

Im Inneren stapelte man **Eisenerz und Holzkohle** schichtweise übereinander, mindestens doppelt so viel Holzkohle wie Erz. Dann wurde die Kohle unter Nutzung des natürlichen Luftstroms durch den Windkanal angefacht. Um größere Hitze zu erzielen, führte man später die Schnauze eines hand- oder fußgetriebenen Blasebalgs hinein. So entstand unter Temperaturen von 1300 °C ein schwammiger **Eisenklumpen**, die so genannte „Luppe". Nur das Nebengestein wurde flüssig und rann als **Schlacke** heraus. Daher der Name Rennofen. Um die teigige Eisenmasse herauszuholen, die sich auf dem Boden des Schmelzraumes abgesetzt hatte, musste der Ofenmantel zum Teil zerschlagen werden.

Brauchbares Eisen entstand aber erst, nachdem die noch schlackendurchsetzte Luppe mühsam von Hand durchgeschmiedet worden war. Nur so ließen sich die Unreinheiten herausschlagen und das nur grobkristallige Eisen metallisch in seiner Struktur verbessern. Aus der gestreckten Luppe wurde ein Klumpen oder ein Stab aus Eisen.

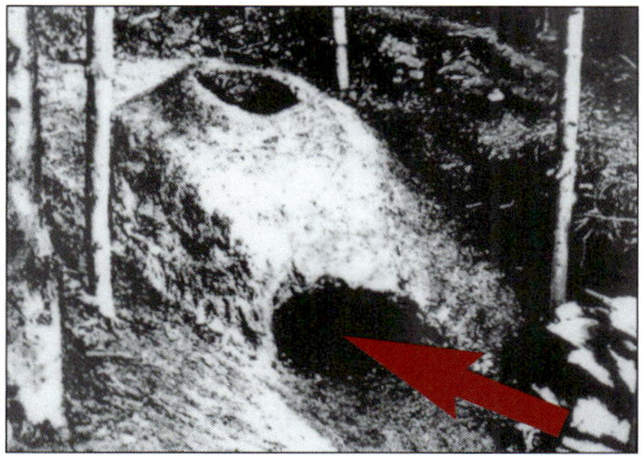

Ein alter Rennofen: Gut zu erkennen ist der Windkanal, der durch den Ofen führt. Ein solcher Verhüttungsofen mag, wie der Name schon sagt, auch in „Hüttenhammer" (beim Kellershammer) im Eschbachtal gestanden haben. Dort wurde einst das Reinshagener Erz verhüttet. Auch im Lobachtal soll Eisen verhüttet worden sein.

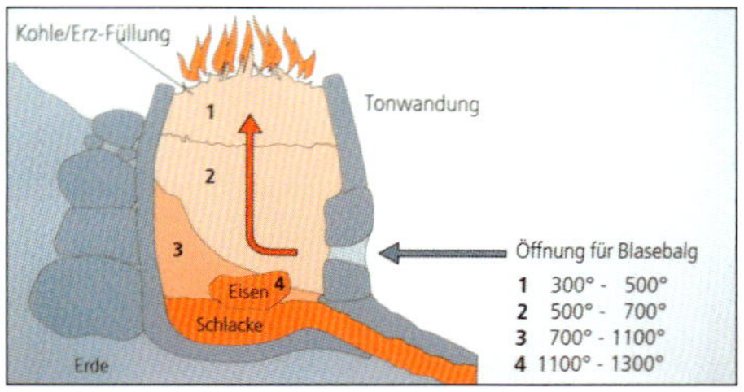

Aus der so gewonnenen **bescheidenen Eisenmenge** konnte der Bauer oft nur ein einziges Werkzeug herstellen. Das waren im frühen Mittelalter einfache Gegenstände, nur für den **lokalen Bedarf**, Handwerkzeuge und Waffen. Der Übergang zum Schmiedehandwerk vollzog sich nur langsam.

Beispiele mittelalterlicher Eisengewinnung und Verarbeitung

Im **Hochmittelalter** entstanden aus den Rennöfen **höhere Stücköfen** und vom 14. Jh. an regelrechte Hochöfen. Da man auch höhere Temperaturen erzielte, konnte das flüssige Roheisen direkt zu Endprodukten gegossen oder durch Frischen (Kohlestoffentzug durch Sauerstoffzufuhr) zu schmied- und härtbarem Eisen und Stahl gewandelt werden.

Mit den neuen Öfen war zweierlei gewonnen:
Da sie größere Mengen aufnehmen konnten, stieg die **Produktion**. Mit der Möglichkeit, das Eisen zu verflüssigen, ergab sich eine bessere **Qualität**.

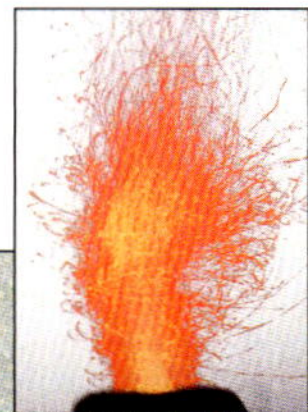

Unterbau eines alten Rennofens im Deutschen Werkzeugmuseum Remscheid

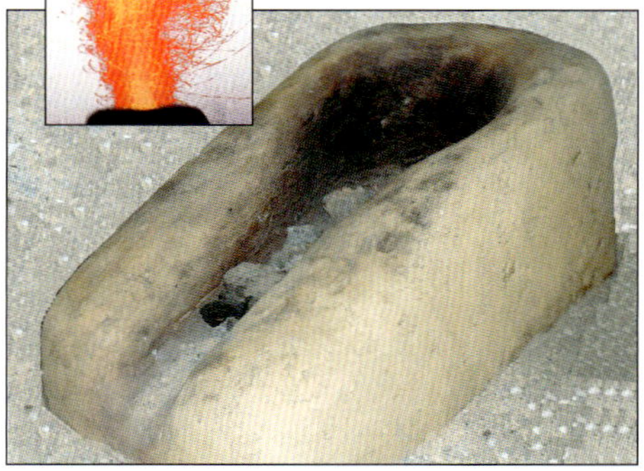

Nutzung der Wasserkraft in den Tälern (14. -20. Jh.)

Wohl im 14. Jh. dürfte es die Waldbauern, im Nebenberuf Verhütter und Schmiede, von den Berghängen in die Täler gedrängt haben. Dort konnten sie den leidigen Regen als nützlichen Gehilfen einspannen, weil er ihnen die Bäche füllte. Der **Gockelshammer** im Morsbachtal erinnert noch an einen Mann gleichen Namens, der um 1400 von Westhausen ins Morsbachtal zog. Dort setzte er ein Wasserrad zum Antrieb eines Gebläses ein.

Stauteiche wie dieser am Sirachskotten sind wie Akkus. Man kann sie aufladen und bei Bedarf abrufen. Sie garantieren zugleich ein gleichmäßiges Gefälle des Wassers aufs Rad.

Flutschütt am Grimm'schen Hammer im Leyerbachtal

Eishaus am Clemenshammer im Gelpetal

Damit wurden solch hohe Temperaturen erzielt, dass das Eisen flüssig wurde. Es ließen sich auch **größere Mengen** Roheisen gewinnen. Auch halfen die neuen Antriebskräfte entscheidend mit, die Schmiede bei ihrer Knochenarbeit zu entlasten. Mit der Zeit entwickelten sich am Wasser **typische Produktionsstätten**.

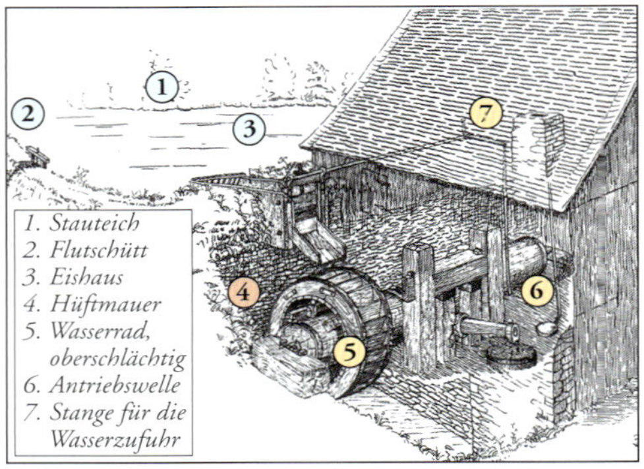

Zum Antrieb der Wasserräder waren **Stauteiche (1)** nötig. Durch einen künstlich angelegten Graben, auch **Obergraben** genannt, wurde das Wasser vom Bach in den Teich geleitet. Ein Sperrschieber konnte seinen Eingang verschließen, wenn kein Wasser in den Stauteich fließen sollte, Graben oder Teich gereinigt werden mussten oder Reparaturen anstanden.

Der Teich hatte normalerweise **drei Ausläufe**, durch die das Wasser in den **Untergraben** gelangte, um von dort wieder in den Bach zurückzufließen. Der erste war eine Überlaufschleuse, auch „**Flutschütt**" **(2)** genannt. Sie bestand aus einem dicken Balkenrahmen, der mit starken Brettern zugesetzt werden konnte; die Zahl der Bretter bestimmte den Wasserstand. Um überschüssiges Wasser abfließen zu lassen, ließ sich das Flutschütt mit Zahnstange und Handwinde hochziehen. Ein weiterer Ablauf war ein **Grundzapfen**. Er wurde beim Bau des Teiches an seiner tiefsten Stelle angelegt und verschloss eine meist hölzerne Grundrinne, über die der Teich vollständig entleert werden konnte. Der dritte Auslauf führte durch einen Flutkasten, auch „**Eishaus**" **(3)** genannt, zum Wasserrad. Das war ein rechteckiger Wasserbehälter aus Gusseisen, Stein oder auch Holz. Ein eisernes Gitter schützte das Rad vor Treibholz oder im Winter vor Eisschollen.

Um die Wasserkraft vollständig auszunutzen, wurden Wasserrad und Werkstätte möglichst dicht an die Staumauer gesetzt. Eine Trockenmauer aus Bruchsteinen, nur mit Lehm und Moos verschmiert, eine so genannte **Hüftmauer (4)**, sollte den Druck des Teiches abfangen und diente zugleich als Rückwand. Das **Wasserrad (5)** bewegte eine mächtige **Antriebswelle (6)**, die ins Innere der Werkstätte führte. Das war ein riesiger Eichenstamm, der bis zu zwölf Meter lang sein und einen Durchmesser bis zu 1,5 Metern haben konnte. Zur Erhöhung der Festigkeit war der Stamm mit starken Eisenbändern ummantelt. An seinen Enden waren quadratische Eisenbolzen („Nocken") eingelassen, die an ihren Enden rund abgedreht waren und auf hölzernen Blöcken lagen. Über eine **lange Stange (7)**, die mit dem Schieber des Eishauses verbunden war, konnte die Wassermenge und damit die Geschwindigkeit des Wasserrades genau reguliert werden.

Oberschlächtiges Wasserrad am Luhnshammer im unteren Eschbachtal

Wasserhämmer als Spitzenleistung der neuen Technik

Der schwere Hammer war in ein mächtiges **„Viergespann“ (1)** eingepasst. Zwei große Holzsäulen, über einen halben Meter dick, wurden zwei Meter tief in den Boden eingelassen und, um Erschütterungen beim Schmieden abzufangen, unten mehrfach verkeilt. Auf ein dazwischen in die Erde eingelassenes Grundholz setzte man zwei weitere Säulen („Pattsäulen“). Diese vier senkrecht stehenden Balken wurden dann oben durch den „Streichbalken“ miteinander verbunden.

In die mittleren Säulen war die Führung für den so genannten **„Schwanzhammer“ (2)** eingepasst, meist ein vierkantiges Buchenholzstück von etwa zwei Metern Länge. Es war im Grunde nichts anderes als der „verlängerte Arm des Schmiedes“. Wenn der Schüttjunge das Schütt hochzog, fiel das Wasser auf das Rad, und die mächtige Antriebeswelle setzte sich in Bewegung. Die darauf eingelassenen **Nocken (3)** drückten das mit einem Eisenband versehene Hammerende auf einen großen Eisenwürfel, den so genannten **„Stößer“ (4)**, und gaben ihm durch den so erzeugten Rückschlag zusätzlichen Schwung, um auf den gegenüber liegenden **Amboss (5)** herabzufallen. Der Amboss bestand aus einem Holzklotz, hatte einen Durchmesser von mindestens einem Meter und wurde durch kräftige Eisenbänder zusammengehalten. In ihm war ein eiserner Furchenamboss eingelassen, in dem das Schmiedestück ruhte. Das **Gewicht** der Hämmer betrug höchstens 84 kg. Je leichter der Schmiedehammer, umso schneller war die Schlaggeschwindigkeit.

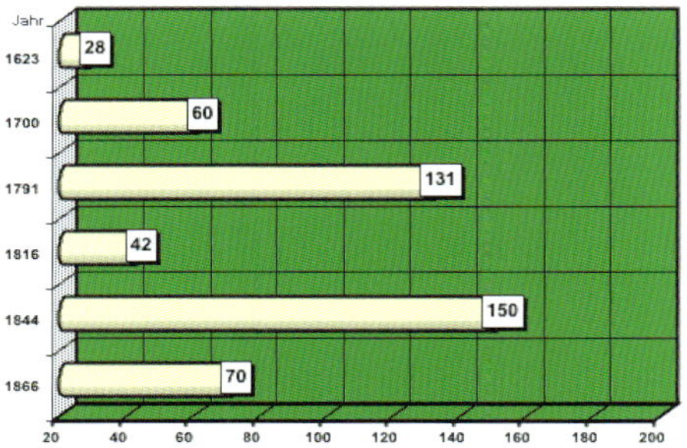

Zum Schmieden gehörten auch **Feuerstätten**, in denen das Eisen zum Glühen gebracht werden konnte. Die erforderlichen Öfen waren einfach und hatten Kamine aus Bruchsteinen. Luft bekamen sie von der Seite über Blasebälge, die ebenfalls von Wasserrädern angetrieben wurden. Damit es zu einem möglichst gleichmäßigen Windstrom kam, benutzte man gleichzeitig zwei Blasebälge. Sie bestanden aus hölzernen Deckeln und Zügen aus Pferde- oder Ochsenleder. Mit einer langen Zange wurde das Eisen in der Glut gedreht und zum Hammer gebracht.

Bei vielen Hämmern waren zwei **Wasserräder hintereinander** geschaltet. Das Antriebsrad für den Schwanzhammer, das am meisten Kraft aufbringen musste, saß unmittelbar am Staudamm. Das zweite Rad fürs Gebläse erforderte weit geringere Kraft und wurde über eine lange Holzrinne in Bewegung gebracht.

Die Zahl der Hämmer im Remscheider Raum nahm ständig zu. Ein erster größerer Einbruch erfolgte mit den wirtschaftlichen Sanktionen infolge der Französischen Revolution. Danach erholte sich die Wirtschaft wieder. Mit dem Einzug der Dampfmaschine im 19. Jh. war der Abstieg unaufhaltsam. Die Zahl der Wasserhämmer nahm ab.

Von den einst so zahlreichen Hämmern werden heute nur noch zwei gelegentlich als Museumshämmer vorgeführt: der Clemenshammer im Besitz der Stadt und der Grimm'sche Hammer in Privatbesitz.

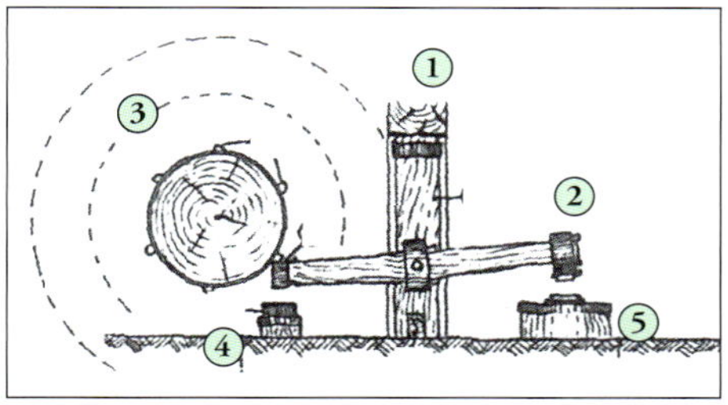

Schmiede im Morsbachtal. Der Schüttjunge zieht das Schütt hoch, der zweite Mann schmiedet das Eisen. Allüberall in den Tälern waren die Hammerschläge zu hören, ein heller Ton, wenn der Hammer auf den Stößer fiel, und ein dumpfer, wenn er auf den Amboss niederging. Den bergischen Menschen war das Musik in den Ohren. Man sprach von den „singenden und klingenden Bergen“.

Der Johanneshammer im mittleren Eschbachtal war einer der vielen Hämmer mit zwei Wasserrädern. Das linke, direkt an der Hüftmauer, trieb den Hammer an, das rechte den Blasebalg.

Von der Vielfalt der Wasserhämmer

Eisenhämmer

Mit der Entwicklung der neuen Eisenhütten stieg auch die Produktion des Roheisens. Um den anfallenden Mengen Herr zu werden, legte man in der Nähe der Hütten die Eisenhämmer an, um mit ihrer Hilfe das Material von den letzten Schlacken zu reinigen. Sie konnten in nur einer Stunde mehr ausschmieden als ein Handschmied in Tagen. So entstand in diesen gemischten Hüttenwerken, den „Iseren Hütten", aus heimischem Eisenerz Gebrauchseisen in Form von Knüppeln und Stangen, das dann in anderen Hämmern weiterverarbeitet wurde. Das erste gemischte Hüttenwerk entstand wohl im 15. Jh. am Gockelshammer im Morsbachtal. Seinem Beispiel folgten bald weitere. Im 17. Jh. wurden diese Hütten nach und nach stillgelegt, da die Beschaffung von heimischen Erzen und Kohlen immer schwieriger wurde.

„Isere Hütten":

15. Jh.	*Gockelshammer am Morsbach*
1554	*Gründerhammer am Morsbach*
16. Jh.	*Nüdelshalbach am Morsbach*
	Singerberger Hammer am Morsbach
1591	*Altenhammer am Eschbach*
1598	*Neuenhammer am Eschbach*
nach 1600	
	Platz am Morsbach
	Clemenshammer am Morsbach
	unterhalb Vieringhausen am Lobach

Rohstahlhämmer und Reckhämmer

In den Rohstahlhämmern wurde der Rohstahlkuchen aufgebessert, indem man ihn einem Frische- und Schmiedeprozess unterzog. In den Reckhämmern wurde das im 17./18. Jh. in kurzen Knüppeln von auswärts bezogene Roheisen in Stücke zerschlagen, auf starkem Holzkohlefeuer zum Schmelzen gebracht, dabei gefrischt und dann ausgeschmiedet.

Raffinierhämmer

Diese Hämmer dürften die Remscheider Industrie am meisten beflügelt haben. Sie schlugen die angelieferten Rohstahl- und Eisenstangen zu dünnen Rippen, die sie dann im Wechsel von härterem und weicherem Material aufeinanderlegten und wieder zusammenschmiedeten. (vgl. S. 137). Auf diese Weise entstand der „Edelstahl" der damaligen Zeit. Aus ihm fertigten die vielen spezialisierten Kleinschmiede in Remscheid, Lüttringhausen, Cronenberg und Solingen ihre hochwertigen Werkzeuge: Beile, Hobel, Sensen, Scheren, Messer, Schwerter, hochelastische Degenklingen usw. Bis zum Ersten Weltkrieg war dieser Raffinierstahl sehr gefragt, bis er dann durch neue Verfahren abgelöst wurde.

Raffinierstahlherstellung im Hammer Albert Rottsieper (gegr. 1750)

Breit- und Klopfhämmer

Um 1700 gab es bereits viele dieser Breit- und Klopfhämmer. Sie schlugen auf ihren Schwanzhämmern das Eisen breit zu Blechen für Sägen oder Sicheln, Pfannen oder Maurerkellen, Strohmesser oder Hobeleisen, Beiteln oder Feilen usw. Die Rohformen gingen dann an die kleinen Schmieden, wo sie im Handbetrieb je nach Spezialisierung weiterverarbeitet und in ihre endgültige Gestalt gebracht wurden.

Links: Breithammer in der Gerstau bei der Herstellung von Pfannenblechen. Vom Stabeisen über den Reckvorgang zur Pfannenausformung (rechts oben). Ausschmieden der Pfanne durch den Kleinschmied (rechts unten).

Weiterverarbeitung von Hämmerprodukten am Beispiel der Feilenfabrikanten

1. Als Abnehmer der Hammerprodukte seien hier die **Feilenfabrikanten** hervorgehoben, denn sie nahmen seit dem 17./18. Jh. im Remscheider Raum eine besondere Vorrangstellung ein. Um 1800 besaßen sie in der Regel nicht mehr als eine **Schmiede** und eine **Härterei**, mussten also einen Teil der vielfältigen Arbeitsgänge an selbständige Heimarbeiter vergeben. Nachdem der **Raffinierstahl** von den Wasserhämmern in die Schmiede geschleppt worden war, wurden die gelieferten Vierkantstäbe auf die gewünschte Feilenlänge **geteilt** und **ins Feuer** gelegt. Wenn die gewünschte Temperatur erreicht war, angezeigt durch die hell- oder dunkelrote Farbe, griff sich der Meister mit einer langen Zange den glühenden Stahl und legte ihn auf einen **Amboss**, wo er grob ausgeschmiedet wurde. Das geschah in Gemeinschaftsarbeit. Der Meister drehte das Schmiedestück mit der Zange in der einen und tippte mit einem Hammer in der anderen Hand die Stelle an, auf die zu schlagen war. Das besorgte ein Zuschläger, bei größeren Feilen (über 12 Zoll) auch zwei, die sich abwechselten und mit schweren Schmiedehämmern das Werkstück in die gewünschte Form brachten. Diese sog. **„Dropschleger“** waren dank der Präzision, mit der sie das Eisen bearbeiteten, sehr geschätzte und damit begehrte Fachkräfte.

2. Der durch den Schmiedevorgang zu hart gewordene Stahl musste zur Weiterbearbeitung wieder weich gemacht werden. Doch nicht alle Feilenfabrikanten hatten eine entsprechende Anlage. Es gab **selbständige Ausglüher**. Die holten die Rohlinge ab, in der Regel übers Wochenende, und brachten sie am Montagmorgen wieder zurück. Sie besaßen besondere Öfen, in denen sie die Feilen langsam zum **Glühen** brachten, ohne sie zu überhitzen, und sie dann ebenso langsam und unter Luftabschluss wieder **erkalten** ließen. Nur so verloren sie ihre Härte.

3. Die übers Wochenende weich gemachten Rohlinge wurden dann von den ebenfalls selbständig arbeitenden **Feilenhauern** abgeholt. Angetan mit „blauleinenem Kamesol“, der doppelstöckigen schwarzen Mütze auf dem Kopf und dem „Li'ewermänken“, einem Korb auf dem Rücken, der unterstützt von einem „Dragklöppel“ gehalten wurde, prägten die Feilenhauer unübersehbar das Straßenbild. Sie brachten die enthärteten Feilenkörper in ihre Haustuben, die gewöhnlich direkt an ihre Wohnhäuser angebaut waren. Hier wurden die Feilen zunächst von den Rückständen des Ausglühens gesäubert.

4. Dann schleppten die Feilenhauer die gereinigten Rohstücke, notgedrungen meist über weite Wege, zu den **Schleifkotten** in die Täler. Die Schleifer spannten die Feilen in Schleifhölzer und drückten sie mit den Knieen an den großen Schleifstein, um sie nach allen Regeln der Kunst zu glätten. Die standesbewussten Schleifer waren eine stolze Zunft, mit der es oft Ärger gab.

5. Das derart geglättete Material wanderte zurück in die Haustuben, wo die Feilenhauer mit Hammer und Meißel und geübten Schlägen das **Feilenprofil** herausarbeiteten. Dazu benutzten sie **besondere Hämmer** mit gekrümmten kurzen Stielen, die aus dem Handgelenk geschlagen wurden. Ein geübter Feilenhauer schaffte 80-220 Schläge pro Minute und am Tag bis zu 50 Feilen. Für eine normale Feile waren an die 1000 Schläge nötig. Die Arbeit fand nahe am Fenster statt, denn um genau arbeiten zu können, brauchte es Licht.

6. Letzter und wichtigster Schritt war das **Härten**, ein wohlgehütetes Geheimnis jeder Werkstätte. Es geschah in drei Stufen: Die Feilen wurden mit **Härtemasse** eingeschmiert, dann im Ofen **gehärtet** und am Ende **abgeschreckt**.

Von der Vielfalt der Wassermühlen

Neben den Hämmern spielten auch die Mühlen eine wichtige Rolle. Zu den ältesten gehörten die **Kornmühlen**. Sie waren anfangs noch ganz **in landesherrlicher Hand**. Deshalb hießen sie **„Kameralmühlen"**, d.h. zur Kammer des Herrn gehörend. Eine stand am Eschbach in Burg (ab 1100 nachgewiesen), eine andere an der Mündung der ***Dörpe*** in die Wupper (1198 erwähnt) und eine dritte an der Wupper in ***Beyenburg***. Nur hier durfte Getreide gemahlen werden, natürlich gegen eine Gebühr. Da für viele die Wege zu diesen Zwangsmühlen sehr weit waren, rang man dem Landesherrn mit der ***Leyerbachmühle*** noch eine weitere Kameralmühle ab (1565), natürlich gegen Beteiligung an Bau und Unterhaltung. Auch **Lennep**, zur selbständigen Stadt geworden, besaß bis 1804 eine solche Zwangs-Mahlmühle, die ***Nagelsberger Mühle*** am unteren Lennepebach. Bald schon waren die Landesherren dazu übergegangen, diese Mühlen zu verpachten bzw. Sondergenehmigungen zu erteilen.

Die wohl älteste **freie Kornmühle** stand in der Gerstau am Morsbach (um 1400). Bald folgten die Hermannsmühle am Diepmannsbach (15./16. Jh.), die Mebusmühle am Eschbach (1528), die Dorfmühle am Mückenbach (1573) und die Preyersmühle am Eschbach (1692). Daneben kamen **Ölmühlen** auf, so z.B. die Mühle am Mückenbach (1579). Im Gegensatz zum Kornmahlen wurden die Früchte zwischen zwei Mahlsteinen im so genannten **Kollergang** zerrieben bzw. zerquetscht. Danach wurde der Brei, gelegentlich vorher erwärmt, in ein Tuch geschlagen und ausgepresst.

Mahlsteine einer Kornmühle

Auch eine **Lohmühle** gab es. Hier wurden Rinden von Eichen oder Fichten gemahlen und daraus Lohe gewonnen. Mit ihr ließen sich Tierhäute gerben und grobes Leder herstellen. Solche Mühlen standen z.B. in Platz am Morsbach oder am Panzerbach bei Lennep (1692). Vereinzelt produzierten auch **Knochenmühlen**, so zwischenzeitlich die St. Jakobsmühle am Lenneper Bach und am Marscheider Bach die Luckhauser Mühle. Aus Knochenmehl wurden Leim und Seife gemacht, später wohl auch mineralische Futtermittel oder Dünger.

Kollergang einer Ölmühle

Ob es auch in der Remscheider Pulvermühle ein derartiges Unglück gegeben hat, ist nicht belegt.

Unterhalb Goldenberg am Fuße des Singerberges erinnert noch ein Straßenname daran, dass hier am Morsbach seit 1595 eine **Pulvermühle** stand. Die Welle des Wasserrades hob buchenhölzerne Stampfen empor und ließ sie auf ein Gemisch von Salpeter, Schwefel und Holzkohle fallen, um es zu zerkleinern. Um ein möglichst feines Pulver und eine gute Vermischung zu bekommen, dauerte dieses Stampfen bis zu dreißig Stunden. Wer hier arbeiten musste, führte buchstäblich ein Leben auf einem Pulverfass. Das Gefährlichste war der Staub, und die Pulvermühle war voll davon, überall setzte er sich ab. Ein einziger Funke konnte ausreichen, um eine Explosion auszulösen. Deshalb setzte man auch immer wieder Wasser zu, damit nicht zu trocken gestampft wurde und sich die Staubentwicklung in Grenzen hielt. Hier mit Nagelschuhen einzutreten war strikt verboten, alle Eisenteile vom Hammer bis zum Schlüssel mussten draußen bleiben. Werkzeuge waren aus Kupfer. Wer sich zum unverzichtbaren Raucherpäuschen zurückziehen wollte, musste sich in ein 100 Meter entferntes eigens errichtetes „Tabac-Häuschen" verziehen. Und wenn wirklich einmal eine Reparatur anstand, dann war größte Vorsicht angesagt. Die ganze Mühle musste vorher abgespritzt werden. Deshalb lagen die Mühlen, wie auch das Remscheider Beispiel bei Haddenbach zeigt, immer abseits der bewohnten Gebiete.

In der aufblühenden Tuchindustrie kamen **Walkmühlen** in Mode. Die Gefahren dort waren geringer, dafür der Zeitaufwand umso größer, bei bis zu 16 Arbeitsgängen. Das von Webstühlen produzierte Wollgewebe wurde in Bottichen eingeweicht und mit Hilfe wassergetriebener Holzhämmer gewalkt, also geknetet und gestaucht, verdichtet und geklopft, bis ein verfilzter Stoff entstand. Vor allem im Umfeld der Lenneper Textilindustrie gab es derartige Betriebe. Am ***Dörpebach*** befanden sich die Hagermühle (1680) und zwei weitere in Dörpmühle (1690). Im ***Diepmannsbachtal*** standen die Rotzkotter und die Buchholzer Walkmühle (1750). Und am ***Lennepebach*** walkte man in der Nagelsberger- (1750), der Spanier- und der Toxsiepener Mühle. Am Marscheider Bach bei Lüttringhausen wurde Leder gewalkt.

Walken diente der Herstellung von Loden- und Filzstoffen

Arbeitsverfahren am Beispiel der Schleifmühlen (Schleifkotten)
Besonders prägend für den Remscheider Raum waren die zahllosen **Schleifmühlen**. Wegen der meist kleinen, primitiven Hütten, mit

Einer der vielen typischen Schleifkotten

denen sie verbunden waren, Behausung und Werkstatt zugleich, höchstens zwei niedrige Arbeitsräume, sprach man auch von „**Schleifkotten**“. Ihre Familien verstanden sich als Bruderschaft und konnten sich dank ihrer zunftmäßigen Organisation nicht nur Monopolstellungen und Privilegien erkämpfen, sondern diese auch im Bereich der Kleineisenindustrie ständig erweitern und über Jahrhunderte zäh verteidigen. Schleifen war keine leichte Aufgabe. Die Lehrzeit betrug 7-8 Jahre. Das obige Modell zeigt einen bereits technisch fortgeschrittenen Schleifkotten, der ein ganzes Räderwerk betreibt. Alle Bewegung geht vom großen **Hauptantriebsrad** (1) auf der Wasserradwelle aus, in das zwei Zahnradkränze eingelassen sind. Der äußere Kranz überträgt die Bewegung auf die beiden

Auf dem Remscheider Markt steht dieses Schleiferdenkmal von Adolf Böker, Wassergraben und Rückenlehne angedeutet

Die großen Steinkolosse mit einem Durchmesser bis zu 2,5 m bedeuteten tödliche Gefahren. Eine Unachtsamkeit, und das Werkstück konnte weggerissen werden und den Schleifer verletzen. Der Gigant konnte auch zerspringen und die Werkstätte in einen Trümmerhaufen verwandeln – und was noch schlimmer war, den Schleifer verstümmeln, ja in den Tod reißen. Ein neuer Stein musste mühsam aus dem Raum Trier herangeschafft und auf z. T. halsbrecherische Art an seinen Bestimmungsort verfrachtet werden.

Antriebssystem eines Schleifkottens am Beispiel des Brucher Kottens im Morsbachtal (Modell einst im Werkzeugmuseum, Remscheid)

Schleifsteinpaare im Vordergrund (3), der innere leitet sie nach rechts und links weiter. Zur Rechten treibt er die zwei größeren **Schleifsteine** an (2) und erzeugt eine Oberflächengeschwindigkeit von bis zu zwölf Metern pro Sekunde. Zur Linken führt eine Antriebswelle in die **Plieststube** (4).
Einfache Gegenstände ließen sich trocken schleifen (drügschliepen). Doch wo viel wegzuschleifen war oder bei gehärtetem Material, ging das nur mit **Nassschleifen**. Zum Schutz vor Nässe trugen die Schleifer Holzschuhe, dazu „Knieblotschen“, längliche Holzschuhe, die sich den Unterschenkeln anpassten und über die Knie reichten. Um besseren Halt zu finden, wenn sie das Werkstück mit dem Knie gegen den Schleifstein drückten, konnten sie sich an ein hinter ihnen befestigtes Brett anlehnen.
Nach dem Grobschleifen ging es an die Oberflächenglättung. Die Werkstücke wanderten in die **Plieststube**. Hier wurden sie mit den verschiedensten Scheiben in Stufen und je nach Bedarf fein geschliffen und mit grobem oder feinem Schmirgel oder Leder bei hohen Umdrehungen poliert.

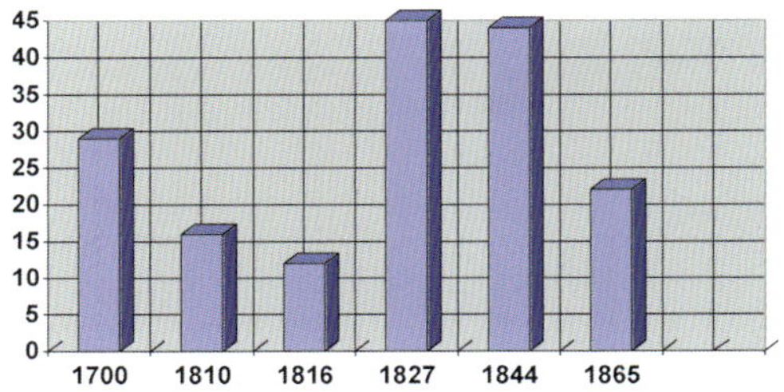

Die Grafik zeigt eine erste Blüte der Schleifkotten, dann einen Einbruch durch die Französische Revolution und nach abermaligem Aufblühen den beginnenden **Niedergang** durch die Industrialisierung.

6. Sieger- und Sauerländer Erz – Reaktivierung des eigenen Bergbaus

Die heimischen Erzvorkommen gehen zur Neige

Mit den technischen Voraussetzungen und der steigenden Produktion von Werkzeugen wurde auch die Nachfrage nach Eisenerz immer größer. Die spärlichen Remscheider Erzvorkommen waren bald erschöpft. Es gab zwar noch Bergwerke, doch Förderung und Verhüttung waren unwirtschaftlich geworden. Entsprechend wurden sie bald stillgelegt. Zudem waren die Ansprüche gestiegen, und das Kleinschmiedehandwerk, vor allem die Sensen- und Messerschmiede, verlangte zur Raffinierstahlherstellung nach einer besseren Erzqualität.

Erschließung neuer Quellen im Sieger- und Sauerland

So wandte man sich um 1600 dem **Siegerland** zu. Die Lagerstätten dort galten als unerschöpflich, die bedeutendste war der Müsener „Stahlberg" (schon 1313 erwähnt). Der Weg dorthin war zwar weit (70 km Luftlinie) und beschwerlich, doch man scheute weder Kosten noch Mühen, um an dieses Eisen von bester Qualität zu kommen. Zunächst bezog man **Stahlluppen**, die man an Remscheider Bächen ausreckte. Später ließ man sich gleich den fertigen Rohstahl kommen, der hier zu Raffinierstahl verarbeitet wurde. Es wurde eigens eine Straße ausgebaut, die „**Iserstrote**". So betrieb der Stahlkaufmann Peter Hasenclever, wie seine noch erhaltenen Geschäftsbücher (1633-48) belegen, am Lobach und am Eschbach (Zurmühle) zwei **Reckhämmer**, in denen er Siegerländer Rohstahl zu Feinstahl verarbeitete. Als im Zusammenhang mit dem Siebenjährigen Krieg (1756-63) die Straßen unsicherer und die Frachtkosten teurer wurden, begann man auch das **nähere märkische Sauerland** als Stahllieferanten zu entdecken.

Zurmühle, einst Besitz der Familie Hasenclever, die mit dem Eisenhandel zur führenden Handelsfamilie Remscheids aufstieg.

Bei den Ausgrabungen fand man diesen 15 cm großen Meißelhammer. Form und Maß entsprechen exakt einer Beschreibung von 1556 (siehe Bild). Die Meißelspuren sind im Stollen noch zu erkennen. Es wird gesagt, dass ein Mann den Stollen damit um 20 cm pro Tag vorantreiben konnte.

In jüngster Zeit wurde ein Bergwerksstollen auf Reinshagen wieder freigelegt.

Neues Erzfieber auf Remscheider Boden

Um sich von auswärtigen Rohstoffquellen unabhängig zu machen, versuchte man 1758 den heimischen Bergbau zu reaktivieren. Vor allem das **Reinshagener Eisen** war seinerzeit hoch gefragt. Deshalb legte man hier, wo es noch einige Fuß breite Erzadern gab, zwei Stollen an, einen im Eichenhof (Jakobsstollen), den anderen an der Wolfskuhle. Um sich gegen Wassereinbrüche abzusichern, wollte man die Stollen bis ins Eschbachtal hinabtreiben. Trotz anfänglicher Erfolge musste das Projekt dann wieder **aufgegeben** werden: Einmal fehlte es für ein solches Großprojekt an **Kapital**, dann gab es Probleme mit dem Platz, auf dem die bereits genehmigte Hammerhütte errichtet werden sollte. Der im Volksmund „Hüttenhammer" genannte Ort am Eschbach erinnert noch an die Stelle, wo der Bergwerksstollen münden und das Konsortium Busch & Grothaus seinen Betrieb errichten wollte. Der wurde dann von der aufstrebenden Ehringhauser Fabrikantenfamilie **Hasenclever verhindert**, die hier dann selbst einen Hammer errichtete.

Immerhin gab es **1895 in Remscheid noch Schürfstellen** und Stollenschächte. Genannt werden elf Erzgruben, die bekanntesten rund um Reinshagen und auf Kremenholl. Doch die Zeit des hiesigen Bergbaus war vorbei, er lohnte einfach nicht mehr; die Abbaukosten waren zu hoch, Menge und Qualität reichten nicht mehr aus.

Längst war die Zeit vorbei, als Remscheider Raffinierstahl in England begehrt war, jetzt war es umgekehrt, man musste sich gegen den vordringenden **englischen Tiegelgussstahl** zur Wehr setzen.

7. Vertrieb der Waren durch Handelsbeziehungen nach nah und fern

Von „Hansebrüdern“ und Einzelgängern

Schon früh gab es in Lennep eine „**Kompagnie der löblichen Hansebrüder**“. Ihre Mitglieder zogen mit ihren Tuchen von Markt zu Markt, von Kirmes zu Kirmes. Dabei war alles streng durchorganisiert, nichts dem Zufall überlassen. Die Ware musste rechtzeitig vorausgeschickt und an Stapelorten sichergestellt werden. Auserwählte Vertreter reisten voraus, um das Aufstellen der Bretterbuden zu überwachen. Die Mitglieder der **Kirmesgängerschar** reisten nie allein, so konnte man sich bei Gefahr und in Notfällen beistehen, und alle hatten die gleichen Verkaufschancen. Als 1705 den Lenneper Tuchhändlern durch obrigkeitliche Verfügung auf allen Märkten des Landes die besten Plätze zugewiesen wurden, kam für die Kirmesgänger noch einmal eine große Zeit. So zogen manche Meister den Sommer über von einem Jahrmarkt zum anderen.

Daneben gab es auch berufsmäßige **Wanderhändler**, meist Einzelgänger, die sich mit einem oder mehreren Gehilfen auf den Weg machten, wie um 1400 Wilhelm Walrave zu Hackenberg. Wie seine Kollegen besuchte auch er vor allem kleinere Orte, die keinen Jahrmarkt hatten, oder sprach auf Burgen vor, um grobe Tuche, einfache Waffen und Zaumzeug für die Pferde anzubieten oder was sonst des Ritters und des Herrn Herz begehrte. Mit Sondererlaubnis der Städte ging er auch auf den einen oder anderen Wochenmarkt.

Da musst du erst gehänselt werden!
Wer in die geschlossene Gemeinschaft der Hansebrüder eintreten wollte, musste vorher „gehanst“ bzw. gehänselt werden. Die Bräuche zur Aufnahme hatten, zumal für Außenstehende, oft etwas Komisches an sich. Im 17. Jh. verkümmerten sie. Geblieben ist nur unser Wort „hänseln“, in der Bedeutung: sich über jemanden „lustig machen“, ihn foppen.

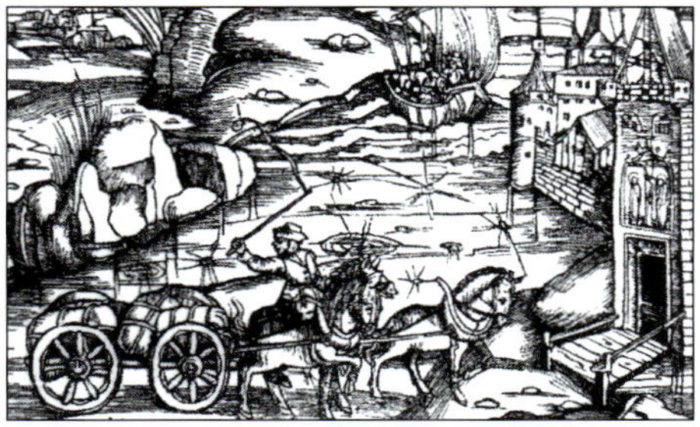

Der Welthandel gewinnt neue Dimensionen. (Bilder aus dem Werkzeugmuseum)

Von Groß- und Fernhandelskaufleuten

Schon seit dem 13. Jh. fanden bergische Waren ihren Weg in Länder fremder Sprachen. Die Hansestraße Brügge-Köln-Lübeck öffnete den Weg zur Ostsee und Nordsee. Im 14. Jh. hatten sich Lenneper Großhändler bereits in allen Ländern **rund um die Ostsee** niedergelassen. Dabei waren weniger Lenneper Tuche gefragt als Remscheider Eisenwaren. Im Laufe der Zeit wurde der Handel mit Dänemark, Schweden, Polen und Russland zu einem festen Wirtschaftsfaktor. Die Ausfuhr nach Westen lief über den Knotenpunkt Köln, von dort rheinabwärts per Schiff nach Holland oder auf alten Handelsstraßen nach **Brabant**, **Flandern** oder **Frankreich** und über Brügge, ab 1500 über Antwerpen noch weiter nach **England**. So wanderten Sensen und Häckselmesser nach Westen, und Getreide u.a. kehrte ins kornarme Bergische zurück. Bis zum Ende des 16. Jh. war England ein guter Abnehmer bergischer Stahlwaren, dann aber bemüht um den Aufbau einer unabhängigen Industrie. Mit der Entdeckung der neuen Welt verlagerten sich die Wirtschaftsströme weiter nach Süden. Lissabon wurde zum Umschlagplatz für den Weltverkehr. Der **Niedergang der Hanse** war die logische Konsequenz.

Peter Hasenclever – Großindustrieller mit globalem Weitblick

Wie sehr es die Remscheider Stahlkaufleute verstanden, sich auf die neuen globalen Strukturen einzustellen, zeigt das Ehringhauser **Handelshaus Hasenclever**. Siegerländer Stahl hatte es groß gemacht, den es in seinen Werken Lobach und Zurmühle zu Feinstahl (Raffinierstahl) verarbeitete und vornehmlich über Köln weiter vermarktete. Es gab Rückschläge, z. B. als Söldner im Dreißigjährigen Krieg die Blasebälge zerschnitten und die Produktion vorübergehend zum Stillstand kam. Dennoch ging es unaufhaltsam voran, und das nicht ohne Grund, denn dahinter stand, wie bei vielen Remscheider Kaufleuten, eine weitsichtige Planung, die schon bei der Erziehung des Nachwuchses ansetzte. Die Unternehmergestalt **Peter Hasenclever** (1716-93) ist ein gutes Beispiel dafür. Die Eltern legten großen Wert auf die Ausbildung ihrer elf Kinder, insbesondere bei ihrem Ältesten, Peter. Mit sieben Jahren

Der Remscheider Peter Hasenclever, im 18. Jh. Mitbegründer der New Yorker Handelskammer

gaben sie ihn zu seinem Großvater Peter Moll nach **Lennep**, der dort Bürgermeister und Tuchfabrikant war. Hier ging er zur Schule. Seine Lieblingsfächer waren Rechnen, Erdkunde und Sprachen, die für sein späteres Leben noch bedeutsam werden sollten.

Die Freizeit verbrachte er in Großvaters Tuchfabrik. Mit 13 Jahren ging er in die Lehre in einem Solinger Hammerwerk, arbeitete dort trotz schwächlicher Statur „wie der stärkste Knecht" von 5 Uhr früh bis 9 Uhr am Abend. Er teilte mit Arbeitern Zimmer und Kost, bekam einen ersten Einblick in kaufmännisches Denken. So gerüstet nahm ihn der Vater ins Geschäft, schickte den 17-Jährigen zunächst nach **Lüttich**, um sein Französisch aufzubessern, und dann vertrauensvoll auf Geschäftsreise nach Paris. Dem 19-Jährigen, der sich mit der Postkutsche auf die Reise machte, wurden von erfahrenen Leuten Warnungen mit auf den Weg gegeben: In Paris lauern Gefahren: Trunk, Weiber und Spiel. Peter bestand sie. Im Jahr darauf setzte er seine Reise durch Frankreich zu Fuß fort, bis zur spanischen Grenze und zurück über Brabant, eine Strecke von gut 1600 km. Als 24-Jähriger war er bereits fünfmal in Paris gewesen. Dann trat er in die Tuch- und Nähnadelfabrik seines Vetters in Burtscheid bei **Aachen** ein und reiste im Auftrag der Firma zunächst nach **Russland** und **Polen** und eignete sich in Schlesien wertvolle Kenntnisse über die Leinwandindustrie an. Mit 29 Jahren zum Teilhaber der Firma geworden, reiste er nach **Spanien**, um dort die berühmte feine Wolle einzukaufen, und landete in **Lissabon**. Hier lernte er den Südamerikahandel kennen und heiratete die Tochter eines Schiffskapitäns. Er gründete eine eigene Firma und siedelte mit ihr bald nach **Cadiz** um (1754), mittlerweile Hauptsitz des Spanien-Amerika-Handels. Von hier aus ging er abermals auf Reisen durch Frankreich und Brabant nach England und über Holland in seine deutsche Heimat. Mit scharfer Beobachtungsgabe eignete er sich neue Kenntnisse an.

Mit Klarheit und Redegewandtheit konnte er überzeugen. Sogar der preußische König suchte seinen Rat. Hasenclever verschiffte deutsche Leinwand nach der **Südsee**. Von seinem Schwiegervater, dem weitgereisten Kapitän, hörte er von den Möglichkeiten der Neuen Welt: in Nordamerika gebe es freie Anbauflächen für Flachs und Hanf und vor allem große Eisenerzvorkommen. Also reiste er zunächst nach **Schweden**, um die dortigen Eisenwerke unter die Lupe zu nehmen bzw. ein wenig Industriespionage zu betreiben. Dann siedelte er nach London um und wurde, um dort eine Firma gründen zu können, englischer Staatsbürger. Damit war die Tür nach Übersee geöffnet. Mit 49 Jahren reiste er nach **New York** (1764) und gründete dort ein **großes Stahlwerk**. Er kaufte 52.000 Morgen erzhaltiges Land, ließ sich aus Deutschland über 500 Spezialisten kommen: Bergleute und Köhler, Schmiede und Zimmerleute. In 18 Monaten entstanden über 200 Gebäude: Wohnhäuser und Lagerhäuser, Schmelzöfen und Schmieden, kilometerlange Stauanlagen zum Betreiben von Hämmern und Mühlen, über 300 Zugtiere wurden eingesetzt. Bereits 1765 konnte Stangeneisen bester Qualität nach England geliefert werden. Leider trieben Hasenclevers gewissenlose Londoner Teilhaber das Geschäft hinter seinem Rücken in den **Ruin,** und er blieb auf einem Millionen-Schuldenberg sitzen. Er verließ das Land. Die Prozesskosten waren ungeheuer hoch, die Rechtslage unklar, eine Entscheidung fiel erst nach 20 Jahren, zu Hasenclevers Gunsten, doch erst nach seinem Tod!

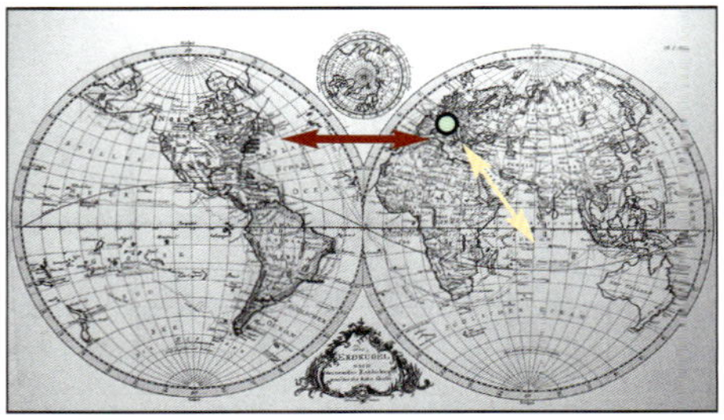

Rechtfertigung vor dem englischen Premierminister

„Als ich in dies Land kam, war ich in guten Umständen, ein Kaufmann von Kredit und Ansehen in Europa und Amerika. .... Jetzt, da ich England verlasse, sehe ich mich genötigt, meinen Charakter und mein Betragen vor der Welt zu rechtfertigen. Ich habe viel gelitten, viel verloren, das, was mehr als Alles gilt, den Namen eines ehrlichen Mannes, habe ich behalten."

(Peter Hasenclever)

Hasenclevers Unternehmergeist begann noch einmal, wenngleich in bescheideneren Ausmaßen. In Landshut / Schlesien gründete er 1773, von Friedrich dem Großen unterstützt, ein **Ausfuhrgeschäft für schlesische Leinwand**. Dazu erfuhr er hohe Ehrungen von Kaiser Franz Joseph und vom dänischen Hof.

Trotz napoleonischer Wirtschaftskrise konnten die Hasenclevers lange einen **erstaunlichen Geschäftsumfang** halten und sogar die Handelsverbindungen mit den USA vertiefen. Die Waren, vor allem der gefragte Raffinierstahl, gingen nach Bordeaux und von dort weiter mit Schnellseglern relativ sicher nach Übersee. Nach der durch Napoleon hervorgerufenen Wirtschaftskrise errichtete das Handelsunternehmen Hasenclever Niederlassungen in **Rio** (1830), in **Buenos Aires** (1835) und in **New York** (1904).

Trendsetter fürs Bergische Land

Der kenntnisreiche Hasenclever, praxisnah, wagemutig und weltoffen, begründete eine neue Art des globalen Handelns, wie er heute eigentlich selbstverständlich ist. Das Wirken dieses „Großindustriellen" ***beflügelte die Wirtschaft im gesamten Bergischen Land****.*

Mit ihren Handelsvertretungen im Ausland standen Remscheider Großhandelshäuser den ***Exporthäusern der Seestädte*** *nahe.*

Im Volksmund wurde Remscheid deshalb bald die ***„Seestadt auf dem Berge"*** *genannt.*

Mit solchen Musterbüchern wie diesem von 1789 reisten Remscheider Kaufleute durch die Welt, um die Palette ihres Angebots vorzuzeigen, aber auch, um die Wünsche ihrer Kunden zu erkunden.

Durch Erfahrungen mit der Ausfuhr nach Übersee lernten die Exportkaufleute die Bedeutung von Sortimentzusammenstellungen kennen. Deshalb führten sie neben Musterbüchern oft auch noch meterhohe Musterkoffer mit, abgestimmt auf die Gegebenheiten des Einfuhrlandes und spezielle Kundenwünsche. Ausschlaggebend für den Erfolg waren zudem Sprachenkenntnisse. So gab es bereits um 1750 in vielen Fabrikantenfamilien „Sprachmeister" für den Französischunterricht, um den Markt von Belgien und Frankreich erschließen zu können.

Von Rückschlägen und Erfolgen

Blühende Überseeverbindungen hatte auch das Handelshaus **Diederichs & Söhne**; es verfügte zeitweise sogar über eine eigene Hochseeflotte. Doch im Zusammenhang mit dem Napoleonischen Wirtschaftskrieg gegen England ging es in Konkurs.

Große Verluste mussten in dieser Zeit auch andere Handelshäuser hinnehmen, doch sie hielten sich tapfer und schafften nach 1814 mit Wagemut und Unternehmergeist einen Neubeginn. So war es auch mit **Halbach & Söhne** zu Müngsten, die ihren Stahlhandel mit England und Nordamerika ausweiten konnten und zu beträchtlichem Vermögen kamen.

Ein Remscheider Schöffe fasste die Wirtschaftslage 1819 zusammen: „Die Remscheider Fabrikate werden nach **Amerika** und, Österreich ausgenommen, **allen Ländern Europas** versandt."

Verzeichnete Handelshäuser (1822)

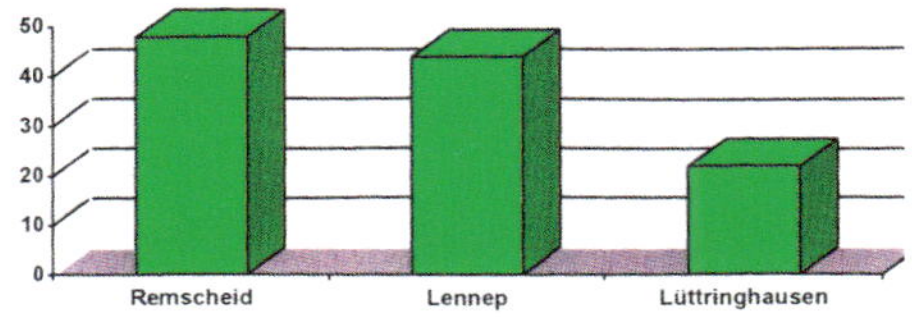

Mit der neuen preußischen Herrschaft gab es verlockende Handelsfreiheiten und große Erleichterungen bei den Zollvorschriften.

Andererseits hatte sich der global eingebundene Markt auf neue Risiken einzustellen: politische Unruhen im Ausland und Konkurrenzdruck aus Frankreich und England.

Robert Böker – Erfolg auf lebensbedrohenden Wegen

Was am einen Ende Remscheids die Hasenclevers, wurde am anderen Ende das Fabrikantenhaus Böker. Auch hier gab es eine herausragende Persönlichkeit, die sich im Aufbau globaler Handelsbeziehungen hervortat, nur unter ungleich größeren Lebensgefahren. **Robert Böker (1843-1912)** war der älteste von sechs Brüdern. Auch er verließ in jungen Jahren seine Vaterstadt und ging mit 19 Jahren nach New York, um dort in verschiedenen Betrieben zu arbeiten. Mit 21 schickte ihn der Vater nach Montreal, damit er sich im dortigen väterlichen Geschäft umsehe. Mit 22 ging er nach Mexiko, um dort mit Vaters Hilfe eine eigene Firma zu gründen. Es war aber genau die Zeit, als europäische Mächte dem Land einen Habsburger als Kaiser (1864-67) vorsetzten und republikanische Truppen zur Revolution bliesen, in deren Verlauf der Kaiser erschossen wurde. Böker bekam den Krieg aus nächster Nähe und am eigenen Leib zu spüren.

Robert Böker

Die Lage wurde immer bedrohlicher, die **Flucht** aus der Hauptstadt einziger Ausweg. Doch dabei geriet Böker zwischen die Fronten. Es war eine abenteuerliche Flucht durch ein unbeschreibliches Chaos, halsbrecherisch und oft unter Lebensgefahr. Nur mit wenigen Habseligkeiten erreichte er einen französischen Dampfer, der ihn sicher heim brachte.

Eines von vielen bedrohlichen Abenteuern des Industrie-Pioniers

„Nach einer Weile ging die Fahrt bergab durch einen Hohlweg [...] An einer Biegung des Weges fühlte Böker plötzlich einen kalten Gewehrlauf an seiner Backe. Die [... Kutsche] hielt. An der gegenüberliegenden Tür stand ebenfalls ein Kerl mit einem Gewehr. Ein dritter befand sich vorn bei den Pferden, zwei hinter dem Wagen. Es waren also genau fünf, wie bei der verschwundenen Eskorte. Alle waren bis an die Augen schwarz vermummt. Die Passagiere mußten aussteigen und wurden von den Räubern durchsucht. Selbst Schuhe und Strümpfe mußten sie ausziehen, da es, wie die Räuber meinten, „Unverschämte" gäbe, die ihr Geld darin verbärgen. Auch die Lederkissen der [...Kutsche] wurden durchstochen und durchwühlt [...] Böker war froh, daß man ihm Schuhe und Kleider ließ." (Bericht n. Dr. Rees)

Doch Bökers Hartnäckigkeit, wie man sie dem Bergischen oft nachsagt, führte schließlich doch noch zum Erfolg. Fünf Jahre hatte der junge Mann hart für seine Firmengründung in Mexiko gearbeitet, ohne den Mut aufzugeben. Und gleich nach seiner Flucht, kaum war Mexiko Republik geworden, kehrte er **ins Land zurück** (1867), diesmal mit seinem Bruder Max. Es war ein Weg durch Urwald und Flusslandschaften voller Krokodile, mal zu Fuß, mal auf Maultieren, mit kleinen Flusskähnen, gelegentlich auch mal mit einer Kutsche. Dank seines unerschütterlichen Pioniergeistes entstand das bedeutendste Eisengeschäft Mexikos. Als das Bökerimperium 1900 sein neues großes Geschäftshaus einweihte, erschienen als Gäste Größen aus Handel und Industrie, Gesandte, Minister, sogar der Erzbischof und Mexikos Präsident mit seinem Stab.

Robert Böker hatte den Grundstein gelegt, war dann selbst aber, gerade einmal 30 Jahre alt, nach Remscheid zurückgekehrt (1873). Mit seiner weltmännischen Erfahrung stand er fortan seiner **Heimatstadt zur Verfügung**, als **Planer und Schaffer** für den Aufstieg der Stadt. Noch einmal ging Böker, jetzt Aufsichtsrat der Bergischen Stahlindustrie (BSI), auf Weltreise, durch den Suezkanal bis nach **Australien**, ein für Deutschland damals noch unbekanntes Land. Immer zog er, typisch für ihn, zunächst Erkundigungen nach allen Seiten ein, bevor er sich auf Geschäfte einließ.

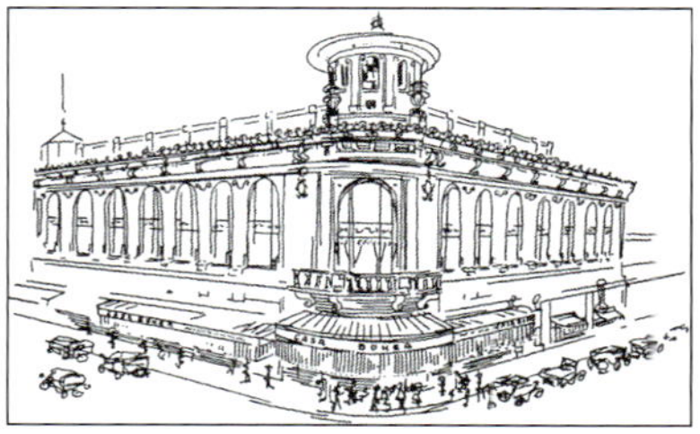

Die „Casa Böker" in Mexiko. Das neue Geschäftshaus der Familie auf 2200 qm Grundfläche (1900). 1907 wurden noch weitere 30.000 qm erworben, um dort große Lagerhäuser mit Schienenanschluss zu errichten.

Reinhard Mannesmann – auf der Welle deutscher Kolonialpolitik

Die Brüder Reinhard und Max Mannesmann brachten ihr Remscheider Stahl-Imperium nicht nur mit bahnbrechenden Röhren-Erfindungen (vgl. S.156 f.) in eine Spitzenstellung, sondern auch durch ihre internationale Wirtschaftspolitik. So beteiligten sie sich an der Gründung von Röhrenwerken an der Saar, in Böhmen und in Wales. Außerdem verstanden sie es, die Politik des Kaiserreiches zu nutzen. Dieses wollte sich bei der „Aufteilung der Welt" ebenfalls „einen Platz an der Sonne" erobern, um Fuß zu fassen zwischen den traditionellen Kolonialmächten Frankreich und England. Dazu gehörte seit den 1880er Jahren auch die Einflussnahme im noch „herrenlosen" Sultanat Marokko, zumal dort neue Rohstoffquellen winkten. Im zwangsläufigen Konflikt mit Frankreich hatte Kaiser Wilhelm II. 1905 Tanger besucht, sich als „Beschützer" der Unabhängigkeit Marokkos aufgespielt und dessen „Internationalisierung" vorgeschlagen.

Reinhard Mannesmann

Den Wind deutscher Kolonialpolitik im Rücken, verstanden es die **Mannesmänner**, eine beträchtliche **ökonomische Positionen im Sultanat Marokko** zu gewinnen, sehr zum Ärger Frankreichs und Spaniens. Zu Beginn des 20. Jhs. suchten sie diese noch weiter auszubauen.

Das beste Beispiel für dieses Afrika-Engagement ist **Reinhard Mannesmann** (1856-1922). Es war sicher kein Zufall, dass seine Hochzeitsreise im Frühjahr 1906 nach Marokko führte und dass er dort, als erfahrener Hüttenfachmann, Erzvorkommen entdeckte, die er wirtschaftlich zu erschließen suchte. In Briefen aus Marokko heißt es: „Hier herrscht noch Tausend und eine Nacht. Kamele, Pferde, Esel und Maultiere sind die einzigen Transportmittel."

Es dürfte interessant sein zu sehen, mit welchem Einfallsreichtum ein Remscheider Industrieller Geschäftsschlüsse anbahnte und sich auf einen ihm völlig fremden, ja exotischen Lebensstil einzustellen vermochte. Dazu aus der Familienüberlieferung:

In Tanger angekommen, machte sich das Hochzeitspaar, er 49, sie 23 Jahre alt, **zum Sultan** auf nach Fez. Bei seinem Besuch trug Reinhard ein schweres Säckchen bei sich, das er am Eingang abstellte. Als es beim Abschied dort stand, wurde der Sultan neugierig. Ein Diener hatte bereits nachgeschaut und vermeldete: einen **Sack voller Goldstücke**! Darauf der Sultan: „Der Mannesmann hat gute Manieren, er soll mich öfter besuchen!" Um **Einladungen** aussprechen und standesgemäß bewirten zu können, kaufte sich das Paar einen „reizenden Garten in idealster Lage dicht an dem Strand", mit herrlichem Blick über die Bucht von Tanger. Bezahlt wurde bar, „lauter Silber, mußte mit zwei Eseln in Säcken von der Bank geholt werden". Sie wurden vom Pascha empfangen, dem höchsten Beamten, „der uns dann ein Ehrengeleit von 50 Soldaten mitgab. Dieses Ehrengeleit gab hinterher wieder zu einem Sturm im französischen und englischen Blätterwald Anlaß" (17.3.1908). Sie machten eine „sonderbare Tour auf einem marokkanischen Kriegsschiff" und statteten dem **Hauptgouverneur** von Ostmarokko einen Besuch ab. Reinhards Frau bewunderte die Fähigkeit ihres Mannes, „sich in fremden Ländern anzupassen und sich sofort in die Gesellschaft des Landes Eingang zu verschaffen". Psychologisch geschickt trat er nicht auf wie ein Fremder aus Europa, sondern **wie ein Fürst aus einem befreundeten Nachbarland**. Wenn er durchs Land reiste, auch wenn er in der Sommerresidenz des Sultans wohnte, schlug er meist seine **eigenen Zelte** auf.

Das Zelt von Reinhard und Titta Mannesmann

Mit seinen eigentlichen, langfristigen Zielen hielt Mannesmann dem Sultan gegenüber lange hinterm Berg; er setzte eher auf seine Mitarbeiter. „Wir sind jetzt auf dem besten Wege, unsere toll großen Pläne mit Hilfe von Hadj Omar, dem **allmächtigen Günstling** des Sultans, durchzusetzen." Er schickte geologische **Expeditionen** durchs Land, ließ mit Hilfe von Übersetzern marokkanische **Bücher** nach alten Metallfundorten durchforschen und überwand die schwerste, eher emotionale Hürde: die mit dem **Koran** begründete Vorstellung, dass Schürfen nach Metall eine „Entweihung der Erde" sei und damit unzulässig. Als erstem Europäer gelang es ihm, die Koranverse so auslegen zu lassen, dass die Einwände gegen das Schürfen hinfällig wurden. Ihm als „Ungläubigem" sei es erlaubt und er werde den **Sultan** am Gewinn beteiligen. Im September bat er ihn dann, ihm im östlichen Rif-Gebiet Bergwerksrechte zu verleihen. 1908 erhielt die Firma Mannesmann vom Sultan von Marokko eine **Erzkonzession**. Nach und nach erlangten Reinhard und seine Brüder 2000 Erzkonzessionen, kauften 90.000 Hektar Land und bauten Fabriken, Anlagen und Handelshäuser. Sie konnten bis 1914 genutzt werden.

Empfang beim Gouverneur

„Er lebt in einem ganz famosen Zelt, so groß wie unser ganzes Haus, mit rosa Kattun ausgefüttert und mit den schönsten Orientteppichen und Matratzen belegt. Er selbst ist ein sehr schöner Mann, sehr weit gereist und sehr gebildet. Das Festessen, das uns vorgesetzt wurde, war wirklich fürstlich. Nur mußte alles mit den Händen gegessen werden, und der Pascha steckte mir, um mich ganz besonders zu ehren, immer die besten Bissen mit seinen eigenen fürstlichen Fingern in den Mund. Du denkst sicher - wie unappetitlich - aber mitnichten. Vor jeder Mahlzeit kommt ein kleiner Negersklave mit einem silbernen Waschbecken und dito Kanne, geht an jedem der Eingeborenen vorbei, und jeder wäscht sich ordentlich die Hände. Dann erscheint ein anderer, der einen aus einer hohen silbernen Kanne mit Orangenessenz begießt, worauf man am Schluß noch mit einer kleinen Räucherpfanne eingeräuchert wird."

So schrieb Reinhards Frau am 23.4.1906

„Fez, den 31. Oktober 1906

[...] Vor vierzehn Tagen haben wir zu Ehren der Deutschen ein Diner von 26 Personen gegeben [...] Es war ein äußerst gelungenes Fest [...] Unser liebenswürdiger Nachbar, einer der Hauptwürdenträger, sandte uns ein halbes Dutzend siebenarmiger Silberleuchter, Lampen hatten wir en masse und so machte unser Riesenzelt, 8m breit und 15 m lang, 6,5 m hoch, einen ganz feenhaften Eindruck. Alle unsere Gäste waren ganz frappiert. Auf den Wänden und auf der Erde lagen ungefähr 60 Teppiche, und 7 seidene Wandbekleidungen bedeckten die Zeltwände. Dutzende von alten silbernen Säbeln, Flinten und Dolchen hingen als Schmuck überall. Du siehst, daß unser Zelt Riesendimensionen hat, wenn trotzdem in der Mitte noch drei Apfelsinenbäume wachsen, deren Hunderte von Früchten jetzt gerade gelb werden. Trotzdem haben wir noch soviel Platz, daß wir bequem tanzen können. Wann wir nach Hause kommen, ahnt noch niemand [...]"

(aus einem Schreiben von Titta Mannesmann an ihre Mutter)

„Es ist schon erstaunlich, wieso Remscheider Kaufleute ein so engmaschiges Beziehungsgeflecht rund um den Globus aufbauten [...] Ich kann mir das nur so erklären, dass die vielen kleinen Kotten den wachsenden Familien kein genügendes Auskommen mehr bieten konnten und man daher auf ein arbeitsteiliges Wirtschaften kam – hier Herstellung, da Vertrieb."

Text und Bild aus dem Deutschen Werkzeugmuseum, Remscheid

8. Industrielle Revolution

Die ersten „Fabriken“ entstehen

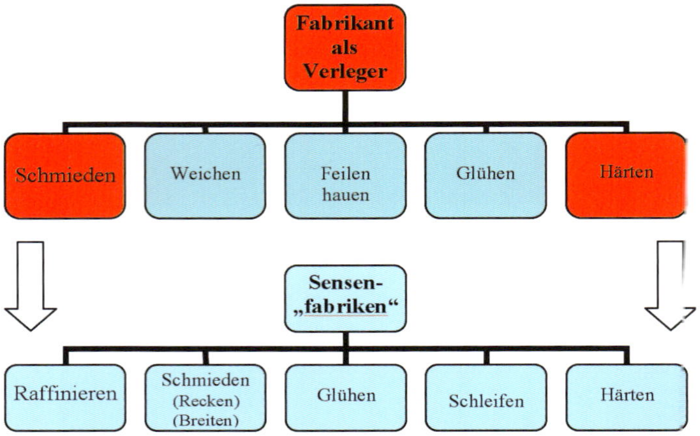

1. Der erste Schritt in eine neue Zeit begann damit, dass einzelne **Kleinschmiede** aus der Not eine Tugend machten und als Fabrikanten auch zu **Kaufleuten** wurden. Sie stellten z. B. aus eingekauftem Raffinierstahl unter Aufsicht von Meistern in der eigenen Schmiede Rohformen etwa für Feilen her. Die Rohlinge gaben sie dann weiter an verschiedene, meist kleine Werkstätten, die das Fabrikat arbeitsteilig zu Ende brachten. So wurden sie zu **Verlegern**. Am Ende gingen die Produkte zum Fabrikanten zurück, der sie womöglich in der eigenen Härterei nach geheimen Spezialverfahren härtete, in jedem Falle aber gründlich prüfte, bevor er sie in den Handel brachte. Einkauf und Absatz also blieben in einer Hand.

2. In einzelnen Sparten, beispielsweise bei der **Sensenherstellung**, wo die Nachfrage sehr groß war, kam es bereits früh zur **Konzentration der Produktionsprozesse**. So war es bei **Hasenclever** im Eschbachtal, der noch die „weißen Sensen“ herstellte. **J. A. Halbach** ging einen Schritt weiter. Er errichtete ausgangs des Morsbachstals bei Müngsten das erste zusammenhängende Sensenwerk (1772), wo er Raffinierstahl herstellte und daraus die gefragten „Blausensen“ anfertigte, eine Innovation im Bergischen. Ein ähnliches Projekt errichteten die Brüder **Busch** in Gründerhammer. Aus ihm entwickelte sich, mit größerer Wasserkraft, ein neues Projekt an der Wupper bei Dahlerau (1788). Die neuen Buschhämmer waren das seinerzeit wohl fortschrittlichste Werk der Region, eine „moderne“ arbeitsteilige Fabrikanlage. Acht Werksgebäude standen direkt nebeneinander: 1 Rohstahlhammer mit Feuer, 3 Reckstahlhämmer, 1 Sensenreckhammer, 2 Sensenbreithämmer und 1 Sensenplättwerk. Alle Arbeitsgänge vom Rohstahl bis zu fertigen „steirischen“ Blausensen waren hier konzentriert.

Die Buschhämmer in Dahlerau, die seinerzeit modernste Anlage. Dennoch ging die Sensenfabrik 1809 infolge der napoleonischen Kontinentalsperre in Konkurs. 1816 trat an ihre Stelle das Textilwerk Wülfing & Sohn.

3. Steigende Nachfrage und technische Entwicklung führten dazu, dass dieser neue Fabrikationsprozess auch auf andere Zweige der Werkzeugherstellung überzugreifen begann, zunächst auf die populäre **Feilenherstellung** – mit noch weiter gehenden Konsequenzen. So errichtete der Kaufmann und Unternehmer Johann Gottlieb Diederichs 1810 an der Schüttendelle eine „neue Schmiede“, eine Feilenfabrik, in der erstmals alle Erzeugnisstufen dieser Branche unter einem Dach gefertigt wurden und nicht mehr räumlich getrennt von verschiedenen Handwerkern. So konnte die Produktion besser überwacht und unter Anleitung von Meistern konnten auch unselbständige Lohnarbeiter eingesetzt werden. Nur ist die Firma in den Wirren der Zeit verfallen und blieb vorerst ohne Nachfolger. – Die Remscheider Feilen auf dem Weltmarkt gerieten vor allem gegenüber England ins Hintertreffen.

Dem versuchte Reinhard Mannesmann (1814-1894), der Vater der berühmten Söhne, entgegenzusteuern, indem er in den 30er Jahren im Südbezirk die Herstellung der Feilenproduktion zu organisieren begann. Er führte in seiner Werkstatt auf Bliedinghausen alle Fabrikationszweige der bisherigen Hausindustrie zusammen, vereinigte Feilenschmiede, Schleifer, Hauer und Härter in einem zentralen Betrieb. Das alles führte zu größerer Qualität und Termintreue. Mit seiner Fabrikstraße schuf er die erste moderne vollständige Werkzeugfabrik, zunächst noch ohne Maschinen. Dann war er der Erste, der die Dampfmaschinen und Feilenhauermaschinen in der Fertigung einsetzte. Er lieferte zugleich an gewerbliche Verbraucher und Einzelhändler. Das unter A. Mannesmann laufende

Mannesmann Feilenfabrik, um 1889

Unternehmen wurde zu einem der bedeutendsten Remscheids. Es leitete das Remscheider Fabrikzeitalter ein und vergaß darüber nicht das soziale Engagement.

4. Andere Produktionsbereiche zogen nach, so die **Fabrikation von Klingen und Säbeln** im Westbezirk. Sie steht mit der Familie Böker, die sich seit dem Siebenjährigen Krieg (1756-63) darauf spezialisiert hatte. 1829 begann die Enkelgeneration von Vieringhausen aus die Fabrikation von Klingen und Säbeln im großen Stil zu organisieren. Mit einem ‚Reich' von über 60 Schmiedemeistern, zuzüglich Gesellen und Lehrlingen, mit eigenen Stahl- und Reckhämmern, dazu fast 50 Schleifern in eigenen Schleifmühlen, stellten sie 1830 bereits wöchentlich über 7000 Klingen und Säbel her und brachten die Remscheider Werkzeugindustrie über Notzeiten hinweg. Die Lieferungen gingen bis nach Russland. – Entscheidend war dann das Jahr 1854, als die Bökers ihren neuen Firmenstandort an die „Alte Wendung" setzten, auf halber Höhe zwischen Vieringhausen und Müngsten. Dort, am Bornsiepen, einem kleinen Bachlauf, betrieben sie eine Dampfschleiferei. In einem Behälter oberhalb der Fabrik wurde das Wasser aufgefangen, in zwei Dampfkesseln (einer als Reserve, jeder 2 m breit) erhitzt und zum Antrieb von zwei Hochdruckmaschinen (36 PS) genutzt.

Die mehrstöckige Fabrik an der „Alten Wendung". Das Gebäude war 30 m breit, 15 m tief und 9 m hoch. Im Parterre: Maschinenraum, 2 Schmiederäume, 2 Schleiferräume, darüber 7 Arbeitsräume, unter dem Dach zwei Speicherräume.

Technische Revolution mit der Dampfmaschine

Die bahnbrechende Erfindung der Dampfmaschine, die vor Jahrzehnten bereits in England gemacht wurde (James Watt, 1774), hielt nun auch in Remscheid ihren Einzug. Als Erstes war sie in der **Tuchindustrie** im Raum Lennep zum Einsatz gekommen. 1831 hatte die Firma Peter Schürmann & Schröder in Vogelsmühle an der Wupper eine erste Maschine aufgestellt, um von Eisgängen, Hochfluten und Trockenzeiten unabhängig spinnen, weben und walken zu können. 1834 war Wülfing & Sohn gefolgt, die 1834 die größte Dampfmaschine im Wuppertal (50 PS) errichtete und damit an die 140 Maschinen antrieb. Der Einzug der Dampfmaschine in die **Remscheider Eisenindustrie** kam mit den Brüdern Böker. Als Erster betrieb Albert 1847 damit einen Hammer in Platz im Morsbachtal. Sieben Jahre später wagten sich Robert und Heinrich mit ihrer Dampfschleiferei schon vom Tal den halben Berg hinauf zur „Wendung". Lukrativ war das „Experiment Dampfkraft", aber auch gefährlich. Im Juni 1871 explodierte ein Dampfkessel und zerstörte das Kesselhaus.

„Die Kunde von dem in der Wendung vorgekommenen Unglück hat die Herzen tief erschüttert. Ein Teil des schönen Etablissements ist infolge der Explosion eines Dampfkessels total zerstört worden, und unter den Trümmern des Gebäudes haben leider zwei Menschen ihr Grab gefunden. Die Verwüstung bietet einen grauenvollen Anblick dar, und man vermag kaum den Gedanken zu fassen, dass ein nach allen Regeln der Kunst angefertigter Dampfkessel eine derartige Zerstörung hat anrichten können. Das Kesselhaus ist ein Schutthaufen, dicke Balken sind weit hinweggeschleudert worden. Teile des Kessels liegen wie Papier zusammengeknittert an verschiedenen Stellen, ja ein Stück von wenigstens 200 Pfund schwer ist auf das Dach eines Hauses geflogen, die Nachbarhäuser haben infolge des Luftdrucks Dächer und Fenster eingebüßt usw. Wodurch das Unglück entstanden ist, weiß man nicht. Es gibt daher den Personen, denen die Wartung einer Dampfmaschine anvertraut ist, abermals einen Fingerzeig zur größten Vorsicht. Einer der Verunglückten hinterlässt eine Witwe mit sechs Kindern. Möge diesen Trost und Hilfe zuteil werden." (Remscheider Zeitung, Juni 1871)

Doch es gibt Unglücke, die haben eine Schicksal bestimmende Bedeutung und treiben die Entwicklung voran. So entschlossen sich die Brüder Böker mit ihrem Geschäftspartner Von der Nahmer, mit Teilen des Werkes ganz den Berg hinaufzuziehen, wo sie in die Nähe des Bahnhofs ein Zweigwerk aufbauten, im Volksmund die „Neue Wendung" genannt. Die Geburtsstunde der BSI (Bergische Stahlindustrie) hatte geschlagen. Die neue Technik mit ihrer doppelt emanzipatorischen Kraft hatte der Remscheider Industrie buchstäblich Dampf gemacht. Die Dampfmaschine befreite von der Wasserabhängigkeit der Täler, und die Dampfrösser sorgten seit 1868 für schnellen und preiswerten An- und Abtransport von Rohstoffen und Fertigprodukten. Dennoch war die Trennung in 3,5 km entfernt voneinander liegende Werke auf Dauer lästig, und ab 1881 wurden sie Zug um Zug am neuen Standort zusammengeführt.

Spektakulär war auch eine Aktion von Reinhard Mannesmann, unter dem 1897 die Trennung von der väterliche Feilenfabrik A. Mannesmann durch Neugründung der Röhrenfabrik erfolgte. Um seine Maschinen anzutreiben, erstand er in Berlin zwei ausrangierte Lokomotiven. Die mussten allerdings erst einmal vom Bahnhof hinauf auf den Bliedinghauser Berg geschafft werden. Ein Augenzeuge, zugleich Ingenieur, berichtet und beschreibt zugleich den damaligen Alltag:

„Gegen Mittag gelangte man dann an die starke Steigung, die zum »Handweiser« hinaufführte. Hier zeigte es sich bald, daß die zehn Pferde nicht mehr ausreichten und neue Kräxfte hinzugezogen werden mußten. Trotz Verstärkung kam man nur recht langsam vorwärts; die Pferde waren durch das Antreiben unruhig geworden, und auch die Fuhrleute hatten durch den langsamen Fortgang und wohl auch durch den bei solchen Gelegenheiten unvermeidlichen Alkoholgenuß einen großen Teil ihrer ruhigen Überlegung verloren. Man suchte sich in der Weise weiterzuhelfen, daß man die des Weges kommenden Fuhrleute, meist Milchfuhrwerke, durch hohen Vorspannlohn bewog, ihre Pferde in die Reihen einzugliedern. So erhielt man schließlich ein Gespann von über fünfundzwanzig Pferden, das sich aus dem verschiedenartigsten Pferdematerial zusammensetzte..
(Viele Tiere stürzten, die Zugstränge rissen, es gab Zank und Geschrei.) Die Situation wurde fortgesetzt kritischer; nach jedem vergeblichen Anzug der Pferde steigerte sich das Geschrei der schnapsbewegten, aufgeregten Fuhrleute; jeder wußte natürlich allein am besten, wie man weiterkommen konnte, und stritt mit großer Heftigkeit um seine Meinung, so daß Tätlichkeiten zuweilen nur mit großer Mühe vermieden werden konnten. Dieser Zustand der Fuhrleute übertrug sich auch auf die Pferde, die immer aufgeregter wurden […] Die Pferde bäumten sich wild auf unter den scharfen Peitschenhieben, feuerten nach hinten aus, verletzten zuweilen die hinter ihnen stehenden Tiere oder suchten mit kühnem Sprung aus der Reihe auszubrechen. Ein gemeinsames Anziehen aller Pferde war unmöglich geworden. Wir saßen mit der Lokomotive auf halbem Berg einfach fest. Inzwischen hatte sich nach Arbeitsschluß in den umliegenden Werkstätten eine große Menge Arbeiter um uns versammelt, die sich das ungewohnte Schauspiel mit der üblichen Schadenfreude ansahen. In dieser unserer großen Not hatte Herr Mannesmann sen., der von unseren Schwierigkeiten gehört hatte, einen rettenden Einfall. Er bestieg ein am Wege liegendes Faß und rief von diesem erhöhten Standpunkt der Menge zu: »Hürent Lütt, wecker von önk nu hölpt de Lokomotiv den Berg herop te trecken, der darf hingeher noch methölpen, twei gruote Faht Bier uttesupen, die ech bim Langerfelsch Bennat oplegen bat, subaul de Maschin iersch owen is.« Die Ansprache wurde mit allgemeinem Hurra beantwortet, bald waren zwei lange Seile an der Lokomotive befestigt und weit über hundert Mann zogen auf das Kommando an. Die Winden sorgten für den Anzug und als die Pferde spürten, daß es weiterging, zogen die meisten wieder kräftig mit, sodaß die Lokomotive in flottem Tempo überraschend schnell auf der Höhe anlangte.
Auf der Strecke, die noch bis zur Fabrik zurückzulegen war, befand sich keine Steigung mehr, so daß sich dieser Transport ohne Störung vollzog. Allerdings hatte ich dann noch als Nachspiel eine schwere Auseinandersetzung mit dem Chaussee-Aufseher wegen der starken Spuren der Lokomotivräder; doch auch diese Schwierigkeiten wurden mit dem nötigen Alkohol und entsprechender Entschädigung behoben.“

50 Pferde waren schon nötig, um ein Dampflokomobil fortzubewegen. Noch viel mühsamer war es, regelrechte Lokomotiven über Landstraßen und dazu noch einen Berg hinaufzuschaffen.

Einsatz des Walzverfahrens und eine epochale Erfindung

Zunehmend verdrängte das Walzverfahren das Aushämmern der Stahl- und Eisenstangen. Peter **Hasenclever** errichtete 1839 im Eschbachtal eine noch mit Wasserkraft betriebene Walzanlage, angeblich das älteste Walzwerk in Preußen. Auf einer Walze konnte er an einem Tag so viele Bleche und Bandeisen herstellen wie ein Bandhammer in einer Woche, wodurch preiswerter produziert wurde.
Zwanzig Jahre später gliederte **Böker** seiner Schleiferei an der „Wende“ eine dampfgetriebene Walzanlage an und nahm 1861 das erste wirklich leistungsfähige Walzwerk Remscheids in Betrieb, indem er den Spezialisten Von der Nahmer mit ins Boot nahm. Als dieses 1881 zum Bahnhof verlegt wurde, trennten sich die Wege der beiden wieder und Von der Nahmer gründete nahe der BSI das Alexanderwerk.
Auch bei der Firma **Mannesmann** beschäftigte man sich mit dem Walzen, doch hier wurde zugleich experimentiert. Dabei kam es 1884 zur bahnbrechenden Erfindung, einem Verfahren zur Herstellung nahtloser Hohlkörper aus massiven Stahlblöcken allein durch Walzen, das Ende 1884 sogleich als Patent angemeldet wurde. Als es dann auch noch gelang, die durch Schrägwalzen hergestellten dickwandigen Hohlkörper 1886 zu marktfähigen Röhren auszuwalzen, war der Triumph perfekt. Der Grundstein zu einem weltumspannenden Unternehmen gleichen Namens war gelegt. Die Nachfrage war riesig. Denn die bis dahin gebräuchlichen Rohre mit Schweißnaht waren dem hohen Druck moderner Dampfmaschinen häufig nicht mehr gewachsen. Zahlreiche Unfälle waren die Folge. Jetzt konnten sie ausgetauscht werden.

Bisher ungeahnte Möglichkeiten taten sich auf, nicht nur im Maschinenbau, auch bei der Errichtung von Rohrleitungsnetzen bis hin zu Pipelines, Leitungsmasten oder Stahlrohren für die Architektur, die nicht nur leichter, sondern den alten auch an Festigkeit weit überlegen waren.

Und so werden die neuen Röhren hergestellt:

1. Das Schrägwalzverfahren wurde nach mehrjährigen intensiven Versuchen 1885 zum Patent angemeldet und wird heute noch weltweit zur Herstellung dickwandiger Hohlkörper aus dem massiven Stahlblock angewendet. Der auf Walztemperatur (ca. 1200 °C) gebrachte Block wird zwischen ein Walzenpaar geschoben, dessen Achsen schräg zueinander stehen, einen ovalen Querschnitt bilden und sich in gleicher Richtung drehen. Sie ziehen den Block schraubenartig rotierend („friemelnd") ein und lockern dessen Kern zum Hohlraum. Der Dorn unterstützt die Locharbeit und glättet die Innenfläche. Aus dem massiven Stahlblock entsteht auf diese Weise ein um etwa zwei bis drei Mal längerer Hohlblock.

2. Das Pilgerwalzen wurde zu Beginn der 1890er Jahre von Max Mannesmann erfunden und 1891 zum Patent angemeldet. Im Pilgerwalzwerk werden die auf der Schrägwalze hergestellten dickwandigen Hohlkörper zu marktfähigen Rohren von großer Länge und mit geringer Wanddicke ausgewalzt. Dazu wird der auf eine Dornstange gesteckte Hohlblock zwischen zwei übereinander stehende, konisch kalibrierte Walzen getrieben und die Wand abschnittsweise (Pilgerschritt in Analogie zur Echternacher-Pilgerprozession) verringert. Beide Verfahren bilden das klassische „Mannesmann-Verfahren", nach dem z.B. in Düsseldorf-Rath die größten nahtlosen Stahlrohre der Welt, mit bis zu 711 mm Durchmesser und 30 m Länge, gewalzt werden.

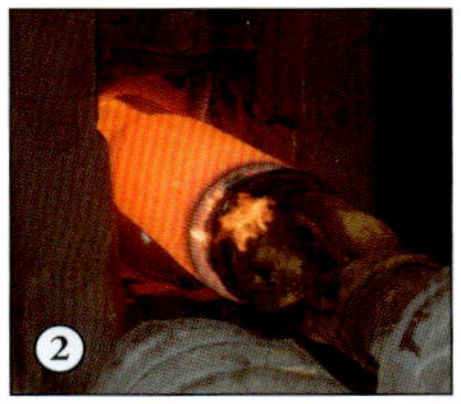

Die Brüder Mannesmann – Tüftler, Erfinder, Organisatoren

Max (1857-1915, rechtes Bild), der zweitälteste Sohn des Fabrikanten Reinhard Mannesmann war ein genialer Erfinder und Konstrukteur, der zeitlebens seiner Vaterstadt Remscheid treu blieb. Seine praktische Ausbildung erhielt er in der väterlichen Fabrik; niemand schlug die 1000 Hiebe auf den Feilenrohling so exakt wie er. In Bonn studierte er Chemie und an der TH Berlin-Charlottenburg Maschinenbau. Bereits 1879, also mit noch nicht 22 Jahren, erhielt er gemeinsam mit seinem ältesten Bruder Reinhard (1856-1922, linkes Bild), sein erstes Patent, und zwar für ein Telefonmikrofon. Mit der Erfindung des Schrägwalzens, an der sein Bruder gleichfalls beteiligt war, revolutionierte er die technische Welt. Viele Hunderte von Erst- und Verbesserungserfindungen, darunter auch kuriose, wie der „Zehenschuh", folgten. „Probleme", so ein enger Mitarbeiter, „waren da, um von ihm gelöst zu werden".

Das ist fürwahr ein Wundermann,
Wie packt er Stahl und Eisen an!
Er walzt es schräg, er zieht es quer.
Er formt es, als ob es Butter wär;
Trotz Widerstreben und Verdruß,
Wenn es nicht folgen will – es muß!
Drum steht ihm wohl der Name an,
Der kräftig klingende „Mannesmann"!

Mit diesen Versen ehrt die satirische Zeitschrift „Kladderadatsch" am 27.4.1890 die Erfinder.

Neue Gussstahlsorten – neue Möglichkeiten

Lange hatte man im Bergischen auf Raffinierstahl gesetzt. Auch als Folge der napoleonischen Wirtschaftseingriffe war man nun hinter die englische und belgische Eisenindustrie zurückgefallen. Dort war man mittlerweile unter Einsatz von Koksöfen zur Produktion von Gussstahl übergegangen, ein Verfahren, das man bereits um 1750 in Sheffield entwickelt hatte. Der Brennstoff kam nicht mehr mit dem schmelzenden Material in Berührung, nur die Hitze bewirkte die Verflüssigung. Es entstand ein sehr hartes und belastbares Material. Entsprechende Walzwerke waren entwickelt worden. Der neue Stahl drückte auf den hiesigen Markt und begann den Raffinierstahl zu verdrängen. Um sich von englischen Lieferungen unabhängig zu machen, mühten sich weitsichtige Unternehmer um Eigenherstellung. 1811 bereits stellte man „Zementstahl" her, der dann

ab Mitte des 19. Jh. in Remscheid in Tiegeln umgeschmolzen wurde (daher „Tiegelgussstahl").

Die älteste Aufnahme der Fabrik der Gebrüder Lindenberg auf dem Hammesberg in Büchel

Die erste Initiative in diese Richtung ging 1844 von Hasenclever aus, der am Unterlauf des Eschbachs vier Sensenhämmer niederriss und mit einem holländischen Partner die Burgtaler Gussstahlfabrik (Burlage & Co.) errichtete (siehe Bild vorige Seite unten). Auf Büchel am anderen Ende der Stadt stellten die **Brüder Lindenberg** versuchsweise einen Schmelzofen für Tiegelgussstahl auf und boten ihn 1847 Solinger Firmen zur Erprobung an.

1853 begann Reinhard Mannesmann mit dem Aufbau eines Tiegelgussstahlwerkes und gliederte es drei Jahre später der Feilenfabrik an, wenngleich bis zur fabrikmäßigen Erzeugung von Qualitätsstahl für Feilen noch Jahre vergingen.

1865 ging auch die **Firma Böker** an der „Alten Wendung" mit der neuen Zeit und errichtete eine Gussstahlhütte. Als dann der Dampfkessel 1871 explodierte, weil er in der Abluft der Stahlhütte zu heiß geworden war, wurde die Firma, auf den neuesten Stand gebracht, an die „Neue Wendung" (am Bahnhof) verlegt. Das war die Grundlage für die weitere Unternehmensentwicklung. Zehn Jahre später folgte das Walz- und Hammerwerk der Gusstahlhütte auf den Berg nach.

1869 gab es in Remscheid bereits sechs Betriebe, die Tiegelgussstahl herstellten.

1877 begannen einige Firmen auch „Tempergussstahl" zu kochen, eine 1804 ebenfalls in Sheffield gemachte Erfindung. Durch einen besonderen Glühvorgang (Tempern) wurde dem Material die Sprödigkeit genommen und ein gut schmiedbarer Weichguss hergestellt.

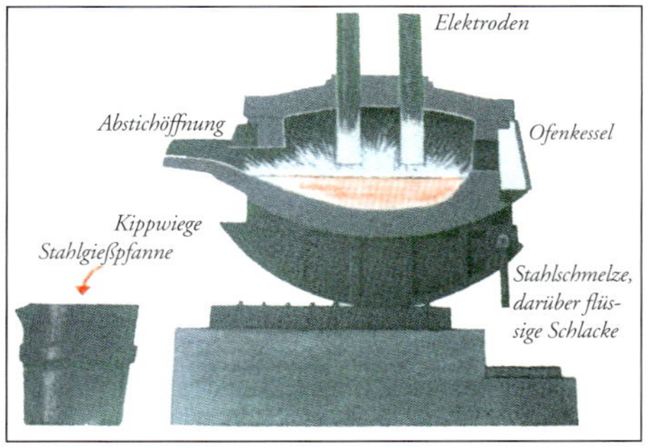

Der Lichtbogenofen
Eine Erfindung des französischen Ingenieurs Paul Héroult, von einer Duisburger Maschinenfabrik erbaut und von der AEG elektrisch ausgerüstet.
„Im Lichtbogenofen erzeugt der elektrische Strom zwischen den Elektroden und der auf der Füllung von Roheisen und Schrott liegenden Schlackenschicht Lichtbögen von sehr hoher Temperatur (bis zu 4000 °C). Metall und Schlacke schmelzen. Sie werden entschwefelt und deoxidiert, beigegebene Legierungsmetalle äußerst gleichmäßig und berechenbar im flüssigen Stahl verteilt. Ein hochwertiger Stahl entsteht."

Richard Lindenberg (1869-1925)

1890 übernahm Richard mit seinem Bruder das elterliche Werk auf dem Hammesberg in Hasten, das 1864 zu Gussstahlgießerei, Hammerwerk und Schleiferei ausgebaut worden war, von zwei Dampfkesseln betrieben wurde und das seitdem, in Anspielung auf die Glocke im Firmenzeichen, den Namen „Glockenstahlwerk" trug. Nachdem 1899 sein Bruder Julius ausgeschieden war und an der Königsstraße ein eigenes Werk gegründet hatte, organisierte Richard die Firma neu. Entscheidend dafür war der Bau des ersten industriell genutzten Elektrostahlofens der Welt. 1904 hatte er von einem französischen Ingenieur das Patent erworben, daraufhin seine Tiegelgussanlage stillgelegt und mit dem Bau des Lichtbogenofens begonnen. Im Februar 1906 wurde der erste Edelstahl gegossen. Der Ofen, heute noch Grundlage aller modernen Stahlöfen, begann von Hasten aus seinen Siegeszug um die Welt. Die Nachfrage war derart groß, dass das Unternehmen vergrößern musste und sich zwecks Kapitalbeschaffung in die „Stahlwerk Richard Lindenberg AG" umwandelte. Im Ersten Weltkrieg stieg die Belegschaft auf 1500 Mann. Das Leben des Unternehmers, immer wagemutig und technisch auf dem neusten Stand, endete tragisch. Er kam bei einem Flugzeugabsturz ums Leben. Sein Unternehmen musste mit den „Deutschen Edelstahlwerken" (1927) fusionieren und wurde 1929 „aus wirtschaftlichen Gründen" aufgelöst. -- Die Erinnerung an den wagemutigen Unternehmer wird festgehalten im „Richard-Lindenberg-Platz" auf Hasten. 1928 errichtete man ihm dort auch ein Denkmal, das heute an der Stelle des alten „Glockenstahlwerkes" steht.

Auszug aus dem Roman von Walter Bloem (1868-1951) „Der Paragraphenlehrling“, 1907 (späterer Titel: „Das jüngste Gericht“). Blöhm war als junger Referendar am Gericht in Remscheid tätig gewesen und schreibt aus nächster Anschauung der Stadt damit ein Heldenlied ihrer Arbeit, zugleich aber auch, wenngleich das in diesem Abschnitt nicht so zum Ausdruck kommt, einen Weckruf sozialpolitischer Nöte:

Das neue Verfahren würde […] schlechthin vollkommen sein. […] Die Elektrizität würde das vorgewärmte Roheisen zur Weißglut bringen, dabei würden alle anderen Stoffe von geringerem Verflüchtigungsgrade in Gasform aus der siedenden Masse entweichen, oder als Schlacke sich auf der Oberfläche ansammeln und sonach chemisch reines Eisen in wasserflüssigem Zustande übrig bleiben, und dieser Masse könnte man dann alle anderen für die Stahlerzeugung notwendigen Stoffe automatisch in abgewogenem Verhältnis zusetzen, sonach mit unfehlbarer Sicherheit für den jeweiligen Gebrauchszweck erforderlichen Idealstahl auf dem Wege eines sicheren chemischen Prozesses herstellen. […] Und schon begann die Arbeit: der elektrische Krahn schwebte unter der Decke heran, aus dem Vorwärmer wurde in riesigen muschelförmigen Schalen das glühende Eisen in den elektrischen Ofen übergefüllt. […]

Und nun beobachteten die Männer […] wie nun die beiden gewaltigen Kohlenpole bis auf das Niveau des Eisenbreis gesenkt wurden. […] Jetzt wurde der elektrische Strom eingeschaltet. […] ein dumpfes Brausen und Rauschen wurde vernehmbar, ein leises Zittern erschütterte den ganzen Bau und das eiserne Gerüst, auf dem die Versammelten standen, und gleichzeitig umspielte die Spitze der Kohlenpole ein zuckendes, flackerndes Spiel knatternder blauer Riesenflammen. […] wie der gigantische Lichtbogen einer kolossalen Bogenlampe flutete der elektrische Strom von Pol zu Pol durch die Eisenmasse hindurch, deren Rotglut bald eine immer intensivere Helligkeit annahm. […] Und andachtsvoll starrten auch die Arbeiter […] in die immer heller aufglühende, quirlende Eisensuppe da drinnen. […] Die Methode, das Verfahren verstanden sie nicht, aber das Ziel, das leuchtete auch ihnen ein: statt des grauenvollen Hantierens in der Glut des Bessemerprozesses, statt der immer auch noch bedenklichen und oft von Misserfolg vernichteten Arbeit am Martin- oder Tiegelstahlofen hier ein völlig des Charakters mühevoller und gesundheitsschädlicher Menschenschinderei entkleidetes, rein durch das Spiel der Naturkräfte sich vollziehendes Verfahren, bei dem die Menschenkraft fast völlig ausgeschaltet war und nur noch der Menschengeist als anordnender und überwachender Machtfaktor tätig war. […]

„So“, sagte Hugo Sieper, „nu wollen wir enß en Schmiedeprob nehmen!“ Er winkte, und der alte Gießer stieß an dreimeterlangem Eisenstiel eine Schöpfkelle in den brodelnden Brei. Die Metallmasse floß wie Wasser flüssig und wie die Sonne leuchtend in eine handhohe Form […] die packte ei-ner der Arbeiter mit einer Zange und trug sie die Treppe hinab in einen Nachbarraum, in das Hammerwerk. […]

Und während der Zeiger der Uhr von Minute zu Minute rückte, ward die Sonnenglut drinnen im Kessel immer intensiver. […] Die Schlackenschicht, die sich auf der Oberfläche gebildet, begann gleichfalls dünnflüssig und weißglühend zu werden. […] Die vom menschlichen Gedanken gebärdigte und konzentrierte Naturkraft arbeitete nun ohne menschlich Zutun mit ungeheuerer Kraft und mathematischer Sicherheit. […] Und endlich strahlte aus den Öffnungen des Kessels die Stahlsuppe drinnen in so blendender Weißglut, dass das Auge selbst durch den Schutz der blauen Gläser hindurch kaum den Glanz ertragen konnte. […]

„Jetz kann't losgehen!“ […] Hochklopfenden Herzens, doch äußerlich vollkommen gefasst, gab Hugo das Zeichen zum Beginn des Gusses. […] Und mit eleganter Sicherheit vollzog sich, was Hugo mit seinen Arbeitern in den letzten Stunden einexerziert: der Gießtiegel schob sich, an Ketten hängend und vom Laufkran her bedient, vor die Ausflußtülle, und glucksend, wie Wasser in einen Eimer, rauschte die Stahlflut hinein. […] Nach wenigen Minuten war die Umfüllung erfolgt, und nun schwebte der viele Zentner schwere glühende Tiegel mit seiner mehrtausendgrädigen Füllung über die Häupter der Versammelten, die unwillkürlich zur Seite auseinanderstoben, hinweg und dem unteren Raume zu, wo in langen Reihen mit vorgewärmten, in der Mitte durchlöcherten Deckeln überstülpt, die Coquillen standen, dicke, graue Tonrohre. Über der ersten machte der schwebende Tiegel Halt, der im Innern der Stahlflut steckende Stöpsel des Bodenloches wurde von den Arbeitern durch Hebeldruck gelüftet, und gluck, gluck, gluck, rann aus dem Bodenloch der doppeldaumendicke Strahl in die Coquille, bis sie oben überlief. Und so mit ruhiger Präzision von Coquille zu Coquille, so glatt und elegant, als fülle die gewandte Hand eines Oberkellners eine Reihe Sektgläser, floß der Stahlstrom aus dem schwebenden Tiegel in die Formen.

Der alte Lichtbogenofen steht heute im Deutschen Werkzeugmuseum in Remscheid. Der „Lindenbergsche Ofen“ ist noch immer Grundlage fast aller modernen Elektrostahlöfen und gestattet die Produktion wesentlich hochwertigerer und chemisch beständigerer Stahlsorten, als die bis dahin meist produzierten Tiegelgussstähle es waren.

9. Höhen und Tiefen traditionsreicher Unternehmen

Lindenberg-Werk nach Höhenflug abgestürzt

Nach der Erfindung ging es mit dem Lindenberg-Werk am Hammesberg zwei Jahrzehnte lang steil bergauf. Der Erste Weltkrieg brachte große Rüstungsaufträge. **1500 Arbeitskräfte** waren beschäftigt. Zum Transport von Kohle und Eisen wurde eine eigene **Schmalspurbahn** angelegt, die das Werk mit dem Hastener Bahnhof verband. Die Schienen führten über die Hauptverkehrsstraße, und die Dampfbahn mit ihren langen Kohlenzügen war ein Verkehrshindernis erster Ordnung. Um neuen Raum für die Fabrikation zu gewinnen, wurden Kriegsgefangene eingesetzt. Sie trugen unterhalb der „Schönen Aussicht" gewaltige **Erdmassen** ab. Doch durch das Kriegsende kam der Bau nicht mehr zur Ausführung.

Glockenstahlwerk in seiner größten Ausdehnung (um 1918). 1929 aus „wirtschaftl. Gründen" geschlossen. Lange Zeit befand sich auf dem Werksgelände die AEG Elotherm.

Als 1911 das Luftschiff „Parzival" Remscheid anflog, war die ganze Stadt auf den Beinen. Doch vor der Landung drehte es erst mal eine Ehrenrunde über dem Lindenberg-Werk, um dann auf dem Schützenplatz den weltbekannten Firmenchef an Bord zu nehmen.

In den 20er Jahren wuchs – nicht nur in Stadtzusammenlegungen, sondern auch in der Industrie – die „Konzentrationswut". So wurde das Werk am Hammesberg 1927 mit den **Deutschen Edelstahlwerken** vereinigt (Sitz im Ruhrgebiet) und 1929 wegen „Unwirtschaftlichkeit" geschlossen.

Bergische Stahlindustrie – Übernahme durch ThyssenKrupp

Mit dem Umzug des Werkes hinauf in die Stadt ging es auch mit dem Stahlwerk (seit 1875 BSI genannt) steil bergauf. Das hatte seine **Gründe**:

1. **Der Standort war ideal**: Die Bahnhofsnähe garantierte schnelle und preiswerte Anlieferung und Versand, die direkte Nähe zur Stadt kurze Wege für die Arbeitskräfte.
2. **Stahlguss lag im Trend des Marktes**. Industrie, Bergbau und Eisenbahn hatten einen Riesenbedarf. Im Jahresumsatz der 1880er Jahre gab es Steigerungsraten, teilweise bis zu 30-40 % pro Jahr. Mit der aufkommenden Automobilindustrie (ab 1900) und den Materialschlachten des Krieges kamen neue Kunden hinzu. Moritz Böker hatte es vorausgesehen: „Dann werden wir bald [...] Tag und Nacht ständig zu schmelzen haben."
3. **Die Gewerbefläche erlaubte Expansion**. Auf einer Länge von gut 700 m konnte das Unternehmen flexibel auf den Markt reagieren. Ausgangspunkt: Das Werk Stachelhausen (1) mit seiner Gussschmelze (für kleinere Stückgewichte). 1880/81 entstand am Standort Osterbusch (2) ein neues Walz- und Hammerwerk, das mit den Jahren, ständig modernisiert, erweitert wurde. Nach Aufgabe der unwirtschaftlich gewordenen „Alten Wendung" baute man 1898/99 am Standort Loborn (3) eine neue Stahlgießerei mit größeren Öfen, immer darauf bedacht, den modernsten Stand zu halten. So nahm man 1908 die ersten Elektroöfen in Betrieb, Grundlage für eine

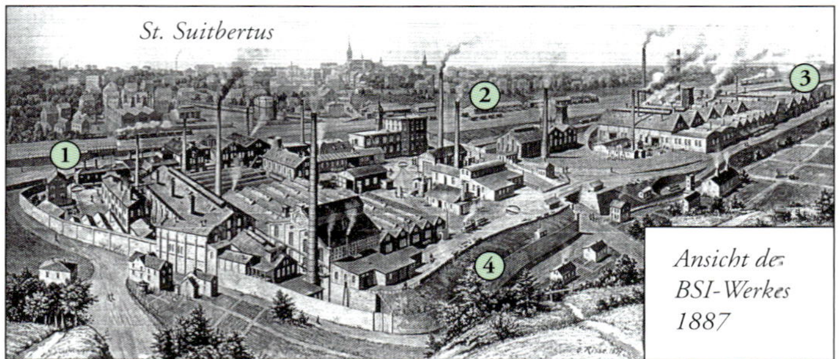

Ansicht des BSI-Werkes 1887

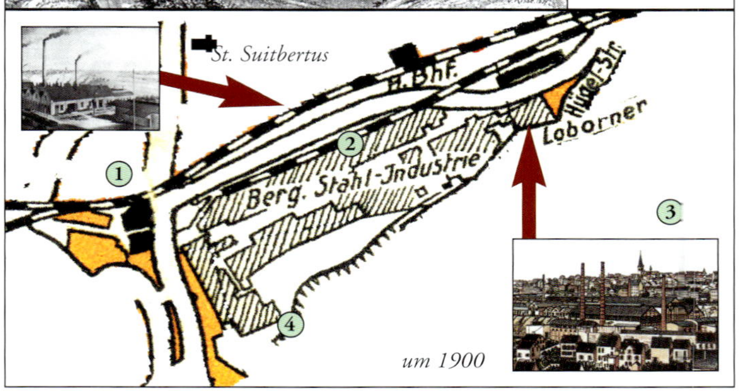

um 1900

gleichmäßige Stahlqualität. Die größeren Öfen ermöglichten größere Werkstücke und neue Absatzmöglichkeiten für größere Stücke, Sicherung von Aufträgen bei Staatsbahn und Marine. Schließlich errichtete man kurz vor dem Ersten Weltkrieg am Standort Papenberg (4) eine Tempergießerei, mit der es möglich wurde, auch weicheren Stahl herzustellen, um auch hier neue Märkte zu erschließen.

4. **Qualitätsstahl war oberstes Prinzip**, Ankämpfen gegen Massenstahl. Um den Geheimnissen des besten Werkzeugstahls auf die Spur zu kommen, richtete das Unternehmen ein wissenschaftliches Laboratorium ein: Welcher Stahl eignet sich am besten für verschleißbare, für dehnbare oder für Teile mit höchstem Härteanspruch? Die systematische Einteilung von Stahl nach Härtegraden ging auf Moritz Böker zurück. 1900 waren es drei, 1907 vier Härten. Die Entwicklung von Nickel- und Chromnickelstahl (um 1905) machte die BSI weltberühmt. Böker stellte das Produktionsprogramm um, nicht mehr Flussstahl wurde produziert, sondern fortan überwog Edelstahl.
5. **Vielseitige Kundenwünsche wurden erfüllt**. Die Remscheider Betriebe erhielten von der BSI ihren Werkzeugstahl. Die überall auf Maschinen setzende Industrie allgemein brauchte Ummantelungen aus Walzstahl für ihre Motoren. Die Eisenbahn wollte schneller und sicherer fahren und rief nach Rädern und Achsen aus unverschleißbar hartem Stahl. Dasselbe galt für die Grubenbahnen zum Kohletransport. Die Energieanlagen verlangten Rohrbögen (Fittings) aus dehnbarem Metall zum Verbinden ihrer Leitungen (für Flüssigkeiten, Dampf, Gas u.a.). Mit dem aufkommenden Bauboom war hochwertiger Baustahl angefragt. Ein besonderes Geschäft begann mit der Autoindustrie und ihrem Bedarf an hochwertigem Chrom-Nickel-Stahl. Neue Renner waren Kurbelwellen, die ab 1907 in eigenen Gesenkschmieden angefertigt wurden. Schließlich kamen zunehmend Großaufträge der Kriegsindustrie: während des Krieges jährlich bis zu 24.000 Kurbelwellen für Autos und Flugzeuge und monatlich bis zu 120.000 Gewehrläufe.

Überlebenschance in Krisenzeiten – zwischen Fremdkapital und Übernahme

Mit der Wirtschaftsflaute 1924-26 war das Betriebskapital der BSI bald aufgezehrt. Um auf solider Grundlage weiterzuarbeiten, musste man rationalisieren und Fremdkapital ins Werk nehmen. Damals hatten sich, einer allgemeinen Konzentrationstendenz entsprechend, deutsche Massenstahlproduzenten zu einer „Vereinigten Stahlwerke AG“ zusammengeschlossen. In diesen Verbund wurde 1927 auch die BSI übernommen und lief fortan unter dem Konzernnamen „Deutsche Edelstahl Werke“ (DEW). Dazu gehörten Firmen in Bochum, Krefeld, Haslach, Werdohl und Duisburg, wo mit der Thyssen-Hütte der größte Partner saß. Selbständigkeiten mussten aufgegeben werden, doch neue Produktionsmöglichkeiten wurden gewonnen. 1957 von Thyssen übernommen, begann man sehr aktiv mit dem Aufbau der europäischen Exportmärkte. Durch die Fusion der Unternehmen Thyssen und Krupp im Jahre 1999 entstanden am Standort Remscheid drei **ThyssenKrupp-Unternehmen**:

1. Eine Präzisionsschmiede produziert Getriebe- und Achskomponenten für die nationale und internationale Automobil- und Nutzfahrzeugindustrie. Mit der Übername durch die indische SONA Group, Delhi (2008) bietet sich dem neuen Unternehmen (SONA BLW PRÄZISIONSSCHMIEDE GMBH) die Chance einer sich weltweit auswirkenden Spezialisierung.
2. Ein Kurbelwellen-Werk (unter dem Namen „ThyssenKrupp Gerlach GmbH“) schmiedet Wellen für alle Motortypen, welche die internationale Automobil- und Motorenindustrie in PKWs, Motorräder und Nutzfahrzeuge sowie in Schiffe, Lokomotiven und Generatoren einbaut.
3. Ein Turbinenkomponenten-Werk fertigt Teile für die Luftfahrtindustrie und die Energiewirtschaft. Es ist führender Anbieter von Turbinenscheiben für Flugtriebwerke sowie Schaufeln für Dampfturbinen. 2005 wurde es durch die internationale Leistritz Gruppe übernommen.

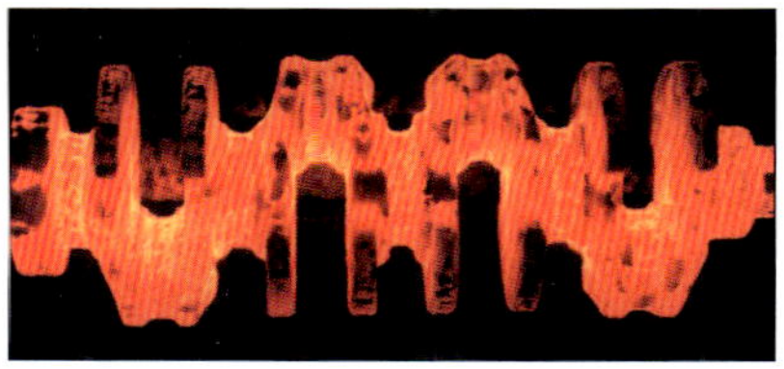

Nach dem Zweiten Weltkrieg setzte man im Wirtschaftswunderland auf Autozulieferung. Kurbelwellen wurden zur Massenware. In deutschen Autos kam 1977 jede zweite aus dem Remscheider Werk. Kurbelwellen bis zu einer Länge von 6 Metern sind bis heute eine Spezialität der Firma.

1964 wurden die ersten präzisionsgeschmiedeten Dampfturbinenschaufeln hergestellt und Triebwerkschaufeln (u.a. für Düsenjets) entwickelt. Schaufeln und Scheiben für diverse Turbinen sind seitdem zweites Standbein der Produktion.

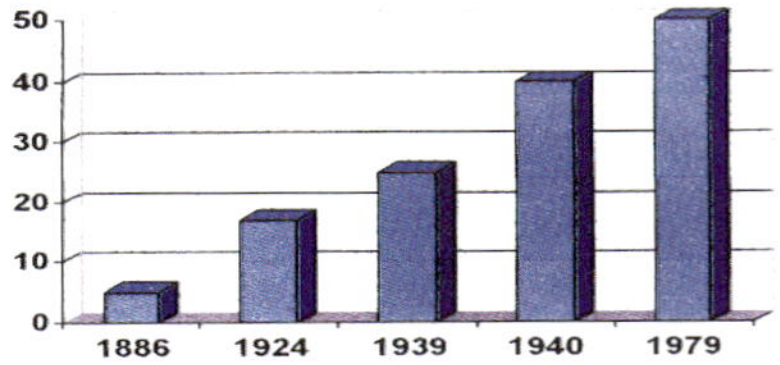

Die Schlagkraft der Hämmer (hier in Tonnen) hat zugelegt. Schon um 1900 dröhnte der Koloss eines 100-Zentnerhammers (fünf Tonnen) durchs Tal und rief Beschwerden der Bürger hervor. Der 17-Tonner der 20er Jahre hatte damals die größte Schlagkraft Europas. Heute arbeitet nur noch ein einziger Hammer.

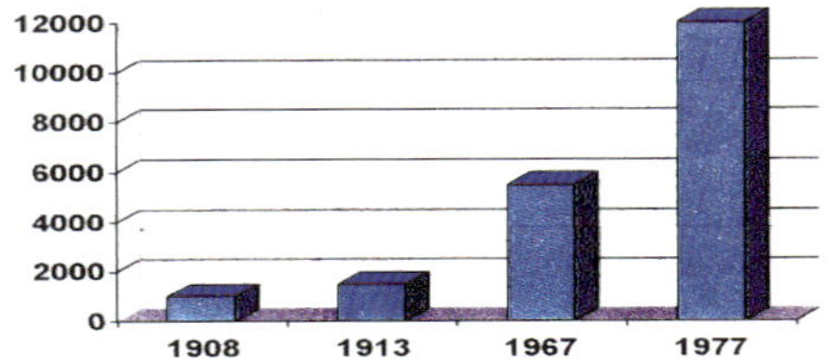

Der Druck der Pressen (hier in Tonnen) wuchs noch gigantischer. Mit ihnen lassen sich gleichförmige und immer größere Stücke in beliebiger Zahl herstellen Die einst größte Presse in Remscheid gibt es nicht mehr.

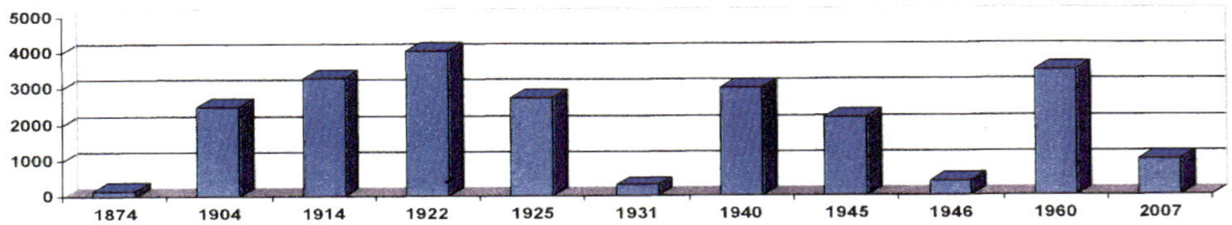

Für die Schwankungen in der Beschäftigungszahl gibt es vor allem zwei Erklärungen. Die Wirtschaftkrise der 20er Jahre und das Ende des Zweiten Weltkrieges haben zu Zusammenbrüchen geführt. Der Aufschwung in den 40er Jahren hat mit der Kriegsproduktion zu tun. Der Nachkriegsaufschwung im Wirtschaftswunderland ist zunächst enorm. Gemessen an der Produktivität setzt er sich auch fort, doch im Blick auf die Beschäftigungszahl ist der Abwärtstrend unaufhaltsam. Gründe sind computergesteuerte Maschinen, strukturelle Zusammenlegungen und Auslagerungen an preiswertere Standorte.

2007 wurde mit dem Standort Papenberg ein Drittel des Werkes eingeebnet. Schaffen von neuen Gewerbeflächen:

Dreimal Mannesmann

Stammwerk Bliedinghauser Straße

Der Name „Mannesmann" hat heute in drei voneinander unabhängigen Betrieben seine Spuren hinterlassen.

1. Die „A. Mannesmann" in der Bliedinghauser Straße (1796 von Arnold Mannesmann gegr.) steht für das Stammhaus der einstmaligen Feilenfabrik. Sie setzt die Remscheider Werkzeugtradition in moderner Form fort und stellt hochpräzise Maschinenteile für den internationalen Markt her.
2. Das Werk an der Lempstraße. Hier befand sich einst die Firma Reinhard Mannesmann, die es verstand, innovativ und vielseitig auf die Bedürfnisse des Marktes einzugehen. Das Unternehmen brachte die von ihm erfundenen allseits bekannten „Mannesmannsparlichter" (Gas-Glühstrümpfe) auf den Markt, fungierte zwischenzeitlich als „Mannesmann Munitionswerk" und konnte nach dem Ersten Weltkrieg als Motoren- und Automobilwerk Fuß zu fassen. 1920 ging der erste Mannesmann-Sport-Zweisitzer auf Probefahrt, 1923 in Serie und bald war er ein erfolgreiches Rennauto. Bis 1929 baute man in Remscheid rund 2000 Sportwagen und Limousinen, mit 20-100 PS und 100-120 km Höchstgeschwindigkeit. Dann wurde das Autowerk Opfer der Weltwirtschaftskrise und musste 1929 Konkurs anmelden. 1931 wird das Werk unter dem Namen „Brüder Mannesmann" neu gegründet. Es geht zurück auf Alfred und Carl

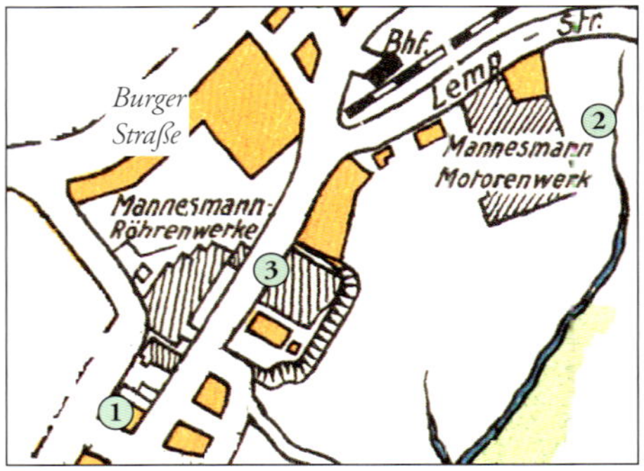

Lempstraße

Mannesmann (Brüder von Reinhard und Max), die um die Jahrhundertwende aus den Röhrenwerken ausgeschieden waren und auf dem Gelände der ehemaligen Fa. Reinhard Mannesmann ein Unternehmen zur Herstellung von Maschinenmessern betrieben. Nach dem Krieg baute man Anlangen für Gas- und Elektrogeräte, PKWs und Fertighäuser. Heute hat sich das Unternehmen im Wesentlichen auf Werkzeug- und Armaturenhandel spezialisiert, zwei Standbeine mit internationaler Ausrichtung.

3. Mit der **„Mannesmann-Röhrenwerke AG“** festigten die Mannesmänner die Position zum Absatz ihres ersten Patents. Durch Einstieg in Erz- und Kohlebergwerke, Ankauf von Hochöfen und Walzwerken wurde Mannesmann zum bekannten **Montankonzern**. Nach dem Zweiten Weltkrieg zerschlugen die Alliierten den Konzern. Doch schon in den 50er Jahren waren sämtliche Werke der **Mannesmann AG** wieder in einer Hand vereint. In den 60er Jahren zog sich der Konzern vom Bergbau und der Walzstahlerzeugung zurück, konnte aber durch verschiedene Zukäufe weiter expandieren. So namhafte Unternehmen wie u.a. Hydraulikhersteller „Rexroth“, Maschinenbau „Demag“ oder „Kraus Maffei“ wurden Teile des Konzerns. 1990 wurde die Mannesmann AG zum ersten privaten deutschen Anbieter für Telekommunikation. Die „Mannesmann Mobilfunk AG“ wurde zum wichtigsten Geschäftszweig des Konzerns und zum Marktführer im deutschen Mobilfunkmarkt. Bald suchte man auch auf dem britischen Markt einzusteigen.

Das schreckte den dortigen **Mobilfunk-Riesen Vodafone** auf. Der suchte den Mannesmann-Konzern mit seinen 130.000 Mitarbeitern aufzukaufen, wobei er auch vor einer „feindlichen Übernahme“ nicht zurückschreckte. Am 4.4.2000 kam es zur bislang größten Firmen-Übernahme Deutschlands mit einem Volumen von fast 190 Milliarden Mark. Da es Vodafon aber nur um die Telekommunikationssparte gegangen war, wurden alle anderen Geschäftsanteile gleich wieder auf dem freien Markt verkauft, darunter auch die Remscheider Röhrenwerke: Sie gingen noch im Mai 2000 an den **Salzgitter-Konzern**. Diese neue „Ehe aus Stahl“ stellt heute an 38 Produktionsstandorten in 13 Ländern nahtlose oder geschweißte Röhren aller Art her. Doch der Ursprung dieser Vielfalt liegt in Bliedinghausen.

Dieser 45 m hohe Turm mit dem Firmenlogo, höchster Punkt von Bliedinghausen, wurde in den 50er Jahren für die Hannovermesse gebaut und zur 75-Jahrfeier der Rohrerfindung (1965) in Remscheid neu aufgebaut. 2002 wurde der Mannesmannturm unter Denkmalschutz gestellt.

Neben die alte Halle ist eine große moderne gesetzt, heute im Blau des Salzgitterkonzerns.

Die größten Stahlberge liegen heute in Lüttringhausen

Auf Remscheider Gebiet türmen sich zurzeit bei **Dirostahl** die größten Mengen an Stahl. Dieses Werk, ursprünglich im Marscheider Bachtal angesiedelt, war in den 1920er Jahren herauf an den Lüttringhausener Bahnhof gezogen. Der Schmiede, dem traditionellen Kernbetrieb, wurden Ringwalzwerke, Wärmebehandlungsbetriebe und mechanische Werkstätten angegliedert. Somit kann hier – was recht selten ist – der gesamte Bereich der Freiformschmiedestücke abgedeckt werden. Jährlich werden 80.000 Tonnen Stahl angeliefert, die Hälfte mit der Bahn, die andere mit LKWs. Beim Einkauf achtet man auf größte, selbst definierte Qualität. Entsprechend eingrenzbar sind die infrage kommenden Lieferanten. Der größte Teil des Stahls kommt aus Deutschland, vor allem von der Georgsmarienhütte bei Osnabrück, der Rest aus Holland, Belgien und Österreich. Qualität scheint sich zu lohnen, denn zurzeit steht das Werk mit seinen 470 Mitarbeitern auf der Sonnenseite.

Am Rande von Dirostahl wachsen Stahlberge von 30.000 Tonnen meterhoch in den Himmel. Sie sind wohl das beste Beispiel für die Remscheider Eisentradition, die hier ihren „Gipfel“ erreicht hat.

Traditionsgemäß hat Remscheid durch seine Metall- und Stahlindustrie eine besondere **Kompetenzkonzentration im Werkzeug- und Maschinenbau**. Mit einer Exportquote von 48,3 % liegt die Stadt fast 30 % über dem Landesschnitt. Um diesen Standard zu halten, muss dauerhaft auf hohem Niveau produziert werden, mit Einsatz modernster Computersysteme, mit hohen Investitionen und, um auf vielen Standbeinen zu stehen, unter weltweiter Vernetzung.

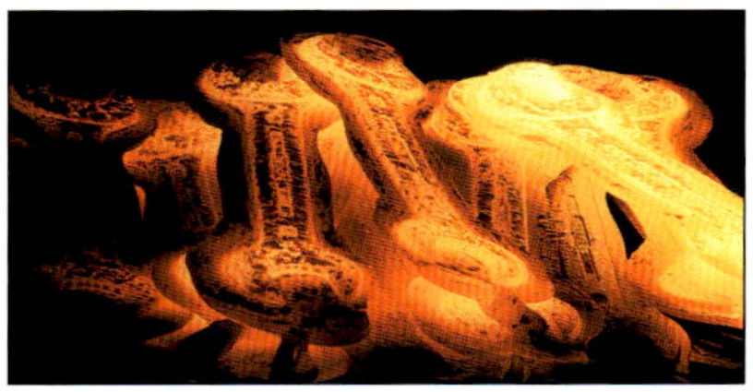

Werkzeugherstellung bei Gedore (Lüttringhausen), ein Beispiel für hohe Präzisionsarbeit und internationale Verflechtung

4. Konfliktfeld Industrie und Natur

1. Gewerbedruck und Siedlungsdruck

Schon um 1500 war das einstmals so geschlossene Remscheider Waldgebiet angeschlagen. **Brennholzeinschläge**, vor allem aber Rodungen zur Deckung des ungeheuren **Holzkohlenbedarfs** für die Raffinierfeuer hatten schwere Verwüstungen angerichtet. Um den Baumbestand nachwachsen zu lassen, wurden Teilsperrungen vorgenommen, Existenzen waren bedroht. Doch der Raubbau an den Wäldern war nicht aufzuhalten. Um 1700 war der heimische Hochwald fast vollends vernichtet, an seine Stelle traten **Heidekraut und verkrüppeltes Strauchwerk**. Selbst in den sumpfigen Tälern war der Baumbestand auf dem Rückzug, die Niederungen wurden trockengelegt, um Wiesen anzulegen. Die **landwirtschaftliche Nutzung** war auf dem Vormarsch.

„Diese ***Niederlassungen*** *sind endlich so viele geworden, daß von der* ***Waldfläche nicht viel mehr übrig*** *und das noch Vorhandene ganz verhauen und vom Vieh zerstört ist. […] Von dieser Art ist […] Remscheid […]. Hier ist der Sitz der Feineisen- und Stahlfabrikation; überall, wo man hinhört, ist Geräusch von Hämmern und Schmieden, eine wahre lebendige Gegend, voll Geräusches, voll Geschäftigkeit.“* *(Bericht um das Jahr 1800)*

Der kahle Remscheider Bergrücken im Jahre 1861. Die Landwirtschaft hat den Wald schon weit zurückgedrängt.

Der Rückgang des Waldes hatte Konsequenzen. Die Landschaft **verlor ihren Wasserspeicher**. Denn die Humusschicht, die wie ein Schwamm Wasser aufnehmen kann, wurde vom Regen die abschüssigen Hänge hinab in die Täler geschwemmt. Das Ergebnis war, dass viele Bäche im Sommer zu Rinnsalen wurden oder ganz verschwanden. Die sonst so regenreichen Höhen wurden von **Trockenzeiten** und die Täler bei heftigen Regengüssen von **Überschwemmungen** heimgesucht. So kam es 1852 zur „schlimmsten Flut seit Menschengedenken“. Mehrere Kotten, darunter der Anschlagkotten bei Müngsten, wurden völlig weggerissen. Die Säuberung der Teiche von den Schlammmassen war eine Bärenarbeit. Angesichts solch massiver Bedrohung begann man unter Bürgermeister Pfeifer (Mitte des 19. Jh.) mit einem Wiederbewaldungsprogramm. Abgesehen von den ruinösen Kahlschlägen infolge der Notzeiten des Ersten Weltkrieges und den nach dem Zweiten Weltkrieg von den Besatzungsmächten angeordneten Brennholzkahlschlägen wurde die Wiederbewaldung strikt durchgehalten (Anteil der Bewaldung heute 70 % Laubwald, 30 % Nadelwald).

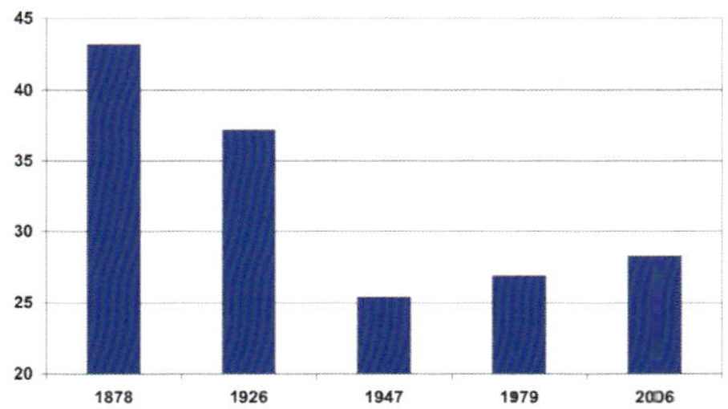

Waldbestand prozentual zur Gesamtfläche des Stadtgebietes. Der Raubbau am Wald ging erst langsam zurück entsprechend dem Bezug von Steinkohle. Mit der Eisenbahn (1868) wurde der Kohletransport weiter erleichtert.

Ein neuer, vielleicht noch größerer Feind für Boden und Landschaft, auch eine Folge der Industrie, ist die **zunehmende Bebauung** mit Gewerbe- und Wohnbauten. Der Boden wird immer mehr **versiegelt** und geht für seine Funktionen im Naturhaushalt verloren. Und wenn es einmal kräftiger regnet, kann das Oberflächenwasser nicht mehr versickern, sondern fließt von Dächern, Straßen und Plätzen sturzflutartig direkt in die oft zu kleinen Abwasserkanäle. Damit Bachläufe nicht zu reißenden Canyons werden, hat man in die Quellgebiete der Bäche riesige Regenrückhaltebecken gebaut.

Besonders gefährdet am Ausgang des Eschbachs: Unterburg (Aufnahme 1.3.1970)

Das Auffangbecken am Beginn des Morsbaches reißt wie ein Krater ein Loch in die Landschaft. Dennoch hat es am 6.8.2007 das Tal nicht vor Überflutung bewahrt.

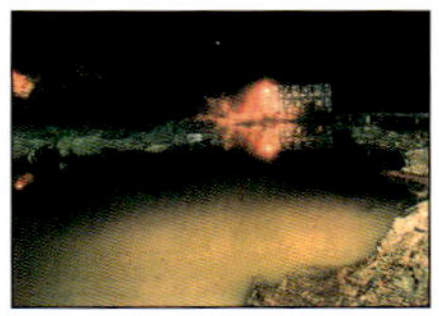

Die Fluten eines Gewitterregens stürzten am 6.8.2007 durch unsere Täler. Sie vernichteten im Morsbachtal einen Industriebetrieb. Das Freibad im Eschbachtal ertrank in den Fluten. 40 m³ Schlamm blieben in den Becken zurück. Die Saison war beendet.

2. Altlasten und Neulasten

An vielen Orten hat die Industrie der Nachwelt gefährliche Rückstände hinterlassen. In Remscheid war das vor allem die **Eisenindustrie**. Die Verhüttungsbetriebe entsorgten ihre Schlacken, die Gießereien ihren Formsand, die Schleifereien den mit Eisenstaub durchsetzten Schleifdreck. Mancherorts türmten sich ganze Halden auf, durchsetzt von Schwermetallen. Wo Feuerstätten brannten oder Dampfmaschinen liefen, produzierten sie Aschehalden, ebenfalls voller Schwermetalle. Dazu kamen die in Härtereien und in Galvanikbetrieben beim Vernickeln und Verchromen anfallenden, teils salzsäure- oder zyanidhaltigen Härtesalze. Die Liste ließe sich noch um ein Vielfaches ergänzen: chloridhaltige Lösemittel, wie sie beim Galvanisieren zum Entfernen von Fetten benutzt wurden; Mineralöle, wie sie in Härtereien und beim Betreiben von Dampfmaschinen eingesetzt wurden.

Auch von der Lenneper **Textilindustrie** hat Remscheid Altlasten geerbt. Die flächenmäßig größte Bodenverunreinigung befindet sich auf dem Gelände der ehemaligen „Kammgarn“. Die gifthaltigen Abwässer ihrer Färbereien wurden über Rieselfelder („Kläranlagen“) in darunter liegende Teiche geleitet und von dort wieder hoch in die Fabrik gepumpt. Die zum Antrieb der Pumpen und Maschinen notwendigen Dampfmaschinen haben schwermetallhaltige Deponien von Asche produziert.

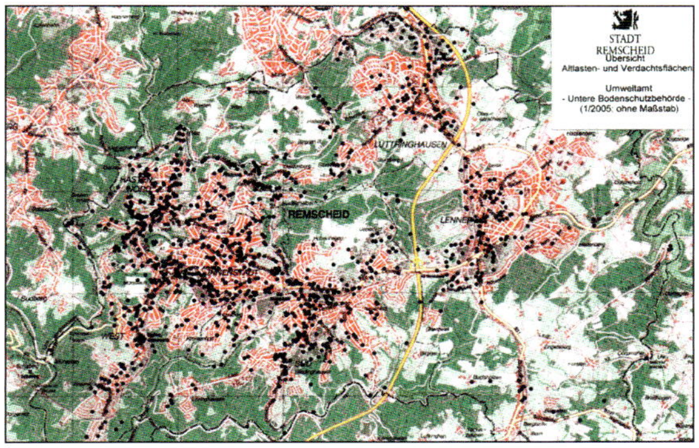

Die Stadt führt ein „Altlasten- und Verdachtsflächenkataster“. 2005 gab es 1095 registrierte Flächen, darunter 194 Altablagerungen (auf stillgelegten Werken).

Idylle am unteren der drei Kammgarnteiche, heute als Fischteiche genutzt. Auf ihrem Grund schlummern die Altlasten.

Lange Zeit glaubte man auch hierzulande an die Selbstreinigungskraft des Bodens und ging deshalb sorglos mit den problembeladenen Stoffen um, entsorgte sie ohne Bedenken auf dem eigenen Betriebsgelände oder auf geduldeten Kippen. 1972 machte ein **Abfallbeseitigungsgesetz** dieser Sorglosigkeit dann ein Ende. Doch wie soll eine Stadt mit solchen Altlastenproblemen umgehen?

Ein erstes Beispiel: Um die Kammgarnteiche in Lennep hatte man eine **Schrebergartensiedlung** angelegt. Die Kleingärtner hatten ihre Wege mit schwermetallhaltiger Asche befestigt, die Pflanzen mit belastetem Klärschlamm der Rieselfelder gedüngt, mit verseuchtem Wasser gegossen und ahnungslos giftiges Gemüse geerntet – bis das Gesundheitsamt die Anlage sperrte. Seit 2003 haben die Kleingärter eine neue Anlage oberhalb von Kimmenau bezogen, dafür 2005 einen Landespreis und 2006 beim Bundesgartenwettbewerb sogar wegen gelungener Ausländerintegration die Goldmedaille bekommen.

Ein zweites Beispiel: **In Hasten an der Edelhoffstraße** hatten die Galvanikbäder der Firma Hartchrom Feige für schwerste Umweltbelastungen gesorgt. Hier kam es zur bisher größten Entsorgung im Stadtgebiet. Das ganze Gelände wurde mit einem Zelt eingehaust (Bild rechts), damit kein Staub in die Umgebung gelangte. Dann wurden die Mauern abgefräst, das Gebäude abgerissen, der Boden 10 m tief ausgehoben und in einem Salzstock in Sachsen-Anhalt entsorgt. Die Arbeiter mussten Schutzanzüge und Masken tragen, ihre Arbeitszeiten waren begrenzt. Das von der Stadt für einen Euro gekaufte Gelände kostete sie an Entsorgung 4 Millionen Euro, davon übernahm 80 % das Land. Das jetzt unbelastete Gelände wurde an ein Remscheider Bauunternehmen verkauft, das darauf Eigentumswohnungen errichtete.

Unsere Zeit bringt neue Lasten. Arzneimittelrückstände dringen ins Grundwasser ein. Globale Schadstoffbelastungen erreichen uns durch die Luft (jährl. 100 t Feinstaub), bringen zusammen mit Wasser eine Säurebelastung, dazu kommt der saure Regen. Um Entwicklungen rechtzeitig zu erkennen und an kritischen Stellen Vorsorge zu treffen, sind derzeit im Stadtgebiet **364 Messstellen** eingerichtet worden.

Firmengelände an der Edelhoffstraße: aufwändige Entsorgung und Neuanfang

3. Industrie oder Natur

Relativ spät greift auf Remscheider Stadtgebiet auch der **Naturschutz**. Seit den 1980er Jahren werden Naturschutzgebiete ausgewiesen, vor allem in den Tälern, die wenig besiedelt und nicht so stark bewirtschaftet sind und mit ihren Bächen, Sumpfgebieten und Kottenteichen Pflanzen und Tieren Heimat bieten. Prunkstücke sind das Diepmansbach- (oberhalb Hermannsmühle) und das Dörpetal (vielfältigste Fauna).

Auf der anderen Seite stehen die Interessen der Stadt, **Gewerbe- und Wohngebiete** auszuweisen, um die Gewerbeansiedlung zu fördern. Die Industrie möchte heraus aus mancher Englage; die Rationalisierung braucht einen Ausgleich an Fläche für Maschinen. Autobahnnahe Standorte sind favorisiert. Seit den 1960er Jahren begann man auf großen Freiflächen Gewerbegebiete zu errichten, so zwischen Alt-Remscheid und Lennep auf Überfeld, am Jägerwald und an der Trecknase, in Bergisch Born, am Blaffersberg und in Großhülsberg am Rande von Lüttringhausen. Neuerdings erhitzt hier das neue Projekt Blume die Gemüter.

23 Naturschutzgebiete gibt es auf Remscheider Boden

Zu den herausragendsten Schutzgebieten zählen:
Wupper und Wupperhänge südlich Müngsten
Dörpetal und Seitentäler
Feldbachtal
Eschbachtal
Panzertal

Die bedeutendsten „Trittsteinbiotope" und innerstädtischen Frischluftschneisen sind:
Unteres Morsbachtal, Hölterfelder Siefen,
Fürberger Bach
Diepmannsbachtal und Seitenbäche
Tenter Bach und Bökerbach
Steinbruchgelände Hohenhagen

Das Gewerbegebiet Bergisch Born am Bornbach. Eindrucksvoll wie nirgends sonst im Remscheider Raum liegen hier Industrie und Naturschutz unmittelbar nebeneinander.

Die Naturschützer machen darauf aufmerksam, dass es mitten in Remscheid, wie weit und breit in keiner anderen Stadt, großartige Erholungsgebiete gibt. Wenn auch diese Gebiete noch stärker belastet werden, bleibt auch für viele Tiere kein Lebensraum mehr. Sie brauchen großräumigen Austausch. Wenn z.B. mit dem Industrieprojekt „Blume" die natürliche „Brücke" zwischen Diepmannsbach- und Wupper-Gebiet unterbrochen wird, ist das für den Austausch der mannigfachen Tierwelt (auch der Kleintierwelt) ein enormer Verlust.

Unsere Naturgebiete werden vor allem durch die Stickstoffbelastung aus der Atmosphäre gefährdet. Als Gegenmaßnahme werden zurzeit jährlich knapp 450 Tonnen Kalk gestreut.

Im Frühjahr 2007 zerstörte der Orkan „Kyrill" ca. 4 % des Remscheider Waldbestandes.

Sturmverwüstungen 1906
Tannenallee in Müngsten *Sägenfabrik auf Hasten*

Globaler Effekt oder „Immer schon da gewesen!"?

Unwetterkatastrophe August 1832:
„Gegen 4 Uhr nachmittags zog von Solingen her eine schwere Gewitterwolke über Remscheid, die sich unter einem furchtbaren, 4 bis 5 Minuten dauernden Sturm und Hagelschlag entlud und von der westlichen bis zur östlichen Grenze der Gemeinde schreckliche Verheerungen anrichtete. Die ältesten Einwohner haben ein solches Naturereignis bisher nicht erlebt. Die Bewohner mussten in die dem Sturm am wenigsten ausgesetzten Teile der Häuser flüchten, man konnte nichts als eine milchgraue, dichte Masse wahrnehmen. Das Getöse war so entsetzlich, dass das Krachen der bei vielen Häusern mit den Wurzeln ausgerissenen Bäume und das Einstürzen mancher Gebäude nicht gehört oder vom Brausen des Sturmes nicht unterschieden werden konnte." (Bericht des Bürgermeisters)

8. Energie

1. Das schwarze Gold

1. Holzkohle aus heimischem Wald

Die erste unerschöpflich erscheinende Energiequelle war der Wald. Sein Holz versorgte die Herdstellen und reichte lange Zeit auch zum Verhütten des Erzes und Verarbeiten des Roheisens aus. Die Zahl der Meilerplätze in Remscheider Wäldern ging in die Hunderte, meist kleine terrassenartige Flächen an Berghängen. Sie erinnern noch an die Zeit, als hier rußige Köhler geschäftig hin- und herliefen und geschickt ihre Kohlenmeiler bedienten.

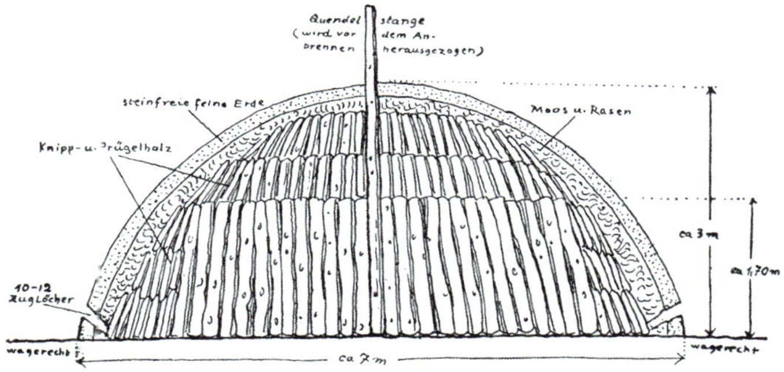

Der Köhler umkleidete den halbkugelförmigen Meiler von außen mit Erde und Asche. Dann nahm er den „Grundpfahl“ aus der Mitte des Kamins und setzte durch eine Zündgasse von unten her das Stroh und Reisig im Inneren in Brand. Der Erfolg der Arbeit hing von seiner Geschicklichkeit ab. Denn die Luftzufuhr musste über Löcher in der Außenhaut genau geregelt werden. Bei zu viel Luft verbrannte das Holz zu Asche, kam zu wenig hinein, war die Kohlenqualität schlechter. Der Meiler musste also Tag und Nacht genau kontrolliert werden. Deshalb hatte der Köhler seine Hütte auch direkt nebenan. Nach acht Tagen war die Holzkohle „gar“. Nachdem sie erkaltet war, musste sie möglichst rasch verbraucht werden.
Die Hammerbesitzer und Kleinschmiede bevorzugten für ihre Feuer Hartkohle. Sie wurde durch Grubenverkohlung gewonnen, bei der man vor allem Astholz und Wurzelwerk in einer Erdgrube verkohlte.

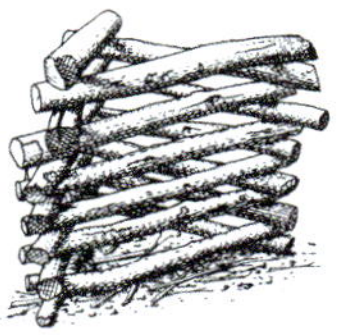

Um einen „Grundpfahl“ errichtete der Köhler zunächst einen Schacht, den späteren Kamin.

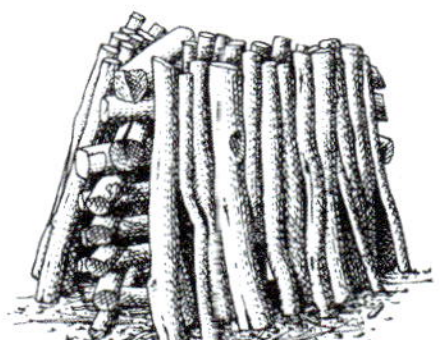

Kreisförmig um den Schacht stapelte er weitere Stämme aus Eichen- und Buchenholz.

Aus Holzstämmen bestand auch das Dach; die Öffnung für den Kamin blieb ausgespart.

Die Eisen verarbeitende Industrie blühte auf, doch der Remscheider Wald war bald ganz verhauen. Erste Warnzeichen gab es bereits um 1500. Mitte des 17. Jh. waren die Wälder verbraucht. Holzkohle gab es nur noch in geringen Mengen und zu hohen Preisen. Die Produktion ging zurück. Viele Hämmer mussten schließen. Angesichts dieser bedrohlichen Energiekrise gab es nur einen Ausweg: Mit der Kraft der Holzkohle und dem Einsatz von Blasebälgen wurden die Rennöfen technisch weiterentwickelt.

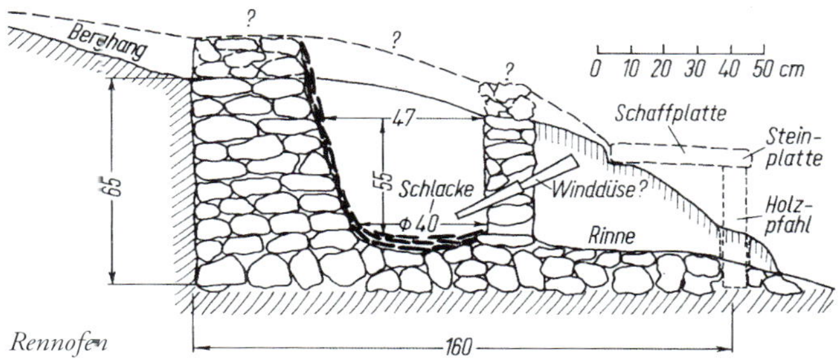

Rennofen

2. Steinkohle aus fernen Gruben

Die einzige Alternative zur Holzkohle war die Steinkohle. Doch die musste erst aus den Gruben in der benachbarten Grafschaft Mark bzw. im südlichen Ruhrgebiet herangeschafft werden. Die **Wege** waren beschwerlich, der **Transport** zunächst nur mit Saumtieren möglich, die Mengen, die sie tragen konnten, dementsprechend klein, die Transportkosten hoch.
Dieser Nachteil konnte erst ausgeglichen werden, als ab 1868 die Eisenbahn den Transport übernahm.

Klagen Remscheider Fabrikanten um 1850
„Was unseren Gewerben vor allem not tut, um im Kampf mit […] [der] Konkurrenz nicht gänzlich zu unterliegen, ist: die Beschaffung möglichst billiger Steinkohlen, deren jetziger Preis im Verhältnis zum Werte der Fabrikate wahrhaft unerschwinglich ist. – Unsere Gemeinde mit ihren zahlreichen Hammerwerken und an 1000 Schmiedewerkstätten bedarf über 400.000 Scheffel [knapp 25.000 Kubikmeter] dieses Brennmaterials […] – Sind wir genötigt, diesen enormen Preis noch länger zu bezahlen, so wird, abgesehen von der drückenden Konkurrenz des Auslandes, die benachbarte Grafschaft Mark, […] bei billigen Kohlen und anderen günstigen Verhältnissen unsere Gewerbe notwendig bald überflügeln.“

Über einen Abzweig von Ronsdorf ins Morsbachtal verkehrte diese Kleinbahn. Mit einer Geschwindigkeit von 15 km pro Stunde beförderte sie nicht nur Personen, sondern auch die für die Schmiedebetriebe notwendige Kohle.

Längst hatten die alten Rennöfen ausgedient. Mit der Steinkohle und den mit ihr zu erzielenden viel höheren Temperaturen konnten ganz neue Generationen von Öfen gebaut und Gussstahl produziert werden, z.B. in diesem Puddelofen (rechts): links das Feuer, in der Mitte die Wanne mit dem Schmelzgut, rechts der Abzug.

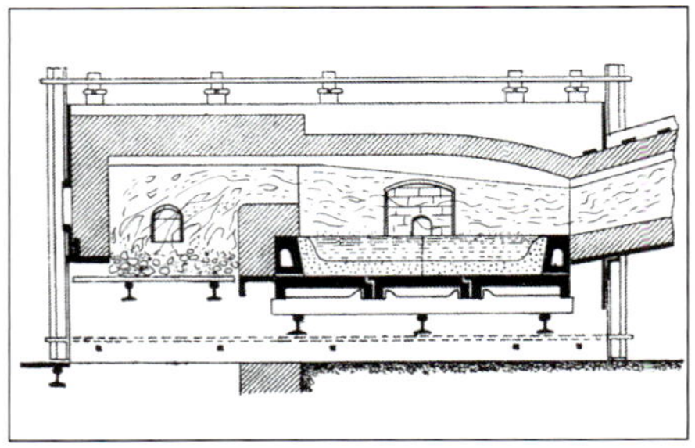

2. Wasser, ein kostbares Gut

1. Wasserkraft in den Tälern

Als die Muskelkraft nicht mehr ausreichte, die Blasebälge für die Rennfeuer in Gang zu halten und das Eisen zu bearbeiten, nahm man die Energie des Wassers zu Hilfe. Die Industrie begann von den Bergen in die wasserreichen Täler zu wandern (ca. ab 14./15. Jh.). An den Bächen entstand im Lauf der Jahrhunderte ein buntes Gewirr von Eisenschmelzen, Wasserhämmern und Schleifkotten.

Unerschöpflich schien die Wasserenergie im regenreichen Gebiet. Dennoch war das System höchst anfällig und dreifach gefährdet, und das in zunehmendem Maße, nachdem die Wälder weitgehend abgeholzt waren und der Boden das Wasser nicht mehr speichern konnte:

Teich unter Beckershof, im Morsbachtal. Der Speicher ist (wie ein Akku) gut gefüllt, die Wasserenergie kann je nach Bedarf abgerufen werden. (oben)

Bald war jeder verfügbare Platz ausgefüllt, vor allem im Morsbachtal, ein Betrieb reihte sich an den anderen. (rechts)

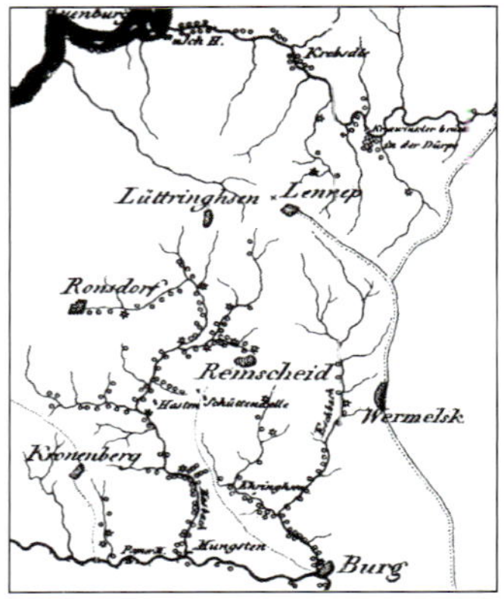

In kalten Wintern verwandelten sich die ungeheizten Arbeitsplätze unter den Stauteichen schnell in wahre Eishöhlen. Dann musste der Betrieb oft für längere Zeit eingestellt werden.

Nach schweren Regengüssen schoss das Wasser über die mittlerweile kahlgeschlagenen Hänge in die Täler und verwandelte die Bäche in wahre Canyons, für die Teiche wegen der mitgeführten Schlammmassen eine Katastrophe. Deren Besitzer mussten sie dann ablassen und mühsam reinigen.

In trockenen Sommern wurden die Bäche im abgeholzten Gebiet oft zu Rinnsalen. Selbst die Wupper (Bild oben) führte manchmal kein Wasser mehr. Bald waren auch die Teiche leer, die Arbeit musste oft monatelang ruhen. Im 19. Jh. war das keine Seltenheit und führte in manchen Jahren zu schlimmen Notzeiten (z.B. 1823).

Wieder einmal suchte man nach Auswegen aus einer Energiekrise. Eine revolutionäre Idee hatte da Peter Ehlis aus Schlepenpohl im Eschbachtal: An die Stelle der 20 Teiche im Tal sollte ein **riesiger Sammelteich oberhalb der Mebusmühle** treten, mit einem Staudamm von 130 m Länge, 73 m Breite und 12 m Höhe. Eine Genossenschaft der Hammerbesitzer war bereits greifbar nahe, die Genehmigung seitens der Regierung lag vor (1848), da bekamen die meisten Genossen im Blick auf die Kosten „kalte Füße" und traten zurück. Der Damm blieb unausgeführt.

So war es wenige Jahre später die **Dampfmaschine**, welche die Wasserenergiekrise auffing und sie vorerst meisterte. 1853 wurden erste Dampfmaschinen in zwei Remscheider Betrieben aufgestellt. Da die neue Technik mit weniger Wasser auskam, konnte die Industrie aus den Tälern auf die Berge hinaufziehen: So kam das Werk Böker mit einem kleinen Bach an der „Alten Wendung" aus, dem Werk Lindenberg genügte der Ibach gleich unterhalb der Quelle im Stadtpark, und die Kammgarn in Lennep konnte sich dank der Dampfmaschinen sogar oberhalb eines Quellgebietes niederlassen.

Diese Dampfmaschine ist das Schmuckstück im Deutschen Werkzeugmuseum. Ursprünglich stand sie in der Firma Reinhold in Blumental. Nach Abriss der Firma wanderte sie hinauf ins Museum.

2. Wassernot im Regenloch

Die herkömmliche Versorgung stößt an ihre Grenzen

Seit Menschengedenken versorgten sich die Menschen auf den Höhen und Hängen mit Wasser über Auffangbecken oder Brunnen. Zum Waschen, Kochen und Tränken des Viehs sammelte man das kostbare Nass in **Regentonnen**. Da dieses schnell verbraucht war, hatten die meisten Häuser zusätzlich **Zisternen** in den Kellern, wo Wasser gespeichert werden konnte. Dazu gab es am Haus oder in der Nähe überdachte **Brunnen**, über deren Instandhaltung die Polizei sorgfältig wachte. Im alten Lennep gab es 80 solcher Brunnen, aus denen das Wasser erst in Eimern geschöpft, dann auch über **Pumpen** hochbefördert wurde. Die „Dicke Pumpe", die bis heute noch in der Wetterauer Straße steht, ist ein Wahrzeichen Lenneps. Überall gab es diese Brunnen, selbst auf der Höhe des Remscheider Stadtkegels. Der Untergrund ließ keine andere Art Wassergewinnung als über eine Vielzahl solcher Brunnen zu. Von den Hängen floss das Wasser schnell oberirdisch ab. Über dem felshaltigen Gestein gab es nur geringe wasserhaltende Schichten. Bei derartigen Voraussetzungen, einer wachsenden **Bevölkerung** und dem zunehmenden Verbrauch der **Industrie** (auch Dampfmaschinen brauchen Wasser) war es nur logisch, dass es mit der Wasserversorgung nun auch in den Wohngebieten zu Engpässen kam. Vor allem in trockenen Sommern ging bei Anwohnern des Stadtkegels das Gespenst des Wassermangels um. Auch mit großen Kosten hergestellte, neue, tiefere Brunnen mit Pumpwerk boten keine Garantie mehr. Die Hausbrunnen auf der Höhe versiegten als Erste. Die dortigen Bewohner mussten sich anderswo nach dem kostbaren Nass umsehen. Es blieben einzig die Orte, wo sich Wasser in den Verwerfungen des Bodens angesammelt hatte bzw. in **Quellgebieten**, z.B. an den Sümpfen am Nordabhang des heutigen Stadtparks, „in der Spreng" (unterhalb des heutigen Amtsgerichts), in Honsberg, in Stachelhausen oder im Sieper Busch.

Je stärker die Stadtbevölkerung wuchs, je mehr Dampfmaschinen ihren Einzug hielten, **umso schwieriger wurde die Wasserversorgung**. Die Trockenjahre 1842 und 1857/58 waren eine erste Warnung vor einem sich zukünftig immer weiter verschärfenden Wassernotstand.

Probleme der Bewohner des Stadtkegels

Noch vor Arbeitsbeginn, um 4 Uhr in der Frühe, setzten sich ganze Karawanen, mit Tragschwengeln und Eimern bewaffnet, in Marsch zu den Quellgebieten an den Berghängen. Hier an der letzten Reserve an kostbarem Nass stellten sie sich in die Schlange, zahlten 3-5 Pfg. für den Eimer, um dann die schwere Last den Berg hinaufzuschleppen.

Das „Pötthüsken", ein Brunnen mit einem Eimer an einer Kurbel.

Problem eines Dampfmaschinenbesitzers

„In unserer Scharnierfabrik hatten wir seinerzeit eine kleine Dampfmaschine. Das dafür nötige Wasser mußten wir zum Teil in Fässern von weither herbeiholen lassen und das Faß mit drei Mark bezahlen. Auch leiteten wir vom Schützenhaus aus [also von dort, wo jetzt das Rathaus steht] durch eine Holzrinne das Regenwasser etwa 50 Meter weit durch unseren Garten in einen Brunnen und speisten von hier unsere Maschine, so lange der Vorrat reichte."

Erster Versuch einer zentralen Wasserversorgung: ein Stollenbau im Eschbachtal (1881-84)

Um 1880 hatte Alt-Remscheid bereits 30.000 Einwohner. Da drängten Männer mit Weitblick, allen voran abermals Robert Böker auf eine zentrale Wasserversorgung, um den wachsenden Bedarf sicherzustellen. Mit seinem Bruder Moritz zog er Erkundigungen ein, berechnete den Verbrauch, machte sich auf die Suche nach geeigneten Orten und zog Juristen und Wassertechniker zu Rate. Die nahen Täler des Lobachs und des Diepmannsbachs (unterhalb Überfeld) wurden bald wieder verworfen, ergiebiger erschien das **Eschbachtal**.

In der Bevölkerung gab es **Widerstände**, weil nur 2/5 von dem Projekt profitierten. Robert Böker wies sie humorvoll ab. Die Stadtverordnetenversammlung kam nicht über ein Patt hinaus, und erst die Stimme des Oberbürgermeisters musste entscheiden (1881). Ein Jahr später war das Geld bewilligt, und drei Jahre später, am 1.3.1884, konnte die Anlage in Betrieb genommen werden und 900 Häuser den Wasserhahn aufdrehen.

Aus diesem Anlass fand ein **großes Dankfest** statt mit beeindruckendem Fackelzug und Festsitzung. Ein Gedicht, das bei der Eröffnungsfeier vorgetragen wurde, gibt die Stimmung wieder:

Beschreibung der Wasseranlage

Um das abwärts fließende Wasser aufzufangen, verlegte man unterhalb der Mebusmühle am Berghang ein etwa 800 m langes Stollensystem mit vielen Quergängen. Da sich Stollen als zu aufwendig erwiesen, zog man bis zu sieben Meter tiefe Gräben, verlegte gusseiserne Schlitzrohre und leitete das Hang- Quell- und Grundwasser in neun miteinander verbundene Brunnenschächte im Tal.

An den untersten Brunnen (etwa an der heutigen Pumpstation) installierte man Druckpumpen, die von zwei Dampfmaschinen betrieben wurden und das Wasser über eine 3,7 km lange Rohrleitung (25 cm Durchmesser) zum Stadtkegel emporleiteten, von wo es in die angeschlossenen Häuser verteilt wurde.

Nun lasset die Böller aus erdenen Schlünden
All Remscheids Bewohnern donnernd verkünden:
Geendet nach manchem Parteienstreit,
Ist die wasserlose, die trockene Zeit
Und des Wassers genug allerwegen.

Laßt flattern die Fahnen an des Wasserturms Rande,
Weit, weithin sichtbar im Bergischen Lande,
Ein Zeichen, daß Remscheid vorwärtsstrebt
Und nicht eigensinnig am Alten klebt,
Wenn das Neue gereicht ihm zum Segen.

In eisernen Adern mächtig nun klopft es,
Beim Öffnen der Hähne demantklar tropft es,
Des Eschbachtals köstlich erquickendes Naß.
Für perlenden Rheinwein aus Rüdesheims Faß
Nicht wollen wir's jemals vertauschen.

So lieb und so traut wie der liebholden Braut,
tief in die klaren Augen man schaut,
Wird das klare Wasser aus dem Eschbachtal
Noch späteren Enkeln ein goldiger Strahl,
Dran sie sich mit Freuden berauschen.

Ein kühnlicher Mann, tatkräftig, voll Mut er
Nicht eher rastet, nicht eher ruht er,
Bis daß er erkämpft, bis daß er errungen,
Bis daß er erfochten, bis daß er erzwungen
Ganz Remscheid die Wasserleitung.

Drum lasset die Böller aus erdnen Schlünden
Laut donnernd den trefflichen Namen verkünden,
Verkünden und laß ihn, mein rauschender Sang,
Den Namen von echtem und rechtem Klang:
Robert Böker ein donnerndes Hoch ihm!'

Bis zu 1000 cbm Wasser, so hatte man berechnet, mussten täglich auf den Stadtkegel gepumpt werden, das waren etwa 40 Liter pro Kopf. Doch die Einwohnerzahl wuchs rasant, der Bedarf stieg. Dazu kam, dass die Stollenanlage nicht die erwartete Menge produzierte. Mehrfach musste sie erweitert werden (1884 und 1887), und am Ende waren es 1200 cbm pro Tag. Doch was war diese Menge schon für eine mittlerweile auf 40.000 Einwohner angewachsene Stadt? Das System der unterirdischen Anlage war an seine Grenzen gestoßen.

Zweiter Versuch: die Eschbachtalsperre (1889-91)

Wieder war es Robert Böker, der die Anregung gab, einen neuen Weg zu beschreiten und einen oberirdischen Wasserspeicher zu bauen. An seine Seite hatte er sich Otto Intze geholt, Professor an der Technischen Universität Aachen und Fachmann für Wasserbauten. Nach eingehenden Untersuchungen riet dieser zum Quellgebiet des Eschbachs oberhalb von Mebusmühle, seiner Ansicht nach die geeignetste Stelle. Es war genau der Ort, wo 40 Jahre zuvor Fabrikant Ehlis seinen großen Sammelteich hatte bauen wollen.

Im Dezember 1888 beschloss die Stadtverordnetenversammlung den Bau nach Intzes Plänen. Im Mai des folgenden Jahres begann man mit dem Bau der Sperrmauer. Nach 2,5 Jahren Bauzeit ohne jeden Zwischenfall konnte mit dem Aufstauen begonnen werden. Zum Jahresende 1891 war die Sperre bis an den Rand gefüllt.

Otto Intze (+1906), Erbauer der Eschbachtalsperre. Ein Platz und eine Straße im Südbezirk erinnern an ihn.

Grundsteinlegung zur ersten deutschen Trinkwassersperre (Baubeginn 4. Mai 1889).

Die neue Eschbachtalsperre. In der Ferne die Schlote der Remscheider Industrie. Diesen und manchem Hammerbesitzer im Eschbachtal nimmt die Talsperre eine Sorge ab.

Daten der ersten Trinkwassersperre Deutschlands	
Mauer	*aus 17.000 cbm Lenneschiefer-Bruchstein*
	Länge: 160 m
	Höhe: Fundamente 6 m, über Gelände 19 m
	Breite: Sohle 15 m, Krone 4 m
Stauhöhe	*17 m*
Staumenge	*gut 1 Mill. cbm*
Staufläche	*13,4 ha*
Gesamtkosten	*536.000 Mark*

Ein **Teil des Wassers** wurde über zwei Rohrleitungen zum Wasserwerk (1883/84) geleitet, trieb dort Turbinenräder an und floss in den Eschbach. Weil das Oberflächenwasser der Talsperre durch Keime stark verunreinigt war, wurde das **Gebrauchswasser** für die Stadt dem Boden entnommen, wo es aus gesundheitlicher Sicht dem Grundwasser gleichkam. Das alte Wasserwerk diente weiterhin als Pumpstation. 1900/01 errichtete man in der Nähe des Pumpenhauses eine mächtige **Filteranlage**. Das Wasser wurde in zwölf Kammern gereinigt; dort musste es übereinander liegende Schichten durchlaufen, oben klein geschlagene Steine, darunter Kies, dann grober und ganz unten schließlich feiner Sand. Das Wasser sickerte nur langsam durch. Deshalb errichtete man 1914 eine **Schnellfilteranlage**, die täglich bis zu 30.000 cbm reinigen konnte. Bis nach dem Zweiten Weltkrieg setzte man Chlor zu, vor allem, um Typhuserkrankungen durch verunreinigtes Wasser zu vermeiden.

Wasserwerk und Pumpenhaus im Eschbachtal, Ansicht um 1900.

Mit dem Wasser aus der Talsperre, zuzüglich dem der Stollenanlage, schien Remscheid auf lange Sicht mit genügend Nutz- und Trinkwasser versorgt zu sein. Doch innerhalb von nur 10 Jahren stieg die Einwohnerzahl um fast 30 %. Dazu trieben Vergrößerungen bzw. Neugründungen der Industrie den Verbrauch in die Höhe. **Bald reichte die Eschbachtalsperre nicht mehr aus.**

Nachschub aus der Neyetalsperre (1908/09)

Abermals war Robert Böker treibende Kraft. Projekte im Eschbach-, Dhünn-, ja sogar im Rheintal wurden erwogen und aus technischen, finanziellen und anderen Gründen wieder verworfen. Doch wie sich einst die Römer in Köln ihr Wasser aus der Eifel holen mussten, nahmen nun die Remscheider das Neyetal bei Wipperfürth ins Visier. Das waldreiche Gebiet war wenig erschlossen, die Niederschläge ergiebig genug und, ganz wichtig, die dort erwogene neue Talsperre lag **100 m höher** als die Pumpstation im Eschbachtal. So konnte das Wasser mit natürlichem Gefälle über eine 15 km lange Rohrleitung (70 cm im Durchmesser) zur Eschbachsperre geleitet werden. Probleme bereiteten die dazwischen liegende Wupper und drei Gebirgsrücken bei Wipperfürth, Hückeswagen und Bergisch Born. **Drei Stollen** von 900 m, 1821 m und 3199 m Länge schafften hier Abhilfe. Die neue Talsperre mit einer Mauerlänge von 260 m war **sechsmal so groß wie die Eschbachsperre** und ergänzte diese bei Bedarf.

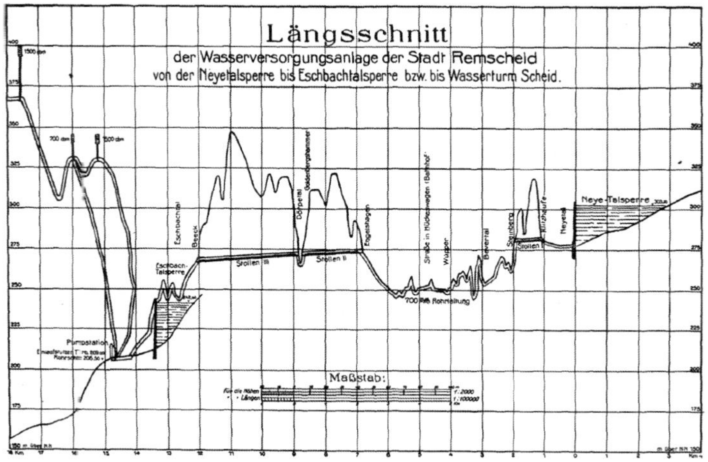

Es war das erste Mal, dass eine Stadt so weit entfernt vom Verbrauchsort eine Wasserversorgungsanlage schuf. Auch wenn Remscheid an die Wupper-genossenschaft einen beträchtlichen Teil des Wassers abführen musste, schien die Stadt ausgesorgt zu haben. Trockenperioden von 1911 und 1921 konnten leicht aufgefangen werden. Doch die Städte des Bergischen Landes wuchsen schnell. Und mit den Trockenperioden von 1959 und 1964 stieß auch die Neyesperre an ihre Grenzen. Wasser musste rationiert werden. Eine neue Sperre war unumgänglich.

Versorgt aus der großen Dhünntalsperre (1961-1989)

Heute wird Remscheid durch die große Dhünntalsperre mit Trinkwasser versorgt. Fast drei Jahrzehnte brauchte man für dieses gigantischste Bauwerk der Region, sie ist seitdem die größte Trinkwassersperre Deutschlands. 1961 begann man mit der Vorstufe (8 Mill. cbm), die sich schon bald als viel zu klein erwies. Deshalb holte man 1975 zum großen Wurf aus. In zehn Jahren Bauzeit entstand ein 400 m langer Damm, drei Jahre dauerte der Probestau für die 81 Mill. cbm Wasser. Seit 1989 versorgt die große Dhünntalsperre fast die ganze bergische Region, von Leverkusen bis Wuppertal, natürlich auch Remscheid. Die Eschbachtalsperre dient seitdem vor allem dem Wasserschutz und der Flussregulierung.

Große Dhünntalsperre, größte Trinkwassersperre Deutschlands.

Zwischen Selbstversorgung und Kooperation: Lennep und Lüttringhausen

Nur wenig später als in Remscheid fasste man auch in **Lennep** den Beschluss zu einem zentralen Wasserwerk (1883). Ähnlich wie im Eschbachtal errichtete man im Panzertal auf einer Fläche von 2 qkm eine Grundwassergewinnungsanlage. Von der Rader Straße aus wurde das Wasser über eine 2,8 km lange Rohrleitung zu einem Hochbehälter auf der Knusthöhe hinaufgepumpt und von dort über die Stadt verteilt. Doch der Verbrauch nahm ständig zu, und der Wassermangel war bereits bedrohlich. Deshalb gingen die Lenneper, wieder nach Remscheider Vorbild, mit ihrem Architekten Albert Schmidt an den Bau einer Talsperre im **Panzertal**. Es war die zweite Trinkwassersperre im Deutschen Reich (1892-94). Lennep schien auf Jahre versorgt und konnte 1894 auch noch Lüttringhausen ans Netz nehmen. Doch der Wasserverbrauch stieg schneller als erwartet, größter Abnehmer war die Eisenbahn (Dampfloks). Deshalb half man sich 1904-05 mit einer Erhöhung der Sperrmauer. Mit der neuen Staumenge sah man sich in der Lage, 1906-10 auch Hackenberg, Bergisch Born, Krebsöge und Wilhelmstal ans Netz zu nehmen.

Herbringhauser Talsperre auf Lüttringhausener Grund, in Barmer Hand.

Lüttringhausen setzte zur Wasserversorgung mehr auf Verträge mit den Nachbarn. So konnte Bürgermeister Gertenbach 1894 nach einer Bürgerumfrage über einen zunächst auf zehn Jahre mit Lennep geschlossenen Vertrag seine Stadt über eine eigene Rohrleitung mit dem Wassersystem der Nachbarn verbinden. In Verhandlungen mit Barmen kam es bald darauf zum Bau der Herbringhauser Sperre (1898-1900). Die Lüttringhausener stellten 140 ha Grund zur Verfügung, dafür bauten die Barmer die Talsperre und gestatteten ihren Nachbarn, ab 1906 jährlich 100.000 cbm zu entnehmen, zunächst auf 75 Jahre.

Daten zur Panzertalsperre

1893: Mauer 127 m lang, 11,50 m hoch
Fassung: 117.000 cbm

1905: Mauer 190 m lang, 15 m hoch
Verstärkt durch 12 Pfeiler (3x8 m)
Fassung 216.000 cbm

Als Lennep den weiter steigenden Wasserverbrauch nicht mehr abdecken konnte, **übernahm Barmen** die gesamte Wasserversorgung von Lennep und Lüttringhausen, 1950 dann Remscheid.

Es waren einmal sieben Türme auf sieben Bergen

Waterbölles

Auf den ersten Turm konnte man noch für 25 Pfg. hinaufsteigen. Von seiner Plattform in 22 m Höhe hatte man einen herrlichen Ausblick über die Stadt. Der neue Turm (rechts) wurde 1943 zerstört und 1951-53 wieder aufgebaut, 2002 aufwendig restauriert. Seit 1977 wird er durch einem Speicherbehälter am Stadtpark ergänzt, Fassungsvermögen 10.000 cbm.

Der erste dieser Türme war der „**Waterbölles**" (1883) oben auf dem Stadtkegel an der Hochstraße. In den ersten Jahren wurden von hier aus über 900 Haushalte versorgt, Tendenz steigend. In seiner heutigen Form (1908) ist er Zeuge des rasant angestiegenen Wasserbedarfs. Denn damals wurde der alte mit einem neuen Turm umbaut, weil sein Fassungsvermögen von 400 auf 1500 cbm erweitert werden musste.

In einer Stadt mit so vielen Bergen und großen Höhenunterschieden war es zudem schwierig, überall den **gleichen Wasserdruck** zu erreichen. Der Waterbölles allein reichte nicht, um in allen Stadtteilen den nötigen Druck zu erzeugen. So teilte man das Versorgungsgebiet 1888 in zwei Zonen, eine obere um den Stadtkegel mit dem größten Verbrauch und eine untere Zone. Mit einem Netz von Wassertürmen und der Anlage neuer Druckrohrstränge blieben die Druckschwankungen auch bei starkem Verbrauch (in Spitzenzeiten oder bei Löscharbeiten) nahezu unbedeutend.

Die 7 Wassertürme und Speicherbehälter, die rot markierten sind noch in Betrieb, der Turm an der Baisieper Straße dient nur noch als Druckregelstation ohne Wasser.

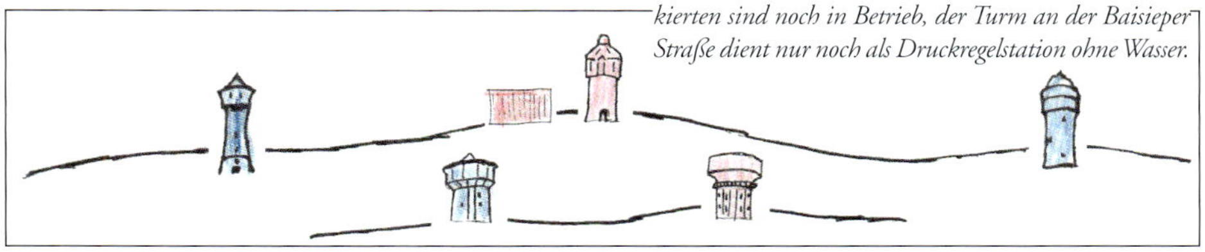

Reinshagen, Vieringhausen 1906/07

Wallburgstraße
350 cbm
1979 stillgelegt,
1980 gesprengt,

einst gespeist von einem Nebenbehälter (300 cbm) am unteren Ende der Gewerbeschulstraße gegenüber dem heutigen Amtsgericht.

Bliedinghausen, 1888-91

Berghauser Straße
600 cbm (1900 auf 700 cbm erw.)
Heute als Privatwohnung benutzt.

Neuenhof, 1900/01

Baisieper Straße
1500 cbm

Hasten 1908/09

Büchelstraße
400 cbm
(eingebaut der alte Behälter des erweiterten Waterbölles)
1969 stillgelegt,
1982 abgebrochen,

einst gespeist von einem Nebenbehälter (100 cbm) an der „Schönen Aussicht".

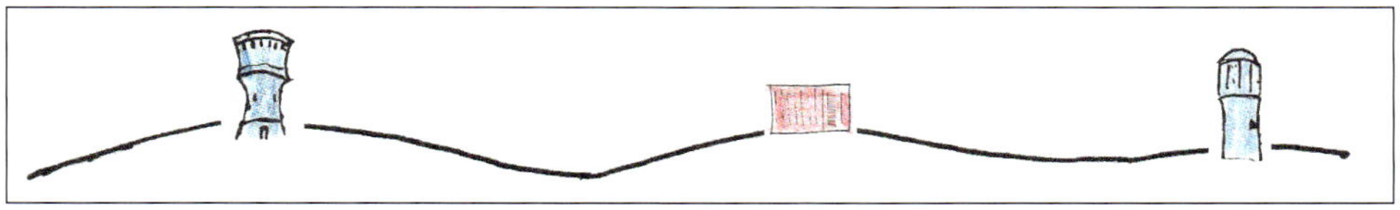

Trecknase, 1910

600 cbm
1965 außer Betrieb,
18.12.1972 gesprengt

Wasserbehälter auf der Knusthöhe

1972/73 wird der alte Behälter (600 cbm) durch zwei größere ersetzt, mit einem Fassungsvermögen von insgesamt 8.000 cbm. Von hier werden Lemep und Lüttringhausen versorgt

Garschagen, 1914

400 cbm
1968 vom Netz,
1975 an Privat verkauft,
heutiger Zustand

3. Gas schafft neue Möglichkeiten

1. Die erste Gaslaterne stand in Lennep (1843)

Beim Gas hatte Lennep die Nase vorn. Seit 1843 versorgte eine **private Gas-Erleuchtungsgesellschaft** die Straßen mit Laternen, bald folgten die Häuser der Reichen. 1888 brannten bereits 200 Straßenlaternen. Seit 1912 wurde das Gas vom RWE bezogen.

Lennep: Seit 1843 gab es in der Mühlenstraße ein privates Gaswerk, 1880 übernahm es die Kommune, 1912 geschlossen, 1920 von Barmen auf 30 Jahre gepachtet. In den Jahren 1978-87 wurde es abgerissen.
Aufnahme: um 1960

2. Remscheid zieht nach (1863)

Auch hier ist man betrübt über die dunklen Straßen, und auch hier fing es mit Privatinitiativen an. So erleuchteten die Anwohner von Birgderkamp Teile ihrer Straße mit Öllampen, die sie auf Holzpfähle stellten (1861). Natürlich war das zu kostspielig, aber ihr Beispiel setzte eine Interessengemeinschaft in Gang, die zum Bau einer (erstmals) **städtischen Gasanstalt** führte. Die Eröffnung 1863 war ein Freudentag: 75 Straßenlaternen und 1500 Anschlüsse wurden in Betrieb gesetzt.
Der Aufbau des Gasnetzes kostete die Gemeinde **erhebliche Opfer**. Das Stadtgebiet war weitläufig, die Topografie mühsam, der Ausbau deshalb nur in Etappen möglich. Mit der Netzerweiterung mussten vielerorts neue Gasbehälter aufgestellt werden, nicht immer zur Freude der Anwohner. Als angesichts solchen Wachstums schließlich auch der Neubau des Gaswerks nötig wurde, war es einfach wirtschaftlicher, fortan auf **Ferngasversorgung** zu setzen, zumal die Kokereien der Ruhrzechen eine gleichmäßige Belieferung garantierten. 1911 schloss die Stadt einen entsprechenden Vertrag mit dem RWE. Die eigene Gasversorgung wurde aufgegeben, die Anlagen an der Weststraße geschlossen. 1928 wurde das Gasnetz an die Ruhrgas-AG veräußert, die seitdem an die Stadtwerke liefert.

Remscheid: Seit 1863 gab es in der Weststraße ein städtisches Gaswerk (in Selbstproduktion). Von 1866 bis 1900 musste es ständig erweitert werden, seit 1902 auch um Großbehälter in Lobach, am Kottenweg (Haddenbach), in der Tauben- und in der Wallburgstraße. 1912 hatte es ausgedient, da die Stadt sich nicht mehr selbst versorgen konnte. 1938 wurde es abgerissen.

Gas hat emanzipatorische Wirkung

Mit der neuen Energie Gas bekamen auch Gewerbe und Wirtschaft neuen Schwung Mit dem Gaslicht konnten die Arbeitszeiten, vor allem im Winter, flexibler gestaltet werden. Die Gasmotoren waren vor allem Kraftquelle für die vielen Kleinbetriebe. Für sie waren Dampfmaschinen zu groß, zu teuer und zudem seinerzeit immer schwieriger mit dem notwendigen Wasser zu versorgen. Zumal mit der seit 1878 verbesserten Motorengeneration ergaben sich neue Möglichkeiten. Die Mechanisierung schritt voran. Der Gasverbrauch stieg.

1934: Lüttringhausen wird mit dem Remscheider Gasnetz verknüpft. Das dortige Gaswerk (seit 1888, auf dem Gelände der späteren Badeanstalt) wird abgerissen.
Seit 1979 bezieht auch Bergisch Born aus Remscheid Gas.

1973: Einführung von Erdgas.
Das Zechengas hat ausgedient.

1988: Ca. 60 % der Haushalte werden erreicht.
Die bisherige Verbrauchsspitze an einem Tag (1985): 581.950 cbm

„Gaskesselkrieg"

In den 1950er Jahren plante man im Gelpetal einen neuen Gasbehälter zur Verbesserung der hiesigen Versorgung. 115 m hoch und 65 m im Durchmesser sollte dieser Gasturm werden. Er war nie ernstlich umstritten. Umstritten war nur der Standort.
In der Gerstau erinnert heute noch eine Tafel an den fünfjährigen erfolgreichen Kampf einer Bürgerinitiative „zum Schutze der Heimat" gegen diesen Monsterturm.

4. Mit Elektrizität am Ziel der Wünsche

1. Lennep: elektrischer Strom aus Wasser und Dampf (1880/1900/1906)

1880 gab es in Lennep das erste elektrische Licht. Baumeister Albert Schmidt berichtet von den **Bogenlampen**, welche die neuen Fabriksäle der Kammgarnspinnerei mit Licht durchfluteten. Wülfing hatte einen Gleichstromgenerator an eine Dampfmaschine gehangen. Bald folgten die **Glühlampen**. Nach Schmidt sollen sie 1881 als Erste in deutschen Fabriken bei Hardt & Pocorny in Dahlhausen geleuchtet haben.

Doch während diese ganz auf Eigenversorgung ausgerichtet waren, wurde Wülfing zum Pionier der **öffentlichen Stromversorgung**. Seit 1885-90 strahlten die ersten Glühbirnen in den nahen Fabrikantenhäusern. Um 1900 errichtete Wülfing 2 km unterhalb seines Dahlerauer Betriebes an der Wupper das **Wasserkraftwerk Schlenke**, das erste Kraftwerk im Kreis Lennep. Der hier produzierte Hochspannungsstrom ergänzte die eigenen Dampfmaschinen und belieferte zugleich Lennep. Weil es aber, zumal abends in Spitzenzeiten, an Wasser fehlte, ergänzte man das E-Werk noch mit einem Dampfmaschinenaggregat in Dahlerau. Doch angesichts eines immer höheren Stromverbrauchs bei Wülfing, vor allem aber in Lennep, musste man immer stärker auf Strom aus Dampf setzen. Deshalb versetzte man 1906 das Dahlerauer Aggregat komplett hinauf an die Rathausstraße (heute Düstergasse) und errichtete dort ein **Dampfkraftwerk**. Wegen der Bahnhofsnähe war die notwendige Kohle leicht anzuliefern. Das Schlenker E-Werk blieb nach wie vor eingegliedert. 1911 wurden die beiden Werke von den „**Bergischen Lichtkraftwerken**" (BLK) übernommen, eine Tochtergesellschaft der RWE. Über die „Mutter" waren ihre Kraftwerke mit den Kohlekraftwerken im Vorgebirge westlich von Köln verbunden und die Stromlieferung abgesichert. 1986 errichtete das RWE auf dem Gelände des ehemaligen Dampfkraftwerkes ein modernes Verwaltungsgebäude. Inzwischen war, innerhalb von 70 Jahren, der Lenneper Stromverbrauch um das 200-fache gestiegen.

E-Werk Schlenke (ganz links): 1900 errichtet, 1930 eingestellt, 1943 verschrottet, 1970 abgerissen.

Dampfkraftwerk Düstergasse (links): 1906 errichtet, 1919 wegen Steinkohlemangel stillgelegt, 1985 alle Gebäude entfernt.

RWE-Verwaltungsgebäude (1986, rechts) Zeitweise arbeiteten hier knapp 500 Mitarbeiter (inzwischen anderweitig benutzt).

2. Remscheid und seine „Kraftstation" (1893)

Nach 1900 wurde der Gasmotor vom Elektromotor allmählich zurückgedrängt. Ab 1911 nahm der Verbrauch von Strom für Kraftmotore in der Industrie sprunghaft zu. Elektromotoren beschleunigten die Mechanisierung noch weiter.

1893 entstand in der Honsberger Straße ein Städtisches Elektrizitätswerk. Der Ort trägt heute noch im Volksmund den Namen „Kraftstation". Sie war nötig zur Inbetriebnahme der Straßenbahn. Mit dem hier aus Kohle und Dampf gewonnenen Strom wurden 1904 auch Straßen beleuchtet und private Abnehmer gleich mitbeliefert. Um dem wachsenden Stromverbrauch zu genügen, wurden 1910/11 Verträge mit den RWE geschlossen, um aus Essen Strom einzukaufen. 1920 wurde die eigene Erzeugung eingestellt.

Kraftstation Remscheid (oben)

EWR-Gebäude, Neuenkamper Straße

Weitere Entwicklung der Remscheider Versorgung mit Strom und Gas

*Mit dem Zusammenschluss von Elektrizitätswerk und Straßenbahn sowie den Gas- und Wasserwerken entstand 1918 das Unternehmen „**Städtische Werke Remscheid**", das mit der Eingemeindung von Lüttringhausen und Lennep (1929) weiter expandierte. Nach der kommunalen Neugliederung von 1975 erwarben die Remscheider Stadtwerke 1995 die Lenneper, Lüttringhausener und Bergisch Borner Stromnetze der RWE AG. – Eine Tochtergesellschaft der Stadtwerke ist die heutige EWR GmbH, zuständig für die Versorgung mit Energie und Trinkwasser.*

5. Umwandeln und Sparen von Energie – mit Vaillant

Mit dem Jungunternehmer Johann Vaillant (1851-1920) aus Kaiserswerth, der sich 1874 mit einer kleinen Werkstatt in Remscheid niederließ und **Gasbadeöfen** installierte, fing alles an. Sie funktionierten zwar schnell, sicher und einfach, doch das Wasser kam mit den Abgasen in Verbindung und floss deshalb verschmutzt aus der Leitung. Vaillants Karriere begann, als er **1884** einen **Durchlauferhitzer** mit geschlossener Rohrleitung erfand, der diesen Missstand abstellte und gefahrlos in Wohnräumen zu betreiben war. 1894 ließ er sich seine Erfindung patentieren.

Die kleine Werkstatt expandierte. Vaillant erwarb ein Grundstück an der Berghauser Straße und baute dort 1897 eine **neue Fabrik**, die schon bald wieder erweitert werden musste. Wirtschaftskrise und Weltkriege warfen das Unternehmen zurück. Seine Produkte eigneten sich eher für Friedenzeiten. 1943 wurde das Remscheider Werk zudem völlig zerstört. Der Neuanfang war mühsam. Doch mit der Wirtschaftswunderzeit ging es bald steil bergauf. Innovationen auf dem **Zentralheizungsmarkt** machten Vaillant zum Marktführer. Zu Beginn der 60er Jahre stieg man ins **Elektrogeschäft** ein. Seit der Ölkrise in den 70er Jahren setzte das Unternehmen auf **energiesparende** Technologien. Seit den 90er Jahren bietet Vaillant neue, umweltfreundliche Brennwertgeräte an. Heutzutage gehören Technologien zur Nutzung **erneuerbarer Energien** wie Wärmepumpen und Solartechnik, Mini-Blockheizkraftwerke und Biomassekessel zum selbstverständlichen Produktionsprogramm.

Das Werk 1907

Das Werk 2007

Das Remscheider Unternehmen erlangte schnell internationale Bedeutung, nicht zuletzt durch die Übernahme der britischen Heiztechnikgruppe Hepworth (2001). Im Jahre 2007 wurde in der chinesischen Stadt Wuxi der erste Produktionsstandort außerhalb Euopas eröffnet, um von dort die wachsenden chinesischen und asiatischen Märkte zu versorgen. Heute ist Vaillant eines der **weltweit führenden** Heiz-, Lüftungs- und Klimatechnikunternehmen und mit 16 Standorten in 7 europäischen Ländern und China vertreten. Gegenwärtig baut die Vaillant-Group ihre Aktivitäten auf den wachstumsstarken osteuropäischen Märkten weiter aus. Auch die Türkei ist als inzwischen drittgrößter europäischer Markt für Heiz- und Klimatechnik von besonderer Bedeutung. Hier übernahm der Konzern zuletzt ein türkisches Heiztechnikunternehmen. Heute beschäftigt die Vaillant-Group weltweit rund **12.400 Mitarbeiter**, davon 1900 am Stammsitz Remscheid, Tendenz steigend. Die Produkte sind gefragt und werden in über 80 Ländern vertrieben. Großes Wachstumspotenzial birgt auch das Geschäft mit erneuerbaren Energien. Mit Produkten zur Nutzung dieser Energien leistet das Unternehmen einen nicht unwesentlichen Beitrag zur Lösung des Klimaproblems. Im Geschäftsjahr 2007 erzielte Vaillant, das sich seit seiner Gründung im **Familienbesitz** befindet, einen Umsatz von rund 2,4 Mrd. Euro.

Immer eine Hasenlänge voraus
Auf der Suche nach einem Markenzeichen war Vaillant in der kath. Monatszeitschrift „Alte und neue Welt“ auf ein Bild gestoßen: Ein Osterhase schlüpfte aus dem Ei, umringt von Zwergen und anderen Tieren. Das Bild im zeitgenössischen Jugendstil brachte ihn auf die Idee, den Hasen 1899 zum Logo für seine Produkte anzumelden. Der Hase blieb bis heute, auch wenn er mehrfach, zuletzt 2005, eine „Verjüngungskur“ bekam. Die mit ihm bezeichneten Produkte gingen eben stets mit der Zeit. 1905 wurde auch der Produktname "Geyser" für solche Badewasserheizöfen geschützt und zum Inbegriff der gesamten Art solcher Geräte.

Rückkehr zu erneuerbarer Energie?

Windmühle einst am Rande Lüttringhausens

Riesenwindrad heute bei Forsten (einziges auf Remscheider Stadtgebiet)

9. Regeln für das Zusammenleben: Recht und Ordnung

1. Honschafts- und Hofgerichte

Zur **Zeit der Franken** war das Land in **Gaue** eingeteilt. Unser Gebiet gehörte bis über die Jahrtausendwende hinaus zum **Deutzgau**. An die Spitze der Gaue hatten die Könige Grafen gesetzt (belehnt). In ihren Händen lagen Verwaltung und Rechtsprechung. Die Gaue teilten sich in Hundertschaften. Diesen „Honschaften", z.B. auch **Lennep, Lüttringhausen oder Remscheid**, stand je ein von der Volksversammlung zum Volksrichter gewählter Honne vor. Der sollte über den Schutz von Personen und Eigentum wachen, hatte das Recht, Übeltäter zur Rechenschaft zu ziehen bzw. Verbrecher zu verhaften, und führte den Vorsitz beim Honschaftsgericht. Dieses kam alle 14 Tage zusammen und war zuständig für kleinere Rechtssachen. Die Rechtsfindung lag bei der vereinten Gerichtsversammlung. Zur Überwachung der Honnen bereisten Sendgrafen regelmäßig das Land. Höchstes Gericht war das **Königsgericht**, unter Vorsitz des Königs oder eines Pfalzgrafen.

Mit dem **Verfall der Zentralgewalt** begannen sich **mächtig gewordene Herren** zwischen König und Untertanen zu schieben. Damit wurde der traditionelle Zusammenhang von König und Richtern zerschnitten. Oberste Gerichte waren fortan die **Landesgerichte**; neben sie traten Untergerichte, so die im 12. Jh. aus grundherrlichen Hofbezirken entstandenen niederen **Hofgerichte** – Auch den **Grafen von Berg** gelang es, nach und nach ihre Macht zu entfalten. 1232 erkannte Kaiser Friedrich II. ihre Selbständigkeit als Landesherren an. Schon die ersten bergischen Grafen besaßen in **Remscheid** einen Herrenhof (wohl in der Gegend der Kirchhofstraße). Aus dem einstigen Honnen wurde im Laufe der Zeit ein Schultheiß. Er war zuständig für die Verwaltung und betraut mit dem Richteramt. Hofbesitzer wurden als Schöffen an der Urteilsfindung beteiligt. An den Hofgerichtstagen, die man auch zur Ablieferung des Zehnten nutzte, durfte nur niedere Gerichtsbarkeit geübt werden, so die Übertragung von Nutzungsrechten und die Entscheidung über Zwistigkeiten. Ein Vertreter des Grund- und Landesherrn zu Burg war anwesend, ohne den im Blick auf Hofesgüter nichts entschieden werden konnte.

Urkunde 1369
Erstmals wird das Remscheider Hofgericht erwähnt. Damals schloss der Graf einen Erbpachtvertrag mit den Hofbesitzern über die Nutzung des Hochwaldes und bestätigte ihnen das Hofgericht. Die Urkunde belegt die weitgehende Selbstverwaltung. Das Hofgericht regelte die Entnahme von Bauholz, das Eintreiben von Vieh, erließ einschränkende Vorschriften zum Köhlerbetrieb usw.. Schließlich wurden nur noch Gewaltsachen an das höhere Gericht in Burg überwiesen.

2. Einbindung in landesherrliche Amtsstrukturen

Die Organisation der Gerichte war Sache der Territorialherren geworden. Das verlangte nach beamteten Richtern. Demzufolge führte man Mitte des 14. Jh. eine Ämterverfassung ein. Mehrere Lokalbezirke wurden zu jeweils einem Amt zusammengefasst. Remscheid, Lennep, Lüttringhausen (dazu auch Wermelskirchen, Dhünn und Dabringhausen) gehörten seitdem zum Amt Bornefeld. Nur die Steinhauser Hofgüter in Lüttringhausen und Lennep unterstanden dem Amt Beyenburg. Den Ämtern standen **Amtsmänner** vor, die stets aus adeligen Familien kamen. In ihren Händen lag die Polizeigewalt und Gerichtsbarkeit. Sie konnten auch in außergerichtlichen Schiedsverfahren Rechtsstreitigkeiten beilegen. Zur Erledigung ihrer Aufgaben zogen sie bürgerliche Stellvertreter heran. So wurden die wichtigsten lokalen Organe unserer Region vom Bornefelder Amtsmann eingesetzt: zum einen der **Schultheiß und Richter**, der als Vorsteher nach dem Rechten sehen musste, wenngleich er kein Richter im heutigen Sinne war, vielmehr auch zuständig für Verwaltungsaufgaben und Steuereinziehung, zum anderen wohl auch die Schöffen, deren Dienst auf ein Jahr begrenzt war.
Um 1464 sind für Remscheid Hofgericht und Landgericht auseinanderzuhalten. Das **Hofgericht** hatte sich zu einem Waldgericht entwickelt, dessen Kompetenz über das Remscheider Gebiet bis nach Süd-Cronenberg und die Mark von Lennep hinausreichte. Es wurde auch zum Wassergericht für die Hämmer, Schleifkotten und Mühlen im Einzugsgebiet des Morsbachs und Eschbachs. Getagt wurde nur an wenigen Tagen im Jahr. Das **Landgericht** war zuständig für Land-, Gewalt- und Kriminalsachen. Es trat, nach Wunsch der Parteien, so oft wie möglich zusammen. **Berufungsinstanz** war die Landeskammer in Burg.

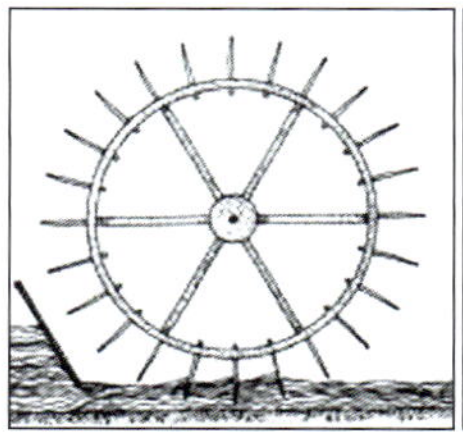

1466 erhielten die Gerichte eigene Siegel zugeteilt, mit dem Hoheitszeichen des Bergischen Löwen. Das Hofgericht erhielt zusätzlich ein Rad, das Landgericht eine Sichel, Hinweis auf die Wasserkraft und die Eisenindustrie.

3. Mit „Römischem Recht“ auf dem Weg zur Vereinheitlichung des Rechtwesens

1. Geburtsstunde eines neuen Richtertums (1555)

Angesichts mancher Missstände im Gerichtswesen und vieler regionaler Sonderregelungen im deutschen Volksrecht ging vom Kaiser selbst die Initiative zu einer Gerichtsreform aus. Mit dem so genannten **„römischen Recht“**, das sich an alten römischen Grundsätzen orientierte, wollte man größere Qualität und die **Einheitlichkeit in der Rechtssprechung** erreichen. Die widerstrebenden Landesherren suchten auf vielerlei Art ihre Hoheitsgewalt nach Möglichkeit abzusichern. Deshalb brauchte es zunächst Jahrzehnte, bis das neue Recht rezipiert war und 1555 in Kraft trat. Und auch danach ertrotzten sich die bergischen Landesherren schrittweise Sonderrechte, bis sie 1764 schließlich anstelle des Obersten Reichsgerichts das Privileg für ein oberstes Landesgericht durchsetzen konnten.

Missstände der Justiz zu Anfang des 16. Jh.
„Es ist zu verwundern, in welcher Frechheit ein Schwarm von Menschen, aller Kenntnisse bar, nur im Vertrauen auf erkaufte Titel und magere Praxis, [...] ohne Ahnung davon zu haben, dass die wahre Jurisprudenz nur vermittels umfassenden Wissens und allgemeiner Bildung [...] erworben wird. Wahrlich, ohne Kunde der göttlichen und menschlichen Dinge [...] gelangt niemand zu dieser erhabenen Kunst. Sie ist eine heilige Sache, die weder nach Geld zu schätzen, noch zum Geldmachen da ist.“ (ein Zeitgenosse)

Neu und entscheidend beim neuen Recht von 1555, der Jülich-Bergischen Rechtsordnung, war zweierlei. Zum einen wurden die entscheidenden **Grundsätze schriftlich niedergelegt**. Zum anderen war es die **Geburtsstunde eines neuen Gerichtswesens**. An die Stelle der Volksrichter traten Richter mit Studium, nicht mehr vom Amtmann, sondern vom Landesherrn ernannte Beamte mit festem Gehalt, die damals noch zugleich zuständig waren für die Steuerverwaltung. Die Schöffen, mit den örtlichen Verhältnissen bestens vertraute Leute, die zu siebt mit den Richtern die Urteile zu beraten hatten, mussten ein Hofgut besitzen, also wirtschaftlich unabhängig sein und in einwandfreiem Ruf stehen, mit Gewähr von Unbestechlichkeit. Auch sie wurden zu Verwaltungsgeschäften herangezogen. Ihre Vergütung bestand in Steuerbefreiung, ab 1696 in einem jährlichen Gehalt. Dazu wurden Anwälte (Fürsprecher, Prokuratoren) eingeführt. Die Gerichtssitzungen bei Untergerichten (darunter auch die alten Hofgerichte) hatten mindestens 14-tägig stattzufinden und waren rechtzeitig in der Kirche von der Kanzel zu vermelden. Ihre Zuständigkeit wurde im 18. Jh. immer konkreter abgegrenzt, wobei die genannten Beispiele zugleich ein Gesellschaftsbild abgeben: Verstümmelung oder Verwundung, Hurerei, geringe Diebstähle,

Ort des alten Opfergutes direkt zu Füßen der Lüttringhausener Kirche, Richthofenstraße 8 (Haus in der Mitte)

Beschädigung an Früchten, Bäumen, Pflügen, Ackergeschirren usw.. Darüber gab es Hauptgerichte und als Oberappellationsgericht den Hofrat in Düsseldorf.

Die wichtigsten Gerichte waren die **Landgerichte**, wegen der ihnen zustehenden Blutgerichtsbarkeit auch Hochgerichte genannt. Ein solches mit sieben Schöffen besetztes Gericht gab es in **Lüttringhausen**. Es wurde zum Hauptgericht des Amtes Beyenburg und tagte abwechselnd in Beyenburg und Lüttringhausen, hier je nach Umständen in der Kirche oder in ihrer unmittelbaren Nähe: im „Lindenhäuschen“ oder im Opfergut. **Lennep** hatte ein dem Landgericht entsprechendes eigenes Stadtgericht, **Remscheid** vorübergehend nur ein Hofgericht, seit 1566 dann auch wieder ein Landgericht. 1772 wurde es dem Amt Hückeswagen und 1785 dem Gericht Wermelskirchen zugeteilt.

Dem Landgericht Remscheid wird am 2.3.1566 ein eigenes Gerichtssiegel verliehen Im Unterschied zu seinem Hofgericht (mit Rad im Wappen) führte es eine Sichel im Wappen.

Lennep hat als Siegel eine Stadtmauer mit einer Kirche darüber und oben das Wappen des Landesherrn.

Im Gerichtssiegel von Lüttringhausen steht der Schutzpatron der Kirche: Johannes der Täufer mit einem Lamm in der Hand; unter ihm das Wappen mit bergischem Löwen.

2. Zunehmende Verschärfung des Strafrechts

„Peinliche Gerichtsordnung" des Kaisers (1532)

Die von Kaiser Karl V. 1532 erlassene „peinliche Gerichtsordnung" erscheint nach heutigen Begriffen **grausam und unmenschlich**. Die meisten Straftaten bis hin zum Rückfalldiebstahl oder Schädigung durch Zauberei wurden mit dem Tod bestraft. Die Todesstrafen waren je nach Fall verschieden: Enthaupten, Verbrennen, Vierteilen, Rädern, Ertränken oder Begraben bei lebendigem Leibe. Zu den **Körperstrafen** zählten: Abschneiden der Zunge, der Ohren, Abhauen von zwei Fingern der rechten Hand, Prangerstehen, Prügelvollzug und (für damals eine sehr empfindliche Strafe) Landesausweisung.

Zu den Exekutionsmitteln des **Lenneper Stadtgerichts** gehörten Pranger und Richtstätte. Der Schandpfahl stand auf dem Marktplatz. Rad und Galgen lagen vor der Stadt. Das „Galgenfeld", knapp 3 km vom Marktplatz entfernt zur rechten Seite der alten Handelsstraße nach Beyenburg/Schwelm, gegenüber der Ortschaft Kluse, hält die Erinnerung an die alte Richtstätte fest. 1597 wird auch die Richtstätte des „peinlichen Hals- und Kriminalgerichts" Lüttringhausen, zuständig für das Amt Beyenburg, hierhin verlegt. Wo sich der Richtplatz des Remscheider Landgerichts befunden hat, lässt sich nicht mehr nachweisen.

Das Strafrecht im Bergischen war humaner

Grausamkeiten der „peinlichen Gerichtsordnung" waren dem Geist des Bergischen Strafrechts im Hochmittelalter fremd. Folter oder grausame Strafen finden wir hier nicht. Todesstrafen gab es bei Mord oder Mittäterschaft. Verräter konnte man, wie in germanischer Zeit, am Baum aufhängen. Im Bergischen gab es nur einen Scharfrichter mit Sitz in Ratingen, das seit 1276 Oberhof für die hiesige Gerichtsbarkeit war. Mögliche Todesstrafen konnten bei zu erwartendem Wohlverhalten auch in Geldstrafen abgemildert werden.

Mit der neuen Gerichtsordnung war es zu Ende mit dem humanen Geist im Bergischen. Andererseits durften örtliche Strafbestimmungen weiter in Kraft bleiben, sofern sie nicht ausdrücklich aufgehoben wurden. Zudem blieben dem Landesherrn in Grenzen auch Änderungsbefugnisse.

Überbietung der kaiserlichen Gerichtsordnung durch den Landesherrn (18. Jh.)

Immer wieder trieben **Räuberbanden** ihr Unwesen im Bergischen. Da gab es beispielsweise die „Buschknebler", die vor Menschenraub und Lösegelderpressungen nicht zurückschreckten. So verschleppten sie 1626 zwischen Remscheid und Wermelskirchen einen Pfarrer, traktierten ihn jämmerlich und suchten ihn mit allen Mitteln freizupressen. Der Landesherr suchte der Bandenkriminalität Herr zu werden, indem er Kompanien von Soldaten losschickte, jedoch mit wenig Erfolg. Schließlich nahm er die Grausamkeiten dieser Räuberbanden zum Anlass, die **Strafen drastisch zu verschärfen**, in einem weit über die „peinliche Gerichtsordnung" hinausgehenden Maß. Bei schwerem Einbruch konnte die Todesstrafe verhängt, Verurteilte durften mit glühenden Zangen gezwickt, Kirchenräuber erdrosselt oder bei lebendigem Leib verbrannt werden. Öffentliche Auspeitschungen waren möglich. Köpfe von Enthaupteten durften zur Abschreckung öffentlich ausgestellt werden. Die **„gute Polizey"** trat in den Mittelpunkt. Die Regierung nahm **absolutistische Züge** an.

Vagabundenedikt (1744)

*Der Landesherr Karl Theodor (1742-99) führte in seiner Vorrede aus, dass „solche **Räuberbanden** von Zeit zu Zeit, je länger, je mehr den täglichen Einbericht nach sich anhäufen und mit großer Rotte und gewaffneter Hand offene Straßenschändereien bei Nacht und Tag ausrichten, Hof und Häuser gewaltätig einbrechen, die Leute auf's Entsetzlichste mit den härtesten Knebelungen vergewaltigen, sogar mit siedendem Öl, Pech und Schwefel oder brennenden Strohfackeln am Leib auf's grausamste misshandeln und dabei Mordtaten zugleich begehen, ferner alles, was nur fortbringlich wegrauben, so wohl in Unserem und benachbarten Landen durchgehens mit gewalttätigen Einbrüchen große Kirchendiebereien mit Entheiligung der Sacrorum, in Summa alle Missetaten, wie gross und grob sie auch immer sein mögen, mit Recht unmenschlicher Grausamkeiten auszuüben sich erfrechen, hierzu mit den erschrecklichsten Eidschwüren sich verbinden und verschwören, dergestalt, dass diese unsere beiden Herzogtümer damitten als eine grassierende Pest fast angesteckt und keiner von Unseren armen Untertanen in seinem Hause mehr frei sei."*

4. Kirchliche Ergänzung der Rechtspflege

1. Das „steinerne Kreuz“ (1554)

Im Wald nördlich der heutigen Eschbachtalsperre an der alten Fernverkehrsstraße von Köln nach Dortmund steht auf einem Sockel dieses 1,77 m hohe Kreuz. Nach einer 100 Jahre alten Deutung soll darauf stehen: „Bitte für die Seele des Herrn Joseph Weizels, dessen Überfall dieses Kreuz gesetzt ist, zum Gedächtnis an den 17. Oktober des Jahres 1554.“

Legende zum Kreuz *(wohl aus der 1. H. d. 19. Jh.)*
„Ein Bote war mit einer erheblichen Geldsumme von Lennep nach Köln entsandt worden. Er fiel zwei auflauernden Räubern in die Hände, die ihn beraubten und ermordeten. Im Moment der Tat flog ein Zug Krammetsvögel (Wachholderdrosseln) vorbei, und der Unglückliche rief sie als Zeugen des Mordes an. Am Abend der Tat kehrten die Räuber in einem Wirtshaus in Wermelskirchen ein, um sich an ihrem Raube gütlich zu tun. Es wurden ihnen auch Krammetsvögel aufgetischt, wobei der eine gegen den anderen äußerte: ‚Die werden uns nicht mehr verraten!‘ Da die Tat bereits ruchbar geworden, wurden diese auffallenden Worte ihr Verräter. Sie wurden verhaftet, und das Geld, welches sie noch bei sich führten und dessen Erwerb sie nicht nachweisen konnten, sowie andere Beweise überführten sie der Tat, die sie mit dem Strange büßten.“ (J. Voßnack)

Solche Steinkreuze wie dieses im Eschbachtal, sofern sie Erinnerungskreuze an einen Mord waren, haben ihre Wurzeln vor allem im „Sühnebrauchtum“. Mit ihnen versuchte die Kirche schwelenden Sippenkämpfen (mit Blutrachegedanken) zu begegnen: Totschlag solle damit gesühnt sein. Zugleich galten sie, ob nun Mord oder Unglück der Grund waren, der Sorge um das ewige Heil des Erschlagenen.

2. Das Sendgericht

Um Frieden und Ordnung in den Kirchengemeinden zu wahren, gab es hier eigene, so genannte **Sendgerichte**. Ursprünglich waren sie eine katholische Einrichtung, mit der man Aberglauben und Wahrsagerei bekämpfen wollte, Ehebruch und schlechte Behandlung der Eltern oder andere Missstände. Ein solches Sendgericht gab es in Lüttringhausen, das als Mutterkirche von Lennep und Steinhaus-Beyenburg auch für diese Orte zuständig war. Es tagte unter Vorsitz von Pastoren im Beisein des Amtmanns in der Sakristei der Kirche, auch dann noch, als die Gemeinde evangelisch geworden war. Erst nach Bildung des lutherischen Konsistoriums räumte man die Sakristei für das evangelische Kirchengericht und verwies den Send ins Opfergut. Dennoch gab es bis ins 18. Jh. noch Kooperationen zwischen Konsistorium und Send, ein Beleg dafür, dass es noch viele Gemeinsamkeiten zwischen den Konfessionen gab.

5. Die Handwerksgerichte

1. Das Cronenberger Sensen- und Handwerksgericht

Seit 1600 etwa gab es ein offizielles Zunftgericht, das mit landesherrlicher Rückendeckung über die Belange des Handwerks wachte, insbesondere über die Schmiede und Schleifer im Sensenhandwerk. Es tagte lange Zeiten in **Cronenberg**. An seiner Spitze stand ein **Vogt** (im Wechsel aus Cronenberg und Remscheid). Seine Aufgaben bestanden darin, in **Streitfällen** einzugreifen, vor allem aber über die Warenzeichen zu wachen. Seit 1600 gab es für die Handwerker Zeichenzwang; jeder durfte nur das ihm gestattete Zeichen auf seine Waren setzen. Trotzdem gab es auch damals schon „Markenpiraterie“. Deshalb verlangte die Obrigkeit, auf Initiative des Remscheider Handwerksvogts Peter Frohn, eine **Zeichenrolle (1766)**, in die alle in Gebrauch befindlichen 680 Zeichen eingefügt und fälschungssicher sogar in Blei gegossen wurden. Verletzungen wurden streng geahndet mit Warenbeschlagnahme, Geldstrafen oder Einzug des Zeichens, was den Ausschluss bedeutete. Bei der zwangsweisen Durchsetzung seiner Urteilssprüche konnte das Gericht auf den Amtmann bzw. die herzogliche Regierung setzen. Trotz Bedeutungsverlust des Sensenhandwerks konnte das Cronenberger Gericht sogar die Franzosenzeit überdauern und wachte bis Anfang 1829 über die Kleineisenindustrie.

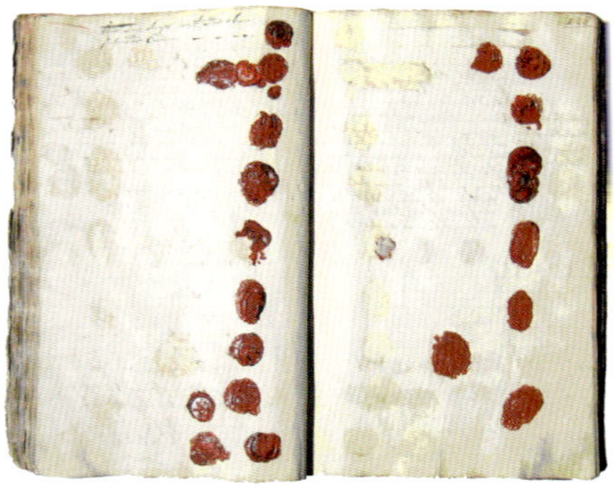

Zeichenrolle im Historischen Zentrum Remscheid

2. Nachfolgende Gewerbeaufsicht

Ab 1829 lag die Kontrolle des Zeichenwesens für Remscheid, Lüttringhausen und Cronenberg in Händen **einer Fabrikzeichen-Commission** unter dem Vorsitz des Remscheider Bürgermeisters. Von 1840 an gab es dann für Remscheid und Lüttringhausen (mit Ausnahme der Wollfabrikation) ein eigenes **Fabrikengericht**, das im Remscheider Rathaus tagte und bald auch die Zeichenkontrolle übernahm, ab 1851 auch den Markenschutz des raffinierten Stahls. Es bestand aus neun Mitgliedern unter Vorsitz eines Regierungsvertreters. 1841 wurde ein derartiges Fabrikgericht auch in Lennep eingerichtet. 1846 wurden die beiden Gerichte zu „**Königlichen Gewerbegerichten**" und erweiterten ihre Zuständigkeit auch auf die Heimindustrie. Für Remscheid tagte man alle drei Wochen im Sitzungssaal des Friedensgerichtes, nach dessen Auflösung im Amtsgericht. Berufungen gingen ans Handelsgericht in Wuppertal, bis dieses 1879 durch ein Gerichtsverfassungsgesetz abgeschafft wurde und die Zuständigkeit auf die Kammern für Handelssachen beim Landgericht Elberfeld überging.

6. Die Franzosen bringen „Code Civil" (1810) und „Friedensgericht" (1811)

Mit dem Jahre 1810 ließ Napoleon den **Code Civil** einführen. Damit wurden alle bisherige Gesetzbücher des römischen und kirchlichen Rechts aufgehoben. Standesämter wurden eingerichtet als alleinige Registrierstelle von der Geburt bis zum Tod und mit der Trennung von Staat und Kirche die Zivilehe eingeführt.

Bereits 1807 hatten die Franzosen Justiz und Verwaltung getrennt, Richteramt und Rentamt lagen nicht mehr in einer Hand. 1811 folgte die **völlige Neuordnung des Justizwesens**, die ab 1813 von Preußen übernommen wurde. Sie beseitigte den Wirrwarr der bergischen Gerichtsverfassung. Die alten Stadt-, Amts-, Land- und Hofgerichte wurden aufgehoben. An ihre Stelle traten Friedensgerichte, eine bewährte alte englische Einrichtung, die seit 1790 auch von den Franzosen übernommen worden war. Sie waren zuständig für kleinere bürgerliche Rechtstreitigkeiten, für freiwillige Gerichtssachen wie Vormundschaften, Heiratsbescheinigungen, Nachlasssachen u.a., und für die einfache Polizeigerichtsbarkeit bei Übertretungen. Verhandelt wurde nicht mehr nach geheimem schriftlichen Verfahren, sondern fortan mündlich und öffentlich; das machte Eindruck beim Volk, und bei spektakulären Verhandlungen war der Andrang groß. Unterschiede des Standes wurden aufgehoben, vor dem Gesetz waren jetzt alle gleich. Die Prozesse zogen sich nicht mehr so hin, die Entscheidungen fielen schneller. Es kam zur Einführung des Staatsanwaltes, wenngleich bei Friedensgerichten dies vorerst die Rolle des Polizeikommissars, des Bürgermeisters oder des ersten Beigeordneten war. – Ab 1821 gehörte Lüttringhausen zum **Lenneper** und Remscheid zum **Ronsdorfer Friedensgericht**. Für größere Strafsachen und als Berufungsinstanz war zunächst Düsseldorf, ab 1834 das Landgericht Elberfeld zuständig.

Doch der Weg nach Ronsdorf war für die meisten Remscheider beschwerlich und kostete in der Regel einen Arbeitstag. Auch glaubten viele, sich von der Anstrengung des stundenlangen Marsches in den Wirtschaften bei Bier und Branntwein erholen zu müssen, was nur zu neuen Streitereien führte. Zudem dachte das aufblühende Remscheid, ein eigenes Gericht verdient zu haben. So bemühte man sich seit 1839 um ein eigenes Friedensgericht und war auch bereit, im neuen Rathaus unentgeltlich Räume zu stellen. Doch die mehrfachen Gesuche wurden, vor allem aus Kostengründen, immer wieder abgelehnt, zunächst vom Justizministerium, dann vom König selbst. Erst als der angesehene Remscheider Fabrikant Josua Hasenclever 1842 höchstpersönlich nach Berlin reiste und, vom König wohlwollend empfangen, diesem das Remscheider Anliegen vortrug, kam Bewegung in die Sache. Im Januar 1843 erhielten die **Remscheider ihr eigenes Friedensgericht**, dank Hasenclever. „Als Zeichen dieser Freude und um mir ihren Dank auszudrücken, wurde mir am 25. Februar 1843 von der gesamten wohlhabenden Arbeiterklasse – die Regimentsmusik von Deutz an der Spitze – ein großer, glänzender Fackelzug gebracht."

Missstände im deutschen Recht

„Sehen wir uns in Deutschland um. Nirgends jus, sondern überall nur confusio Furium entdecken wir. Hat nicht auch hier jede noch so kleine Provinz eigene Landesstatute, Munizipalrechte und Lokalrechte, die mit einer Menge alter und neuer Verordnungen dem ganzen Koloss des römischen Rechtes, den Canonisten [Kirchenrecht], Lehensrechten, eigenen Gewohnheiten, Herkommen in Konkurrenz stehen und ein unübersehbares Feld bieten."

(Berichterstatter Harry)

Schattenseite zur Franzosenzeit

Für schwere Straftaten gab es Sondergerichte unter dem Vorsitz von Offizieren, die mit furchtbarer Strenge entschieden. Das neue Familienrecht stand manchmal in größtem Widerspruch zu deutscher Sitte. So war Scheidung unter bestimmten Voraussetzungen möglich; ein unehelicher Vater war seinem Kind nicht verpflichtet.

Dieses Friedensgericht in der Preußenzeit tagte im **Rathaus**, vorübergehend auch im Saal eines nahen Wirtshauses. Im Keller war das Gefängnis. Dort saßen keine Schwerverbrecher ein, sondern hauptsächlich Täter, die sich der Körpermisshandlung schuldig gemacht hatten, oder Diebe und Einbrecher, Verbrechen, die in den Notjahren damals sehr zugenommen hatten. Bald waren die Räume des Rathauses zu eng. Das Publikum musste oft vor den offenen Türen warten. Deshalb zog das Gericht 1876 in **das Erdgeschoss der bisherigen Gewerbeschule** um.

Das fidele Gefängnis (1846)
In den beiden Gefängniszellen im Rathaus, die nicht beheizbar waren, ging es nicht allzu streng her. Eine Revision der Obrigkeit ergab: Kein Gefangener war im Buch des Wärters eingeschrieben, obwohl einer gerade seinen Arrest verbüßte. Nach einigem Suchen fand sich der Gefangene in einer benachbarten Waschküche, wo drei Frauenzimmer mit Waschen beschäftigt waren.

Das alte Rathaus stand an der Elberfelder Straße, wo sich heute das Ernst-Moritz-Arndt-Gymnasium befindet. Im Erdgeschoss, rechts vom Eingang, befanden sich Sitzungssaal, Sekretariat und Richterzimmer. Auf dem Tisch lag eine schwarze Decke mit gelben Fransen, darauf brannten zwei kupferne Kerzenleuchter.

In das Erdgeschoss dieses Schieferhauses an der Ecke Alleestraße / Scharffstraße zog 1876 das Friedensgericht ein, von 1879-1893 dann Amtsgericht. Bis zur Zerstörung 1943 war es danach Stadtbücherei.

7. Preussen bringt das Amtsgericht und das Deutsche Reich das BGB

1879 traten an die Stelle der Friedensgerichte die **Amtsgerichte**. Deren Amtsgeschäfte in Remscheid schwollen bald dermaßen an, dass das Gerichtsgebäude schnell viel zu klein war, weil in nur zwei Jahrzehnten die Bevölkerung um 50 % wuchs. Dazu kamen Unruhen im Zusammenhang mit dem Feilenhauerstreik (1890), der Bauarbeiter beim Talsperrenbau (1890) und beim Brückenbau in Müngsten (ab 1894).

Am 1.1.1900 trat das **Bürgerliche Gesetzbuch** in Kraft. Das französische Recht, der Code Civil, hatte nach 90-jährigem Bestand seine Gültigkeit verloren. 1893 zog das **Remscheider „Königliche Amtsgericht"** von der mittleren Alleestraße in einen schmucken Neubau in der Schützenstraße. Doch auch dieses Gebäude platzte schon gleich nach dem Einzug aus allen Nähten. Dazu häuften sich die Klagen über lange Wartezeiten und eisig kalte Flure. Als neuer Standort für ein standesgemäßes Justizgebäude bot sich 1912 das frei gewordene Gelände des städtischen Krankenhauses (Halbach-Stiftung) an. Wegen des Krieges gab es den Neubau erst zehn Jahre später. Zur Hitlerzeit wurde gemäß Jugendgerichtgesetz (1940) eine **Jugendarrestanstalt** angegliedert. Seit 2006 wurde diese, als Folge des Umbaus des Amtsgerichts, zur Lüttringhausener Strafanstalt (bestehend seit 1906) verlegt.

Dieser Ziegelbau in der Schützenstraße 57 mit der noch heute zu sehenden Aufschrift „Königliches Amtsgericht" war von 1893 bis 1924 Sitz des Remscheider Amtsgerichts.

8. Die Situation von Weimar bis heute

Das Lenneper Friedens- und spätere Amtsgericht befand sich lange Zeit in dem 1791 errichteten Steinbau am Markt, unter einem Dach mit der dortigen Stadtverwaltung (Bild 1). Mit deren

Umzug in das neue Rathaus (Bild 2) an der Bahnhofsstraße stand das Gebäude am Markt dem Amtsgericht dann ganz zur Verfügung und wurde in seiner Funktion auch nach der Eingemeindung 1929 nicht angetastet. Nach der Zerstörung des Gebäudes durch eine Flie-

gerbombe am 19.3.1945 blieb es weiter eigenständig und fand bald im ehemaligen Rathaus am Bahnhof seine neue Heimat, bis es mit der Gebietsreform 1975 seine Eigenständigkeit verlor und als Familiengericht eine Nebenstelle des Amtsgerichts Remscheid wurde. Noch lange war das Familiengericht im früheren Rathaus untergebracht, bis dieses 2006 in den Neubau an der Remscheider Freiheitsstraße umzog (Bild 3).

0. Kampf um die Rechte des Menschen

1. Dem Freiheitskampf gleichgültig gegenüber

Die französischen Besatzer waren 1813 abgezogen, **die liberalen Ideen der Revolution** wirkten nach und machten den Herrschenden Angst. Der preußische Staat regierte mit reaktionären Maßnahmen. Überall witterte man ausländische Agenten mit geheimen Kontakten zu deutschen Rädelsführern, **Demagogen**, die sich überall herumtrieben und mit ihrem aufrührerischen Gedankengut das Land verseuchten. Es hagelte **Fahndungsbefehle** gegen verdächtige Individuen. Dazu arbeitete die **Zensur** mit Hochdruck. Alle Gedichte, Lieder, Bilddarstellungen und Pamphlete, die zum Verkauf kamen, mussten mit dem Zensurstempel der Polizeibehörden versehen sein.

Rückwirkungen auf die Remscheider Verwaltung wurden erst in den 1830er Jahren sichtbar. Der Bürgermeister machte seinem Ärger Luft über die Fülle der **Polizeivorschriften**, die fortwährenden Eintragungen in Pässe und Wanderbücher. Er sollte Zensurexemplare ans Oberpräsidium einreichen, konnte jedoch nur bemerken, dass ihm in seiner Stadt keine verbotenen Schriften untergekommen seien. Überhaupt hielt sich die Masse der **Bevölkerung ruhig**; sie verglich die Franzosenzeit mit der Gegenwart und war „gut preußisch". Von Interesse war höchstens, dass man zu unbequemen, nutzlosen, nächtlichen Wachdiensten herangezogen wurde. Nach außen hin war es die gemütvoll spießige Zeit des Biedermeier, doch **dahinter brodelten bereits revolutionäre Ideen**. Es bedurfte nur noch eines Funkens.

„Die Gute Presse" (Karikatur von 1847)
*Voran schreitet der **König** als Fahnenträger mit dem Krebs darauf, Symbol für den Rückwärtsgang. Dahinter marschiert die **Presse** mit der Zensurschere im Kopf und dem Schild „Ja" oder „ia" in der Hand. Den Schluss bildet die „**gute Polizei**" mit Narrenkappe und dummem Gesicht wie ein Schaf, mit einem harmlosen Regenschirm bewaffnet und einem „bissigen Hündchen" an der Leine. So bissig kommentierten die meisten Remscheider die Lage vor 1848 (noch) nicht.*

2. Sensibilisierung mit beginnender Proletarisierung

1. Am Anfang stand die Not

Alte Abhängigkeiten wie Erbuntertänigkeit und Leibeigenschaft waren durch Reformen abgeschafft worden, aber mit ihnen auch die Fürsorgepflicht. An ihre Stelle war eine neue **rein wirtschaftliche Abhängigkeit** getreten. Hier zählte nur noch Arbeitskraft gegen Geld. Die ‚barbarische' Phase der Industrialisierung nahm ihren Anfang.

Die **Proletarisierung** der arbeitenden Bevölkerung begann in den Lenneper Tuchfabriken, griff über auf die Textilarbeiter in **Lüttringhausen** und setzte sich dann später, als auch dort Fabriken errichtet wurden, in **Remscheid** fort. Die Remscheider waren an ihre Kotten, Schmieden und Hämmer gewöhnt, wo sie selbständig arbeiten konnten. Da waren ihnen Fabriken in tiefster Seele zuwider, wo sie die **Fabrikglocke** zu Pünktlichkeit und streng geregelter Arbeitszeit zwang; wo Aufseher die Leistung überwachten und man wie kleine Bittsteller um einige Stunden Urlaub anhalten musste. Das Remscheider Volksblatt fasst die Situation so zusammen: „Großartige Fabrikanlagen sind […] die Grabstätten der Selbständigkeit des Arbeiters." – Neben den Industriearbeitern gerieten vor allem die **Feilenhauer** immer stärker in den Sog der Industrialisierung und wurden zu Maschinenarbeitern. Auf der einen Seite durften sie „Arbeiter im eigenen Hause" bleiben, konnten Arbeitsbeginn und Feierabend selbst bestimmen und sich die Zeit nehmen zur Erledigung persönlicher Sachen. So hatten sie noch das Gefühl von Unabhängigkeit und gaben sich deshalb auch mit geringem Einkommen zufrieden. Doch andererseits wurden sie von den Feilenfabrikanten wie „Knechte" herangezogen, mussten ohne Entschädigung landwirtschaftliche Arbeiten leisten, beispielsweise beim Einkellern von Kartoffeln oder Einmachen von

Dieses Plakat im Werkzeugmuseum, wenngleich aus späteren Jahren, kennzeichnet den Anbruch einer neuen Zeit und den zunehmend fremdbestimmten Menschen.

Gemüse helfen. Oft hatten sie auch die fertige Ware bis ins Westfälische zu tragen, um sie den dortigen Kaufleuten anzuliefern.

Eine weitere, noch viel schlimmere Ausbeutung der Arbeiter war das „**Warenzahlen**". Diese bekamen ihren Lohn vielfach nur teilweise in Geld ausgezahlt, der Rest wurde ihnen in Waren aufgezwungen. So bekamen die Lenneper Textilarbeiter häufig Tuche als Lohn, obwohl sie diese gar nicht brauchten, die Qualität schlecht und der angesetzte Wert völlig überhöht war, was unter dem Strich auf eine Lohnkürzung hinauslief. Dazu kam noch, dass die Arbeiter in der Regel verpflichtet waren, beim Arbeitgeber einzukaufen und auch hier unter dessen Preisdiktat standen. Dieses menschenunwürdige „Trucksystem" der Lenneper Tuchindustrie griff bald auch über auf die Nachbarn in Remscheid. Hinzu kamen die erniedrigenden Lebensumstände, dunkle Hinterhäuser, ungeheizte Räume und ständig die Angst vor dem Hunger. Armut machte sich breit, ebenso Teuerung und Arbeitslosigkeit, die Kinder verwahrlosten. Die Verbitterung wuchs angesichts dieser Gesellschaftsveränderung. Und sogar einsichtige Fabrikanten empfanden die Lage als ungerecht.

2. Vereint sind wir stärker

Die Arbeiter suchten Schutz gegen solche Übergriffe. Um 1845 kam es zu ersten Zusammenschlüssen. So setzten sich die Lenneper **Textilarbeiter** erfolgreich zur Wehr und erreichten unter Vermittlung des Bürgermeisters das Verbot von Warenzahlung. In Remscheid vereinigten sich die Metallarbeiter, ihnen voran die **Feilenhauer**, und gaben sich ein Statut. Als „Feilenhauer-Innung" wurden sie beim Regierungspräsidenten vorstellig und verlangten die **Abschaffung des Frondienstes**. An den Bürgermeister traten sie mit dem Wunsch heran, **Fürsorgemaßnahmen** für Witwen und Waisen zu ergreifen, Spar- und Sterbekassen zu errichten, Hilfestellung zur selbständigen Ausübung des Gewerbes u. a. mehr zu geben. Die Töne wurden härter, zumal nach Missernten 1847/48 ein Hungerwinter heraufzog und sich die Obrigkeit an den Zuständen nicht sonderlich interessiert zeigte.

Da gingen im **Februar 1848** angesichts Teuerung und Arbeitslosigkeit in Paris Studenten und Arbeiter auf die Straße. Sie riefen nach Freiheit und verfassungsmäßiger Absicherung der Rechte. Im März hatte die Fackel der Revolution Berlin erreicht. Die ersten Freiheitskämpfer fielen im Kugelhagel.

Vielerorts stellten die Arbeiter Forderungen an die Obrigkeit. Der Remscheider Maler Peter Hasenclever hat so eine Szene vor der Kulisse Düsseldorfs dargestellt. Voller Entschiedenheit und zugleich mit Würde treten die Arbeiter vor den Stadtrat (1848). Karl Marx hat dieses Bild für das bedeutendste Werk Hasenclevers gehalten.

3. Revolutionäres Aufbegehren (1848)

Wenn es im Remscheider Raum zu revolutionären Unruhen kam, dann gingen sie in erster Linie von den niederen Schichten aus. Sie zielten weniger auf politische Forderungen ab, sondern basierten auf wirtschaftlichen Nöten. Es war der instinktive Aufstand der Handwerker, der Heimarbeiter u.a. gegen den drohenden Großbetrieb, letztlich Ausdruck der Verzweiflung angesichts einer neuen übermächtigen Welt.

1. Sturm auf die Fabriken

Am Morgen des 16. März (Dienstag) versammelten sich Feilenhauer auf Solinger Gebiet und forderten das Verbot von Gusswarenherstellung. Aus der erregten Menge kamen Schreie: „Haut die Gießereien zusammen". In Scharen zogen die Arbeiter zunächst durch Solingen und zerstörten die Gießereien. Gegen 22.00 Uhr erreichten sie, inzwischen verstärkt durch Remscheider, die **Hasenclever'sche Burgtaler Fabrik**. Dort hatte eine 150-köpfige Belegschaft mit Schusswaffen und Knüppeln Position bezogen, um die Fabrik zu verteidigen. Doch sie wurde mit Rufen „Freiheit, Gleichheit, Brüderlichkeit" überrannt und die Anlagen zerstört. Am nächsten Morgen erschienen neue Rotten aus Remscheid und Cronenberg und schlugen den Rest kurz und klein mit der Parole: „Nicht stehlen, nur alles

Die aufblühende Gießerei in Burgtal, vier Jahre vor ihrer Zerstörung. Symbol der neuen Zeit, die den Menschen die Selbständigkeit nahm. Stätte der Entfremdung und drohender Ausbeutung.

kaputt hauen, damit es wieder Brot gibt!“ Sie warfen Gewichtsteine und andere schwere Gegenstände auf die Radschaufeln der Wasserräder. Bald war ganz Burgtal ein einziges Flammenmeer. Die gegenüberliegenden Berghänge sollen schwarz von Schaulustigen gewesen sein. Erst als der erregte Haufen weiter nach Ehringhausen wollte, stellten sich ihm Bürger in Scharen in den Weg.

So friedlich sah es auf dem Remscheider Markt in den Revolutionsmonaten 1848 nicht immer aus.

2. Marktkrawalle und drohende Massendemonstrationen

Am 5. April (Montag) kam es zu einem Krawall auf dem Remscheider Markt. Handwerker (Schmiede) wetterten gegen die aus ihrer Sicht unverschämten Preiserhöhungen. Als die Polizei kam, waren sie schon entwichen. Der umgehende Erlass des Bürgermeisters zur Erhaltung der öffentlichen Ordnung (s.u.) goss nur noch weiteres Öl ins Feuer. Am Abend des gleichen Tages rottete sich aufgebrachtes Volk auf dem Markt zusammen, darunter auch eine Gruppe, die sich „Chor der Rache“ nannte, deren Anhänger schwarz-rot-goldene Kokarden trugen und Totenköpfe mit der Umschrift „memento mori“. Die Stimmung war gereizt, die Leute verbittert. Unter Pfeifen und Johlen sammelte man sich vor dem Wachlokal der Bürgerwehr. Die Dorfjugend stimmte Spottlieder über die Wache an: „Wenn ich auch auf Posten steh', trink ich ein Glas Krambambuleh“, wohl eine Anspielung darauf, dass manche Wachmannschaften wohl lieber in friedlicher Runde bei vollen oder bereits leeren Flaschen aus „lauter Besorgnis“ in ihren Wachstuben die Stellung hielten. Alle gütlichen Versuche schlugen fehl. Als die Mannschaft auf dem Markt sich zur Wehr setzten wollte, hagelte es Steine. Als diese ausbrechen wollten, flogen weitere Steine, Fensterscheiben gingen zu Bruch, mehrere Bürgerwehrleute wurden verletzt.

Zwei Tage später herrschte helle Aufregung bei den Behörden. Zuverlässigen Meldungen zufolge seien mehrere 100 Menschen aus den Nachbargemeinden im Anmarsch. Am 8. April (Donnerstag) kam es zu einem Massenaufmarsch in Remscheid. Die Feilenhauer sammelten sich am Zentralpunkt. Unter sie mischte sich von allen Seiten mancherlei Gesindel. Der Marsch auf Remscheid konnte in letzter Minute noch durch Landrat, Bürgermeister und mehrere Kaufleute gestoppt werden.

Auch auf dem Lenneper Markt kam es, offensichtlich durch Arbeitslose, zu einem Butterkrawall.

Warnung vor dem Lenneper Markt!!

„Wir warnen alle Landsleute […] dorthin zu gehen, weil sie ihres Lebens fast nicht sicher sind. Denn am verflossenen Samstag ist den dort anwesenden Landsleuten ihre Ware zum Teil mit Gewalt abgenommen worden, ja, was noch mehr ist – Butter, Käse und Eier auf die Erde geworfen und mit Füßen getreten, sogar die Leute misshandelt und ihnen die Kleider zerrissen.“

(Lenneper Kreisblatt 15.4.1848)

Ähnlich idyllisch wirkt der Lenneper Marktplatz 1839. Kaum 10 Jahre später soll man hier seines Lebens nicht mehr sicher sein.

3. Bürgerliche Reaktion

Wie sich schon die Remscheider Bürger den Burgtaler Fabrikstürmern in den Weg gestellt hatten, vertrieben wenige Tage darauf auch die Lenneper mit ihrem Schützenkorps auswärtige Revolutionäre, welche die Eisengießerei Haas an der Schwelmer Straße zerstören wollten. Wie in allen größeren Orten bildeten sich auch in Remscheid, Lennep und Lüttringhausen Bürgerwehren. Sie wurden bewaffnet und militärisch ausgebildet. Die damals entstehenden Schützenbruderschaften schlossen sich diesen an. So vereinigte sich die Lüttringhausener Bruderschaft „Zum Kreuz“ schon acht Tage nach Gründung mit der örtlichen Bürgerwehr (9. April). Seitdem gehörten die „Hirschfänger“ zur täglichen Ausrüstung. Wenn von Elberfeld aus wieder einmal der Anmarsch von Revolutionären Angst verbreitete, läutete die Lüttringhausener Sturmglocke (sie hängt heute noch im Kirchturm). Die Schützenfahne wurde gehisst, die Schlagläden wurden geschlossen, Degen und Donnerbüchsen ausgegeben.

Verhandelt Lennep, am 17. März 1848.

In der heute von dem unterzeichneten Bürgermeister von Lennep einberufenen Bürger-Versammlung wurden folgende Beschlüsse gefaßt zur Aufrecht-Erhaltung der Ordnung, deren Störung nach den bedauerlichen Auftritten in Nachbargemeinden durch Einwirkungen von Außen her veranlaßt werden möchte.

1) Es wird im hiesigen Orte eine Bürgergarde errichtet.

2) Zweck derselben ist, Schutz der Personen und des Eigenthumes in der Gemeinde.

3) Mitglieder sind alle majorennen Bürger, welche ihre Betheiligung anmelden.

Um die öffentliche Ordnung aufrecht zuerhalten, kam es bei der Obrigkeit schrittweise zu folgendem Maßnahmenkatalog: Noch am Tage der Marktkrawalle erließ der Remscheider Bürgermeister einen **Aufruf**, in dem er die Zusammenrottungen auf den Straßen verbot. Ab 22.00 Uhr ist Polizeistunde. Kinder, Lehrlinge und Gesellen dürfen danach nicht mehr auf die Straße; Eltern und Dienstherren haften dafür. Den Sicherheitsstreifen ist sofort Folge zu leisten. – Als der Aufruf keine Beachtung fand und noch am gleichen Abend die Menge zum Markt strömte, sah sich der Bürgermeister, nach vergeblicher Mahnung auseinanderzugehen, zum **bewaffneten Einschreiten** veranlasst und ließ die Straße gegen Mitternacht durch Kolben-, Stockschläge und Säbelhiebe mit flacher Klinge säubern. Zwei Tage später forderte er **militärische Hilfe** an. Zur Beruhigung der Gemüter wurde eine Kompanie Infanteristen „einquartiert", die bis zum 8. Mai die Stellung hielt. Die Mehrzahl der Bevölkerung wollte einfach nur Ruhe und Ordnung erhalten wissen. Im Oktober kamen aus Düsseldorf strengste Verfügungen über die Handhabung der öffentlichen Ordnung: Bei der Genehmigung von Versammlungen unter freiem Himmel ist größte Vorsicht geboten, ebenso bei Vereinsgründungen! Beamte, die sich hierbei als zu schwach erweisen, sind unnachsichtig zur Verantwortung zu ziehen. – Dem folgte bald das **Verbot aller Versammlung unter freiem Himmel**, und bei Umzügen des Tragens roter Fahnen, das Symbol der roten Republik.

Hasenclever karrikiert mit seinem Bild den Zustand des Bürgertums. Der brave Bürgerwehrsmann wird, aufgeschreckt durch nächtliche Geräusche, aus all seinen Träumen gerissen. Mit vor Angst geweiteten Augen greift er zum mächtigen Gewehr. Will sich dreister Pöbel etwa an seinem Besitz vergreifen? Doch der „Deutsche Michel" hat sich unnötig gesorgt. Der Lärm kommt nicht vom Feind, sondern von der Katze, die eine Wurst stahl!

4. Organisiertes Selbstbewusstsein der Arbeiterschaft

Als sich der Revolutionsgeruch zu verziehen begann und die Arbeiter sich nach wie vor von vielen Rechten ausgeschlossen sahen, griffen diese zur Selbsthilfe. Sie gründeten Vereine, in denen sie politische und kommunale Probleme durchsprechen konnten. In Remscheid traf man sich in einer Wirtschaft am Zentralpunkt, und auch in Lennep entstand ein Verein. Ihren Vereinssatzungen nach waren sie Vorläufer der Gewerkschaften. Man stand sich gegenseitig bei und klagte die Praktiken der Fabrikanten an. Der „Lenneper Arbeiterverein" gewann sogar überörtliche Bedeutung, denn er gab ein eigenes „Arbeiter-Blatt" heraus. Hier konnten sie Tagesereignisse ansprechen, die sonst in keiner Zeitung zu finden waren.

Solches Selbstbewusstsein ist nur schwer zu ertragen

„Viele Fabrikarbeiter werden von der Theilnahme am Arbeiter-Verein durch ihre **Fabrikherren** durch direkten und indirekten Einfluß abgehalten. Es soll sogar von einigen Entlassung aus der Arbeit darauf gesetzt sein." (Arbeiter-Blatt 29.10.1848)

Die **Polizei** hatte ein ausgeklügeltes Spitzelwesen zur Verfolgung Andersdenkender entwickelt. So standen auch die Arbeitervereine dauernd unter Beobachtung, wenn sie sich in Hinterzimmern einschlägiger Lokale trafen.

Ende 1848 erlässt die **Obrigkeit** für sie ein Generalverbot, sofern sie politische, sozialistische oder kommunistische Ziele verfolgen. Auch dürfen sie organisatorisch nicht zusammenarbeiten. So verliert sich 1849 ihre Spur.

Königstreue Kämpfer für soziale Gerechtigkeit

„Heute Abend 6 Uhr, zur Berathung wichtiger Gegenstände: General-Versammlung. Nach aufgehobener Sitzung wird der Geburtstag Sr. Majestät des Königs in einer einfachen Weise begangen, weshalb ein zahlreiches Erscheinen gewünscht wird. Nichtmitglieder haben für diesen Abend freien Eintritt, wenn sie von einem Mitgliede eingeführt werden."

(Arbeiter-Blatt, Nr. 1 / 18. Oktober 1848)

Freie Presse klagt ruchbare Praktiken an

„Dem Vernehmen nach hat der bekannte hier wohnende Viktualienhändler Peter Müller sich ungefähr folgender Maaßen ausgedrückt: Er werde für den nächsten Winter so viel Kartoffeln aufkaufen wie möglich, dieselben aber nicht eher verkaufen bis Schnee und Frost eingetreten sei, dann werde er 100 Pfd. für 20 Ggr. öffentlich ankündigen, und nachher würde das Volk sehen, was es bezahlen müsse. Wenn die Leute gezwungen seien die Pflastersteine aufzureißen und zu verkaufen, würde er dennoch durch hohe Preise dafür sorgen, daß sie ihm auch diese Pfennige bringen müßten."

(Arbeiter-Blatt, Nr. 3 / 29. Oktober 1848.)

Johann Peter Hasenclever (1810-1853) – ein Maler zwischen Biedermeier und Revolution.

Er war der Sohn eines Bohrerschmieds, der seine Werkstätte am Holscheidsberg hatte, doch dann ins **Morsbachtal** zog, wo die Mutter Schleifkotten und Wohnhaus geerbt hatte. Peter besuchte die Elementarschule in Morsbach und wechselte mit neun Jahren in die Schule **Ronsdorf**. Sein Zeichentalent führte ihn mit 17 Jahren auf die **Düsseldorfer** Kunstakademie. Der eigenwillige Schüler lehnte sich auf gegen die klassisch akademische Ausbildung der Malerschule und fand dann, angeregt von der niederländischen Malerei des 17. Jahrhunderts, seinen eigenen Stil: schwerpunktmäßig Bilder aus dem Alltagsleben der einfachen Leute. Vorübergehend weilte er in der Kunststadt **München**, wo er erste größere Erfolge errang. Nach seiner Rückkehr ins Rheinland (1842) wurde er der führende Vertreter der Düsseldorfer Malerschule. Seine Bilder befassten sich mit den großen und kleinen Schwächen des bürgerlichen Lebens. Mit feinem Humor, treffsicherem Spott und voller Ironie kritisierte er die biedermeierliche Selbstgenügsamkeit und kleinbürgerliche Betulichkeit. Ein Zeitgenosse nannte ihn den „lustigsten deutschen Künstler" und „So er ‚bei Kasse' war, bekam man bei ihm immer etwas Gutes zu trinken." Mit seinem Gespür für die Realität des Alltags, den er karikierend humorvoll und zuweilen bissig darzustellen verstand, war er Pionier und zugleich Wegbahner für Carl Spitzweg und Wilhelm Busch. Aus marxistischer Sicht nannte man ihn auch einen „Maler im Vormärz".

4. Zwischen Niederlage und Hoffnung (Lassalle)

Als 1850 in Lennep trotz des Verbots sämtliche Fabriken bestreikt wurden, wehrten die Fabrikanten die „extravaganten Wünsche" erfolgreich ab: Sie riefen eine Infanteriekompanie in die Kreisstadt, die hier für 14 Tage Quartier bezog.

„Lassalle kommt!" – ein „neuer Messias" im Bergischen

In diesen Jahren erschien ein neuer Stern am deutschen Arbeiterhimmel, Ferdinand Lassalle. 1864 hatte er, im Zenit seiner politischen Tätigkeit, seinen großen Auftritt im Bergischen. Am 18. Mai kam er nach **Wermelskirchen**. Alle, die sich nur irgendwie freimachen konnten, strömten schon am frühen Morgen über Bergisch Born und Bliedinghausen dorthin, wo er, von Leverkusen kommend, sehnlichst erwartet wurde und in einem bekränzten Wagen vorfuhr. Die Polizei hatte dem Wirt des Versammlungslokals mit Konzessionsentzug gedroht – vergeblich. Lasalle redete zwei Stunden lang. Nie hatte es ein größeres Fest in Wermelskirchen gegeben. Am 22. Mai kam er über Elberfeld nach **Ronsdorf**, um dort zum Höhepunkt der Reise die Feier zum einjährigen Bestehen des ADAV zu begehen. Unter „tausendstimmigen Hochrufen" war er bereits in Elberfeld stürmisch empfangen worden. „Eine […] Wagenburg von etwa 25 Wagen, […] alle mit Maien und Kränzen geschmückt, wand sich die Chaussee […] nach Ronsdorf empor, zu beiden Seiten des Weges gefolgt vom Volkshaufen." (Düsseldorfer Zeitung). Über zwei Stunden dauerte der Vortrag, während die Massen, welche der Saal nicht fasste, dichtgedrängt vor dem Lokal auf der Straße standen. Er sprach alle Schichten an. „Das ganze Arbeitervolk des Wuppertales wurde aus seiner Lethargie aufgerüttelt. Es hieß, **ein neuer Christus** wäre aufgestanden" (so ein Zeitzeuge). Es entstand der Eindruck, als wohne man der **Stiftung einer neuen Religion** bei. Mit seinen mitreißenden Auftritten gelang Lassalle die erste echte Massenorganisation der Arbeiter. Er konnte die als eigenbrötlerisch bekannten bergischen Weber für eine eigenständige Arbeiterpartei gewinnen. Die Ronsdorfer Rede war übrigens Lassalles wohl vorletzter öffentlicher Auftritt. Drei Monate später starb er bei einem Duell.

Lassalle zu den Arbeitern:
„Ihr seid merkwürdige Leute! Vor französischen und englischen Arbeitern, da müßte man plädieren, wie man ihrer traurigen Lage abhelfen könne. Euch aber muß man vorher noch beweisen, daß ihr in einer traurigen Lage seid! So lange ihr ein Stück schlechte Wurst habt und ein Glas Bier trinkt, merkt ihr gar nicht, daß euch etwas fehlt!"

Ferdinand Lassalle (1825-1864). Er gründet 1863 den Allgemeinen deutschen Arbeiterverein (ADAV). 1864 hatte dieser in Deutschland die meisten Mitglieder in der Rheinprovinz (4335), im Bergischen fast 2000.

5. Die grössten Streiks der Stadtgeschichte

1869 wurde das **Koalitionsverbot** endlich aufgehoben. So konnten die Arbeiter sich wieder zusammenschließen und ihren Forderungen mehr Gewicht verleihen. Doch auch die Gegenseite konnte sich auf Paragraphen berufen, denn in der Gewerbeordnung stand: „Wer andere durch Anwendung körperlichen Zwangs, durch Drohung, durch Ehrverletzung oder durch Verrufserklärung bestimmt oder zu bestimmen versucht, an solchen Verabredungen [...] teilzunehmen oder ihnen Folge zu leisten, [...] wird mit Gefängnis bis zu drei Monaten bestraft." So prallten in den 70er Jahren die gesellschaftlichen Gegensätze immer stärker aufeinander. Es kam zu den schwersten **Arbeitskämpfen**, die Remscheid und Lennep je erlebt hatten.

1. Der Weberaufstand in Lennep (1872)

Im Frühjahr 1872 schlossen sich die Lenneper **Weber** zusammen und streikten. Auch die **Unternehmer** rückten zusammen und drohten, wie die Erklärung der Wilhelmsthaler Textilfabrik zeigt, mit geballter Kraft: Arbeiten oder Kündigung bzw. Fabrikschließung. Der Lenneper **Bürgermeister** setzte noch einen drauf und drohte massive Strafen an.

Waffe der Unternehmer
„Da der Wilhelmsthaler Strike noch andauert und derselbe nicht allein von außen, sondern auch durch unsere Arbeiter unterstützt wird, so werden wir, [...] zur gemeinsamen Abwehr dieses bedauerlichen Streikes, wenn bis Mittwoch Abend die Arbeit im Wilhelmsthal nicht wieder aufgenommen ist, unsern Arbeitern kündigen und die Fabriken nach der gesetzlichen 14tägigen Frist schließen."
(Remscheider Zeitung 5.4.1872)

Der Bürgermeister bestand darauf, für öffentliche Versammlungen polizeiliche Genehmigung einzuholen, und stellte in Aussicht: „Nach Lage der Sache werde ich überdies die Genehmigung zur Abhaltung von dergleichen öffentlichen Versammlungen, in deren Gefolge derartige, die öffentliche Sicherheit und Ordnung in Frage stellende Excesse vorkommen sollten, nicht ferner ertheilen." (Lenneper Kreisblatt, 6.4.1872) Die Weber ließen sich jedoch nicht von ihrer **Solidaritätsversammlung** abhalten. Parteiführer des Allgemeinen Deutschen Arbeiter-Vereins (ADAV) aus Düsseldorf, Barmen, Ronsdorf und Langenfeld waren angereist und ermutigten die Streikenden. – Dennoch: Die Lage wurde immer **dramatischer**. Nach vier Wochen Streik gab es 4000 Arbeitslose.

Die Textilfabrik der Gebrüder Hilger in Wilhelmstal an der Wupper beschäftigte damals 600 Arbeiter. Da sie zur Hälfte auf Lenneper, zur anderen auf Lüttringhauser Gebiet lag, kam es zum Streit zwischen den Gemeinden. Es ging, wie so oft, um die lukrativen Steuern.

Waffe des Bürgermeisters
„Ingleichen werden Zusammenrottungen (!) in der Absicht, Gewaltthätigkeiten gegen Personen oder Sachen mit vereinten Kräften zu begehen, an den Theilnehmern und Rädelsführern mit schweren Strafen geahndet."
(Lenneper Kreisblatt 6.4.1872)

2. Feilenhauerstreiks in Remscheid (1873-1890)

In **Remscheid** hatten die Feilenhauer 1869 ihre Forderungen über Innungskommissionen angemeldet und mit den Kaufleuten einen Tarifvertrag ausgehandelt, der auch einige Jahre Bestand hatte. Anfang 1872 verlangten sie abermals gerechtere Bezahlung für ihre Feilen und unterstrichen das, wenngleich gesetzlich diskriminiert, mit örtlichem Streik. Sie hatten **Erfolg** damit. „Gestern Abend wurde der seit längerer Zeit bestehende Feilenhauer-Strike gegen Gebr. Wirths beigelegt. Dieselben einigten sich mit einer Kommission der Innung dahin, daß die aus der Vereinigung mit anderen Fabrikanten hervorgegangenen Preise und Bedingungen anerkannt und unterzeichnet wurden, wogegen denselben nach Bedarf vorzugsweise die versäumte Arbeit nachgeliefert wird" (Remscheider Zeitung 23.1.1872). Doch es gab eine Reihe von Fabrikanten, „welche sich dem vereinbarten Preise noch nicht angeschlossen haben" (Lenneper Zeitung 3.2.1872). Der Arbeitskampf entbrannte aufs Neue, die Front der Fabrikanten brach zusammen.

Feilenhauer vor seiner ‚Kiepe' (Hütte, Werkstatt), auf dem Weg zur Ablieferung seiner Produkte, mit ‚Dragklöppel' und ‚Lievermängken' (Lieferkorb).

***Verbrüderungsfest** (damals am 1.9.1872, heute der 1. Mai)*
Nachmittags um vier versammelten sie sich „zu Wiedenhoffshöhe, und hielten, der Obermeister der Feilenhauer-Innung zu Pferde an der Spitze, unter Begleitung mehrer Musik-Corps einen Umzug durch die festlich geschmückten Straßen der Stadt nach ihren verschiedenen Vereinslokalen, woselbst Concerte und Bälle stattfanden und die Familien bis zum frühen Morgen in der fröhlichsten Stimmung vereinigte. – Abends 8 Uhr wurden die auf den höchsten Spitzen der Gemeinde angelegten neun Freudenfeuer angezündet und gewährten einen prachtvollen Anblick. Die Schulkinder der verschiedenen Bezirke versammelten sich um die Feuer und sangen patriotische Lieder." (Remscheider Zeitung 4.9.1872)

Feilenhauerdenkmal auf dem Remscheider Markt

Die Freudenfeuer waren bald niedergebrannt, und die Alltagsnöte kehrten zurück. Am 5. Dezember 1872, zu Beginn der Weihnachtszeit, verlangten sie 15 % mehr Lohn, eine an Teuerung und Nullrunden gemessene **moderate Forderung**. Kurz vor Weihnachten (am 19.12.) holten die Fabrikanten zum Gegenschlag aus und stellten den Feilenhauern ein Ultimatum: öffentliche Verzichtserklärung binnen acht Tagen, andernfalls 14-tägige (gesetzliche!) **Kündigung**. Die Streikenden blieben hart. Einen Tag vor Silvester hingen in den Fabriken die Kündigungen. Damit standen zum 12. Januar 1873 über 1500 Menschen auf der Straße, 7 % der Bevölkerung. Den Arbeitgebern gelang es nicht, Streikbrecher aus der Umgebung anzuwerben, die gesamte Feilenfabrikation Remscheids kam **zum Erliegen**. Die Feilenhauer konnten die Aussperrungen mit Arbeiten in der Nachbarschaft (vor allem Cronenberg) mehr schlecht als recht überbrücken, aber auch ihre Not wuchs. Nach **21 Wochen Streik** brach die Fabrikantenfront zusammen. Unter dem Schlichter Reinhard Mannesmann (Vater des berühmten Erfinders), selbst Besitzer einer großen Feilenfabrik und Vertrauensperson für die Arbeiter, kam es zur Einigung: **10 % mehr Lohn** gegenüber dem Vorjahr zum 1. Juni.

In Remscheid hatten die Fabrikanten aus dem **Feilenhauerstreik** gelernt. Um unabhängig zu sein, setzten sie vermehrt auf englische Feilenhaumaschinen. Wenn auch die ersten dieser **Maschinen** Handarbeit noch nicht ersetzen konnten, arbeitete man doch an ihrer ständigen Verbesserung. Zwar stieg die Feilenproduktion enorm an, doch die Ware ließ sich nicht mehr genügend absetzen. Die Konkurrenz des Auslandes wurde stärker, zugleich erschwerte man dort die Einfuhr fremder Waren. So kam es in Remscheid zu einer **wirtschaftlichen Depression**. Die Feilenhauerfabrikanten suchten nach Auswegen. Sie drückten den Verdienst der Feilenhauer, um mit günstigen Preisen konkurrieren zu können, Sie setzten immer stärker auf Maschinen. Es war ein Teufelskreis für die Arbeiter, die sich im Kampf um Beschäftigung gegenseitig unterboten.

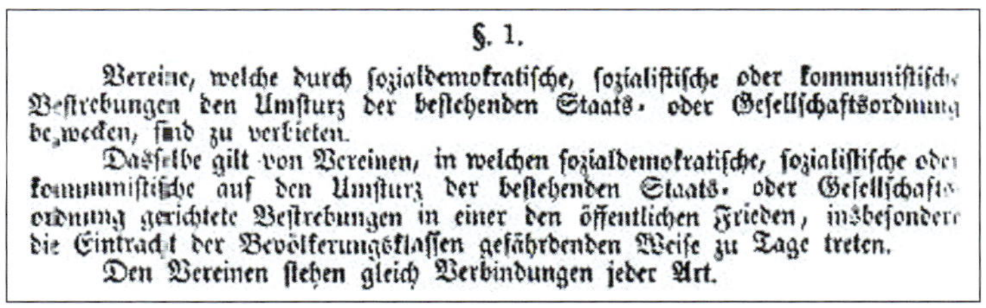

§. 1.

Vereine, welche durch sozialdemokratische, sozialistische oder kommunistische Bestrebungen den Umsturz der bestehenden Staats- oder Gesellschaftsordnung bezwecken, sind zu verbieten.

Dasselbe gilt von Vereinen, in welchen sozialdemokratische, sozialistische oder kommunistische auf den Umsturz der bestehenden Staats- oder Gesellschaftsordnung gerichtete Bestrebungen in einer den öffentlichen Frieden, insbesondere die Eintracht der Bevölkerungsklassen gefährdenden Weise zu Tage treten.

Den Vereinen stehen gleich Verbindungen jeder Art.

Erschwerend hinzu kam das **Sozialistengesetz** (21.10.1871, rechts). Es zielte nicht nur auf die Ausschaltung der Sozialdemokraten. Alle organisatorischen Elemente wurden zerstört, die den Arbeitern zu mehr Eigenständigkeit verhelfen konnten. Was ein paar Jahre früher noch in den örtlichen Zeitungen diskutiert wurde, war jetzt verboten. Schon die geringsten Verstöße führten zu **schwersten Strafen**. Es gab auch keine Streiks mehr. Am stärksten traf es die Feilenhauer, den größten Industriezweig Remscheids. In den ersten Jahren des Sozialistengesetzes sanken die **Preise für Feilen auf den absoluten Tiefstand**. Schon 1878 lagen die Löhne 50 % tiefer als 1872, bei gleichzeitiger Teuerung. Auch mussten die Feilenhauer oft monatelang auf die Entlohnung für ihre Lieferungen warten. Darunter litten Qualität und Leistungsbereitschaft. Dazu kam ein Arbeitstag von 13-15 Stunden.

Auf Dauer bewirkte das Sozialistengesetz das Gegenteil seines ursprünglichen Zweckes und diente der Sozialdemokratie als bestes **Agitationsmittel**. Mit ihrem Zuwachs war das Gesetz im Reichtag immer weniger haltbar, bis es 1890 keine Mehrheit mehr fand. Mit den so erstarkten Arbeitern durchzog 1889/90 eine Streikwelle das Reich, so brach auch im Juni 1890 ein weiterer Feilenhauerstreik in Remscheid aus. Vor dem Hintergrund einer wieder florierenden Wirtschaft, Unterbezahlung und um 20 % steigenden Lebensmittelkosten beschloss man zunächst neue Tarife auszuhandeln und einigte sich auf 1/3 der ursprünglichen Forderung. Als aber die Mehrzahl der Fabrikanten das Ergebnis nicht annahm, wiederholten die Feilenhauer ihre ursprüngliche Forderung. Die Antwort der Fabrikanten war, keine Feilen mehr zur Bearbeitung auszuliefern, was einer Aussperrung gleichkam. Daraufhin setzten die Feilenhauer auf Streik. Mit den über 1800 Streikenden erklärten sich bald auch die **Metallarbeiter solidarisch**. Dennoch, nach fünf Wochen Streik mussten die Arbeiter klein beigeben und nahmen die Arbeit wieder auf. Die Remscheider Zeitung vom 16. Juli 1890 erzählte folgende Anekdote: Der Fabrikant sucht seinen Feilenhauer am Tag nach dem Streik auf. Der holt seinen Tragknüttel, das Berufszeichen, aus der Ecke und präsentiert ihn mit den Worten Napoleons III. bei Sedan: „**Die Schlacht ist verloren**, ich übergebe meinen Degen!"

Streikende Feilenhauer auf dem Rosenhügel. Sie roden ein Waldstück, um neues Gartenland zu schaffen. Demonstrativ wollen sie unterstreichen: Nein! Wir sind nicht zu faul zum Arbeiten!

Der Siegeszug der Technik war nicht mehr aufzuhalten, ja der Streik beschleunigte ihn noch. Im Wettlauf mit den verbesserten neuen Haumaschinen wurde die Position der Feilenhauer immer schwächer. 1893 konnte man in Remscheid die erste brauchbare **Haumaschine** selbst entwickeln. Sie konnte nicht nur, wie bisher schon, viel mehr herstellen als ein Handarbeiter, sondern war auch noch in der Lage, das feine Gefühl der menschlichen Hand nachzuahmen. So kam, was kommen musste: Um die Jahrhundertwende gab es in Remscheid nur noch etwa 1000 Feilenhauer, und ihre Zahl ging schnell weiter zurück. Immer mehr gaben ihre Selbständigkeit auf und wechselten zur Fabrik.

Eine alte Feilenfabrik befindet sich heute noch in Schlepenpohl im Eschbachtal: die Firme Ernst Ehlis.

6. Arbeiter übernehmen die Stadt - Remscheid eine Räterepublik!

Seit der Jahrhundertwende bestimmten **rauchende Fabrikschlote** das Bild der Stadt. Sie standen für Industrie und Wohlstand, doch nicht für alle. Die Arbeiter waren unter die Fabrikglocke gezwungen, standen „**onger de Klocke**". Kennzeichen der Zeit war das verhärtete Verhältnis zwischen Lohnarbeit und Kapital. Die Gewerkschaften erstarkten, stärkten das Selbstbewusstsein der Arbeiter. Immer wieder kam es zu örtlichen Streiks der Metallarbeiter. „Mann der Arbeit aufgewacht und erkenne deine Macht. Alle Räder stehen still, wenn dein starker Arm es will." Die Unternehmer reagierten mit Aussperrungen, einmal waren über 500 Arbeiter betroffen. Wenn die Erfolge auch nicht groß waren, so wuchs doch die Solidarität. Mit Ausbruch des Weltkrieges schlossen die Gewerkschaften und Fabrikanten Burgfrieden, denn das Vaterland musste zusammenstehen, die Kriegsproduktion durfte nicht gefährdet werden. Doch schnell wuchs die Unzufriedenheit mit dem Burgfrieden. Die Arbeiter artikulierten sich über eine eigene Zeitung, die „Bergische Volksstimme". 1917 entstand den Sozialdemokraten mit der USPD ein radikalerer linker Flügel. Als 1916-18 die Ernährungslage katastrophal wurde, Teuerungszuschläge den Lohn auffraßen, die Arbeitszeiten auf 60 Wochenstunden kletterten, kam es in Remscheid zu einem **zweiwöchigen Generalstreik** (2.-15. Juli 1918). Dieses Mal hatten die Arbeiter Erfolg: Es gab Teuerungszuschläge, und die Wochenarbeitzeit wurde auf 52 Stunden gesenkt.

Als sich am Kriegsende mehrere hundert Matrosen weigerten, in den sicheren Tod zu fahren, bewirkte ihre Meuterei im kriegsmüden, ausgelaugten Land einen Flächenbrand, der das Kaiserreich hinwegfegte und die Sozialdemokraten an die Macht brachte. Es ging um Frieden, Brot und Arbeit. Der Funke der Revolution sprang auch auf Remscheid über, allerdings ohne Gewalt. Am 9. November 1918 organisierte die USPD einen vorläufigen **Arbeiter- und Soldatenrat** von 45 Personen. Das lokale Parteiorgan, die „Bergische Volksstimme", kommentierte auf der Titelseite am 10. November: „**Wer die Aktion stört, begeht ein Verbrechen an seiner Klasse!**"

Bericht über Machtergreifung des Arbeiter- und Soldatenrates
„Das Proletariat am Ruder! Heute vormittag [an einem Sonntag] wurde in Remscheid die sozialistische Republik ausgerufen und die Uebernahme der öffentlichen Verwaltungsgebäude vollzogen. Nach einem Umzug durch die Stadt und nach einer von einer großen begeisterten Volksmenge besuchten Versammlung auf dem Kaiserplatz erfolgte im Rathause die Uebernahme der Verwaltung und die Besetzung der öffentlichen Gebäude. Der denkwürdige Vorgang vollzog sich in glatter und würdiger Weise. Der Eindruck war um so gewaltiger, weil die Funktionäre des Arbeiter- und Soldatenrats schon seit Samstag in umsichtiger Weise vorgearbeitet hatten. Eine ungemeine Begeisterung beherrscht den allergrößten Teil der Bevölkerung.“

(Bergische Volksstimme)

Der Arbeiter- und Soldatenrat wurde in einem Festzug vom Volkshaus am Bahnhof durch die Stadt zum Rathaus geleitet und dort unter Absingen der „Internationale“ und anderer Kampflieder inthronisiert. Er erklärte, Leben und Eigentum schützen und für Ruhe und Ordnung sorgen zu wollen. Unliebsame Personen wurden gleich des Amtes enthoben und die Presse, sofern nicht konform, mit Zwangsmaßnahmen bedroht.

Das Volkshaus in der Bismarckstraße 59/61 war die zentrale Anlaufstelle der Arbeiterorganisationen. In einem Gebäude dahinter wurde die lokale Parteizeitung, die „Bergische Volksstimme“, verlegt.

Bald war **Remscheid als einer der allerradikalsten Orte** in Deutschland verschrien und wurde von vielen als „Herd des Bolschewismus“ aufs Korn genommen.

Die neuen Funktionäre aus der Arbeiterschaft standen von Anfang an im Widerspruch zu ihren eigenen Idealen. Sie waren von der Masse des Volkes, die den Umbruch erzwungen hatte, ins Amt gebracht worden und ließen das Volk fortan zurücktreten. Sie wollten die Demokratisierung grundlegend vorantreiben, wie von der Mehrheit der Bevölkerung erwartet, und agitierten „im Namen des Volkes“ recht diktatorisch. Sie berieten die Kernfragen der Revolution im „Volkshaus“: Behebung der Massenarbeitslosigkeit, Versorgung mit Lebensmitteln und Brennstoffen, Sozialisierung der Produktionsmittel; aber sie

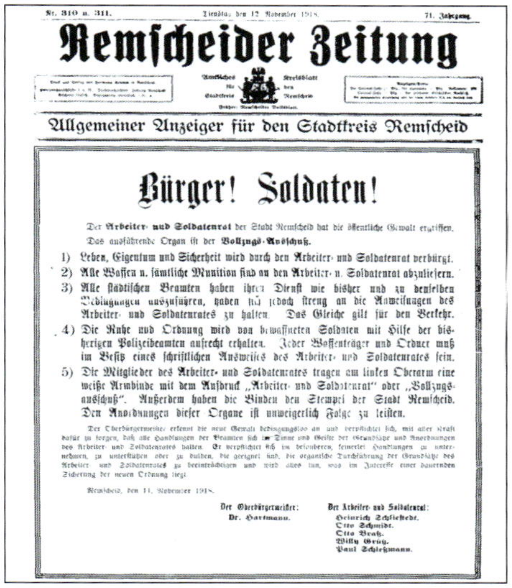

Nr. 310 u. 311. Dienstag, den 12. November 1918. 71. Jahrgang

Remscheider Zeitung

Amtliches Kreisblatt für den Stadtkreis Remscheid

Früher: Remscheider Volksblatt.

Allgemeiner Anzeiger für den Stadtkreis Remscheid

Bürger! Soldaten!

Der **Arbeiter- und Soldatenrat** der Stadt Remscheid hat die öffentliche Gewalt ergriffen. Das ausführende Organ ist der **Vollzugs-Ausschuß.**

1) Leben, Eigentum und Sicherheit wird durch den Arbeiter- und Soldatenrat verbürgt.
2) Alle Waffen u. sämtliche Munition sind an den Arbeiter- u. Soldatenrat abzuliefern.
3) Alle städtischen Beamten haben ihren Dienst wie bisher und zu denselben Bedingungen auszuführen, haben sich jedoch streng an die Anweisungen des Arbeiter- und Soldatenrates zu halten. Das Gleiche gilt für den Verkehr.
4) Die Ruhe und Ordnung wird von bewaffneten Soldaten mit Hilfe der bisherigen Polizeibeamten aufrecht erhalten. Jeder Waffenträger und Ordner muß im Besitz eines schriftlichen Ausweises des Arbeiter- und Soldatenrates sein.
5) Die Mitglieder des Arbeiter- und Soldatenrates tragen am linken Oberarm eine weiße Armbinde mit dem Aufdruck „Arbeiter- und Soldatenrat“ oder „Vollzugsausschuß“. Außerdem haben die Binden den Stempel der Stadt Remscheid. Den Anordnungen dieser Organe ist unweigerlich Folge zu leisten.

Der Oberbürgermeister erkennt die neue Gewalt bedingungslos an und verpflichtet sich, mit aller Kraft dafür zu sorgen, daß alle Handlungen der Beamten sich im Sinne und Geiste der Grundsätze und Anordnungen des Arbeiter- und Soldatenrates halten. Er verpflichtet sich im besonderen, keinerlei Handlungen zu unternehmen, zu unterstützen oder zu dulden, die geeignet sind, die organische Durchführung der Grundsätze des Arbeiter- und Soldatenrates zu beeinträchtigen und wird alles tun, was im Interesse einer dauernden Sicherung der neuen Ordnung liegt.

Remscheid, den 11. November 1918.

Der Oberbürgermeister: Dr. Hartmann.

Der Arbeiter- und Soldatenrat: Heinrich Schliestedt. Otto Schmidt. Otto Braß. Willy Grütz. Paul Schleßmann.

machten weiter gemeinsame Arbeit mit den von ihnen verteufelten Kommissionen des alten Regimes, dem Stadtparlament und der kaisertreuen Beamtenschaft. Bereits im November löste sich der Remscheider Arbeiter- und Soldatenrat wieder auf und übertrug die ausführende Gewalt auf die kommunistische USPD-Stadtverordnetenfraktion. Bei der Kommunalwahl 1919 errang die kommunistisch-sozialistische Linke, am stärksten die KPD, 32 von 55 Sitzen.

7. Das „Rote Remscheid“ – Schauplatz einer Entscheidungsschlacht

Schon 1919 hatten Remscheider Bürger die Obrigkeit darauf hingewiesen, welche Gefahren von der kommunistischen Hochburg für das Bergische ausgehen konnten. Um einer drohenden Diktatur des Proletariats vorzubeugen, hatte man vorübergehend zwei Freikorps in die Stadt verlegt, um den „Roten“ zu zeigen, dass es noch eine Staatsmacht gab. Doch die kämpferische sozialistisch-kommunistische Gruppierung formulierte von Tag zu Tag schärfer, was sie unter **Menschenrechten** verstand. Deshalb versuchten die Bürgerlichen zusätzlich, sich mit eigenen Kräften zu schützen, und stellten zum Selbstschutz und Verteidigung ihrer Rechte eine Art **Bürgerwehr** auf. Dieses unter Dr. Weisemann zunächst im Geheimen gebildete „Zeitfreiwilligen-Korps Remscheid“ (ZKR) stand im Falle der Not bewaffnet für den Tag X bereit, derweil die Waffen vorerst über die Stadt verteilt an sicheren Orten deponiert waren, bis irgendwann die Einberufung kam. Und diese kam am 16. März 1920. Was war passiert? Das Jahr 1920 brachte die junge Republik an den Rand eines Bürgerkrieges, und Remscheid stand bald in seinem Zentrum. Am 13. März waren rechte Gruppierungen ins Berliner Regierungsviertel einmarschiert, hatten die SPD-geführte Regierung in die Flucht geschlagen und Wolfgang Kapp zum neuen Reichskanzler ausgerufen. Diese **Kapp-Putschisten** waren meist aktive oder ehemalige Angehörige der kaiserlichen Armee paramilitärischer und rechtsorientierter Verbände, die sich gegen die Annahme des Versailler Vertrages wehrten, vor allem auch gegen die weitgehende Auflösung der Reichswehr und der Freiwilligen- und Wehrverbände. Sie fanden sich in ihrer Haltung von weiten Teilen der Bevölkerung unterstützt. Gegen diese Bedrohung rief die Regierung nun am 16.3. zum **Generalstreik** auf und mobilisierte damit die ohnehin schon aufgebrachte Arbeiterschaft. An diesem Tag nun, dem Beginn des größten Streiks in der deutschen Geschichte, rief Major von Lützow, dessen Freikorps bereits seit Anfang Februar in Remscheid weilte, die **Zeitfreiwilligen** als Helfer gegen die drohende Gefahr von Links an seine Seite. „Bürgerliche“ und „Arbeiterwehr“ holten ihre bereitliegenden Waffen aus den Verstecken. Der Hass der Streikenden schlug besonders ihren bewaffneten Mitbürgern, den Zeitfreiwilligen entgegen.

Was braust dort im Tale die laute Schlacht,
Was schlagen die Schwerter zusammen?
Wildherzige Reiter schlagen die Schlacht,
Und der ***Funke der Freiheit*** *ist glühend erwacht*
Und lodert in blutigen Flammen.
Und wenn ihr die schwarzen Reiter fragt:
» Das ist Lützows wilde, verwegene Jagd! «

(Lied der Lützower Jäger, eines Freikorps, das 1813 für die Freiheit gegen Napoleon kämpfte, gedichtet von Theodor Körner, der selbst darin Mitglied war. In Remscheid ist eine Straße nach ihm benannt.)

Wacht auf, Verdammte dieser Erde,
die stets man noch zum Hungern zwingt!
Das Recht wie Glut im Kraterherde
nun mit Macht zum Durchbruch dringt.
Reinen Tisch macht mit den Bedrängern!
Heer der Sklaven, wache auf!
Ein Nichts zu sein, tragt es nicht länger
Alles zu werden, strömt zuhauf!

|: Völker, hört die Signale!
Auf zum letzten Gefecht!
Die Internationale erkämpft das Menschenrecht. *:|*

Remscheider Einwohnerwehr als Mörderbande.

Arbeiter, die Augen auf!

„In den Straßen Remscheids tobt der Kampf. Vereint mit unseren tapferen Brüdern von auswärts ist der **Angriff gegen die ruchlose Militaristenbande** im Gange.“ So stand es am 19. März in den Remscheider «Revolutions-Nachrichten«. Blut war geflossen, und Menschen wurden erschossen.
Inzwischen hatte die „Rote Armee“ sich im Ruhrgebiet gegen die Reichswehrtruppen durchgesetzt und war siegestrunken weitergestürmt. Dabei wurden auch die im Wuppertal liegenden Truppen in die Flucht geschlagen, so dass sie sich nach Remscheid zurückziehen mussten. So war die Gefechtsstärke auf dem Stadthügel auf 1200 Kämpfer angewachsen. Die „Rote Armee“ folgte ihnen auf dem Fuße. Der damals noch einzige Stützpunkt der Reichstruppen wurde eingekreist, ein Ultimatum gestellt und, nachdem dieses abgelehnt wurde, zum planmäßigem Angriff geblasen. Noch in der Nacht rückten weitere Arbeiterbataillone von auswärts an. Mit 15-facher Übermacht kam es am Freitag, dem 19. März, zur eigentlichen **Entscheidungsschlacht**.
Der Kampf tobte von den frühen Morgenstunden an. Die Eingeschlossenen standen unter Artilleriebeschuss. Stundenlang raste das Maschinengewehr- und Kleingewehrfeuer durch die Straßen. Die Hauptverteidigungsanlagen fielen. Gegen Mittag wurde die Lage ernst, der Generalangriff der Arbeiterbrigaden stand bevor, und die Verteidiger hatten dem nichts mehr entgegenzusetzen. So suchten sie in einem Überraschungscoup, sich über die Wupper ins von Engländern

Das Rathaus stand den ganzen Morgen des 19. März unter Beschuss und sah nach etlichen Volltreffern sehr „gerupft“ aus.

„Das Grauen des Bürgerkrieges“

Jürgen Bachmann schreibt über diese Phase des Kampfes im Berliner Lokalanzeiger vom 1. Juni 1930 unter der Ueberschrift: „Das Grauen des Bürgerkrieges“: „Der Kampf währte mit kleinen Unterbrechungen den ganzen Tag über, und der Kampf war mit allen jenen Plötzlichkeiten und Widerwärtigkeiten, Listen und Ueberfällen verbunden, die Straßenkämpfe in unübersichtlichem Gelände nun einmal mit sich bringen. Noch heute steht mir lebhaft dies Bild vor Augen: In den Gängen des Rathauses liegt eine Kompagnie, müde und abgekämpft. Ein Kommando ertönt, und im nächsten Augenblick schon formiert sie sich draußen auf dem weiten Platz. Ueber dem Platz liegt das ununterbrochene Maschinengewehrfeuer der Roten. Aber ruhig und sicher werden die Kommandos gegeben und sicher werden sie ausgeführt. Und dann verschwindet die Kompagnie mit dem Lied: „O Deutschland, hoch in Ehren!“ in der Dämmerung des Abends. Eine halbe Stunde später trug man die ersten Verwundeten dieser Kompagnie ins Rathaus zurück.“

besetzte Gebiet durchzuschlagen. Das Gros gelangte ohne nennenswerte Verluste über Reinshagen nach Burg. Der Nachhut wurde in Vieringhausen der Weg versperrt, sie suchte deshalb über die Solinger Straße die Wupper bei Müngsten zu erreichen, was in einer Katastrophe endete. Sie geriet in einen Hinterhalt, und der größte Teil erlag einem **grässlichen Blutbad**. Remscheid war erobert und nun in den Händen der „Roten".
Die siegestrunkene Menge stürmte das Rathaus. Die „**Freiheit des Proletariats**" feierte Orgien. Es kam zu Plünderungen einzelner Bürgerhäuser. Besonders Wohnungen der Zeitfreiwilligen wurden verwüstet, angesehene Bürger in Haft genommen. Gefangene Lützower und Zeitfreiwillige wurden **brutal misshandelt**. Einige Trupps Gefangener wurden mit hocherhobenen Händen durch die Straßen getrieben unter den Klängen von „Das ist Lützows wilde, verwegene Jagd!" Und wehe, ihnen sanken die Arme vor Erschöpfung herab, dann bekamen sie die Gewehrkolben zu spüren. Man weidete sich an der Todesangst.
Nach der Schlacht um Remscheid gab es Hunderte Tote zu beklagen. Die auswärtigen Arbeiterbataillone nahmen die Ihren auf Lastwagen mit. Die Remscheider Kommunisten bestatteten ihre 22 Toten auf dem Südfriedhof.

Die 22 Opfer geleitete man nach einer Trauerfeier im Rathaus in einem Trauerzug nach Bliedinghausen, wo sie auf dem Friedhof beigesetzt wurden.

Drei Jahre später setzten beide Kampfparteien ihren gefallenen Kameraden Denkmäler. Beide sind Mahnmal und Vermächtnis, das Programm des Kampfes um Freiheit und Menschenrechte nicht zu vergessen.

Die ehemaligen Zeitfreiwilligen und deren Angehörige errichteten für ihre Gefallenen ein Ehrenmal auf Reinhagen. (siehe Bild unten rechts)
Das Denkmal bestand aus drei wuchtigen Säulen, geformt aus Schleifsteinen bergischer Kotten. Auf dem schwarzen Schlussstein ist das Bild des bergischen Löwen, am Fuße des Denkmals eine Bronzetafel angebracht, darauf die Worte von Ernst Moritz Arndt, die in schwerer Zeit immer wieder Trost spenden sollen:

„Die Treue steht zuerst, zuletzt
Im Himmel und auf Erden.
Wer ganz die Seele drein gesetzt,
Dem wird die Krone werden.
Drum mutig drein und nimmer bleich,
Denn Gott ist allenthalben!
Die Freiheit und das Himmelreich
Gewinnen keine Halben"

Zur Erinnerung an ihre Gefallenen errichteten die **Kommunisten und Arbeiterverbände** ein Denkmal im **Stadtpark**.
Es bestand aus Muschelkalk und zeigte einen Mann, der mit beiden Händen eine Fackel über den Kopf hält. Im Sockel zwischen zwei Eichenkränzen steht der Spruch „Per aspera ad astra" („Über das Raue zu den Sternen")

Als die Zeitfreiwilligen ihr Mahnmal einweihten, war Remscheid von den Franzosen besetzt und passiver Widerstand angesagt. Eine entsprechend vaterländische Botschaft verband der Vorsitzende mit der Grundsteinlegung am Ende seiner Rede vor einer riesigen Zuhörerschar.

„Ein großes, einiges deutsches Volk steht vor unserem Geiste, geläutert und gestählt im schweren Kampf um seine völkische Existenz. Aus dem trüben Geist des Materialismus, der weder Gott, noch Volk, noch Vaterland kennt, hat sich der Gedanke des deutschen Volkstums zur bewußten Klarheit durchgerungen. Die Kameraden, die hier ruhen, durften sich als Kämpfer für deutsches Volkstum fühlen, für das sie in den Soldatentod gegangen sind. Deshalb gebührt ihnen die Krone des Sieges.

Das Mahnmal der Arbeiter passte schon bald nicht mehr ins politische Programm. Es wurde 1933 von den Nationalsozialisten zerstört. 1950 wurde im Stadtpark ein neues steinernes Mahnmal aufgestellt, eine Mutter, die ihren Sohn hält.
Das Zeitfreiwilligendenkmal auf dem evangelischen Friedhof in Reinshagen hat die Zeiten überlebt.

8. Der Kampf gegen die nationalsozialistische Gleichschaltung

1. Tausende riefen: „Nieder mit Hitler!“

Am Abend des 30. Januar 1933, dem Tag der sogenannten „Machtübernahme“ Hitlers, kam es im „roten Remscheid“ zu nächtlichen Schießereien. Tagelang sollte die Stadt nicht zur Ruhe kommen. Der Wuppertaler Polizeipräsident suchte die Wogen zu glätten, verbot kurzzeitig die KPD-Zeitung „Bergische Volksstimme“ und untersagte vorläufig Versammlungen unter freiem Himmel. Doch die Welle der Empörung schlug nur noch höher. Am 2. Februar strömten Tausende auf den Markt, und in „**Bergisch Moskau**“ erschollen die Sprechchöre: „Nieder mit Hitler!“ Berittene Polizei trabte heran, um die Menschenmassen auseinanderzutreiben. Auf der Nordstraße und am Bahnhof lieferten sich die Demonstranten sogar einen Schusswechsel mit der Polizei. An einem SA-Heim in der Freiheitstraße standen sich „Rote“ und „Braunhemden“ gegenüber, und es grenzte schon an ein Wunder, dass niemand verletzt oder getötet wurde.

Angesichts eines solchen Widerstandes traute man sich erst am Abend des 3. Februar mit einem **demonstrativen Umzug** die Machtergreifung zu feiern. An die 600 SA-Männer und Angehörige des Stahlhelms formierten sich zu einem Fackelzug durch die „rote Hochburg“ zum Kaiserplatz, im Schutz von karabinerbewaffneter Polizei. Am Straßenrand wurden sie mit „Nieder“-Rufen empfangen, und auf der Nordstraße nahe des evangelischen Friedhofs versperrten die Gegner ihnen den Weg mit einer **Barrikade** aus umgestürzten Wagen, Eisenschienen und Balken. Doch stoppen konnten sie den Umzug nicht, die Polizei räumte das Hindernis beiseite. Am 5. Februar, einem Sonntag, hallten erneut Schüsse durch die Stadt. Am Rande eines großen SA-Aufmarsches kam es zu einem **Schusswechsel in der Hammesberger Straße**. SA-Leute versuchten ihre Gegner in die Häuser hinein zu verfolgen, wurden von der Polizei aber daran gehindert. Verletzt wurde niemand, der Aufmarsch ging zur Pauluskirche, wo ein Festgottesdienst zur Machtübernahme stattfand. Daraus wäre fast **ein Trauergottesdienst** geworden!

Markt um 1933, Haupttreffpunkt des aufgebrachten „roten Remscheid“

2. „In Grund und Boden gestampft“ – und Weiterarbeit im Untergrund

Schon bald schlug das System zurück. Im Zusammenhang mit dem Reichstagsbrand wurde die KPD verboten. Mit einer Verhaftungswelle sollte die als äußerst radikal eingeschätzte Remscheider Arbeiterschaft eingeschüchtert werden. Anfang März wurden **10 KPD-Anhänger** verhaftet, bei denen man „schweres Maschinengewehr“ gefunden hatte. Mitte März steckte man einen KPD-Funktionär wegen Verteilung illegaler Druckschriften ins Polizeigefängnis. Eine Woche später nahm man 19 weitere KPD-Leute „wegen Gefährdung der öffentlichen Sicherheit und Ordnung“ in „Schutzhaft“, und in der Woche darauf nochmals 27 Kommunisten. Im April durchsuchte die SA die Räume der Konsumgenossenschaft „Einigkeit“ auf der Rosenhügeler Straße; 120 Personen wurden festgenommen. Im gleichen Monat ergriff die politische Polizei im Osterbusch 18 KPD-Funktionäre, die sie „abtransportierte“. Am 22. Juni wurde dann auch die SPD verboten.

Trotz aller Verbote und Festnahmen gelang es nicht, die Aktivitäten im Untergrund, zumal bei den Kommunisten, zu unterbinden. Tausende Flugblätter wurden gedruckt und heimlich verteilt.

Wieder illegale Flugblätter.

Wegen Verteilung illegaler kommunistischer Druckschriften wurde ein Funktionär der K. P. D. festgenommen und in das Polizeigef.ngnis eingeliefert. (P.-Ber.)

RGA 18./19. März 1933

120 Personen verhaftet.

Durchsuchung der „Einigkeit“ und des Volkshauses.

Beamte der politischen Abteilung der Schutzpolizei und SA-Leute nahmen gestern nachmittag in den Räumen der Konsumgenossenschaft „Einigkeit“ in der Rosenhügelerstraße 120 Personen fest. Man nahm an, daß es sich um eine geheime politische Versammlung handelte. Da man wußte, daß zahlreiche Kommunisten an der Zusammenkunft teilnahmen.

Nachdem die Verhafteten zum Polizeiamt geführt worden waren, wo die Personalien festgestellt wurden, ließ man die Mehrzahl wieder frei; nur drei Personen, zwei Funktionäre der KPD. und ein dritter, der ein Antifa-Abzeichen trug wurden in Haft behalten.

Um die gleiche Zeit wurde das „Volkshaus“ in der Bismarckstraße erneut durchsucht; mehrere Akten und Druckschriften wurden beschlagnahmt.

RGA 12. April 1933

Ende August startete man zwei Großrazzien in den „roten Hochburgen“. Dabei wirkten neben politischer Polizei auch Schutzpolizei, SA und SS mit. In Büchen beschlagnahmte man eine große Zahl „marxistischer, zersetzender Zeitschriften und Bücher“, ein Vervielfältigungsgerät und Waffen. 19 Personen wurden festgenommen. Nach Honsberg hinein wagte man sich nur unter Einsatz von tausend Bewaffneten. Auch hier fand man marxistische Schriften und Waffen und verhaftete 28 Männer und 10 Frauen.

Da die Gefängnisse die vielen Verhafteten nicht mehr fassen konnten, hatte man im Sommer 1933 in **Kemna** zwischen Wuppertal und Beyenburg ein Konzentrationslager errichtet. Hierhin wurden auch die meisten Remscheider Festgenommenen deportiert. 1934 kam es in Wuppertal zum ersten **Massenprozess** gegen Kommunisten, die wegen Hochverrats angeklagt waren. Unter ihnen waren elf aus Remscheid, davon drei Frauen.

Konzentrationslager Kemna
Es wurde 1933 in dem leer stehenden Gebäude einer Putzwollfabrik errichtet. Am 5. Juli kamen die ersten Häftlinge und wurden von den SA-Wachmannschaften mit Schlägen und Tritten „in Empfang“ genommen. Obwohl das Lager für maximal 200 bis 300 Personen vorgesehen war, wurden dort zeitweise mehr als 1000 Gefangene auf engstem Raum zusammengepfercht. Mehr als 4500 Häftlinge wurden während des halben Jahres, in dem dieses Lager bestand, misshandelt und gefoltert. Da sich Wachmannschaft und Gefangene vielfach von früheren Auseinandersetzungen her kannten, spielten bei den Misshandlungen oft persönliche Rachegelüste eine wichtige Rolle. Da das Lager in unmittelbarer Nähe der Stadt lag und von Spaziergängern leicht einzusehen war, wurde es im Januar 1934 wieder aufgelöst.

3. Einzelschicksale aus dem sozialistischen Widerstand

Die hier vorgestellten Beispiele stehen nur exemplarisch für viele andere. Sie zeigen auch, mit welch hohen Strafen vergleichsweise geringe „Vergehen“ geahndet wurden.

Erich Thieler (1903-1988) – die „gute Seele“ vom Teufelsteich

Als Kind hatte er hier gespielt und das Schwimmen gelernt. In den 20er Jahren schloss er sich dem Arbeitersport an, einer Massenbewegung jener Zeit. Er hatte beim Aufbau des Schwimmbades mitgewirkt, dann wurde er dort **Schwimmmeister**. Das Bad galt als „Rotes Meer“. Die Nationalsozialisten glaubten, dass dort politische Versammlungen abgehalten würden und, was noch schlimmer wog, dass man im Besitz von Waffen sei; denn viele Kappputschwaffen waren wieder aus den Verstecken geholt und repariert worden. Deshalb hatte die SA am Teufelsteich immer wieder **Razzien** durchgeführt und willkürlich Leute verhaftet. Im August 1933, nachdem die meisten Aktivisten bereits festgenommen waren, wurde auch Thieler verhaftet. Er hatte aus Mitleid einen alten Mann entlasten wollen und dessen Gewehr versteckt. Er wurde nach Kemna gebracht, dort verhört und **grausam gefoltert**, um das Versteck des Gewehrs preiszugeben. Um dem Alten dann ähnliche Qualen zu ersparen, gab er nach drei Wochen das Versteck preis. Wegen Hochverrats wurde er zu 2 Jahren und 3 Monaten Gefängnis verurteilt. Da fünf einflussreiche Bürger für ihn bürgten, übernahm der angesehene Mann nach seiner Entlassung 1935 erneut das Amt des Schwimmbadmeisters. In seiner Todesanzeige heißt es „Im Kampf gegen Faschismus und Krieg büßte er in der Folterhölle von Kemna seine Gesundheit ein. Nach dem Krieg beteiligte sich der gelernte Zimmermann am Wiederaufbau unserer Stadt.“

Der „Teufelsteich“, 1848 als Mühlenteich errichtet, später auch zum Schwimmen genutzt, in der Zeit der Arbeitslosigkeit von Arbeitern für Arbeiter zu einem regulären Schwimmbad umgebaut. Im Jahr der Eröffnung (1932) kamen in der Saison Tag für Tag im Schnitt 3300 Besucher! 1969 wurde das einst so populäre Freibad geschlossen. Heute ist nichts mehr davon zu sehen, da es 2001 renaturiert wurde.

Erich Thieler, später als Soldat

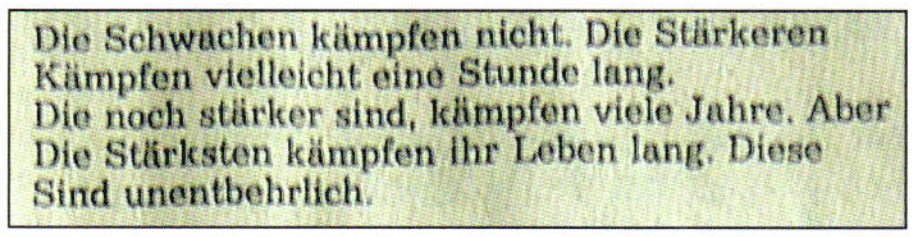

Die Schwachen kämpfen nicht. Die Stärkeren
Kämpfen vielleicht eine Stunde lang.
Die noch stärker sind, kämpfen viele Jahre. Aber
Die Stärksten kämpfen ihr Leben lang. Diese
Sind unentbehrlich.

Aus Thielers Todesanzeige

Emmi Leyendecker (1903-1987) – die junge Frau aus dem Tabakladen oberhalb des Alexanderwerks

Emmis Eltern hatten einen Tabakladen an der Ecke Freiheitsstraße/Südstraße. Ohne Berufsausbildung half sie der Mutter im Laden als Verkäuferin. Auf dem Weg zu ihrer Arbeit in aller Frühe kamen die Arbeiter hier vorbei. Das war ihre erste Berührung mit der Arbeiterschaft. **Alles Bisherige verlor an Wert.** Wie kann man solchen Trott mit Leben füllen? – Sie erlebte Streiks, Revolution, wieder Streiks und Inflation. Über die Volkshochschule, unmittelbar nach dem Weltkrieg gegründet, kam sie in einen Kreis von 10 jungen Leuten, darunter auch Teo Otto, der spätere Bühnenbildner. Das Wort „Menschwerdung“ kam auf.

Einige Jahre später trat Emmi in die KPD ein. Frühmorgens um 5.30 Uhr verteilte sie vor dem Alexanderwerk Flugblätter. Dann kam die Hitlerzeit. Anfangs wurden die Flugblätter noch im Raum über dem elterlichen Laden getippt, zunächst von Luise Klesper, später im Zweifingersystem von Emmi selbst. Zur Sicherheit wechselte sie damit bald zu einer Freundin in der Uhlandstraße, direkt an der Polizeizentrale. Im Sommer 1933 kam Teo Otto (inzwischen weltbekannt) zu Besuch und half ihr bei der Erstellung der „Köpfe“ für die Flugblätter. Derweil fuhren täglich Autoladungen von Verhafteten an ihrem Laden vorbei. Dann wurde auch sie wegen ihrer **illegalen Flugblattaktion** verhaftet und in die Polizeiunterkunft in der Uhlandstraße gebracht. In ihren Lebenserinnerungen beschreibt sie ihr Schicksal:

Emmi Leyendecker 1938, verh. Klubatz, und ihr Zigarrenladen.

Im Zimmer darüber (angekreuzt) entstanden viele kämpferische Flugblätter.

„Am 6. September 1933, auf meinem 30. Geburtstag, wurde ich verhaftet! Die Durchsuchung der Wohnung ergab nichts. […] Meine Mutter bekam während der Durchsuchung einen Herzanfall und mußte ins Bett. […] Einer der Gestapo-Leute sagte […]: wenn das zutrifft, was man Ihnen zur Last legt, tun Sie mir heute schon leid. […] Die Haft war für mich eine lange, dunkle Nacht. Die nächtlichen Verhöre und die Mißhandlungen ließen mich verzweifeln. […] Wann leugnet man und wann gibt man zu, ohne andere zu belasten? Man ließ mich drei Wochen schmoren, ehe die ersten Verhöre begannen. Zu der Zeit hatte ich im Laden (der Eltern) viele Polizisten als Kunden. […] Ich leugnete lange und hartnäckig – alles. Als man dann verhaftete Genossen vorführte und sie (hinter einer Stellwand) alles, was wir an Parteiarbeit gemacht hatten, wiederholen mußten – war ich entsetzt. Als sie wieder abgeführt wurden, sagte ich: sie lügen. […] nächtliche Verhöre in der Polizeiunterkunft in R. Die Gestapo tobt […] Während des Verhörs kamen mehrere SS-Leute herein, bildeten einen Kreis um sie und schlugen mit einem kurzen, lederartigen Gegenstand blitzschnell zu. Sie schreit, man schließt das Fenster. Die Gestapo schäumt. Runter mit ihr in den Hof, wir fahren jetzt die Eltern holen, mal sehen, ob wir sie nicht […] Die SS verschwindet, bis auf einen. Sie soll aussagen. Er drängt sie in eine Ecke an einen Schrank. Plötzlich faßt er ihren Kopf mit beiden Händen und stößt ihn immerzu an den Schrank. Die Schranktür kracht – da läßt er nach. 'Hackfleisch' würde er aus ihr machen, wenn ich seine Tochter wäre. Einige SS-Leute kamen herein, brachten sie auf den Hof, fesselten sie mit Ketten an ein eisernes Gitter und gingen weg. Kurze Zeit darauf hörte sie in der Nachtstille den 'Flitzer' (Polizeiwagen) wegfahren. Bei jeder Bewegung rasselten die Ketten, sie fror erbärmlich in ihren dünnen Kleidern. Am anderen Tag kam ich in Einzelhaft. Man beobachtete mich durch den 'Spion'. Ich hörte sie vor der Zellentür sprechen: dat kann man sehen, dat ihr die jebüjelt habt. […] In dem Prozeß, der ein Jahr später in Wuppertal stattfand, waren […] an die 70 Angeklagte, darunter 12 oder 13 Frauen […]. Im Laufe des Prozesses hatte ich mich gemeldet und von den Mißhandlungen während der Verhöre gesprochen. Der Vorsitzende fragte kühl: Haben Sie daraufhin falsche Aussagen gemacht? Ich antwortete: nein! Er bemerkte: was wollen Sie denn? […] Die Kriminalbeamten, die uns verhört hatten, schworen, daß keine Mißhandlungen vorgekommen seien.“

Dieses Bild von Teo Otto war ein Geschenk an seine Freundin Emmi. Über sie kam es ins Remscheider Teo Otto Theater, wo es heute noch hängt. Den ursprünglichen Titel hat man nicht mehr dazugesetzt: „Einer von vielen – Ihm verdanken wir alles!“

Das Urteil am 17.11.1934 lautete: ein Jahr und zehn Monate Gefängnis. Gleich nach dem Krieg stellte sie sich mit ihrem Mann in den Dienst des demokratischen Wiederaufbaus.

Hugo Paul (1907-1962) – ein Kämpfer auf höherer Ebene

Hugo Paul kam aus einer klassenbewussten Arbeiterfamilie, die 1911 nach Remscheid gezogen war. Bei den Mannesmann-Motorenwerken hatte er seine Lehre gemacht. Schon als Jugendlicher hatte er sich politisch betätigt und war über die Naturfreunde- und Metallarbeiterjugend zum Kommunistischen Jugendverband (KDV) gekommen, hatte zweisprachige Flugblätter gegen die französische Besatzungsmacht verfasst und bekam als 19-Jähriger die Leitung des Unterbezirks Remscheid. Er wurde Arbeiterkorrespondent für die „Bergische Volksstimme" und ging dann 1929 nach Düsseldorf als Volontär in der Redaktion „Freiheit" (Organ der KPD). 1932 wurde er als jüngstes **Mitglied in den VI. Reichstag** gewählt. Seine Verlobte, Luise Klesper, ebenfalls KPD-Mitglied, hatte im März/Mai 1933 in der Wohnung über Emmi Leyendeckers Tabakladen illegale Zeitungen und Flugblätter geschrieben.

Foto aus späterer Zeit

Am 24.6.1933 wurde Hugo Paul verhaftet, im Folterkeller der Düsseldorfer Königsallee, den Tresorschränken einer Bank, eingeschlossen und misshandelt und 1934 zu 30 Monaten verurteilt, die er im **Lüttringhausener Zuchthaus** absitzen musste. Doch 1936 aus der Haft entlassen, erwartete ihn seine Verlobte vergeblich am Zuchthaustor. Denn zwei Gestapobeamte nahmen ihn in Empfang und brachten ihn zur Schutzhaft ins Moorlager Esterwegen und bald darauf ins KZ Sachsenhausen. Als er an Hitlers Geburtstag 1939 dann von dort entlassen wurde, war er gesundheitlich schwer angeschlagen. Er heiratete Luise Klesper, nahm in Wermelskirchen seine Wohnung und wurde gleich wieder politisch tätig, indem er eine Gruppe **Kommunisten** aus dem Raum Remscheid/Solingen um sich scharte. Im Kontext einer großen Verhaftungswelle Anfang 1943 wurde er abermals festgenommen. In seiner Wohnung fand man u.a. Bücher von Lenin, Stalin und Marx. Vor dem Volksgerichtshof forderte der Staatsanwalt die Todesstrafe, doch da man ihm nicht allzu viel nachweisen konnte, blieb das Urteil bei sechs Jahren Zuchthaus, die er in Gießen abzusitzen hatte.

Nach dem Krieg wurde der gelernte Schlosser von der britischen Regierung zum Wiederaufbauminister berufen. Seit 1951setzte er sich gegen die **erneute Militarisierung der BRD** ein. Wer so dachte, stand im sich breitmachenden Klima des „Kalten Krieges" schnell wieder außerhalb der „verfassungsmäßigen Ordnung". Im Dezember 1953 wurde Paul erneut verhaftet. Die Anklage lautete: Gründung eines **„Deutschen Arbeiterkomitees gegen die Remilitarisierung Deutschlands"**. Er wurde zwar Ostern 1954 wieder entlassen, doch kurz nach Weihnachten des gleichen Jahres erneut verhaftet. Wieder in Freiheit, blieb er jedoch weiterhin politisch tätig, jetzt eher auf internationaler Ebene. Fest davon überzeugt, dass kein einziges Problem der Welt mehr durch Krieg gelöst werden könne, war sein Ziel: **Frieden in Europa durch Abrüstung**. Im Mai 1962 unterbreitete er Vertretern von 17 Nationen die Ziele seiner Partei, der KPD. Im gleichen Jahr musste er operiert werden, stand aber die Operation wegen körperlicher Schäden, die er während der Nazi-Haft erlitten hatte, nicht mehr durch.

Auch über seinen Tod hinaus kam dieser Mann mit seinen hohen Idealen nicht zu seinem Recht oder nur begrenzt. Als zum 40. Jahrestag der Reichspogromnacht (1978) Schüler und Schülerinnen der berufsbildenden Schulen in Wermelskirchen Pauls Frau einladen wollten, um über ihren und ihres Mannes Widerstand zu berichten, untersagte das der Schulleiter, weil sie Kommunistin sei. Und als man sich beim Kultusminister Hilfe holen wollte, der noch im Sommer dazu ermuntert hatte, antifaschistische Widerstandskämpfer in den Unterricht einzubeziehen, stellte dieser sich auf die Seite des Schulleiters.

Als der Kalte Krieg zu Ende ging, bekam auch Hugo Paul in Remscheid, bisher als einziger politischer Widerstandskämpfer, sein Denkmal in Gestalt einer Straße, allerdings ganz am Rande der Stadt unterhalb des Historischen Zentrums. Der Schilderwald, der das Straßenschild umgibt, wirkt wie ein Symbol.

Weitere Widerstandskämpfer:

Max Blank / SPD
Stadtverordneter 1929 - 1933
Beigeordneter 1948 - 1959

Hans Salz
Kassierer der KPD

Milli Hilbert
KPD
1933 ins Stadtparlament gewählt

Kleine Gedenktafel an der Einfahrt zur Polizeikaserne in der Uhlandstraße für die vielen hier Inhaftierten und Gefolterten.

(gesetzt am 8.5.1995)

4. Mit den Waffen der Kunst – der Remscheider Gerd Arntz (1900-1988)

Arntz wurde in Remscheid als Sohn eines protestantischen Werkzeugmaschinen-Fabrikanten geboren, aber als Junge spielte er mit **Arbeiterkindern**. Herangewachsen arbeitete er als Fräser im väterlichen Betrieb, erlebte dort den **Arbeiteralltag** und den Kampf um die Rechte des Menschen. Die Erfahrungen der Klassenunterschiede ließen ihn Partei nehmen für die Arbeiter. Mit 19 Jahren entschied er sich für die **Düsseldorfer Kunstschule**. Er wurde "Spartakist", las anarchistische Zeitungen und engagierte sich in seiner Kunst für das Proletariat. 1920 führte er zuerst eine lose Gruppe kommunistischer Künstler zusammen, die bald gegen das Militär und die Polizei demonstrierten. Schon in den 20er Jahren wollte er kritisch **gesellschaftliche Zusammenhänge** aufzeigen und auf soziale und politische Missstände hinweisen, insbesondere als sich der Faschismus breitzumachen begann und Kriegsgedanken in Europa immer stärker wurden. Dabei entwickelte Arntz eine vom Expressionismus angeregte **eigene Bildsprache**. Er verband mit seinen Holzschnitten universal leicht verständliche Symbole, schematisierte Figuren, so genannte Piktogramme. Sie stehen für bestimmte gesellschaftliche Gruppen und definieren deren Rollen. Seine Graphiken sollen „Lehrbilder" sein, die komplizierte gesellschaftliche Verhältnisse vereinfacht veranschaulichen. Arntz wollte aufklären über die Gegenwart, zugleich warnen vor einem neuen Krieg und damit Argumentationshilfen liefern für den politischen Tageskampf.

Solche „Lehrbilder" konnten den **Nationalsozialisten** natürlich nicht gefallen. Was ihnen in die Hände fiel, wurde beschlagnahmt. 1929 war er mit seiner Familie nach Wien gezogen, musste die Stadt 1934 aber wieder verlassen und ging nach Den Haag. Immerhin fünfzig Jahre lang, von 1920 bis 1970, nahm der Grafiker mit seinen Holz- und Linolschnitten die **Zeit 'unter das Messer'**.

Eine Pyramide der Macht. Hitler ganz oben, die Arbeiter zuunterst, mit Zaun und Wachposten umstellt, auf denen alles aufbaut und die zugleich von oben geduckt und ausgebeutet werden, von Justiz, Militär, Partei und Industrie (,Profit').

5. Die Kirchen wehren sich – auf ihre Art

Dr. Gustav Kertz (1883-1954)

Pfarrer an der Stadtkirche 1922-52

Als Leiter der bekennenden Kirche im Kreis Remscheid war er der bedeutendste Vertreter des evangelischen Widerstandes. Mehrfach hat er die Kirchenführung der „Deutschen Christen" angegriffen. In seiner Predigt zur Beerdigung des standhaften Hastener Pfarrers Schmiesing (1934) fand er mutige Worte: „Es ist nicht Aufgabe der Kirche [...] die Kultur religiös zu unterbauen und [...] dem Dritten Reich auf diese Weise [...zu dienen.] Es geht um die Seligkeit des Menschen, es geht darum, daß [...] Gott in Jesus Christus [...] klar bezeugt und verkündigt wird." Dafür wurde er scharf kritisiert. Veranstaltungen und Gottesdienste, an denen er beteiligt war, wurden von der Gestapo bespitzelt.

Wilhelm Kleifges (1901-1990)

Pfarrer in St. Marien 1937-74

Im März 1942 wurde er in die Gestapo-Zentrale Uhlandstraße geladen. Man legte ihm wehrkraftzersetzende Äußerungen zur Last, „bereits am 17.9.1939 in der Predigt die Äußerung getan zu haben: der Krieg sei für uns eine Strafe Gottes. Anzeige erstattet von einem fünfzehn-jährigen! Mädchen. [...] sonst keine Zeugen [...] Glaubte ich nun die Sache sei erledigt, so war das eine Täuschung. Ich erhielt [...] eine staatspolizeiliche Verwarnung [...] O sancta justitia!"

Ludwig Steil (1900-1945)

Er wurde im Tannenhof geboren, wo sein Vater Pfarrer war. Dort war er vorübergehend Hilfsprediger. Dann ging er als Pfarrer der „Bekennenden Kirche" ins Westfälische, wo er im Kirchenkampf eine zentrale Rolle spielte. 1938 liefen fünf verschiedene Verfahren gegen ihn wegen „heimtückischer Angriffe auf Staat und Partei". Doch er ließ sich nicht von seiner Linie abbringen und verlas weiterhin von der Kanzel die verbotene Fürbittenliste für gefangene und gemaßregelte Pfarrer. 1944 wurde er inhaftiert und bald in das Konzentrationslager Dachau überstellt, wo er 1945 starb.

1999 erhielt der Platz vor der Lüttringhauser Kirche seinen Namen.

6. Zivilcourage im Amt – ein Zuchthausdirektor sucht Schlimmeres zu verhindern

Der von auswärts kommende **Dr. Karl Engelhardt** leitete das Zuchthaus in Lüttringhausen ab 1939. Nach einer „anfänglichen Sympathie für die nationalsozialistische Bewegung“ übernahm er doch **nicht blindlings** die faschistische Rechtsauffassung und bemühte sich, „im Rahmen seiner allerdings sehr beschränkten Möglichkeiten, den politischen Gefangenen die Haft zu erleichtern“, zumal die politischen Häftlinge ihm in der Mehrheit tiefe Achtung abgenötigt hatten. Er hatte sie als Menschen mit feinem Gewissen kennengelernt. Er gewährte ihnen „Bombenurlaub" und ließ sie an Sonntagen frei in der Anstalt umherlaufen. Er war empört darüber, dass gesund entlassene Häftlinge kurze Zeit später in Konzentrationslagern z.B. an „Herzkreislaufstörung“ starben, womit die wahren Todesursachen verschleiert wurden. Weil sie angeblich nicht zu entbehren seien, behielt er Häftlinge, um sie vor solchen Todeslagern zu bewahren, einfach auch über ihre Strafzeit hinaus in der Anstalt. Und als die Gestapo ihm auf die Schliche kam, hatte er genügend Mut, sich ihr entgegenzustellen. Er schaltete das Rüstungsministerium ein, um den einen oder anderen in der Anstalt zu halten. Am Kriegsende hatte die Strafanstalt 1300 Insassen, davon 400 „Politische“, darunter 300 Ausländer, von ihnen waren etwa 120 schon zum Tode verurteilt.

Regierungsrat Dr. Karl Engelhardt leitete die Remscheider Strafanstalt von 1939-1960

Da kam es zu einer dramatischen Situation. Die alliierten Truppen hatten unser Gebiet bereits eingeschlossen. Zumal die „Politischen“ zum Sicherheitsrisiko wurden. Am 10. April 1945 erschien eine Gestapo-Abordnung aus Wuppertal, stellte fest, dass etwa 500 gefährliche politische und kriminelle Verbrecher in der Strafanstalt Lüttringhausen noch in Gewahrsam seien, und verlangte deren Herausgabe. Engelhardt ahnte das Schicksal der Auszuliefernden und setzte auf Zeit, stand doch der Einmarsch der Alliierten unmittelbar bevor. Er erklärte, dass er Gefangene ohne Vorlage von gültigen Papieren nicht herausgeben könne, und stellte lediglich Akteneinblicke in Aussicht. Die Abordnung versprach umgehend wiederzukommen. Inzwischen suchte er sich an höherer Stelle dafür einzusetzen, dass ausländischen Häftlingen diplomatischer Schutz gewährt werden müsse. Er **reduzierte die einzusehende Liste** auf weniger als 90 Namen, darunter Schwerkriminelle und politisch eher harmlose Gefangene. Bei den politisch erheblich Belasteten vermerkte er, dass sie sich bei Sprengkommandos der Luftwaffe befänden. Der Leiter des Sprengkommandos Ratingen nahm ihm elf „Verbrecher“ ab. Am nächsten Morgen fuhr er nochmals nach Wuppertal, um den Abtransport abzuwenden, mit dem Argument, dass von ihnen keine Gefahr ausginge. Am Abend kam die Nachricht, dass die Gefangenen am nächsten Tag auf jeden Fall abgeholt würden. Die tiefe Besorgnis wuchs, dass unter Umständen Furchtbares geplant sei. Er besprach mit Remscheider Unternehmern, Gefangenentrupps ausnahmsweise später zurückzuschicken. Und gab die Anweisung, die Gefangenen nicht ohne seine Gegenwart antreten zu lassen. Er verließ, als er gegen 16.00 Uhr (12.4.) zwei möbelwagenähnliche Lastwagen vorfahren sah, unbeobachtet das Haus zum Zahnarzt, wo er unangemeldet länger warten musste. Zurückgekehrt **verhandelte** er noch, dass ein paar unbedingt verschont zu werden verdienten, einige von der Außenarbeit noch nicht zurück seien und diese mit den im Lazarett Liegenden am nächsten Tag nachgeliefert würden. Er hoffte **Zeit zu gewinnen**, denn jede Minute konnten die Alliierten vor der Tür stehen. So zog man mit 55 Gefangenen ab, und schweren Herzens musste er am nächsten Tag auch die übrigen Gefangenen in eine Ungewissheit steuern lassen, die höchstwahrscheinlich den schnellen Tod bedeutete. Wie sich nachher herausstellte, hatte man nicht 61, sondern nur 60 Gefangene von hier bekommen. Der Insasse Sauerwald war beim Antreten in einem unbewachten Augenblick in eine Spülzelle geflüchtet und von dort aus entkommen. Die Amerikaner rückten erst 3 1/2 Tage später vor, da sie mit Widerstand gerechnet hatten. So fand die Gestapo Zeit, die Gefangenen ungestört nach Solingen-Landwehr zu transportieren, wo sie am 13.4.45 gegen 7 Uhr morgens in den Sandbergen an der Straße nach Langenfeld unbarmherzig und ohne militärisch-politischen Sinn **erschossen** wurden.

Drama in der Wenzelnbergschlucht. Jedes Jahr findet hier eine Gedächtnisfeier statt, die von Schülergruppen der Nachbarstädte mit gestaltet wird.

Mahnmahl an der Justizvollzugsanstalt (1982)

9. Kämpfe um eine „Soziale Marktwirtschaft“

1. Nur im Schulterschluss sind wir stark

Nach den Erfahrungen mit dem Nationalsozialismus war nach dem Krieg eine der **Hauptforderungen** der Gewerkschaften die Demokratisierung der Wirtschaft. Zugleich keimte die Erkenntnis, dass man sich, um die Forderungen der Arbeiter effektiv durchzusetzen, über alle Grenzen hinweg zu einer **Einheitsgewerkschaft** zusammenschließen müsse. Diesem Weg zu einem „Deutschen Gewerkschaftsbund“ (DGB) hatten sich in vorderster Front zwei Remscheider verschrieben, die von ganz unterschiedlichem Denken herkamen, Walter Freitag (SPD) und Adolf Müller (CDU). Vor allem Letzterer suchte, oft mühevoll für ihn, Gräben zu überwinden.

Gerd Arntz, Die Fabrik, 1927

Walter Freitag (1889-1958)
Er kam aus einer armen Remscheider Feilenhauerfamilie mit sieben Kindern. Seit 1908 war er Mitglied der SPD, 1918 im Arbeiter- und Soldatenrat. 1919 wurde er Sekretär im Deutschen Metallarbeiter-Verband, 1932 Landtagsabgeordneter. Inhaftierungen und Konzentrationslager blieben ihm nicht erspart. Nach dem Krieg engagierte er sich für den Wiederaufbau der Metallarbeitergewerkschaft und rückte bald an die Spitze der IG Metall. 1952 wurde er DGB-Chef auf Bundesebene. Daneben war er Bundestagsabgeordneter der SPD (1949-53). In Lüttringhausen trägt eine Straße heute seinen Namen.

Adolf Müller (1916-2005) ***„Ich bin ein Schwarzer im roten Remscheid!“***
Der Sohn einer Lenneper Arbeiterfamilie war ein gelernter Knieschleifer. Er war in der Sturmschar der katholischen Jugend groß geworden und 1933 zur Kolpingsfamilie übergewechselt. Auf Gruppenabenden mit seinem Kaplan war er in die Grundzüge der katholischen Soziallehre eingeführt worden („Rerum novarum“ und „Quadragesimo Anno“). Nach dem Krieg wurde er Mitglied der Christlich-Demokratischen Arbeitnehmerschaft (CDA) und rückte bald in deren Bundesvorstand auf. 1961-1987 war er Bundestagsabgeordneter und einige Jahre Vorsitzender des Ausschusses für Arbeit. Als „Müller-Remscheid“ machte er sich einen Namen. Zwei seiner Leitgedanken waren: „Macht ist nicht Selbstzweck, sie muß zum Dienst am Menschen eingesetzt werden.“ „Nur durch Zusammenschluß und Organisationen vermag sich der Einzelne in der Massengesellschaft den genügenden Nachdruck…zu verschaffen“ (Johannes XXIII.)

Remscheider Gewerkschaftsarbeit hatte vielfältige Aufgabenfelder. Die erste Kraftprobe der 50er und 60er Jahre, begleitet von vielen Protestaktionen, war das Ringen um ein möglichst demokratisch gestaltetes Betriebsverfassungsgesetz. Alles, was uns heute selbstverständlich ist, wurde mühsam errungen: das Recht auf Lebensqualität, Bildung, freie Berufswahl, freie Entfaltung der Person, Freizeit, Sozialhilfe. Dazu kamen Rechte der Frauen in den Betrieben, der ausländischen Arbeitnehmer auf Integration, der Schwerbehinderten.

2. Neue Gefahren durch Globalisierung

Mit neuen **Technologien** kommen neue Gefahren. Arbeitsplätze werden wegrationalisiert. Auch in Remscheid ist die Arbeitslosigkeit gestiegen. Ende der 80er Jahre erreichte sie mit 8,5 % den Bundesdurchchnitt, 2007 wuchs sie auf 11 % an, zurzeit ist sie auf 8,4 % gesunken. Dabei liegt der Anteil der **ausländischen Arbeitslosen** dreimal höher als bei den Deutschen. Zusammenschlüsse zu Großkonzernen führen zur **Fremdsteuerung** oder gar zum Verkauf ganzer Werke nach auswärts. Angedrohte Verlagerung ganzer Produktionszweige an günstigere Standorte oder in Billiglohnländer werden als Erpressung empfunden. Denn Globalisierungstendenzen erhöhen den **Preisdruck** und drücken auf Arbeitzeiten und Löhne. Immer mehr, so klagen die Arbeitnehmer, müssen für immer weniger Geld arbeiten.

2000 traf es die traditionsreichen Mannesmänner. Ein Teil des verkauften Betriebes sollte in die Region Bielefeld verlagert, 500 Arbeiter entlassen werden. Die leichten Maschinen waren schon an ihren neuen Standort transportiert worden, die schweren konnten auf dem Bielefelder Spargelboden nicht aufgestellt werden. So rettete der Remscheider Felsenboden einen Teil der Arbeitsplätze.

11. Religion – Stätten der Besinnung aufs Wesentliche

1. Von den Anfängen bis zur Reformation

1. Entstehung von Pfarreien und die Wahl ihrer Patrone

Es wird vermutet, dass **Wermelskirchen** einst Pfarrei für das ganze Wupperviereck war. Von dieser Stammpfarrei wurden dann im 12. Jh. erste Pfarreien herausgetrennt. Aus kleinen Fronhofkapellchen wurden Pfarrkirchen. Wann das erste **Remscheider** Kirchlein gebaut worden ist, lässt sich nicht genau sagen, jedenfalls schenkte ihr Patron, Graf Engelbert I., dasselbe um 1180 dem Johanniterorden. So entstand um die Kapelle auf dem Grund der heutigen Stadtkirche eine selbständige Pfarrei. Um diese Zeit, vielleicht sogar etwas früher, scheint auch aus der Kapelle des **Lüttringhausener** Herrenhofes eine Pfarrei geworden zu sein. Da für das Dörfchen **Lennep** in jenen Jahren noch kein Kapellenbau nachzuweisen ist, rangierte es, pfarrkirchlich gesehen, erst nach Lüttringhausen. Der Aufstieg zur Pfarrkirche setzte erst mit der Stadtwerdung im 13. Jh. ein. Die Herren zu Burg bzw. die Johanniter, das Rittergeschlecht der Bottlenberger und das geistliche Kunibertstift hatten das Besetzungsrecht der Pfarrstellen in Remscheid, Lüttringhausen und Lennep. Zur Versorgung der Pfarrer hatten die „Obrigkeiten“ dem Pfarrgut so genannte „Wiedenhöfe“, landwirtschaftlich zu nutzende Flächen, zugewiesen.

Die neuen **spätromanischen Landkirchen** suchten sich natürlich auch **geistliche Patrone**. In Remscheid, so erzählte man oft, sei es Remigius gewesen, der heilige Bischof, der den Frankenkönig Chlodwig I. (+511) zum Christentum bekehrt und getauft hat – eine schöne Legende, mit der man den Namen „Remscheid“ zu erklären suchte. Eher verbürgt wäre da schon der Erzengel Michael, der möglicherweise im Westturm der alten Stadtkirche eine Kapelle gehabt hat. Denn damit wäre eine Brücke zur Stammpfarrei geschlagen, der Wermelskirchener Michaelskirche. Patron von Lüttringhausen war Johannes der Täufer, möglicherweise ein Hinweis darauf, dass hier, im Gegensatz zu anderen Kapellen im Umkreis, getauft werden durfte. Für das an der großen Handelsstraße liegende **Lennep** war es der Apostel Jakobus der Ältere, im Mittelalter Schutzpatron der Pilger auf dem Weg nach Santiago de Compostela.

Von links: Der Erzengel Michael, Beistand gegen die Mächte des Bösen, hatte oft in den westwärts gelegenen Kirchtürmen seine Kapelle. Dort, wo im Westen die Sonne unterging, gab man dem Engel des Jüngsten Gerichtes seinen Platz, damit er den Menschen in ihrer letzten Not beistehen konnte. Johannes der Täufer war der große Prediger zur Umkehr aus aller Eigensucht. Ihm folgte sogar der Mensch gewordene Gottessohn, als er sich am Anfang seines öffentlichen Auftretens seinem Ruf stellte, sich von ihm taufen ließ und dabei die Liebe Gottes zugesprochen bekam, wie es auch jedem Christen bei der Taufe zugesagt ist. Jakobus der Ältere gilt bis heute als Beschützer derer, die sich auf Pilgerschaft begeben haben. Deshalb trägt er ihre Kleidung: Wanderstab, Hut und Mantel, dazu die „Jakobsmuschel“, mit der mittelalterliche Pilger Wasser schöpften. Sein Grab liegt in Santiago de Compostela (St. Jakob vom Sternenfeld) und war ab dem 12. Jh. einer der drei wichtigsten Wallfahrtsorte der Welt.

2. Frömmigkeit vor der Reformation

Im Laufe der Zeit **wuchs die Zahl der Patrone**. Örtliche Bruderschaften entstanden, die sich eigene Schutzheilige erkoren, wozu natürlich eigene Altäre gehörten. Der Hauptalter diente dem Pfarrpatron und der Gemeindeseelsorge. Daneben traten nun immer mehr **Seitenaltäre** der Bruderschaften oder, zumal im 15. Jh., frommer Stifter. Hier wurden im Angesicht der Heiligen für ihre Angehörigen und Verstorbenen eigene Messen gelesen. In Remscheid war es die heilige Anna, in Lüttringhausen die heilige Maria, dazu ein Altar zum Heiligen Kreuz. In Lennep waren es der heilige Nikolaus, die heilige Katharina, die heilige Maria und der heilige Jakobus der Jüngere. Die „Löbliche Bruderschaft des Wüllenhandwerks zu St. Jacobi“ hatte den Apostel zu einem der Ihren gemacht, war er doch der Legende nach mit einer Walkerstange erschlagen worden und deshalb im Mittelalter zum Patron der Walker und Wolleweber geworden. So wurden um 1500 in Lennep an fünf Altären Messen gelesen. Die **Frömmigkeit** im vorreformatorischen Zeitalter war ausgesprochen rege. Zu **Kirchweihtagen** gab es große Feste. Die Gemeinden zogen in eindrucksvollen Prozessionen, begleitet von Musikantengruppen, um ihre Kirchen, mit Kirchenfahnen und Kreuzen, Bildern der Patrone und im Zentrum die Monstranzen mit dem Allerheiligsten.

Schützenbruderschaften in Wehr und Waffen reihten sich ein. Dazu kamen **Wallfahrten** zu verehrten Heiligen oder heiligen Orten. Am Himmelfahrtstag zog man von Beyenburg zum Kreuzberg in Lüttringhausen. Von Burg nach Remscheid gab es eine Michaelsprozession. Regelmäßig ging es auf Wallfahrt nach Cronenberg zur Ewaldikapelle. Einer Ortslegende nach waren die beiden Heiligen, deren Gebeine im Kölner Kunibertsstift ruhen, im Morsbachtal erschlagen worden. Man pilgerte zum wundertätigen Madonnenbild nach Radevormwald, wo geheilte Pilger Berge von Votivgaben abgelegt hatten: Nachbildungen von Händen und Füßen, Knien, Augen und vielem mehr. Auch längere Wege nach Gräfrath zu den Reliquien der heiligen Katharina waren eine Selbstverständlichkeit. Pastoren und Küster machten zu Ostern einen **Gang durch ihre Gemeinden** und sammelten für sich selbst und die Belange der Kirche. Eifrige Gemeindemitglieder trafen sich zur Herstellung von Wachskerzen für den Altar und die großen Kronleuchter.

2. Reformatorische Gedanken setzen sich durch

1. Ein „Vorreiter“ war Clarenbach

Luthers Lehre breitete sich schnell aus, sie erreichte bald, zunächst über **heimische Kaufleute**, das Bergische. Wie sehr auch hier Menschen die kirchlichen Verhältnisse kritisch zu betrachten begannen, zeigt Lenneps berühmter Sohn Adolf Clarenbach, ein **mutiger Prediger** und Bekenner der neuen Lehre. Als er 1529 für seine Überzeugung in den Tod ging, war sein Martyrium ein Signal; die Saat ging auf. Wenn seine Anhänger sich auch noch nicht überall hervorwagten, so war der Boden für die neue Glaubenswelt im Remscheider Raum doch vorbereitet. So gilt Clarenbach als „**Reformator des Bergischen Landes**“.

Clarenbach auf dem Weg zu seiner Hinrichtung

Im 400. Jahr seines Todes gab man der neu errichteten Kirche in Reinshagen Clarenbachs Namen. Szenen aus seinem Leben füllen die Fenster. Unter der Orgelempore hängt das Großbild von seinem letzten Gang (oben).

Adolf Clarenbach (1495-1529)

Blutzeuge der Wahrheit

Auf dem Außenbürgerhof „zum Busche“ geboren, war er **Lenneper Bürger**, zugleich **Lüttringhausener** Pfarrkind. Nach guter Schulbildung und Studium an der **Kölner Universität** war er in Münster, Wesel und Osnabrück lehrend tätig. Grund für den häufigen Ortswechsel war seine evangelische Überzeugung. 1527 wollte er in seine **bergische Heimat** zurück, insbesondere Lennep und Lüttringhausen wiedersehen. Er redete mit den Leuten auf den Feldern und in den Häusern, predigte und unterwies sie in der Hoffnung, „etliche möchten des Evangeliums teilhaftig werden, welches allda bereits 5 Jahre reichlich unter ihnen geweilt habe“. Doch er konnte nicht lange in der Heimat weilen. Die Kreuzbrüder in Beyenburg bekämpften den Prediger, verklagten ihn schließlich und sorgten dafür, dass ihm seitens der Obrigkeit die Betätigung in ihrem Gebiet untersagt wurde. Zum Abschied richtete er nochmals ein Schreiben an „alle lieben Christen“ seiner Vaterstadt, sozusagen sein Testament an die Bergischen mit Rechtfertigung und Glaubensbekenntnis. Er fasste es in dem Satz zusammen: „Allein Gottes Wort soll unter Christen Richter sein.“
Als er 1528 einen Glaubensfreund nach **Köln** begleitete, damals die ‚feindseligste Hochburg‘ der päpstlichen Kirche gegen die Reformation, wurde er mit diesem festgenommen, im Verdacht, zu Luthers Lehre zu stehen. Clarenbach wurde wiederholt vernommen. Er hielt bis zuletzt fest am apostolischen Glaubensbekenntnis, doch als ihm die Richter 23 ketzerische Sätze zum Widerruf vorlegten, verweigerte er dies. Vergeblich hatte sich der Lenneper Rat für ihn eingesetzt, vergeblich auch der Lenneper Pfarrer versucht, ihn zum Widerruf zu bewegen. Am 23.9.1529 wurde er in Köln auf dem Friedhof Melaten mit seinem Freund, Pfarrer Fliehsteden, auf dem Scheiterhaufen verbrannt.

2. Die Gemeinden folgten der neuen Lehre

Lennep (1595)

Um 1540 scharte sich ein Kreis um zwei **evangelisch gesinnte Vikare** (Kapläne) der Gemeinde, der eine tat seinen Dienst am Nikolausaltar, der andere an dem des Tuchmacherpatrons. Schon bald wurden sie nach Düsseldorf zitiert und des Landes verwiesen. Doch der hauptsächlich aus Kaufleuten bestehende Kreis gab sich so schnell nicht geschlagen. Zum Empfang des Abendmahls nahm man sogar lange Fußmärsche in Kauf, bis ins Märkische hinein, nach Wengern oder Herdecke an der Ruhr. 1550 klagte der Lenneper Pastor über 65 „Abgefallene" und sprach von 46 „Gebesserten". Noch 1589 zelebrierte der Pastor die Messe nach alter Weise, teilte noch „im pfäffischen Habit" bereits das Abendmahl in zwei Gestalten aus, derweil sein Kaplan sich bereits offen als „evangelisch" bekannte im Sinne des „Augsburger Bekenntnisses". Doch in Zeremonienfragen waren sich beide noch einig.

Ihren ersten eindeutig **evangelischen Pastor** bekam die Gemeinde mit Johann Becker im Jahre 1595; er war gebürtiger Lenneper und hatte zeitweise bereits die Lüttringhausener Gemeinde verwaltet. Katholisch **blieb nur der Katharinenaltar** mit den dazugehörigen Einkünften aus dem „Katharinenvikariegut". So kam es, dass nach wie vor ein katholischer Altar in der evangelisch gewordenen Kirche stand. Allerdings mussten die an ihn gebundenen Stiftungsmessen anderswo gelesen werden. Das Recht des Kölner Kunibertsstifts, die Pfarrstelle zu besetzen, begann zu verfallen. Lenneper Pfarrer wurden zunächst auf Vorschlag der Gemeinde vom Magistrat berufen und schließlich frei gewählt. Die Kapläne verschwanden, es gab nur noch zwei Pfarrer. Bald empfand sich Lennep stolz als die „einzige lutherische Stadt im Herzogtum Berg".

Lüttringhausen (zwischen 1558 und 1595)

1540 schien die katholische Welt noch in Ordnung zu sein. Die Bruderschaft „unserer lieben Frau" hatte darauf gedrängt, dass an ihrem Altar mehr Messen gelesen würden. Deshalb wurde dem Pastor erstmals ein Hilfsgeistlicher zur Seite gestellt. Doch der kam aus dem evangelisch gesinnten Lenneper Kreis. Der Bottlenberger als Patron erhob Einspruch und ließ die Stelle mit seinem Hauskaplan besetzen. 1550 berichtete der Pastor von „Widerwärtigem" in seiner Gemeinde: Es gibt Leute, die an Heiligenfesten nicht zur Kirche gehen und provokativ ‚knechtliche Arbeiten' verrichten. Sie spotten über ihren Pastor, und was noch schlimmer ist, sie zeigen ihre Verachtung, wenn dieser das heilige Sakrament um die Kirche trägt. Die Clarenbach-Geschwister halten im Buscherhof (Bild links) heimliche Versammlungen ab mit Predigt und Abendmahl unter zweierlei Gestalt. 1558 wurde der erste evangelisch gesinnte Pfarrer berufen, doch eindeutig evangelisch war die Gemeinde erst 1595. Die freie Pfarrerwahl setzte sich auch hier durch. Allein die Kapelle zu Steinhaus blieb katholisch.

1829 zum 300. Todestag Adolf Clarenbachs wurde ihm zwischen Lennep und Lüttringhausen ein Denkmal gesetzt. 2009 wurde es mit Hilfe von Spendengeldern durch den Lüttringhauser Heimatbund restauriert.

Remscheid

1550 gibt es noch keine Nachrichten über reformatorische Neigungen. Pfarrer und Gemeinde sind noch katholisch geprägt. Irgendwann unter Ambrosius Vassbender (1566-1604) wurde Remscheid lutherisch.

Die Pfaffenumkehr

„Nach der Reformation hielt auch einmal der katholische Pfarrer (Ambrosius Vassbender) von Remscheid mit seinem Kaplan und vielen Katholiken eine Prozession oder Wallfahrt über Cronenberg nach Neviges. Als die Prozession durch die Hastener Straße gerade den Berg zur Gerstau hinuntergehen wollte, brach ein furchtbares Unwetter los. Da rief der Pfarrer die Leute auf, umzukehren und dem neuen Glauben beizutreten – das Gewitter sei ihm das Zeichen vom Himmel für seine Umkehr. Der Kaplan war darüber ergrimmt und rief im Zorne aus: „Wer dem wahren Gott dienen will, der folge mir! Von jetzt an soll aus der bösen Stadt Remscheid kein Priester mehr hervorgehen, bis daß wieder eine öffentliche Prozession stattgefunden hat." – Deshalb heißt auch heute noch diese Straße, auf der die Umkehr geschah, im Volksmund: Die Pfaffenömkir (Pfaffenumkehr). Das ist die Dreiangelstraße.

Bei dieser volkstümlichen Erzählung, die im Jahr 1548 gespielt haben soll, dürfte es sich eher um eine Legende handeln, und zwar aus drei Gründen: Ob Vassbender 1548 schon Pastor war, ist völlig ungesichert, 1550 war Remscheid noch katholisch. Wallfahrten nach Neviges begannen erst 1681, nachdem der Ort zu seinem Gnadenbild gekommen war. Der 1995-97 errichtete Gemeindesaal an der Stadtkirche wurde jedenfalls nach dem ersten protestantischen Pfarrer Remscheids benannt.

Gründe für den reibungslosen Übergang zum Luthertum

Die drei genannten Pfarreien waren 1624 geschlossen lutherische Gemeinden. Für den relativ problemlosen Übergang zum Luthertum dürfte es zwei Gründe gegeben haben. Zum einen wurde die neue Bewegung von der führenden Oberschicht getragen. So versprach sich der Lenneper Magistrat hier eine Möglichkeit, gegen die alten Patronatsinstanzen (z.B. St. Kunibert, Köln) vorzugehen und bei der Pfarrerbesetzung Einfluss zu nehmen. Dazu waren die frühen lutherischen Kirchenordnungen voller Kompromisse gegenüber der alten katholischen Lehre. Alte Bräuche wurden nicht von heute auf morgen aufgegeben. Es bestand große Freiheit im Gebrauch religiöser Symbolik bis hin zur Kleidung der Geistlichen. So kam es, dass sich Katholiken und Lutheraner oft besser verstanden als die verschiedenen Richtungen der Protestanten.

3. Uneinigkeit im evangelischen Lager

Der Zeremonienstreit in Lennep (1738-46)

Im lutherischen Lennep hielt man lange Zeit auf der Grundlage „sächsischer Kirchenordnung" an vielen **alten katholischen Bräuchen** fest. Vor Empfang des Abendmahls gab es eigene Bußgottesdienste und die Möglichkeit zur Ohrenbeichte. Auf dem Altar brannten Kerzen. Der Pfarrer trug beim Gottesdienst ein „weißes Röcklein", und die Gläubigen waren an den Kniefall vor dem Altar gewöhnt. Alte Feste wie Dreikönige, Maria Verkündigung, Peter und Paul und Michaelis hatten ihren festen Platz.
Da stellten **Kaufleute** auf ihren Reisen fest, dass man andernorts solch katholisches Brauchtum bereits verlassen hatte. Vor allem **pietistische und aufgeklärte Gläubige** sahen im alten Brauchtum ein Ärgernis und forderten dessen umgehende Abschaffung. Allein der Gottesdienst hatte die Mitte zu sein. Man schimpfte auf den dummen Nachbarn. Die Folge waren Zwist, Gehässigkeiten und Verwirrung. Ein Riss ging durch die Gemeinde und griff auf die **Arbeitsstätten** über. Unternehmer boten höhere Löhne und drückten bei nachlässiger Arbeit beide Augen zu, nur um Gleichgesinnte auf ihre Seite zu ziehen. Die Folgen waren katastrophal. Die Arbeitsmoral sank, die Tuchqualität nahm ab, der Umsatz ging zurück, 1740 war halb Lennep arbeitslos. Ein Ende fand dieser fruchtlose Streit erst mit der Brandkatastrophe, die 1746 über die Stadt hereinbrach und der auch das Gotteshaus zum Opfer fiel. Nach dem Wiederaufbau lebten die alten Gebräuche nicht mehr auf.

Separatistische Tendenzen in Lüttringhausen (1737-91)

In **Ronsdorf**, damals noch zur Lüttringhausener Gemeinde gehörend, machte sich eine radikalpietistische Sekte breit. Ihr Prophet Elias Eller (1690-1750) hatte sich mit der reformierten Gemeinde Elberfeld überworfen und war mit seinen Anhängern 1737 hinauf nach Ronsdorf gezogen, um dort mit seinen „Erwählten" ein „neues Sion" zu gründen. Seine Gemeinde wuchs schnell. Dank guter Kontakte zur Obrigkeit erreichte er 1741 die kirchliche Eigenständigkeit von Lüttringhausen und 1745 die **Stadtrechte für Ronsdorf** und damit die endgültige Unabhängigkeit. Die Lüttringhausener Stammgemeinde blieb nach der separatistischen Abspaltung nach wie vor unangefochten lutherisch und war auch nach der Abtrennung noch eine der großen Gemeinden im Herzogtum (1773 knapp 5000 Seelen). Eine reformierte Minderheit in Lüttringhausen hielt sich an die Gemeinde Cronenberg. Zum Konflikt kam es erst, als die Ronsdorfer Lutheraner eine eigene Pfarrei mit eigenem Friedhof wollten und Lüttringhausener sich aus „kirchensteuerlichen" Gründen dagegen verwehrten. Der Konflikt nahm groteske Züge an. Als man auf dem Ronsdorfer Friedhof der Lutheraner eine Beerdigung vornehmen wollte, kamen die Lüttringhausener mit großem Aufgebot und brachten die Leiche auf ihren Friedhof. Erst 1791 kam es zu einem Kompromiss.

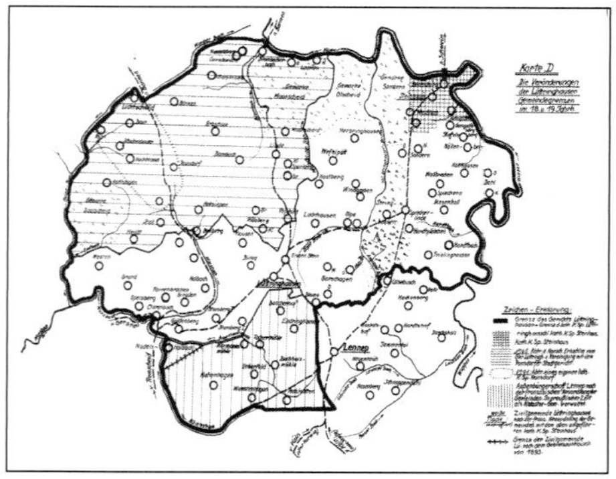

Lüttringhausener Pfarrbezirksgrenzen und abgespaltene Ronsdorfer Gemeinde (1745). Im nahen Radevormwald z.B. störten Reformierte den lutherischen Weihnachtsgottesdienst und warfen die Fensterscheiben ein.

Pietistische Glaubensbrüder in Remscheid

Das innere Leben in Remscheid verlief im Wesentlichen ruhig, abgesehen von gelegentlichen Störungen durch kleine pietistische Zirkel der „**Herrenhuter Brüdergemeinde**", so auch in Lüttringhausen im 18. Jh. Ihre Reisemissionare prangerten die zu geringe Glaubenssubstanz in den Pfarrgemeinden an. „Himmlische Bindung und himmlische Tröstung" würden dem modernen Menschen fremd. Dementsprechend appellierten sie auf Verinnerlichung.

4. Identitätsbildung im neuen Kirchenbau

Im 18. Jahrhundert kam es zu verheerenden Stadtbränden. Dem fielen die alten Kirchen aus katholischer Zeit in Remscheid (1723), Lüttringhausen (1733) und Lennep (1746) zum Opfer. Auf ihren Trümmern mussten neue Kirchen errichtet werden, größer als die alten und mit neuem, modernem und gleichem Baukonzept. Einzige Ähnlichkeiten zu früher waren die Ausrichtung nach Osten und der Turm im Westen. Statt gotischer Spitzhelme hatten sie nun barocke Birnhauben. Das Innere war nicht mehr mehrschiffig, sondern ein Saalbau mit gewölbter Decke, entsprechend der Idee evangelischer Predigerkirchen. Im Osten befanden sich die drei „Prinzipalstücke“: im Zentrum der Predigtstuhl (Verkündigung), darunter der Altar (Sakrament) und darüber die Orgel (Lobgesang der Gemeinde). Der bisher übliche Mittelgang, in katholischer Zeit als Prozessionsweg genutzt, entfiel. Das neue Gestühl für die Gemeinde stand im Block und war nur von der Seite her zugänglich. Eine Abtrennung in der Mitte hielt die Geschlechter nach altem Brauch auseinander. Im 19. Jh. begann man sich von dieser Bestuhlungsanordnung zu distanzieren. Die Einrichtung war zunächst schlicht, doch schon bald immer prachtvoller ausgestaltet. Altar, Kanzel und Orgel wurden kunstvoll übereinander gefügt, die Kirchen immer farbiger mit barocker Zier ausgeschmückt. Die Gemeinden wuchsen gewaltig, die Kirchen waren bald zu klein, der Platzmangel im 19. Jh. wurde beängstigend. Man half sich mit dem dreiseitigen Einbau von Emporen, aber auch diese reichten bald nicht mehr aus.

Das neue Kirchenmodell
Diese Art zu bauen stammte nicht aus dem Bergischen. Doch im 18. Jh. griff man hier wie im benachbarten Mark auf dieses überregionale Bauprogramm zurück. Beide protestantischen Konfessionen in Deutschland konnten sich in solchen Räumen und Einrichtungen zu Hause fühlen.

2. Lennep (1756):
Das im Rokokostil geschmückte Prinzipal entspricht dem Bild der Fertigstellung von 1778. Die alte Orgel, zwischenzeitlich durch eine größere ersetzt, ist in den 1960er Jahren wieder an ihren alten Ort zurückgekehrt. Bei der Restaurierung in den 1950/60er Jahren hatte man alle ursprünglichen Farbreste vorschnell abgebeizt. Man entschied sich dann für den warmen Naturton des Holzes.
Das alte, besonders reich geschnitzte Chorgestühl fehlt. Es ist in die Burger Schlosskapelle gewandert, wo es heute noch steht.

1. Lüttringhausen (1736):
Die Kirche ist von den drei alten evangelischen Predigtkirchen am reichsten ausgestattet. Vor der Restaurierung in den 1960er Jahren war alles weiß gestrichen, dann hat man die alte bunte Bemalung wieder aufgegriffen. Die mächtige Orgel stammt von 1736. Auf dem Schalldeckel über dem Predigtstuhl sitzt König David und spielt Harfe. Die ihm zur Seite gestellten zwei Posaunenengel konnten früher, vom Orgelpult einzustellen, ihre Instrumente heben und senken. Rund um die Emporenbrüstung sind die Bilder der Apostel angebracht. Der große Leuchter von 1829 erinnert an Adolf Clarenbach (+1529).

3. Remscheid (1126), wiederaufgebaut und neu gestaltet 1955 bzw. 1979:
Nach dem Luftangriff von 1943 war die Stadtkirche nur noch eine Ruine. Beim Wiederaufbau in den 1950er Jahren gestaltete man den Innenraum nach zeitgenössischem Empfinden. Ende der 1970er Jahre sprach sich die Gemeinde dafür aus, die Kirche in Anlehnung an das Aussehen vor dem Krieg und im Stil des Spätbarock neu zu gestalten. Man fand zurück zur alten architektonischen Grundstruktur, der im Bergischen üblichen Altar-Kanzel-Orgel-Anordnung. Nur hat man die historischen Elemente nicht einfach kopiert; sie sind Neuschöpfungen im Gewande des 20. Jh.

5. Geistesleistungen auf protestantischer Seite

„Singende, klingende Berge" – ein berühmtes Gesangbuch (1697)

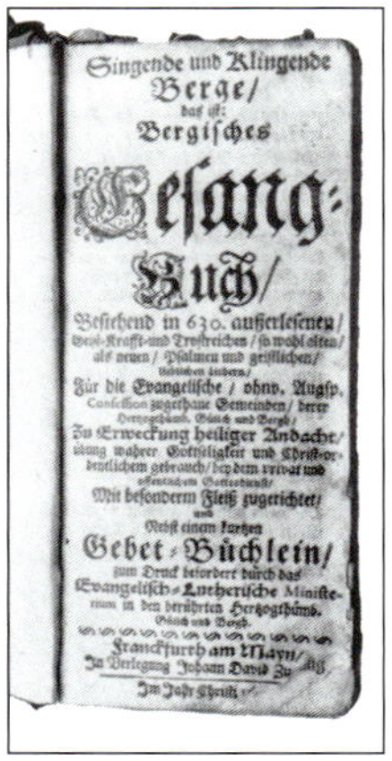

Franz Vogt, zunächst Schulmeister, dann Pfarrer in Lennep (1690-1731), gab 1697 unter dem klangvollen Titel „Singende, klingende Berge" ein lutherisches Gesangbuch mit **630 Liedern** heraus, darunter auch fast alle Lieder Luthers, geschrieben „zu Erweckung heiliger Andacht, Uebung wahrer Gottseligkeit, und christordentlichem Gebrauch, bey dem privat und öffentlichen Gottesdienste, mit besonderm Fleiß zugericht." Es sollte den **Kirchengesang im Protestantismus fördern** und dazu anregen, die neuen Kirchenbauten akustisch dem Bedürfnis nach Gesang anzupassen. Das Bergische Gesangbuch (s. Bild links) wurde bald weit über Remscheid hinaus berühmt, und überall in den Gemeinden der evangelischen Kirche im Rheinland sang man daraus die „kraft- und trostreichen" Lieder.

Wo ein Lied fehlte, dichtete Vogt selbst, so gegen Völlerei und Trunkenheit:

„Ach sünder, sey doch nicht so toll,
Hier lustig mitzumachen,
Wo nasse brüder, blind und voll,
Im saus und schmause lachen.
Wo ist mehr weh, leid, mord und zank,
Als wo man sich bei starkem trank
Sauft endlich gar von sinnen."

Eine Seitenstraße der Ringstraße erinnert an den bekannten Lenneper Pfarrer

„Das Testament der Liebe" – erstes in Remscheid verlegtes Buch (1750)

Der Remscheider Pfarrer **Johann Peter Mähler** (1741-1774) ergänzte die „Singenden, klingenden Berge" um **248 neue Lieder**. Er suchte dabei nach den besten Lesarten und ließ neue Zeitströmungen offen zu Wort kommen, sperrte sich jedoch gegen Lieder des reformierten Pietismus.

Sein 1750 veröffentlichtes Buch „**Das Testament der Liebe**" gilt als das erste in Remscheid gedruckte Buch. Es enthält Predigten zum Abendmahl, die Mähler drei Jahre zuvor gehalten hatte. Es richtet sich nicht nur an die Remscheider, sondern auch an die Gläubigen in Wermelskirchen und Cronenberg, ein Beweis dafür, dass Remscheider Seelsorge auch auf die lutherischen Nachbargemeinden ausstrahlte.

Ein Religionsbuch gegen Unkenntnis und Sittenverderbnis – mit Sprengkraft über das Bergische hinaus (1790)

Die Remscheider sind nur noch auf ihre Karriere bedacht! Das religiöse Leben kommt bedenklich zu kurz. Nur selten nehmen sie sich die Zeit für die Morgen- und Abendandachten. Statt religiöse Erbauungsbücher lesen sie lieber Literatur zum Zeitvertreib. Am Sonntag gehen sie oft sehr fragwürdigem Vergnügen nach! „So entstehet hieraus die traurige Folge, dass der große Haufe in einer solchen Unkenntnis zurückfällt und bleibt, die den schädlichsten Einfluß auf Herz und Leben hat, und gewiß die größte Ursache mit ist, dass eine allgemeine Sittenverderbnis herrschet."

So beklagte sich Pfarrer **Dietrich David Bunge** (1775-1814) über den Zustand seiner Gemeinde. Um dem entgegenzuwirken, schrieb er ein „Religionsbuch" zum Gebrauch in Schulen, bei Konfirmanden und zur häuslichen Erbauung und widmete es seiner Gemeinde. Lesbar sollte es sein, denn trockene und weitschweifige Lehrbücher nahm keiner mehr zur Hand. Klarheit sollte es bringen, denn es waren zu unterschiedliche Lehrbücher im Gebrauch. An den Verstand wollte es sich wenden, denn aus ihm kommt neue Lust und Kraft zu „frommer gottseliger Lebensführung". Das alles zeigte, wie sehr der Pfarrer mit seinem Buch vom Geist der Aufklärung infiziert war, ein Kind seiner Zeit, wie die Kaufleute, die von ihren Reisen Schriften Voltaires mitbrachten. Für sie wie für viele Arbeiter und große Teile seiner Amtskollegen im Bergischen war Religion zu einer Sache des Verstandes und der Moral geworden. So wurde sein Buch, mit dem er den Nerv der Zeitgenossen erreichte und sie zum Lesen motivierte, zu einem Bestseller und bald zum Standardwerk in Jülich Berg, Ausdruck einer Zeitenwende.

3. Die Gegenreformation macht verlorenen Boden wieder gut

1. Vergebliche Versuche katholischer „Rückeroberung“

In Remscheid

Nach dem Tod des Ambrosius Vassbender suchten die **Burger Johanniter** unter dem Schutz spanischer Besatzungstruppen, die hiesige Kirche wieder mit dem katholischen Pfarrer Hartmann zu besetzen. Doch die Remscheider blieben den Messen des Neuen fern. Als die katholische Besatzungsmacht dann abgezogen war, begann der Pfarrer lutherisch zu predigen und heiratete. Die Kirche war wieder voll. 1625 forderte man ihn mit **landesherrlicher Unterstützung** auf, die Stelle umgehend zu räumen. Doch er ließ sich nicht einschüchtern, versteckte sich aber im Umfeld Remscheids, um einer Gefangennahme zu entgehen – bis 1629 auf kurfürstliche Anweisung hin die Verfolgung protestantischer Prediger eingestellt werden musste. Nach Hartmanns Tod (1647) versuchten die Johanniter noch ein weiteres Mal, die Dinge zu ihren Gunsten zu regeln, indem sie seinem Nachfolger unter Berufung auf ihr altes Bestätigungsrecht – 17 Jahre lang – die Zustimmung verweigerten – vergeblich.

In Lüttringhausen

1628 gelang es den **Jesuiten**, der „geistlichen Armee“ des Papstes, hier Kirche und Kirchenschlüssel in ihre Hand zu bekommen. Die Evangelischen mussten zum Gottesdienst nach Hermannsmühle ausweichen. Doch es war nur ein kurzes Zwischenspiel, sie wurden 1634 von schwedischen Truppen wieder vertrieben. Nur die Steinhauser Gemeinde unter den Kreuzherren blieb katholisch.

In Lennep

Auch in Lennep vermochte das Kölner **Stift St. Kunibert** sein altes Pfarrerbesetzungsrecht gegenüber dem Magistrat nicht durchzusetzen. Selbst der Herzog, der katholische Gottesdienste am Katharinenaltar durchsetzten wollte, der also aus der evangelischen Kirche so etwas wie eine Simultankirche machen wollte, stieß beim Magistrat auf Granit. Es blieb nur bei der alten Tradition, nach der auf diesem Altar zwei Kerzen brennen durften, während die Messe anderswo gelesen wurde. Nur **ein** einziges katholisches Ehepaar lebte noch in der Stadt.

2. Franziskanermönche fassen Fuß in Lennep (1642)

Kölner Franziskaner aus dem Orden der Minoriten richteten 1641 ein **Gesuch** an den Herzog, sich in Lennep niederlassen zu dürfen. Schließlich hatten sie früher schon einmal ein Kloster in der Stadt gehabt, das der Stadtbrand von 1563 vernichtet hatte. Außerdem brauchten sie ein Rasthaus für ihre Ordensbrüder auf den Reisen von Köln nach Dortmund oder Münster. Dem Antrag wurde stattgegeben. Am 8. März 1642 erwarben sie von dem schon erwähnten katholischen Ehepaar ein **einfaches Haus**, in das sie drei Tage später einzogen. Ein Zimmer diente als Hauskapelle. Anfangs waren die Minoriten auf Spenden angewiesen, seit 1664 erhielten sie feste Einkünfte aus der Katharinenstiftung. Auf dem dazugehörenden Grund und Boden am Rande der Stadt wollten sie ein Kloster bauen. Eine Zeit lang sperrten sich die Tuchmacher, die auf dem Gelände die Rahmen zum Trocknen ihrer Tücher aufgestellt hatten. Nach knapp vierzig Jahren Wohnen im Provisorium konnten die Mönche in ihr neues dreiflügeliges **Kloster** einziehen (1681). Fast zwanzig Jahre später war auch der vierte Klosterflügel fertig, die dazugehörende **Klosterkirche** (1700). Sie diente zugleich als Pfarrkirche für die neue katholische Gemeinde, die auch Zulauf aus Lüttringhausen und Remscheid bekam. Kirchenpatron wurde Bonaventura (großer franziskanischer Kirchenlehrer), die beiden Seitenaltäre wurden dem hl. Antonius von Padua (Symbol franziskanischen Armutsideals) und der Gottesmutter geweiht. Das Bild der Lokalheiligen Katharina vom Seitenaltar in der evangelischen Kirche wurde in feierlicher Prozession zur neuen Klosterkirche überführt.

St. Bonaventura, bis heute Patron der Lenneper Pfarrkirche

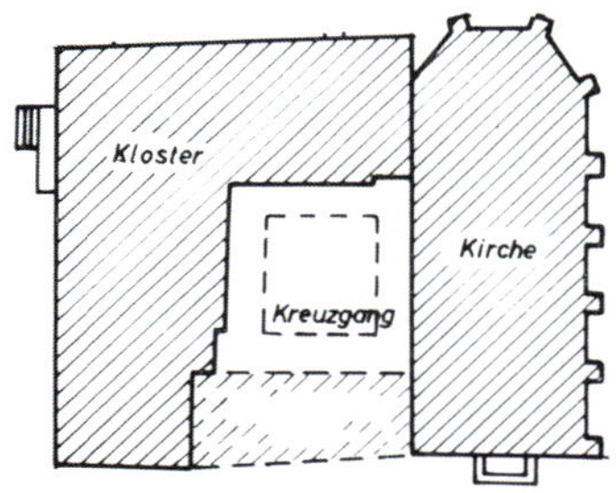

Das Lenneper Franziskanerkloster mit seiner nach spätgotischem Vorbild erbauten einschiffigen Kirche mit Kreuzgang

3. Unverträglichkeiten zwischen den Konfessionen

Für die Minoriten – etwa ein Dutzend Mönche lebten im Lenneper Kloster – war das Land im Wupperviereck **Missionsgebiet**. Die Art aber, wie sie Missionsarbeit betrieben, wirkte auf die Evangelischen oft provozierend und wurde als Ärgernis empfunden. So organisierten die Minoriten schon um 1700 **Prozessionen** von Burg und Wermelskirchen nach Lennep, wobei sie mit Fahnen und Gesängen durch die Stadt zogen. Sie holten das Allerheiligste aus der Kirche und trugen es in einer Monstranz zum Marktplatz, wo sie es auf einen Altar zwischen brennende Kerzen stellten, worauf sie in aller Öffentlichkeit eine Kontroverspredigt gegen die Lutheraner hielten und den Segen erteilten. Für eine evangelische Stadt, in der kaum Katholiken wohnten, war das eine unerhörte Provokation.

Noch schlimmer war es mit der **zehntägigen Mission** im September 1744. Auf dem Höhepunkt des Zeremonienstreites (S. 204), der die evangelische Gemeinde in zwei Lager spaltete, holten die Minoriten drei Jesuitenpatres in die Stadt, und der Landesherr verpflichtete den lutherischen Pfarrer, die Mission von der Kanzel anzukündigen. Aus allen Himmelsrichtungen strömten Katholiken nach Lennep, sie kamen in Prozessionen von Elberfeld und Beyenburg, von Wipperfürth, Wermelskirchen und Hückeswagen, von Solingen und Burg. Auf dem Marktplatz war eine Bühne mit Missionskreuz aufgebaut, um im barocken Zeitverständnis die Leidensgeschichte Jesu theatralisch zu gestalten. Während des evangelischen Gottesdienstes wurde auf dem Marktplatz vor dem ausgesetzten Allerheiligsten gepredigt. Dazu kam es zu ärgerlichen Zwischenfällen. So drang ein eifernder Ordensmann während einer Taufe in die evangelische Kirche ein und riss während eines Gerangels dem Täufling das Mützchen vom Kopf. In scharfen Protesten gegen dieses „**päpstliche Spectaculum**" fand die gespaltene evangelische Gemeinde einen gemeinsamen Nenner und erreichte, dass es keine weiteren Missionsversuche dieser Art in Lennep mehr gab.

4. Untergänge und Neuanfänge – Annäherungen aus dem Geist der Aufklärung

Die katholische Gemeindekirche (1700) für Lennep, Lüttringhausen und Remscheid mit ihrem barocken Dachreiter, bis 1803 zugleich Klosterkirche. (Ansicht von 1715)
Die Lutherische Gemeindekirche (1756), nach dem Stadtbrand mit barockem Turm, bis heute Lenneps Stadtkirche.

Innerhalb von zehn Jahren waren den lutherischen Gemeinden in Remscheid (1723) und Lüttringhausen (1733) ihre Kirchen niedergebrannt. 1746, zwei Jahre nach dem spektakulären Missionsereignis, wurde auch aus dem religiös zerstrittenen Lennep und seiner Kirche von einem Tag auf den anderen ein Trümmerhaufen. Viele sprachen von einem Strafgericht Gottes, zumal die am Stadtrand gelegene katholische Kirche verschont geblieben war.

So begruben die Lutheraner ihren Zeremonienstreit und machten sich vereint und nach neuem Gemeindeverständnis an den Neubau ihrer Kirche, in die sie 1756 einzogen. Auch im katholischen Lager hatte es längeren Streit gegeben. Die Lenneper Minoriten hatte sich mit den Beyenburger Kreuzherren darum gestritten, wem die Lüttringhausener „Schäfchen" zuständen, wobei die Lenneper bereits 1732 den Sieg davongetragen hatten. Jetzt war die katholische Gemeinde auf etwa 500 Seelen angewachsen, doch da viele aus Lüttringhausen und Remscheid kamen, war sie sehr weitläufig. War die Gemeinde beim Brand noch mit dem Schrecken davongekommen, traf es sie ein halbes Jahrhundert später umso härter mit der Säkularisation. Das Kloster wurde aufgelöst, die Mönche mussten gehen, die Kirche wurde zur reinen Pfarrkirche.

Mit der Aufklärung zog ein Geist ein, wozu die Orthodoxie nicht in der Lage war; sie befreite von Zwängen. Das aufgeklärte Bürgertum im späten 18. Jh. begann sich vom strengen Kirchenkurs abzusetzen. Auch bedingt durch viele Zuwanderungen wuchs die liberale Haltung im Lande. So war um 1800 das Verhältnis der lutherischen Pastoren zu den katholischen Franziskanern ausgesprochen gut. Als 1803 das Kloster zugunsten der Pfarrei aufgehoben werden sollte, setzten sie sich zusammen mit dem Magistrat dafür ein, dass Pater Albert Rinck, ein ungemein geschätzter Seelsorger, weiter Pfarrer in Lennep bleiben könne. So rückten in der Zeit der Säkularisation die Glaubenskräfte zusammen.

Immer stärker meldeten sich aber aufgeklärte Geister zu Wort und suchten nach einer Annäherung zu den Reformierten. Unter ihnen war der lutherische Pfarrer Bunge (1775-1814) aus Remscheid, der mit seiner Gesangbuchreform dazu beitragen wollte. Er machte sogar zusammen mit dem Lehrer Schürmann den Vorschlag, aufgelöste Klöster zu lutherisch-reformierten Begegnungszentren zu machen.

Auf dass im Glauben alle eins sind! – Jesus und die beiden Emmausjünger, die gemeinsam das Abendmahlbrot brechen. Altarbild von 1842, zum 300. Gedenktag der Einführung der Reformation. Einst hing es in der Lenneper Stadtkirche zwischen Altar und Kanzel, heute dort in der Sakristei.

König Friedrich Wilhelm III. (1797-1840) verfügte 1817 aus Staatsinteresse eine Vereinigung lutherischer und reformierter Landeskirchen und legte damit den Grundstein für eine Verbindung von Thron und Altar, die bis 1918 bestand. Auf den Synoden der neu geschaffenen Kirchenkreise musste das noch kirchenrechtlich, theologisch und liturgisch organisiert werden. Im hiesigen Kirchenkreis traf man sich in Lennep, dorthin gingen auch die Remscheider und seit 1828 die Lüttringhausener. Ende der 1830er Jahre setzte sich die Auffassung durch, „dass die Differenz in der Lehre der lutherischen und reformierten Kirche nicht mehr für so wichtig gehalten werden solle, dass dadurch eine kirchliche Trennung begründet" oder gerechtfertigt sei. Als Erste traten 1839 die Remscheider der Union bei, 1840 folgten Lennep, 1841 Lüttringhausen. Seitdem wurde der Name „lutherisch" nicht mehr gebraucht, und wenn ein Gemeindemitglied noch reformiert getauft war, wurde es geachtet wie jedes andere.

4. Wachstum durch Industrialisierung – Bedürfnis nach neuen und grösseren Kirchen

1. Die wachsende evangelische Gemeinde

Mit der aufblühenden Industrie wuchs die Bevölkerung, und auch reformierte und katholische Familien zog es in die Region. 1806 zählte man in **Remscheid** 6013 Lutheraner, 195 Reformierte und 84 Katholiken. Schon 1786 musste man die lutherische Kirche erweitern. 1825 stand es um den Bau der **Stadtkirche** so schlecht, „dass vielleicht im ganzen Gouvernement Berg keine Kirche [...] sich in so schlechtem Zustand" befand. Im Zuge der Renovierung zog man eine weitere Empore ein. Jetzt gab es hier knapp 900 Sitzplätze, 480 unten, 340 auf der Galerie und nochmals 48 auf der neuen Empore. Doch bis zur Jahrhundertmitte hatte sich die Gemeinde wieder fast verdoppelt. Da reichten bei 3000 Gottesdienstbesuchern pro Sonntag die Sitzplätze in der Stadtkirche bei weitem nicht mehr aus. Wenn diese dann auch noch in den Händen von 450 Familien lagen, während 1500 keinen Platz besaßen, waren Verstimmungen vorprogrammiert. Denn Kirchgänger, die keinen festen Sitz hatten, setzten sich in die Bänke und wurden von den später kommenden Eigentümern von den Plätzen verwiesen. Deshalb erwog man, die Kirche zu erweitern oder gar im Ortszentrum neu zu bauen. Doch für die weiten Wege aus Hasten, Struck oder den Lüttringhausener Randgebieten wäre das keine Lösung gewesen; angesichts der wachsenden Bevölkerung hätte das die Probleme nur verschärft. Hinzu kam ein Rückgang der Kirchlichkeit, der am sinkenden Abendmahlsempfang abzulesen war; und diesen Trend galt es zu stoppen.

Nun verlangte man in **Hasten und Büchel** eine eigene Kirche und war sogar bereit, diese mit eigenen Mitteln zu bauen. Doch die Stadtgemeinde sah die Einheit bedroht und hielt einen Kirchweg von 20 Minuten für zumutbar. Der Antrag wurde mehrfach abgelehnt. Aber die Hastener setzten sich gegen alle Widerstände der Muttergemeinde durch, nur die Kosten mussten sie übernehmen und zusagen, dass sie sich weiterhin zur Mutterkirche bekennen würden. So bauten sie ihre Kirche auf einem Platz, an dem sich Hasten und Büchel berühren, und konnten sie 1853 einweihen. Und gemäß dem abgegebenen Versprechen, auch nachdem sie 1872 selbständig geworden ist, trägt sie im Volksmund den Namen „Filiale".

Der Raum der Stadtkirche, genutzt bis in die letzte Ecke. 1825 gab es 900 Sitzplätze.

Pauluskirche, 1853 errichtet

Die evangelische Gemeinde Remscheids war 1890 auf 35.000 Seelen angewachsen, da blieben nach Abzug der Hastener Gemeinde 31.000 für die Stadtkirche. „Die vorhandene Kirche, im Stil und Größe einer Dorfkirche, ist trotz dreimaligen sonntäglichen Gottesdienstes nicht annähernd mehr der Größe der Gemeinde entsprechend. Das Bedürfniß nach mehr Gotteshäusern in der so weit verzweigten Gemeinde wurde deshalb schon lange lebhaft gefühlt." (Remscheider Zeitung 11.11.1891) Da war es, zumal die meisten Sitzplätze dauervermietet waren, für viele eine Zumutung, sonntags zur Kirche zu gehen. 14-tägliches Ausweichen in einen Güldenwerther Wirtshaussaal oder in die kleine Krankenhauskapelle an der Freiheitsstraße brachte wenig Entlastung. Da schenkte ein Fabrikant der Kirchengemeinde ein Grundstück zum Bau einer neuen Kirche. Am Geburtstag des Reformators 1891 konnte der Grundstein zur heutigen Lutherkirche gelegt werden. Als sie 1894 eingeweiht wurde, lag sie noch mitten in Feldern und Wiesen, und es gab bittere Klagen über die damalige Lindenstraße (heute Martin-Luther-Straße). Man musste sich schon hohe Schuhe, wenn nicht gar Stiefel anziehen, wenn man im Sommer durch fußtiefen Staub und im Winter durch tiefen Schlamm die Kirche erreichen wollte. Die Entwicklung von Ortsgemeinden schritt voran. 1929 entstand im Westbezirk die **Clarenbachkirche**.

Lutherkirche, 1894

Clarenbachkirche, 1929

2. Die neu aufblühende katholische Gemeinde

Die Großgemeinde Lennep speckt ab

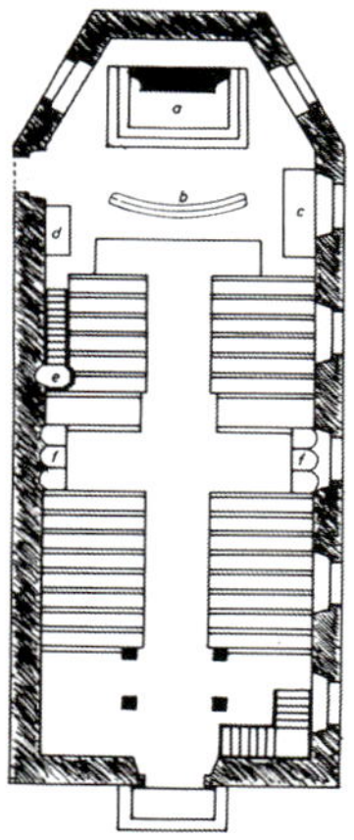
Grundriss Klosterkirche

Mit der Industrialisierung zog es auch **viele Katholiken in den Remscheider Raum**. Da konnte auch die Lenneper Klosterkirche die wachsende Menge der Gläubigen nicht mehr fassen. Man half sich zunächst mit **Umbauten**, indem man 1820 den Hochaltar an die Wand rückte und die beiden Seitenaltäre abriss, so konnten 65 neue Sitzplätze gewonnen werden. Doch die Kirche, deren Gemeinde inzwischen auf 3000 Seelen angewachsen war, platzte aus allen Nähten. „Wirklich sind auch an den Ruhetagen des Herrn der vor der Kirche befindliche freie Platz sowie der Kreuzgang des anschließend verfallenen Klosters mit Hunderten von Menschen angefüllt, während die Kirche selbst bis um den Altarraum herum gedrängt voll ist." 1831 zog man eine Empore ein, und dennoch klagte der Pfarrer zehn Jahre später: „Die Kirche [...] ist um die Hälfte zu klein, um die Gemeindeglieder zu fassen." Ein Erweiterungsbau war zwingend.

Die Erzbischöfliche Behörde neigte eher dazu, die Katholiken **Alt-Remscheids aus dem Lenneper Pfarrverband** herauszulösen und dort eine eigene Pfarre zu gründen. In Lennep sah man das nicht gern, konnte die Entwicklung jedoch nicht aufhalten. Mit Einweihung einer eigenen Kirche 1847 wurde Remscheid aus dem Pfarrsprengel herausgenommen. Doch auch das brachte Lennep kaum Entlastung. Deshalb erwarb die Gemeinde einen Gemüsegarten am Schwelmer Tor als Baugrundstück. Um das Geld für einen **Neubau** zusammenzubekommen, zogen freiwillige Sammler über Land bis hin nach Köln, Koblenz und Trier. Nach zweijähriger Bauzeit wurde die dreischiffige neugotische Hallenkirche 1868 eingeweiht. Der ehemalige Gemeindepfarrer Baudri, inzwischen Kölner Weihbischof, war gekommen. In feierlicher Prozession überführte man das Allerheiligste durch die Stadt in die neue Kirche. Der Kirchbau hatte neue Kräfte im kirchlichen Leben geweckt.

Den **Lüttringhausenern** war der Weg zur Lenneper Kirche stets lästig, bei schlechtem Wetter beschwerlich und gefährlich. Deshalb wünschten sie sich **eine eigene Kirche**. 1908 erwarb man ein Grundstück. Als 1910 die neue Strafanstalt einen katholischen Pfarrer bekam, übernahm dieser die Betreuung der Lüttringhausener Katholiken nebenbei mit. 1925 begann man mit dem Bau der Kirche im katholisch favorisierten barocken Stil, und 1927 wurde sie eingeweiht unter dem in Lüttringhausen traditionsreichen Titel „Heilig Kreuz". Doch sie blieb abhängige Tochtergemeinde von Lennep. 1953 stieg sie zu einer „Rektoratspfarrei" auf, und 1970 wurde sie endlich selbständig. Heute bildet sie wieder mit Lennep einen Pfarrverband („Remscheid Ost").

St. Bonaventura, 1868

Heilig Kreuz, 1927

Eine eigenständige katholische Kirche in Remscheid

Auch in Remscheid wuchs die Zahl der Katholiken. Meist waren es zugewanderte Arbeiter, die als Schmiede oder Handwerker tätig waren. So selbstverständlich der Gottesdienstbesuch war, die Wege zur Pfarrkirche nach Lennep waren für die meisten unvorstellbar weit. Manche wichen ins für sie nähere Solingen, Cronenberg oder Wermelskirchen aus. So wundert es nicht, dass bei der Remscheider Gemeinde, mittlerweile 300 bis 400 Seelen stark, der **Wunsch nach einem eigenen Gotteshaus** immer größer wurde. Die Muttergemeinde sträubte sich zwar gegen solche Selbständigkeitsbestrebungen, doch der Erzbischof und die preußische Regierung unterstützten die Ortsgemeinde. Man erwarb im östlichen Teil der heutigen Palmstraße ein Baugrundstück und errichtete dort ein eigenes Kirchlein. Heilig Abend 1847 wurde es eingeweiht, und die Christmette war der erste Gottesdienst. Die neue, von Lennep abgetrennte Gemeinde erkor sich den Heiligen Suitbertus zum Schutzpatron.

Erstes Kirchlein, ein bescheidener Bau, 16 m lang, 10 m breit und 7 m hoch

Neubau St. Suitbertus 1884

Mit **Johann Wilhelm Palm** hatte Remscheid nach 300 Jahren wieder einen katholischen Geistlichen, und der war ein rühriger Mann. Er organisierte das Gemeindeleben, errichtete einen eigenen Friedhof (1848) und baute ein Pfarrhaus mit Kaplanei. Um das Geld dafür einzubringen, entwickelte er eine rege Betteltätigkeit, zog selbst von Haus zu Haus über Land bis Düsseldorf und Köln und kam oft nur samstags und sonntags zurück. In Remscheid selbst misslang die Kollekte, „weil die evangelischen Prediger die Leute dahin bearbeiteten, daß sie den Katholiken nichts geben sollten“, so berichtete Palm. Am Ende vermachte er seiner Gemeinde ein ansehnliches Kapital zum Ausbau kirchlicher Einrichtungen. Die Straße, auf der das erste katholische Kirchlein stand, und die Palmstiftung in der Stachelhauser Straße tragen noch seinen Namen.

Bald war die **Kapelle zu klein**. 1880 war die Gemeinde auf 3089 Seelen angewachsen und ein **größeres Gotteshaus** notwendig. Nach langen Verhandlungen begann man im Sommer 1883 mit dem Bau einer dreischiffige Basilika im neoromanischen Stil, die schon ein Jahr später eingeweiht wurde. Zehn Jahre danach erhielt das schmucke Gotteshaus auch einen mächtigen Turm, der fortan die Silhouette der Stadt mitprägte. Dass eine so kleine Gemeinde in so kurzer Zeit ein so großes Werk vollendete, zeugt von religiösem Elan und Opferwilligkeit der Mitglieder, die überwiegend nicht zu den begüterten Schichten zählten.

Seit der Jahrhundertwende wurde im **Südbezirk** der Bau einer Kirche zum erklärten Ziel der dort lebenden Katholiken. 1903 schenkte die Familie **Vaillant** der Kirchengemeinde zu diesem Zweck ein Grundstück. Bereits im Frühjahr 1914 tat man den ersten Spatenstich, doch der kurz darauf ausbrechende **Erste Weltkrieg** machte alle weiteren Bauvorhaben zunichte. Als der Krieg vorüber war, suchte man mit Gottesdiensten im recht bescheidenen Pickart'schen Saal nach Zwischenlösungen. 1923 mietete die Gemeinde einen Saal am Handweiser und richtete ihn mitten in der Inflation als Notkirche her. Im Februar **1928** wurde mit den Erdarbeiten zum Kirchbau begonnen, die Einweihung fand am 16.12. des gleichen Jahres bei eisiger Winterkälte statt. Man dachte zuerst an einen neoromanischen, dann einen barocken Bau, gegen den die Stadt Einspruch erhob. Am Ende entstand die heutige schlichte St. Josefskirche.

Auch im **Nordbezirk** wurde bereits anfangs dieses Jahrhunderts der Wunsch nach einer eigenen Kirche wach. Mit Spenden erwarb man an der Stockderstraße ein Grundstück. Aber auch hier machten der Krieg und die folgenden Notjahre den Bestrebungen ein vorläufiges Ende. Eine Zeitlang setzte man für den Sonntagsgottesdienst auf Notlösungen, zuerst in der katholischen **Volksschule Wilhelmstraße** (1923). Dann fand man eine bessere Lösung. Die Schutzpolizei gestattete die Feier der Sonntagsmesse in der **Schupo-Baracke auf dem Schützenplatz**. Als 1926 die Polizei das neue Gebäude am heutigen Quimperplatz bezog, konnte auch hier sogar ein Gebetsraum eingerichtet werden. In dieser Zeit wuchs das Zusammengehörigkeitsgefühl und belebte den Kirchbaugedanken. Man gab das alte Baugrundstück auf, als sich ein weitaus günstigeres Grundstück für den geplanten Bau in einem parkähnlichen Gelände an der Wilhelmstraße anbot. Aus dem ursprünglichen Plan einer Notkirche wurde der Beschluss, eine **endgültige** zu bauen. Nach 10 Monaten Bauzeit wurde die neue Kirche am Fest St. Peter und Paul, am **29.6.1930**, eingeweiht und das 2300 Gläubige umfassende Rektorat unter den Schutz der Gottesmutter gestellt.

St. Josef im Südbezirk 1928

St. Marien, im Nordbezirk 1930

5. Zeit der Bewährung im Nationalsozialismus

1. Ein Keil spaltet die evangelischen Gemeinden in „deutsche“ und „bekennende“ Christen

„[...]Wir wollen Gott danken, daß er unser Volk vor dem totalen Zusammenbruch, dem wir seit langem in immer rascherem Tempo entgegen eilen, bewahrt hat und uns im neuen Staat mit neuen Kräften den Kampf gegen die Mächte der Finsternis führen läßt. [...] Von der Glaubensbewegung Deutscher Christen ist die **Forderung nach einer einigen deutschen Reichskirche** aufgestellt worden.“ Diese Worte fielen auf der Synode des evangelischen Kirchenkreises im Juni 1933. Viele Gemeindemitglieder tendierten zur Gruppe der „Deutschen Christen“ (DC). Der neue Mann an der Spitze erschien ihnen als Retter aus sozialer Not, womöglich auch gegen den „gottlosen Marxismus“. Teils arglos, teils aus politischem Druck oder modern mit der Zeit gehend, tendierten auch manche Pfarrer zur neuen Bewegung, ganz im Sinne der Staatsmacht. In Hasten verlangte die Gruppe der DC im August, dass alle Pfarrer, die sich dem neuen Denken widersetzten, „vom weiteren Dienst ausgeschlossen werden.“ Unter denen, die sich distanzierten, war auch Pfarrer Schmiesing (1892/1930-1934). Nach einer kurzen Anfangseuphorie traten bald viele bei den Deutschen Christen wieder aus. In diesen Jahren gab es viele Kirchenaustritte, teils aus Opportunismus, teils aus Opposition zu den Deutschen Christen. Der Rest hielt im Verborgenen zur alten Kirche.

Doch nicht wenige folgten der „Barmer Erklärung“ (1934) der Bekenntnischristen. Die Gemeinden gerieten an den Rand der Spaltung. Während Remscheid noch davor bewahrt blieb, wurde in **Lennep** ein Pfarrer aus dem Lager der „Deutschen Christen“ gewählt, und die Gemeinde zerfiel in zwei Lager (1934). Unter Führung eines jungen Hilfspredigers entstand eine „Notgemeinde“ mit einer angemieteten „Notkirche“, in der fortan dem Barmer Bekenntnis entsprechend verkündigt wurde. Die Trennungslinie zur Muttergemeinde war deutlich, die Spannung wuchs und damit Missverständnisse und Verletzungen. Jede Gruppe lebte im Bewusstsein, Recht zu haben. Eine kleinere Gruppe kam zur „Notkirche“, die meisten aber blieben bei ihrer gewohnten Kirche.

Lenneper „Notkirche“ in der alten Fabrik im Hinterhof der Lüttringhauser Straße 38; das Gebäude steht heute noch.

2. Die katholischen Gemeinden scharen sich um ihre Hirten

In den katholischen Gemeinden Remscheids (12.500 Seelen) herrschte **Aufbruchstimmung**. Die gut organisierten Verbände erfreuten sich größten Zulaufs, der Kirchenbesuch lag bei weit über 50 %! „Christus-Jugend an die Front! Für Christi Reich und ein neues Deutschland!“ Unter solchem Motto standen „Sturmtage“ der Jugend, bei allem vaterländischen Geist die heraufkommende Gefahr durch den Nationalsozialismus witternd. Dank der hierarchischen Struktur suchte die katholische Kirche ihre Rechte von ganz oben her abzusichern. Der Vatikan schloss einen **Staatsvertrag** ab (Sept. 1933), der sich bald als ein „Pakt mit dem Antichrist“ entpuppen sollte. Im Schutze dieses Konkordats scharten sich die Gemeinden nur noch fester um ihren Bischof und Pfarrer, die Jugend vor allem um ihre Kapläne. So ein **Schulterschluss** war den Machthabern natürlich ein Dorn im Auge. Die Jugendarbeit wurde Zug um Zug erschwert, der Kaplan von St. Marien 1936 verhaftet und ihm der Prozess wegen **Hochverrats** gemacht. 1938 durchsuchte die Gestapo Jugendheime, und 1939 wurde das Läuten verboten. **Jugendverbände** wurden aufgelöst, der Religionsunterricht untersagt, kirchliche Arbeit über die Maßen behindert, Kirchgänger bespitzelt. Gut, es gab auch hier mehr Kirchenaustritte als vor 1933. Doch unter dem Strich blieb es beim guten **Besuch der Gottesdienste** und der Teilnahme an religiösen Veranstaltungen. Fronleichnamsprozessionen im Kirchenpark von St. Marien wurden zu Glaubensdemonstrationen. Gottesdienste fanden unter Fliegeralarmen statt. Nicht demonstrativer Widerstand, sondern **Seelsorge** stand im Vordergrund, bald auch die Betreuung der in den Krieg geschickten jungen Männer und deren Hinterbliebenen. 1943 wurde neben der evangelischen Stadtkirche auch die katholische Hauptkirche St. Suitbertus völlig zerstört.

Mitten im Krieg, am Christkönigsfest 1941, stellte man in der Gemeinde St. Marien demonstrativ dieses Kreuz vor die Kirche. Der Pfarrer sagte in seiner Predigt: „Das Kreuz als Zeichen des Christentums [...], um das heute ein Kampf tobt, wie selten zuvor, ein Kampf mit allen Mitteln [...] muss wieder einen Ehrenplatz erhalten [...]. Sollte auch das Kreuz von unseren Altären und Kirchtürmen heruntergeholt werden, es muss im Leben der Familie fest verankert bleiben.“ Das Kreuz steht heute noch.

6. Neuaufbau im optimistischen Wirtschaftswunderland

Nach dem Krieg, gestärkt durch den **Schulterschluss** in der Not und in wiedergewonnener Freiheit, gingen die Kirchen an den Neuaufbau ihrer Gemeinden. Dabei kam es durch kriegsbedingte Neuzugänge, zumal wegen der Ostvertriebenen, zu manchen Umstrukturierungen.

1. Die evangelische Kirche – am Beispiel von Alt-Remscheids Gotteshäusern

1956 teilte man Remscheid in **sechs eigenständige Pfarrbezirke** auf. Neben der Stadtkirche waren das Gemeinden mit schon länger bestehenden eigenen Gotteshäusern: Hasten, Lutherkirche und Clarenbachkirche. Dazu kamen die Johanneskirche- und die Christuskirche. Es entstanden neben der wiederaufgebauten alten Stadtkirche viele neue moderne Kirchen, in immer gewagterer Formensprache.

Johanneskirche (1952)
Sie ist die erste nach dem Krieg gebaute Kirche und steht auf dem Hohenhagen. Damit ist sie die höchstgelegene Kirche der Stadt. Auf der schlichten Fassade kämpft ihr Patron Johannes mit dem siebenköpfigen Drachen der Geheimen Offenbarung. Er tötet ihn mit einem in ein Kreuz auslaufenden Schwert. Das mag eine Anspielung sein auf die zurückliegende Zeit des Kirchenkampfes: Das Kreuz überwindet den „Drachen". (Architekt Hanns Berger)

Christuskirche (1955/56)
Sie steht im Südbezirk, hat 350 Sitzplätze. (Architekt Hanns Berger)

Melanchthonkirche (1964)
Die Filiale der Lutherkirchengemeinde wurde nötig, weil der Bezirk Siepen auf 3000 Seelen angewachsen war. Hier wird bis an die Grenzen mit den Möglichkeiten des Betons gespielt. Der Glockenturm steht auf Betonstelzen, das weite Zeltdach über dem Verkündigungsraum ist ganz in Beton gegossen, die Wände so durchbrochen, dass von allen Seiten Licht einfließen kann. (Architekt Jürgen Hartmann)

Versöhnungskirche (1968)
Die Filiale der Johanneskirchengemeinde steht am Zentralpunkt, an einem Ort, an dem schon seit 1902/03 eine „Kapelle" gestanden hat. Der asymetrische Bau ist zur Straße hin stark abgeschottet: Der Boden gepflastert mit kleinen Steinen aus Granit, wie die Straßen unserer Welt. Die Wände, ein Mauerwerk mit Steinen in allen Variationen, könnten ein Bild sein für das auf die Erde gekommene „Himmlische Jerusalem". (Architekt Walter Arns)

2. Die katholische Kirche – am Beispiel der Filialen Groß-Remscheids

Heilig Geist, Lüttringhausen (1971)
Die Filiale in Klausen mit 250 Sitzplätzen sollte Licht und Dunkel des Menschenlebens verkörpern: außen verschiefert und innen licht, entsprechend dem Paulus-wort: „Ich danke dir, dass du uns aus der Finsternis in dein helles Licht berufen hast" (Architekt Hans Schilling, Köln). Die Kirche wurde 2007 abgetragen.

St. Theresia, Lennep (1980)
Diese Kirche auf dem Hasenberg ohne Turm für knapp 2000 Gemeindemitglieder wirkt etwas unscheinbar. 2007 abgetragen.

St. Bonifatius, Honsberg (1976)
Ein Kirchweg von 30 bis 40 Minuten sollten den 2500 Honsbergern und Kremenhollern erspart werden. Der Pfarrer von Suitbertus setzte damals darauf, dass seine Filiale einmal zur selbständigen Pfarrei würde. Heute ist die Kirche geschlossen. (Architekt Arthur Hoffmann)

St. Engelbert, Güldenwerth (1990)
Anstelle eines provisorischen älteren Kirchleins entstand in Vieringhausen die Filialkirche von St Marien. (Architekt Wilhelm Dahmen)

7. „Die Kirche schrumpft, die Sehnsucht boomt“

1. Die Zeit der vollen Gottesdienste ist vorbei

Heute ist der **religiöse Traditionsbruch** allgegenwärtig. Die Heranwachsenden entfremden sich zunehmend von kirchlich bestimmten Lebensformen. Offensichtlich berühren viele Inhalte und Formen christlicher Tradition die Menschen nicht mehr in ihrer Tiefe. Der Vergleich mit einem Kieselstein liegt nahe, den 100 Jahre lang Wasser umfloss, und jetzt, in die Sonne gelegt, ist er nach Minuten so trocken, als habe er Wasser nie gekannt.

Bei den **katholischen Gemeinden** zeigt sich folgende Entwicklung: In der Gemeinde St. Marien z.B. ist die Zahl der Gottesdienstbesucher in den letzten 50 Jahren um ca. 77 % zurückgegangen; 1956 waren es noch 38 %, heute sind es etwa 8,5 %. Die Zahl der im aktiven Dienst stehenden Priester in Remscheid hat in den letzten 40 Jahren um 70 % abgenommen; 1978 gab es noch 17, heute gerade einmal 5 Priester, zuzüglich drei Ruheständler. An die Stelle ehemaliger Kapläne sind Diakone und Gemeindereferenten getreten. Die Ehrenamtbereitschaft geht deutlich zurück! Im **evangelischen Bereich** gibt es zwar noch genug Pfarrernachwuchs, doch aus finanziellen Gründen sind nicht mehr alle einzustellen. In der Stadtkirche ist in den letzten 30 Jahren der Kirchenbesuch sogar um 57 % angestiegen. Doch die scheinbar positive Bilanz hat einen doppelten Pferdefuß: Zum einen bewegt sich der Gottesdienstbesuch auch in dieser Gemeinden seit langem auf sehr niedrigem Niveau; 1978 waren es 2,6 %, zurzeit sind es 4,4 %. Dazu kommt der Umstand, dass die Gemeinde um mehr als die Hälfte geschrumpft ist (auf 48 %).

In Remscheid gibt es (2006) 37 % evangelische und 23,4 % katholische Christen, die restlichen 39,6 % sind ohne Konfession oder anderen Glaubens. Dazu kommt ein weiteres Problem: Allein von 2005 auf 2006 schmolz die Katholikenzahl in Remscheid um 2,5 % (2. Negativplatz im Erzbistum nach Solingen).

2. Schmerzhafte Konsequenzen

Die bisher gewohnte Präsenz der Kirchen bricht zusammen. Es heißt Abschied nehmen von lieb gewordenen Gewohnheiten. Das Angebot der **Gottesdienste** wird zurückgefahren. Gemeinden müssen sich von **Kirchengebäuden** trennen. Zum Beispiel sind bestehende katholische Pfarrgemeinden nicht mehr zu besetzen und werden zu **„Seelsorgsverbänden“ fusioniert**. Aus drei Innenstadtgemeinden wird „Remscheid-Mitte“ mit nur noch einem Pfarrer, und Lennep, Bergisch Born und Lüttringhausen werden zu „Remscheid-Ost“ verschmolzen. Die **Pfarrer** fühlen sich zunehmend überfordert, und mancher mag sich wie in einem Strudel empfinden, der auch ihn nach unten reißt. Sie werden zu Verwaltern von Großbezirken, in denen sie den Menschen nicht mehr gerecht werden können, wo sie den Kontakt zur Basis verlieren und Seelsorge immer anonymer wird. Dazu scheint die Jugend andere Wege zu gehen, die Köpfe in den Bänken werden immer grauer und es scheint, als seien musikalische Veranstaltungen attraktiver als Gottesdienste.

Nur 25 Jahre nach Errichtung von St. Theresia geriet das „Schiff Kirche“ ins Trudeln. Das Dach vermochte dem bergischen Regen nicht mehr zu trotzen, und der Pfarrer kämpfte um den Kirchenbesuch. Gerade einmal 4 % der dort wohnenden Katholiken erschienen zum Gottesdienst. Die Folge: Abriss 2007

3. Neue Wege beschreiten

Konfessionen rücken enger zusammen, finden sich bei Gemeindefesten mit gemeinsamen Gottesdiensten, manchmal auch über den offiziell „erlaubten Rahmen“ hinaus. Doch wenn es auch so scheint, als ginge die Jugend andere Wege, das **Interesse an religiösen Fragen** ist nach wie vor tief in ihnen verankert, zumal in Zeiten, wenn im Trubel und Stress einmal ruhiger um sie wird und Zeit zur Nachdenklicheit anbricht. Dazu wächst, gerade in Erfahrung von Anonymität, der **Wunsch nach persönlichen Kontakten**. Vielleicht werden überschaubare Gruppen wieder attraktiv, wo Austausch angeboten wird, wo man sich persönlich kennt – nach dem Muster der alten „Hauskirchen“. Hier wird es darauf ankommen, dass Religionsgemeinschaften den Nerv der Zeit treffen. Dazu bedarf es sicher auch charismatischer Personen.

Blick durch ein Chorraumfenster der Suitbertuskirche hinüber zur evangelischen Stadtkirche, ein Blick durch das auf einem goldenen Teller liegende Brot des Abendmahls.

2. Schulen – Stätten der Bildung

1. Am Anfang standen Pfarr- und Klosterschulen

Die ältesten Bildungsstätten waren in Remscheid wie überall Pfarr- und Klosterschulen. Den Unterricht übernahmen zunächst Küster oder Mönche. Die erste Nachricht einer **Lenneper** Pfarrschule stammt aus dem Jahr 1454. Daneben muss es auch schon eine höhere Schule, eine Lateinschule, gegeben haben. Anfangs haben dort wohl Franziskanermönche unterrichtet, die seit etwa 1400 hier bereits ein Kloster hatten. Dann konnte die Stadt dank einer Stiftung des Bürgermeisters einen eigenen Schulmeister einstellen, sodass man von einer ‚Stadtschule' sprechen kann. Auf **Lüttringhausener** Gebiet gab es neben der Pfarrschule in der Küsterei auch eine Klosterschule in Beyenburg, die von den Kreuzherren getragen wurde. Das kleine **Remscheid** besaß nur eine normale Pfarrschule in Einheit mit der Küsterei. Die Lehrer waren hier bis in das 18. Jh. hinein nebenbei noch Küster und Totengräber.

2. Aufschwung der Schulbildung mit der Reformation

Mit der Reformation blühte die Lenneper **Stadtschule** auf. Manche ihrer Schüler brachten es zu Jura- oder Medizinprofessoren an der Kölner Universität. Schule und Kirche arbeiteten Hand in Hand. Die Rektoren waren immer auch Theologen; nicht wenige sahen die Schule als Sprungbrett zu einer Pfarrstelle an, z.B. der spätere Pfarrer Franz Vogt (1661-1736, vgl. S. 206), unter dem sogar Griechisch und Hebräisch in den Unterricht aufgenommen wurden (1686).

War die Zeit bis dahin noch von **pietistischer Frömmigkeit** geprägt, begann bald der **Geist der Aufklärung** einzuziehen. Unter Rektor Daniel Christian Francke (1720-1746) nahm die Schule einen derartigen Aufschwung, dass Zeitgenossen sie auf eine Stufe stellten mit den großen Gymnasien in Dortmund und Soest. Der **Fächerkanon** wurde aufgestockt. Zu Theologie, alten Sprachen und Rhetorik traten Geometrie, Biologie und Physik, Geschichte, Geographie und Heimatkunde, ja sogar Genealogie und Heraldik. Und wer musisch besonders begabt war, der bekam hier Klavier-, Flöten oder Geigenunterricht. Dieser **Musentempel humanistischer Kultur** war für die eher praktisch denkenden Kaufleute in Lennep, Remscheid und Lüttringhausen ergänzungsbedürftig. Deshalb hielten sie sich für ihre Schützlinge **eigene Französischlehrer**, die sich meist auch darauf verstanden, im Tanzen und Fechten zu unterrichten. Es kamen auch bürgerliche und adelige Schüler von weit her. Stolz trugen sie ihre **Schultracht**, einen blauen Schultermantel und in gleicher Farbe einen Dreispitz mit Silberborten. In der Kirche hatten sie besondere Plätze.

1746 brannte die Stadtschule ab, doch schon 1750 wurde neben Rathaus und Kirche eine **neue Schule errichtet**, deren Bau heute noch steht. Fortan traten die humanistischen Studien zurück, und in den Vordergrund rückten die **praktischen Erfordernisse des Lebens**. Ganz im Sinne der Kaufleute wurde Französisch gelehrt, dazu französische Zeitungen gelesen und Übungen in Fremdsprachenkorrespondenz abgehalten. Die Schulleiter, ganz vom Geist der Aufklärung geprägt, stießen auf manch erbitterten Widerstand seitens der Geistlichkeit.

In der Franzosenzeit ließ sich die alte Form der Lateinschule nicht mehr halten, 1802 wurde die Anstalt aufgelöst und bestand ohne Latein weiter.

Als sich 1641 die Minoriten in Lennep niederließen, erhielten sie vom Landesherrn das Unterrichtsrecht, und 1732 entstand ein ans Kloster angegliedertes eigenes Schulgebäude, so etwas wie eine **katholische Privatschule** im Diasporagebiet.

Die Stadtschule von 1750, gleich neben Lenneps Stadtkirche, das Gebäude steht heute noch. (Aufnahme von 1935)

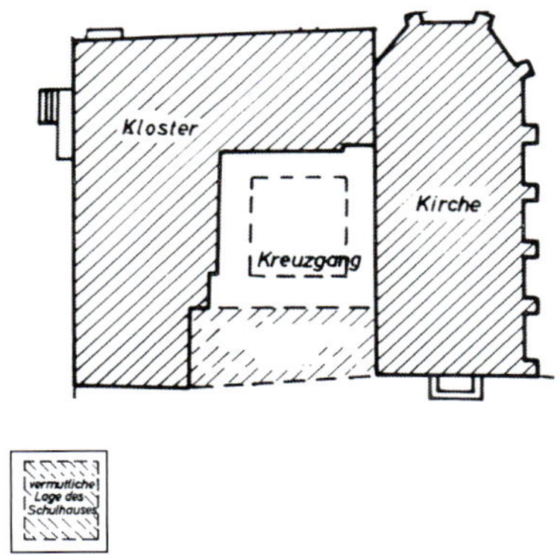

Die Klosterschule befand sich vermutlich zunächst hinter der Kirche an der Ecke Wallstraße/Klostergasse (Einweihung 26.1.1733). Nach dem Stadtbrand 1746 stellte man sie Obdachlosen zur Verfügung, und sie zog um in ein bis dahin als Gartenhaus genutztes Gebäude, wo sie bis 1803 verblieb).

3. Winkelschulen („Heckschulen“) an der Peripherie als Ausdruck von Bildungshunger

Da für die Kinder auf den Höfen am Rand der Gemeinden der **Schulweg** zu den Hauptschulen unzumutbar weit war, begann man dort im 17. Jh. in Privatinitiative **Nebenschulen** zu gründen. Um dem Nachwuchs die nötigen Kenntnisse in Schreiben, Lesen und Rechnen, Katechismus und Kirchenliedern zu vermitteln, wurden von privat Räume angemietet, so 1661 in Hasten, 1683 in Morsbach. Im Gegensatz zu den Pfarrschulmeistern, denen ein Stück Land zugewiesen war, lebten die Hofschulmeister von Schulgeld, zusätzlich vom „Wandeltisch“, d.h. der Lehrer zog zum Mittagessen von Familie zu Familie. Da diese „Privatschulen“ dem direkten Zugriff der Kirche entzogen waren, wurden sie von dieser als „Heckschulen“ geschmäht und bekämpft.
Um ihren Ruf aufzubessern, ließen viele Schulen ihre Lehrkräfte von Pastoren im Wissen prüfen, worauf sie offiziell anerkannt wurden und das Gütesiegel „**privilegierte Kirchspielschule**“ erhielten. Ab 1700 wurden diese Schulen kirchlicherseits regelmäßig visitiert. Die Zahl der Kirchspielschulen wuchs bald beträchtlich. Die Hofschule **Büchel** (1722) dokumentiert z. B. damit, für wie wichtig die Eltern das Schreiben und Rechnen hielten, dass sie von Hütz wie von Haddenbach ihre Schützlinge dorthin schickten. Am Beispiel **Goldenberg** (1778) zeigt sich aber auch das Problem dieser Winkelschulen. Der dortige Schulmeister muss so nachlässig unterrichtet haben, dass man ihm 1779 nur noch zwei Schüler anvertraute.
Dennoch dürfte die **Mehrzahl** der Kirchspielleute im 17./18. Jh. schreiben und rechnen gekonnt und nur wenige statt der Unterschrift ein Kreuzchen gemacht haben. Derweil wuchs mit der Bevölkerungszunahme auch die Zahl der Schüler, und viele Schulen engagierten zusätzliche Hilfslehrer.

„Katechismus-Knigge“
Der Remscheider Pfarrer Albert Beltgen (1680-1711) schrieb einen umfangreichen Katechismus, der bald auf allen Schulen zum Einsatz kam. Er fügte hundert Sittenregeln ein. Hier einige Beispiele, die zeigen, dass er nicht nur Seelenhirte war.

„Kaue die Speisen mit zugeschlossenen Lippen und schmatze nicht wie ein Ferklein, mache auch kein Geräusch durch Scharren auf dem Teller. Lecke den Teller weder mit dem Finger noch mit der Zunge ab, fahre auch nicht mit der Zunge außer dem Mund herum. Die Knochen, oder was sonst übrig bleibt, wirf nicht unter den Tisch, stoße sie auch nicht auf das Tischtuch, sondern laß sie auf dem Rande des Tellers liegen. Die auf dem Teller habende Speise zu genau besehen oder gar beriechen, stehet nicht wohl. Solltest du in der Speise ein Haar oder sonst etwas finden, so tue es still und unvermerkt beiseite, damit andere nicht zum Ekel bewogen werden.“
„Gehe niemals unflätig und säuisch einher. Schneide die Nägel zu rechter Zeit ab und halte Kleider, Schuh und Strümpfe rein und sauber.“

4. Reform und Aufstieg des Elementarschulwesens (Volksschule)

Um 1800 hatten die Pfarrschulen die amtliche Bezeichnung **Haupt- oder Dorfschule**, die übrigen wurden als **Kirchspiels-, Hof- oder Nebenschulen** geführt. Zur Franzosenzeit gab es in Remscheid **zwölf Primärschulen**, später auch Elementarschulen und schließlich Volksschulen genannt. Wer höhere

Daniel Schürmann (1752-1838)

Der gebürtige Lüttringhausener hat sich als **großer Schulreformator** einen Namen gemacht und gilt als eine der führenden Lehrerpersönlichkeiten im Bergischen. Mit 18 Jahren begann er als Junglehrer in der Nebenschule auf Hohenhagen. Mit 33 Jahren übernahm er die Leitung der Remscheider Ortsschule, der er 35 Jahre lang vorstand. Sein Verdienst liegt in der **Hebung und Weiterbildung des Lehrerstandes**. Um dieses mit vereinten Kräften zu erreichen, gründet er 1793 eine Lehrergesellschaft. Zur theoretischen Schulung setzte er auf das Studium großer Pädagogen. Zur praktischen Umsetzung des Gelernten drängte er auf Lehrproben, vor allem auch für die Lehrer in den vernachlässigten Hofschulen. Natürlich mussten auch angemessene **Lehr- und Übungsbücher** entwickelt werden. Damit legte er den Grundstock für staatliche Lehrerbildungsanstalten. Er selbst gab neben einer kleinen Vaterlandslehre ein Rechenbuch heraus, das weithin Verbreitung fand und ihm den Ruf eines „Adam Riese des Bergischen Landes“ einbrachte. Um die Eltern für die Arbeit der Schule zu interessieren, führte er öffentliche Prüfungen ein. Dazu suchte er die entehrenden Betteleinkünfte der Lehrer abzuschaffen. Seinen Impulsen ist es zu verdanken, dass das **Remscheider Volksschulwesen vorbildlich** wurde. Darüber hinaus war er weit über den Remscheider Raum hinaus unermüdlich in unterschiedlichsten pädagogischen Blättern schriftstellerisch tätig. Als er 1820 sein Amt niederlegte, hatte er 50 Dienstjahre hinter sich. Weithin anerkannt, wurde er mit 83 Jahren am Krönungsfest des Königs mit einem hohen Orden ausgezeichnet.

Ansprüche stellte, schickte seine Kinder zur Dorfschule. Hier unterrichtete Daniel Schürmann, Organist an der Stadtkirche und Rektor in einer Person. Neben den Grundfächern gab er Geschichte, Naturkunde und Gesundheitslehre. Für Englisch, Französisch und Italienisch hatte er einen Hilfslehrer eingestellt. Doch die Schule war viel zu klein. Viele Kinder konnten nicht einmal mehr sitzen, „von welchem Gedränge denn auch nach der Meinung der Aerzte das öftere Erkranken der Kinder herrühre“. Erst mitten im Winter 1818 konnte ein zweites Klassenzimmer bezogen werden „bei noch nassen und triefenden Wänden und noch nicht ganz trockenen Farben“! Aber bei mittlerweile 300 (!) Kindern reichte auch das bald hinten und vorne nicht mehr. So wurde knapp 10 Jahre später ein drittes Klassenzimmer angebaut. Da zur Schule auch Äcker, Wiesen und Vieh gehörten, befand sich unter den Schulräumen auch noch ein Stall. Die Dienstwohnung des Schulleiters war 1839 in einem so unhaltbaren Zustand, dass sogar die Dachsparren durchgedrückt, der Speicher eingesunken und die Treppe hinauf lebensbedrohlich war. **Die Lehrer damals müssen genügsame Menschen gewesen sein.**

Der Maler Peter Hasenclever ist in Morsbach (Bild links) zur Elementarschule gegangen. Hier sein „erster Schultag“: Der Vater führt den Sohn in die Klasse. Der Lehrer zeigt ihm schon einmal die „Spielregeln“. Bei der wenig gesicherten finanziellen Basis des Lehrerdaseins war auch die Arbeitsfreude des „armen Dorfschulmeisterleins“ nicht eben groß.

Nicht besser stand es auch um die übrigen Elementarschulen. Die meisten Gebäude waren zu klein, zu feucht und zugig oder gar ganz am Rande des Verfalls. Manche Bezirke hatten nicht einmal ein eigenes Schulhaus und mussten Raum anmieten. Mit dem Einzug der Preußen legte man seit 1816 zunehmend Wert auf mustergültige Gebäude. Dabei stiegen Hasten und Schüttendelle, gemessen an der Lehrmittelausstattung, zu Schulen der zweiten Kategorie auf. Die **Schule Hasten** entstand im Jahre 1818, nach trübseligem Wanderdasein und zeitweisem Unterricht von 80 Kindern in einer Scheune, und musste schon 20 Jahre später, um 50 % angewachsen, erweitert werden. Die **Schule Schüttendelle** konnte nur deshalb noch existieren, weil von 170 Kindern nur 67 zum Unterricht erschienen. Als 1818 dann die Enge so groß wurde, dass Krankheiten auszubrechen drohten, unterrichtete man in einem Bretterzelt, derweil man nebenan im Eiltempo einen Neubau hochzog. Doch den hatte man an den Kuhstall des Lehrerhauses gesetzt, und schon bald weichte die Mistjauche die Wand des Klassenraumes auf, die Pfosten faulten und die Wand sackte ab. 1838 musste auf dem Schulhof ein neues Gebäude erbaut werden.

Die übrigen neun Elementarschulen gehörten eher der dritten Kategorie an. Doch auch hier waren Neubauten und Erweiterungen zwingend notwendig. Die größte Schule unter ihnen war **Büchel** mit 141 Schülern (1816). Die Zimmer eng und niedrig, finster und dumpf. Fenster und Wände hatten Löcher und waren mit Papier und Lappen verstopft, Stücke der Decke kamen herunter. 1825 wurde ein neues Schulhaus gebaut. Daneben gab es **weitere Elementarschulen**, hier genannt in der Reihenfolge ihrer Schülerzahl im Jahre 1816, in Stachelhausen (104), Bliedinghausen (89), Reinshagen (55), Fürberg (54), Ehringhausen (45), Morsbach (45), Birgden (44), Siepen (38) und Struck.

Die alte Dorfschule an der Remscheider Stadtkirche. Hier wohnte und unterrichtete einst Lehrer Daniel Schürmann. 1865 hatte sie 507 Schüler! Bis 1870 wurde sie noch genutzt, dann vor dem Ersten Weltkrieg abgerissen.

Schule Hasten zwischen Hasten und Feld, errichtet 1818 mit mehreren Klassenräumen und Lehrerwohnung.

Schule Büchel, errichtet 1825

„Der Stock, eine so genannte Eiche, spielte damals unter den Erziehungsmitteln eine ziemlich bedeutende Rolle. Insbesondere kam er in Anwendung, wenn die Schule geschwänzt war, wozu das zwischen Vieringhausen und Schütteldelle gelegene Büschchen, das ‚Blö-Böschken', großen Anreiz bot, da der Aufenthalt darin bei schönem Wetter viel angenehmer als in der Schule war.“ (Moritz Böker)

Mit Einführung der allgemeinen Schulpflicht (1825) und deren strenger Kontrolle wuchs die Schülerzahl. Der Gesetzgeber schrieb vor: Keine Klasse darf über hundert Schüler haben! Heute soll die durchschnittliche Klassenfrequenz in Grundschulen bei 22,4, in Hauptschulen bei 24,3 SchülerInnen liegen. Mit der durch Schulpflicht und Bevölkerungswachstum steigenden Schülerschaft mussten bestehende Schulen erweitert oder ganz neue erbaut werden. Hinzu kam, dass viele alte Gebäude langsam ausgedient hatten. So entstanden nach 1900 innerhalb weniger Jahre neun **neue große moderne Volksschulen**, in der Reihenfolge Hasten, Morsbach, Neuenhof (Dörpfeld), Kremenholl, Osterbusch, Honsberg, Schüttendelle, Siepen und Palmstraße, mit teils bis zu 16 Klassen. 1914 gab es allein in Remscheid 31 Volksschulen, davon waren 27 evangelisch und vier katholisch (Palmstraße, Wilhelmstraße, Menninghausen und Honsberg). Hier einige markante Beispiele auf Remscheider Stadtgebiet:

1859 errichtete man auf dem nunmehr stärker bebauten Stadtkegel die Vereinsschule. 1935 geschlossen.

1874 Schule Handweiser – Auch der Südbezirk brauchte neuen Schulraum. Heute steht hier die Heinrich-Neumann-Schule.

1903 Schule Morsbach – Auch die Außenbezirke benötigten größere Schulen.

1903 Dörpfeldschule – Der Neubau der Schule am Neuenhof zeigt die boomende Stadtentwicklung. Schulgebäude bis heute.

1907 Schule Osterbusch – Sie stand an der Papenberger Straße am südlichen Rand des großen BSI-Werkes. Eine Besonderheit: Die Turnhalle befand sich im Dachgeschoss.

1909 Schule Schüttendelle – Heute befindet sich hier die Alexander-von-Humboldt-Realschule.

1909 Schule Honsberg – Sie war die bereits dritte katholische Volksschule. Schulgebäude bis heute.

1914 Palmschule – Kath. Volksschule in der Palmstraße. Nach Kriegszerstörung durch ein neues Gebäude ersetzt.

5. Streben nach höherer Schulbildung

1. Die erste weiterführende Schule – getragen von einem Privatlehrer (1822-1847)

In der preußischen Zeit setzte das Bedürfnis nach höherem Schulunterricht ein. Die praktische Umsetzung ging allerdings nicht von der Stadt aus, sondern erfolgte durch Bürgerinitiative. Es begann mit Lehrer Wilke, der 1822 eine **Privatschule** gründete, die ganz auf die **Bedürfnisse der kommenden Kaufleute** ausgerichtet war. Neben Mathematik, Geographie und Geschichte gab es ein **Sprachangebot**, das bis heute seinesgleichen sucht: Latein, Französisch, Englisch, Spanisch, Holländisch und Italienisch – und das alles zu Beginn nur für 24 Jungen und sechs Mädchen. Der Volksmund sprach lobend von der „**französischen Schule**“. Erst 25 Jahre später sprang die **Stadt** auf den mittlerweile in bewährten Bahnen fahrenden Zug auf und war bereit, die Schule zu übernehmen.

2. Die erste Mittelschule – getragen von einem Kreis von Privatleuten (1827-1849)

Das Bedürfnis nach einer Schule wuchs, die gleichermaßen vorbereiten sollte auf die **Berufswelt** oder ein späteres **Studium**, eine deshalb so genannte Mittelschule (auch Sekundärschule oder Rektoratsschule). Und wieder ergriffen Privatleute die Initiative. Sie wählten eine **Direktion**: voran den rührigen Pfarrer und den Bürgermeister, dazu weitere vier Bürger der Gemeinde. Sie sollten den Lehrplan abstimmen und die materielle Versorgung sicherstellen. Mit zunächst nur 13 Schülern fing man bescheiden an, doch mit klarem Konzept. Die Schüler sollten den Stoff nicht mehr nur rein passiv hinnehmen; Mathematik war der Weg zu geordnetem Denken; die Muttersprache stand in der Mitte und daneben Latein wegen des schönen logischen Aufbaus; Französisch, weil die Kaufmannschaft das brauchte. Die Schule wuchs, ständig auf der Suche nach neuem Raum. Da begann sich auch hier die Stadt einzuschalten, beschaffte Schulraum und übernahm die Schule (1849).

3. Die „Höhere Bürgerschule“ – in den Händen der Stadt (1849)

Die nunmehr „**Städtische Höhere Bürgerschule**“ konnte schon 1858 ein neues Gebäude an der Alleestraße beziehen. Nach wie vor setzte sie auf die praktische, reale Verwendbarkeit des Lernstoffs und wurde darin von der aufblühenden Remscheider Industrie unterstützt. So wandelte sie sich folgerichtig zu einer **Gewerbeschule**, einer Art Realschule 2. Ordnung (1870). Statt Latein gab es jetzt Spanisch. Und die Schule fand Zuspruch. Das Schieferhäuschen an der Alleestraße konnte die bald weit über 200 Schüler nicht mehr fassen. In der heutigen Gewerbeschulstraße wurde eine neue moderne sechsklassige Schule gebaut, die 1876 bezogen werden konnte. Doch dann entbrannte ein **Schulstreit**. Was ist wichtiger? Ist es die klassische Bildung mit Latein, wie man sie eher fürs Studium brauchte? Oder sind es die Belange der Industrie?

Die „Bürgerschule“ (links) befand sich 1858-1876 an der Ecke Allee- und Scharffstraße (gegenüber Foto Kaiser). Später zog hier das Amtsgericht, dann die Stadtbücherei ein.

Blick von der Königsstraße auf die Gewerbeschule (1876). Heute steht dort die Karl-Kind-Schule.

*Die erste Gruppe schien den Sieg davonzutragen. 1884 wurde ein **Realprogymnasium mit Latein** geschaffen, das schon zwei Jahre später in ein Realgymnasium umgewandelt wurde. Daraus wurde 1898 ein **Reform-Realgymnasium** „nach dem Frankfurter Modell“. 1901: das erste Abitur. 1909 wurde es vom Staat übernommen.*

*Die zweite Gruppe, mit den Wirtschaftsinteressen und dem Gewerbeverein im Rücken, schaffte es 1893, wieder eine **lateinlose Realschule** anzugliedern. 1915 wurde diese zur Oberrealschule mit Abitur aufgestockt. Sie blieb städtisch.*

1902 errichtete die Stadt an der Neuscheider- (heute Hindenburg-) Straße dieses wahre „Bildungsschlösschen“. Gut 10 Jahre lebten hier beide Jungenschulen (Oberrealschule und Realgymnasium) unter einem Dach. (Bild rechts)

Für das Staatl. Realgymnasium baute die Stadt 1912/13 auf dem Gelände des alten Rathauses an der Elberfelder Straße ein neues repräsentatives Schulgebäude, wo es bis heute steht als Ernst-Moritz-Arndt-Gymnasium (im Volksmund EMA). An der Front prangt Athena, die Göttin der Weisheit. (zweites Bild rechts)

Die Oberrealschule blieb am Ort, wurde ab 1937 Hindenburgschule genannt und entwickelte sich zum naturwissenschaftlichen Leibnizgymnasium. 1967 zog sie in die Brüderstraße, 1986 ins Schulzentrum Klausen.

4. Die „Höhere Töchterschule“ (1853)

Am Anfang stand das Vorurteil!
„Fraulütt hüren an den Zoppenpott!“ – Das war lange die Stimmung in Remscheid. „Wir haben es nicht nötig, dass unsere Tochter die Schule besucht.“ „Sie heiratet ja doch einmal. Wozu braucht sie eine Ausbildung?“

Die Entwicklung der Mädchenbildung setzte erst später ein und begann ebenfalls durch Privatinitiative. 1843 riefen ein Bücheler Bürger und der Remscheider Stadtpfarrer eine **Privattöchterschule** ins Leben. Lange lehnte die Stadt die Mitarbeit ab, gewährte dann aber ab 1877 einen Zuschuss und übernahm sie 1885 als „Städtische evangelische höhere Töchterschule“. Die weibliche Jugend sollte fitgemacht werden für Küche und Haushaltsführung. Trotz Schulgeld war der Bildungswille so groß, dass für über 150 Schülerinnen der Raum nicht mehr reichte. 1893 konnte die Schule in einen gewaltigen Neubau an der Baustraße einziehen. 1913 kam ein Frauenschulzweig dazu. 1927 bekam das Lyzeum eine Oberstufe, und 1929 machten die ersten Schülerinnen ihr Abitur. In die Nachfolge des Lyzeums ist das Gertrud-Bäumer-Gymnasium getreten.

Der Neubau der Mädchenschule an der damaligen Baustraße (heute Berufskolleg in der Stuttgarter Straße). Auch er war bald zu klein, ein Anbau war nötig.

5. Parallele Entwicklung in Lennep

Das Fenster in der Freiherr-vom-Stein-Schule stammt noch aus der aus der Zeit des ehemaligen Gymnasiums.

Auch in Lennep wurde, in Erinnerung an die alte Lateinschule, 1813 am Kirchplatz 7 eine **Rektoratsschule** errichtet. Die Schülerzahl nahm dermaßen zu, dass die Schule in neue Gebäude umziehen musste, 1841 in die Schwelmer Straße 29 und 1869 in die heutige Hardtstraße 2. Aus dieser „Höheren Bürgerschule" wurde dann 1885, dem Remscheider Beispiel folgend, ein **Realprogymnasium**, 1910 ein **Realgymnasium** mit Abitur. 1916 zog die Schule aus der abermals bedrängenden Enge in das prächtige neue Gebäude ein, das heute noch so steht und seit 1930 mit dem Namen Röntgens verbunden ist.

Wie in Remscheid, gab es auch in Lennep an der Stadtkirche eine „**Höhere Töchterschule**", die 1835 gegründet, 1873 von der Stadt übernommen, 1928 zum Lyzeum und 1934 mit dem Röntgengymnasium verbunden wurde. Doch vorerst durften nur Unterstufenschülerinnen zusammen mit den Jungen die Bank drücken, die volle Koedukation gab es erst nach dem Krieg.

Oben: das alte Gymnasium, 1910, vom Schulhof her gesehen, heute die Freiherr-vom-Stein-Grundschule. Diese Schule besuchte 1914/15 auch Heinz Rühmann. Ob er sich 30 Jahre später bei seinem Schulfilm „Die Feuerzangenbowle" wohl daran erinnert hat? Am Ende des Films meint Rühmann humorvoll: „Ein solches Gymnasium, wie ich erfunden habe, das gibt's ja gar nicht!"

Das neue Gymnasium (1916). Unten die Symbole von Eule (Klugheit) und Biene (Fleiß). Seit 1930 führt es den Namen Wilhelm Conrad Röntgens.

6. Aufbau von Berufsschulen

1859 wird erstmals eine **Fortbildungsschule für Gesellen und Lehrlinge** erwähnt, die in der Stachelhauser Straße lag. Der Zuspruch war so bescheiden, dass die Schule bereits 1860 wieder aufgelöst wurde. Man versuchte den Unterricht wenig später neu zu organisieren und der Höheren Bürgerschule eine **Gewerbeschulklasse** anzugliedern, baute die neue Realschule sogar zur Gewerbeschule aus (s.o.). Doch der Unterricht war freiwillig und fand Mittwoch- und Samstagnachmittag statt, sogar noch am Sonntagmorgen! Die Beteiligung, vor allem bei den angehenden Schmieden und Schlossern, war nicht sonderlich groß. Noch 1890 nahm von etwa 1000 Lehrlingen nur jeder Vierte teil. Das sollte sich erst mit Einführung des Berufsschulzwanges ändern (1905, für Mädchen 1925) und der Eröffnung einer **gewerblichen und kaufmännischen Pflichtfortbildungsschule** im Gebäude in der Gewerbeschulstraße, das seit 1902 ganz der Berufsschule zur Verfügung stand. Entsprechende Fortbildungsschulen gab es auch in Lennep und Lüttringhausen.

Hände weg vom Alkohol!

„Es ist leider Tatsache, daß ein großer Teil der hiesigen jungen Generation einen Hang zur Roheit und zu einem übertriebenen Branntwein-Genusse hat. […] deshalb möchte ich […] an's Herz legen, die Sache der Sonntagsschule zu fördern. […] die guten Früchte werden […] sicherlich nicht ausbleiben."

(Bürgermeister Hoffmeister 1859)

„Wir brauchen hoch qualifizierte Facharbeiter!"

„Mit der bloßen Handfertigkeit ist es heute wahrlich nicht getan. Diese ist bereits mehr als reichlich durch die Maschine ersetzt und wird täglich mehr durch dieselbe ersetzt werden. Die Kenntnis des Gebrauchs der Maschine ist es, welche jene Männer, die heute gewerblich an unserer Spitze marschieren, groß gemacht hat, und die Kenntnis der inneren Vorgänge ist es, die dieselben oben hält. […] [Das] gehört [in] eine Schule, welche die Tätigkeit der Maschine erläutert, die Vorgänge erklärt und die Materialien beurteilen und richtig behandeln lässt."

(Industrieller Moritz Böker, um 1890)

Doch die heimische Industrie drängte angesichts des schweren Wettbewerbs mit dem Ausland auf noch höhere Qualifikation und setzte 1882 eine besondere **Fachschule für Stahl- und Eisenindustrie** durch. Diese technische Mittelschule mit einer Mischung aus theoretischem und praktischem Unterricht war eine vollkommen neue, bald richtungweisende Schulart in Deutschland. 1895 wurde sie vom Staat übernommen, bekam den klagvollen Namen „**Königliche Fachschule**" und hatte schnell weit über 500 Schüler. Doch die Mehrzahl kam aus den Nachbarstädten, aus dem Ausland, ja sogar aus Glasgow und New York. Wer hier abschloss, hatte die allerbesten Berufschancen. In der Folge wurden nach diesem Modell bald auch anderswo ähnliche Anstalten errichtet.

Die Eisenfachschule, hier ein Bild von 1891, lag in der Schützenstraße 58, direkt gegenüber dem damaligen Amtsgericht (heute Amt für Schule und Bildung). Die Lehrwerkstätten hatten vom Fabrikbau übernommene Sheddächer. Beim Bombenangriff 1943 wurde die Schule zerstört.

7. Der Kampf der Weltanschauungen um die Schulen

1. Eltern haben freie Wahl (Weimarer Republik)

Bis 1919 gab es nur konfessionelle Volksschulen, in Remscheid waren es in diesem Jahr 27 evangelische und vier katholische. Die Weimarer Verfassung maß dem Elternwillen große Bedeutung zu. Ein erbitterter, emotional geführter Schulkampf setzte ein. Die linksorientierten Eltern schlossen sich zu einer „Freien Schulgesellschaft" zusammen. Proletarisch-klassenkämpferisch forderten sie eine **weltliche Schule** als Regelschule, also eine strikte Trennung von Kirche und Schule. Die konfessionellen Schulen seien zu stark belastet mit monarchischen Traditionen, mit alttestamentlich nationalistischer Kriegstheologie („deutscher Gott", „heiliger Krieg") und gefügiger Anpassung. Eine Bekenntnisschule mit ihrem Glaubenszwang trübe den klaren Blick des Kindes.

Die Kirchen dagegen, vertreten durch ihre „Evangelische Schulgemeinde" und „Katholische Elternvereinigung", nannten die „Weltliche Schule" eine „Parteischule der Kommunisten" und kämpften entschieden für die Konfessionsschule.

Die Freidenker schließlich vertraten die **Simultanschule**. Das war den Linken zu halbherzig, zumal das Schulwesen nicht zersplittert werden dürfe. Auch von den Kirchengebundenen wurde sie mit ihrem fragwürdigen Moralunterricht als „religionslos" abgelehnt. „**Wem die Jugend gehört, dem gehört die Zukunft!**"

Die weltliche Schule ist in Gefahr!

Die „Ev. Schulgemeinde" und die „Kath. Elternvereinigungen" haben ihr den Kampf angesagt. Es gilt, eine Gegenorganisation zu gründen. Das ist die

„Freie Schulgesellschaft".

Väter und Mütter, kommt in Massen in die

Eltern-Versammlung

am Sonntag, dem 1. Febr., punkt 5 Uhr, in der Parkhalle.

Hier werdet ihr Aufklärung über das Wesen der weltlichen Schule finden.

Themen:

1. Der Kampf um die weltliche Schule.
Referent: Lehrer Schulze-Elberfeld.
2. Die „Freie Schulgesellschaft".
Referent: Lehrer Rübenstrunk-Elberfeld, Geschäftsführer des „Bundes freier Schulgesellschaften Deutschlands".

Der vorl. Vorstand
der „Freien Schulgesellschaft Remscheid".

Anzeige im RGA vom 30.1.1920

Von den oben genannten Lehranstalten konnten sich aber nur vier, ehemals evangelische, als weltliche Schulen durchsetzen (15 % der Schülerschaft): Stachelhausen, Nordstraße, Schütendelle und Handweiser, und das wegen sinkender Schülerzahlen (der Weltkriegsknick verursachte 6,5 % minus, bei weltlichen Schulen 50 %) auch nur vorübergehend. Eltern wollten ihre Kinder bei der Bewerbung um eine Lehrstelle nicht mit dem Stigma einer Parteischule belasten. 1933 war auch die letzte aufgelöst.

„Warum fordern wir Erziehung und Bildung auf Grundlage der Religion?"

Unserem Gott gehören wir, er hat ein Recht auf die Seele der Kinder. Wer wollte da die sündige Hand erheben, um zu rauben, was Gottes ist! […] Und willst du dein Kind zu einem glücklichen Geschöpf machen, so baue in seinem Herzen eine Kirche auf. […] Was wird aber aus unserer Jugend ohne Religion? […] Unsere Eltern wissen nur zu gut, daß Ehrenhaftigkeit und Ehre, Zuverlässigkeit und Pflichterfüllung, Nächstenliebe bürgerlicher und persönlicher Art immer noch wichtiger sind, als das ABC und das Einmaleins. Und wenn auch in ganz wenigen Fächern sich die Weltanschauung von der Lehre trennen läßt, aber in der Erziehung ist die Trennung ein Unding."

(Religionslehrer Dr. Morgentheim bei einem Vortrag im Gesellenhaus, Mai 1920)

2. Das Regime schafft sich seine „Deutsche Einheitsschule“ (Nationalsozialismus)

Erster Schultag 1933 – Der Schulleiter von Eisernstein bestand auf dem Hitlergruß.

1933 gab es in Remscheid fast ausschließlich Konfessionsschulen. Aber Hitler wollte seine Jugend niemand anderem überlassen. Bald setzte der Kampf gegen den kirchlichen Einfluss ein, zumal gegen die katholische Kirche mit ihren zentralen Strukturen. Erste warnende Vorboten gab es im August 1935. Ein unverhohlen kirchenfeindliches **Hetzplakat** wurde in allen Schulen aufgehängt. Das Regime suchte einen Keil in die Kirche zu treiben und setzte auf die niederen Instinkte breiter Massen, indem es von verbrecherischem Treiben gewisser Kreise sprach. In einem zweiten Schritt suchte das Regime über eine **Elternbefragung** die „Deutsche Schule“ durchzusetzen. Doch es gab Widerstand, zumal auf katholischer Seite: 90 % stimmten dagegen. Ein von allen Kanzeln verlesenes bischöfliches Hirtenwort, dem eine gemeinsame Dekanatserklärung angefügt war (rechts), sollte den Elternwillen stützen. Der dritte Schritt erfolgte kurz vor Kriegsbeginn per **Erlass**: „Die konfessionellen Volksschulen in Remscheid werden mit Beginn des Schuljahres 1939/40 aufgehoben und an ihre Stelle [...treten] die deutschen Schulen.“ (10.2.1939, Oberbürgermeister Kraft)

Wissen verdirbt die Jugend

„Ich will keine intellektuelle Erziehung. Mit Wissen verderbe ich mir die Jugend. [...] Der völkische Staat hat in dieser Erkenntnis seine gesamte Erziehungsarbeit in erster Linie nicht auf das Einpumpen bloßen Wissens einzustellen, sondern auf das Heranzüchten kerngesunder Körper. Erst in zweiter Linie kommt dann die Ausbildung der geistigen Fähigkeiten. [...] Die gesamte Bildungs- und Erziehungsarbeit des völkischen Staates muß ihre Krönung darin finden, daß sie den Rassesinn und das Rassegefühl instinkt- und verstandesgemäß in Herz und Gehirn der ihr anvertrauten Jugend hineinbrennt. Es soll kein Knabe und kein Mädchen die Schule verlassen, ohne zur letzten Erkenntnis über die Notwendigkeit und das Wesen der Blutreinheit geführt worden zu sein.“

(Hitler, Mein Kampf)

Eine zusätzliche Möglichkeit, Kinder fern vom Elternhaus nach dem Willen des Regimes zu erziehen, war die **Kinderlandverschickung** (KLV). Sie war bald auch eine Möglichkeit, die Kinder aus dem bombenbedrohten Remscheid wegzubringen. So gingen ganze Schulklassen mit ihren Lehrern auf Reisen und wurden vor Ort von jungen linientreuen Lagerführern betreut. 1943 wurden **viele Schulen zerstört**. Unterricht fand als Schichtunterricht statt, konnte jederzeit von Sirenen und der Flucht in die Luftschutzkeller unterbrochen werden. Im letzten Kriegshalbjahr brach der Unterricht ganz zusammen Die älteren Schüler wurden abkommandiert, die Jungen z.B. als Luftwaffenhelfer, die Mädchen als Straßenbahnschaffnerinnen u.a.. Die „Deutsche Schule“ war in Trümmer gefallen.

Deutsches Volk horch auf!

Das ist Sabotage am inneren Frieden der Nation!

Gebt die Volksverräter, die ihre schmutzigen politischen Geschäfte heuchlerisch unter der Maske der Religion betreiben wollen, der allgemeinen Verachtung preis!

Die ewigen Feinde des Reiches wollen die Deutsche Einheit zerstören!

Regierung und Partei machen dem schamlosen Treiben ein Ende!

Du, Deutsches Volk, hab Acht und hüte Dich vor den Dunkelmännern, die im Schafspelz kommen, inwendig aber reißende Wölfe sind.

Kanzelverkündigung

„Sie haben ihre Pflicht getan, als sie sich weigerten, katholische Kinder an eine christusfeindliche Schule auszuliefern. [...] Sie haben ihre Pflicht getan, als sie es ablehnten, Handlangerdienste zu tun bei dem Judasdienst, Christus, der unser Herr und Heiland ist, vom katholischen Kinde zu trennen. [...] Überdies haben die kath. Kinder ein gesetzlich verbürgtes Recht, nicht nur auf eine deutsche, sondern ebenso sehr auf eine kath. Erziehung in der kath. Schule. [...] Freilich, wen der Kirchenhaß blendet, der wird diese Einsicht nicht aufbringen.“ (Januar 1937)

1943 wurden von einem Tag auf den anderen 138 Klassenräume zerstört. Rechts die Reste der damaligen „Ortsschule“ an der Neustraße gleich unterhalb der Remscheider Stadtkirche. Neben Schulraum fehlte es auch an Lehrkräften; da konnte man nicht wählerisch sein. Für die Dörpfeldschule z.B. wurde ein 72-jähriger Lehrer eingestellt, der so gut wie taub und halb blind war und der, wenn er etwas an die Tafel schrieb, von zwei Seiten gestützt werden musste.

Bericht einer Kinderlandverschickung

„Am 20. März 1941 startete der Sonderzug ab Lüttringhausen, wir kamen [...ins] Riesengebirge. [...] Jeden Morgen vor dem Frühstück ließ unser Lagerführer uns auf dem Hof zum Fahnenappell antreten. [...] Natürlich sangen wir auch Soldaten- und HJ-Lieder. [...] fünfhundert Remscheider Kinder [waren] in diesem Teil des Riesengebirges in KLV-Lagern untergebracht. [...] Wenn ich die Kinderlandverschickung heute betrachte, hatten die Reichsjugendführer eine einmalige, hervorragende Gelegenheit, die Millionen verschickten Kinder zu Nationalsozialisten heranzubilden, nach der von Adolf Hitler aufgestellten Forderung: ‚Jugend muß von Jugend geführt werden!‘“

3. Erneuter Kampf um die Konfessionsschule (in der neuen Demokratie)

Bald nach dem Krieg drängte man in Remscheid auf die Wiedereinführung von Konfessionsschulen, auf katholischer Seite sogar mit einer Flugblattaktion an die betroffenen Eltern. 1946 stimmten insgesamt 28,4 % dafür, unter den Katholiken waren es gar 90 %, in Lennep sogar 97 %. Die mehrheitlich links orientierte Stadtvertretung lehnte ab, mit Hinweis auf Raummangel, weite Wege, mangelndes Schuhzeug und fehlende Kleidung. Doch die **Militärregierung** stellte sich auf die Seite des Elternwillens. So kam es im April 1947 durch demokratische Entscheidung zur Wiedereinführung der konfessionellen Schule. **Vier katholische Schulen** haben wir bis heute, zwei in Remscheid (Stadtmitte und Südbezirk) und je eine in Lennep und Lüttringhausen.

8. Tiefgreifender Wandel

1. Ende der alten Volksschulen – Aufspaltung in Grund- und Hauptschulen

1945 wurde der Unterricht wieder aufgenommen. Allein sieben Volksschulen hatte der Krieg vernichtet. Es herrschte **Raummangel** an allen Orten. Der erste fertiggestellte Schulneubau war die heutige Mannesmannschule. 1959 waren die meisten beschädigten Schulen wieder aufgebaut und viele neue errichtet. Als sich die Zustände weitgehend normalisiert hatten, wagte man sich an Schulreformen. Eingeleitet durch zwei Kurzschuljahre, wonach das Schuljahr nicht mehr Ostern, sondern fortan im Sommer begann, erlosch die alte achtklassige Volksschule (1968). Fortan gab es nur noch 21 **Grundschulen** (heute 22), darunter vier katholische und acht (heute 5) **Gemeinschaftshauptschulen**. Mit dem Ausbau auf zehn Schuljahre sollte die Hauptschule eine höhere Qualifikation möglich machen und zu einer gleichberechtigten, weiterführenden Schule werden (erstmals 1971), mit der Möglichkeit zum Wechsel auf Realschule und Gymnasium. Größere moderne Schulbauten entstanden.

Neue große Schulzentren entstehen
Leverkuser Straße (1953/54), Rosenhügel (1956-66), Wilhelmstraße (1962-68), Bökerhöhe (1968), Klausen (1968), Hackenberg (1981)

AVH (oben), Hackenberg (unten)

2. Realschule über Tag und auch am Abend

Der Trend zur Realschule mit berufsnaher Kenntnisvermittlung war in Remscheid stets sehr ausgeprägt. Am 18.8.1941 wurde im Neubau der htg. Walter-Hartmann-Schule eine städtische Realschule gegründet. Nach dem Angriff 1943 mussten Teile der Schülerschaft ausgelagert werden. Die einen wichen in die alte Pestalozzi-Volksschule aus, den Altbau der heutigen **Alexander-von-Humboldt-Schule** (AVH). Die anderen gingen nach Lennep, wo sich bald eine eigene Realschule entwickelte, 1951 noch eine Filiale von Remscheid, ab 1954 selbständig. Sie war zunächst hauptsächlich im Kreishaus untergebracht, zog dann 1975 als **Albert-Schweitzer-Realschule** in einen Neubau nach Hackenberg um und hatte bald mehr Schüler als die AVH. Beide Realschulen zählen heute zu den größten in NRW. Seit 1965 gibt es in Lennep darüber hinaus eine **Abendrealschule** („Weiterbildungskolleg").

3. Strukturreformen an den Gymnasien

Nach dem Krieg teilten sich die Hindenburgschule, das städt. naturw. Gymnasium für Jungen und das Mädchenlyzeum (heute Gertrud-Bäumer-Gymnasium, GBG) das Gebäude in der Hindenburgstraße, selbst noch auf dem Schulhof durch eine „Demarkationslinie" strikt voneinander getrennt. Anfang der 70er Jahre begann man mit der **Koedukation**. Die Jungengymnasien nahmen Mädchen auf, und am GBG wurden die ersten Jungen bestaunt. In den 70er Jahren kam eine **Oberstufenreform**; so konnte sich z.B. die Schülerschaft in Grund- und Leistungskurse frühzeitig auf Qualifikationen für den späteren Beruf spezialisieren. In jüngster Zeit kam es zu einem schockierenden Ergebnis im Leistungsvergleich mit anderen Ländern. Derzeit versucht man durch z.B. **Lernstandsüberprüfungen** und **Zentralabitur** ein Verbesserung der Qualität zu erreichen.

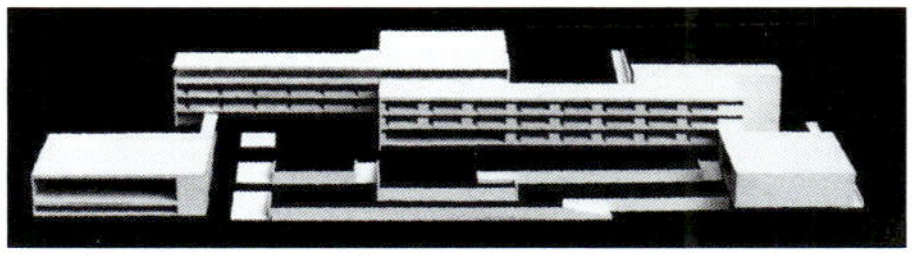

Moderner Bau – modernes „Haus des Lernens"
1967 zog die Hindenburgschule als „Leibniz-Gymnasium" in die Brüderstraße. Die Jungen machten den Mädchen des GBG Platz. Doch 1989 mussten sie nach Lüttringhausen wechseln, da die erste Gesamtschule Remscheids hier einzog.

4. Kampf gegen das dreigliedrige Schulsystem – Einführung der Gesamtschule

In den 70er Jahren gab es einen ersten Versuch, das traditionelle dreigliedrige Schulsystem durch eine **„Kooperative Gesamtschule" flächendeckend** zu ersetzen. Eine Elterninitiative auf Landesebene „Stoppt das Schulchaos" (1978) verhinderte das Vorhaben. Doch eine **Gesamtschule als Parallelangebot** zum dreigliedrigen System wurde eingerichtet. Im Sinne von Chancengleichheit sollte sie allen, unabhängig von ihrer Herkunft, Fähigkeiten und Neigungen, einen ihrer Begabung entsprechenden Schulabschluss ermöglichen. Nach erregten Debatten im Remscheider Schulausschuss setzte man die erste Gesamtschule im Stadtgebiet durch. Nach heftigen Abwehrkämpfen des Leibniz-Gymnasiums wurde es durch die Albert-Einstein-Gesamtschule 1986 aus ihrem Gebäude verdrängt. Die neue Schulform fand, zunächst zumal in Migrantenkreisen, so großen Zuspruch (23 % Ausländer), dass bald auf dem Hohenhagen ein Neubau errichtet wurde, in den 1996 eine zweite Gesamtschule einzog, der Sophie Scholl ihren Namen gab. Bis heute ist der Bedarf so groß, dass diese Schulform bis zu 30 % der Interessenten abweisen muss. Übrigens: Mit der Waldorfschule in Bergisch Born gibt es auch eine private „Gesamtschule".

5. Von der Hilfsschule zur Förderpädagogik mit Hauptschulabschluss

1906 war auf der Alleestraße (später Schüttendelle) die erste „Hülfsschule" für schwächer Begabte eingerichtet worden, im Volksmund auch „Klötzchenschule" genannt. Nach dem Krieg stieg die Zahl der „Hilfsschulen" zunächst an (Handweiser, Lennep, Holscheidsberg, Grund), vorerst recht behelfsmäßig untergebracht, bis die Stadt sie mit Neubauten (ab den 70er Jahren) aus ihrem Mauerblümchendasein erlöste. Erst langsam begann sich die Erkenntnis durchzusetzen, dass schulische Minderleistung vielfach auf Behinderung zurückzuführen und mit gezielter Behandlung unterschiedlich zu überwinden ist. Heute gibt es vier Förderschulen mit differenzierter Sicht: Um **Lernbehinderte** kümmern sich die Karl-Kind-Schule (am Ort der früheren Gewerbeschule) und die Pestalozzi-Schule (Lennep, Leverkuser Straße) und um **geistig Behinderte** die Hilda-Heinemann-Schule (Lennep). Die Heinrich-Neumann-Schule (ehemals Handweiser) wurde für Kinder mit Erziehungsproblemen eingerichtet. Letztere und alle Lernbehinderteneinrichtungen bieten den Hauptschulabschluss an.

Heinrich Neumann (1906-1989)
Heini, der Remscheider Arbeitersohn und Bildhauer, war ein unbequemer und eigenwilliger Mensch. Mit kritischen Augen schaute er auf die Gesellschaft und versuchte, in der Maske des Clowns zu sagen, was ihm wichtig war. Sein Lebensmotto: „Die Würde des Menschen ist unantastbar". Mit seiner manchmal groben, offenen Art machte er es seiner Umgebung nicht leicht. Die Nationalsozialisten zerschlugen ihm seine Skulpturen und zwangen ihn, vorübergehend auf Wanderjahre zu gehen. Nach Remscheid zurückgekehrt, blieb er ein „enfant terrible", ein Original „mit Seitensprüngen". Wenn der Poltergeist in die Straßenbahn einstieg, verließen die einen fluchtartig das Abteil, andere stiegen bewusst dazu, weil sie ein Schauspiel erwarteten. Wenn er auf einer Versammlung eine Frage stellte, suchte seine Frau das Weite: „Um Himmels willen, der Heini hat sich zu Wort gemeldet." – Er hatte ein ausgesprochenes Händchen für Kinder und Jugendliche und gab Malkurse für sie. Selbst Chaoten fühlten sich verstanden. So wurde er zum Patron einer Schule mit schwierigen Schülern.

6. Drei Berufskollegs mit vielen Bildungsmöglichkeiten – bis zum Abitur

Aus den alten „Berufsschulen" wurden 2001 Berufskollegs. Sie sind duale Partner der Betriebe bei der Ausbildung und ermöglichen Bildungsabschlüsse bis hin zur Fachhochschul- und allgemeinen Hochschulreife. Das **Käthe-Kollwitz-Berufskolleg** in der Freiheitsstraße ist gewerblich-hauswirtschaftlich und sozialpädagogisch ausgerichtet. Das **Berufskolleg Wirtschaft und Verwaltung** in der Stuttgarter Straße bereitet auf kaufmännische Berufe vor. Das **Berufskolleg Technik** in der Neuenkamper Straße deckt die Ausbildungsbereiche industrielle und handwerklichen Metalltechnik, Elektrotechnik und seit einigen Jahren als bergischer Schwerpunkt die Informationstechnologie umfassend ab. Das technisch ausgezeichnet ausstattete **Berufsbildungszentrum** der Remscheider Industrie (BZI) an der Lenneper Straße, neuerdings im Verbund mit dem Handwerk, ergänzt mit Lehrwerkstatt und Kursen die überbetriebliche Aus- und Weiterbildung. Es ist weit über die Stadt hinaus bekannt.

9. Neue Entwicklungen

Seit einiger Zeit kündigt sich ein gesellschaftlicher Wandel an, auf den auch die Schulpolitik reagieren muss. Die Situation der Doppelberufstätigen, der Alleinerziehenden, der zunehmenden Problemfamilien und die Erweiterung der Stundentafel verlangen eine längere Betreuung der Kinder. Dem sucht man mit **Ganztagsschulen** bzw. offenen Ganztagsschulen zu begegnen. Schulen, die das nicht anbieten, verlieren an Attraktivität. Doch nicht jede Schule hat den Raum dafür, und Neubauten sind nötig. Dazu kommen seit gut zehn Jahren **rückläufige Schülerzahlen**, allein für 2008 sind es 13 % weniger Neuanmeldungen als im Vorjahr. Die Zusammenlegung von Schulen hat bereits begonnen.

3. Brauchtum und Kultur

1. Vom Leben und Treiben im alten Remscheid

1. Alle Welt traf sich am Markt

Stellen wir uns den Markt des Dorfes Remscheid vor, das gerade zur Stadt geworden ist. Er ist umrahmt von Schieferhäusern und wird überragt vom Zwiebelturm der Stadtkirche. Hohe, schwer beladene Pferdekarren transportieren Eisen und Kohle, dazwischen fahren Postwagen und vornehme Kutschen. Schmiede in blauleinenem Kamisol mit hohen Schirmkappen kommen daher, manche haben, mit einem Tragknüppel gehalten, einen länglichen Lieferkorb geschultert. Vereinzelt tauchen Bandwirker aus Lüttringhausen auf; man kann sie an ihren leinenen Liefersäcken erkennen. Bauern aus dem Umland bis Dabringhausen liefern in Kiepen Gemüse für den Wochenmarkt. Marktfrauen in Kattunkleidern, blauleinenen Schürzen und Kopftüchern preisen ihre Waren an. Betuchte Bürgerfrauen in schwarzseidenen Schürzen und modischen Haubenmützen flanieren über den Markt. Schulbuben aus der Schule gleich neben dem Markt schlängeln sich durch die Reihen. Und dazwischen schreitet mit wichtiger Miene ein Gendarm mit Pickelhaube und langem Säbel.

Markt um 1900. Gaslaternen (1863) haben Einzug gehalten. Das erste hochgeschossige, mit einem Turm gekrönte Geschäftshaus (1890) stört das einheitliche Bild. Die Straßenbahn fährt (1893). Dazwischen postiert sich für den Fotografen noch etwas von der „guten alten Zeit" mit Postkutsche und „Trachtenschau". Der letzte Markt wurde hier 1886 abgehalten, dann auf dem Schützenplatz (heute Theodor-Heuss-Platz).

Was Frauen so tragen…

Sie tragen lange Röcke und Hauben, kurze, bestickte Jacken sind beliebt. Für verschlammte Wege sind Kniestiefel nötig, sonntags werden sie durch vornehmere Schnürstiefel ersetzt. Um die Mitte des 19. Jh. kommen Reifröcke wieder in Mode bei Frauen aller Stände. Dann wird der kreisrunde Damenrock schmaler, aber dafür nach hinten ausgepolstert („Kö" genannt). Ein Remscheider Witzbold trägt den Spruch zu Markte: „Da braucht man keine Pferdebahn und auch kein Felzepee. Man schafft sich eine Dame an und reitet auf dem Kö."

…und was bei Männern Mode ist

Die übliche Alltagskleidung ist einfach. Da genügten ein blauer Kittel und ein farbiges Wolltuch, das um den Hals geknotet ist, dazu eine Seidenmütze. Ansonsten trägt man dunkelfarbige Jacken, kurze Kniehosen, lange Wadenstrümpfe, hohe Schuhe, dazu einen schön geschnitzten Prengel als Spazierstock. Wer das nötige Geld hat, leistet sich eine Samthose, ein schwarzseidenes, manchmal bunt besticktes Oberhemd, darüber eine vornehme Weste. Dazu kommt er daher mit einer silbernen Kette, einer wohlgepflegten Tabakspfeife und einem beeindruckend polierten Spazierstock, der mit Silber beschlagen ist und einen Knauf aus Edelmetall oder Elfenbein hat. Den Vatermörder (Stehkragen, Schleife und Binde) überließ man den vornehmen Handelsherren.

2. Zusammenstehen in Freud und Leid

Während man sich im heraufziehenden Industriezeitalter vielfach vom herkömmlichen Brauchtum verabschiedete, hielt man in Remscheid und seinen Höfen noch lange an alten dörflichen Bräuchen fest. Sie waren ein Ausgleich zur knochenharten Arbeit und zu immer wiederkehrenden Notzeiten und stärkten das Gefühl, von einer Gemeinschaft getragen zu sein. So ging es von der Kindstaufe bis zur Beerdigung hoch her.

1. Feier von Hochzeiten

Hochzeitsbitter

Die Braut trug damals noch ein schwarzes Kleid. Das weiße Brautkleid kam erst im 20. Jh. auf.

An einem Samstag, **drei Wochen vor der Hochzeit**, feierte man in großem Stil das „Hieling". Am Tag vorher machten sich **zwei Freunde** auf den Weg, um die Gäste einzuladen. Sie waren festlich gekleidet, trugen blauleinene Kittel oder einen schwarzen Rock, dazu zum Zeichen ihrer Würde einen hohen, steifen Hut und einen langen Stab und waren mit einer Tabakpfeife und einer Schnapsflasche bewaffnet. Mädchen knüpften ihnen bunte Bänder an Pfeife und Stab, und so waren sie am Ende ihres Rundganges von ganzen Bündeln von farbigen Bändern und Schleifen umflattert. Das **Hieling**, im heutigen Sprachgebrauch so etwas wie ein Polterabend, fand am Samstagabend statt. Um rechtzeitig erscheinen zu können, machten sogar Werkstätten und Schmieden früher Feierabend. Die herbeigeströmten Gäste machten einen Höllenlärm, schossen mit Pistolen und Gewehren um sich und feuerten Böller ab. Mancher Unfug konnte schon mal böse ausarten, und es gab sogar tödliche Unfälle. So erkämpften und erlärmten sich die Gäste den bereitstehenden Umtrunk. Die Männer bekamen klaren Korn, die Frauen standen eher auf süßen Anis- oder Pfefferminzlikör. Wenn man nicht im Haus der Braut feierte, geleitete man diese mit Musik zum gemieteten Saal eines Wirtshauses. Bei den Klängen eines Akkordeons wurde die Nacht durchgefeiert, gesungen und getanzt. Wenn sich das Brautpaar weigerte, die Gäste entsprechend zu bewirten, oder sich gar drücken wollte, spielte man ihm mit unmöglichen Instrumenten zu einer garstigen Katzenmusik auf.

Die **Hochzeit** fand im Allgemeinen daheim statt, der Pfarrer kam ins Haus und traute das Paar. Es gab aber auch die Trauung in der Kirche. Dann begleiteten die Burschen und Mädchen, die Spielleute voraus, in langem Zug das Paar zur Kirche, wobei ein Großteil den Weg über ein Wirtshaus bereits abkürzte und während der Trauung schon mal dem Wein, Bier und Branntwein zusprach. In harten Zeiten nahm man eben jeden Anlass zum Feiern wahr. So wird von einer Remscheider Hochzeitsfeier im Mai 1814 berichtet, zu der sich 400 Gäste einfanden. Da sich die meisten Paare solchen Aufwand gar nicht leisten konnten, auch wenn daheim unter freiem Himmel gefeiert wurde, hatte sich der Brauch von **„Gebehochzeiten"** eingebürgert. Schon bei der Einladung wurde die zu erwartende Speisekarte verkündet und umgekehrt erwartet, dass die Geladenen eine beträchtliche Gabe, möglichst bares Geld, mitbrachten. So wurde eine Hochzeit zum Spekulationsobjekt, und manche heirateten nur um der Geschenke willen. Kein Wunder, dass gelegentlich bis zu 700 Gäste eingeladen wurden. Viele Dienstboten verausgabten sich über ihre Verhältnisse, nur um später auch einmal reichlich beschenkt zu werden. Deshalb wurden Hieling und Gebehochzeiten von den Behörden verboten, mit mehr oder weniger Erfolg.

1793: Verbot durch den Landesherrn
Karl Theodor von Berg war nicht gewillt, „solch sträfliches und zum Verderb der guten Sitten gereichendes Unwesen bei diesen ohnehin kümmerlichen Zeitläufen zu dulden." Wer zuwiderhandelte, dem sollten alle Geschenke weggenommen und ihm eine saftige Geldstrafe aufgebrummt werden. Wer nicht bezahlen wollte/konnte, dem wurde die Prügelstrafe angedroht. – Der Erlass hatte wenig Erfolg!

1829 Verbot durch den Bürgermeister
Doch man drückte sich, indem man die Aufforderung zu Geschenken unterließ.

1833 Anregung des Bürgermeisters
Statt Geschenken verlangte er eine Armenspende für geschulte polizeiliche Hilfe beim gefährlichen Böllern!

Am Ende half der Druck der Straße. Denn wehe dem, der sich nicht an das Versprechen der Armenspende hielt. Dem wurde, wie ein Fall aus dem Jahr 1838 zeigt, eine ganze Woche lang solcher Spektakel bereitet, dass auswärtige Polizei herangezogen werden musste. Denn es blieb nicht nur bei einer bösen Katzenmusik und beim Umzug von zwei ausgestopften Figuren (Brautpaar) auf einem Esel, sondern es kam auch zu wüsten Schlägereien.

2. Tod und Begräbnis

Auch wenn jemand gestorben war, gab es feste Riten. Beim Eintritt des Todes setzte man die Uhr still, verhängte den Spiegel und schloss die Fensterläden. Bis zur Bestattung ruhte alle Arbeit in Haus und Hof außer den allernotwendigsten. Den Sterbefall zeigte man sogleich den Nachbarn und Verwandten an. Der Tote wurde bis zur Beerdigung im **Sterbezimmer** aufgebahrt, die Vorhänge blieben so lange zugezogen oder die Schlagläden geschlossen. Ein **Trauerflor** an der Haustür wies darauf hin, dass es hier einen Sterbefall gab und Rücksicht angesagt war. Die Leiche wurde hergerichtet. Die Trauerfeier mit dem Pfarrer fand meist im Haus statt. Dann wurde der Sarg von Freunden oder Nachbarn in feierlicher Stille aus dem Haus getragen. Verwandte und Bekannte folgten ihm in großer Zahl und gaben dem Toten das letzte Geleit.

Solche Leichengänge führten oft über lange Wege, so vom Morsbach- oder Eschbachtal hinauf zur Stadtkirche. Sie waren mit besonderem Zeremoniell verbunden. Anfangs nahmen nur Männer teil. Sie trugen über ihrer gewöhnlichen Kleidung lange, bis zu den Füßen reichende, schwarze Leichenmäntel, ärmellos, dafür ausgestattet mit bis zu den Hüften reichenden Überwürfen, sehr praktisch bei schlechtem Wetter. Ärmere konnten sie sich im Leihhaus mieten. Dazu trugen sie schwarze, seidenbehaarte Zylinderhüte mit breiter Krempe, meist alte Stücke, die schon Generationen vor ihnen benutzt hatten. Die engsten Verwandten hatten darum noch einen schwarzen Schleier gewunden, der auf der linken Seite bis zum Knie herunterfallen musste. Auch diese konnte man mieten. Bis 1850 führten sie noch einen dicken Faustknüppel mit sich. Dazu rauchten sie lange Tabakpfeifen, sodass der Leichenzug oft in blaue Dunstwolken gehüllt war. Diese Sitte hat sich bis in die 70er Jahre des 19. Jh. erhalten. Erst langsam begann es sich einzubürgern, dass auch Frauen mitgehen durften, doch nur ganz unter sich und am Ende des Zuges. Sie trugen lange, schwarze Kleider und vom Kopf herabhängende Umhänge. Später kamen dann auch die feierlichen, schwarz verhängten Leichenwagen auf und entlasteten die Sargträger, die immer wieder Pausen machen und sich abwechseln mussten. Die **Beisetzung** fand mit der auch heute noch üblichen Feierlichkeit statt. Danach rückte die Beerdigungsgesellschaft ab. Nach einer angemessenen

Das Zimmer mit dem aufgebahrten Toten wird verdunkelt.

Engel auf dem Stadtfriedhof

Entfernung kehrte man zum Leben zurück, indem **unter flotten Märschen das Vereinslokal angestrebt** wurde. Verwandte und gute Bekannte wurden zur **Reuzeche** in das Trauerhaus gebeten.

Ursprünglich zogen singende Schulkinder (mit Schulmeister) dem Leichenzug, vom Trauerhaus an, voraus. Die Beisetzung vom Friedhof aus war nur schwer durchzusetzen.

> ***Altes Brauchtum kollidiert mit moderner Zeit***
> *„Vor kurzem konnte man an der Unterführung eine enorme Stockung des gesamten Verkehrs beobachten. Dort stauten sich fünf Straßenbahnwagen (einer in der Neuenkamper Straße, zwei in der Unterführung mit Fahrtrichtung Bahnhof, und zwei Wagen standen auf der Bismarckstraße in Richtung Unterführung). Neben, vor und hinter den Straßenbahnwagen standen wohl über 20 Gefährte, Last- und Personenautos, Pferdefuhrwerke, Ziehkarren, Motorräder. Was war der Grund dieses beängstigenden Gedränges? Ein Leichenzug kam aus der Unterführung heraus, um in die Bismarckstraße aufwärts nach dem Stadtfriedhof zu ziehen.“ (Bericht 1929)*

3. Kirmes – eine Attraktion, die Menschen verbindet

1. Die zahllosen Hofkirmessen

Jeder Hof, und war er noch so klein, hatte seine eigene Kirmes. Da gab es „Hahneköppen“, Schießwettkämpfe, Kinderbelustigungen und vieles mehr. Zu Beginn des 19. Jh. gab es 27 solcher Hofkirmessen. Sie verteilten sich über den ganzen Sommer bis in den Herbst hinein und bestanden hauptsächlich in „**Branntweintrinken und Kartenspielen**“. 1810 äußerte sich der französische Statthalter besorgt darüber, dass viele Familienväter „uneingedenk ihrer Pflichten sich sorglos den Schwelgereien überlassen und oftmals **an einem Abend so viel verprassen, dass sie mit ihren Weibern und Kindern nachher darben müssen**.“ Doch alle Versuche, diese ausufernden, wilden Feiern abzuschaffen, scheiterten. Da hatte Bürgermeister Abraham Hering 1816 eine Idee, sie in geordnete Bahnen zu lenken:

2. Die große Stadtkirmes

Der Bürgermeister setzte an Stelle der vielen Hofkirmessen eine zweitägige Hauptkirmesfeier und übertrug die Ausrichtung den Remscheider Vogelschützenbrüdern. Sie wurde mit einem großen Jahrmarkt und später auch mit einem Schützenfest verbunden. So entwickelte sich die Remscheider Kirmes, am zweiten Sonntag im Juli gefeiert, zu einem fünftägigen großen Volksfest, das Besuchermassen aus Nah und Fern anzog.

Weit mehr als heute bestimmte die Kirmes einst das gesamte Stadtleben. Am Hauptkirmestag ruhte in fast allen Betrieben die Arbeit. Kinder, Lehrlinge und sogar Arbeiter bekamen Kirmesgeld. Die Bürger schmückten ihre Häuser mit Birkengrün und einem bunten Fahnenmeer. Der Jahrmarkt und das Kirmestreiben zogen sich quer durch die Stadt vom Birgderkamp (htg. Unterführung) bis hinauf zum Schützenfeld. Überall waren Buden aufgestellt. Schnorrräder drehten sich, Schausteller zogen die Menschen in ihren Bann. Eine Zeltstadt für sich bot der Markt. Hier gab es alles, vom Porzellan über Schmuck bis zu Werkzeugen. Auf der Alleestraße reihte sich Bude an Bude. Irres Gedränge gab es dann auf dem Schützenplatz. Die Menge schob sich von Attraktion zu Attraktion: Zwischen den Kirmesbuden standen ein handbetriebenes Karussell und Hexenschaukeln, bald kam auch ein Riesenrad dazu. Irrgärten und Schreckenskammern taten sich auf, Wachsfigurenkabinette und Räume mit Lachspiegeln. Man konnte Tierbändiger-/innen und Ringkämpfer/innen zusehen, Schlangenmenschen, Riesen und Zwerge bewundern oder die Dame ohne Unterleib, Moritatensänger/innen lauschen oder in Schießbuden, bei Geschicklichkeitsspielen oder dem „Hau den Lukas“ sein Glück versuchen. Es gab alles, vom Flohzirkus bis zum Hippodrom. Sehr beliebt waren auch das Kölsche Hänneschen und die Weltrundbildschauen. Natürlich fehlten auch nicht die vielen Wurst- oder Waffelbuden. Am Dienstag zogen die Schützen mit militärischen Klängen im großen Festzug zum Königsschießen.

1893 wurden Markt, Allee- und Bismarckstraße zum letzten Mal mit Buden bebaut. Denn gleich nach der Kirmes nahm die Straßenbahn ihren Betrieb auf, wodurch es enger wurde auf den Straßen.

Den schlimmsten Einbruch erlitt die Kirmes zur Zeit des Nationalsozialismus, als sie zum Propagandainstrument umfunktioniert wurde. Danach begann sie sich schnell wieder zu erholen. Mit bis zu 200.000 Besuchern war sie die größte im Bergischen Land. Doch an die Stelle der Kirmesromantik ist der Kommerz getreten. Und genau aus diesen Gründen geht der Zuspruch heute wieder stark zurück. Für viele Schausteller sind die großen Feste am Rhein attraktiver.

3. Nachtschwärmerei

Die Remscheider liebten die Geselligkeit. Mit ihrer Gaststättenzahl hielten sie im 19. Jh. einen Spitzenplatz in der Rheinprovinz. Politik und Kirche klagten oft darüber und übten Kritik an der Nachtschwärmerei. Einige Schoppen am Abend gehörten zum beliebten Freizeitvergnügen. Spielen in Wirtshäusern bis in die späte Nacht, manchmal bis zum Morgengrauen, nahm einen breiten Raum ein. Bisweilen wurden sogar Kälber und Kühe ausgekegelt. Bei übermäßigen Tanzlustbarkeiten wurden oft die Polizeistunden überschritten. Dennoch waren Trunksucht und Ausschweifungen eher selten (vgl. die Postkarte rechts).

4. Freizeitvergnügen

1. Das erste Freibad Deutschlands – im Eschbachtal

Dieses im Sommer 1912 eröffnete Freibad war eine in Deutschland einzigartige Attraktion und ein guter Freizeitausgleich in der aufblühenden Industriestadt.

Städtisches Strandbad.

Das städtische Strandbad, unterhalb der Remscheider Talsperre und Pumpstation des städtischen Wasserwerks im Eschbachtal errichtet, wurde am 29. Juni 1912 dem Betrieb übergeben.

Es besteht aus drei Schwimmbassins und zwar je einem getrennt liegenden Herren- und Damenbassin von 20 × 25 Meter = 500 Quadratmeter Größe, sowie einem Bassin für das gemeinschaftliche Familienbad von 135 × 25 Meter = 3375 Quadratmeter Größe.

Die Bassins sind aus Beton hergestellt. Das Wasser für die drei Bassins wird von der Pumpstation zugeführt; auch kann von da aus, wenn es die Witterung erfordert, eine Erwärmung des Badewassers stattfinden.

Mit dieser Schwimmbäderanlage sind Luft- und Sonnenbäder verbunden, wofür ein entsprechender, mit einer Sandschicht versehener Badestrand geschaffen ist.

Schwimm-, Luft- und Sonnenbäder.
Familienbäder und getrennte Bäder für Herren u. Damen.

Badezeit: Mai bis September an Sonn- und Werktagen von morgens 6 Uhr bis Beginn der Dunkelheit.

Seit seiner Eröffnung strömten die Badegäste hierhin. Der Straßenbahnanschluss erleichterte den weiten Weg. An heißen Sommertagen vermochte das Freibad die Badelustigen kaum zu fassen. – Zur Ergänzung gab es Hallenbäder in Lennep (1886), in der Remscheider Freiheitstraße (1894) und in Lüttringhausen (1928).

2. Das zu Tal fahrende Schiff – im Morsbachtal

Dort, wo die Gelpe in den Morsbach fließt, hatte ein bergischer Schmied, das Hammersterben im Industriezeitalter vor Augen, eine geniale Idee. Er baute ein Hammergebäude zum Gartenrestaurant um, einen Saal dazu für Kaffeeschlachten und Tanz und stellte an die 2000 bunt gestrichene Stühle und eine entsprechende Zahl Tische auf. Mit klobigen Kähnen konnte man über den alten Hammerteich fahren und im Winter auf ihm Schlittschuh laufen. Auch ein Eislaufverein durfte hier trainieren.

1903 dann setzte er seinem Unternehmen die Krone auf mit einer **Wasserrutschbahn**, die so viel kostete wie damals zwei Familienhäuser. Ein Schiff wurde mit einem Drahtseil über ein hohes Gerüst den Berg hinauf gezogen. Er nannte es stolz „Kaiser Wilhelm II.", weil der ein großer Förderer der Marine war und von ihm der Spruch stammte: „Unsere Zukunft liegt auf dem Wasser!" Oben konnten 42 Personen einsteigen, und dann schoss das Schiff hinab in den Teich. Als es am Pfingstsonntag eingeweiht wurde, hatten sich Tausende eingefunden. Der Oberkellner, zum Kapitän ernannt und in einer entsprechende Uniform gesteckt, stolzierte wie ein alter Seebär auf das Schiff und gab die Befehle, sodass das es unter dem Jubel der Menge den Berg hinaufzukriechen begann. Doch als es randvoll gefüllt mit Passagieren ins Tal fahren sollte, gingen ihm die Nerven durch, beim Blick in die Tiefe brach ihm der kalte Schweiß aus, und er sprang über Bord. „Nein! Ich tu's nicht! Ich habe Frau und sieben Kinder zu Haus!" Ein Ersatzkapitän lichtete die Anker, und das Schiff schoss unter dem Jubel der Menge und dem Angstkreischen der Seefahrer einem Torpedo gleich ins Wasser. Die Passagiere im schönen Sonntagsstaat wurden pudelnass an Land gezogen. Doch der Wirt war erfinderisch und montierte einen Wasserschutzschild. Die Attraktion hatte das Gartenrestaurants zum beliebtesten Ausflugsziel im Morsbachtal gemacht; an schönen Sommertagen drängten sich die Gäste.

Clemenshammer: im Sommer Rutschbahn, im Winter Eisbahn

Doch auch die Konkurrenz am gegenüberliegenden Teichufer schlief nicht. Sie suchte den Besucherstrom in die eigene Gastwirtschaft zu lotsen mit dem Slogan: „Achtung! Von hier aus bester Blick auf die Wasserrutschbahn!" und bot auf ihrer Veranda Kaffee mit knusprigen Waffeln und leckerem Reisbrei an. Das wiederum gefiel dem Wasserrutschbahnbesitzer nicht. So errichtete er kurzerhand einen hohen Bretterzaun als Sichtschutz. Wer jetzt noch bei der Konkurrenz einkehrte, musste schon ein Brett vor dem Kopf haben.

Natürlich gab es noch viele Konkurrenten an Freizeitangeboten, z.B. im Zillertal, Diepmannsbach-, und Eschbachtal wie in Müngsten.

2. Im „Land der singenden und klingenden Berge"

Gesang zu Hause oder bei der Arbeit hatte bereits eine lange Tradition. Erste Singgemeinschaften hatten ihren Ursprung auf den Höfen, so die Männergesangvereine in Reinshagen (1816), Ehringhausen (1816), Scheid (1820) oder Morsbach (1821). Anspruchsvolleres leisteten dann **Chöre**, die sich über die Höfe hinaus organisierten. Gesangsgemeinschaften der Lehrer brachten 1835 ein erstes großes Sängerfest in der Stadtkirche zustande. Größere

Konzerthalle Germania (1891), später auch die Wiege des Remscheider Theaters (1919). Heute steht dort in der Brüderstraße ein Teil der Gesamtschule.

Männerchöre entstanden in Lennep (1830), in Remscheid (1840, Vorfahre des Männerchores „Germania"), in Lüttringhausen (1855), gemischte Chöre in Lennep (1842) und in Remscheid (1843). Die Remscheider Chöre ergriffen in den 80er Jahren des 19. Jh. im Verbund mit dem Konzertverein die Initiative zur **Aufführung großer Chorkonzerte, Oratorien und Sinfonien** namhafter Komponisten und verpflichtete eine Fülle bekannter Solisten. Diese wurden von breiten Schichten des Bürgertums und der Arbeiterschaft getragen und dokumentierten sich im Bau der „Konzerthalle Germania", einem Bau im „klassizistischen Stil", von dessen Fassade Wilhelm I. und Friedrich III. grüßten. So entwickelte sich in einer Stadt, die eher im Ruf einer Industriestadt stand, mit erstaunlichem Tempo ein **reges Kulturleben**, vor allem dank privater Initiative mit viel Idealismus und unter großen finanziellen Opfern.

Nach dem Ersten Weltkrieg, in dem das Musikleben fast ganz erlosch, wuchs wegen der materiellen Not das Bedürfnis nach geistigem und künstlerischem Ausgleich und weckte neue Kräfte. Die Konzerthalle wurde 1919 umgebaut und mit dem Theaterbetrieb verbunden. Ein eigenes Orchester wurde eingerichtet und das musikalische Leben der Stadt über ein städtisches Musikamt gebündelt. Sängerfeste und Kulturwochen brachten Remscheid in den Kreis der **führenden Musikstädte des Westens**. Das Problem war nicht mehr: Was, sondern wo sollen wir spielen? Mit der Weltwirtschaftskrise war Sparen angesagt, auch bei der Kultur. Die Musiker wurden arbeitslos und spielten als „Arbeitsamtsorchester" weiter, vor 700 Zuhörern am Abend. Dann kam die Ära der Nationalsozialisten. „Die Chöre sind jetzt Glieder eines singenden Volkes, das in seinen Liedern dem ewigen Deutschland unsichtbare Dome bauen soll." 1935 wurde durch Kooperation mit Solingen ein „Bergisches Landesorchester" mit 42 Musikern aufgebaut. Es hatte große Auftritte. 1938 entstand nach weitgehendem Abriss der „alten Germania" an gleicher Stelle ein neuer Musentempel, der dann schon fünf Jahre später im Bombenhagel unterging.

Nach einem „totalen Krieg" war der musikalische Hunger groß. Chorgesang half aus dem grauen Alltag. In Turnhallen, Werkskantinen oder noch intakten Kirchen erklangen Sinfonien, und alle Veranstaltungsorte waren prall gefüllt. Allein im ersten bitterkalten Nachkriegswinter gab es 146 Konzerte. Die Provisorien fanden 1956 ein Ende; das Orchester spielte fortan im **neuen Theater**. Ende der 50er und in den 60er Jahren hielt dann auch – für viele sehr gewöhnungsbedürftig-zeitgenössische, moderne Musik ihren Einzug.

Orchester 1955. Angesichts knapper werdender Kassen ist seine Eigenständigkeit heute, obwohl mit Solingen vereint, wieder gefährdet.

Aus dem Statut des Reinshagener Gesangsvereins (1816)

1. *Erlaubt sich ein Mitglied während der Lehrstunde unanständige Freiheiten, weder in Mienen und Gesichtszügen noch in Fluchen und Schwören noch anderen unsittlichen Redensarten und Grobheiten, oder auch ungeziemende Neckereien [...] Ein hiergegen Fehlender muss sich nicht nur harte Verweise des Lehrers gefallen lassen, sondern sich auch noch einer angemessenen Bestrafung unterwerfen. Also darf*
2. *Unnötiges Schwätzen und Plaudern nicht geschehen [...]*
6. *Das Tabakrauchen darf nur dann geschehen, wenn Halt angegeben und gemacht wird. [...]*
11. *Das Widersprechen, wie sehr es auch übrigens Mode sein mag, darf in dieser Anstalt nicht stattfinden. [...]*

Jugendmusikschule (1953)

Sie will Kinder und Jugendliche – inzwischen auch Erwachsene – für alle Arten musikalischer Betätigung begeistern und sie dazu befähigen. Auch die Allerjüngsten erhalten inzwischen ein eigenes Angebot zusammen mit einem Elternteil („Mausmusik"). Die umfassende Wahrnehmungs- und Sinnesschulung ist inzwischen das erklärte bildungspolitische Ziel, seit die einstige Jugendmusikschule vor über 25 Jahren zur Musik- und Kunstschule erweitert wurde. Rund 1400 Schülerinnen und Schüler hat die Schule, über 70 Lehrkräfte, und Zweigstellen in allen Remscheider Stadtteilen. Mit rund 80 Veranstaltungen präsentiert sie sich in jedem Jahr der Öffentlichkeit und zeigt die Ergebnisse der kontinuierlichen Unterrichtsarbeit und die zahlreichen Facetten der Bereiche Musik, bildende und darstellende Kunst sowie experimenteller Kunstformen auch mit Neuen Medien. Außerdem kooperiert sie seit einigen Jahren mit Remscheider Grundschulen, um durch spezielle Unterrichtsangebote („Klassenmusizieren") ihre Basis noch stärker zu verbreitern.

3. Ein tolles Theater

1. Von Wandertruppen zum Kurtheater

Das Theaterleben in Remscheid und Lennep begann mit **wandernden Schauspieltruppen** (erstmals bezeugt 1813). Sie spielten auf primitiven Saalbühnen in Gasthöfen, später auch in der Schützenhalle, während geschäftig Speisen und Getränke serviert wurden. Ihr Repertoire stand nicht gerade auf hohem Niveau. Meist waren es zeitgenössische Lustspiele; klassische Werke merkwürdig selten, allenfalls Schillers Dramen, zuweilen Kleist. Dazu kamen **Kleinkunsttheater**, die mit einer Mischung aus komplizierter Mechanik, Malerei und Schauspielkunst dramatische Szenen darstellten. Wohl schon um die Jahrhundertmitte suchten **einheimische Theatervereine** den fremden Schauspieltruppen Konkurrenz zu machen, wenngleich noch sehr dilettantisch. Da brachte das **Elberfelder Stadttheater** seit den 1860er Jahren mit seinen Gastspielen schon eine neue Qualität in die Remscheider Saalbühnenlandschaft. Goethes „Faust“ kam zur Aufführung, bald auch soziale Dramen Gerhart Hauptmanns und dazu erstmals Opernaufführungen, die bald zum Publikumsmagneten wurden. Domizil für die großen Aufführungen wurde die neu errichtete Konzerthalle Germania. Nach 1900 gastierten hier **bekannte Kurtheater und Stadttheater** aus Düsseldorf, Aachen Bonn, Naumburg. So ergab sich ein von Privatleuten und Vereinen getragenes buntes Bild. Am

Aufführung in der Germania, 1889
Sorge gab es offenbar immer wieder mit großen Damenhüten. In Anzeigen wurde öfter darum gebeten, „dieselben während der Vorstellung abzunehmen“.

Wochenende häuften sich oft die Veranstaltungen. Insgesamt war aber keine klare Linie erkennbar, und die Stadt griff in keiner Weise steuernd ein.

2. Städtische Übernahme und private Hilfestellung

Erst nach dem Ersten Weltkrieg ergriff die **Stadt die Kulturinitiative**. Sie stellte eine aus Polen vertriebene deutsche Schauspieltruppe in ihren Dienst, pachtete die Konzerthalle Germania und baute das als unzureichend empfundene Haus 1919 zum „**Städtischen Schauspielhaus**“ um. Doch mit dem neuen Musentempel ging es schon bald bergab. Die Nöte der Nachkriegszeit und die Inflation führten zum Rückgang des Theaterbesuchs, und die Stadt musste sich angesichts leerer Kassen von ihrer Theatertruppe trennen. Ein Verein von „**Freunden und Förderern**“ sprang ein und erstritt immerhin städtische Zuschüsse. Als 1931 infolge der Weltwirtschaftskrise auch diese gestrichen wurden, suchte man den Theaterbetrieb wenigstens mit Gastspielen des Wuppertaler Theaters aufrechtzuerhalten.

1919 wurde die Konzerthalle Germania für den Theaterbetrieb umgebaut. Die Kaiser in der Fassade mussten diese verlassen, stattdessen stand groß an der Fassade: „Städtisches Schauspielhaus“. Natürlich fanden hier auch nach wie vor die musikalischen Veranstaltungen statt.

1938 Umbau zu einer Großstadtbühne

1943 wurde das Haus total zerstört.

3. „Aller Segen kommt von oben“

1933 wurde das Remscheider Schauspielhaus von den **Nationalsozialisten** wiederentdeckt. Eingebunden in den Verband „Deutsche Bühne“ und damit gleichgeschaltet mit dem „Kampfbund für deutsche Kultur“ (seit 1934 „NS-Kulturgemeinde“), war dies die Grundlage für den Wiederaufbau des Theaterlebens. Wie beim Orchester kam es auch beim Theater zu einer Fusion mit der Nachbarstadt, zur Gründung der „**Bergischen Bühne Remscheid-Solingen GmbH**“ (1934). Vom Spielbetrieb gingen so starke Wirkungen aus, dass Remscheid beim Theaterbesuch, gemessen an seiner Einwohnerzahl, einen Spitzenplatz in Westdeutschland einnahm. Um einer **Großstadtbühne** noch mehr zu entsprechen, wurde das Theater 1936-38 umgebaut, Orchesterraum und Bühne wurden vergrößert, technische Einrichtungen bis hin zu einer Drehbühne, vor allem auch für große Opernaufführungen, auf den neuesten Stand gebracht. Regelmäßige Kulturwochen hoben das Image der Stadt. Umso vernichtender traf es die Stadt, als das prächtige Schauspielhaus 1943 in **Schutt und Asche** versank.

4. Das Spiel ist aus – ein neues beginnt

Lonny Kellner (1930-2003) lernte die Schauspielkunst auf der „Jungen Bühne". Sie heiratete 1956 den Entertainer Peter Frankenfeld.

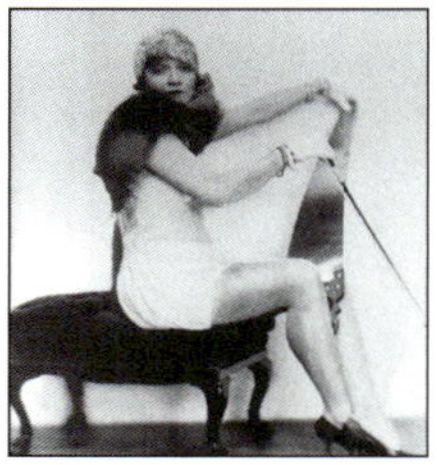

Ein anderer Exportschlager sind die in Remscheid hergestellten berühmten „singenden Sägen". Hier spielt Marlene Dietrich auf ihr wie auf einer Geige.

Die Kulturstätten waren zerstört, das eigene Theaterensemble zerstreut. Dennoch regte sich bald nach 1945 wieder kulturelles Leben. Improvisationsfreude und Organisationstalent waren gefragt. Die „**Junge Bühne Remscheid**" (1947-1950) spielte auf eigenes Risiko im ehemaligen Kasino der Polizei-Kaserne an der Martin-Luther-Straße. Sie brachte Talente hervor wie die Remscheiderin Lonny Kellner, später gefragte Schauspielerin, Schlager- und Operettenstar auf deutschen Bühnen. Der „Jungen Bühne" folgte 1950/51 das private Schauspieltheater „**Remscheider Bühne**". Intendant war Wilhelm Michael Mundt. Gespielt wurde überall, wo sich ein einigermaßen geeigneter Ort fand, hauptsächlich in der Aula des Ernst-Moritz-Arndt-Gymnasiums, im Zimmertheater der Stadtbücherei/Brücke (heute Musik- und Kunstschule), im Rittersaal von Schloss Burg und bei Freiluftaufführungen in den Ruinen des alten Schauspielhauses. Die Remscheider Bühne ging später auch auf Reisen und nannte sich fortan „Westdeutsches Tourneetheater". Für Proben, Requisiten, Garderobe und Verwaltung standen einige intakte Räume im alten Theater zur Verfügung. Als dieses 1965 für den Bau der Julius-Spriestersbach-Schule abgerissen wurde, fand die heimatlos gewordene Bühne eine neue Bleibe in der Bismarckstraße. Mit bis zu 300 Aufführungen im Jahr und Tourneen durch Deutschland, Europa, die USA und Kanada, machte sie sich einen Namen weit über Remscheid hinaus.

Die Mundtbühne spielt in den Trümmern des alten Stadttheaters Franz Werfels Stück „Die Troerinnen": Mit dem Bild des katastrophalen Untergangs des einst blühenden Troja, dem sinnlosen Sterben seiner Männer wird an die Vergangenheit erinnert und der Wiederaufbauwille Remscheids in Szene gesetzt.

Die „**Bergische Musikbühne**", 1950 von Bruno Frings ins Leben gerufen, hatte Oper und Operette in ihrem Programm. Sie trat nicht nur in Remscheid auf, sondern hatte ihren Schwerpunkt im benachbarten bergischen Raum, musste aber 1951 aufgrund fehlenden Theaterraums wieder aufgeben.

5. Die neue Ära

Die Überlegungen für ein **neues Stadttheater** führten zu heftigen Diskussionen. Die einen warnten, angesichts von 20.000 Wohnungssuchenden sei ein „Theaterbau – ein soziales Unrecht", die anderen schimpften auf die „Kulturbanausen". Und wohin sollte es gebaut werden? Ein Wiederaufbau am alten Standort in der Brüderstraße machte keinen Sinn, da das Gelände zu abgelegen und zu abschüssig war. Als „Ideallösung" hätte man sich ein Theater direkt am Rathausplatz gewünscht, schließlich baute man es, nicht weit vom Rathaus entfernt, auf dem Grundstück des einst stadtbekannten Gesellschaftshauses „Concordia". Mit Schillers „Wallenstein" eröffnete Remscheid 1954, als erste Stadt in Westdeutschland nach dem Krieg, sein neues Theater. Man verzichtete auf eine eigene Bühne und entschied sich für den preiswerteren Gastspielbetrieb.

Das heutige Stadttheater (wurde 1954 erbaut). Hier stand bis 1943 das Gesellschaftshaus „Concordia". Nach dem Krieg hatte die Stadt das zerstörte Haus erworben und zu einem provisorischen Kino- und Theaterraum umgebaut. 2001 wurde es nach dem berühmten Remscheider Teo Otto (1904-1968) benannt; dem „größten Bühnenmaler des Jahrhunderts" (siehe Bild)

Lüttringhausen und Lennep ergänzen die Remscheider Theaterlandschaft, und das auf zwei unterschiedliche Weisen.

Lüttringhausener Heimatspiele

Sie existieren seit 1928. Es handelt sich um eine Freilichtbühne mit Laienschauspielern. Vor liebevoll gestalteten Kulissen und mit viel Herz werden die Zuschauer in volkstümliche Geschichten der Heimat entführt. Das Ganze, gewürzt mit herrlichen Verkleidungen, viel Situationskomik und bergischem Platt, ist zu einem Riesenspaß geworden.

Kulisse der Heimatspielbühne (2007) und Szene aus dem Rotationstheater

Lenneper Rotationstheater

Die 1990 gegründete und privat geführte Bühne zog immer mehr Künstler aus dem Theater-, Kabarett-, Comedy- und Musikbereich an. Sie verzauberten das Hinterhof-Theater und gaben ihm Atmosphäre. Mittlerweile fragen Künstler aus ganz Deutschland und dem benachbarten Ausland um Auftritte an. Die „Kleinkunstbühne von Lennep“, die besonders auch junge Künstler fördern möchte, ist zu einer festen Kultureinrichtung im Bergischen Land geworden und mittlerweile weit über die Grenzen der Region hinaus bekannt.

4. Lesezirkel – Vortragswesen – Büchereien

In der ersten Hälfte des 19. Jh. entstanden unter Einfluss der Aufklärung in Lennep, in Remscheid und schließlich auch in Lüttringhausen **Lesezirkel**. Exklusive Kreise, vornehmlich aus der Kaufmannschaft, trafen sich oft mehrfach in der Woche in gemieteten Räumen und pflegten „gehobene Geselligkeit“. Sie lasen gemeinsam angeschaffte Bücher oder Zeitschriften, diskutierten darüber, fanden aber auch Gefallen daran, beim Gesellschaftsspiel Erholung zu finden.

In der zweiten Hälfte des Jahrhunderts entstanden allgemeine Bürgervereine und Vereinigungen aus Gewerbe und Kaufmannschaft, die sich konzentrierter um **Volksbildung** bemühten. Sie hatten es sich zum Ziel gesetzt, vor allem Fortbildungsschulen, Bibliotheken und öffentliches Vortragswesen zu fördern. Ihr rühriges Themenangebot reichte von Naturwissenschaft bis Technik, von Dichtung bis zu Schöngeistigem. In ihre Fußstapfen traten später u. a. die Remscheider Volkshochschule (gegründet im Okt. 1919 durch Studienrat Resch) mit ihrem umfassenden Bildungsangebot und der „Bergische Geschichtsverein“ (1921) mit seinen Vorträgen zur Heimat und entsprechenden Exkursionen. Die Pflege des Schrifttums lag bis zur Jahrhundertwende in privaten Händen. 1838 schuf der rührige Buchdrucker und Verleger Hermann Krumm, sicher nicht ohne kommerzielle Interessen, eine erste **konzessionierte Leihbibliothek**. Vereine mit klangvollen Namen wie „Genügsamkeit“ (1828), „Erholung“ (1875) oder „Concordia“ entstanden. Diese pflegten vor allem die Geselligkeit, wollten sich auch mit einem literarischen Mäntelchen umgeben und mühten sich auch um die Schaffung **privater Bibliotheken**.

Der entscheidende Anstoß zu einer offiziellen städtischen Bibliothek kam ebenfalls von privater Seite. Kommerzienrat Carl Friederichs, an den heute noch ein Straßenname erinnert, machte zu seinem siebzigsten Geburtstag 1901 eine Stiftung, mit der er den Grundstock für die erste öffentliche Lesehalle und Bücherei legte. Er tat das „in Erkenntnis des Wertes der Bildung für jedermann“, wollte bei der Buchauswahl keine politische Richtung ausgeschlossen sehen, und machte der Stadt die Auflage, Raum dafür zur Verfügung zu stellen. Die stärkste Lesergruppe vor dem Ersten Weltkrieg war die Arbeiterschaft.

(1) Die Gesellschaft „Concordia“ um 1876.
(2) Der stolze Nachfolgebau lässt Rückschlüsse zu auf das blühende Vereinsleben. Heute steht an dieser Stelle das Stadttheater.
(3) Versammlungssaal der Gesellschaft „Erholung“ in der Papenberger Str. 4. Die konfessionell orientierte Bürgergesellschaft signalisiert ein vielschichtiges Vereinswesen.

Doch nach dem Krieg reifte die Erkenntnis, dass eine **Bücherei für 78.000 Einwohner** nicht allein auf einer Stiftung und gelegentlichen Schenkungen aufgebaut werden konnte. So übernahm die Stadt trotz der Folgen von Wirtschaftskrise, Inflation und Besatzungszeit 1925 die Bücherei in eigene Regie und stellte ihr das frühere Amtsgericht (Ecke Allee-/Scharffstraße) zur Verfügung. In der Zeit des Nationalsozialismus wurden die Bibliotheken ideologisch dezimiert. „Dem krausen Gewirr der Parteien und Weltanschauungen enthoben, erfuhren sie eine straffe Ausrichtung nach den Zielen der Bewegung", so formulierte es der damalige Kulturdezernent Wilhelm Rees. 1943 ging der gesamte Bestand dann im Bombenhagel verloren. Der Neubeginn war mühsam. Nach einer längeren Odyssee fand die Bibliothek 1947 vier Räume in der „Bökerschen Villa". 1954 wurde ein Büchereibus angeschafft; so erreichte das Buch auch den Kunden an der Peripherie. Doch bald schon quoll die Villa aus allen Nähten. Ein Neubau war notwendig, und 1966 konnte die Bücherei in der Scharffstraße einziehen.

Die erste öffentlich Bücherei 1901 in Remscheid zog in zwei Räume des alten Schulgebäudes, der ehem. Mädchenschule in der Kirchhofstraße.

„Villa Böker" am Ebertplatz, Stadtbücherei von 1947-1966 (heute Musik- und Kunstschule)

Neubau der Bibliothek in der Scharffstraße (1966). Zurzeit verfügt sie mit Kinder-, Musikbücherei und visuellen Medien über einen Gesamtbestand von insgesamt 228.000 Titeln. Davon befinden sich in der Zweigstelle Lennep 27.000, in Lüttringhausen 21.000 und im mobilen Bus 20.000 Titel. Die jährlichen Ausleihen betragen zurzeit 454.000. Natürlich kommt der Leser hier auch über Fernleihe an Bücher anderer deutschen Bibliotheken heran.

5. Lokale Zeitungen

Das „Volksblatt für Remscheid" wurde von der Druckerei Hermann Krumm am Markt Nr. 19/20 herausgegeben. Auf dem Foto um 1900 hat es bereits seinen neuen Namen.

Die erste Zeitung im hiesigen Raum war das „**Lenneper Kreisblatt**" (1830), die Vorgängerin der heutigen „Bergischen Morgenpost". Das „**Volksblatt für Remscheid**", die „Remscheider Zeitung", kam 18 Jahre später auf den Markt. Lüttringhausen kam 1931 zu seinem „**Täglichen Anzeiger**", der heute noch einmal wöchentlich als „Lüttringhauser Anzeiger" erscheint. 1889 war die Geburtsstunde des „**Remscheider General-Anzeiger**" (RGA). Die Zeitung finanzierte sich über Anzeigen, welche die ganze erste Seite füllten; Sie erschien zunächst zweimal wöchentlich und wegen der großen Nachfrage ab 1893 täglich. Ihr erstes Domizil befand sich auf der Alleestraße 13/17. Über dem Eingang stand in goldenen Lettern „Gott grüss die Kunst". Beliebt waren die Rubrik „Das freie Wort" und der „Tü Pitter", der an der „Stadtglocke" zog. „**Tü Pitter!** – Nit te bang!" – „Zieh Peter! – Nur keine Angst!" – Mit dieser unverwechselbaren Symbolfigur hängte der RGA Themen, welche die Öffentlichkeit bewegten, an die große Glocke, plattdeutsch gereimte Lokalkritik. Das sprach aus dem Herzen, und die Remscheider waren begeistert. Bald schon wurde die Zeitung im Volksmund „Tüpitter" genannt.

Die Symbolfigur des RGA: der bärtige Schmied oder Zwerg in „Hemdesmauen" (Hemdsärmeln), „Blotschen" (Holzschuhen), „bleolinem" (blauleinerner) „Kammesool" (Jacke), „Barbel" (Schurzfell) und „Pullmötsche" (Zipfelmütze)

6. Die Akademie Remscheid – Gütesiegel für kulturelle Bildung

Klassische Bauhaus-Architektur in den Wupperbergen: die Akademie Remscheid für musische Bildung und Medienerziehung

Die Akademie Remscheid in Küppelstein ist, und das wissen nicht viele Remscheider, bundes- und europaweit ein einzigartiger und viel beachteter Kulturträger. Sie ist in Fachkreisen zu einem Synonym geworden für Qualität bei der Ausbildung derer, die mit kultureller Bildung von Kindern und Jugendlichen zu tun haben. Auf einem Grundstück von 22.000 qm am Wupperhang wurde sie 1958 als „Musische Bildungsstätte" eröffnet, zehn Jahre später unter ihrem Direktor Professor Bruno Tetzner zur „Akademie Remscheid für musische Bildung und Medienerziehung" erweitert und umbenannt – eine Umstellung auf die Kulturentwicklung unserer Zeit. Sie ist ausgestattet mit modernen Seminar- und Arbeitsräumen, einem Medienstudio und einer umfangreichen Fachbibliothek. Es gibt Zimmer für 120 Kursteilnehmer und Gäste, ein Schwimmbad und eine Sauna. Hier bilden sich pädagogische Mitarbeiter aus allen Bereichen der Jugend-, Sozial- und Kulturarbeit weiter. Zwölf hauptberufliche Dozenten lehren in der Akademie und leiten das anspruchsvolle Kursprogramm. Im Angebot stehen Musik, Rhythmik, Tanz und Theater, Bildende Kunst und Werken, Literatur, Sprache und Spiel, Fotografie und Multimedia, Online-Medien, Presse- und Öffentlichkeitsarbeit sowie Sozialpsychologie und Beratung. Computer, Kameras und andere technische Medien stehen zur Verfügung – ebenso wie Musikinstrumente und eine vielseitig ausgestattete Kunstwerkstatt zum Malen, Werken, Töpfern und Drucken. Zu erwähnen bleibt, dass die Akademie Remscheid **Sitz wichtiger kulturpolitischer Institutionen in Deutschland** ist: Das Kinder- und Jugendfilmzentrum, die Bundesvereinigung kulturelle Kinder- und Jugendbildung, das Institut für Bildung und Kultur, der Deutsche Bundesverband Tanz, die Landesarbeitsgemeinschaften Musik und Tanz NRW sind hier angesiedelt. Akademiedirektor Prof. Dr. Max Fuchs ist zugleich Präsident des Deutschen Kulturrates – das ist das Spitzenorgan aller deutschen Kulturverbände.

7. Bildung und Kultur mit Hilfe von Bürgerinitiativen

1. Das Kultur- und Bürgerzentrum in der Lenneper Klosterkirche

Angesichts des drohenden Abrisses der ehemaligen **Minoritenkirche** schlossen sich 1983 engagierte Bürger in einem **Verein Klosterkirche** zusammen, um dieses städtebaulich und kulturhistorisch bedeutende Gebäude zu erhalten und es nun für kulturelle Veranstaltungen zu nutzen. Mit Spenden der Bürgerschaft und der Hilfe von Stadt und Land ging man bereits 1985 an die Restaurierung der Kirche und des angegliederten Klosterhofes. 1987 wurde die wiedererstandene historische Stätte feierlich eingeweiht: **ein Kultur- und Bürgerzentrum von hohem Rang** für Lennep und die ganze Region. Ein großer Saal lädt ein zu Veranstaltungen aller Art. Es werden interessante Vorträge angeboten. Musiker jeglicher Stilrichtung geben auf seiner Bühne Konzerte, aktuelle Größen des Kabaretts sind hier gern und regelmäßig zu Gast. Saal und Nebengebäude sind bestens geeignet, um Feste zu feiern, Ausstellungen anzubieten oder Märkte abzuhalten.

2. Die Denkerschmette am Eingang zum Kremenholl

Die Denkerschmette wurde 2001 auf Initiative des ehemaligen Oberbürgermeisters Ulbrich ins Leben gerufen und wird ganz von ehrenamtlichen Helfern getragen. Sie bietet Kommunikation in der gemütlichen **Atmosphäre eines nostalgisch-kultigen Cafés** bzw. einer Weinstube. Von Dienstag bis Samstag geöffnet, möchte sie Menschen unterschiedlichster gesellschaftlicher Schichten, Generationen und Interessenlagen miteinander ins Gespräch bringen. **Das Angebot ist vielfältig.** Es gibt Vortragsveranstaltungen zu kulturellen Themen, Dichterlesungen und Diskussionsforen zu Perspektiven der Stadtentwicklung. Die „Schmette" ist ein Forum für musikalische Auftritte von Alt und Jung; von Klassik bis Moderne oder für heimische Kultur, von den Plattkallern bis zu bergischen Künstlerinnen und Künstlern, die sich hier durch persönliche Auftritte und Ausstellungen bekannt machen können. Dazu kommen Bewegungs- und Gedächnistraining für die ältere Generation. Sie ist der beliebte Treffpunkt unterschiedlichster Gruppen von der „Weiberwirtschaft" (junge Unternehmerinnen) bis zu „Wir über 60" und kann auch zu privaten Feiern genutzt werden.

8. Museen von überragender Bedeutung

1. Von der Werkzeugsammlung zum „Deutschen Werkzeugmuseum"

Das Werkzeugmuseum ist hervorgegangen aus einer Sammlung des Städtischen Heimatmuseums, welches 1925 gegründet wurde und seit 1927/28 seinen Sitz im „Haus Cleff" auf Hasten hat, dem schönsten Kaufmannshaus der Stadt. Dank beträchtlicher Geldspenden seitens der Industrie konnte 1967 an das alte Kontorhaus eine moderne Halle angebaut und der Stadt als Geschenk übergeben werden. So entstand neben dem alten Heimatmuseum, auch mit Hilfe beträchtlicher Materialschenkungen, das „Deutsche Werkzeugmuseum" (1970). Die **Geschichte der Werkzeuge** und ihrer Herstellung von der Altsteinzeit bis heute ist die Geschichte menschlicher Daseinsbewältigung. Das lässt sich nachempfinden an den Resten eines mittelalterlichen Rennfeuerofens, an den **bahnbrechenden Erfindungen** des Mannesmann'schen Pilgerwalzwerks oder Lindenbergs Elektrostahlofen (1906), dem ersten seiner Art und zugleich Prunkstück des Museums. Eine Reihe von Werkstattnachbildungen mit Originalgeräten und dem zum Museum gehörenden, etwa 400 Jahre alten Steffenshammer (1958 erworben und alsbald restauriert) ergänzten das attraktive Museum. Eine Übernahme durch einen Förderverein ist im Gespräch.

Blickfang im Werkzeugmuseum ist diese Dampfmaschine aus dem Jahre 1907.

2. „Deutsches Röntgen-Museum" – einzigartig auf der Welt

1930 stellte die Stadt einen der schönsten Stilbauten Lenneps, das Oelbermannsche Haus (1803), zum Aufbau des Röntgenmuseums zur Verfügung. **1932 wurde es eröffnet** und mit Hilfe zahlreicher Röntgenfirmen ausgebaut, die ältere Geräte und Gegenstände zur Entwicklung der Röntgentechnik zur Verfügung stellten. Schon 1937 musste es durch einen Hallenanbau **erweitert** werden. 1955-59 wurde ein mehrgeschossiger Ausbau nötig. 1964 konnte man **Röntgens Geburtshaus** erwerben und dort eine Fachbibliothek mit 10.000 Bänden unterbringen. Mit der Weiterentwicklung der Röntgentechnik sah man sich in den 80er Jahren zu einer **Neukonzeption** gezwungen. Und seit 2006 ist man wiederum dabei, in mehreren Bauabschnitten eine neue Konzeption zu entwickeln. Spannend und erlebnisreich sollen die Besucher, interaktiv und ‚mit Röntgenstrahlen experimentierend', durch die Welt von Medizin, Astronomie, Archäologie (Mumien), Sicherheitstechnik und Kunstgeschichte geführt werden. Das Museum will zum Hinterfragen ermutigen und für Naturwissenschaft und Technik begeistern.

Das „Deutsche Röntgen-Museum" (wie es seit 1951 heißt) ist auf seinem Gebiet das **bedeutendste naturwissenschaftlich-technische Spezialmuseum der Welt**.

Seit 1951 zeichnet die Stadt alljährlich Persönlichkeiten aus, die sich um Fortschritte in der Röntgentechnik verdient gemacht haben. Die **„Röntgen-Plakette"** wird in der Aula des Lenneper Röntgengymnasiums verliehen, in der Fachwelt hoch geschätzt und sogar als „kleiner Nobelpreis" bezeichnet.

Wilhelm Conrad Röntgen (1845-1923)

Er wurde in Lennep (am heutigen Gänsemarkt 1) geboren, wohnte hier aber nur drei Jahre. Dann zog es seine Familie in die Niederlande. Dort von der weiterführenden Schule verwiesen, studierte er am Polytechnikum in Zürich Maschinenbau und machte an der dortigen Universität seinen Doktor. Dann wandte er sich der Experimentalphysik zu. Als er sich in Würzburg – ohne Abitur – zum Professor habilitieren wollte, bekam er Schwierigkeiten und musste dazu erfolgreich nach Straßburg ausweichen. Danach lehrte er in Gießen, bald auch in Würzburg, wo er 1895 zu seiner sensationellen Entdeckung kam und das Unsichtbare sichtbar machte. Das war der Ausgangspunkt der heutigen Physik, eröffnete den Weg ins Atomzeitalter. Schon im Jahr darauf machte ihn Lennep zu seinem Ehrenbürger. 1901 erhielt er, inzwischen Professor in München, den Nobelpreis für Physik. In seinem Testament bedachte er seine Vaterstadt mit 30.000 Mark.

4. Antworten auf soziale Fragen

1. Notfälle und Träger der Hilfeleistung

1. Schnell geht ein Mensch am Bettelstab

Zunächst waren es die **naturgegebenen Faktoren**, die Menschen an den Bettelstab brachten: neben Krankheit und Alter hauptsächlich Naturkatastrophen wie trockene Sommer mit Missernten, in denen auch die Wasserräder stillstanden, oder bitterkalte Winter, in denen das Eis sie blockierte.

Dazu kam dann Unheil durch **Menschenhand**. Die Wirtschaftsblockade der Franzosen zu Anfang des 19. Jhs., verbunden mit Kriegen und Arbeitslosigkeit, führten bald zu einer Überhand nehmenden Straßenbettelei, skandalös, wie der Bürgermeister feststellte, zumal sie mit Müßiggang, Trunk- und Spielsucht verbunden war. Im weiteren Verlauf des 19.Jhs. wuchs die Industrie zwar ins Unermessliche, doch mit den Maschinen wuchs auch das **Industrieproletariat**. Breite Schichten verloren ihre selbständige Existenz, stiegen ab zu fabrikabhängigen Arbeitern. Familien wurden zerrissen, und immer mehr standen im Kampf ums Existenzminimum. Die Masse konnte dem sozialen Abstieg nicht entgehen. Für sie musste gesorgt werden. Heute lauern mit **Rationalisierung und Globalisierung** neue Gefahren. Computergesteuerte Maschinen lassen Remscheider Betriebe mit immer weniger Personal auskommen. Unter dem Diktat von Globaliserung oder weil nicht genügend Industrieflächen zur Verfügung stehen, werden ganze Fabrikationsabteilungen in „Billigländer" oder an „günstigere Standorte" ausgelagert. Ende 2007 gab es in Remscheid über 5000 **Arbeitslose**, fast die Hälfte davon Langzeitarbeitslose. Dazu kommt eine Zunahme von **Scheidungen** (Bundesdurchschnitt bei 30 %), die Partner und Kinder sozial abstürzen lassen.

> **„Im Lande Berg hatte kein Einwohner mehr das Betteln nötig Selbst Kinder im Alter von 5-6 Jahren konnten ihr Geld selbst verdienen. Mit Lesen, Kratzen und Spinnen der Wolle für Lennep.**
>
> ***(dicitur, 1. Hälfte 18. Jh.)***

Von jung bis alt – Belegschaft einer Hastener Firma um 1900

2. Von Kirchenhand in die Hände der Kommune

Im Mittelalter und noch bis ins 19. Jh. hinein lag die Armenfürsorge in Lennep, Remscheid und Lüttringhausen im Wesentlichen in Händen der **Kirche**. Finanziert wurde sie u.a. über Klingelbeutelkollekten, Haussammlungen, fromme Stiftungen oder Hinterlassenschaften. Im Kontext der Reformation kam es, zumal in Lennep, zu einer stärkeren Kooperation von Kirche und Magistrat und damit auch zu einer geregelteren Fürsorge. Mit der Wandlung zur Industriegesellschaft im 19. Jh. und der damit verbundenen Massenverelendung wurde die Kirche der Armenpflege nicht mehr Herr. Mehr und mehr musste die **Zivilgemeinde** einspringen, und um 1850 wurde ihr diese Fürsorge auch gesetzlich zugewiesen. Zu einer tiefer greifenden **Sozialgesetzgebung unter Bismarck** kam es erst Jahrzehnte später mit der Einführung von Krankenversicherung (1883), Unfallversicherung (1884) und Rentenversicherung (1891). Sie bilden bis heute die Grundlage unseres Sozialstaates. Später kamen weitere wichtige Eckpfeiler hinzu wie die Arbeitslosenversicherung (1927) oder die Pflegeversicherung (1995).

3. Was wäre die Stadt ohne soziale Partner – alle knüpfen am sozialen Netz

Doch all diese Sozialleistungen wollen bezahlt sein, und immer mehr wird auf die Kommunen abgewälzt. So tut sich die Stadt trotz allen guten Willens zunehmend schwerer, ihren Verpflichtungen nachzukommen. Zu den Aufwendungen für die ständig wachsende Zahl der Langzeitarbeitslosen kommt z.B. die Sorge um **Aussiedler, Behinderte oder Obdachlose**. Es ist die Frage, wie lange soziale Sicherung im heutigen Umfang noch zu halten ist. Die Stadt ist angewiesen auf das soziale Netz freier Wohlfahrtsverbände. Dazu gehören u.a. Diakonisches Werk, Caritas, Rotes Kreuz, Arbeiterwohlfahrt und der Paritätische Wohlfahrtsverband mit seinen an die 30 selbständigen Initiativen.

Sozialamt der Stadt in der Haddenbacher Straße

Die größten Partner:
(1) Diakonisches Werk in der Schulstraße
(2) Caritas in der Blumenstraße (seit 1995)
Deutsches Rotes Kreuz auf der Alleestraße
Paritätischer Wohlfahrtsverband

Unter dem Dach des **Paritätischen Wohlfahrtverbandes** arbeiten an die 30 selbständige Initiativen, z.B. Lebenshilfe, ökumenische Hospizbewegung, Kinderschutzbund.

2. Maßnahmen zur Grundversorgung

1. Am Anfang standen Armenhäuser

Für **Lennep** wird schon für das 15. Jh. ein Armenhaus bezeugt; es war mit einem Hospiz verbunden. Wer hier Aufnahme fand und noch gesund war, hatte die Pflicht, bei der Krankenpflege zu helfen. Schon früh also hat es die Idee gegeben, die Armen nicht zu reinen Almosenempfängern zu erniedrigen. Dem neuen Armenhaus von 1792 waren Arbeitshäuser angegliedert, in denen Tücher hergestellt wurden.
In **Lüttringhausen** wurde 1778 auf dem Boden des Opfergutes ein Armenhaus errichtet.
In **Remscheid** kam es 1806 zum ersten – angemieteten – Armenhaus. 1810 konnte ein eigenes und größeres Armenhauses in der Lobach errichtet werden. Auch hier hatte man sich für einen Verbund mit einem Arbeitshaus entschieden: einer Spinnerei. Zudem stellte man Insassen zum Leichentragen ab oder vermittelte sie zu Straßenbauarbeiten. In der schweren Zeit 1820-30 wurden hier 60/70 Personen beköstigt. Dank einer Stiftung des vermögenden Kaufmanns Johann Karl Halbach (1787-1873) konnte 1860 an gleicher Stelle ein neues Armenhaus errichtet werden, die „Halbach-Stiftung". Und als 1879 in Vieringhausen die „Stockder-Stifung" entstand, zogen die Insassen des Lobacher Hauses dorthin um.

Das Armenhaus in Lennep im 19. Jh.

Im Armenhaus ging es nicht mehr ärmlich zu: die Stockder-Stiftung (Aufnahme 1929) – später ein Altenheim.

Der im Jahre 1787 in Vieringhausen geborene Carl-Wilhelm Stockder verließ schon relativ früh seine Heimatstadt und brachte es als Kaufmann in Paris zu einem ansehnlichen Vermögen. Er verstarb am 11. Dezember des Jahres 1863. In seinem Testament verfügte er, dass die Zinsen von einer Summe von 91.356 Talern, 23 Silbergroschen und 3 Pfennigen nach 10 Jahren zum Bau eines Armenhauses verwendet werden sollten.

„**In Vieringhausen** in der Gemeinde Remscheid ist **ein Haus mit Grundbesitz und Dependenzen zu errichten**. Dieses Haus darf nur dort gelegen sein; dies ist eine Bedingung, von der die Gültigkeit meiner Zuwendungen abhängt. In diesem Haus werden kranke, unglückliche Personen ohne Unterschied der Religion und im Alter von 20 Jahre ab bis ins höchste Alter ernährt und unterhalten.
Ich wünsche, daß **vor meinem Armenhaus ein kleiner Garten angelegt** wird; darin sollen Blumen, Büsche und Eichenholzbänke sein; der **Eingang** soll mit einem eisernen Gitter verschlossen sein. In der Nähe des Hauses soll ein **weiterer großer Garten** angelegt werden, mit Obstbäumen, Wiesen, Apfelbäumen und sonstigen Zierbäumen sowie einer Allee von Lindenbäumen oder Obstbäumen, zum Spazierengehen, sowie Eichenbänke; ein Teil soll mit Blumen, Gemüse usw. bepflanzt werden. Die Nahrung für meine Armen soll gesund

sein, die Kleidung sauber und warm, je nach Jahreszeit, und ganz saubere Sonntagskleider; auf den Knöpfen ihrer Anzüge (Anzüge der Männer) soll der Name ihres Heims stehen. Drei Mahlzeiten pro Tag, die erste um 8 Uhr morgens, die zweite um 1 Uhr mittags, die dritte um 7 Uhr abends; sonntags erhalten meine Armen einen Nachtisch mit gewöhnlichem Zucker. Mindestens zweimal in der Woche müssen sie frisches Fleisch, Suppe und Gemüse bekommen.

An Sonn- und Feiertagen haben meine Armen, deren gesundheitlicher Zustand dies erlaubt, in die Kirche zu gehen, Predigten zu hören und Gott zu loben, der sie geschaffen hat, der ihnen erlaubt hat zu leben und sich den Gesetzen des Landes zu unterwerfen. Alle vierzehn Tage können sie einen Ausgehtag haben, aber sie müssen im Sommer um 8, im Winter um 6 Uhr zurück sein; sonntags ist Besuchstag Besuch kann empfangen werden von 12 bis 4 Uhr mittags, aber es ist verboten, irgendetwas mitzubringen, was der Gesundheit meiner Armen schaden kann; – an Sonntagen ist Rauchverbot, dies bezieht sich auf Tabak oder sonstige rauchbare Kräuter, das Verbot gilt von 12 bis abends 11 Uhr. Sie müssen eine saubere und anständige Kleidung anlegen und Frieden muß herrschen. Branntwein darf niemals in mein Haus eingebracht werden, es sei denn, daß es von einem Arzt während einer Krankheit verordnet wird."

2. Herbergen, die in Not Heimat bieten

Da es viele Wege gibt, in die Armut abzugleiten, machte man sich auch Gedanken, diese schon an der Wurzel zu bekämpfen. So strömten viele Zuwanderer auf der Suche nach Arbeit in die aufblühende Stadt und doch in eine ungewisse Zukunft. Schon in den 1840er Jahren gründete man eine Herberge für zugereiste und arbeitslose Gesellen, um diesen eine sichere und billige Unterkunft zu geben und womöglich von dort her auch Stellen zu vermitteln. Gut ein halbes Jahrhundert später rief dann Pfarrer und Superintendent Wilhelm Paschmann eine „Herberge zur Heimat" ins Leben (1902), ebenfalls mit dem Ziel, die heimatlosen, meist jungen Wanderburschen nicht in ein Vagabundendasein abgleiten zu lassen. Das in der Freiheitsstraße angemietete „Hotel für Tippelbrüder" war bald hoffnungslos überfüllt. Deshalb errichtete er 1907 mit Hilfe betuchter Gemeindemitglieder gleich neben der Stadtkirche, am Platz der alten Dorfschule, ein neues Haus – mit Zimmern auch für zahlungskräftigere Gäste (1943 zerstört). 1963 griff ein Verein „Herberge zur Heimat" den alten Gedanken wieder auf und errichtete 1967 das Wilhelm-Paschmann-Haus. Es kommt Männern mit besonderen sozialen Schwierigkeiten zugute, überwiegend Alkoholkranke, für die meisten Fälle der Auslöser für Nichtsesshaftigkeit.

Ähnliche Ziele verfolgte die katholische Kolpingfamilie mit dem Bau eines Gesellenhauses im Jahr 1887. Sie wollte jungen, Arbeit suchenden Männern Heimat bieten und Starthilfe fürs Leben geben. Nach dem Ersten Weltkrieg war die Zeit der Wanderburschen dann endgültig vorbei. Nach dem Zweiten Weltkrieg zogen in das gegenüber neu errichtete Kolpinghaus junge Leute ein, meist Migranten, zu deren Integration das Haus einen Beitrag leisten wollte.

Im evangelischen Gast- und Vereinshaus an der Stadtkirche gab es ab 1927 auch eine gemütliche Fremdenstube. (oben links).

Paschmann-Haus, seit 1967 in Lennep, das Bild oben rechts zeigt den Neubau von 1979 in der Gartenstraße.

Das 1889 erweiterte Kolpinghaus, Aufnahme 1915 (unten links); das 1956 neu errichtete Kolpinghaus war lange Zeit Herberge für Migranten. Heute hat es seinen Dienst getan und ist 2008 an die Lebenshilfe verkauft worden.

Wärmestube und Notunterkunft, noch in der Kronprinzenstraße

In den 20er Jahren waren die sog. „**Eisbeinhäuser**" in der Kleinen Flurstraße städtische Anlaufstellen für obdachlose Familien. Die Häuser sind inzwischen abgerissen.
Vor Weihnachten 1994 errichtete man eine **Wärmestube** für Obdachlose an der Alleestraße, die bald in die Kronprinzenstraße verlegt wurde und sich seit 2007 an der Schüttendelle befindet und in Verbindung mit einer Beratungsstelle von der Caritas betreut wird. Hier können sich Bedürftige von 10 bis 18 Uhr aufhalten. Seit 2001 gibt es auch eine **Notschlafstelle** für Wohnungslose, die ebenfalls von der Kronprinzenstraße zur Schüttendelle gezogen ist. Wer über drei Tage ohne Wohnung ist, wechselt in eine unter gleichem Dach befindliche **Notunterkunft**, die von der Stadt unterhalten wird.

3. Von Altenheimen zu Pflegestätten

Eigentlicher Geburtsort der Altenheime sind die ersten größeren Städte der frühen Neuzeit mit der weitgehenden Zerstörung der herkömmlichen Großfamilie. Anfangs steckte man Alte, Arme, Kranke und arbeitsunfähige Menschen in ein und dasselbe Haus, eben ein Armenhaus. Mit Beginn des 19. Jh. empfand man das zunehmend als unhaltbar und begann zu differenzieren. Zum ersten Male kam es zu Heimen, die speziell für als bedürftig und alt geltende Menschen und nur für diese ausgelegt waren, wenngleich es dort noch etwas kasernentonartig zuging. In der zweiten Hälfte des 19. Jh. wurde das Alter erstmalig zu einem massenhaften Phänomen und nicht mehr zu einer Ausnahmeerscheinung wie in den Epochen davor. Dazu kam die Verarmung großer Teile der Bevölkerung.

Remscheids ältestes Altenheim: der Eingang wie zu einem Schloss

Das ist die Zeit, als in der Industriestadt Remscheid die **Stockder-Stiftung** entstand. Das Armenhaus mit den sozialen Vorgaben des Stifters (s.o.) entwickelte sich zum ersten Altenheim Remscheids, das bis heute besteht. Mit Einführung der allgemeinen Rentenversicherung kam es zu einer neuen Alten-Klientel, und mit ihr entstanden gegen Ende des 19. Jh. die ersten Einrichtungen, die speziell für die Unterbringung und Versorgung alter Menschen geplant waren. So errichtete man 1914 in Lennep das **Katharinenstift**.

Mit der Konsolidierung der Bundesrepublik fand dann seit den 50er Jahren ein regelrechter Bauboom von **Altenheimen** statt. Inzwischen betreiben verschiedene Träger in Remscheid zwölf Senioren- und Pflegeheime mit insgesamt 924 Pflegeplätzen (aktueller Stand).

Mittlerweile wächst die Zahl der Alten überproportional. Neue Heime entstehen, z.B. das Diakoniezentrum Hohenhagen mit 80 Pflegeplätzen. **Neue Erkenntnisse der Altersforschung** sorgen für Wandlungen der Betreuungskonzepte. Das jüngste Beispiel für ein modernes Konzept ist das **Katharinenstift** in Lennep. Es ist das erste Haus dieser Art, das die Caritas Betriebsführungs- und Trägergesellschaft (CBT) errichtet hat, weg von der reinen Versorgung, hin zur aktiven Beteiligung, möglichst nah an der Realität des Alltagslebens. Dazu ist das Heim in sechs Wohngemeinschaften unterteilt. Um einen zentralen Gemeinschaftsraum mit offener Küche ranken sich jeweils 10-12 Einzelzimmer (eigene Möbel möglich). Statt sich von einer Zentralküche versorgen zu lassen, ist gemeinsames Kochen, Essen, Spülen und Abtrocknen angesagt. Dieses aktive Mittun (Handlungskompetenz unter Begleitung) soll sensibilisieren, positiver in Gemeinschaft den Tag erleben lassen. Erfahrungen lehren, dass dadurch das Zusammenleben konfliktärmer wird, Aggressionen und Weglauftendenzen zurückgehen und die Einnahme von Psychopharmaka reduziert werden kann. Natürlich geschieht das alles unter einem multiprofessionellen Begleitungsteam. Dazu werden Ehrenamtliche einbezogen. Um Abwechslung zu schaffen und die individuellen Bedürfnisse der Heimbewohner zu befriedigen, sind sie unverzichtbar. So sollen und können Aktivitäten und existenzielle Kommunikationserfahrungen des täglichen Lebens gemacht werden, von Festen in der Gruppe bis zur Freizeitgestaltung und kleineren Ausflügen.

Zurzeit gibt es in Remscheid 12 Senioren- und Pflegeheime mit 924 Plätzen. Der jüngste Neubau ist der des Lenneper Katharinenstiftes mit knapp 70 Plätzen, ein modernes Unternehmen der Caritas, das im April 2008 bezogen wurde (Bild oben)

4. Von Waisenhäusern zu Ersatzfamilien

Wer sich nicht aus eigenen Mitteln ernähren konnte, ob nun mittellos, alt oder Waisenkind, kam ins Armenhaus. In **Lennep** pachtete man bereits 1763 ein eigenes Waisenhaus, in dem dreißig Kinder untergebracht wurden. Ganz im Sinne von August Hermann Francke (1663-1727), dem Begründer des neuzeitlichen Waisenhauses, suchte man die Kinder „zur Gottesfurcht und zur Arbeit" anzuhalten. So gab es im Haus eine eigene Spinnerei. Schon 1766, als in Lennep Seuchen ausbrachen und die Zahl der Waisenkinder wuchs, errichtete die Stadt für sie ein eigenes Haus. Diesem wurde 1796 eine Tuchmanufaktur angegliedert. So suchte man die Waisenkinder vor sittlicher Verwahrlosung zu bewahren und vor wirtschaftlicher Ausbeutung (Kinderarbeit) zu schützen. Im 19. Jh. dann brachte man Waisenkinder möglichst bei Pflegeeltern unter, um sie auf diesem Weg leichter ins Handwerk zu vermitteln. Als das Lenneper Krankenhaus 1875 in die Hackenberger Straße umzog, wurde das frei gewordene Haus in der Hardtstraße zum Waisenhaus.

Kinderarbeit war gerade in der Textilindustrie sehr beliebt, auch in Lennep und Lüttringhausen. Staatliche Einschränkungen gab es erst 1839, wenngleich die Zustände für Kinder nach heutigen Maßstäben nach wie vor katastrophal blieben. In dieses Haus in der Hardtstraße 20 zog 1875 das Waisenhaus ein. Es stand in einer Linie zwischen Kindergarten und neuer Bürgerschule.

Auch in **Lüttringhausen** gab es ein Waisenhaus (errichtet 1778).

Lange Zeit befanden sich Altenheim und Waisenhaus hier unter einem Dach. Ein „generationenübergreifendes Modell" oder nur eine schwierige Notlösung? (Bild links)

Waisenhaus in der Palm-Stiftung (30er Jahre)

In **Remscheid** bekamen die Waisenkinder 1879 in der Lobach ihr erstes eigenes Haus, nachdem die Alten aus der dortigen Halbach-Stiftung in die Stockderstiftung umgezogen waren. Auch ein katholisches Waisenhaus hatte seinen Ursprung in einer Stiftung. 1864 hatte Pfarrer Johann Wilhelm Palm seiner ehemaligen Gemeinde testamentarisch einen Betrag zur Errichtung einer „Wohltätigkeitsanstalt" vermacht. Dieser Palm-Stiftung, seit 1906 von Dominikanerinnen übernommen, wurde 1927 ein Waisenhaus angegliedert. Nachdem 1943 beide Häuser den Bomben zum Opfer gefallen waren, brachte man die Waisenkinder in einer Villa in Honnef unter, einer 1919 vom Fabrikanten Heinrich Edelhoff gemachten Stiftung, die bisher als Kindererholungsheim genutzt worden war.

Kinderheim Waldhof auf Küppelstein (erbaut in der Nachkriegszeit)

1955 entstand dann auf dem alten Schlossgelände in Küppelstein mit dem „Waldhof" ein neues städtisches Waisenhaus. Diese im Pavillonstil errichtete Anlage wollte neue sozialpädagogische Wege beschreiten. Die Kinder wurden nicht mehr nach Alter und Geschlecht getrennt, sondern in familienähnlichen Gruppen untergebracht. 1966 kam ein Säuglings- und Kleinkindertrakt dazu. Bald änderte sich die Klientel. Waren es nach den Kriegen zahlreiche elternlose Kinder, so kamen jetzt die meisten aus sozial schwachen oder zerrütteten Familien. Seit 2005 ist der Waldhof fusioniert mit der Evangelischen Jugendhilfe Bergisch Land. Zum neuen Konzept gehört ein Ausstieg aus der Ghettosituation. Man sucht die „Familiengruppen" dezentralisiert über die Stadt hin zu verteilen.

5. Von „Kleinkinderschulen“ zu Kindertagesstätten („KITA“)

Aus dem Statut der Kleinkinderschule

„[...] die Kinder werden zur Reinlichkeit, Ordnung und zum Gehorsam erzogen; ihre geistigen Kräfte werden mannigfaltig in angemessener Weise geübt, damit sie für leichtere Auffassung des später zu erteilenden Elementarunterrichts um so empfänglicher werden: durch die unausgesetzte Beaufsichtigung werden die Kinder vor vielen körperlichen Unfällen geschützt und zugleich die Mütter in den Stand gesetzt, ihren Arbeiten ungestört nachgehen zu können. – Die Schule erteilt keinen Unterricht im strengen Sinne des Wortes; durch mannigfaltige Spiele, durch Erzählungen, durch Gesang, durch Vorzeigen von Bildern sucht sie ihre Zwecke zu erreichen. So oft es die Witterung erlaubt, halten sich die Kinder im Schulgarten auf.“

(Lenneper Kreisblatt 7. Juli 1843)

Es wird behauptet, **Lennep** habe den ersten Kindergarten im Bergischen Land gehabt. Vorreiter war die wachsende Stadt allemal. Eine Initiative von evangelischen Frauen gründete zur Entlastung der Familien 1843 eine Kinderbewahranstalt für Drei- bis Fünfjährige. Mit dem Einsatz einer qualifizierten, in der Kaiserswerther Diakonissenanstalt ausgebildeten „Kleinkinderlehrerin“ mauserte sich die Einrichtung zu einer „Kleinkinderschule“. Zunächst waren es 50 Kinder, die täglich in einem angemieteten Hinterhaus in der Schwelmer Straße 21 zusammenkamen. Dank zahlreicher Spenden von Fabrikantenfamilien konnte 1871 in der Hardtstraße 26 der erste Kindergarten bezogen werden. Und in den 90er Jahren kamen täglich bis zu 100 Kinder hierher. Eine weitere Kleinkinderschule entstand 1907, dank einer Hardt-Stiftung, in der Neustadt an der Ringstraße.

Der erste Kindergarten, erbaut vom Baumeister Albert Schmidt, war bis 1958 in Betrieb. Seit 1987 ist das Haus denkmalgeschützt und dient heute wieder als Kindergarten.

Die sozialen Frauen aus der Hardt-Dynastie

Luise Hardt (1783-1867) wurde in Lüttringhausen als Tochter des Johann Friedrich Hasenclever geboren. Sie heiratete Johann Engelbert Hardt (1783-1850), den Gründer der Tuchfabrik in Dahlerau. Als Vorsitzende des Evangelischen Frauenvereins veranlasste sie 1843 die „Bewahranstalt“ für ärmere Kinder (s.o.). Ihr zur Erinnerung wurde 1995 die sozialen Bedürfnissen dienende Luise-Hardt-Stiftung errichtet.

Augusta Hardt (1876-1954), geborene Fuhrmann, war die Gemahlin von Hermann Hardt (1866-1938). Sie war geschätzt als warmherzig, stets freundlich, allzeit hilfsbereit und wohltätig. 1906 stiftete sie eine „Kleinkinder-Bewahranstalt“ (heute ev. Kindergarten an der Ringstraße). Dazu ergriff sie die Initiative zur Errichtung eines Säuglingsheims, ein lang gehegter Wunsch, den ihr Hermann Hardt 1911 erfüllte. 1945 schenkte sie das Haus in der Sauerbronnstraße der Kirchengemeinde, die hier ein Altenheim für alleinstehende Damen errichtete. 1982 wurde es ein „Heim für psychisch Kranke“, das seit 1995 im Verbund mit der Stiftung Tannenhof geführt wird. Während des Ersten Weltkriegs veranlasste Augusta Hardt die Errichtung eines Lazaretts an der Kammgarnspinnerei (Augusta-Hardt-Stiftung). Nach dem Zweiten Weltkrieg stellte sie das große Gelände des späteren Hardt-Parks für Kleingärten zur Verfügung. Durch Stipendien förderte sie begabte Jugendliche. Ihr Name ist unvergessen und verbunden mit ihrer Stiftung.

Im Zusammenhang mit den Kriegen und ihren Folgen **wuchs die Zahl** der Kindergärten. Heute sind es 59, davon 21 in städtischer Hand, 22 in kirchlicher (14 ev., 8 kath.) und 15 in freier bzw. anderer Trägerschaft. Damit werden in unseren Kindertageseinrichtungen (KITA) über 90 % aller 3- bis 6-Jährigen, nämlich 3000 Kinder betreut, und der bestehende Rechtsanspruch auf einen Kindergartenplatz kann erfüllt werden. Im Zusammenhang mit dem Anstieg der berufstätigen Mütter und der Alleinerziehenden wird neuerdings auch, gestützt durch das Kinderbildungsgesetz (KiBiz) von 2008, das Betreuungsangebot auch auf Kinder unter drei Jahren ausgeweitet. Zurzeit sind das etwa 350 Zweijährige (ca. 14 %) und 40 noch kleinere Kinder, Tendenz steigend.

Der jüngste städtische und zugleich erste integrative Kindergarten Remscheids (1998) befindet sich in Fürberg, am Rande eines Naturschutzgebietes. Hier stehen für 60 Kinder 16 Betreuerinnen zur Verfügung.

6. Von offener Kinder- und Jugendarbeit

Gemeinnützige Vereine bieten in eigenen Zentren Kinder- und Jugendhilfe an. Sie arbeiten **in städtischen Häusern**, sind Mitglied des Paritätischen Wohlfahrtsverbandes, engagieren sich vor allem in **sozialen Brennpunkten** und leisten vorzügliche Stadtteilarbeit. Mit fest angestellten und ehrenamtlichen Helfern bieten sie flexibel eine **Fülle erzieherischer Hilfen** an, unter Einbeziehung der Migrantenjugendlichen, die solche Angebote am dringendsten brauchen, weil es für sie sonst wenig anderes gibt. Sie organisieren multikulturelle Veranstaltungen von der Disco bis zu allen möglichen Treffs. Sie bieten eine Vielzahl von Projekten an, insbesondere in den Bereichen Video, Computer, Internet, Foto und Musik. Diese Jugendzentren helfen, soziale Brennpunkte zu entschärfen. Ihre Arbeit ist vorbildlich in NRW.

*Die „**Kraftstation**" in Remscheid in der Honsberger Straße leistet seit über 30 Jahren freie Jugendarbeit. Sie fühlt sich insbesondere der Jugendzozialarbeit verpflichtet und hilft ihr Umfeld zu gestalten*

*Die „**Welle**" in Lennep in der Wallstraße arbeitet seit 1982 und unterstützt die städtische Kinder- und Jugendarbeit.*

*Die „**Schlawiner**" in Lüttringhausen an der Klausener Straße sind mit ihren Spezialangeboten maßgeblich beteiligt an der dortigen Stadtteilarbeit, auch im Blick auf die dort wohnenden Türken, Exjugoslawen und Marokkaner. Dabei kooperieren sie mit der Wohnungsbaugesellschaft LEG und der Hauptschule. Dieser machen sie mit dem Projekt „Lecker-Schule-Klausen" das Angebot eines Mittagessens.*

7. Von Volksküchen zur Tafel

Mit zunehmendem Industrieproletariat und infolge der Not des Ersten Weltkrieges wurde eine ambulante Versorgung notwendig. So errichteten die Dominikanerinnen in der Palm-Stiftung eine **Küche „zur Versorgung armer und kranker Leute"** und eine „Sammel- und Ausgabestelle für Liebesgaben aller Art". Mit **Kriegsausbruch** 1914 zog die Stadt mit einer Volksküche in der Blumenstraße nach, in der Bedürftige billig und ausreichend zu essen bekamen. Als sich die Ernährungslage dann im „Steckrübenwinter" 1917 drastisch verschlechterte und immer mehr Soldatenfamilien versorgt werden mussten, erreichte die Kriegsküche eine Tageskapazität von 20.000 Litern Essen in 14 Ausgabestellen. 5.326 Familien mit 13.126 Personen wurden versorgt.

Aber auch **in Friedenszeiten** standen viele Menschen plötzlich vor dem Nichts. Da gab es in den 20er Jahren die hochschnellende Zahl der Arbeitslosen. Soziale Einrichtungen und gemeinnützige Sozialfürsorge suchten die Folgen zu mildern. – Und auch in unseren Tagen wächst die Armut wieder. Oft hat sie Migrantenhintergrund. Meist ist sie verbunden mit Arbeitslosigkeit. Die Bedürftigkeit steigt und bedrängt vor allem die zunehmende Zahl der Langzeitarbeitslosen Wohlfahrtsverbände machen sich zum Anwalt der Armen. Erwähnenswert in diesem Zusammenhang ist die 1997 gegründete **Remscheider Tafel**, eine von der Stadt gestützte Maßnahme, die u.a. von der Caritas und vielen Ehrenamtlichen getragen wird. Wie in alten Zeiten beruht die Idee auf dem „Stiftungsprinzip". Überschüssige Lebensmittel aus Supermärkten, Wochenmärkten, Großhandel, Bäckereien und Kantinen werden übernommen und an Bedürftige weitergegeben. So werden seit Jahren an fünf Tagen der Woche in der Kronprinzenstraße mit Hilfe von Ehrenamtlichen warmes Essen und Lebensmittel

Slogan der Remscheider Tafel

Schlangestehen bei der Essensausgabe der Tafel in der Kronprinzenstraße

ausgegeben. Zudem bringt ein gestiftetes Lieferauto Essen an sechs andere Orte der Stadt. Und die Menschen stehen an, damit es zum Leben reicht. Zurzeit kommen etwa 500 Menschen pro Woche zu den Ausgabestellen. Immer mehr Kinder gehören zu den „Kunden".

3. Von der Hilfe zur Selbsthilfe

1. Von der Konsumgenossenschaft zum Sozialkaufhaus

In der zweiten Hälfte des 19. Jh. kamen erste Konsumvereine auf, die Vorläufer moderner Genossenschaften. Sie hatten zum Ziel, **gute und preiswerte Lebensmittel** für ihre Mitglieder zu beschaffen. Die ersten beiden aus Arbeiterkreisen gegründeten Konsumgenossenschaften entstanden in Remscheid in den 1860er Jahren. Am längsten, mehr als 20 Jahre, blieb die von Feilenhauern gegründete bestehen. Daneben gingen auch **Industrielle** dazu über für ihre Mitarbeiter Läden einzurichten. Ein erster entstand auf dem Fabrikgelände in Dahlerau-Vogelsmühle. Ein anderer wurde durch Fabrikdirektor Von der Nahmer für seine Arbeiter am Walzwerk an der Wendung ins Leben gerufen. Von den Arbeitern wurden sie nicht gern angenommen, da sie zusätzliche Abhängigkeit vom Arbeitgeber bedeuteten.

1901 schlossen sich dann drei neu gegründete Vereine zu einer „**Konsumgenossenschaft Einigkeit Remscheid GmbH**" zusammen. Zur Werbung zog man von Tür zu Tür und hatte bereits nach einem Jahr knapp 800 Mitglieder. Da konnte auch schon ein eigener Laden eröffnet werden, dazu ein Zentrallager (1903); es folgten Bäckerei (1910), Metzgerei (1910) Kaffeerösterei und Kellerei. Eine eigene Sterbeunterstützungskasse (1903), Sparkasse (1905) und Versicherungen ergänzten das Angebot.

Als es im Ersten Weltkrieg zu einer schwunghaften Spekulation mit Lebensmitteln kam, suchte die Konsumgenossenschaft der Preistreiberei mit **Niedrigpreisen** entgegenzuwirken; sie verkaufte z.B. Brot zu Dumpingpreisen. Mit Unterstützung von SPD-Kommunalpolitikern konnte sie weite Teile der Bevölkerung versorgen. Zur gerechten **Warenverteilung** wurden Kundenlisten eingeführt, „ganze Berge" geräucherter Schweine in Holland eingekauft und im Rathaus gelagert und dazu die Kartoffelversorgung organisiert.

Als 1914 auch Beamte und Arbeiter im öffentlichen Dienst der Genossenschaft beitreten durften, stieg die **Zahl der Mitglieder** noch weiter an. 1923 setzte die sozialistische Mehrheit im Stadtrat durch, dass auch das Wohlfahrtsamt der **Stadt Mitglied** wurde, wenngleich der Beschluss fünf Jahre später durch die neue bürgerliche Mehrheit wieder zurückgenommen wurde. 1933 hatte die Genossenschaft 12.000 Mitglieder. Entsprechend steigerte sich der **Umsatz**. Neben einem Kaufhaus gab es 44 Verteilungsstellen. Das **Aus kam mit dem Nationalsozialismus**. Doch aufgrund der bedeutenden Stellung für die Versorgung der Bevölkerung konnte man die Genossenschaft nicht kurzerhand auflösen. Zunächst wurde nur jede Werbung verboten, am 19.3.1933 dann die Geschäftsstelle besetzt und die Belegschaft nach und nach ausgetauscht. 1934 kam die Umbenennung in „Verbrauchergenossenschaft Remscheid" und 1942 die endgültige Auflösung. 1943 wurde der Großteil der Gebäude beim Bombenangriff zerstört. 1946 kam es nochmals zu einer Neugründung der alten „Einigkeit", wobei die alten Anhänger (Sozialisten bzw. Kommunisten) und Gegner (Bürgerliche) zusammenfanden, eine Kooperation, die erst unter dem Eindruck des Kalten Krieges beendet wurde. Doch durch überregionale Kooperationsbewegungen (1967-72), die in der COOP-AG gipfelten, ging die alte Idee, zur Unkenntlichkeit verfremdet, unter.

Eine Abwandlung der alten Idee ist das **Remscheider Sozialkaufhaus (KARE)**, mitten in der City, gleich gegenüber der Stadtkirche (Bild unten). Das Gemeinschaftsprojekt von Caritas, Diakonie und Sozialdienst kath. Frauen hat seit 2006 seine Tore geöffnet. Es handelt mit gespendeten, meist gebrauchten und gut erhaltenen Waren, die zu einem äußerst günstigen Preis verkauft werden. Sozialhilfeempfänger, Arbeitslose, Kleinrenter und sonstige Bedürftige können hier günstiger als anderswo einkaufen. Zudem gibt es hohe Nachlässe für Hilfsbedürftige. Eine KARE-Card für Einkommensschwache bietet 30 % Rabatt. Gleichzeitig schafft das KARE befristete Beschäftigung für Langzeitarbeitslose und sucht sie in feste Jobs zu vermitteln.

Kontor und Zentrallager der Remscheider Konsumgenossenschaft „Einigkeit" in der Rosenhügeler Straße

Grundstein des ehemaligen Konsumgebäudes (24.10.1906) Zwei Rutenbündel: im Zusammenhalt kann man uns nicht brechen. Eine strahlende Sonne: die leuchtende Zukunft vor Augen. Ein Winkelmaß: womöglich ein Bild für das Maß der sozialen Gerechtigkeit.

2. Vom genossenschaftlichen Wohnungsbau zur Siedlerselbsthilfe

Mit dem Aufschwung der Industrie zog es immer mehr Arbeiter in den Remscheider Raum. Der Wohnraum wurde knapp. Um hier Abhilfe zu schaffen, gab es eine Reihe von Initiativen. Dabei lassen sich drei Phasen erkennen:

Wohnungserhebung 1887
Der Untersuchung lagen 647 Haushalte mit 3300 Personen zugrunde. Das Ergebnis war niederschmetternd: Für durchschnittlich fünf Personen pro Haushalt standen gerade einmal 2,5 Zimmer zur Verfügung. In 121 Fällen mussten sich drei und mehr Personen einen Raum teilen. Das Ergebnis des Berichtes: „Die Arbeiterbevölkerung in Remscheid wohnt räumlich ungenügend und zu teuer."

1. Gemeinnützige Baugesellschaften

1855 entstand von Elberfeld aus ein **Bergischer Verein für Gemeinwohl**. Zu dessen Vorstand gehörten auch Lenneper und Remscheider Persönlichkeiten, darunter hiesige Unternehmer, die großen Vorbildern wie Krupp folgten und es mit ihrer sozialen Verpflichtung ernst meinten. Sie hatten sich u. a. die Verbesserung der Wohnverhältnisse zum Ziel gesetzt. 1886/87 entstanden dann in **Lennep und Remscheid** entsprechende eigene gemeinnützige Bauvereine.

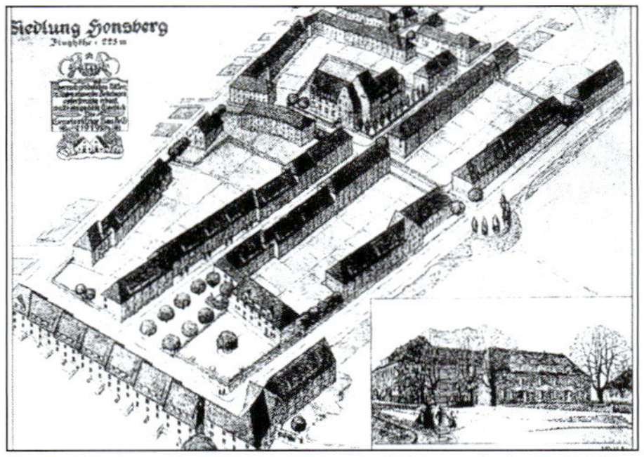

Dieser Entwurf von 1919 zu einer Kleinwohnhaussiedlung an der Honsberger Straße stammt vom Architekten Ernst Bast. Vorbild dürfte die Kruppsiedlung auf der Margarethenhöhe in Essen gewesen sein.

Beispiel Stosberg-Siedlung

Mit Lenneps Bürgermeister Stosberg und Fabrikant Wilhelm Hardt an der Spitze wurden bis 1908 bereits 113 Häuser errichtet. Darüber hinaus entstand vor und nach dem Ersten Weltkrieg auf dem Hasenberg die „Stosberg-Siedlung", die erste Rentengut-Siedlung im hiesigen Raum. Rentengüter waren öffentlich geförderte, preisgünstige Eigentumshäuser. Die Bewohner konnten diese allerdings nicht weiter veräußern. Auf diese Weise sollten Spekulationsgewinne verhindert werden. Die „Stosberg-Siedlung" diente auch als Motiv für einen Notgeldschein 1921. (Bild links oben)

Beispiel Siedlung Honsberg

Besonders in Remscheid hatte die Industrieentwicklung zu einer starken Konzentration von Arbeitern in den Außenbezirken geführt. Seit der Jahrhundertwende nahm die krasse Wohnungsnot noch weiter zu. In den **Wohnsilos** gab es Familien, in denen bis zu fünf Personen auf einer Stube hausen mussten. So wohnten auch auf dem Honsberg, damals schon „Bergisch Moskau" genannt, hauptsächlich Fabrikarbeiter, überwiegend kinderreiche Familien. Eine unter Hauptbeteiligung der Stadt gegründete „**Gemeinnützige Bau AG**" suchte in Kooperation die katastrophale Lage auf dem Wohnungsmarkt und die unzumutbaren Wohnverhältnisse in den Griff zu bekommen. Sie begann 1919 an der Honsberger Straße mit dem Bau einer geschlossenen städtischen Siedlung, 271 Kleinwohnungen mit Erkern, kleinen Plätzen und Ruhezonen. Sie ist dort noch die bedeutendste Arbeitersiedlung.

Im Schatten dieses Projektes entwickelte sich bald auch **geistiges Leben**; denn etwas unterhalb, am Rande dieses Arbeiter-Wohnprojektes, siedelte sich die Freie Volkshochschule an, die 1921 in Opposition zur städtischen VHS gegründet wurde und vor allem die Arbeiter als Zielgruppe im Auge hatte.

GEWAG
Nachfolgerin der Gemeinnützigen Bau AG ist die GEWAG, auch heute noch eine Tochtergesellschaft der Stadt. Anfangs war es ihr Ziel, preisgünstige Wohnungen für Arbeiter zu bauen, heute ist sie ein normales Bauunternehmen, das allerdings hauptsächlich soziale Projekte verfolgt. Nur die Zielgruppen haben sich etwas verschoben. Kinderreiche Familien, ja sogar die Zwei-Kind-Familie sind Auslaufmodelle; immer mehr Frauen bleiben kinderlos, jede dritte Ehe wird geschieden, die Singles nehmen zu. Deshalb müssen Wohnungen neu zugeschnitten werden. Auf dem Honsberg besitzt die GEWAG 653 Wohnungen. Bei einem Wohnungsbestand von insgesamt 6768 Wohnungen in 1179 Häusern findet sich somit fast jede zehnte GEWAG-Wohnung in Honsberg (184 allein in der Honsberger und 178 in der Siemensstraße).

2. Städtische Maßnahme im Billigverfahren

Die Stadt begann den Wohnungsbau in eigene Regie zu nehmen, auf eigene Rechnung, da es wegen der Inflation keine Darlehen mehr gab. So entstand die Siedlung „Am Anger". 1921 begann sie mit zunächst 39 Einfamilienhäusern. Der Mangel an Baumaterial zwang zu neuen Überlegungen. Versuchsweise baute man statt mit teuren Ziegelsteinen mit Lehm. Das Projekt wurde so gefördert, dass alle Gebäude noch vor dem Winter unter Dach und Fach waren.

3. Siedlerverein-Selbsthilfe

Am schlimmsten traf die Wohnungsnot kinderreiche Familien, die bei Hausbesitzern als Mieter aus mancherlei Gründen nicht gern gesehen waren. Diese Not fachte den Willen zur Selbsthilfe an. So entstand 1920 um den Lehrer der Schule Neuenkamp, Gustav Michel, ein Siedlungsverein, der in Eigeninitiative Wohnbauten auf der heutigen Bökerhöhe schaffen wollte. Doch dazu bedurfte es der Unterstützung durch die Stadt. Diese aber war angesichts ihres Kapitalschwundes in der Nachkriegszeit zu den notwendigen Zuschüssen nicht in der Lage.

In dieser Situation sprang der Fabrikant **Moritz Böker** (Chef der BSI) in alter „Patriarchenmanier" ein. Schon lange lag ihm die Wohnungsverbesserung seiner Arbeiter am Herzen. So war bereits 1887 auf seine Initiative hin ein **gemeinnütziger Bauverein** entstanden, dessen Vorsitz er auch übernahm und der Grundstücke auf Honsberg (1896) und am Loborn (1897) erwarb. Bis 1905 waren 111, bis 1919 schon 183 Häuser entstanden. Man sprach von „Bökers Häusern". Jetzt stellte er Grundstücke zur Verfügung und half mit Baumaterial aus, verlangte als Gegenleistung jedoch, dass bei 75 % der Wohnungen seine Arbeiter und Angestellten zum Zug kamen. Im Sommer 1922 wurde der Grundstein zur „**Bökerhöhe**" (vgl. S. 283) gelegt. Den Siedlungswilligen wurde eine gehörige Portion Eigenleistung abverlangt. In klar eingeteilten Gruppen, festgesetzten Schichten und nach Feierabend ging es bis an die Grenze des Zumutbaren. Es war ein Wettrennen gegen den galoppierenden Geldverfall. Bis 1923 konnten dreißig, bis 1929 schon 129 Häuser bezogen werden.

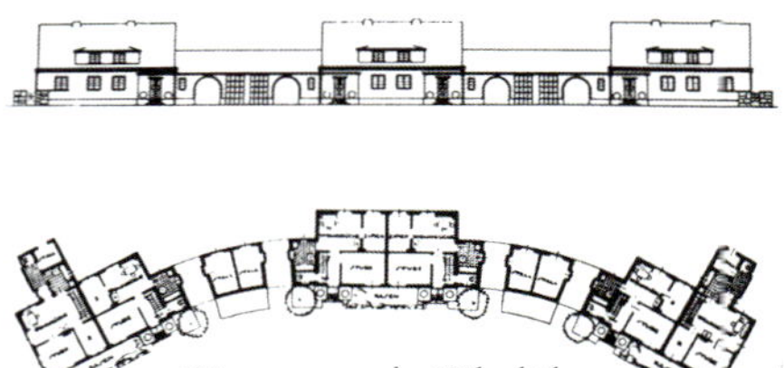

Häusergruppe der Bökerhöhe

Moritz Böker (1853-1933) – ein bergischer Wirtschaftsführer

Sein Vater war der Besitzer der „**Alten Wendung**" unterhalb von Vieringhausen. Mit seiner Ausbildung, einer Mischung von Theorie und Praxisbezug, hatte er die besten Voraussetzungen zur Leitung eines Industrieunternehmens. Mit 13 war er nach Köln gegangen, wo er Gymnasium und Gewerbeschule besuchte. Nachdem er praktische Erfahrungen im Siegerland gesammelt hatte, erwarb er sich in Berlin sein Diplom zum Ingenieur. Auf einer Reise durch England studierte er die dortige Eisen- und Stahlindustrie. Mit 26 Jahren trat er dann in das Werk der eben gegründeten **Bergischen Stahlindustrie (BSI)** ein und stieg zum ersten Direktor auf (1885). Seine Devise war: Massenherstellung ist Torheit! Die Zukunft liegt bei **Qualität**! Mit werkseigenem Laboratorium schlug er die englische Stahlqualität. Mit modernsten technischen Pionierleistungen stieg er in die Autoindustrie ein und wusste sich Respekt zu verschaffen. Bei allem wusste er, was er seiner **Arbeiterschaft** verdankte und ihr schuldig war. Schon in jungen Jahren hatte er sich um deren Probleme gesorgt. Jetzt als **pflichtbewusster Patriarch** wollte er seinen Betrieb für sie zum sozialen Lebensraum machen. Er glaubte nicht daran, dass die Kluft zwischen den Klassen abzuschaffen sei durch Brosamen vom Tisch der Reichen. Nicht nur Unternehmer, auch die Arbeiter sollten Anteil haben am Aufstieg. So engagierte er sich, jenseits von Staat und Kirche, im Verein für Gemeinwohl, um ein gutes Verhältnis von Arbeitnehmern und Arbeitgebern zu erreichen. Er reagierte auf das immer drängender werdende Problem der Wohnungsnot mit Schaffung von Wohnstätten, er sorgte sich um die Gesundheit seiner Arbeiter und suchte deren Sparsinn zu fördern. Um einen leistungsfähigen Nachwuchs an Facharbeitern heranzuziehen, setzte er sich für eine bald **berühmte Fachschule** für Stahl- und Eisenindustrie ein. Das alles brachte ihm den Ehrennahmen „Vater Böker" ein. Von 1887 an war er Mitglied der Bergischen **Industrie- und Handwerkskammer**, 1919-1923 ihr mutiger Präsident. Als Mitglied im **Stadtrat** (1909-1925) nahm er Einfluss in vielen Bereichen. Sein Wort galt im Kollegium. Nach dem Krieg konnte er bei Konflikten zwischen Bürgerlichen und Kommunisten im Stadtparlament ausgleichend wirken. Bei seinem Ausscheiden 1925 wurde er zum **Ehrenbürger** ernannt. Das Vermächtnis seines Lebens: „Achte den Menschen im Menschen und versuche, Not zu lindern, wenn es in deinen Kräften steht."

Vision von Krupp, Essen
(Unternehmervorbild für Moritz Böker)

„Wenn wir so bauen, wie es die Spekulation tut, die ihre Revenuen von 12 bis 15 % aus den Wohnungen macht, so haben die Leute, was sie brauchen, bei uns ***zum halben Preis****. Die Fabrik soll weder verlieren noch gewinnen. Die* ***Kapitalanlage*** *muss in der Aufstellung apart figurieren als nicht produktiv."*

Vision von Moritz Böker, Remscheid

„Die Beschaffung ***billiger und gesunder Wohnungen*** *mit kleinem Garten für die weniger Bemittelten, namentlich für die Arbeiter, ist in gesundheitlicher, sozialer und sittlicher Beziehung dringend zu empfehlen. Dabei ist zu erstreben, dass die* ***Erwerbung eines eigenen Hauses*** *ermöglicht bzw. erleichtert wird. Das* ***Einzelhaus****, zu zweit oder* ***zu mehreren gebaut****, verdient den Vorzug vor dem Viererhaus und dem größeren Miethaus, sowohl für den Fall, dass auf den Erwerb hingezielt wird, als auch für den Fall bloßer Vermietung. Zur Bereitstellung des erforderlichen Kapitals ist die Bildung einer* ***gemeinnützigen Baugesellschaft****, sei es auf Aktien oder in anderer geeigneter Form anzuraten. Die Rente für die Anteilnehmer darf den Zinsfuß von 4% nicht überschreiten. Die Häuser sind möglichst in kleineren* ***Gruppen auf die verschiedenen Stadtteile*** *bzw. deren Umgebung zu verteilen. Vermietung mit anhängendem Kaufvertrag ist zu empfehlen."*

Weitere Genossenschaftssiedlungen, weitgehend in Eigenleistung, entstanden am **Rosenhof** (1922-26, vgl. S. 283) und **Neuenhof**. (vgl. S. 284). Oberbürgermeister Hartmann (1914-1937) hatte die Idee, Arbeitslose aufzufangen und sie über den Bau eigenen Wohnraums zur Arbeit zu bringen. Die Stadt gab nur das Gelände und leitete zum Bauen an. So entstanden Heimstättenvereine, die in Eigenleistung Siedlungen schufen. Die erste Anlage nach diesem Prinzip entstand **Auf'm Heidchen** (1931/32, vgl. S. 284 u. 298) und war ganz aus Fachwerk und Lehm gebaut. Bei der zweiten auf dem **Grenzwall** (1933/34, vgl. S. 285) setzte man, als der Lehm ausgegangen war, auf Gefache aus Ziegelsteinen. Als dritte Anlage entstand die **Bodelschwingh**-Siedlung in reiner Ziegelbauweise (1931-34, vgl. S. 285).

Fachwerkbauweise Auf'm Heidchen. Auf das massive Kellergeschoss setzte man eine Fachwerkkonstruktion (Ständerbau) und füllte sie mit „Lehmbroten".

Frauen am Grenzwall stellen „Lehmwallern" her. Das waren 15 mm starke Vierkanthölzer, mit Stroh und Lehmbrei umwickelt etwa 20 cm dick. Diese wurden in vorgefertigten Leisten in die Fächer des Fachwerkes eingeführt, mit einem Hammer fest aufeinander geklopft und beidseitig mit Lehm verschmiert.

4. Schließlich noch ein Beispiel für ein städtisches Projekt: die „Eisbeinhäuser"

Die Stadt Remscheid erkannte ihre soziale Verpflichtung und errichtete zur Zeit der großen Wohnungsnot in den Jahren 1927-29 in der Kleinen Flurstraße eine Wohnanlage für bedürftige, kinderreiche Familien. Der avantgardistische Bau stammte vom Stadtbaurat Lemmer (1891-1983), der damit eines der modernsten Bauprojekte im Bergischen Land schuf. Die 110 Wohnungen bestanden überwiegend aus zwei Räumen und einer Einbauküche, auch als Wohnküche zu nutzen. Im Innenbereich der Anlage gab es einen Kindergarten mit Spielplatz, Bleichwiesen und etwas Platz für Hausgärten. Es gab aber auch krasse Einsparungen. Zur Toilette musste man über offene Gänge, problematisch bei Nacht und bei Eis und Schnee. Die Betonblocks waren zwar solide, doch feuchtkalte Billigbauten, was ihnen den Namen „Eisbeinhäuser" bescherte (vgl. S. 300).

Die „Eisbeinhäuser" stehen heute nicht mehr. Der erste Block wurde 1990 abgerissen.

„Das war ja damals eine schlimme Adresse …

Da gingen die Kapläne am weißen Sonntag die Leute besuchen mit Zylinder. Ja, und als der Kaplan fertig war mit seinem Besuch, da spielten die Jungen dahinten schon längst Fußball mit ihm."

W. Fögen,
damals Kaplan in St. Josef

3. „Spare in der Zeit, hast du in der Not“

Erste Gedanken zur Gründung einer Sparkasse machte man sich 1837. Dabei ging es der Stadt nicht nur um die Kaufleute, die sich mit vielen Geldsorten herumschlagen mussten. Das beginnende 19. Jh. war gekennzeichnet durch Massenarmut. Den sozial Schwachen sollte geholfen werden, indem man sie zum Sparen anleitete, um Notzeiten besser überbrücken zu können; denn Sozialversicherungen gab es noch nicht. So entstanden in Remscheid und Lennep 1841 und gut zehn Jahre später in Lüttringhausen **Städtische Sparkassen**. Doch die Arbeiter und Dienstboten, für die sie eigentlich gedacht waren, hatten es nicht so mit dem Sparen. Der Remscheider Bürgermeister klagte darüber (1869) und setzte auf die Fabrikanten, die ihnen Druck machen sollten. Kurz vor 1900 kam Unterstützung durch **Moritz Böker**, den Chef der BSI, des größten Remscheider Stahlwerks. Er kannte die Gefahren, denen vor allem junge Menschen ausgesetzt waren, und wollte sie im Auf und Ab der Konjunktur für Notzeiten wappnen. So verpflichtete er seine jungen Arbeiter vom 14-jährigen Lehrling an durch Lohnabzug zum **Zwangssparen**. Das Ersparte ging aufs Sparkonto, wo es zusätzlich Zinsen brachte. Darüber verfügen konnten sie erst mit 25 Jahren oder bei Heirat. Natürlich war freiwilliges Weitersparen erwünscht. – So erfolgreich Böker mit seinem Sozialplan auch war, er bekam für sein patriarchalisches Verhalten die volle Breitseite der Arbeiterzeitung „Vorwärts“ ab, die sich zum Anwalt der „verbitterten jungen Leute“ machte. Um vor Arbeiterunruhen verschont zu bleiben, fanden sich auch kaum Nachahmer.

Etwas vom Gründungsgedanken schwingt bis heute mit. Erwirtschaftete Überschüsse der Sparkasse werden in Rücklagen transferiert (nicht in Aktien). Der Rest fließt zurück an die Bürger, auch in Form von **Unterstützung für soziale, kulturelle und sportliche Engagements**. Allein im Jahre 2007 waren das 700.000 Euro.

Über einem Seiteneingang des Rathauses, wo 1906-19 die Sparkassenkunden ein und aus gingen, ist heute noch diese Plastik zu sehen: ein Kind, das eine Münze in eine Spardose wirft, Mahnung an die Jugend, rechtzeitig mit dem Sparen zu beginnen.
Ein ähnliches Motiv, jedoch das Kind zwischen seine Eltern gesetzt, befand sich über dem Eingang der neuen Stadtsparkasse gegenüber dem Rathaus (1938).
In dieser Tradition steht das von der Stadtsparkasse geförderte heutige Schulsparen.

4. Von Sterbekassen zur Sterbebetreuung

Lange Zeit boten die **Zünfte** dem Einzelnen in Notsituationen Schutz und fingen ihn auf bis zum Sterbefall. Nach Auflösung der Zünfte suchten **Vereine** die Lücke aufzufüllen. So gab es schon im 18. Jh., dem alten Grundgedanken gegenseitiger Versicherung folgend, so genannte „**Sterbeladen**“. In der folgenden Niedergangs- und Umbruchszeit gingen sie wieder ein. Mit Beginn des 19. Jh. kam es zu zahlreichen Neugründungen gemeinschaftlicher **Begräbniskassen**, einschließlich solcher für Kinder (Kindersterbekasse „Zentrale“), meist auf engster nachbarschaftlicher Grundlage, oft auf Dorfgemein- oder Hofschaften, gelegentlich auch auf verwandte Familien beschränkt. In Remscheid gab es die erste Sterbekasse 1817, 1840 waren es schon 18 Laden, 1875 war jeder dritte Remscheider Mitglied einer der 24 Sterbekassen. In Lennep gab es vor allem berufsgebundene Sterbeladen der Weber und anderer Textilarbeiter, in Lüttringhausen eine der Hammerschmiede. Inzwischen können zahlreiche Sterbeversicherungen die Kosten auffangen.

Gegen Sterbebegleitung und Trauerbewältigung gibt es keine Versicherung. In diese Lücke stieß die 1995 gegründete **Ökumenische Hospizgruppe**. Sie besteht aus über 50 Ehrenamtlichen, Christen beider Konfessionen, Muslimen und Buddhisten oder Personen, die keiner Glaubensgemeinschaft angehören. Sie haben sich bewusst mit dem Thema Leben, Sterben, Tod und Trauer auseinandergesetzt und wollen Sterbebegleiter sein für Menschen gleich welcher Nationalität, Religion, welchen Alters oder Einkommens. Das Hospiz ist ein Ort, an dem der Gast (lat. Hospes) Geborgenheit findet. Dementsprechend will die Gruppe Schwerkranken und Sterbenden Geborgenheit geben in den eigenen vier Wänden, im Pflegeheim oder im Krankenhaus, ihnen helfen, die letzte Lebenszeit in Würde zu verbringen. Sie will aber auch die Angehörigen entlasten, damit die Hinterbliebenen mit ihrem Schmerz und ihrer Trauer nicht allein bleiben, ihnen Hilfestellung bei der Trauerarbeit geben.

Blick in das Abschiedszimmer im Sanaklinikum

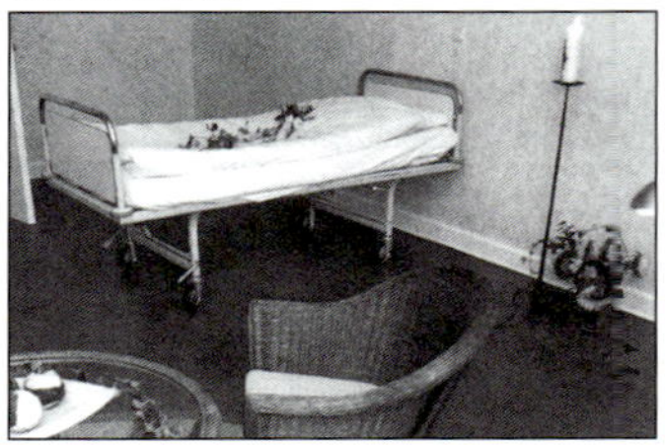

5. Gesundheitswesen

1. Krankheiten fordern ihren Tribut

1. Heimsuchungen durch Seuchen

Im 14. Jh. überrollte die **Pest, auch „Schwarzer Tod“** genannt, Europa und machte auch vor unserer Region nicht halt wie 1315 in Remscheid. Doch an konkreten Nachrichten über diese schlimmste Krankheit der Menschheitsgeschichte hat sich bei uns wenig erhalten. Eine andere Krankheit war die **Lepra**. Gegen sie gab es keine Heilung. Aus Angst vor Ansteckung isolierte man die Kranken, setzte sie in Häusern abseits der Gesunden aus („Aussätzige“). Und wenn man sie zum Betteln herausließ, mussten sie mit auffälliger Kleidung, hölzernen Klappern oder Glöckchen vor sich warnen. Bald wurden die bettelnden Aussätzigen als lästige und gefährliche Landplage angesehen. Vom 15. Jh. an begann die Seuche langsam wieder zu verschwinden. Ende des 15. Jh. wurde Europa und auch unser Gebiet von einer neuen Krankheit heimgesucht, den **Pocken** (Blattern). Die hochgradig ansteckende Krankheit wurde oft verheimlicht. Häuser von Pockenkranken wurden gesperrt, mit Schildern versehen, Wachen davorgestellt, damit keiner hineinging, und ausgeräuchert. 1726-28 war fast jede Remscheider Familie von der **Roten Ruhr** betroffen, die Ursache lag in mangelnder Hygiene und infiziertem Wasser, die Folge Darmgeschwüre und häufig der Tod. Als die Menschen in Städten enger zusammenrückten, kam es zu **Cholera-epidemien**. Die Krankheit wurde in erster Linie durch mit Fäkalien verseuchtes Trinkwasser übertragen und war verbunden mit schwerem Durchfall und Austrocknung des Körpers. 1849 brach in Lennep eine Cholera-Seuche aus. Der Ansteckungsherd war ein verunreinigter Brunnen in der Nähe des ehemaligen Klosters. 600 Einwohner erkrankten, 211 fanden den Tod. In Remscheid schlug die Cholera vor allem in den Jahren 1867, 1884 und 1892 zu. Dazu kamen **Typhusepidemien, Grippewellen** und immer wieder **Tuberkulose**, auch Schwindsucht (im Volksmund „Motten“) genannt.

Besonders betroffen bei diesen oft epidemisch auftretenden ansteckenden Krankheiten waren die Kinder. **Die Kindersterblichkeit** war erschreckend hoch. Im Juni 1830 brachen im Morsbachtal die Pocken aus und brachten 33 Kindern den Tod. Im Juli 1830 starben elf Kinder an Masern, im Dezember 1832 zehn Kinder an Keuchhusten. Im Winter 1838/39 starben dreißig Kinder unter vier Jahren an Scharlach, Masern und Keuchhusten, und im folgenden Sommer waren es nochmals 34.

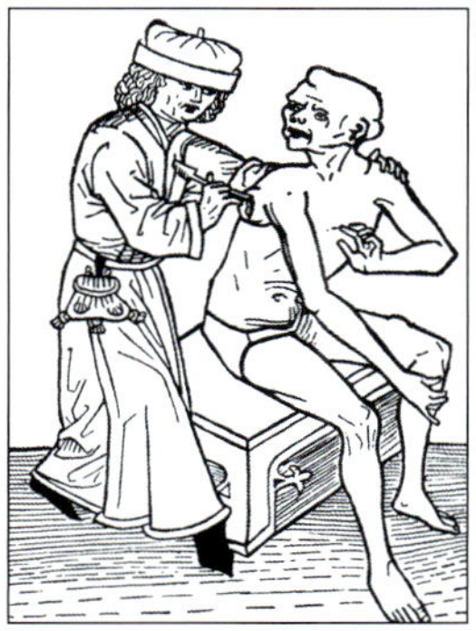

In den Jahren 1348/49 brachte die Pest ein Drittel aller Europäer um. Ärzte schnitten die Beulen auf.

2. Typische Berufskrankheiten

1. Schleifer mit Staublungen und Rheuma

Die Trockenschleifer in den niedrigen, mangelhaft belüfteten Kotten hatten einen staubigen Arbeitsplatz. Empfohlene Atemfilter, wie Schnurrbart oder nasse Schwämme, halfen da wenig. Das lange Einatmen des mit Kieselsäure versetzten Schleifstaubs führte bei vielen zur **Staublunge (Silikose)** und machte sie anfällig für **Tuberkulose**. Für die Nassschleifer, die in gebückter Haltung, feuchter Luft und durchnässter Kleidung, dazu in wenig geschützten Räumen und bei Winterkälte arbeiten mussten, waren **Rheumaerkrankungen** vorprogrammiert. Dazu gingen von den oft bis zu drei Meter hohen **Schleifsteinen tödliche Gefahren** aus. Zersprang ein solcher Stein bei einer Oberflächengeschwindigkeit von bis zu 10 bis 12 Metern pro Sekunde, konnte es für den Schleifer zu schweren Verstümmelungen kommen, und mancher kam dabei zu Tode. Arbeitsschutzbestimmungen gab es damals noch nicht.

2. Schmiede mit Rückenproblemen

Schon mit 14 Jahren wurden Lehrlinge zum Abhauen und schweren Zuschlagen eingesetzt. Damit war der junge Körper völlig überfordert. Das stolze Bild vom Remscheider Schmied ist Schönfärberei. Die Wirklichkeit sah wohl anders aus: Rückenprobleme, „flache Brust und gebückte Haltung, derbe, volle Arme im Gegensatz zu dem sonst mageren Körper“.

3. Feilenhauer und andere Arbeiter mit Deformationen

Beruf	*20-50 Jahre*	*über 50 Jahre*
Schleifer	*81,7 %*	*18,3 %*
Feilenhauer	*66,9 %*	*33,1 %*
Feiler	*62,6 %*	*37,4 %*
Eisenarbeiter	*56,3 %*	*43,7 %*

Schädlich war auch die Haltung beim Feilenhauer, wenn man nicht darauf achtete, dass das linke vorgestemmte Bein, auf welchem die volle Last des Körpers ruhte, in normaler Lage blieb. Viele Feilenhauer sah man sich mit einem nach innen **gebogenen Bein** dahinschleppen. Nachteilig auf den Körperbau wirkte sich auch der Transport der schweren Eisenwaren aus, zumal wenn er von Frauen und Kindern übernommen wurde. Erschreckend ist eine **Statistik der Todesfälle** (links) für die Jahre 1850-1874. Und noch schlimmer wurde es nach 1875; da erreichten nur noch 4,5 % der Schleifer, 12,1 % der Eisenarbeiter, 8,3 % der Feilenhauer und 11,7 % der Feiler ein Alter von über 50 Jahren.

4. Arbeiter und der Alkohol

Die Anforderungen an die Arbeiter, zumal an die Fabrikarbeiter, zehrten an ihren Kräften und machten viele krank. Die hohe Zahl der Remscheider Gastwirtschaften im 19. Jh. war wohl eher ein Symbol der Verzweiflung. Ein Leben, in dem so viele Hoffnungen zu Bruch gingen, war ohne Drogen nur schwer zu ertragen. Das war der Blutzoll des Maschinenzeitalters. Doch Bier und Branntwein konnten die Verhältnisse nicht ändern. Dieses Problem blieb unter veränderten Vorzeichen immer aktuell. In den Jahren der Wirtschaftskrise (1929) brachen viele Menschen unter der Flut der Ereignisse zusammen und flüchteten in den Alkohol. Nur bei einem geringen Bruchteil der Trinker lag die Ursache im Müßiggang.

Noch heute gilt der Alkohol als Droge Nummer eins. Nach einer Angabe von 1980 gilt jeder 4. Mann und jede 7. Frau als alkoholabhängig. Zurzeit werden die, welche zur Flasche greifen, immer jünger, der Alkoholeinstieg ist also vorverlegt. Dazu sind neue Drogen gekommen. Bei den Ratsuchenden an der Suchtberatungsstelle der Diakonie rangieren an 2. Stelle Heroin und Methadon, an dritter Canabis.

2. Krankenhäuser

1. Erste Hospitäler sind „Mehrzweckhäuser"

Die Versorgung von Kranken geschah in **Herbergen**, die für mittellose Reisende und Pilger errichtet worden waren. Da kam es vor, dass Gäste krank wurden und in diesen Gast-Häusern (lat.: Hospital) erst wieder gesund gepflegt werden mussten. Aus den Herbergen wurden „Mehrzweckhäuser". Das **erste Hospital** hierzulande und lange das einzige im Wupperviereck errichtete der Krankenpflegeorden der Johanniter in **Burg**. Ein weiteres entstand in dem an der Handelsstraße liegenden Lennep. Es wurde nötig wegen der vielen Durchreisenden und der zu den Jahrmärkten strömenden Menschenmengen. 1430 hatte der Herzog höchstpersönlich diesem Hospiz mit einer Stiftung die wirtschaftliche Basis gegeben und ihm einem eigenen Krankenhausseelsorger abgestellt, der am Nikolausaltar der Pfarrkirche seine Messen las. Zur medizinischen Betreuung gab es in **Lennep** schon früh einen eigenen Stadtmedicus. Beim Stadtbrand 1563 versank auch das Spital in Schutt und Asche, wurde wieder aufgebaut und ging dann aber, mittlerweile fast identisch mit einem Armenhaus, 1746 beim nächsten Stadtbrand endgültig unter. Die heutige Splittergasse (früher: Spitaler Gasse) hält noch die Erinnerung daran fest.

2. Siechenhäuser dienen als Isolierstationen

Patienten mit **ansteckender bzw. unheilbarer Krankheit** wie der Lepra wurden in einem **Siechenhaus** ausgesetzt. Diese Isolierstationen lagen naturgemäß abseits der Wohnorte. Lennep und Lüttringhausen betrieben ein gemeinsames Siechenhaus in Kluse an der Schwelmer Straße, direkt am „Galgenbüschchen" (!), der alten Hinrichtungsstätte. Das Remscheider Siechenhaus lag in der Nähe des Hofes Westhausen. Die Kranken hatten unter oben genannten Auflagen freien Ausgang. Amtliche Siechenbriefe gaben ihnen die Erlaubnis zum Betteln. Als die Lepra dann langsam verlosch, die Zahl der Kranken sank und sich in den Siechenhäusern lichtscheues Gesindel breitzumachen begann, verfügte die Obrigkeit 1712 deren Abbruch. Das war auch das Ende von Kluse und Westhausen.

3. Die Aufklärung bringt qualifizierte Mediziner

Die Aufklärung brachte auch der Medizin einen Schub nach vorn. Eine Stadt wie **Lennep** leistete sich um 1700 einen Doktor der Medizin, zwei Chirurgen, dazu Wundärzte, Feldscherer (so etwas wie Sanitäter) und zwei Hebammen. Ab 1708 durften sie alle nur noch mit amtlicher Approbation des Landesherrn praktizieren, eine Maßnahme, um den zahlreichen unqualifizierten Wundheilern und Kurpfuschern auf dem Markt den Boden zu entziehen. Für 1701 ist auch der erste Apotheker in der Stadt bezeugt, um den Verkauf fragwürdiger „Arzneien" durch Quacksalber zu stoppen. Hier wurden alle möglichen Mittel bei Gesundheitsstörungen bis hin zur Schönheitspflege angeboten, dazu auch die neuesten Nachrichten bei einem Gläschen Likör. An Lennep begannen sich bald auch **Lüttringhausen und Remscheid** zu orientieren. Für die Zeit nach 1750 sind für beide Orte qualifizierte Ärzte namentlich bezeugt. Und auch mit der Errichtung von Apotheken zogen Lüttringhausen (1722) und Remscheid (1734) nach. Dazu kam es zur Einsetzung von **Kreisärzten** (Amtsphysici) zur öffentlichen Gesundheitspflege.

Wie gesund ist Remscheid?
1816 nannte der Bürgermeister Remscheid eine gesunde Stadt mit einer kleinen Einschränkung: Wegen der damals kahlen Höhen und den rauen Winden gibt es viele Erkältungskrankheiten.
Heute haben die rauen Winde auch etwas Vorteilhaftes: Sie vertreiben große Teile des schädlichen Feinstaubs.

4. Die Industrialisierung verlangt großflächige Krankenversorgung

1. Die ersten Krankenhäuser

Krankenanstalten waren bis ins 19. Jh. hinein eher selten. Die Kranken wurden in ihren Familien gepflegt; auch Gesellen, Lehrlinge und Dienstboten gehörten dazu. Mit zunehmender Industrialisierung **zerfiel die alte Ordnung**. Immer mehr Fremde zog es in die Fabriken der Stadt. Die Unterbringung und Versorgung dieser neuen Personengruppe im Krankheitsfall wurde zum Problem, die Errichtung von Krankenanstalten immer unumgänglicher. **Einzelne Berufsgruppen** sorgten für Teillösungen und für die Anfänge des Krankenhauswesens. Die Schuster- und Schneiderinnung schuf 1826 für ihre mittellosen und alleinstehenden Kranken ihrer Zunft eine eigene Krankenherberge. Die weitaus größere Gruppe der Metallindustrie, die sich 1845 im Gewerbeverein zusammengeschlossen hatte, mietete 1848 ein Haus für eine eigene Krankenanstalt an, um die Kranken nicht wie bisher im städtischen Armenhaus unterbringen zu müssen. Die medizinische Versorgung lag ja durchaus im Eigeninteresse der Industrie, die an der schnellen Gesundung ihrer Beschäftigten interessiert war. Doch von Anfang an gab es Schwierigkeiten, da nur ein kleiner Teil der Arbeiter zu den wöchentlichen Beitragszahlungen bereit war. So lief alles nur schleppend an und bedurfte städtischer Finanzhilfen. Der Remscheider **Bürgermeister** wiederum suchte zum Bau einer Krankenanstalt zu bewegen, doch auch hier wurde die Entscheidung verschleppt. So musste wieder einmal die **Privatinitiative** einspringen.

Das erste Lenneper Krankenhaus (links) steht noch in der heutigen Hardtstraße und ist seit einigen Jahren denkmalgeschützt.
Über seinem Eingang ist das Gründungsjahr zu lesen. Ein Spruch erinnert an die Cholera-Seuche in eben diesem Jahr.

Mit dem Bau des **ersten öffentlichen Krankenhauses** hatte Lennep wieder einmal die Nase vorn. Die Cholera-Epidemie von 1849 gab dazu den Anstoß. 600 Personen erkrankten, 200 davon starben. Es gründete sich ein Verein zum Bau eines Krankenhauses, das dank hochherziger Spenden aus der Bevölkerung bereits 1852 in der Hardtstraße eröffnet werden konnte.
Dagegen verdankt **Remscheid** sein erstes Krankenhaus einer Stiftung. Diese ermöglichte es der evangelischen Kirche, ein Krankenhaus an der unteren Alleestraße zu errichten (1856-60). Doch schon 1866 wuchs die Belastung der evangelischen Gemeinde über den Kopf, und sie trat das Haus an die Stadt ab.

Die Halbach-Stiftung

Das Grundstück für das Krankenhaus stiftete der Kaufmann, Fabrikant und Kommerzienrat Robert Böker d. Ä. (1805-70). Er kam aus dem Familienzweig der in Schüttendelle ansässigen Bökers (nicht der Vieringhauser Sippe). 1849 vertrat er Remscheid im preußischen Parlament.

Die Mittel zum Bau der „Samariter-Herberge zur Pflege der Kranken" kamen von der für ihre Sensenherstellung berühmten Halbach-Familie, Großkaufleute zu Müngsten. Sie ist verbunden vor allem mit den Namen Johann Karl Halbach (1787-1873, 1818 Armenprovisor der Gemeinde, 1862 erster Ehrenbürger der Stadt) und Gustav Halbach (1789-1865).

Einer der Stifter, Gustav Halbach, und das nach der Familie benannte erste Remscheider Krankenhaus. Es stand an der Stelle des heutigen Amtsgerichtes.

1896 erhielt **Lüttringhausen** ein Krankenhaus, wie es sonst nur eines in der ganzen Rheinprovinz gab, im Diakonissenhaus Kaiserswerth: eine „Heil- und Pflegeanstalt" für Gemüts- und Geisteskranke. Sie wurde angelegt wie eine Villenkolonie mit Nebengebäuden und eigenem Wirtschaftsbetrieb und galt als ausgesprochen „groß und modern". Bereits im ersten Jahr war sie mit 200 Patienten aus den umliegenden Landeskrankenhäusern belegt. „Es sind nicht übergroße Anstaltsbauten nötig, die wie Gefängnisse aussehen, sondern freundliche Häuser. [...] Über allem aber muss der Geist Christi sein, der das Haus regiert." „Dass es auch ohne Gitter geht, bewies das erste Arbeitsjahr."

Heute ist man dabei, die Akutbetten zugunsten von außerklinischer Unterbringung abzubauen. Die Patienten werden früher austherapiert und, je nach Fähigkeit, in Wohngemeinschaften über die Stadt verteilt untergebracht; eine ist z.B. das Augusta-Hardt-Heim in Lennep. Wenn es also heute neben den vielleicht 400 Akutbetten 300 ausgelagerte Bettenplätze gibt, mag das integrative, aber auch wirtschaftliche Gründe haben. Zwei Menschenbilder stehen gegeneinander: das eine definiert den Patienten zeitlebens fehlfunktional, das andere sieht eher den gesunden Teil in ihm.

Der Tannenhof steht bis heute in evangelischer Trägerschaft. 1907 wurde in sein Zentrum eine Kirche gesetzt.
Seit 1912 ist der Klinikbereich eine selbständige Pfarrei.
Heute verfügt die Klinik über 563 Betten: 339 für Psychiatrie, 40 für Neurologie, 184 im Heimbereich.

Wenn der Patient die Anstaltskirche verlässt, schaut er im Fenster über der Tür auf einen leuchtenden Schmetterling. Seine Wandlung von der Puppe zum strahlend bunten Insekt ist ein Ursymbol für Auferstehung aus lähmender Todesstarre. In der Antike war der Schmetterling Symbol für die durch physischen Tod nicht zu zerstörende Seele (griechisch „Psyché"). Im Christentum ist er Symbol für Auferstehung und Unsterblichkeit, aber auch für vergängliche Schönheit (memento mori). In der psychoanalytischen Traumdeutung steht er für Befreiung und Neuanfang.

2. Bald platzen die Krankenhäuser aus allen Nähten.

Im **Lenneper Krankenhaus** wurde es zu eng, auch deshalb, weil man aus der Umgebung Kranke hierhin schickte. So zog man 1875 in einen Neubau an der Hackenberger Straße. Auch dieses Haus mit 50 Betten war bald zu klein, 1913 musste erstmals angebaut werden, weitere Anbauten folgten. Im Gegensatz zu Remscheid blieb dieses Haus auch weiterhin stets eine private Einrichtung. Als der Krankenhausverein unter Vorsitz von Wilhelm Hardt es finanziell nicht mehr halten konnte, löste er sich 1962 auf, und etwas später wurde das Haus abgerissen.

„Wenn es als unbestritten gelten darf, daß die Umgebung, der Anblick einer schönen, freundlichen Natur auf das leidende Gemüt einen vorteilhaften, heilsamen Einfluß auszuüben vermag, so muß die Wahl des Platzes für die Anstalt Tannenhof als eine besonders geeignete bezeichnet werden"

(Lenneper Kreisblatt 1896)

Auch im Städtischen Krankenhaus **Remscheids** wurde es immer enger. Etwas Entlastung brachte zunächst die **Fabricius-Klinik**, die Privatklinik eines Augenarztes und Gynäkologen, ganz in der Nähe des Städtischen Krankenhauses. Es begann 1899 in einem Privathaus am Ende der Brüderstraße. Schon 1904 wurde die Krankenbetreuung von Dominikanerinnen übernommen, deren Orden das Haus 1907 kaufte und in den nächsten Jahrzehnten ständig ausbaute.

Nachdem der Gründer der Fabricius-Klinik diese verlassen hatte, errichtete er 1908 etwas oberhalb des Städtischen Krankenhauses, in zentraler Lage an der Alleestraße, eine neue, kleine Privatklinik. Nach seinem Nachfolger, der sie 1913 übernahm, heißt sie bis heute **Dünkeloh-Klinik**. Sie ist ein Privatunternehmen, das sich hauptsächlich mit der Unfallchirurgie einen Namen gemacht hat.

Die Fabricius-Klinik ist benannt nach Wilhelm Fabricius (1560-1643), einem berühmten Wundarzt des Bergischen Landes. Aufnahme vor dem Krieg. 1943 wurde sie zerstört, dann wieder aufgebaut und umstrukturiert: nicht mehr Allgemeinversorgung, sondern spezialisiert auf Innere Medizin und Orthopädie (1975) und Physiotherapie (1990).

Das Städtische Krankenhaus, die alte Halbach-Stiftung, war, wenngleich mehrfach erweitert, schon 1890 zu klein und unzweckmäßig. Um 1900 reichten die Räume nicht mehr aus. So ging man an den Neubau der **Städtischen Krankenanstalten an der Burger Straße**. Und wieder halfen die Bürger tatkräftig mit. Kommerzienrat Moritz Hasenclever schenkte das Grundstück. Mehr als ein Drittel der Baukosten wurde durch Spenden gedeckt. 1913 wurde das Haus eröffnet, zunächst mit 309 Betten.

> ***Oberbürgermeister Jarres:***
> *„Man hat hier die besten Einrichtungen der modernen Heilwissenschaft zusammengetragen, [...] sie mit hervorragend praktischem Sinn für die vielseitige Beanspruchung der Anstalt zu einem Organismus vereinigt, der in seiner ganzen Gliederung bewundernswert ist. Was heute die Heilwissenschaft von einem idealen Krankenpflegeheim verlangt, das ist [...] restlos erfüllt worden."*

Die Krankenhausanlage an der Burger Straße. Schlicht und gediegen gebaut, blieb sie lange Zeit ohne wesentliche Veränderungen.

5. Von Bettensälen zu Bettenburgen

Nach dem Krieg entsprachen die alten Krankenhäuser nicht mehr den Erfordernissen der Zeit. Zunächst wurde in Lennep ein neues Krankenhaus gebaut, ein eindrucksvolles Gebäude mit 350 Betten. Als es nach vier Jahren Bauzeit 1971 in Betrieb genommen wurde, fand Oberbürgermeister Hartkopf die überschwänglichen Worte: „Ein Festtag im Leben und der Geschichte unserer Stadt!"

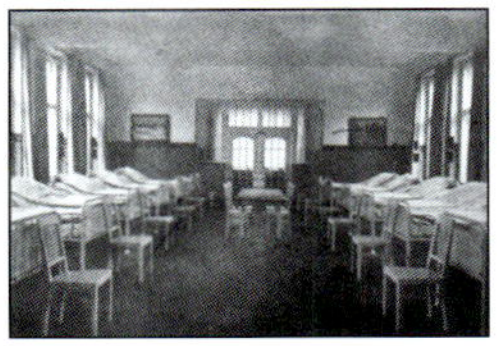

Ein alter Krankensaal in den 30er Jahren. In vielen dieser Säle wurden dreißig und mehr Patienten untergebracht.

Auch das **Remscheider** Krankenhaus an der Burger Straße reichte bei der damals noch längeren Verweildauer mit 600 Betten nicht mehr aus. So begann man 1979 mit einer aufwendigen Sanierung mit neuen Konzeptionen. Das verschlang weit über 100 Millionen Mark. Schließlich wurden der Stadt ihre Krankenhäuser zu teuer. Im Jahre 2000 trat sie diese für 10 Mill. DM an die **Privatgesellschaft** Sana-Kliniken-AG (Sitz München) ab, behielt aber 25 % Besitzanteile (seit 2008 sind es nur noch 5,1 %). Damit behält sie Einfluss im Aufsichtsrat, wodurch sie die Bandbreite örtlicher Versorgung mitbestimmen kann. Das Lenneper Haus wurde aufgegeben, weil die Zusammenlegung mit Remscheid rationeller und effizienter war. Für über 70 Millionen Euro brachte die neue „Sana Klinikum Remscheid GmbH" die medizinisch-technische Ausrüstung auf den modernsten Forschungsstand mit

Krankenhaus Lennep, 2016 wieder abgerissen

Krankenhaus Burger Straße

16 Fachabteilungen. Bisher hat kein privater Träger in NRW so viel Geld in ein Krankenhaus gesteckt. Das Remscheider Klinikum sieht sich als „eines der modernsten Krankenhäuser in Deutschland“, verweist auf seine Spezialabteilungen Frauenklinik, Brustzentrum und Schlaganfall-Spezialstation und betont „die interdisziplinäre Zusammenarbeit aller medizinischen Fachabteilungen“. Jährlich versorgt werden hier in knapp 700 Betten rund 20.000 stationäre und 30.000 ambulante Patienten.

Manches Lob gibt es heute über medizinische Beratung, die fachkundige Behandlung, und die Umsorgung durch das Personal. Auch hervorgehoben, was Ausstattung und Betreuung betrifft, wird vor allem die Entbindungsstation und die Palleativ-Station. Manche Patienten klagen allerdings über die langen Wartezeiten bei der Notaufnahme und den oft nervenden Rückstau bei den Einzeluntersuchungen. So ist das Personal oft überfordert. Dies ist sicher eine Konsequenz von Sparmaßnahmen, wie sie nicht nur in Remscheid zu finden sind und vielerorts die Leistungen einschränken.

„Forum ovale“, das Herzstück der Klinik, darum herum angesiedelt im unteren Stock das Aufnahmezentrum und die Diagnostik und darüber die kompletten Intensivbereiche.

3. Hygiene als Gehilfin des Arztes

1. Sauberes Trinkwasser

Um Krankheiten vorzubeugen, bedarf es, zumal wenn Menschen auf engem Raume zusammenleben, strenger Hygieneregeln. Auch hier war **Lennep** Vorreiter. Um 1800 begann man damit, die Stadtgräben zu kanalisieren und Quellwasser von den Höhen durch unterirdische, hölzerne Leitungen in Trinkwasserbrunnen zu leiten. Von dort konnten sich die Bürger an zwei städtischen Pumpen (am Kölner Tor und am Munsterplatz) reines Wasser pumpen. 1818 gab es bereits 44 zusätzliche Privatpumpen. Verordnungen zum Schutz vor Verschmutzung, Beschädigung, Verstopfung wurden erlassen. Was für verheerende Auswirkungen verseuchtes Trinkwasser in dicht besiedelten Gebieten haben konnte, zeigt die Cholera-Epidemie von 1849, die von einer defekten Brunnenanlage ausging. Den Bau einer regelrechten Wasserleitung nahm man dann ab 1883 in Angriff.

Lenneper Impressionen
Alter Pumpplatz am Kölner Tor

Der Gullydeckel aus der Gründerzeit der Kanalistation dient heute als Gartentrittstein in der Rospattstraße. Die Schreibweise ‚Canal‘ deutet auf die Zeit vor 1900.

2. Abwasserentsorgung

Große **Gefahren** gingen auch vom häuslichen Abwasser aus. Unkontrolliert floss es durch die Gassen und vermischte sich mit dem Regenwasser. Ständig bestand die Gefahr, dass tiefer gelegene Straßen überschwemmt und die Keller überflutet wurden. Das mit Fäkalien versetzte Wasser war voller Infektionskeime und eine wahre Brutstatt vieler Krankheiten, vor allem Cholera und Typhus. Um die drohenden Gefahren in den Griff zu bekommen, suchte man die Abwässer aus der Stadt zu leiten. 1883 begann man in **Lennep** mit dem Bau eines einfachen Kanalsystems, als fünfte Stadt im Deutschen Reich. Wegen der Enge der Altstadt wurden alle Häuser der Stadt zwangsweise angeschlossen. Sogar für eine Kläranlage im Tal des Lennepebaches war gesorgt. Bei starken Gewitterregen konnten die Kanäle die Abwässer jedoch nicht fassen. In **Remscheid** suchte man seit 1890 dem Lenneper Beispiel zu folgen. Doch wegen der schwierigeren Topographie begann man mit dem Kanalbau erst 1902. Man entschied sich für ein Trennsystem von Schmutz- und Regenwasser. Auch für Kläranlagen wurde gesorgt, die ersten entstanden in der Lobach und im Mühlenteich (1903/04), es folgte eine bei Breitenbruch (1912/13). Noch später kam **Lüttringhausen** an die Reihe; 1930 waren erst 30 % angeschlossen. In den 50er/60er Jahren mussten die veralteten und überlasteten Kläranlagen Zug um Zug **durch neue ersetzt** werden. Seitdem gehen alle Abwässer der südlichen Stadtteile nach Unterburg. Alles, was nördlich der Remscheider Wasserscheide liegt, dazu gehört auch Lüttringhausen, entwässert nach Kohlfurt, und Lennep entsorgt zur Kläranlage Radevormwald.

3. Müllentsorgung und Straßenreinigung

In **Lennep** gab es bereits 1840 eine Müllabfuhr. Laut Polizeiverordnung hatten die Hausbesitzer die Straßen zu reinigen. Zusammengefegter Dreck und Müll wurde von dazu beauftragten Fuhrleuten beseitigt und abgefahren. Für Lüttringhausen und Remscheid ist dazu nichts überliefert, doch es muss wohl ähnlich abgelaufen sein. Als die Straßenbahn kam, wurde sie mit Spreng- und Kehrwagen auch zur Straßenreinigung eingesetzt. Seit 1909 wurde in **Remscheid** der Müll mit stadteigenen Spezialfahrzeugen abgefahren, seit 1911 gibt es eine städtische Straßenreinigung. Heute wird eine Strecke von 720 km pro Woche versorgt.

In der Wirtschaftswunderzeit hatte man noch keine Bedenken, allen Müll auf der „Kipp“ abzuladen, der **Deponie** an der Solinger Straße. Doch die Abfallmengen wuchsen. Allein mit dem Müll, der in den letzten vier Jahren angefallen ist, hätte man die gesamte Eschbachtalsperre füllen können. Mit der Errichtung der Wuppertaler Verbrennungsanlage (1976) manifestierte sich ein Umdenkprozess. Mehr und mehr setzte man auf **Mülltrennung** (Hausmüll, Bio-, Plastik- und Sperrmüll; seit 1992 auch Grünabfälle und nun Papier). Auf die Deponie durften nur noch nicht brennbare Abfälle wie Bauschutt. Dazu kam das gewinnbringende Geschäft mit der **Wiederverwertung**. Damit hat die kommunale Deponie an Bedeutung verloren, und das Auslaufmodell wird 2009 geschlossen.

Städtische Müllabfuhr an der Nordstraße, um 1930

4. Lebensmittelhygiene

Um die Bevölkerung mit einwandfreien Nahrungsmitteln zu versorgen, baute die Stadt 1890 ein eigenes **Schlachthaus**. So sollten unkontrollierte Schlachtungen unterbunden und der Gefahr von „Gammelfleisch“ begegnet werden. 1909 wurde ein „Öffentliches **Nahrungsmittel-Untersuchungsamt** und chemisches Laboratorium“ eingerichtet.

Gebäude im ehemaligen Remscheider Schlachthof. – Heute wird er anderweitig genutzt, u.a. als Proberaum der Bergischen Sinfoniker.

5. Hallenbäder mit heilender Funktion

Alle drei Städte bauten sich ihre **Hallenbäder**, eine wichtige Einrichtung zu einer Zeit, als Badezimmer in den Wohnungen noch weithin unbekannt waren. Vorreiter war Lennep 1886. Baumeister Albert Schmidt entwarf die „Badeanstalt mit Volksbädern“, die Handwerker arbeiteten zum Selbstkostenpreis und Fabrikant Fritz Hardt stiftete die Kohle. 1894 zog Remscheid nach mit einer Badeanstalt, die neben einem Schwimmbecken auch Wannenbäder hatte, seit 1905 auch Heilbäder. Vom ersten deutschen Freiluftbad im Eschbachtal (1912) war schon die Rede (S. 229). Erst 1930 folgte auch Lüttringhausen mit einem eigenen Hallenbad.

Nur das älteste Hallenbad, das in der Lenneper Wallstraße, steht heute noch. Inzwischen ist es zu einem Jugendzentrum ausgebaut, das den Namen „Die Welle“ trägt.

Inzwischen haben die alten Hallenbäder allesamt ausgedient. An ihre Stelle sind zwei neue getreten. Das eine am Remscheider Stadtpark (1997/98) wird auch als Lehrschwimmbecken von Remscheider Schulen genutzt. Das andere steht in Lennep (1975), ist inzwischen umgebaut und stellt als **Sauna- und Badeparadies „H2O“** alles in den Schatten. Neben vielen Attraktionen für die ganze Familie, von Steilrutsche bis Wellenbecken, gibt es Möglichkeiten zum Entspannen, von der Meditationssauna bis zum Natursole-Becken. 2007 wurde es als „Europasauna“ ausgezeichnet. Auf der internationalen Rangliste von 167 konkurrierenden Top-Saunen nimmt es den 15. Platz ein. Im H2O lässt sich saunieren, so urteilt der Profi, „wie der Saunagott in Sauna-Remscheid“.

Saline, Teil des Lenneper H2O-Badeparadieses

3. Aufbau eines Gesundheitsamtes

1. Die Anfänge

Im Jahr 1901 bekam Remscheid einen eigenen **Kreisarzt**. Anfang 1920 kam mit **Friedrich Wolf** ein bis heute unvergessener Stadtarzt. Er gab dem öffentlichen Gesundheitswesen in Remscheid den entscheidenden Schub. 1921 erhielt Remscheid, auch auf sein Betreiben hin, erstmals ein Gesundheitsamt, dessen Leiter er wurde. Es war die dritte Säule neben den Krankenhäusern und den Arztpraxen und von zentraler Bedeutung für die Gesundheitsplanung. So koordinierte „Dr. Isegrimm" (siehe rechts) die Wohnungsfürsorge, Kinder- und Jugendgesundheitspflege und betreute Mütter mit Risikokindern in sozialen Brennpunkten (siehe nächster Abschnitt). Er war Stadtarzt bis 1921. Wie er, war auch der zweite Leiter bis 1933, Dr. Aschenheim, jüdischer Herkunft.

„Da ich zum Rechnungsschreiben weder Zeit noch Lust habe, bitte ich nach Behandlung bar zu zahlen.

Unbemittelte haben freie Behandlung."

2. Die Weiterentwicklung

Im Laufe der Jahre sind die Zuständigkeiten des Gesundheitsamtes erweitert worden. Hier seien die wichtigsten genannt: Ganz oben steht die Gesundheitsförderung durch **Prävention**. In diese Richtung zielen Schutzimpfungen und Impfberatungen; allein 2005 wurden beispielsweise 2000 kostenlose Grippeimpfungen durchgeführt. Dazu kommt die **Gesundheitsbegleitung**. Kindergarten- und Einschulungsuntersuchungen gehören ebenso zum Standard wie Regeluntersuchungen zur Zahngesundheit von Kindern und Jugendlichen in den Schulen.

Heutiges Gesundheitsamt, erbaut 1963 über dem sumpfigen Quellgebiet des Ibachs an der Hastener Straße. Es ist neben Arztpraxen und Krankenhäusern die dritte Säule des Gesundheitswesens, hat etwa 30 Mitarbeiter und kann über einen Jahresetat von 1,5 Millionen Euro verfügen.

Armenarzt Friedrich Wolf (1888-1953)

„Verzeiht, dass ich ein Mensch bin!"

Der in Neuwied geborene Wolf kam aus jüdischem Elternhaus. Er hatte Medizin, Philosophie und Kunstgeschichte studiert. Als **Truppenarzt** an der Westfront, dann verwundet und als Lazarettarzt eingesetzt, sah er sich konfrontiert mit dem Elend der Menschen. Von Dresden wurde er nach **Remscheid** berufen, die nach Berlin und Hamburg drittgrößte Exportstadt im Reich, 300 Millionäre auf der einen Seite und auf der anderen die Masse der Arbeiterschaft, viele am Rand des Existenzminimums. Schon früh hatte sich Wolf der **Arbeiterbewegung** angeschlossen, später der KPD. Die Remscheider Arbeiter fühlten sich zu ihm hingezogen. Er nannte sich gern **Dr. Isegrimm**, nach dem Wolf im Märchen und Mythos. Wie die Wölfin des antiken Rom kümmerte er sich aufopfernd um seine kranken Arbeiter. Bissig und grimmig wie der Wolf im Märchen stellte sich „Dr. Isegrimm" auf ihre Seite. Als diese beim Kapp-Putsch zum großen Streik bliesen, sprach er vor 40.000 Arbeitern auf dem Neuenkamper Sportplatz, weil ihnen der Stadtkegel von den Bürgerlichen mit Drahtverhauen versperrt blieb. Dem Wolf als Tier sagt man nach, er sei freiheitsliebend. Entsprechend kämpfte Dr. Wolf für ein sozialistisches Deutschland, von dem er sich die Freiheit erhoffte, und engagierte sich für die Emanzipation der Arbeiter, auch mit Hilfe der Volkshochschule. Und schließlich gilt der Wolf als Werber für intakte Natur. So kämpfte auch der Armenarzt gegen die Sünden wider die Natur, ging selbst als strenger Antialkoholiker und überzeugter Vegetarier mit gutem Beispiel voran. Von ihm stammt der Satz: „Deutschland ist nicht von den drei Großmächten besiegt worden, sondern von einer vierten Großmacht, dem deutschen Schwein." Er meinte damit fettes Essen.

Der sozialistisch denkende Wolf heiratete eine **hiesige Bürgertochter** aus gutem Haus, eine für Remscheid ungewöhnliche Verbindung. Wenn er auch nur kurz in Remscheid weilte, hat er hier doch seine Spuren hinterlassen. Als Jude den nationalsozialistischen Jägern ausgeliefert, führte ihn sein Weg später nach längerer Odyssee schließlich in die **Sowjetunion** und nach 1945 in die DDR.

Angeregt durch das Gesundheitsamt (Initiative Dr. Neveling, Dr. Bülo), steht heute für mittellose Randgruppen, Hilflose oder Obdachlose ein „Medi-Mobil“ zur Verfügung. Dieser moderne „Armenarzt“ macht einmal wöchentlich Station am Haus Dreesen an der Neuenkamper Straße, im Sommer auch in den Parkanlagen unterhalb des Ebertplatzes, im Südbezirk (Rosenhügeler Straße) und im Westbezirk (Schüttendelle). Pro Einsatz fallen 15-20 medizinische Behandlungen an; sie sind kostenlos. Neben den medizinischen gibt es auch **sozialpsychiatrische Dienste**: Betreuungsangebote für Abhängigkeitskranke, für Behinderte und psychisch Erkrankte.

Im Sinn einer **Sozialhygiene** liegt auch die Überwachung von Gemeinschaftseinrichtungen wie Krankenanstalten, Praxen und Apotheken, von Heimen und Bädern beim Gesundheitsamt. Um möglichen Infektionen vorzubeugen, ist auch die **Umweltmedizin** ein großes Feld. Im Zusammenhang mit der Trinkwasserüberwachung wird eine Brunnenkartei geführt; zurzeit gibt es, zumal in Randgebieten, noch ca. 35 Brunnenanlagen. Es geht um Lebensmittelhygiene, Gewerbe- und Wohnungshygiene (Schimmelpilze, Asbestbelastung) oder auch um die Luftreinhaltung (z.B. Feinstaub). Schließlich hat man sich neben angeordneten **amtsärztlichen Diensten** wie Gesundheitsgutachten (z.B. Gericht, Verkehr) und Einzelberatungen, auch allgemeine Fortbildungsveranstaltungen und Vernetzung von Gesundheitsdiensten in Kooperation mit anderen Diensten als Aufgabe gesetzt.

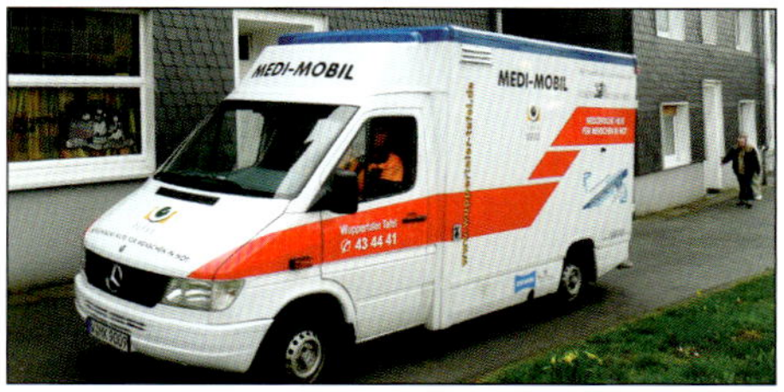

„Medi-Mobil“ auf Tour. Dieser ausgemusterte Krankenwagen der Remscheider Feuerwehr steht symbolisch für die „Allgegenwart“ des städtischen Gesundheitsdienstes in Kooperation mit ehrenamtlichen Helfern, vor Ort an der Neuenkamper Straße, wo in den drei Privathäusern Dreesen vor allem alleinstehende Männer eine Unterkunft finden können.

4. Betreuung der Kinder – ein Beispiel

1. Krankheitsanfällig als Folge von Kinderarbeit und Unterernährung

Besonders Kinder sind anfällig für **Infektionskrankheiten**. Schon in der 1. Hälfte des 19. Jhs. versuchte man den Seuchen mit vorbeugenden Impfungen zu begegnen. Manchmal musste der Pfarrer mit eindringlichen Mahnungen die Eltern dazu drängen. 1843 waren es immerhin 485 Impfungen. Es gab auch schon unangekündigte, ärztliche Schulvisitationen.

Hämmer- und Zangenfabrik am Holscheidsberg, um 1900

Ebenfalls **Kinderarbeit** belastete die Gesundheit; Haltungsschäden waren vorprogrammiert. Erlasse zum Jugendschutz suchte man einzuschränken. Kinder durften erst ab 12 Jahren in die Fabrik und nicht länger als 7 Stunden arbeiten. In Wirklichkeit wurden schon Fünfjährige herangezogen mit einem Arbeitstag von mehr als 10 Stunden. Ab 1853 gab es Fabrikinspektionen, um den Jugendschutz zu überwachen. Schon 1911 errichtete man an der Alleestraße eine erste städtische **Schulzahnklinik**.

Als Anfang 1920 der unvergessene **Friedrich Wolf** als neuer Stadtarzt nach Remscheid kam, lagen ihm die Kinder besonders am Herzen. Er untersuchte die Säuglinge, die man ihm brachte, und kam zum Ergebnis: „Donnerwetter, das sind Bämbs, diese Westfalinger! Alles Riesenkinder und wetterfest! Brockig! Ab 10. Monat wird gelaufen [...]“ Doch es gab auch die Kehrseite, zumal bei der Arbeiterschicht. Damals starb hier noch jeder fünfte Säugling im ersten Lebensjahr. Fast die Hälfte von ihnen war untergewichtig, und auch die Mütter und ihre heranwachsenden Kinder waren oft unterernährt oder lungenschwach. Nicht Behandlung, sondern umfassende medizinische Fürsorge war nötig. Deshalb schuf Wolf für Alt-Remscheid die **Säuglings- und Kleinkinderfürsorge** sowie fünf Mütterberatungsstellen, ein viel beachtetes Modell. Seine Behandlungen beruhten vor allem auf der Basis von

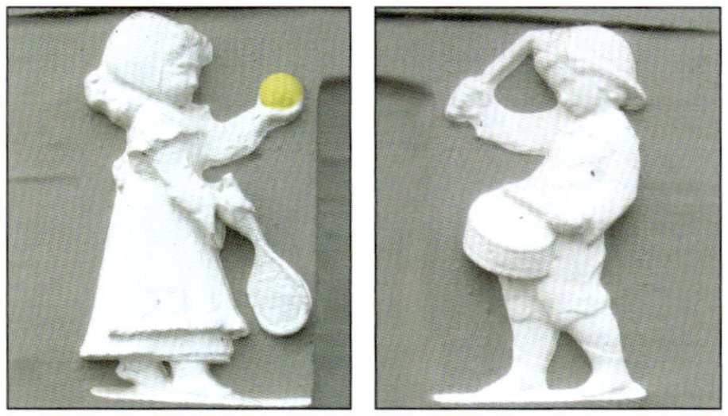

1911 wurde in Lennep ein Säuglings- und Kinderpflegeheim errichtet. Dieses Augusta-Hardt-Heim, zwischenzeitlich als Altenheim genutzt, dient heute als Heim für psychisch Kranke. Die beiden Kinder spielen heute noch rechts und links vom Portal wie vor knapp 100 Jahren.

Naturheilkunde: Sonnenbehandlung, „giftarmer“ Verschreibung, Heilgymnastik, Hygiene. Zudem führte er für alle Kinder eine **schulärztliche Betreuung** ein, beginnend mit einem Stadtarzttermin im Rathaus drei Tage vor Schuleintritt. Er lobte den gesunden Kinderkörper. „Gerade habe ich eine Schule durchuntersucht. Wie schön und stolz so ein junger Knabenkörper ist, und wie schnell er am Schraubstock oder vor dem Schleifstein krumm gezogen wird.“ Da schmerzte es den Arzt, die Schulentlassenen den Remscheider Betrieben zu überlassen.

2. Anfällig, weil kugelrund

Eine Reihenuntersuchung der eingeschulten Kinder **1952** ergab noch Durchschnittswerte, wie sie auf nebenstehender Tabelle abzulesen sind. Heutige Reihenuntersuchungen kommen etwa zu dem gleichen Ergebnis, nur mit dem Unterschied, dass die Kinder ein Jahr früher, also bereits vor der Einschulung untersucht werden. Damit sind Jungen und Mädchen den damaligen in Gewicht und Größe ein Jahr voraus.

Kinderuntersuchungen zur Einschulung (1952)

Mädchen	*119,44 cm*	*21,51 kg*
Jungen	*118,92 cm*	*21,90 kg*

Die WHO stuft die Bekämpfung der Fettleibigkeit insbesondere von Kindern in den Industriestaaten als vorrangiges Gesundheitsziel an. Auch das Gesundheitsamt Remscheid beschäftigt sich intensiv mit dem Thema. Hier das Logo der AG „Kinder- und Jugendgesundheit" der Remscheider Gesundheitskonferenz.

In den letzten Jahren taucht ein **neues Gesundheitsproblem** auf: die Fettleibigkeit. Zusehends findet eine Vorverlagerung des Problems ins Kindes- und Jugendalter statt. Bei Schuleintritt ist jedes 8. Kind übergewichtig oder fettleibig. Bei Schulentlassung (bei den etwa 15-/16-Jährigen) hat sich das Problem noch besorgniserregend verschärft, da trifft es bereits für jedes 4. Kind zu. Die **Ursachen** liegen im Lebensstil. Die Familien wissen zu wenig über gesunde Ernährung. In den angebotenen Lebensmitteln verstecken sich große Mengen Zucker. Der Griff zum Fastfood ist bequem. Dazu kommt der durch Fernsehkonsum und Computergebrauch bedingte Bewegungsmangel. Die überflüssigen Pfunde sind **Ausgangspunkt für viele Krankheiten**; je früher sie auftreten, je länger sie andauern, umso höher sind die Risiken, z.B.: Stoffwechselstörungen, Zuckerkrankheit, Bluthochdruck oder ein bis zu 20 % höheres Krebsrisiko. Und dazu kommen noch psychosoziale Folgen.

3. Kinderarm und arm dran!

In früheren Zeiten war es oft die **Kinderarbeit**, die der Gesundheit der Kinder zusetzte. Heute spricht man, trotz Wohlstandsgesellschaft, zunehmend von „**Kinderarmut**": Allein 11.000 Remscheider leben von Arbeitslosgeld II, zu dieser Gruppe zählen etwa 3000 Kinder. Dazu kommt die zunehmende Schar der Scheidungskinder und die von Alleinerziehenden. Doch auch Kinder der Doppelberufstätigen können manchmal arm dran sein. Auf alle Fälle ist die psychische Belastung bei vielen gewachsen. Eltern glauben unter dem Zwang zu stehen, auch bei begrenzten finanziellen Möglichkeiten ihren Kindern alles bieten zu müssen, wie Handy, Playstation und „Markenklamotten". Andere wieder stehen so unter Zeitdruck, dass sie kaum noch Zeit für ihre Kinder finden. Früher konnte die Großfamilie manche Überforderung auffangen. Heute steht die **Kleinfamilie in der Zerreißprobe** mit oft dramatischen Folgeerscheinungen: Suchtverhalten (Rauchen, Trinken, Medikamentenmissbrauch), psychosomatischen Krankheiten bis hin zu Kindesmisshandlung. Da und dort gibt es auch Realitätsflucht, z.B. bei jungen Mädchen, die frühzeitig eine Beziehung eingehen, ein Kind bekommen und ohne Schulabschluss bleiben – eine gefährliche Sackgasse. Seit dem neuen **Jugendhilfegesetz (1991)** setzt man nicht mehr auf das Fürsorgeprinzip und die Kontrolle seitens des Jugendamtes, vielmehr sucht man mit einer Fülle von Leistungsangeboten das Selbsthilfepotential der Eltern zu aktivieren. Direkt eingegriffen werden darf nur, wenn das **Wohl des Kindes** gefährdet ist (§38b). Angesichts der komplexen Situation und der Arbeitsbelastung des sozialen Personals haben sich Gesundheitsamt, Jugendamt(-hilfe) und freie Träger vernetzt, ein **Frühwarnkonzept** wurde entwickelt mit dem Ziel, rechtzeitig helfen zu können. Als Folge gab es in Remscheid eine Welle von Meldungen über hilfsbedürftige Kinder, nicht immer zu Recht, aber ein Zeichen für eine gewachsene Sensibilität. Immerhin liegt die Stadt mit der Zahl der Fälle, wo Hilfe nötig ist, im NRW-Vergleich unter dem Durchschnitt. Das spricht für die gute Vernetzung.

Unbeschwert spielende Kindergruppe
So werden die meisten Vorübergehenden diese Bronzefiguren auf der Alleestraße gegenüber dem Eingang zu Remscheids größtem Einkaufszentrum sehen.

Es gibt aber auch eine andere Sicht:

Schluss mit lustig?
Auf der oberen Alleestraße tanzen diese drei schlanken Bronzefiguren, Vater, Mutter und Kind. Die mädchenhafte Mutter und der jugendliche Vater wirken unbeschwert, das Kind mit Stupsnase und Lockenkopf wirkt niedlich und unbefangen. Es scheint in diesem unbeschwerten Rund-/ Familientanz von den Eltern gehalten zu sein und doch wieder herauszuschnellen aus der bergenden Hülle der Familie, gleich einem Pfeil, von einem hoch angespannten Bogen abgeschossen. – Das Bild scheint umzuspringen. Die Familie erscheint wie von unsichtbarem Wirbel erfasst, zentrifugale Kräfte wirken auf die Familie. Die Gesichter sind angespannt, die Arme, die sich diesen Zentrifugalkräften entgegenstemmen, sind zum Äußersten angespannt, zum Zerreißen dünn geworden. Die dynamischen Wirbel scheinen sich zu beschleunigen, ein Augenblick kurz vor dem Auseinanderfliegen. Der muntere Familientanz wird zu einem Gleichnis für die „Zerreißprobe Familie".

(Künstler: Dieter von Levetzow, gestiftet für die Stadt von den Rotariern)

16. Kommen und Gehen

1. Auswanderungen

1. Auswanderungen des Handwerks „bey Leib- und Lebensstraff verboten"

Bereits im 17. Jh. muss es vereinzelte Abwanderungen von Handwerkern aus dem hiesigen Gebiet gegeben haben. Das war nicht gern gesehen, weil damit auch Herstellungsgeheimnisse an die Konkurrenz verraten wurden. So sah die Regierung 1613 strenge Strafen für unbefugtes Auswandern vor. Als dann im 18. Jh. die bergische Industrie in einem bis dahin nicht gekannten Maße aufblühte und Handwerkswissen gefragt war, gab es ernsthaftere Bemühungen gegen Abwerbung im Handwerk. Man verbot den Zunftgenossen Gewerbefreiheit. Obwohl sie über große Kunstfertigkeit und Spezialisierung verfügten, darbten viele dahin. Das nutzten ausländische Unternehmen zur Abwerbung. Schweden, Engländer, Franzosen waren interessiert, vergeblich. Erst 1764 gelang es dem Remscheider Kaufmann Peter Hasenclever (1716-93) zur Errichtung seines Eisenwerkes in New Jersey 535 Personen abzuwerben und mitzunehmen. Der Landesherr reagierte betroffen, und „Durchlaucht" verwies darauf, dass in England solche Praktiken bei „**Haab und Gut, Leib- und Lebensstraff verboten**" und die Täter als **Vaterlandsverräter** deklariert würden. Als der Remscheider Peter Kläuser seinen Betrieb nach Neuengland auslagern wollte, wurde ihm das auf richterlichen Befehl verboten und bei Nichtbefolgung „die Requisition seines Vermögens und körperliche Arrestierung angedroht". Doch alle Erlasse konnten die Entwicklung nicht aufhalten. Amerika wurde bald zum festen Begriff für persönliche Freiheit sowie die des Gewerbes und Handels.

> ***„Eid der Handwerksbrüder"***
> *„Ich NN schwöre zu Gott, daß ich [. .] das Handwerk außer Landes nicht transferieren (werde), keinem Fremden das Handwerk lernen, auch mit keinem als in diesem Handwerk fabricirten Waren handeln wolle, so wahr mir Gott helfe und sein heiliges Evangelium."*

2. Aufgabe der Heimat – „Europa bot nur Sclaverey"

Der wachsende Knebelung auch der bergischen Wirtschaft durch Napoleon führte diese in eine **tiefe Depression**. Die Absatzmärkte schwanden, ganze Produktionsstätten, wie die der großen Lenneper Textilfabrikanten, wurden wegen günstigerer Bedingungen ins Ausland verlegt. Viele Arbeiter standen auf der Straße. In den Einwohnerlisten von 1796 bis 1810 erscheinen hinter etlichen Namen Bemerkungen wie „über den Rhein verzogen", „nach Russland **verzogen**".

Auch nach den Befreiungskriegen hatten die Menschen noch lange unter der Konjunkturschwäche zu leiden. Angesichts von Hungersnot und Teuerung und einer nur aus Brot und Kartoffeln bestehenden Nahrung wanderten etliche Remscheider Fabrikarbeiter z.B. 1818 nach Straßburg und ins Elsass aus. Aber zum „Land der unbegrenzten Möglichkeiten" wurde Amerika. **Reiseberichte**, zumal die des Remscheiders G. Duden, sprachen von Gleichheit, Freiheit und unermesslichen Nahrungsquellen. Das gelobte Land wurde zum Mythos.

Die preußische Bürokratie sprach von „**Verantwortungslosen**", „Drückebergern" ja „kriminellen Elementen". Doch angesichts einer krisengeschüttelten Heimat und hemmungsloser Fabrikantenpraktiken waren es **verantwortungsbewusste** Entscheidungen.

Dampf- schiffahrt zwischen Rotterdam und Havre.
Die Boote, welche zwischen Rotterdam und Havre gehen, fahren den 3. 11. 20. und 26. eines jeden Monats von Rotterdam ab.
Rotterdam, den 17. Juni 1847.
Die Agenten Smith & Cp.

Schiffsgelegenheit nach New-York zu neuerdings ermäßigten Preisen.
Das Nähere beim Agenten
Friedrich Ferdinand Haarhaus,
Elberfeld, den 19. Juli 1847. Bicarie, 2te Hardtstraße A. 123.

Agenturanzeigen aus der „Elberfelder Zeitung" von 1847. Bergische Auswanderer vor 1850 bevorzugten die Häfen von Le Havre und besonders Rotterdam. Mit Aufkommen der Eisenbahn konnte man dann den Bremerhavener Kolumbuskai schneller erreichen.

Lied bergischer Auswanderer (1834)

Amerika, Du freies Land
Wie bist Du uns so werth
Europa bot nur Sclaverey
Du machst uns froh, Du läßt uns frei
An freien eignen Heerd.

Und wurd uns auch der Abschied schwer
Von Heimatlichem Land
Wo wir als Knabe froh gespielt
Als Jüngling uns gestählt
Durch Liebs und Freundschaftsband.

Wir sehn mit hoffnungsvollem Blick
Auf Dich Amerika
Wir nah 'n vertrauensvoll uns Dir
Nimm freundlich auf alle hier
Das wirst Du gerne Ja. (1834)

In Buenos Aires, 30 m vom Grab der berühmten Evita Peron entfernt, befindet sich heute noch der Grabstein eines Remscheiders Franz (Francesco) Halbach (1801-1870). Er war schon als Kleinkind mit seinem Vater Abraham, einem Kaufmann aus Remscheid-Hasten, nach Argentinien gekommen. Zu Francescos Nachkommen gehört Maxima, die heutige Königin der Niederlande.

2. Zuwanderungen

Bereits vor 1700 zog es Wirtschafts- und Glaubensflüchtlinge (Hugenotten) in unsere Region. Mit der im 18. Jh. aufblühenden Industrie begann das Bergische vorübergehend zu einem Einwanderungsland zu werden, ein Zustand, der mit der französischen Besatzungszeit und dem damit verbundenen Auftragsmangel jäh gestoppt wurde.

1. Remscheid eine „Hesseninsel“

Als sich unter preußischer Herrschaft dann wieder Perspektiven ergaben, erschienen neue Einwanderer und suchten vor allem in der **aufstrebenden Industriestadt** Remscheid ihr Glück. Sie kamen aus Gebieten, wo es „viel Steine gab und wenig Brot“, so aus dem wirtschaftlich verwandten Märkischen und Oberbergischen, vor allem aber aus Kurhessen, Hessen-Nassau und Waldeck. Es waren in der Mehrzahl Schmiede, auch viele Schneider. Sie verdingten sich als Tagelöhner, die Frauen als Mägde. Viele kamen auch nur als Saisonarbeiter. 1838 klagte der Bürgermeister über viele jugendliche Zuwanderer aus Hessen, die zum Teil ohne Verträge bei Remscheider Schmieden arbeiteten.

1841 waren es bereits an die 500 Personen, in der zweiten Hälfte des 19. Jh. nahm ihre Zahl dann weiter zu und brachte Probleme. Einerseits war die boomende Industrie **auf diese „Fremdarbeiter“ angewiesen**. Andererseits erschwerten **bürokratische Landesbestimmungen** die Integration dieser „Hergeloupenen“ und standen ihnen beim Aufbau einer neuen Existenz im Wege. 1860 bat der Bürgermeister die Regierung, die Einwanderungsgesetze abzumildern. Es sei nötig, aus den heimatlosen, meist jungen Männern Angehörige der Stadt zu machen und ihnen zu helfen, eine Familie zu gründen. Ein Hausstand und das eigenständige Betreiben von Geschäften seien Ansporn zu Fleiß und tätigem Leben.

Mit der starken Zuwanderung war auch eine **große Fluktuation** verbunden. 10 % der Bevölkerung waren nicht sesshaft, sie kamen und gingen, oft mehrmals in einem Jahr. Der Bürgermeister klagte über diesen Hang zur Ungebundenheit, sei er doch ungünstig für die Industrie, leiste der Rohheit Vorschub und fördere die **Vermassung**.

Die Hesseninsel am Markt. Mit Einführung der Straßenbahn wurde der Markt zur Drehscheibe des Verkehrs und zum Treffpunkt nicht nur für Remscheider, sondern auch für die Fremden aus dem Hessenland, die der kleinen Insel am Markt den Namen ihrer fernen Heimat gaben.

2. Jüdische Schicksale

1. Ausgangslage und Emanzipation

In den Jahren der sprunghaften Stadtentwicklung, in den letzten Jahrzehnten des 19. Jahrhunderts, zog es auch viele Juden nach Remscheid. In der Regel waren es junge Leute auf der Suche nach Arbeit, nicht älter als 30 Jahre. Innerhalb von zwei Jahrzehnten hatte sich ihre Zahl verzehnfacht, um 1900 gab es bereits **über hundert Juden** in Remscheid, viele aus Osteuropa. Einige von ihnen hatten um die Jahrhundertwende sogar den Aufstieg in die „erste Abteilung“ zu den einkommensstärksten Bürgern geschafft. So kristallisierte sich nach wenigen Jahren eine jüdische **Zweiklassengesellschaft** heraus. Die Bessergestellten, meist bereits stark integrierte Westjuden, bevorzugten als Wohnlage die Villen-, Linden- (heute Martin-Luther-Straße), Bismarck- und Alleestraße. Die sozial Schwächeren, meist aus Osteuropa kommend, wohnten mehr in den Randbezirken oder zu Füßen des Stadtkegels. Entsprechend Herkunft und sozialem Stand gab es auch **mehrere Bethäuser**. Das bekannteste war der Betsaal in der **Bismarckstraße**, zur Miete in einem Fachwerkhäuschen in einem Hinterhof, hundert Meter vom Bahnhof entfernt. Hier trafen sich die eher traditionell denkenden Ostjuden. Die besser situierten Westjuden kamen in einem jüdischen Privathaus in der Alleestraße 13 zusammen. Auffallend war der Bildungswille beider Gruppen. Von den ersten neun Abiturientinnen des Lyzeums waren zwei Jüdinnen, die eine Tochter eines Arztes, die andere die eines stadtbekannten Marktschreiers, der auf dem Wochenmarkt seine Eier anbot.

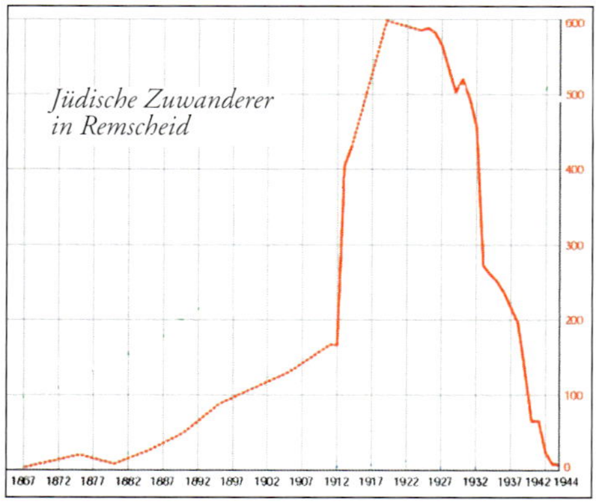

23. März 1933.

Remscheid.

Zwangsbeurlaubt.

Auf Veranlassung der nationalsozialistischen Partei wurden gestern auch in Remscheid mehrere städtische Beamte und Angestellte beurlaubt. Es handelt sich um Beig. Lemmer, Stadtmedizinalrat Dr. Aschenheim, Stadtärztin Frl. Dr. Cohn, Berufsschuldirektor Gewerbeschulrat Dietrich, Baurat Rödiger, Stadtdirektor Will, Gartenbauinspektor Sträßer, Stadtsekretär Ebel sowie die Angestellten Bühler und Frau Lohmann.

Der Beginn des Boykotts.

Die jüdischen Geschäfte vorher geschlossen.

Heute morgen 10 Uhr begann auch in Remscheid der angekündigte Boykott der jüdischen Geschäftshäuser. Die Stadt bot schon am frühen Vormittag ein äußerst lebhaftes Bild; auf der Adolf-Hitler-Straße schob sich eine ungeheure Menschenmenge auf und ab.

Bevor jedoch die planmäßige Abwehraktion einsetzte, hatten die jüdischen Geschäftsleute ihre Geschäfte bereits geschlossen. Gegen 10 Uhr marschierten dann zahlreiche SA.-Leute auf, die sich vor die Eingänge der einzelnen jüdischen Geschäfte postierten. Weiter marschierten Nationalsozialisten mit Schildern durch die Stadt, in denen zur Abwehr der Greuelhetze und zum Boykott der Juden aufgefordert wird, Autos mit ähnlichen Aufschriften fahren durch die Straßen. In der Innenstadt sah man überall SA-Leute und zahlreiche Polizeibeamte; der Straßenverkehr wickelt sich reibungslos ab.

2. Entlassung jüdischer Beamter und Angestellter (23.3.1933)

Sieben Wochen nach der Machtergreifung wurden in Remscheid die jüdischen Beamten und Angestellten ‚beurlaubt'. Der Prominenteste unter ihnen war der Stadtarzt Dr. Erich Aschenheim (1882-1941). Seine Heirat mit einer Christin half ihm ebenso wenig wie seine hohe fachliche Qualifikation: Als Kinderarzt und Sozialmediziner betreute er die Klein- und Schulkinder Remscheids. In einer Zeit, als viele Kinderkrankheiten noch zum Tode führten, zumal auch die Lebensumstände der meisten Arbeiterfamilien äußerst schlecht waren, entstanden auf seine Anregung hin eine Säuglingsklinik, ein Kleinkinder- und ein Rachitikerheim. Zugleich war er beliebter Lehrer am Lyzeum, wo er die Schülerinnen am Frauenschulzweig in medizinischen Grundkenntnissen unterrichtete. 14 Tage nach der Zwangsbeurlaubung, am 7. April 1933, wurden die Entlassungen durch das „Gesetz zur Wiederherstellung des Berufsbeamtentums" abgesegnet und die Betroffenen aus dem öffentlichen Dienst entlassen.

3. Boykott jüdischer Geschäfte (1.4.1933)

Gerda Freund, die 15-jährige Tochter eines polnisch-jüdischen Kaufmanns und damals Schülerin des Lyzeums, erlebte diese Zeit im großen Zwiespalt:

Am gleichen Tage in der Schule

Gerda erfuhr in der Schule von den Ereignissen und begann vor Schreck zu weinen. Die Mitschülerinnen versuchten sie zu trösten: „Gerda, das ist ja gar nicht gegen euch, das ist doch nur gegen die Juden, die Schwindler und Wucherer sind, nicht gegen die anständigen Juden. Ihr seid ja anständige Juden."

Erfahrungen voller Gegensätze

„Die meisten Mitschülerinnen und älteren Lehrer hatten keine antisemitische Haltung mir gegenüber eingenommen. Die jüngeren Lehrer vertraten den neuen ‚Ungeist'. Obwohl ich gern das Abi gemacht hätte, verließ ich die Schule im April 1933 mit dem Einjährigen, weil ich es mit diesen Lehrern keine drei Jahre mehr ausgehalten hätte."

Gerda Rosental-Freund, 1988

„Was ich dann aber auf der Handelsschule an der Freiheitsstraße erlebte, übertraf alle Befürchtungen."

Gerda Rosental-Freund, 1988

4. Schikanen im Alltag

Die antisemitische Wochenzeitung „Der Stürmer" brachte die pöbelhafte Beschimpfung „**Stinkjude**" in Umlauf, auch Remscheider Juden wurden in dieser üblen Weise beschimpft. Entsprechend verletzend war oft auch der Umgangston an Schulen. Schon 1933 hatte man sich bei Unterrichtsbeginn mit „Heil Hitler" zu begrüßen. Bald kam mehr dazu. Der Schulleiter des Lyzeums rügte eine Nicht-Jüdin wegen eines Schulhofsgespräches mit einer jüdischen Mitschülerin. Erlebnisse, wie sie **Werner Strauss** auf der Hindenburgschule passierten, sind sicher keine Einzelfälle. Sie zeigen aber auch, wie ein in jüdischer Tradition erzogener Junge sich bewundernswert auf seine Art zu wehren versuchte. Da bekam er von seinem Geschichtslehrer zu hören: „Ich muss leider sagen, der Werner ist der Beste in Geschichte!" Er sprang auf. „Wieso leider, weil ich Jude bin?" Der Lehrer suchte nach einer Ausflucht: „Nein, weil die anderen nicht so gut sind." Ein anderer Lehrer stellte ihn schon mal an die Wand und ließ ihn „Heil Hitler!" rufen. Der gleiche

Muster einer „Deutschen Schule" 1938
Vor der Hindenburgschule, dem Gymnasium in der Hindenburgstraße sind Schüler angetreten.

Lehrer las vor der Klasse aus dem „Stürmer" vor und meinte: „Strauss, ich glaube, du wärst auch froh, wenn du als Arier auf die Welt gekommen wärst." Daraufhin Strauss, aufspringend: „Im Gegenteil, Herr Marienthal, ich bin stolz darauf, dass ich ein Jude bin!" Auf dem Weg zum Sportunterricht an der Deutschen Eiche befahl der Sportlehrer seiner im Gleichschritt marschierenden Klasse Lieder zu singen, darunter auch stark antisemitisch geprägte wie „Siehst du im Osten das Morgenrot". Einen der Texte formte Werner einfach um und sang „Ich bin ein Kaftanjüdchen, wuchre in jedem Örtchen, heil König Salomos Stamm!"
Am Morgen des 15. 11. 1938 fing der Schulleiter Schüler Werner Strauss vor seinem Klassenraum ab, nahm ihn beiseite und teilte ihm mit, dass ihm ab sofort der **Besuch „deutscher" Schulen verboten** sei. Dasselbe Schicksal ereilte auch drei Schüler (im Alter von 12-15 Jahren) des Gymnasiums an der Elberfelder Straße.

Begründung für den Rauswurf
Es „kann [...] keinem deutschen Lehrer und keiner deutschen Lehrerin mehr zugemutete werden, an jüdische Schulkinder Unterricht zu erteilen. Auch versteht es sich von selbst, daß es für deutsche Schüler und Schülerinnen unerträglich ist, mit Juden in einem Klassenraum zu sitzen."

5. Reichspogromnacht im Stadtzentrum (9/10.11.1938)

In den frühen Morgenstunden des 10. November, kurz nach Mitternacht, machte sich eine Gruppe von SA-Männern vom **Lokal „Tante Paula"** an der oberen Alleestraße aus in Richtung Markt auf den Weg. Die beiden Anführer gingen zu Fuß, während ihnen ein Auto mit weiteren Männern folgte. Vor dem **Schuhgeschäft Freund** hielt der Trupp an. „[...] ich sah nun, wie Sch. mit seinem Stiefelabsatz die Fensterscheiben eintrat. Die übrigen SA-Kameraden drangen dann durch das offene Fenster in den Laden ein. Es wurden dann die in dem Geschäft befindlichen Schuhe auf die Straße geworfen." In der hinter dem Laden gelegenen Wohnung befand sich während des Überfalls nur Cäcilie Freund. Ihr Mann war wenige Tage zuvor nach Polen abgeschoben worden. In der Küche versteckt, blieb sie in dieser Nacht verschont. „Die Schaufenster waren zerstört und die Auslagen lagen zumeist zwischen den Splittern von Glas vor dem Schaufenster auf dem Bürgersteig. [...] Zum größten Teil war diese Ware beschädigt." Beschädigt wurde auch die Eingangstreppe zum Laden, deren Reparatur das Ehepaar Freund bezahlen musste. Die SA-Horde zog weiter über den Markt in Richtung Bahnhof. Beim **Textilgeschäft Sternheim & Eichenwald** erreichte die Zerstörung ihren Höhepunkt. Nachdem man die Schaufenster eingeschlagen hatte, so berichtet ein Augenzeuge, „wurden die Schubfächer aus den Tischen gezogen, die Verkaufstische umgeworfen. Die Waren wurden von uns teils auf die Erde und teils auf die Straße geworfen. [...] Im Geschäft sagten T. und D. noch zu mir: ‚Los dran.' Ich habe mich daraufhin auch an der Zerstörung der Inneneinrichtung ebenfalls aktiv beteiligt. Unter anderem habe ich auch die Ladenkasse von dem Ladentisch heruntergerissen und auf die Erde geworfen." Das Geschäft bot am nächsten Tag ein Bild der Verwüstung: „Die großen Schaufensterscheiben im Erdgeschoß und in der I. Etage waren durch Steinwürfe zertrümmert, die Auslagen in den Schaufenstern fast völlig unbrauchbar geworden. Im Innern des Ladens war die Einrichtung zerschlagen, die Heizkörper der Warmwasserheizung umgerissen, so daß ich eine Stätte der Verwüstung vorfand, als ich die Räume erstmals betrat." Frühmorgens erreichte eine SA-Gruppe auch die **Martin-Luther-Straße** und drang in das **Haus von Gustav Wisbrun** ein. Sohn Peter, damals 11 Jahre alt, erinnert sich: „[...] für mich ein traumatisches Erlebnis, an das ich mich noch heute erinnere, als ob es gestern wäre.

Inhaber Sternheim, hier mit seiner Tochter Ruth, hatte sich kurz vor der Pogromnacht das Leben genommen.

Schuhgeschäft Freund, Ecke Wiedenhofstraße / Adolf-Hitler-Straße (heute Alleestraße)

Konfektionsgeschäft Sternheim & Eichenwald (vorn rechts) an der Bismarckstraße, unterhalb der Suitbertuskirche

Peter Wisbrun und Schwester Suse. Ihr Vater wurde ins KZ Dachau verschleppt, von dort aber als Frontkämpfer im Ersten Weltkrieg noch im Dezember 1938 wieder entlassen.

Ich wachte mitten in der Nacht auf mit Lärm und Geschrei, dann wurden meine Mutter und Suse in mein Zimmer gestoßen. Der Lärm ging weiter von zerbrechendem Holz und Geschirr. Nach einiger Zeit wurde auch mein Vater im Pyjama, im Gesicht und am Kopf blutend, zu uns gestoßen. Als es dann wieder stiller wurde und wir hinausgingen, sahen wir, dass alle Zimmer außer meinem total verwüstet waren. Die Möbel zerbrochen, die Betten aufgeschlitzt, die Waschbecken zerschlagen, Bilder zerschnitten, Geschirr und Glasschränke umgekippt. Mein **Vater** zog sich noch an, dann klingelte es wieder und er wurde abgeholt" und ins KZ Dachau gebracht.

In diesem Haus in der Martin-Luther-Straße 27 wohnte Familie Wisbrun bis zum 7. Juli 1939.

6. Konzentriert in Judenhäusern – bis zur „Endlösung"

Das idyllische Haus in der Villenstraße 13 trügt. Hier wurden auf engem Raum Juden konzentriert, die ihre alten Wohnungen aufgeben mussten.

1938 wurden dann die größten jüdischen **Geschäfte in Remscheid „arisiert"**. Einzelne zogen wegen der größeren Anonymität in die Großstädte. Ab 1939 begann man Häuser zu „entjuden" und konzentrierte die Herausgeworfenen in eigenen „**Judenhäusern**". Ein solches Haus befand sich in der Villenstraße 13 (heute Konrad-Adenauer-Str.), nur 30 Schritt von der Adolf-Hitler-Straße (heute Alleestr.) entfernt. Hierhin zog am 7. Juli 1939 Familie Wisbrun, hier fand auch Familie Strauß Unterkunft.

Einige Remscheider Juden hatten die Zeichen der Zeit bereits früh erkannt und Deutschland verlassen. Andere Eltern hatten ihre Kinder zu einer besseren Ausbildung außer Landes geschickt und waren selbst hier hängengeblieben. Viele Ausgewanderte wurden von deutschen Truppen eingeholt. Andere entschlossen sich erst spät zur Flucht, so die Wisbruns 1940 mit ihrer Tochter Suse. Mit einem illegalen Transport auf gefährlich überladenen Schiffen und teils unter unmenschlichen Zuständen schafften sie es wohlbehalten ins anscheinend sichere, britisch besetzte Palästina. Doch auch bei den Briten waren Juden unerwünscht, sie pferchten die Ankömmlinge gleich wieder auf einen Dampfer, um sie umgehend nach Europa abzuschieben. Dies suchte eine jüdische Untergrundorganisation zu verhindern, indem sie eine Sprengladung an das Schiff legte. Doch die Explosion war so stark, dass sie 300 Flüchtlinge mit in den Tod riss, darunter auch die 17-jährige **Suse Wisbrun** aus Remscheid. Kurz darauf starb auch ihr Vater, an den Folgen von Dachau.

Das Grab von Suse Wisbrun (links) befindet sich in Haifa. – Es sei hierhingesetzt als Zeichen der Erinnerung an das Schicksal der vielen Remscheider Jüdinnen und Juden, deren Spur sich auf den Wegen in den Holocaust verliert und deren Gräber unbekannt sind.

Suses Bruder Peter (heute Peter Ron, rechts) hat als Internatsschüler in der Schweiz überlebt und lebt heute in Israel. Als am 14.2.2007 für Vater und Schwester vor dem elterlichen Haus in der Martin-Luther-Straße 27 ein Gedenkstein gesetzt wurde, kam er persönlich nach Remscheid – ein Zeichen von Versöhnung.

Ein Initiativkreis „Stolpersteine" hat seit 2005 mit Unterstützung der Stadt 77 pflastersteingroße, mit Messingtafeln überzogene Steine an Orte gesetzt, an denen die Nazi-Opfer einst gewohnt haben, die meisten für jüdische Opfer, 14 für Widerstandskämpfer.

3. „Rucksackdeutsche“ – Flüchtlinge und Vertriebene aus dem Osten

1. „Vor der Größe dieser Not [...] machtlos“

Bereits 1944 weilten viele **Evakuierte aus den Frontgebieten** in Remscheid, d.h. in seinen unzerstörten Wohnbezirken wie z.B. in Lüttringhausen, und ihre Zahl wurde immer größer. Die Menschen mussten zusammenrücken. Allein im katholischen Pfarrhaus waren sieben Evakuierte untergebracht. **Nach Kriegsende**, im Mai 1945, begannen diese Evakuierten zurückzuwandern. Doch mit den Ostflüchtlingen tauchte eine neue Gruppe auf und mit ihnen ein weitaus schwierigeres Problem. Denn sie trafen oft ohne jeglichen Besitz von Geld, Kleidung und Haushaltgegenständen hier ein. „Die Karitas nimmt sich ihrer nach Möglichkeit an. Aber vor der Größe dieser Not stehen die Menschen machtlos. **2000 Flüchtlinge** sind für Remscheid gemeldet [...] Volksküchen und Wärmehallen sollen für sie eingerichtet werden.“ (Chronik St. Marien 1945)

Die Vertriebenen wurden in elenden Baracken untergebracht oder, sofern überhaupt noch irgendwo Wohnraum bestand, in die Wohnungen der Altbürger zwangseinquartiert.

2. Spannungen sind unvermeidlich

In der Chronik der Kirchengemeinde Heiligkreuz schlagen sich die Spannungen zwischen Alt- und Neubürgern nieder. „Die Flüchtlinge aus dem Osten sind religiös **noch nicht heimisch** geworden. Jedenfalls reicht ihr religiöses Leben nicht im Entferntesten heran an die Frömmigkeit und den Eifer der auch noch zu Anfang 1945 hier weilenden Evakuierten aus dem Rheinland!“ (1946) Doch etwas eingelebt, beeindrucken sie mit neuen Impulsen aus ihrer Überlieferung: „Dagegen verdient festgehalten zu werden, daß [...] die Ostflüchtlinge in unserer Gemeinde eine eigene Betstunde hatten, die nicht nur sehr gut besucht war, sondern auch nach Texten der Gebete und Auswahl schlesischer Lieder so schön war, daß sie allgemein auffiel. Den Leuten standen die Tränen in den Augen, als sie nach Jahren zum erstenmal wieder ihre **schlesischen Heimatlieder** singen konnten.“ (Dezember 1948) In Kontrast zu solchem Eifer stellte der Pfarr-Rektor das Verhalten seiner Gemeinde (s. rechts). Eine weitere Spannung ergab sich auch aus der Wohnungsnot. Noch 1952 hausten viele Ausgebombte in **Notunterkünften**, und unvermindert trafen weitere Flüchtlinge aus dem Osten ein. Anfang 1953 lebten über 10.000 Flüchtlinge in der Stadt (etwa 10 %). Dazu sollte Remscheid wöchentlich weitere hundert übernehmen, die aus der DDR und Ostberlin hierher strömten. Als dann noch die ausgebombten Remscheider beobachten mussten, dass Heimatvertriebene, Flüchtlinge und politisch Verfolgte bei Neubauwohnungen bevorzugt wurden, machte sich großer Unmut breit. Aber relativ schnell sind die Menschen aus dem Osten mit der Sonderart ihrer heimatlichen Kultur und ihrem Brauchtum in der einheimischen Bevölkerung aufgegangen.

*„Dazu der **kalte, gehässige Ton vieler eingesessener Leute** gegen die hierhin verschlagenen Flüchtlinge. Mit welcher Verachtung schauen sie auf diese armen Menschen herab? Sie werden als Eindringlinge betrachtet. Wieviele dieser Ärmsten weinten beim Rector bittere Tränen über das Verhalten der Lüttringhauser Glaubensbrüder. Man erschrickt, ob solcher Hartherzigkeit und Lieblosigkeit. Wie ist doch Lüttringhausen im Verhältnis zu Remscheid und Lennep gut durch den Krieg gekommen. Müßten da die Leute nicht doppelt liebevoll sein gegen arme Ausgebombte und Ostvertriebene. Aber nein! Es ist abscheulich, zu sehen, wie man über diese Menschen spricht und sie behandelt. [...] sogar sehr gehässige und verächtliche Worte über den Rector fielen, weil er sich der Armen aus dem Osten [...] ganz besonders annimmt.“ (Juni 1948)*

4. Südeuropäische „Gastarbeiter“ – einst wie Wesen von einem anderen Stern

Mit beginnendem Wirtschaftswunder und einsetzender **Hochkonjunktur** war der deutsche Arbeitsmarkt bald „leergefegt“. Händeringend wurden Arbeitskräfte gesucht, insbesondere für körperlich schwere und eher niedrig entlohnte Tätigkeiten, und die mussten **im Ausland angeworben** werden. 1956 konnte Remscheid die ersten 56 ausländischen Metallarbeiter gewinnen, und Kammgarn in Lennep 35 österreichische Frauen. Doch der Arbeitsmarkt war unersättlich und für wirtschaftlich ärmere Regionen Europas von magischer Anziehungskraft. Anfang der 60er Jahre strömten ausländische Arbeiter bereits in Busladungen in die Stadt. So wechselten z.B. 100 Textilarbeiterinnen einer bei Casablanca geschlossenen Fabrik nach Wülfing. 1963 waren es bereits über 5000 Ausländer, die stärkste Gruppe die der Italiener (ca. 3000), gefolgt von den Spaniern (ca. 2000) und den Griechen (gut 100). Bald zog es auch Portugiesen hierher (1975 bereits 1200). Man nannte sie „**Gastarbeiter**“, weil nur an einen vorübergehenden Aufenthalt gedacht war. Und viele von ihnen dachten anfangs auch entsprechend nur ans „Geldverdienen“ für ihre Familien in der Heimat. Dafür

haben sie miserable Wohnquartiere und mangelhafte Kontakte zu den Remscheidern in Kauf genommen. Doch die Gäste holten ihre Familien nach. Für viele ihrer Kinder war jedoch die Zukunft verbaut, denn 70 % erreichten keinen Schulabschluss.
Von der hiesigen Bevölkerung wurden die Neuankömmlinge zwar als hilfreiche Arbeitskräfte akzeptiert, dennoch misstrauisch beäugt wie Wesen von einem anderen Stern: Viele sprachen kein Wort Deutsch. Vorwürfe kamen, die meist jungen Männer würden den Deutschen die Mädchen wegnehmen, und deutsche Frauen wurden lange schief angeguckt, sofern sie sich mit ihnen einließen.
Schon in den 1960er Jahren bekamen die Neuankömmlinge ihre ersten Seelsorger, 1963 die Spanier ihr Zentrum in Lennep an der Schwelmer Straße, bald darauf die Italiener in Remscheid gegenüber der Suitbertuskirche. „Wir sind stolz auf Integration", sagte José Luis Gambra (+2010), seit 1976 Seelsorger der spanischen Gemeinde (damals 8000, heute nur noch 1000 Mitglieder). Und er sprach stellvertretend für alle. Zur relativ schnellen Integration hat zweifellos der katholische Hintergrund geholfen, aber auch die in den Gemeinden intensiv betriebene Eltern- und Jugendarbeit bis hin zu Diskotheken als Begegnungsstätten und Arbeitersportverein. Inzwischen sind aus „Gastarbeitern" längst Mitbürger geworden, die dankbar sind für die Begegnung der Kulturen und gewonnene Freundschaften. Gemeinsame Unternehmungen sind selbstverständlich geworden. Und was die Schulabschlüsse angeht, schneiden mittlerweile z.B. die Spanier sogar besser ab als die deutschen Schüler.

Anfang der 60er strömten die „Gastarbeiter" busweise nach Remscheid. Oft waren es bereits aus der Heimat miteinander bekannte Gruppierungen.

„Ausländer-Ecke"
Für Zündstoff sorgte 1965 der RGA. Seit Wochen veröffentlichte er für spanische und italienische Gastarbeiter Berichte in ihrer Heimatsprache.
Manche Leser begrüßten das als eine „sehr lobenswerte Einrichtung". Andere hatten kein Verständnis dafür und bedauerten, dass den deutschen Lesern damit Platz für aktuelle Remscheider Stadtnachrichten verloren gehe.

5. Muslimische Zuwanderung – vor allem aus der Türkei

Die **ersten 14 Türken kamen 1963**; aufgrund eines Abkommens mit der Türkei erhielten sie befristete Arbeitsverträge. Seit 1966 folgten größere Gruppen, fast alle aus ländlichen Gebieten. Sie suchten Arbeit im hochindustriellen Remscheid. Lange bleiben sollten und wollten sie nicht. So fristeten sie oft unter unwürdigen Umständen ihr Leben und kannten nichts anderes als Arbeitsstelle und Wohnheim. Bald vermochten sie effektiver zu arbeiten, und die Arbeitgeber drängten auf Verlängerung der Aufenthaltsgenehmigungen. In den 70er Jahren fanden viele Gefallen an Remscheid, und sie begannen, auch als Folge von Unruhen in der Türkei, ihre Angehörigen nachzuholen. 1981 lebten bereits 5385 Türken in der Stadt und bildeten mit über 25 % die größte ausländische Gruppe, **heute sind es etwa 8800 Türken** (7,8 % der Gesamtbevölkerung). Die meisten konzentrieren sich am Zentralpunkt (1209 = 29 %), in Stachelhausen (1071 = 43,4 %) und auf dem Honsberg (512 = 28,3 %).

Das Problem der Bürger mit diesen Neuzuwanderern ist vor allem der **andere Kulturhintergrund des Islam**. Aus Unkenntnis wird oft nur das befremdende **Außenbild** wahrgenommen und führt, klischeehaft verallgemeinert, zu manchen **Vorverurteilungen**. Da erregt das Tragen des Kopftuches die Gemüter, dort beunruhigt eine geplante neue Moschee oder auch nur deren Ausbau die Nachbarschaft und ruft Widerspruch hervor. Als einige Moscheen den Gebetsruf nach draußen übertragen wollten, entfachte das einen Sturm der Entrüstung. Hinzu kam das New Yorker Attentat (2001) mit der oft zu hörenden pauschalen Schlussfolgerung: Der Islam ist gewaltbereit!
Es gibt noch zwei weitere Umstände, die den **interkulturellen Dialog erschweren**. Wie in vielen Städten, so konzentrieren sich auch in Remscheid Muslime in bestimmten **Wohnvierteln**, wohin sie sich aus der Sicht der Alteingesessenen wie in eine Parallelgesellschaft zurückgezogen haben. Dazu kommt, dass sich Muslime, je nach Landesherkunft und Tradition, in derzeit **8 Moscheen** treffen und, um sich ein Stück Heimat zu bewahren, dort sehr unterschiedliche Denkrichtungen pflegen. Angesichts solcher politisch, fundamentalistisch oder liberal geprägten Gemeinden fehlt es an einem zentralen Ansprechpartner. Trotz aller Schwierigkeiten gibt es von beiden Seiten Versuche und Angebote zu einem Miteinander.

An der Stachelhauser Straße entsteht eine neue große Moschee.

6. Spätaussiedler, Asylbewerber und Kriegsflüchtlinge

1. Spätaussiedler

Infolge politischer Veränderungen in Osteuropa kam es Ende der 1970er Jahre zu einem ersten **Zustrom von Spätaussiedlern** aus den Ostgebieten. Mit dem Zusammenbruch des kommunistischen Machtbereichs Ende der 1980er Jahre begann ein Massenexodus der deutschstämmigen Bevölkerung, zunächst aus Polen, dann aus den Nachfolgestaaten der Sowjetunion. Der Zustrom erreichte 1989 auch Remscheid mit 100 Aussiedlern pro Monat. **Übergangsheime** wurden notwendig, in Remscheid (Am Ginsterbusch), in Lüttringhausen (Klauser Delle) und in Lennep (Montanusweg). Überproportional war dieses Mal Lennep betroffen; vor allem auf dem Hasenberg und in Hackenberg konzentrierte sich der größte Teil der Neubürger russischer (12,3 %) und polnischer Herkunft (9,9 %). 2005 stellten die Spätaussiedler noch 5,2 % der Gesamtbevölkerung, inzwischen ist der Zustrom (2,9 % aus Polen, 2 % aus den GUS-Staaten) wieder abgeebbt. Doch mit 4,9 % sind die Spätaussiedler nach den Türken die **zweitgrößte Gruppe**. Die Probleme liegen vor allem bei den jungen Einwanderern. Denn während die Eltern ihre Heimat verlassen wollten, fiel ihren Kindern die Umstellung relativ schwer. Um die Jugendlichen unter Einbindung der Eltern zu stabilisieren und besser zu integrieren, hatte man für sie 2008 in Hackenberg zeitweise eine Anlaufstelle als **Stadtteilcafe** eingerichtet.

2. Asylbewerber und Kriegsflüchtlinge

Seit den 80er Jahren verstärkte sich der Zustrom von Asylbewerbern, 1986 gab es in Remscheid 480, 1998 waren es an die 1000. Viele von ihnen mussten in Übergangsheimen untergebracht werden, zumal sich Asylverfahren oft lange hinzogen. Hinzu kamen dann noch viele Kriegsflüchtlinge. 1999 organisierte die evangelische Gemeinde Lennep einen Flüchtlingstag im Gemeindehaus unter dem Motto „Fremde brauchen Freunde". Dutzende Flüchtlingsfamilien aus drei Übergangsheimen (Schwelmer-, Wülfingstraße und Talsperrenweg) gestalteten den Begegnungsnachmittag. Doch das Interesse der Einheimischen an den Fremden war denkbar gering.

Heute gibt es in vielen Verbänden Initiativen von Ehrenamtlichen, die sich bemühen den Angekommenen nach Kräften zur Seite zu stehen und ihnen helfen, ihr Trauma zu überwinden.

Das ehemalige Mädchenheim von Wülfing wurde z.B. 1989 zum Asylbewerberheim ausgebaut.

3. Kommen und Bleiben

1. Remscheid – „Einwandererstadt der 110 Nationen"

1960 lag der **Ausländeranteil** noch bei 2,4 %, 1980 war er bereits auf 14,5 % angestiegen, heute sind es 16,9 %. Nur haben sich die Proportionen unter den Nationen verschoben. Die Zahlen der Italiener, Spanier und Portugiesen sind deutlich zurückgegangen, die der Türken erheblich gestiegen, und weitere Nationen sind hinzugekommen. Zurzeit hat Remscheid 112.846 Einwohner. Sie kommen aus über 100 Nationen. An der Spitze der am **stärksten vertretenen Nationen** stehen zurzeit die Türken (8800 Personen), es folgen Italiener (4435) und Polen (4259). In manchen Grundschulen war die Konzentration von SchülerInnen mit Zuwanderungsgeschichte zeitweise (2008) besonders hoch, so in der GS Daniel Schürmann (85%) oder in der GS Kremenholl (73%).

Erheblich höher liegt der **Migrantenanteil**. Das Wort leitet sich ab aus dem lateinischen „migrare", bedeutet „wandern" und wird auf alle Einwohner mit mindestens einem ausländischen Elternteil angewandt. Dazu zählen also nebenden Bürgern mit ausländischem oder zweitem Pass auch die vollends eingebürgerten Personen. Das sind in Remscheid zurzeit 36,2 %. Damit hält Remscheid in Nordrheinwestfalen einen Spitzenplatz.

Die **Stadtteile** mit den höchsten Migrationsanteilen liegen in Alt-Remscheid: Stachelhausen (65,4 %), Honsberg (60,6 %) und im Südbezirk der Zentralpunkt (58,8 %), dazu kommt Lüttringhausen-Klausen (46,9 %).

Es kommt vor, dass unter dem Dach einer Firma bis zu 50 Nationen beschäftigt sind. Remscheid kann mit Fug und Recht, fast möchte man sagen in alter Tradition, eine Einwandererstadt genannt werden.

Ausländeranteil nach Schulformen	
Grundschule	*11,5 %*
Hauptschulen	*36,5 %*
Realschulen	*7,0 %*
Gesamtschulen	*10,6 %*
Gymnasien	*5,4 %*
Alle Schulen zusammen	*11,3 %*

2. Nur im Dialog finden Nationen zusammen

Rechtsradikale Tendenzen in Deutschland und Überfälle wie der von Solingen 1993 führten vielerorts, zumal bei Türken, zu dem Gefühl, Ausländer zweiter Klasse zu sein. Das hatte **Auswirkungen** auch in Remscheid. Manche türkischen Institutionen begannen „türkischer“ zu denken und erhielten Zulauf, vor allem von den Einwanderern der ersten Stunde. Sie **blockierten die Integration**, verhinderten die Weiterbildung, insbesondere die Deutschkurse für türkische Frauen.

Um Tendenzen einer Parallelgesellschaft aufzufangen, gibt es seit langem vielfältige Aktivitäten, Versuche beider Seiten, **Brücken zu schlagen** und das Miteinander zu betonen. Seit 1975 findet jährlich Ende September bundesweit die **Interkulturelle Woche**, die Woche der ausländischen Mitbürger, statt. Dieser Aktion hat sich zu Beginn der 1980er Jahre auch Remscheid angeschlossen. Ausländische Vereine und weitere Institutionen, die sich um Integration bemühen, laden zur Begegnung ein. Türkische Muslime beteiligen sich selbstverständlich an **Stadtteilfesten**, sie bieten **Tage der „offenen Moschee“** an, möchten betonen: „Unsere Türen sind immer offen!“ und deutlich machen: „Islam bedeutet Frieden, Sicherheit und Hingabe.“ Doch solche Tage der offenen Tür und kultureller Begegnungen werden wenig besucht. Seit etlichen Jahren arbeitet ein **„runder Tisch Christen und Muslime“** in Remscheid an einer besseren Verständigung, sucht Konflikten aus Unkenntnis entgegenzuwirken, die Pflege von Nachbarschaft zu fördern und sich auf gemeinsame Wurzeln zu besinnen. Seit den 1990er Jahren finden sich Christen und Muslime, dazu jetzt auch Hinduisten und Buddhisten zu einem **gemeinsamen Friedensgebet** zusammen. Es findet einmal im Jahr statt, im Wechsel von evangelischer Stadtkirche, katholischer Suitbertuskirche und einer Moschee. Seitdem wird parallel dazu auch einmal im Jahr eine **Podiumsdiskussion** angeboten, bei der sich zu vorgegebenen Themen Nationen begegnen können. Seit einigen Jahren richten die Kirchen alljährlich zum Ramadan (Fastenmonat) eine **Grußbotschaft** an Remscheids Muslime. Von nicht zu unterschätzender Bedeutung sind auch die Integrationserfolge der **Sportvereine**. Auf türkischer Seite, mittlerweile in der **dritten Generation**, beginnt sich manche Blockadehaltung abzubauen.

In Politik und Gesellschaft ist inzwischen die Einsicht gewachsen, dass **Deutschland ein Einwanderungsland** ist. Dementsprechend hat der Bundestag ein **Zuwanderungsgesetz** (1.1.2005) beschlossen, das Integration als staatlichen Auftrag festschreibt. Es verpflichtet Einwanderer zu Integrationskursen (630 Unterrichtsstunden), um den neuen Lebensraum besser zu verstehen und sich in der Sprache des Landes verständlich machen zu können. Es erstreckt sich auf Schule, Arbeit und Wohnen. Seit 1996 macht die Stadt bereits durch ein **Ausländerzentrum mit Beratungsstelle** im Lindenhof auf Honsberg ein vielfältiges Angebot zur Integration und leistet damit Stadtteilsozialarbeit. 2004 enstand ein Migrationsausschuss. Seit 2014 existiert ein Integrationsrat.

Moslems, evang. und kath. Christen und Hindus gemeinsam unter der Friedenstaube (1994)

Worte Remscheider Oberbürgermeister

„Wir alle sind Remscheider.“
„Es muss gelingen, die 115 Kulturen in unserer Stadt positiv zu nutzen.“
„Integration ist kein Privatproblem.“

Integration zielt auf Achtung und Gleichbehandlung aller
Sie ist mehr als Duldung und Tolerierung. Sie bedeutet Achtung der Grundwerte der Verfassung wie Gleichstellung von Mann und Frau. Sie verlangt Anerkennung der Vielzahl der Kulturen und die Würdigung religiöser Identität.

3. Einzelzeugnisse Hiergebliebener

Für viele ausländische Mitbürger ist Remscheid **mittlerweile zur Heimatstadt** geworden. Was sie bewegte, ihre Heimat zu verlassen und nach Remscheid zu kommen, was sie hier erlebten, wie sie hier Fuß fassten und warum sie sich hier zu Hause fühlen, das mögen einige Lebenszeugnisse belegen.

Luigino Scarpino

Er kommt aus einem Dorf in Kalabrien, aus einer Großfamilie mit sieben Geschwistern. Für die Männer dort gab es kaum Arbeit, die meisten waren ohne Beruf. So stellten viele den Antrag auf Auswanderung, wurden nach langem Papierkrieg freigegeben, in Neapel von deutschen Ärzten untersucht und „**wie auf dem Viehmarkt**“ von angereisten deutschen Unternehmern begutachtend ausgewählt. Gleich unter Vertrag genommen, ging es sofort nach Deutschland. So verschlug es den damals 24-Jährigen zusammen mit sieben Gefährten aus seinem Dorf 1960 nach Remscheid zur „BSI“ (Thyssen-Krupp). „Das Schwerste für mich waren die **Wohnverhältnisse**.“ Er lebte in einer Baracke mit gut 80 Personen auf dem Werksgelände: Räume mit doppelstöckigen Betten für je acht Personen, für jeden nur ein Spind. An den Wochenenden gab es Lärm bei Kartenspiel und Trinken; da kam niemand zur Ruhe. Schön war aber, **Geld zu verdienen**, etwas nach Haus zu schicken und davon zu träumen, sich einmal eine Wohnung in Italien leisten zu können. Da nahm man die anfangs mangelnden Sprachkenntnisse in Kauf, empfand nicht, dass die Arbeit an den alten Schmelzöfen mit hochschlagenden Flammen unter niedriger Decke ungesund war. Für **Heimatbesuche** gab es Zuschüsse des Betriebes. „Bei meiner Rückkehr aus Italien hatte ich noch einen Monat lang eine dunkle Wolke im Kopf!“ „Warum ich dennoch hier blieb? Wer weiß, vor welch viel größeren Problemen ich in Italien gestanden hätte? Hier in Remscheid wusste ich, was ich habe. Von einem sonnigen Himmel allein wird man nicht satt.“ „Heute fühle ich mich **in Remscheid zu Hause**. Heimat ist für mich, meiner Familie zu helfen. Ich bin stolz darauf, es aus meinem Dorf hierher und meine drei Söhne (auch sie immer noch mit italienischem Pass) bis zum Abitur hoch gebracht zu haben. Ich habe gefunden, was mir gefällt – und die ‚deutsche Ordnung' schätzen gelernt.“

1960 und 2008

Erdogan Kolbasi

Er stammt aus **Mittelanatolien**. Schon sein Vater hatte die von Armut geprägte Region verlassen und war 1963 nach Deutschland gekommen. 1980 holte er seine Familie nach, zunächst in die Eifel, wo die Remscheider Firma Diehl ein Zweigwerk hatte. Das Schwerste war für den damals 13-Jährigen der Start, **ohne Deutschkenntnisse** in die Schule einsteigen zu müssen und danach ohne Arbeitsperspektive zu sein. So ging der 19-Jährige mit Hilfe der väterlichen Verbindungen nach Remscheid. Seine Wohnung, ein Zimmer mit Kochnische und Bad, musste er sich mit einem anderen teilen. Nach ungeregelten Aushilfstätigkeiten fand er 1987 eine feste Arbeitsstelle beim **Mannesmann-Röhrenwerk**. 1990, inzwischen verheiratet, holte er seine türkische Frau nach. Alle zwei Jahre besucht er seine Heimat und hält lockeren Kontakt zu seinen muslimischen Landsleuten (Verein Stachelhauser Straße). „**Meine Heimat** ist mittlerweile Remscheid, hier habe ich meine Arbeitsstelle, hier ist meine Familie verwurzelt, meine drei gesunden Kinder, habe ein festes Einkommen und eine schöne Wohnung.“ Für seine Kinder, die zweisprachig heranwachsen und beste Schulleistungen aufweisen, sieht er gute Zukunftschancen.

1980 und 2008

Jana Kolot und Timur Artchhoev

Jana kam 1995 mit ihren Eltern, auf den Spuren der Großfamilie, aus **Kasachstan**. Die damals Vierjährige erinnert sich, dass sie alles ganz „lustig“ fand, andererseits anfangs viel geweint habe. Zwischen den Kulturen stehend (Mutter Deutsche, Vater Russe), hat sie offensichtlich etwas von der Sehnsucht des Elternhauses gespürt und auch selbst etwas vermisst. – **Timur** kam 1999 aus Tschetschenien, ein vom Krieg zerrissenes Land. Als Neunjähriger empfand er die Reise mit seinen Eltern in das neue Land als ein großes Abenteuer. Angst machten ihm jedoch die Sprache und die damit verbundene Sorge, seine ausgezeichneten Schulnoten zu verlieren. Beide haben sich jedoch schnell in der neuen Sprache **zurechtgefunden**; der Besuch des Gertrud-Bäumer-Gymnasiums ist ein Beweis dafür. Einerseits fühlen sie sich weiterhin verwurzelt in ihrem Herkunftsland, **verbunden mit ihren Ursprüngen**. „Ich bin stolz darauf, Russin zu sein!“, sagt Jana, und Timur bekennt, nach wie vor Moslem geblieben zu sein. „Kultur und Religion sind im Blick auf Integration für mich kein Hindernis. Integration heißt doch nicht, meine Herkunft aufzugeben; ich lebe beide Kulturen aus.“ Und Jana meint: „Ich empfinde darin eine große Bereicherung, **aus zwei Kulturen schöpfen** zu dürfen.“ Beide gestehen „Unsere Heimat ist hier in Remscheid! Hier haben wir unsere Freunde gefunden! Hier fühlen wir uns angenommen und gut integriert.“

17. Katastrophen und Neuanfänge

1. Über Nacht kommt das Aus – die grossen Stadtbrände

1. Dreimal steht Lennep in Flammen

1325 (vielleicht auch einige Jahre zuvor)

Damals brannte ein großer Teil der Stadt ab, vielleicht auch die Kapelle. Um den **Wiederaufbau** zu sichern, bestätigte Graf Adolf nochmals die alten Privilegien und erlaubte ein Wegegeld an den Stadtgrenzen, einen Wochenmarkt sowie einen fünftägigen Jahrmarkt. Dazu erhielt die Stadt noch das Privileg der Gerichtsbarkeit und das Recht, einen Galgen aufzustellen.

26. September 1563

Die Stadt mit Kirche, Pfarrhaus, Hospital und Schule wurden ein Raub der Flammen. Nur 17 kleine Häuser blieben stehen. Beim Versuch, die Glocken zu retten, kamen 26 Menschen ums Leben.
Der **Wiederaufbau** (1563-75) brachte der Stadt Verbesserungen. Der Marktplatz wurde verlegt, Rathaus und Schule erhielten günstigere Standorte, die neue Kirche einen nadelspitzen Turm. Stadtmauern und Tore bekamen wieder ihr stattliches Ansehen, und das Straßennetz wurde verbessert. Für die Tuchmacher wurde ein Platz innerhalb der Stadtmauer freigehalten zum Aufstellen ihrer Rahmen.
Um **Lennep wieder zu Wohlstand** zu bringen, kam abermals der Landesherr zu Hilfe. Herzog Wilhelm erließ eine Steuerbefreiung (1563) und erteilte den Webern das Lammwollprivileg (1571), die Alleinerlaubnis, feine Lammwolle zu weben, während die umwohnende Landbevölkerung für ihre Eigenbedürfnisse nur die gröbere Schafwolle zur Verfügung hatte. Dazu gestattete er übers Jahr verteilt drei Jahrmärkte (1571) und erlaubte die Erhebung eines Wegegeldes für „durchfahrende Karren und Wagen", auch zur Instandsetzung der Durchgangstraßen (1575). Gegen 1600 hatte sich Lennep vom Brand völlig erholt. Immer mehr Tuche konnten abgesetzt werden.

6. Oktober 1746

Nachmittags um 13.30 Uhr brach in einem kleinen Hause im Kraspütt ein Feuer aus. Unvorsichtig spielende Kinder, die von ihren Eltern in der Wohnstube eingeschlossen worden waren, hatten ihn ausgelöst. Der Wind fachte die Flammen an, und die ausgetrockneten Holzbauten wurden Gebäude auf Gebäude ein Fraß der Flammen.

„Indessen nahmen die wütenden Flammen immer mehr die Oberhand, und der Brand war endlich allgemein; da fiel hier das Dach, dort der Giebel, hier ein Haus, dort mehrere zusammen mit entsetzlichem Krachen darnieder; man sah durch die Thüren und Fenster den schönsten Hausrath an Stühlen, Tischen, Schaff (= Schrank oder Gestell, etwa Bücherschaff) und Kisten, an schönem Porzelein (Porzellan), an Zinn und Kupfer verbrennen, zerbrechen, zerschmelzen und verderben. Man sahe, daß sich die Flammen viele hundert Klaffter in die Höhe schwungen und sich mit einem finsteren Dampf oben in einen erschrecklichen Cirkel (Kreis, Wirbel) dreheten; man hörte, daß sie unten in den Häusern das geladene Gewehr und Pulver entzündeten, welches mit einem starken Knall in die Luft flog; bald ergriff das Feuer eine volle Scheune und machte einen dicken Rauch; bald ergriff es eine oder mehrere Tonnen Öl, da ward wieder alles licht und helle; es verschonete dasselbe keines Haus binnen der Ringmauer, bis auf drey, samt dem Franciskaner-Kloster. Sogar das Rathaus und die daran gebaute Schule, die Kirche, Thurm, Glocken, Leuchtere, Orgel und Altäre; alles, alles ward in Zeit von zwo Stunden gerichtet, wie man noch an dem Uhrzeiger, der auf halb vier etwa weiset, sehen kann. Als die große schöne Glocke aufs Gewölbe niedergefallen, hat sie einen solchen Knall gemacht, als wenn ein großes Stück (Kanone) wäre losgebrandt. Als der Thurm in Brand gerathen, hat sich das Feuer schlangenweise um ihn herumgeschlungen und den auf der Spitze stehenden eisernen Wetterhahn zu verschiedenen mahlen eiligst herumgetrieben; wobey mir dieses notable (merkwürdige) einfällt, daß

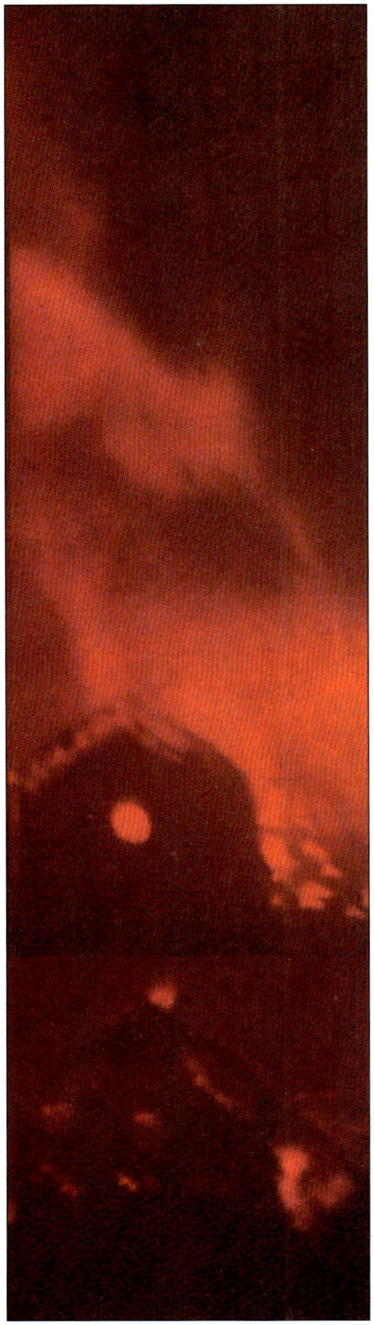

auch ein Haus-Hahn, im Garten auf einem Baume sitzend, solange unaufhörlich gekräht hat, biß er durch die Hitze herabgefallen ist […]" *(Aus dem Bericht des Lateinschul-Rektors Francke, 1720-1746)*

Menschenleben waren diesmal nicht zu beklagen, doch **430 Wohnhäuser** samt Rathaus, Kirche und Schulen sanken in Schutt und Asche. 1000 Haushaltungen wurden vernichtet. Besonders groß war der Verlust an Wolle und fertigen Tuchen. Nur fünf Häuser in der Nähe der Brandteiche blieben verschont, dazu ein (steinernes?) Färberhaus, eine Backsteinscheune und das am Stadtrand liegende Minoritenkloster. Lennep und sein Tuchgewerbe waren für Jahre gelähmt. Die Einwohner suchten in der Umgebung, vor allem in Lüttringhausen, unterzukommen. Auch mehrere Firmen wanderten ab, manche bis nach Hagen, Duisburg und Kettwig.
Kurfürst Karl Theodor **half der Stadt** mit völliger Steuerfreiheit für 15 Jahre und gab die Erlaubnis, in den Herzogtümern Jülich und Berg auf Kollektensammlung zu gehen. Dazu versprach der Landesvater noch weitere Privilegien und 10.000 Reichstaler für den Fall, dass man Lennep nach dem Muster seiner gradlinigen Residenzstadt Mannheim mit bastionierter Umwallung aufbauen würde. Doch die Lenneper verweigerten sich diesen Vorstellungen. Sie behielten die alten Straßenzüge und Gassen bei, wie sie heute noch in der Altstadt zu finden sind. Nur die Befestigungsanlagen um die wegen der Brandgefahr nicht mehr strohgedeckten Häuser erneuerten sie nach den Wünschen des Landesherrn. Doch dieser Mauerring sollte sich schon bald als unnütz erweisen. Bei Krieg bot er ohnehin keinen Schutz mehr, und für die freie Entfaltung der Stadt war er eher ein einschnürendes Hindernis. Denn 1774 hatte Lennep wieder 330 Tuchwebstühle und konnte zudem durch Einführung der Schnellschütze (besonders schnell fliegende Weberschiffchen) die Produktion um 30 % erhöhen.

Die Lenneper sahen im Unglück eine Strafe Gottes

Man dichtete das Kirchenlied „Liebster Jesu, wir sind hier" um. Hier die 15. und 16. Strophe:

„Hier regierte Spott und Hohn
Und kein Friede war zu hoffen,
Biß der lang gedrohte Lohn
Endlich plötzlich eingetroffen:
Pfeiler, Bartmann und Monseuer
Sind zerstreuet durch das Feuer.

Ach wie kläglich sieht es auß,
Wenn man nun die Stadt beschauet!
Gott, du hast das Armen-Haus
Ohne Zwietracht hier gebauet:
Und umb einen Aschen Hauffen
Müssen wir wie Bettler lauffen."

2. Zweimaliger Brand im Dorf Remscheid

Brand im unteren Dorf (1716)

„Anno 1716 den 14. April, auf welchen Tag damals **Osterdienstag** gefallen, ist hier ein grausamer Brand entstanden, wodurch in wenig Stunden der **mehreste theil des Dorffs** und des Haußgeräths der Einwohner in die Asche geleget. Kirch und Schule sind durch Gottes Gnade stehen geblieben." (Kirchenbuch jener Zeit) Genauer gesagt: Wohl nur das Kirchendach und vielleicht auch der Turm sind damals abgebrannt und wurden notdürftig ausgebessert.

Brand im oberen Dorf (1723)

„Anno **1723** den 29. November in festo Michaelis, Abends zwischen 9 und 10 Uhr entstund ein **erschreckliger und entsetzliger Brand**, […] dadurch in eine Stunde Zeit Schul, Kirch und das ganze Oberdorff in die Asche geleget worden. […] Nun der Herr gebe wahre Bekehrung, und laße also solche Gericht ferner von uns abgelehnet sein, wie er ersetze auch also wieder den Schaden mit seiner gottl. Gnad und Seegen durch Jesum Christum. Amen." (Kirchenbuch jener Zeit)
Schon zwei Jahre nach dem Brand war der Wiederaufbau vollzogen und der **Ortskern durch Zubauten erweitert.** Die beim zweiten Brand gänzlich niedergebrannte Kirche wurde schon bald nicht nur gründlich wiederhergestellt, sondern dazu auch erweitert und offensichtlich auch mit einem neuen Turm verbunden. Die südliche Mauer zeigt das Jahr 1723, der Turm die Jahreszahl 1726. Der Kirchturm bekam als Wahrzeichen des Luthertums zusätzlich eine Wetterfahne in Gestalt eines goldenen Schwans.

Der Kirchturm mit barocker Haube der Remscheider Stadtkirche von 1726. Nach dem gleichen Muster wurden die Kirchtürme Lüttringhausens (1737) und Lenneps (1756) errichtet. So bescherten Großbrände den drei Orten neue Wahrzeichen.

3. Großbrand im reichen Dorf Lüttringhausen (25.7.1733)

> ***Gewerbereichtum und Wohlstand (1729)***
> *„die Mägde tragen sich allhier galant, so dass man schier keine Frau vor der Magd erkennen kann. Die Tag-Löhner pudern des Sonntags ihre Haare [...] Thee und Caffe ist allhier unter dem gemeinen Volck, dass auch viele Gelder dadurch verschwendet werden, gar gemein [...].“*
>
> *(Lehnsverwalter des Freiherrn von Bottlenberg-Kessel)*

Mitten am Festtag des heiligen Jakobus, als wie jedes Jahr das Vogelschießen stattfand, von der Geistlichkeit nicht gern gesehen, brach im Dorf ein Brand aus. Das Feuer sprang von Haus zu Haus, und bald stand das ganze Dorf in Flammen. Zurück blieb ein einziger Trümmerhaufen, aus der Kirche wurde eine Ruine.

Doch die Einwohner waren nicht die Ärmsten und konnten sich zudem auf die Hilfe der Konfessionsverwandten verlassen. Schon zwei Jahre nach dem Brand war der Wiederaufbau vollzogen und der Ortskern sogar durch Zubauten erweitert. Die neue Kirche konnte 1737 eingeweiht werden.

2. Aller Wohlstand schmilzt dahin – die Folgen des Ersten Weltkrieges

1. „Das Geld verbrennt“ oder von der „Lawine der Nullen“

Mit der **Finanzierung des Krieges** war das Reich überfordert. Das fehlende Geld wurde kurzerhand gedruckt mit der Folge, dass es in den vier Kriegsjahren auf ein Fünftel seines alten Wertes sank. Angesichts des Mangels an flüssigen Zahlungsmitteln gaben Städte, sogar Fabriken, **Notgeld** heraus. So war es auch in Remscheid und Lennep, erstmals 1917.

Mit dem **Versailler Vertrag**, dem Kriegsschuldartikel und den dafür von den Alliierten verlangten astronomischen Wiedergutmachungssummen begann der Wert des Geldes in den Abgrund zu stürzen. 1922 sank er bereits auf ein Hundertstel.

Aus dem Lenneper Notgeld spricht Heimatbewusstsein: Es zitiert das Bergische Heimatlied.

Zum Remscheider Notgeld von 1922 machte sich der RGA humorige Gedanken:
Die Vorderseite zeigt eine Fülle von Bürsten oder Kämmen. Sie sollen wohl auf die ‚lausigen‘ Zeiten hindeuten.
Auf der Rückseite neben dem Stadtwappen mit den beiden Schmieden steht zweimal der Remscheider Ausruf ‚O Donnerkiel‘, Ausdruck der Überraschung und des freudigen Erstaunens. Also eine Hoffnung, dass bald bessere Zeiten einkehren.

Seit 1923 liefen die **Geldnotenpressen** sogar rund um die Uhr und waren die weitaus wichtigste Einnahmequelle im Reich. Im August 1923 sank die Mark auf ein Millionstel, im Herbst dann sogar auf ein Billionstel ihres vorherigen Wertes. „Kaum hatten wir einen Geldschein herausgebracht, als er auch schon wieder überholt war. Die Druckerei hat Tag und Nacht arbeiten müssen und konnte kaum beihalten.“ (Oberbürgermeister Hartmann)

Im Oktober 1923 waren alle Milliardäre!!

Bei der galoppierenden Inflation musste man **möglichst schnell** an sein Geld kommen. So drängten sich bereits, bevor die Banken um 8.00 Uhr öffneten, Hunderte vor den Türen, um die Schalter zu stürmen. Mit dem neben dem Reichsgeld ausgezahlten Städte- und Firmengeld, u. a. von BSI, Alexanderwerk und Mannesmann, konnte man jedoch nur in Remscheider Geschäften einkaufen. Wer also in Solingen arbeitete, dort auf ähnliche Weise ausgezahlt wurde, konnte sich in Remscheid nichts dafür kaufen. Kaum hatte man aber das Geld in der Hand, musste man es ganz schnell wieder los werden, konnte es doch stündlich an Wert verlieren.

Preisvergleich		
Artikel:	Anfang 1914 Reichsmark:	3. November 1923 Reichsmark:
1 Hering	0,07	6 Milliarden
1 Pfund Margarine	0,98	60 Milliarden
1 Pfund Rindfleisch	1,40	60 Milliarden
1 Pfund Butter	1,45	120 Milliarden
1 Zentner Kartoffeln	3,50	650 Milliarden

Und die Konsequenzen des Ganzen? Sparguthaben wurden wertlos, Löhne, Gehälter und Renten nach wenigen Tagen ebenfalls. Spekulanten strömten ins Land und kauften für Spottgeld die Läden leer. Beliebt war der Tauschhandel, Ware gegen Ware. Doch die Waren wurden knapp. Preistreiberei und Wucher waren an der Tagesordnung, zumal bei den Großhändlern. Der Unmut der Bevölkerung über die unerhört hohen Preise wuchs. Lebensmittel, Wäsche, Kleidung, Schuhe und sonstige Bedarfsgegenstände für den Alltag waren unbezahlbar. „Für meinen ganzen Wochenlohn bekomme ich noch nicht mal ein ganzes Brot!" Im Herbst 1923 drohte die Katastrophe. Es kam zu Unruhen und Demonstrationen. Die Menge verließ den Wochenmarkt und protestierte vor dem Rathaus gegen „die Schieber, die als Schmarotzer am Mark des Volkes zehren". Im November endlich konnte die Entwicklung mit Einführung der Rentenmark zumindest währungstechnisch gestoppt werden; im Jahr darauf kam die Reichsmark dazu.

Arbeitsgemeinschaft Vaterländischer Verbände

Aufruf

zu einer Lebensmittelspende allergrößten Gepräges!

Nehmt darbende Volksgenossen als Gast zu Mahlzeiten auf!
Auch Kleidungsstücke sind erwünscht!
Schon morgen gehen Listen herum!
Alle Geber werden möglichst nur einmal aufgesucht.
Gebt viel oder wenig, viertelpfund- oder zentnerweise!

Wer auf den Listen vermißt wird, wird von Herren des Ausschusses persönlich über die Not unserer Volksgenossen aufgeklärt werden.

Spenden werden abgeholt, aber auch Alleestraße 90 zwischen 9 und 12 und 2 und 5 Uhr gegen Quittung angenommen.

Dieses Verlangen ergeht an alle, die noch etwas übrig haben. An Arbeiter, Angestellte, Beamte, Gewerbetreibende, Händler, Fabrikanten, Ladengeschäfte und Wirte.

Arbeitsgemeinschaft Vaterländischer Verbände.

Ein Aufruf in einer Tageszeitung Ende Okt. 1923 zeigt die ganze Not jener Zeit und appelliert an die Solidarität.

2. Arbeitslosigkeit

Mit der Inflation begann auch die Zahl der Arbeitslosen ins Uferlose zu wachsen. Am 1. Dezember 1923 gab es in Remscheid **12.500 Vollerwerbslose**. Der Verwaltungsbericht brachte das Problem auf den Punkt: „Wenn man noch die Zuschlagsempfänger (Familienmitglieder) hinzurechnet, [...] dann wurden 43.744 Personen oder 57 Prozent der gesamten Bevölkerung Remscheids durch die Erwerbslosenfürsorge erfasst." Bei diesem **sozialen Sprengstoff** ließen Explosionen nicht lange auf sich warten. So gab es Demonstrationen bei der BSI. Es ging um Entlohnung und Entlassungen. Drei Arbeiter wurden von der Polizei erschossen, elf weitere mussten verletzt ins Krankenhaus eingeliefert werden. Doch weitere Demonstrationen folgten, die innerhalb des Werkes von Arbeitern und außerhalb von Erwerbslosen veranstaltet wurden.

Erwerbslosendelegation vor dem Stadtrat (20.11.1923):
„Mindestens 6000 Erwerbslose der Stadt Remscheid haben eine Kommission gewählt, um die Leiden hier zu Gehör zu bringen. Die Not hat einen Grad erreicht, daß der Stadtrat dazu Stellung nehmen muß. [...] Die Ernährung der Erwerbslosen ist grauenhaft. Die Bevölkerung, die zu zwei Dritteln aus Erwerbslosen besteht, muß schon Kartoffelschalen zum regulären Nahrungsmittel machen, ein Teil der Bevölkerung nimmt Gras zur Nahrung. Die Dinge sind so bedrohlich, daß die Ablehnung der Unterstützung durch das Reich zu Explosionen führen muß, die unabsehbare Folgen nach sich ziehen [...]"

Polizeibericht vom 4.12.1923
„Vormittags gegen 10 Uhr versammelten sich die Erwerbslosen, nachdem sie an den Zahlstellen ihre Unterstützung empfangen hatten, auf dem Rathausplatz. Nach und nach hatten sich etwa 4000 bis 5000 Personen eingefunden, unter denen eine erregte Stimmung herrschte. Dem Erwerbslosenrat wurden von der Stadtverwaltung Gutscheine zum Bezug von Brot zugestanden, die am 5. Dezember an die Erwerbslosen ausgehändigt werden sollten. Hiermit war die Menge nicht zufrieden und zog nun gegen 12 Uhr mittags, nachdem sie zwangsweise zerstreut worden war, in Trupps zu den verschiedenen Stadtteilen, wo sie in die Lebensmittelläden, vornehmlich Brot- und Metzgerläden, eindrang und die Herausgabe von Waren verlangte unter der Angabe, der Oberbürgermeister habe gesagt, die Erwerbslosen sollten sich in den Geschäften holen, was sie bekommen könnten, die Stadt bezahle alles. Da, wo die Geschäftsleute die Herausgabe verweigerten, wurde ihnen Gewalt angedroht [...]."

Nach einigen Jahren relativer Stabilität – später sprach man von den „Goldenen Zwanzigern" – folgte mit der Weltwirtschaftskrise (1929) eine erneute dreieinhalbjährige Zeit der Depression. **Arbeitslosigkeit wurde zum Massenschicksal**. 1932 schnellte die Zahl der davon Betroffenen in bisher unbekannte Höhen von 67 %. Damit lag Remscheid um 80-90 % über dem Durchschnitt der Rheinprovinz (44,3 %) und weit über dem des Deutschen Reiches (35,6 %). Die Stadt vergab Notstandsarbeiten, vor allem für die jüngeren Arbeitslose, z.B. zur Anlage von Wanderwegen, von Luft- und Sonnenbädern wie am Honsberg oder am Stadtpark.

3. Wenn alles in Scherben fällt – im Zweiten Weltkrieg

1. Bombennacht von Lüttringhausen am 30. Mai 1943

„In der Nacht zum 30. Mai [0.14 Uhr] erlebte Lüttringhausen den bis zu diesem Tage furchtbarsten Fliegerangriff auf Barmen und Ronsdorf. Auch unser Ort wurde mit Spreng- und besonders mit Brandbomben wirklich überschüttet. Es brannte an vielen Stellen." So schreibt es der katholische Pfarrer in die Gemeindechronik. In der Kreuzbergstraße brannte jeder Pflasterstein, so heißt es. Wo eben noch bewohnte Häuser standen, lagen nun Trümmerwüsten. Beträchtliche Schäden gab es auch an Gerber-, Barmer- und Beyenburger Straße. Dabei bleibt festzuhalten, dass bei diesem Angriff lediglich die übrig gebliebenen Bomben, die Barmen gegolten hatten, ausgeklinkt wurden und dass Lüttringhausen im Vergleich zu dem, was auf Remscheid und Lennep noch zukommen sollte, glimpflich davongekommen war.

2. „Remscheid, die Stadt auf dem Berge, wird so klein wie die sieben Zwerge", Luftangriff am 31. Juli 1943

Einschüchternde Flugblätter mit Propagandaparolen wurden über Remscheid abgeworfen. Die Luftangriffe auf Barmen (30. Mai) und Elberfeld (25. Juni) unterstrichen diese Drohungen. „Die Remscheider Bevölkerung hat Panikstimmung erfasst!" – zu Recht, lagen hier doch kriegswichtige Betriebe. „Deshalb haben wir heute (11. Juli) von der Kanzel die Eltern gebeten, in einem Testament einen Vormund für alle ihre minderjährigen Kinder zu bestellen, der [...] nach dem Tod der Eltern für die [...] Kinder Sorge trägt." (Pastor Kleifges, St. Marien) Fast täglicher Fliegeralarm trieb die Menschen in die Keller. Dann am 31. Juli 1943 kam die mit Bangen erwartete schicksalhafte Stunde.

Wegen seiner bedeutsamen Rüstungsproduktion war Remscheid ein lohnendes Ziel. Da Industrie- und Wohngebiete dicht beieinanderlagen, war es geeignet für eine wirkungsvolle Flächenbombardierung, wie sie die Alliierten erst vor kurzem beschlossen hatten. Außerdem war die Stadt auf dem Berg ein leicht zu treffendes Ziel, dazu relativ risikoarm, da die Flakverteidigung um Köln und Düsseldorf durchbrochen war.

„Eine Nacht des Schreckens.
12.40 Uhr Alarm. Der Drahtfunk meldet: Für unseren Gau besteht keine Gefahr. Im gleichen Augenblick werden die Leuchtkugeln gesetzt. Wir laufen zum Bunker [...]. Schon fallen die ersten Bomben. Die Flak setzt ein. Und nun folgt Einschlag auf Einschlag. Brände flammen auf. Phosphor- und Brandgeruch reizen die Lungen. Die Einschläge kommen näher. Hat unsere letzte Stunde geschlagen? [...] Minuten werden zu Ewigkeiten. [...]. 1/2 2 Uhr. Der Angriff scheint vorüber. [...] Wohin man schaut, sind Brände, die ganze Stadt ein Flammenmeer. Die ersten Obdachlosen kommen. Erregt, verschmutzt, mit den wenigen Habseligkeiten, die sie gerettet haben. „Ich hab nur die Schlüssel vom Haus gerettet. Ich hab 3 Häuser verloren. Ich besitze nur noch, was ich anhabe." u.s.w. Unser Saal füllt sich immer mehr, selbst die Kirche ist für manche eine Zufluchtstätte, wo sie sich von dem Schrecken erholen. Auf freien Plätzen sitzen Obdachlose auf ihren Koffern und warten auf den Morgen.
[...] Es war eine Nacht des Grauens, die Menschenworte in ihrer Wirklichkeit nicht zu schildern vermögen. In 40 Min. war Remscheid ein Trümmerhaufen, zu 80 % zerstört. Die Innenstadt vollständig erledigt, dort ist kaum ein Haus stehen geblieben."

(Pfarrer Kleifges, St. Marien)

„Die schnelle Ausbreitung der Brände wurde durch den einsetzenden Feuersturm begünstigt. Der Sog in das Feuer war so stark, daß die Feuerwehrleute sich gegenseitig festhalten oder anseilen mußten." (Augenzeuge)
„[...] da hab' ich denn verschiedene Opfer gesehen von den Bränden, das waren nur noch so kleine Leichen, die waren [...] so groß wie ein doppelter Fußball, die lagen da rum und waren total verkohlt von dem Phosphor." (Augenzeuge)

Am Tag danach
„Man sah überall Menschen liegen […], die verbrannt waren, und wir selbst hatten unter den Schuhen Phosphor, und je nachdem, wenn man mit den Schuhen so etwas schürbelte über den Asphalt, dann fing es an zu brennen." – „Der ganze Stadtkegel war ja ein totes Meer." (Augenzeugen)

„Blutig rot geht die Sonne auf. Nur durch einen Schleier von Rauch und Phosphordunst kann man sie sehen. Bombengeschädigte suchen Unterstellräume für ihre Sachen. Es ist ein Hasten und Rennen von Menschen, denen noch der überstandene Schrecken in den Gliedern steckt. Nachrichten kommen: Alle Fabriken sind gestört. Der Bahnhof. St. Suitbertus ist das Dach abgebrannt, die Glocke herabgefallen. Das Haus des Dechanten und die Kaplaneien vollständig ausgebrannt. In St. Joseph liegt ein Blindgänger. Der dortige Rektor ist total bombenbeschädigt. Die ersten Toten werden genannt; […]"

(Pfarrer Kleifges, St. Marien)

Drei Tage später
„Wie steht es mit der Beerdigung unserer Toten? […] Es herrscht eine Gluthitze. Man kann sich kaum vor Leichengeruch auf dem Friedhof aufhalten."

(Pfarrer Kleifges, St. Marien)

„Bewunderungswürdig"
„Am 23. Juli 1983 werde ich 82 Jahre alt. In meinem ganzen Leben war das Erlebnis des Luftangriffs auf Remscheid das Schlimmste", erinnert sich Alfred Tornbaum. „Kinder, Frauen und Männer mußten sterben, ohne sich wehren zu können – sinnlos, wie der ganze Krieg es war. Bewunderungswürdig war das Verhalten aller Remscheider, die so hart getroffen wurden und es würdevoll und ergeben ertrugen. Ich habe eine hohe Achtung vor diesen Menschen und habe in meinem ganzen Leben nichts gleiches erlebt."

(Alfred Tornbaum, aus Danzig,
damals Polizei-Abschnittsleiter
für Remscheid, Lennep und Lüttringhausen)

Bilanz des Schreckens

Eine erste Vorhut von Flugzeugen warf rote und grüne ***Leuchtraketen*** *über Westhausen, Kremenholl, Vieringhausen und „Deutsche Eiche" ab und markierte nach genauem Plan das Ziel mit dem Markt und der Stadtkirche in Zentrum. Nach Mitternacht setzten dann etwa* ***250 Flugzeuge*** *zum Angriff auf das von Kaskaden erleuchtete Remscheid an und überschütteten die Stadt etwa 42 Minuten lang mit ihrer tödlichen Fracht.*

Der Angriff erfolgte in zwei Wellen.

Zuerst hagelte es etwa 500 Sprengbomben und Luftminen.
Ganz auf starke Detonationswellen ausgerichtet, zerstörte die Druckwelle 80 m im Umkreis des Einschlages alle Gebäude von gewöhnlicher Bauart, deckte die Dächer ab, zertrümmerte 300 m weit die Scheiben und machte die Zufahrtswege für die Feuerwehr unpassierbar.

In dieses Chaos hinein regnete es alsdann etwa 85.000 Brandbomben.
Von ihnen waren über 90 % flächendeckend abgeworfene, kleine Stabbrandbomben, die ein Flammeninferno auszulösen hatten. Der Rest waren Phosphor- und Kautschuk-Benzol-Brandbomben, deren Brandmasse sich 40 m weit verteilte und die kaum zu löschen war. Durch den hohen Sauerstoffbedarf zogen diese Brände in einem wahren Feuersturm die gesamte Luft aus den Straßen und den Kellern, wo die Menschen Zuflucht gesucht hatten. Jeder Fluchtweg war versperrt.

Der Angriff zog sich mit kurzen Unterbrechungen bis 1.58 Uhr hin. Der Flakschutz, weitgehend von Oberstufenschülern bedient, beschränkte sich lediglich auf Sperrfeuer. 15 Flieger wurden dabei abgeschossen.

Der ***Stadtkern lag in Schutt und Asche****. Rund drei Quadratkilometer verglühten im Flammenmeer.*

24 % aller Wohnhäuser wurden völlig zerstört, weitere 56 % schwer beschädigt.

15 % der 700 Industrieanlagen wurden völlig zerstört, 58 % beschädigt. Zu den schwer beschädigten zählten die Deutschen Edelstahlwerke, das Alexanderwerk und das Walzwerk Hessenbruch. Mittelschwer getroffen hatte es das Mannesmann-Röhrenwerk. Trotz mehr oder weniger starker Schäden waren die größten Werke im Wesentlichen noch bzw. partiell intakt.

1063 Menschen starben
Sie kamen zu Tode durch Lungenriss infolge von Sprengbomben, wurden verschüttet bzw. erstickten in den Kellerräumen oder sie verbrannten im Feuersturm. Nur 919 konnten noch identifiziert werden (Die meisten waren Frauen, dazu kommen 381 Männer und 6 Kinder.).

Etwa 6655 Verletzte
Die Verletzungen beruhten auf Luftdruckwirkung (ca. 1200), Verschüttung (ca. 3200), Glassplittern (ca. 1100) und Verbrennungen (ca. 1155).

Ungefähr 40.000 Obdachlose
Ein Drittel aller verfügbaren Wohnungen war ausgefallen. Ein Teil der Obdachlosen wechselte in andere Gemeinden.

50,2 % weniger Einwohner
Von 98.638 im Juni sank die Zahl auf 48.121 im November.

3. Lenneps Altstadt – nur knapp an einer Katastrophe vorbei

„Vorgeplänkel“ (1940-1945)

Einen ersten Nachtangriff gab es bereits Ende August 1940. Dutzende von Stabbrandbomben fielen auf die Altstadt rund um den **Kraspütt**. Doch darauf spezialisierte Luftschutzwarte konnten größeren Schaden noch verhindern. Ende 1944 kam der nächste Angriff, er galt dem **Eisenbahnknotenpunkt**. Gleisanlagen und Bahnhofsgebäude wurden schwer beschädigt, auch das gegenüberliegende Postamt. Am 16. Februar 1945 zerstörten Bomben Teile der **Kölner Straße** zwischen Hermann- bis Bahnhofstraße. In Kellern eingeklemmte Menschen schrien um Hilfe, doch den Armen war nicht mehr zu helfen, da ausströmendes Gas ein Feuer ausgelöst hatte. Es gab sechzehn Tote.

Vernichtender Schlag (10. März 1945)

Der schwerste Angriff erfolgte am helllichten Tag. Gegen 14.00 Uhr kamen 25-35 Tiefflieger und warfen im Abstand von 3 Minuten ihre Bombenteppiche ab. Ob sie dem Bahnhof oder der Barmag galten, ist nicht geklärt. Wären sie nur 100 Meter früher ausgeklinkt worden, hätte es die Altstadt getroffen. So verwandelten sie die schöne Neustadt in einen Trümmerhaufen. Sie wurde zu 80 %, die Barmag zu 40% zerstört. Laut amtlicher Mitteilung kamen 61 Personen ums Leben. Die Toten wurden im alten Krankenhaus an der Hackenberger Straße aufgebahrt.

„Wir hörten die Bomben fallen, ahnten aber nicht, daß sie so große Verheerungen anrichteten. Aber bald erfuhren wir, daß der Angriff schwere Opfer gekostet hatte. […] Einen tragischen Fall möchte ich besonders erwähnen. Karl Heinz Scheveling, ein 15-jähriger Messdiener, war auf der Fahrt nach Wipperfürth, um Hostien zu holen. Auf der Kölner Straße wird er durch den Luftdruck der in der Neustadt fallenden Bomben vom Rad geschleudert, zieht sich durch den Fall auf das Pflaster eine Gehirnerschütterung zu und ist am 20. März im Krankenhaus seinen Verletzungen erlegen. Er war der einzige Sohn braver Eltern. Ein Kriegsopfer im Dienst der Gemeinde.“

(Pfarrer von Bonaventura)

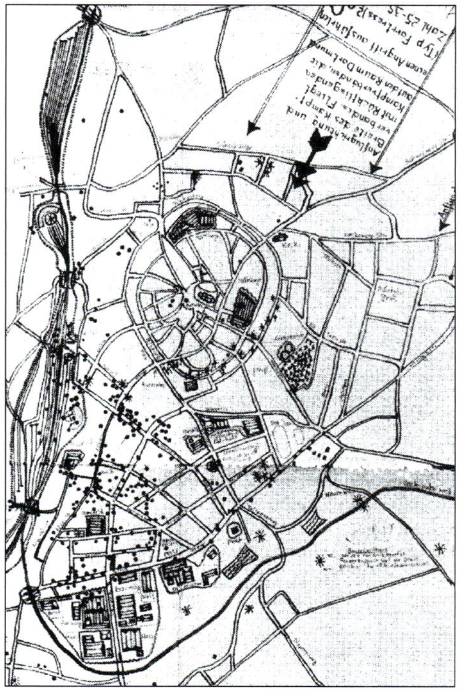

Fotografieren war strikt verboten. Deshalb gibt es auch keine Fotos im Historischen Zentrum der Stadt. Diese von einem Lenneper gezeichnete Karte zeigt fast alle Bombeneinschläge von 1945.

Nachschläge

Der Pfarrer von Bonaventura schreibt weiter: „Am **19. März**, dem Fest des hl. Josef, fielen Bomben in der Stadtmitte. Das **Amtsgericht** [am Markt] fiel wie ein Kartenhaus zusammen. In der Greuelgasse wurde ein altes Haus getroffen und begrub 8 Personen unter den Trümmern.“ Dazu fielen ein Haus am Schellenberg und die Hardtvilla in der Gartenstraße den Bomben zum Opfer.

„**22. März** wurde unsere **Kirche [Bonaventura]** getroffen, gegen 4 Uhr nachmittags. Wir saßen wieder im Keller; wir hörten die Einschläge in unmittelbarer Nähe. Als die Gefahr vorüber war, ging ich zur Kirche. Aus den geöffneten Fensterluken kam, wie ich glaubte, Qualm heraus. Ich vermutete Brand. Es waren aber Staubwolken, wie ich in der Kirche feststellte. Einen Einschlag konnte ich wegen des dichten Staubes erst nicht feststellen, bis ich nachher sah, daß im Seitengewölbe vor dem Bonaventura ein Loch gähnte. Die **Bombe** hatte die Fensterwand getroffen, den Taufstein zertrümmert, den Fußboden durchschlagen und landete im Heizungskeller. Zum Glück war es ein Blindgänger, circa 125 Kilo schwer. […] Während die Bombe fiel, war gerade ein Mädchen […] in der Kirche und betete den Kreuzweg. Sie ist mit dem Schrecken davongekommen. Freitags und Samstags wurde die Kirche vom Schutt gesäubert. Sonntags konnte der Gottesdienst wieder gehalten werden.“

1943: Denken nach vorn
von damaliger Propaganda angeheizt.

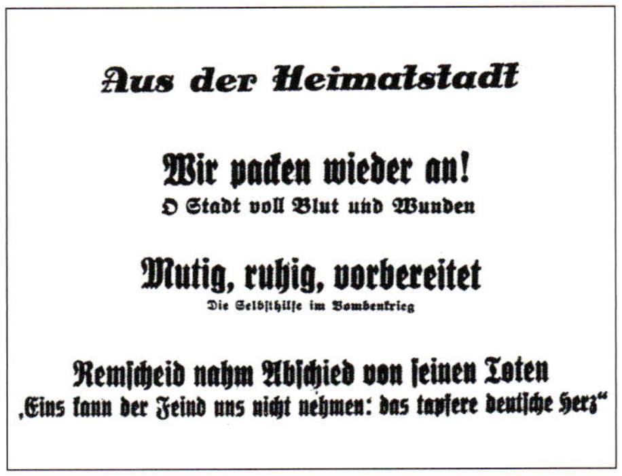
Aus der Heimatstadt

Wir packen wieder an!
O Stadt voll Blut und Wunden

Mutig, ruhig, vorbereitet
Die Selbsthilfe im Bombenkrieg

Remscheid nahm Abschied von seinen Toten
„Eins kann der Feind uns nicht nehmen: das tapfere deutsche Herz“

8.12.1988: Fürchterliche Erinnerungen werden wieder wach
„Es ist wie im Krieg!“ Ein amerikanischer Kampfjet im Tiefflug verliert im dichten Nebel die Orientierung und stürzt in ein Wohngebiet. Er reißt eine 350 m lange Schneise der Verwüstung in die Stockderstraße. Das Kerosin verwandelt die Aufschlagstelle in ein Flammenmeer. 20 Häuser werden zerstört, 7 Menschen sterben, 50 sind zum Teil schwer verletzt, fast 100 obdachlos. Das Kampfflugzeug soll mit uranhaltiger Munition bestückt gewesen sein. Die Angst vor Uran-Kontamination ergriff die Bevölkerung.

4. Auferstehen aus Ruinen – die Nachkriegszeit

1. Beseitigung der Trümmerberge – eine Überforderung

„Nach dem Angriff steckte allen Remscheidern der **furchtbare Schock** noch in den Gliedern, dieser Schock wich nicht so schnell von ihnen und auch nicht die Trauer über die Verluste eigener Angehöriger und so vieler Mitbürger sowie den Verlust der eigenen Habe. Trotzdem haben sie sich schnell dem Unvermeidlichen gefügt und die Geschehnisse **als unabwendbares Schicksal** angesehen. Sie können sehr stolz sein auf ihre heldenhafte Haltung. Nach dem Angriff regte sich Remscheid sofort wieder, in kurzer Zeit waren die Straßen von **Trümmern geräumt**, einsturzverdächtige Häuser gesprengt, und die Straßenbahnen fuhren wieder. In einzelnen Straßenteilen gab es bald wieder **Licht und Wasser**. Besonders die **kriegswichtigen Betriebe** arbeiteten Tag und Nacht mit vielen Hilfskräften an der Behebung der Schäden.“ (Alfred Tornbaum)

Die Trümmerberge sollen 1,2 oder sogar 1,6 Millionen Kubikmeter Schutt betragen haben. Um die Menge aufzunehmen, hätte die Eschbachtalsperre nicht ausgereicht. Oder anders gerechnet: Zum Abtransport hätte man 90.000 Waggons zu je 20 t Ladefläche benötigt, das wäre ein Güterzug von 819 km Länge, vom Remscheid bis mindestens Salzburg.

Dennoch bot Remscheid bei Kriegsende ein trostloses Bild. Die **Innenstadt war ein einziges Trümmerfeld**. Im Mai 1945 machten sich 10.000 Arbeitskräfte mit 300 Fahrzeugen daran, die ersten 100.000 bis 150.000 cbm Schutt zu bewegen. Dabei wurde Wiederverwertbares aussortiert. Bis Dezember 1947 konnten knapp 6 Mill. Ziegelsteine geborgen werden. Doch da es keinen Treibstoff mehr gab, kam in diesem Jahr auch die Beseitigung der Trümmer vorerst zum Stillstand.

2. Kellerlöcher, Nissenhütten und Starenkästen – Hauptsache, ein Dach überm Kopf

Remscheids **Wohnungsnot war unvorstellbar**. Vor dem Krieg hatte es 34.000 Wohnungen gegeben, 1945 waren es gerade noch 14.000. Infolge der Zerstörung war die Bevölkerungszahl stark gesunken, doch der Zustrom von 24.000 Flüchtlingen (20 %) ließ sie wieder anwachsen und damit auch den Bedarf an Wohnraum. Es fehlten 16.000 Wohnungen. Bei ihrem Einmarsch am 15. April 1945 hatten die Amerikaner den amtierenden Beigeordneten Zur Hellen zum neuen Oberbürgermeister berufen. Ende Mai löste die britische Besatzungsmacht die Amerikaner ab. Die Stadtverwaltung, an der Leine der Militärregierung, war die einzige Behörde in Funktion **im stark beschädigten Rathaus und in provisorischen**

Baracken auf dem Rathausplatz. Eine rigorose Wohnraumbewirtschaftung erzwang, zwischen den Ruinen zusammenzurücken. Die obdachlosen Massen mussten untergebracht werden. Selbst notdürftig geflickte Häuser, Kellergeschosse, behelfsmäßige Speicherwohnungen, Bunker und ehemalige Läger wurden zu Wohnzwecken hergerichtet. Wer in einem Behelfsbau aus Holz wohnte, lebte fast im Luxus. Nach einer Wohnraum-Zählung im Nov. 46 lebten noch 20.502 Personen in 6401 Notwohnungen. Behelfsheime nahmen die Massen auf.

„Ley-Hütten" wie Starenkästen im Laspert
Sie hatten ihren Namen von Robert Ley, seit 1941 „Reichskommissar für den sozialen Wohnungsbau" und dann 1943 beauftragt mit dem „Deutschen Wohnungshilfswerk", ausgebombte deutsche „Volksgenossen" mit behelfsmäßigem Wohnraum zu versorgen. In diesem Zusammenhang entstanden auch die starenkastenähnlichen Gartenlauben. Das Grundmaß eines solchen Behelfsheims betrug 4,10 m x 5,10 m; je nach Material und Bauverfahren waren geringe Abweichungen zulässig. Um einen regengeschützten Aufenthalt vor dem Gebäude zu ermöglichen, hatte es meist ein weit auskragendes Pultdach. Wasser- und Abwasseranschluss waren nicht vorgesehen. Das Innere bestand aus zwei Räumen, die durch einen Ofen beheizt wurden, der zugleich als Herd diente. Im Eingangsbereich, der als Windfang genutzt wurde, befand sich eine 60 cm tiefe Grube, zur kühlen Lagerung von Lebensmitteln.

Remscheider „Nissenhütte"
Solche halbtonnenförmigen Wellblechbaracken waren die Erfindung des kanadischen Bergbauingenieurs und Offiziers Peter Norman Nissen für britische Soldaten (1916). Sie konnten aus Fertigbauteilen von vier Leuten binnen vier Stunden errichtet werden. Derartige Unterkünfte wurden nach dem Krieg zu Tausenden um deutsche Großstädte errichtet, als provisorische Notquartiere für Ausgebombte, Vertriebene und Flüchtlinge, so auch in Remscheid.

In den ersten Jahren ging der Wiederaufbau nur sehr langsam voran. Lange glich Remscheid einer Barackenstadt. 1950 suchten 20.000 Remscheider eine Wohnung, dazu musste die Stadt knapp 6000 Flüchtlinge unterbringen und 1951 lebten immer noch etwa 1600 Menschen in Bunkern und Kellern und etwa 38.000 in Baracken und Nissenhütten. Mit diesen Notunterkünften hielt Remscheid den einsamen Rekord in Nordrhein-Westfalen. 1956 lebten immer noch 7654 Remscheider in Baracken. Erst danach verschwanden diese Notunterkünfte langsam aus dem Stadtbild.

Katastrophale Ernährungslage 1945

Zum Mangel an Wohnraum kam eine **völlig unzureichende Grundversorgung**. Es fehlte einfach an allem, an Kleidung, an Hausrat und an **Heizmaterial**. Mit Güterwagen der Straßenbahn suchte man Kohlen aus Essen herbeizuschaffen. Die Militärregierung schränkte die Kohleversorgung rigoros ein mit der Begründung, der Remscheider Wald biete doch genug Brennholz. Ein Kahlschlag drohte. Dazu waren viele noch nicht einmal an Wasser und Strom angeschlossen. Verkehrseinrichtungen waren außer Betrieb und das Schuhwerk schlecht.

Das größte Problem war der Hunger. Konnte die **Ernährung** vor dem Krieg noch mit 3000 Kalorien je Einwohner ausreichend sichergestellt werden, so kam es mit Kriegsende zu katastrophalen Einbrüchen. Bis Februar 1946 konnten immerhin noch tägliche Zuteilungen bis zu 1500 Kalorien durchgehalten werden. Dann wurden sie derart heruntergesetzt, dass es nicht mal mehr 1000 Kalorien täglich waren. 1946 waren es nur noch 998, 1947 gab es 1406 und 1948 wieder nur 1246 Kalorien. Die auf ärztliches Attest hin angeordneten Zuteilungen schnellten um das Fünffache in die Höhe. Maisgrieß und Mais-Mischbrot waren eine ungewohnte und kaum Kräfte erneuernde Nahrung. Mit Mangel an Fetten und eiweißhaltigen Nahrungsmitteln traten bis dahin unbekannte Krankheitserscheinungen zutage.

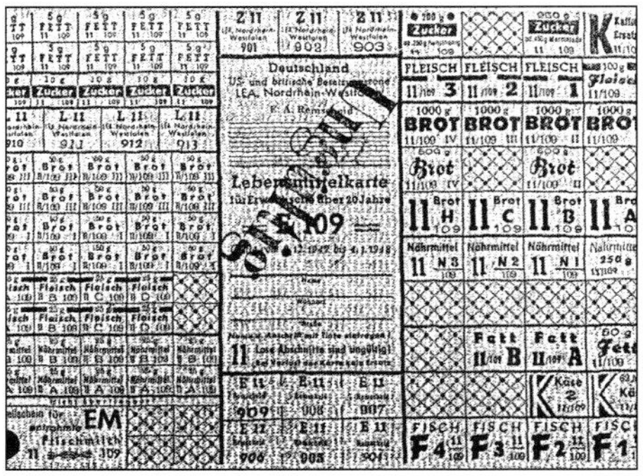

Zum Vergleich: 900 Kalorien entsprechen etwa einer großen Portion Pommes mit Majonäse und einer großen Cola; was heute eher eine Zwischenmahlzeit ist, musste damals für einen ganzen Tag reichen. Viele zogen zum Hamstern aufs Land. Mit Lebensmittelkarten suchte man wenigstens eine Grundversorgung sicherzustellen.

3. Aktion „Remscheid hilft sich selbst“

Am 29.10.1947 kam es zu einem einmaligen Aufruf, unterschrieben vom Oberbürgermeister, an alle Parteien, Kirchen, karitativen Verbände, Gewerkschaften, Arbeitgeber und Vertreter des Handels:

> „**Wir sind in Not! Selbsthilfe ist darum das Gebot der Stunde!** Öffnet noch einmal Eure Herzen! Bereitet alles vor! Remscheid hilft sich selbst! Ein schwerer und sorgenvoller Winter steht vor der Tür, der bitterste vielleicht, den unser Volk je zu bestehen hatte. Bange Sorgen und Not werfen bereits ihre Schatten voraus. Schlimmer als je zuvor bedroht das Gespenst von Hunger und Kälte unsere Armen, Alten und Kranken, aber auch unsere heimgekehrten Kriegsgefangenen, Kriegsversehrten, Ausgebombten und Vertriebenen. Not und Elend auf der ganzen Linie! Niemand hilft, wenn wir nicht selber helfen. Viele unserer Landsleute werden den kommenden Winter nicht überstehen, wenn ihnen nicht geholfen wird.
> Mit Geld allein ist es nicht getan. Wir brauchen auch das. Darüber hinaus benötigen wir aber noch viel dringlicher Bekleidungs- und Wäschestücke, Schuh- und Bettzeug, Haushaltungsgegenstände aller Art und Möbel. Wir brauchen und nehmen alles, womit wir den Ärmsten der Armen über den schwersten aller Winter hinweghelfen können. Hier kann sich praktisches Christentum zeigen und wirkliche Hilfsbereitschaft sich bewähren.
> Mitbürger! **‚Remscheid hilft sich selbst‘** soll in diesem Winter unsere Devise sein.“

Der Wiederaufbau konnte nur in gemeinsamer Anstrengung gelingen, die Not war zu vielfältig.

Tropfen auf heißen Stein – aber von großer ideeller Wirkung.

> Rechenschaftsbericht Oberstadtdirektor Mebus
> „**Remscheid hat sich selbst übertroffen.** Wir wollen diesen Opferwillen und das Sammelwerk wachhalten, damit wir alle wieder lernen, daß wir zusammengehören und daß wir über alle politischen Gegensätze hinweg in der uns umgebenden Not zusammenhalten müssen. Wir haben in der Notzeit bewiesen, daß im Bergischen Lande noch die alte Treue und Hilfsbereitschaft aufgerufen werden kann, heute und morgen unter dem Motto: Remscheid hilft sich selbst!“

Noch 1949 kam Wasser nicht selbstverständlich aus der Leitung. Der Durchschnittsverdienst für Männer lag bei 267, für Frauen bei 157 Mark. 1953 noch kamen 1300 Lebensmittelpakete aus den USA, darin waren Büchsenfleisch, Pflanzenöl, Kondensmilch, Zucker und Reis.

18. Stadtentwicklung

1. Alte Grenzen werden gesprengt

1. Lennep durchstößt den Ring seiner alten Stadtmauern

Mit der aufblühenden **Textilindustrie** wuchs die Einwohnerzahl und die Stadt drängte mehr und mehr in alle Richtungen über den alten Mauerring hinaus. Mit der Wirtschaftskraft verbesserte sich die **Infrastruktur**. So bekam Lennep eine große Poststation (1816), die erste Wasserleitung (1816), die Moll'sche Fabrik (1827), das steinerne Rathaus am Markt (1836), das Gaswerk (1844), ein Krankenhaus (1851) und mit dem den Anschluss an die **Eisenbahn** (1863) einen eigenen Bahnhof. Diese Entwicklung steigerte sich noch in den „Gründerjahren" und ist baulich eng verbunden mit dem Lenneper Architekten **Albert Schmidt**, dessen Bauten man heute noch auf Schritt und Tritt begegnet.

Albert Schmidt (1841-1932) – Architekt der Gründerzeit

Der Sohn eines Bauunternehmers war in Lennep zur Schule gegangen, doch nur bis zur zehnten Klasse (1856). Damit er in die Fußstapfen seiner Vorfahren trete und den Baubetrieb übernehme, setzten die Eltern weniger aufs Abitur als auf eine praktische Lehre als Maurer. Um es zum Baugewerkmeister und Architekten zu bringen, besuchte er eine Bauschule in Holzminden und machte mit 21 Jahren sein Examen. Nach dem Tod seines Vaters (1865) übernahm er dessen Unternehmen mit 300 Beschäftigten. Zwischen 1865 und1902 führte er 560 Neubauten in der Region aus. Noch heute ist sein Wirken in Lennep kaum zu übersehen. Vor allem in öffentlichen Bauten hat er seine Spuren hinterlassen. Aus der Fülle seiner Fabrik- und Wohnbauten seien nur einige genannt: das Krankenhaus an der Hackenberger Straße auf dem Gelände des htg. Altenpflegeheims (1875), Fabrik- und Wohngebäude der Kammgarnspinnerei (1879), das Wülfing-Mädchenheim, heute Asylantenheim (1886), das Hallenbad in der Wallstraße, heute Jugendzentrum „Die Welle" (1886), das ehemalige Rathaus in der Bahnhofstraße (1889/90).
Seine große Leidenschaft galt dem Wasserbau. Zu seinen Pionierleistungen zählen sechs Talsperren in unserem Raum: die Panzer- (1892-94), Bever- (1898), Herbringhauser- (1900), Sengbach- (1900), Neye- (1903) und Brucher Talsperre (1912). Der universal gebildete Mann, Bauherr und Architekt, wurde mit Ehren überhäuft und bekam den Ehrentitel „Königlicher Baurat". Schon zu Lebzeiten, nach der Eingemeindung 1929, wurde eine Lenneper Straße nach ihm benannt: die Albert-Schmidt-Allee. Er starb mit 90 Jahren in seiner Heimatstadt.

Rudolf Stosberg, Jg. 1860, Bürgermeister von Lennep (1897-1921), sorgte nicht nur 1906 für die Erweiterung des Stadtgebietes durch Eingemeindung der vor den Toren Lenneps wohnenden sog. „Grasbürger", sondern auch für den Ausbau der Stadt, vor allem nach Süden und zum Bahnhof hin. Zudem förderte er den gemeinnützigen Wohnungsbau und sorgte für den Bau einer Arbeitersiedlung im 15-Höfe-Bereich auf dem Hasenberg (1907-13). Diese nach ihm benannte Siedlung von 23 zweistöckigen Einfamilienhäusern liegt zwischen Hasenberger Weg, Talsperrenweg und Julius-Cäsar-Straße. Auch eine Straße auf dem Hasenberg wurde nach ihm benannt.

Kölner Straße Richtung Trecknase, 1908 und 2008

Stosberg-Siedlung auf dem Hasenberg, auf einem Notgeldschein von 1921.

2. Remscheids Zentrum wandelt sich vom Dorf zur Stadt

1853: Der Markt wird vergrößert. Die Häuser rundherum sind noch dörflich. Die Straße hinauf zum Scheid wird bereits von Häusern gesäumt.

Um 1893: Noch hat der Markt etwas vom Flair der „guten alten Zeit“. Doch mit „Hochhaus“ und Straßenbahn deutet sich bereits eine neue Zeit an.

Vor dem Ersten Weltkrieg. Inzwischen sind weitere Häuser in die Höhe gewachsen. Dieses Gesicht blieb weitgehend erhalten bis zur Zerstörung im Jahr 1943.

In den 50er Jahren: Die Kahlschläge des Krieges sind unübersehbar, die Häuser stehen großenteils noch in Trümmern, sind bestenfalls notdürftig wiederhergestellt. Straßenbahnen fahren längst wieder, Autos sind noch Mangelware.

1960: Der Verkehrsstrom im Wirtschaftswunderland ist gewaltig gewachsen. Fußgänger werden durch Zebrastreifen geschützt.

Heute ist der Markt dank Tangente eine „Idylle“ für Fußgänger. Es gibt Tendenzen, ihn wieder stärker dem Autoverkehr zu öffnen.

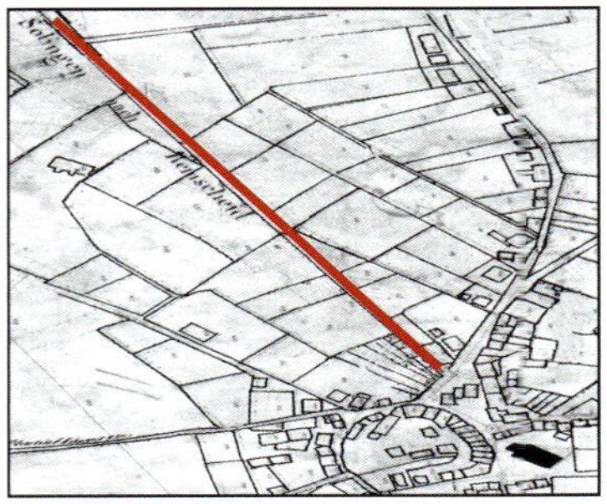

Vom Markt des ehemaligen Dorfes führen Straßen sternförmig ins Land. Im Zug der Industrialisierung wächst die Stadt, und die Verkehrswege werden ausgebaut; ein Musterbeispiel ist die heutige Alleestraße.

Die hinauf über den Hof Scheid nach Solingen führende Landstraße (Scheider Straße), auf der Karte von 1827 noch völlig unbebaut, erhält 1853 Alleebäume. Deshalb wird sie 1856 in Alleestraße umbenannt. Zudem bekommt sie in dieser Zeit als erste Remscheider Straße eine Pflasterung. Sogar eine Straßenbeleuchtung wird bereits angedacht, wenngleich es vorerst nur bei der Planung bleibt. Die Schienen der Straßenbahn (1893) sind auf dem Bild bereits erkennbar. Die Bäume der Allee standen der Oberleitung der Straßenbahn im Weg und sind entfernt worden. Die Alleestraße, verbreitert und zeitgemäß mit Wohn- und Geschäftshäusern bebaut, hat ein großstädtisches Aussehen bekommen. Die alte Landstraße ist zur Hauptgeschäftsstraße geworden.

1943 sinkt die stolze Straße in Schutt und Asche.

Von Grund auf neu und verbreitert wieder aufgebaut, hat sie ein neues Gesicht bekommen.

Seit 1971-74 ist die Alleestraße eine Fußgängerzone.

3. Eroberung des Stadtkegels zur „Gründerzeit“

Die Topographie Remscheids hat die Entstehung eines geschlossenen Siedlungskerns verhindert. Stattdessen gab es bis ins 19. Jh. hinein ein **Netz verstreut liegender Weiler** mit Wohnhäusern und Werkstätten. Die rasante Wirtschaftsentwicklung führte, zumal in der 2. H. des 19. Jh., zu einem gewaltigen Veränderungsprozess. Dank Dampfmaschinen unabhängiger, zog es Fabriken die Berghänge hinauf. Remscheid begann zu wachsen. Die Bebauung eroberte die Wiesen und Felder des **Stadtkegels** und folgte den vom Markt sternförmig verlaufenden **Ausfallstraßen**, ein erster Schritt, die vielen Außenbezirke mit dem noch dörflichen Zentrum zu vernetzen.

2. Industriestadt im Kampf gegen chronische Wohnungsnot

1. Genossenschaftliches Bauen bis zum Ersten Weltkrieg

Schattenseite des schnellen Umwandlungsprozesses war die Vermehrung der Arbeiterschaft durch Zuwanderung. Sie bescherte der Stadt eine **chronische Wohnungsnot**. Dem war **privates Bauen** bald nicht mehr gewachsen. Um Bauwillige zu unterstützen, entstanden, auch mit Hilfe der daran interessierten Industrie (z.B. M. Böker), **erste Baugenossenschaften** (1908). Doch deren Klientel bestand anfangs nicht aus Arbeitern, sondern vornehmlich aus Beamten, städtischen und staatlichen Bediensteten und höheren Angestellten von Privatfirmen, also aus Leuten, die eigene Ersparnisse einbringen konnten. In dieser Initiative entstanden beispielsweise größere Bauprojekte an der Martin-Luther- und der Johann-Sebastian-Bach-Straße (1909/10, 52 Wohnungen) und am Südhang des **Hohenhagen**, an der Sedan- und Spichernstraße (1912/13, etwa 100 Wohnungen). Mit dem **Krieg** kamen alle weiteren Bauvorhaben zum Erliegen.

In der explosionsartig wachsenden Stadt waren die **Arbeiter** am **meisten von der Wohnungsnot betroffen**. Sie wohnten verteilt über die ganze Stadt, entsprechend den vielen kleinen, über ganz Remscheid verstreuten Industriebetrieben. Mit dem Aufkommen der großen Industrieunternehmen, wie u. a. BSI, Alexanderwerk oder Mannesmann, konzentrierten sich ihre Wohnungen in der Nähe dieser Werke. So entstanden **Arbeiterviertel** zu Füßen des Stadtkegels, z.B. an der Nordstraße, der Freiheitstraße, hin zum Kremenholl und zum Honsberg wie im Loborn. Viele Arbeiterfamilien wohnten in Mietskasernen und mussten sich mit engstem Raum begnügen, oft unter menschenunwürdigen Umständen.

Zwei Beispiele für gründerzeitliche Architektur im hinteren Bereich des Stadtkegels: die Neuscheider Straße (heute Hindenburgstraße, oben) und die parallel dazu laufende Lindenstraße (heute Martin-Luther-Straße, unten). Die beiden Straßenansichten, noch vor 1920, mit ihren stolzen Bauten demonstrieren eindrucksvoll die Finanzkraft des aufstrebenden Bürgertums. Viele dieser Häuser stehen heute noch und sind Zeitzeugen jener Epoche mit ihrem rasanten Wirtschaftswachstum.

Spuren der alten Mietskasernen finden sich z.B. noch an der Honsberger Straße. Auf engstem Raum zusammengepfercht, mussten hier Arbeiter mit ihren Familien leben. Hier hatten die Kommunisten fast uneingeschränkt das Sagen.

Die bald 90-jährige Siedlung am Südende von Honsberg, mit ihren Grünflächen im Innenbereich steht heute noch. Doch etliche Gebäude, deren Sanierung sich nicht mehr lohnte, sind in den letzten Jahren abgerissen worden.

2. Erste Stadtrandsiedlungen in den 1920er Jahren

1. Neue städtische Wohnmodelle (1919-1921)

Als durch den kriegsbedingten Baustopp die Wohnungsnot immer drückender geworden war, nahm die **Stadt den Wohnungsbau in eigene Regie** und suchte ihn nach Kräften finanziell zu fördern. Dabei konnte sie sich auf eine neu gegründete **„Gemeinnützige Bau AG“** stützen, in der sie Hauptbeteiligte war. Da aber Wohnen in Mietskasernen für die heimkehrenden Soldaten als unzumutbar abgelehnt wurde, suchte man nach neuen Wohnformen. So entstand in Zusammenarbeit von Stadt und Bau-AG jenseits der Honsberger

Siedlungsdefinition
Auf urbar gemachtem Boden nach einem Gesamtplan erbauter Ortsteil. Meist Einfamilien- oder Doppelhäuser mit Gärten. Als Klein- oder Stadtrandsiedlung in Abkehr von Massenquartieren der Stadt errichtet. In der Regel durch gemeinnützige Genossenschaften erbaut, finanziert durch staatl. Geldinstitute, politische Gemeinden, Genossenschaften und Eigenarbeit der Siedler.

Mietskasernen am Südende des Bergrückens die **Arbeitersiedlung Honsberg**, im Volksmund auch „Klein Moskau"(1919/20) genannt, und auf dem **Hohenhagen** Hunderte von Kleinwohnungen, welche die größte Wohnungsnot fürs Erste beheben sollten.

1921 begann die Stadt mit dem Bau der Kleinsiedlung „Am Anger", insgesamt knapp 40 Häuser. Sie förderte das Projekt derart, dass alle Gebäude noch vor dem Winter unter Dach und Fach kamen. Voller Stolz über das Erreichte präsentieren sich die Offiziellen.

Doch Baumaterial und Geld wurden immer knapper. Man versuchte stellenweise statt mit teuren Ziegelsteinen nach alter Väter Sitte mit Lehm zu bauen. Die beginnende Inflation beschränkte mehr und mehr die Finanzen. Bereits 1922 stiegen die Baukosten rapide an. Da die Stadt aber die Lasten weitgehend allein zu tragen hatte, sah sie sich gezwungen, den Wohnungsbau in eigener Regie nach und nach einzustellen.

2. Werkswohnungsbaumodell der Mannesmannsiedlung (1921)

Vor den Toren des Mannesmannwerkes errichtete die Firma in Rekordzeit eine eigene Arbeitersiedlung. Die Hausteile wurden auf eigenem Fabrikgelände gegossen, galten als „feuersicher, wetterbeständig und massiv" und ermöglichten Bauzeiten von zwei bis drei Wochen. Mit der Anwendung dieses **Fertigbauverfahrens**, gleich zweifach patentiert, waren die Mannesmänner die Ersten in unserer Region.

Mannesmannsiedlung in der Bahn-/Friedensstraße auf Bliedinghausen. Heute ist sie in die Jahre gekommen und bedarf dringend einer Sanierung.

3. Siedlungsbauten in größtmöglicher Selbsthilfe (ab 1921)

Die **Hungersnot** nach dem Krieg hatte viele Arbeiterfamilien an den Stadtrand getrieben. Gemeinsame **Kriegserlebnisse** hatten bei vielen den Sinn für gemeinschaftliches Handeln geweckt. Sie gründeten Gartenbauvereine, rodeten den Wald und suchten sich mit Hilfe ihrer angelegten Kleingärten ein Zubrot zu verschaffen. Gemeinsames Tun in diesen Vereinen stärkte das Selbstwertgefühl. Angesichts des nach wie vor bestehenden Wohnungselends suchten sie nach neuen Lösungen. Dabei gab es für sie ganz logisch nur einen Weg: **die gemeinschaftliche Selbsthilfe** auf genossenschaftlicher Basis. „Einer für alle, alle für einen". Über die Volkshochschule organisierte Vorträge und

Ludwig Lemmer (1891-1983)

Stadtarchitekt, steht für „Neues Bauen"

Nach umfassendem Studium an der Kunstakademie Düsseldorf, den Technischen Hochschulen Stuttgart, Danzig und Hannover, dazu noch Philosophie, Wirtschafts- und Sozialwissenschaften in Köln wurde er 1919 **Stadtarchitekt** in Baden-Baden. **1921 als Stadtbaurat** und Beigeordneter nach Remscheid berufen, bekam er es vor allem mit zwei Problemen zu tun. Die Stadt war im 19. Jh. mehr oder weniger „städtebaulich planlos" gewachsen, Fabriken hatten sich „nach egoistischer Unternehmerwillkür überall" angesiedelt. Dazu kam der Kampf mit der chronischen Wohnungsnot. Mit Lemmer hielt die Idee des „**Neuen Bauens**" ihren Einzug. Bis 1925 ließ er einen Generalsiedlungsplan erstellen, in dem Industriegebiete, Mischgebiete und reine Wohngebiete klar ausgewiesen waren. Sein besonderes Interesse galt den Wohnsiedlungen. So entwickelte er im städtebaulich schwierigen, weil bergigen Gelände seine „**Bergkuppendörfer**": Die Idealvorstellung war eine Reihenhausbebauung entlang einer äußeren Straße, den Höhenlinien folgend, die sich wie ein „Kranz" horizontal um die Siedlung legt, deren Bebauung zur Mitte hin lockerer wird und in einem dörflich anmutenden Platz gipfelt. Die Realität sah bescheidener aus, so z.B. seine Pläne für die Bökerhöhe und den Neuenhof.

Zudem entwickelte er, sozial engagiert, neue Formen zu **kostensparendem Bauen**. Er tat das in Anlehnung an das „Bauhaus"-Konzept aus Dessau. Das hieß Verzicht auf reich dekorierte Fassaden und Überwindung gewohnter, oft dörflich-heimatlich geprägter Stilelemente. An deren Stelle traten einfache Formen, weiße Putzfassaden und Flachdächer. Das beste Beispiel für den neuen Zeitgeist waren die Zeilenbauten in Stahlbeton an der **Kleinen Flurstraße** (1927-29), damals eines der modernsten Wohnbauprojekte im Bergischen. Sie sind inzwischen abgerissen. Ein anderes Beispiel, das heute noch steht, ist das Ärztehaus an der Burger Straße, äußerlich ganz dem Bauhaus-Stil verpflichtet (s. Bild). 1933 wurde Lemmer als SPD-Mitglied aus städtischen Diensten entlassen. Er arbeitete als **freier Architekt** weiter, 1940/41 sogar als Baudirektor in Köln. 1946 kehrte er für einige Jahre als freiberuflicher Architekt nach Remscheid zurück. 1950 wurde er als **Baudirektor nach Berlin** berufen und 1969 mit dem **Bundesverdienstkreuz** ausgezeichnet.

Kurse zum Siedlungsbau bestärkten sie und gaben ihnen Richtung. Zwar waren solche Gedanken schon seit der Jahrhundertwende in Remscheid fest verwurzelt, 1921 aber traten gleich acht aus Gartenbauvereinen erwachsene Siedlergenossenschaften mit ihren Plänen an die Öffentlichkeit. „Schaffung von gesunden und zweckmäßigen Wohnungen für minderbemittelte Familien und Personen", das hatten sie sich zum Ziel gesetzt. Einfamilienhäuser wollten sie bauen, und da das nicht aus eigener Kraft zu schaffen war, traten sie **an die Stadt heran** und baten um Bereitstellung von Siedlungsgelände, pro Haus einen halben Morgen Land (1250 qm). Die Stadt gab sich zunächst sehr reserviert. Erst als sie einsehen musste, dass die Wohnungsknappheit **nur über die Nutzung der Selbsthilfe** der Betroffenen zu beheben war, lenkte sie ein. Von nun an wurden die **Baugenossenschaften zum bestimmenden Faktor** im Remscheider Wohnungsbau. Neu an ihnen war, dass ihnen die Stadt mit Bereitstellung von Erbpachtland unter die Arme griff, günstige Darlehen, zum Teil sogar Zuschüsse gewährte und bei den Bauplänen half. Damit sicherte sie sich Einfluss auf die Gestaltung der Siedlungen und deren Verteilung aufs Stadtgebiet. Neu war auch, dass nicht mehr Kapitalgesellschaften, sondern die Siedler selbst, großenteils Arbeitslose, die Bauarbeiten organisierten und ausführten, sehr zum Leidwesen der örtlichen Bauunternehmer.

Am Ende hatten nur drei Genossenschaften den langen Atem, ihre Pläne in die Tat umzusetzen: **Bökerhöhe, Neuenhof und Rosenhof**. Hier entstanden **Genossenschaftssiedlungen**, die als einheitliche und zusammenhängende Anlagen heute noch bestehen.

Die Stadtverwaltung reagierte auf die Initiative der Siedler zunächst verständnislos. Sie nannte sie „Halbmorgenfanatiker" und suchte sie lächerlich zu machen mit dem Vorschlag: „Wandert doch aus nach Argentinien!"

Erinnerung an das alte Vorurteil; Schild an der Gartensiedlung unterhalb der Siedlung Bökerhöhe

Bökerhöhe (1921-1929) (vgl. S. 246f.)

Den größten Teil des **Baugrundes** stellte der Leiter der Bergischen Stahlindustrie (BSI), Moritz Böker, zur Verfügung und sicherte sich als Gegenleistung 75 % der Wohnungen für seine Arbeiter. Um spätere Bodenspekulationen mit den günstig erworbenen Grundstücken unmöglich zu machen, baute die Stadt Wiederverkaufsklauseln ein. Den **Bauplan** lieferte Stadtbaurat Lemmer und setzte damit die bindenden Vorgaben. Von einem dörflich anmutenden Platz aus wurde die Siedlung erschlossen, die von dort ausgehenden Straßen mit Einfamilienhäusern und Gärten folgten in weiten Schwüngen den Höhenlinien. 1921/1922 begannen die Rodungs-, dann die **Bauarbeiten**, einziges Kapital war die eigene Muskelkraft. Mit klar eingeteilten Gruppen und festgesetzten Schichten ging es an die Arbeit, viele konnten sie erst nach Feierabend ableisten. Es war ein **Wettrennen** mit dem galoppierenden Geldverfall. 1923 konnten die ersten 30 Häuser (ohne Außenputz) bezogen werden. Bis 1929 wurden über 100 Häuser fertig, das gesteckte Ziel war erreicht.

Siedlung Bökerhöhe um 1975

Rosenhof/Ziegelstraße (1922-1926)

Auf günstigem städtischen Erbpachtland in Bliedinghausen, das bis dahin von Kleingärtnern genutzt worden war, begann eine relativ kleine Gesellschaft mit dem Bau der Siedlung „Am Rosenhof". Da nicht so viel Fläche zur Verfügung stand und das Gelände weitgehend abschüssig war, baute man kompakter. Die ersten Häuser an der Ziegelstraße entstanden 1922 in reiner Selbsthilfe. Wände wurden aus Aschebeton gestampft, Dachrinnen gemauert und sogar die Dachziegel versuchte man selbst herzustellen. Trotz einfachster und wirtschaftlichster Bauweise gab es Engpässe, es kam aber auch Hilfe von Fabrikantenseite. Das Mannesmann-Röhrenwerk, bei dem viele Siedler beschäftigt waren, half seinen Betriebsangehörigen mit Vorschüssen und stellte Werkzeuge oder Rohre zum Selbstkostenpreis zur Verfügung. 1922 waren die ersten acht, bis Anfang der 1930er Jahre insgesamt 62 Wohnungen fertiggestellt. Zudem erhielt jeder Siedler Gartenland, allerdings nur 200 qm; wer mehr benötigte, konnte Dauerpachtland am Rand der Siedlung erhalten.

Neuenhof (1924-1929)

Die Siedlungsgenossenschaft Neuenhof war die **kleinste und finanzschwächste**, bestand sie doch größtenteils aus Arbeitslosen. Erst 1924, nach der Inflationszeit, konnte sie den ersten Spatenstich setzen. Von der Stadt mit Erbpachtland und Bauplänen des Stadtbaurates Lemmer unterstützt, bekam sie auch Hilfe seitens der Industrie durch Mannesmann. Bis 1926 konnte sie fünf Wohnungen erstellen. Die zuerst entstandenen Gebäude sind heute noch im Eigentum der Bau- und Siedlungsgenossenschaft Neuenhof. Dann ging der Gesellschaft das **Geld aus,** und die Siedlung samt Schulden wurde **von der Stadt übernommen**, die weiterbaute, allerdings mit Privatunternehmen. Bis Ende der 1920er Jahre entstanden hier weitere 160 Wohnungen.

Am Neuenhof ist die Handschrift des Stadtbaurats Lemmer heute noch zu erkennen. Auf einen „Bergsporn ' gesetzt, folgt die Außenlinie der Siedlung in weitem Schwung der Höhenlinie. Die Fassaden sind mit einfachen Schmuckelementen aufgelockert: bewegte Fensterfolgen, lang gezogene Bänder („Lemmerbänder"), Eingangslauben. Nach innen hin gruppiert sich die Siedlung um zwei begrünte Höfe. Diese dörflich-romantisch anmutende Anlage steht ganz in der Tradition der Gartenstädte.

So wurden auf dem Genossenschaftsweg mit geringen Kapitalmitteln mustergültige Siedlungen erstellt. Sie hoben sich wohltuend ab von den zur gleichen Zeit an anderen Stellen erbauten Mietshäusern und Wohnblöcken. Doch mit den Kommunalwahlen von 1924, als die bürgerlichen Parteien die Mehrheit bekamen, änderte sich die Wohnungsbaupolitik. Die eher links orientierten Genossenschaften wurden benachteiligt zugunsten der Privatwirtschaft, sie gerieten in finanzielle Schwierigkeiten.

3. Neue Siedlungsbauwelle – einsetzend mit der Rezessionszeit (1930er Jahre)

Zurzeit der **Weltwirtschaftskrise und Massenarbeitslosigkeit** stellte der Staat besondere Darlehen für den Wohnungsbau zur Verfügung. Speziell der **Siedlungsbau in Selbsthilfe** von Arbeitslosen und Kurzarbeitern sollte gefördert werden. So entstanden ab 1930 abermals Selbsthilfesiedlungen in größerem Umfang. Doch diesmal fungierten nicht Genossenschaften als Bauherren, sondern die „**Heimstätte Dünne**", ein gemeinnütziger Bauverein der Pastoren-Familie von Bodelschwingh. Ziel war die Ansiedlung von Arbeitern in Einfamilienhäusern auf eigener Scholle. Zu jedem Haus sollte **Gartenland** (meist ca. 1000 qm) gehören, um es den **meist arbeitslosen Siedlern** zu ermöglichen, sich selbst mit Lebensmitteln zu versorgen. Kostensparend und in einfacher Bauweise sollten die Häuser sein. „**Wir bauten damals kleine Inseln**": Auf'm Heidchen und am Grenzwall, in Westhausen und Im Mittenfeld.

1. Auf'm Heidchen (1930/31)

Als erstes ging die „Heimstätte Dünne" an den Bau von knapp 20 Häusern Auf'm Heidchen, jedes Haus in der Grundfläche 50 qm groß, auf einem Grundstück von 700 qm. Die Siedlung wurde mitfinanziert aus städtischen Steuermitteln und mit gut verfügbarem Material der Region. Erstmals baute man im „**Lehmbrotverfahren**"; Pastor Gustav von Bodelschwingh hatte es in Afrika kennengelernt und weiterentwickelt. Über die massiv gemauerten Kellerfundamente wurde zunächst, auf Stützen gestellt, das Dach errichtet, dann darunter, im Trockenen, die Lehmwände gezogen. Die Bauweise mit den Lehmziegeln war nicht nur kostengünstig, sie ermöglichte auch einen hohen Anteil an Eigenleistung, denn auch Siedlerfrauen und Familienangehörige konnten bei der Herstellung gut mit Hand anlegen. Da ein Haus wie das andere war, ließen sich die Kosten gleichmäßig auf alle verteilen.

Auf'm Heidchen, ein Haus wie das andere, alle preiswert mit Lehm gebaut. Ob dieser aus Afrika abgeschauten schlichten Lehmbauweise sprachen die Nachbarn „Am Anger" despektierlich vom „Negerdorp".

2. Grenzwall (1931-33)

Das in seiner Ursprungsform heute noch am besten erhaltene Haus am Grenzwall

Schon bald erwarb die „Heimstätte Dünne“ weiteres Bauland am Grenzwall, größtenteils Waldgebiet, das erst einmal gerodet und über Zufahrtswege erschlossen werden musste. Nach der Rodung wurde das Gelände in 38 Siedlerstellen aufgeteilt, die Grundstücke abgesteckt und verlost. Für jedes Haus standen 1100 bis 1200 qm Grund zur Verfügung. Da sich die selbst gefertigten Lehmziegel letztlich nicht bewährt hatten, versuchte man es mit einer neuen Technik. Auf das massive Kellergeschoss setzte man eine Fachwerkkonstruktion und füllte die Gefache mit sog. „Lehmwellern“ aus (S. 247). Das waren 15 mm starke Vierkanthölzer, mit Stroh und Lehmbrei umwickelt, dann etwa 20 cm dick. Diese wurden in vorgefertigten Leisten in die Fächer des Fachwerkes eingeführt, mit einem Hammer fest aufeinandergeklopft, beidseitig mit Lehm verschmiert, mit Heraklitplatten vernagelt und mit Mörtel verputzt. Doch auch diese Bauweise sollte sich nicht bewähren. Der Arbeitsaufwand war groß, und oft drang Regenwasser ein, sodass die Lehmwände nach und nach durch Massivwände ersetzt werden mussten. 2000 Arbeitsstunden musste jeder Siedler leisten (8- bis 9-Stundentag); dazu schickte das Arbeitsamt arbeitslose Jugendliche, einen so genannten „freiwilligen Arbeitsdienst“, als Helfer. Das erste Haus wurde im April 1933 fertiggestellt und bezogen. Nach dem Zweiten Weltkrieg wurde die Siedlung nochmals um 30 Siedlerstellen erweitert, dazu kam ein Siedlerheim als zentraler Treffpunkt für gesellschaftliches Leben.

3. Westhausen (1932-1960)

Im Februar 1932 nahm „Dünne“ dann nach dem gleichen Prinzip auf einem Wiesen- und Ackergelände in Westhausen, gleich hinter der Eisenbahnbrücke, das nächste Projekt in Angriff. Nur wurde diesmal nicht in Lehm, sondern in Stein gebaut. Die ersten 25 Einfamilienhäuser, alle noch auf Erbpachtgrundstücken, konnten bereits ab Januar 1933 nach und nach bezogen werden. In Westhausen wurden von Anfang an Massivhäuser errichtet. 1934 entstanden weitere 20 Häuser, 1936 nochmals 16 Häuser, die wegen des Weltkrieges erst 1949 beendet werden konnten. 1959/60 wurden dann im letzten Bauabschnitt noch einmal 20 Siedlungshäuser und drei Eigenheime errichtet. Die Anlage ist heute als „Bodelschwingh-Siedlung“ bekannt.

50 qm Grundfläche waren die Häuschen groß und mit Plumpsklo ausgestattet. Zu jedem gehörte obligatorisch ein Gemüse- und Obstgarten, dazu ein Stall für Schafe und Ziegen, Kaninchen und Hühner. Die Siedler sollten eben in der Lage sein, in Notzeiten ihren Teil zur Selbstversorgung beizutragen.

4. Im Mittenfeld (ab 1933)

1933 begann „Heimstätte Dünne“ dann noch mit einer Stadtrandsiedlung im Südbezirk zwischen Falkenberg und Berghausen. Das Wiesen- und Ackerland wurde aus privater Hand erworben und bekam den Namen „Im Mittenfeld“. 30 Siedler, ganz auf sich allein gestellt, gingen an den Bau von 30 Häusern. Eingeteilt in Kleingruppen, machten sie sich mit Hacke und Schaufel ans Roden und Ausschachten. Das Baumaterial, Steine, Sand und Zement, wurde am **Güterbahnhof Bliedinghausen** angeliefert und mit einem alten LKW zur Siedlung transportiert und von dort weiter mit vier **Loren über Feldbahngleise** zu den Baustellen. In einer alten Baracke errichtete man sogar eine **Schreinerwerkstatt**. Einzugstermin war bereits der 1. August 1934.

Kaum vorstellbar, welche Leistung 30 Siedler binnen eines Jahres zu Wege brachten.

5. …und viele andere Siedlergemeinschaften im Stadtgebiet

Von verschiedenen Bauträgern, auch von Beamtenbauvereinen geplant, entstanden über das Stadtgebiet verteilt weitere Siedlungen. Hier einige Beispiele: Für **Remscheid** wären Projekte zu nennen wie der Rather Kopf (ab 1922), die Fichtenstraße auf Hohenhagen (1925), die Doppelhausgruppe Vorm Berg am Fürberg (1933) oder die Siedlung Hohenbirke auf Hasten (1937), im Volksmund auch „SA-Siedlung" genannt. Besonders hingewiesen sei auf das fast 50 Siedlerstellen umfassende Bauprojekt Am Ueling auf Ehringhausen (1936-1940). Für **Lennep** könnte die Kleinsiedlung für Kinderreiche am Hasenberger Weg (1927) genannt werden oder die Barmag-Siedlung (1927). Und für **Lüttringhausen** steht die Siedlung Klauserfeld (1932/33).

Von links nach rechts:
Lennep: Zwei Einzelhäuser der Kinderreichensiedlung auf dem Hasenberg (1927, Aufnahme 1947)
Lüttringhausen: Bauarbeiten im Klauserfeld (1933)
Remscheid: Mustersiedlung Am Ueling (Aufnahme um 1944)

Im „Dritten Reich" gehörten „Arbeiter-Siedlungen" zu den propagandistischen Eckpfeilern, und entsprechend wurde der Wohnungsbau immer stärker staatlich gefördert. Damit ging zugleich die Direktbeteiligung der Menschen am Bau ihrer Wohnungen zurück. Statt durch Eigenleistung wurde vermehrt mit Bauunternehmen gebaut.

Nach dem Zweiten Weltkrieg ebbte der Bau von Siedlungshäusern rasch ab, da das „Wirtschaftswunder" andere Bauformen begünstigte. Die alten Siedlungen blieben weitgehend erhalten und wurden Zug um Zug vergrößert, die Häuser modernisiert und im Erscheinungsbild oft stark verändert.

3. Bauboom der Nachkriegszeit

1. Nachkriegssiedlungen, noch fast nach alten Vorbildern

Der Bombenterror des Krieges hatte eine Zäsur gesetzt, weit über 10.000 Wohnungen waren zerstört, rund 30.000 schwer beschädigt. Ein Jahr nach Kriegsende waren erst gut 3000 Wohnungen wieder aufgebaut bzw. instandgesetzt. Die Aktion „Remscheid hilft sich selbst" suchte mit Notwohnungen zu überbrücken. 1952 fehlten 10.600 Wohnungen. Infolge der Neuzuwanderungen brauchte man in den kommenden fünf Jahren knapp 16.000 neue Wohnungen; 1953 begannen die Baracken modernen Bauten zu weichen. Hier begann das Siedlungsprogramm unmerklich. Der Wohnungsneubau nahm langsam Gestalt an.

Siedlung „Remscheid hilft sich selbst", Haddenbruch, 1950er Jahre

In **Remscheid** entstand die Siedlung Haddenbruch (1950). In **Lüttringhausen** griff eine Siedlergemeinschaft auf dem Klauser Feld 1950 zur Schippe, in unmittelbarer Nähe der Vorkriegssiedlung. Im Jahr darauf war Richtfest für 42 Siedlerstellen, im zweiten Bauabschnitt in den 1970er Jahren kamen hier weitere am Dörrenberg hinzu. In **Lennep** wurde ab 1945 der Hasenberg zum beliebten Wohngebiet. Bald zog Hackenberg nach, wo 1958 in der Heidestraße der erste Spatenstich erfolgte. Die erste Generation der Nachkriegshäuser erinnert vielfach noch an den traditionellen Siedlungsbau und oft auch an die dazugehörenden, alten Nebenerwerbsstellen mit Gärten und Kleintierhaltung. Auch die Industrieunternehmen setzten angesichts der Wohnungsnot die **Tradition des sozialen Bauens** fort. Die BSI förderte nach 1950 den Bau der Marathon-Siedlung auf Reinshagen, die Barmag sorgte für 100 neue Wohnungen und stellte dazu noch firmeneigene Werkswohnungen an der Ringstraße und am Höhenweg zur Verfügung.

„Ein Häuschen mit Garten!", die Verwirklichung eines Traumes in Hackenberg in der Heidestraße

2. Großräumige Bebauungen schaffen Entlastung

Um die durch die wachsende Bevölkerung andauernde Wohnungsnot aufzufangen, beschritt man neben den herkömmlichen Siedlungen auch neue Wege. Dazu zählten größere **Blockbebauungen** im Stadtbereich. Doch eigentliche Entlastung brachten erst große Neubaugebiete an den Stadträndern. Dabei entstanden völlig neue Stadtteile, in sich geschlossene Siedlungsareale.

Neue Bebauung an der Freiheitstraße

Für Remscheid selbst seien drei Groß-Wohnsiedlungen hervorgehoben:

Mixsiepen im Bau, 1961 (links)

Reihenhäuser mit Hochhaus, auf Kremenholl, darunter Kleingärten, 1966 (Mitte)

Hohenhagen in den 1960er Jahren (rechts)

Mixsiepen (1959-61)

Die große Siedlung wird im Volksmund „Vömix“ genannt (zusammengefügt aus Vöpelswiese und Mixsiepen). Die Straßennamen erinnern an den verlorenen deutschen Osten und damit an die Herkunft der vielen Flüchtlinge (Sensburg, Stettin, Breslau, Dresden, Leipzig, Magdeburg) und ebenso die sich anschließende „Dichtersiedlung“ an deutsche Geistesgrößen aus dem Osten (Kant, Eichendorff, Hauptmann, Miegel).

Kremenholl (1964f.)

Wo in den 1950er Jahren nur Feld, Wald und Wiesen waren, entstanden seit 1964 Reihenhäuser, dann ein erstes Hochhaus.

Hohenhagen (1966-69)

Zwischen Neuenkamp und Fichtenhöhe entstand bereits in den 50er Jahren das erste größere Wohnprojekt nach dem Krieg für 1300 Menschen. 1968 sollte hier sogar ein Stadtteil für 14.000 Menschen entstehen, doch es blieb bei den Überlegungen.

Am Rande von **Lennep** entstanden auf der grünen Wiese ganze Stadtviertel:

Auf dem Hasenberg (1962-72)

In der schönen, waldreichen Umgebung des Hasenbergs wurden in mehreren Bauabschnitten über 1000 Wohnungen errichtet, vor allem mit Mehrfamilienhäusern; später folgten Kindergarten, Schule und Kirchen. Die meisten Straßen erhielten Namen von engagierten Remscheider Bürgern, vor allem von Lennepern. Die mittlerweile immer wieder erweiterte Bebauung ist zu einer bevorzugten Wohngegend geworden. Etwa 6000 Menschen leben hier.

Hackenberg (ab 1968)

Auf dem gegenüberliegenden Hackenberg entstand die zweite Großwohnbebauung. Auch hier folgten bald Grundschule und Kirche, dazu ein weiterführendes Schulzentrum, Sportanlagen, ein Erlebnisbad sowie ein großes Krankenhaus (inzwischen geschlossen) in Ergänzung des damals städtischen Krankenhauses an der Burger Straße.

Hackenberg

Emil-Nohl-Straße, Hasenberg, 1965

Auch den Raum **Lüttringhausen** ergriff die Bauwelle des „Wirtschaftswunders". Bei der alten Hofschaft **Klausen** entstand Anfang der 1960er Jahre der zweite siedlerische Schwerpunkt im Stadtgebiet. Aus den ursprünglich geplanten 576 Wohnungen waren beim Richtfest 1964 bereits 1104 Mietwohnungen geworden. Dazu kamen 260 Eigenheime mit Garagen und Einstellplätzen, weitere Häuser und ein Einkaufszentrum, später Schulen, Kindergarten und Kirchen, eine Siedlung aus einem Guss, die Wohnsiedlung, Grünanlagen und Kleingartensiedlung integrierend verband. Über 6000 Menschen fanden in diesem neuen Stadtteil Heimat.
Neben Klausen nimmt sich die 1966/67 errichtete Siedlung in **Goldenberg** mit ihren zahlreichen modernen Einzel- und Doppelbungalows recht bescheiden aus.

3. Remscheid will höher hinaus

Auch in die Höhe wurde gebaut. Hochhäuser galten in den 60er Jahren als Markenzeichen für städtisches Selbstbewusstsein. Remscheid versuchte **Anschluss an die große Welt** zu halten und wollte Signale setzen für eine emporkommende Stadt. Die Hochhäuser sollten zugleich auch **Mittelpunkte bedeutender Neubausiedlungen** sein.

Von links: Am Bahnhof empfangen heute noch drei achtstöckige „schwarze Gesellen" (1958-61) den Ankömmling, mittlerweile auf der anderen Seite ergänzt durch das achtstöckige Hotel „Remscheider Hof" (1980-83). Sie gleichen einem „Tor zur Innenstadt".

Die Neubausiedlung Hohenhagen (1968) bekam als Blickfang ebenfalls ein Hochhaus (Architekt W. Arns), weithin sichtbarer Markstein einer emporstrebenden Stadt.

In Klausen ordnete sich eine Großraumsiedlung (1962-64) um ein Hochhaus als Zentrum, ganz ähnlich am Kremenholler Kopf (1964).

In Hackenberg zwischen Ring- und Hans-Potyka-Straße entstand der Henkelshof (1974-77), drei Hochhäuser, von manchen „Klein-Manhattan" genannt.

4. Konzepte für die Zukunft

1. Alte Bauten mit neuer Chance – teuer, aber unerlässlich

Ende der 60er Jahre war der **Bauboom beendet,** die Bautätigkeit in den Städten ging zurück. Mittlerweile ist viel Wohnraum in die Jahre gekommen und entsprechend im Mietwert gesunken: Viele dieser alten, oft unattraktiven, aber preiswerten Wohnungen wurden von Einwanderern bezogen. Dementsprechend hat sich das Sozialgefüge in manchen Stadtteilen grundlegend verändert.
So entstanden auch in Remscheid **soziale Brennpunkte**. Besonders problematisch gestaltete sich die Lage am Südhang des Remscheider Stadtkegels, in **Stachelhausen**, **Kremenholl** und **Honsberg**. Zurzeit leben dort etwa 10.000 Menschen, ein Drittel davon sind Ausländer, ein Fünftel Türken. Die Arbeitslosigkeit liegt hier bei über 14 %. Viele Häuser sind sanierungsbedürftig, in der verkehrsüberlasteten Freiheitstraße zu wohnen wird immer mehr zur Zumutung. Da suchen manche, Deutsche wie Ausländer, diesen Vierteln zu entkommen. Viele Wohnungen stehen bereits leer.
Angesichts solchen Imageverlustes wird der Ruf laut nach „**Stadtteilerneuerung**". Innerstädtische Bereiche sollen wohnlicher gestaltet werden. Mittlerweile stehen dazu in großem Umfang Fördermittel des Landes und der Europäischen Union zur Verfügung. Im Rahmen eines „**Stadtumbau West**" ist man dabei, die oben genannten Stadtteile wohnlicher zu gestalten. Besonders der Honsberg verändert sein Gesicht und bewahrt zugleich seine Tradition. Dank der Fördermittel kann auch an manchen Stellen die Lebensqualität im Herzen der Stadt neugestaltet werden.

Bei der **Modernisierung** alter Gebäude geht es vor allem um Schallschutz, Grundrisserweiterung und energiesparende Fassadenveränderung. Vorreiter sind Baugesellschaften wie Gewag oder LEG. Da und dort dürfte auch **Abriss** angesagt sein, um Raum für Neubauten zu schaffen. Darüber hinaus gilt es, mit einer neuen **Infrastruktur** funktionell und ästhetisch anspruchsvolle städtische Räume zu schaffen, die den Bedürfnissen nach Kommunikation und Verweilen entgegenkommen. Dazu gehören Gastronomie-, aber auch Betreuungsangebote und Stellplatzmöglichkeiten. Im Zuge solcher Stadtteilgestaltung bietet sich die Chance, bestehende städtische Strukturen mit zeitgemäßem Design zu verbinden, das den Kriterien von Benutzbarkeit, Wirtschaftlichkeit, Innovation und identitätsstiftender Gestaltung entspricht. Mit solch behutsamem Umbau unter Einbeziehung alter Bausubstanz könnten gewachsene Stadtviertel ihren **eigenen Charme** entwickeln.

Honsberg ändert sein Gesicht – wie hier an der Halskestraße. Durch Abriss von Gebäuden entstehen Grünanlagen mit Ruhepolen, die den Stadtteil wohnlicher machen. Für die Nachbarstadtteile wünscht sich die Politik ähnliche Impulse.

2. Neue Baugebiete – attraktiv und umstritten

Dazu kommt als weiteres Problem, dass die Stadt starke Bevölkerungsverluste hinnehmen muss. Die in den Jahren 2000 - 2008 um 5 % gesunkene Geburtenzahl steigt wieder stärker an.

Um den Bürgerschwund zu dämpfen, wie er übrigens auch in anderen Städten zu finden ist, um junge Familien vom Absprung ins Umland abzuhalten bzw. Neubürger für Remscheid zu gewinnen, hält es die Stadtplanung für nötig, „Angebote mit Qualität“ zu machen. **Attraktive Neubaugebiete** müssen angeboten werden. Die aber finden sich nur auf den grünen Wiesen am Rand der Stadt. Zum anderen bedarf es der Bereitstellung von **weitläufigen Gewerbeflächen**, und auch die sind nur noch dort zu finden. Zurzeit ist auch ein Designer Outlet Center (DOC) in Remscheid-Lennep im Gespräch: ein gewaltiger Komplex mit großem Angebot. Es soll der Stadt Bedeutung geben und Menschen anziehen. Die **Politik** verweist in breiter Mehrheit auf die Notwendigkeit solcher Angebote, spricht von einer „Chance für Remscheid“ und redet beschwichtigend von „behutsamem Bauen“. Doch viele **Bürger** sehen das anders und gehen auf die Barrikaden. Auch sie haben gute Argumente: Mit Neubaugebieten werden wertvolle unersetzliche Naturräume geopfert, der Reichtum unserer Stadt ein für alle Mal zerstört. Einem Großprojekt DOC müssen Sportstätten weichen und Brauchtumsfeste verlagert werden. Zudem drohe der Zusammenbruch des Verkehrs.

Wir stehen in einem Spannungsfeld. Finden wir uns mit einer schrumpfenden Stadt ab? Oder suchen wir innovative Ideen umzusetzen, um diesen Prozess zu stoppen?

Neue Häuser auf dem Hohenhagen, 2000

Zu den Neuerschließungen zählt der **Hohenhagen**, eines der letzten großflächigen Wohnbaugebiete in der Stadt. Mit über 3000 Einwohnern ist es schon jetzt eine Kleinstadt für sich. Viele unterschiedlich gestaltete Neubauten, in unmittelbarer Nähe viel Wald, Grünflächen und Wanderwege, dabei nicht allzu weit ins Zentrum der Stadt

Zurzeit sind **weitere Gebiete in der Realisierung**, um dort Ein- oder Zweifamilienhäuser zu errichten, u.a. am Sonnenhof und jüngst auch in Hackenberg, wo gerade das Krankenhaus abgerissen wurde oder in Lüttringhausen auf dem Gelände der ehemaligen Grundschule Eisernstein.

5. Übersichtskarten der drei Stadtteile

1. Remscheid

Der namhafte Schulleiter Engels hat diese Karte (Ursprung 2. Hälfte 17. Jh.) im Jahre 1926 rekonstruiert.

Wohnbaubesiedlung

1. Stadtkegel: Martin-Luther-, Hindenburgstraße (nach 1900 bis in 1920er)
2. Hohenhagen, u.a. Sedan-, Spichern-, Ahornstraße (nach 1900 bis in die 1920er)
3. Honsberg (1920er)
4. Bliedinghausen: Mannesmannsiedlung (Anfang 1920er)
5. Auf dem Anger (frühe 1920er)
6. Vieringhausen (frühe 1920er)
7. Bökerhöhe (1920er)
8. Rosenhof (1920-1930er)
9. Neuenhof (1925-29)
10. Auf'm Heidchen (1931/32)
11. Bodelschwingh-Siedlung (Anfang 1930er)
12. Fürberg: Vorm Berg (1933)
13. Grafenwald (1930er, 1933/34)
14. Mittenfeld (1934/35)
15. Hohenbirke (1937)
16. Ueling (1938/39)
17. Hohenhagen, z.B. Wörthstraße, Sedanstraße (1938, Weiterbau 1957-59, 1966-69)
18. Morsbach: Ackerstraße (1939, Weiterbau nach dem Krieg)
19. Rath (1950-52)
20. Ehringhausen: Hippe (1951)
21. „Dichtersiedlung": Kantstraße u.a. (1951/52)
22. Marathon-Siedlung (Anfang 1950er)
23. Sonnenhof (1952-56)
24. Haddenbrocker Straße (1952-55)
25. Kremenholler Straße (1950-1960er)
26. Julius-Lindenbergstraße (1957-59)
27. Mixispen: „Vömix"-Siedlung (1959)
28. Bahnhofshochhäuser (1959-61)
29. Blumental „Opernsiedlung" (1960er)
30. Kremenholler Kopf (1964)
31. Rheinshagen: Hindemith-, Vossnack-Str. (1960er/1970er)
32. Hohenhagen: Flugplatzgelände (seit 2007)

Industriegebiete

I. BSI, Alexanderwerk usw. (entlang der heutigen „Trasse des Werkzeugs")
II. Mannesmann
III. ehemals Lindenberg
IV. Vaillant
V. Überfeld, Wüstenhagen

2. Lennep

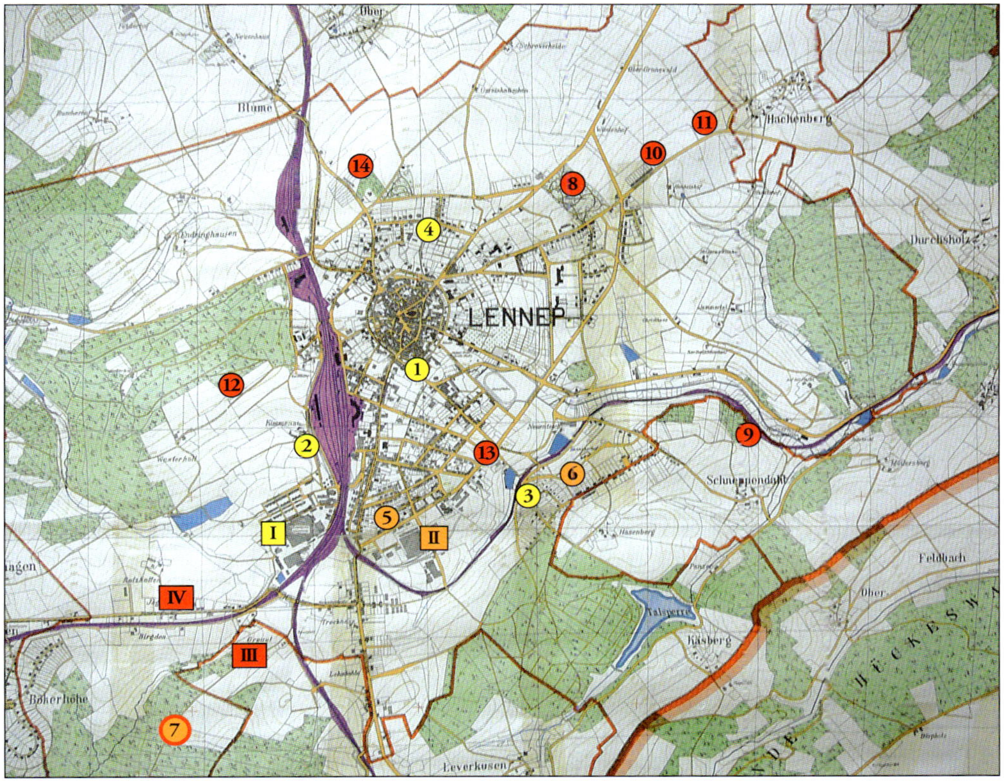

Wohnbaubesiedlung

1. Südstadt (ab 19. Jh.)
2. Kammgarn-Siedlung (ab 1880)
3. Stosberg-Siedlung (1907-13)
4. Nordstadt/Gartenstadt, Schillerstr (nach 1900 bis in 1920er)
5. Barmag-Siedlung (1927)
6. Hasenberg: (1926ff, 1934-35) Höhenweg am Stadtwald (1920er Jahre)
7. Grenzwall (1933-34; 1951-54
8. Bredestraße (ab 1962)
9. Hasenberg, Emil-Nohl-Straße, zur Panzertalsperre hin (1962-72)
10. Hackenberg, Max-von-Laue-, Karl-Evang-Straße, Henkelshof (1960-1970er)
11. Hackenberg, Albert-Einstein-, Julius-Plücker-Straße (1980er Jahre)
12. Kimmenauer Weg / Schlachthofstraße (1980er)
13. Geschwister-Scholl-Str. (1980er)
14. Knusthöhe, Platanenallee (Ende 1980er, 1990er)

Industriegebiete

I. Ehemals Kammgarn (ab 1880er)
II. Barmag (ab 1920er)
III. Trecknase (ab 1960er)
IV. Jägerwald (ab 1980er)
V. Bergisch Born (nach 1975) (nicht auf dieser Karte)

Bauen gegen Bevölkerungsschwund
Diese blühende Wiese zwischen Knusthöhe, Albert-Schmidt-Allee und Ringstraße gilt als „letzte größere Fläche in Remscheid", die noch bebaut werden kann. Hier könnten in verkehrstechnisch bestens erschlossener Lage 250 Wohneinheiten entstehen.

Als 1929 die Eingemeindung anstand und Lennep sich dagegen wehrte, rief Remscheid den Nachbarn zu, dass ihre Nachfahren sie angesichts der „vielen verpassten Gelegenheiten" bitter anklagen würden: „Wehe uns, daß wir die Enkel sind!". (RGA, 13.3.29) Vielleicht werden unsere Enkel uns einmal mit noch viel größerer Schärfe anklagen: Um eines schnellen Vorteils willen habt ihr den Schatz der Natur verspielt, den „Remscheider Regenwald" geopfert, wegen dessen Abholzung ihr die Bewohner anderenorts auf dieser Erde so hart gemaßregelt habt!

3. Lüttringhausen

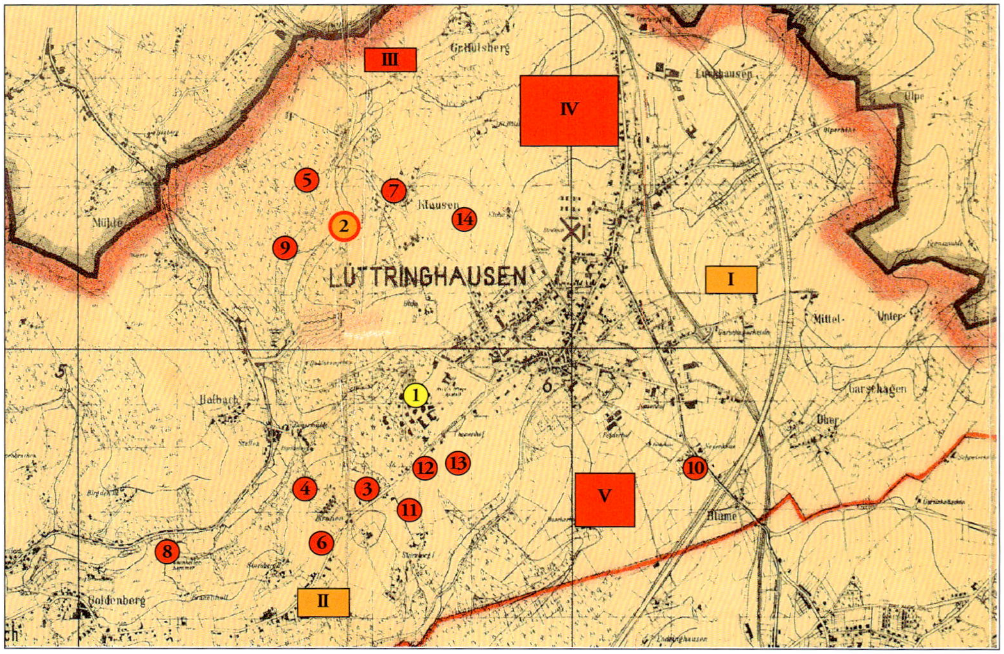

Wohnbaubesiedlung

1. Tannenhof (seit 1896)
2. Klauserfeld (1932/33, ab 1951)
3. Kranen (frühe 1950er)
4. Stursberg II (Mitte 1950er)
5. Klauser Delle (1960-70er)
6. Dowidatsiedlung (ab 1960)
7. Klausen (ab 1962)
8. Goldenberg (ab 1966)
9. Dörrenberg (um 1972)
10. Timmersfeld (um 1975)
11. Stursberg I (um 1980)
12. Im Schmittenhof (um 1978-82)
13. Kraner Hof (um 1995)
14. An der Windmühle (ab 2002)

Industriegebiete

I Diro-Stahl (1920er)
II Dowidat, heute Gedore (seit 1920er)
III Blaffertsberg (ab 1963)
IV Großhülsberg (ab 1967)
V Blume (um 2000 vorübergehend in Planung)

Argumente für Angliederung im Sinne von Stadtentwicklung 1929

1. Eine Erweiterung der Stadt Remscheid zu Wohnsiedlungszwecken
2. Remscheid besitzt nur wenig brauchbares Industriegelände.

Gegenargumente in Lüttringhauser Denkschrift 1929

„Trotz der umfangreichen Grünflächen gestatten die Bodennutzungsvorschriften der Bauordnung das vielleicht nicht einmal wünschenswerte Anwachsen der Bevölkerungsziffer innerhalb des heutigen Stadtgebietes von 80.000 auf mehr als 200.000 d.h. um über 150 %. [...] andererseits liegen keine zwingenden Gründe vor, das Stadtgebiet von Rs – von einzelnen als zweckmäßig erscheinenden Grenzberichtigungen abgesehen – wesentlich zu erweitern.

Industrieland ist in Rs noch soviel verfügbar, daß auf absehbare Zeit nicht von einem zur Abwanderung von Industrie zwingenden Mangel gesprochen werden kann. [...] Lü hat geeignetes Industriegelände, [...] nicht in dem Ausmaße, wie es Rs für die Ausdehnung seiner Großindustrie benötigt. [...] Remscheid [...] ist [...] noch auf Jahrzehnte hinaus in der Lage, ihrer Bevölkerung und Industrie genügend Siedlungs- und Industriegelände zur Verfügung zu stellen.

Die Landschaft an der „Blume" bleibt erhalten. Das von der Stadt geplante Gewerbegebiet wird aktuell nicht weiter verfolgt.

Remscheid ist insbesondere von Lüttringhausen durch die natürlichen Grenzen, nämlich tiefe Täler mit bis zu 160 m Höhenunterschied auf gut 3 km Luftlinie mit angrenzenden unbebaubaren Hängen überall getrennt, sodaß hier **jegliches bauliche Zusammenwachen** und jede Bildung eines **einheitlichen** Stadtgebietes für alle Zukunft unmöglich ist."

19. Kleine Kulturgeschichte des Wohnens

1. Es begann mit strohgedeckten Fachwerkhäusern

Die Menschen in der ehemaligen **bergischen Hauptstadt Lennep** wohnten ursprünglich in **ein- und zweistöckigen Fachwerkhäusern**, die Gefache gefüllt mit Staken, Astgeflecht und Lehm. Wenn in einem dieser dicht beieinander stehenden Häuser ein Feuer ausbrach, war die ganze Stadt in Gefahr. Als nach dem großen Stadtbrand von 1563 so gut wie kein Haus stehen blieb, legte man beim Wiederaufbau breitere Straßen an. Den dadurch verloren gegangenen Baugrund suchte man zu kompensieren, indem die Häuser mehrstöckig angelegt wurden, immer noch in Fachwerk; Steinbauten waren die große Ausnahme.

Das vermutlich **ältestes Wohnhaus im Remscheider Stadtgebiet** steht Am Hasenclev und wurde um 1639 erbaut. Sein Gerüst besteht aus Eichenbalken. Die Wetterseite ist heute noch mit Holzschindeln bekleidet, wie es ursprünglich bei bergischen Häusern üblich war. Die zur Straße blickende Schauseite ist mit schmuckem Fachwerk geziert.

Ältestes erhaltenes Wohnhaus Remscheids ist dieses Hofeshaus Am Hasenclev. (Bild links) Lange Zeit war es hochgradig gefährdet, viele Balken waren von Feuchtigkeit zerstört. Die Eingangstüren zu den Fachwerkhäusern waren bis ins 17. Jh. hinein recht schlicht, verstärkt mit dicken Leisten und genagelt. Dabei ist nicht eindeutig zu klären, inwieweit dabei mehr das Sicherheitsbedürfnis oder ein gewisses Schmuckbedürfnis im Vordergrund stand. Eine Tür aus dieser Zeit gibt es noch auf Hasten in der Alte Straße; sie soll gut 350 Jahre alt sein (Bild rechts). Türen, deren obere Hälfte getrennt zu öffnen ist, aus denen heraus man sich gut unterhalten konnte, nannte man auch „Klöntüren".

Hinter der scheinbaren Idylle eines Hofes (Bild links) steht harte Alltagsarbeit. Wasser musste mühsam vom Brunnen („Pött-Hüsken") in die Häuser getragen werden. Das kostbare Gut war durch ein hölzernes Zelt (rechts im Bild) geschützt. Und wenn es im Hochsommer auf den Höhen versiegte, musste man bis in die Täler hinabsteigen. Und so schön sich auch die Kotten (Bild rechts) in den Teichen spiegeln mochten, die Handarbeit in Betrieb und Großfamilienhaushalt war enorm.

Dörflich ging es zu in den **Höfen**, und jahrhundertelang hat sich daran nicht viel geändert. Überschaubar war das Leben zwischen Obstbäumen, Gärten und meist hauseigenem Brunnen, doch auch voller Mühsal und naturgegebenen Abhängigkeiten.

Eine **Vorstellung vom einfachen Leben** der Bevölkerung geben auch die „**Kotten**" in den Tälern, wo einst der kommende Wohlstand des Landes „geschmiedet" und „geschliffen" wurde. Hier lebten viele Handwerker mit ihren Familien, dazu noch mit den angestellten Lehrlingen und Gesellen in Kost und Logis, meist auf engstem Raum. Oder sie mussten sich tagaus, tagein von den Höfen hinab ins Tal auf den Weg zur Arbeitsstätte machen.

Lange Zeit dominierten die **Fachwerkhäuser**. Der Wald lieferte die nötigen Eichen, und das lehmige Erdreich diente als Material zum Ausfüllen der Gefache. Stroh festigte den Lehm und wurde lange Zeit auch zum Decken des Daches verwendet. Für Massivhäuser standen keine ausreichenden Steinqualitäten zur Verfügung; die bergische Grauwacke war häufig zu brüchig, doch auch aus statischen Gründen durchaus geeignet für Kellergewölbe und Sockel.

Zwei Hauptprobleme gab es bei dieser Bauweise. Da war einmal der ständige Kampf mit der bergischen Witterung. Man suchte die Balken mit schwarzer Farbe (aus Leinöl mit Kienruss, aus Pech oder Teer) haltbarer zu machen, die Lehmgefache jährlich mit Kalk zu tünchen und zumindest die Wetterseiten mit geharzten Schindeln zu versehen. Zum anderen waren die immer noch strohgedeckten Häuser in hohem Maß brandgefährdet, wie es trotz großzügiger Bauweise der dritte Stadtbrand Lenneps (1746) zeigte.

Als man Mitte des 18. Jh. Lennep erneut aufbaute (weitgehend in seiner damaligen Form), traten Schieferfassaden (links) neben das herkömmliche Fachwerk (rechts).

2. Vom Fachwerkhaus zum schieferverkleideten Haus

Die Befundlage für Holzschindeln an den Wetterseiten der bergischen Häuser ist dünn. Sicher waren sie relativ preiswert aus heimischem Holz herzustellen und auch durchaus haltbar. Dennoch setzte sich trotz der langen Transportwege aus Thüringen oder dem Koblenzer Raum der Schiefer durch.

Im 18. Jh. begann man nach und nach zur Verschieferung der Fachwerkhäuser überzugehen. Für diesen Prozess gab es **im Wesentlichen drei Gründe**. Der erste war der Schutz vor Naturgewalten. Angesichts der hiesigen Regenmengen erwiesen sich Anstrich und Verschindelung als unzureichend, dazu waren die oft holzverkleideten und strohgedeckten Fachwerkhäuser höchst feuergefährdet. Der zweite Grund lag im wachsenden Wohlstand der seit 1700 aufblühenden Industrie. Wer es sich leisten konnte, gab seinem Haus ein Schieferkleid, das haltbarer und brandsicherer war, und deckte sein Dach mit Ziegeln. Den endgültigen Ausschlag gaben dann Verordnungen der Obrigkeit, so die Brandordnung des Landesherrn Karl Theodor (1742-1799). Um die Mitte des 18. Jh. war dann die teilweise, später vollständige Verschieferung der Häuser sowie die Ziegelbedachung üblich geworden, die das Ortsbild unserer Region lange Zeit geprägt hat und heute noch allenthalben zu finden ist. Im Baustil folgte man unterschiedlichen Vorbildern, Barock, Rokoko oder Klassizismus, und verband sie mit bergischen Elementen. Dabei ist vorab festzuhalten, dass reine Stileinheiten eher selten vorkommen, meist handelt es sich um Mischungen unterschiedlicher Formen.

1. Kaufmannshäuser im bergischen Barock

Eines der ältesten heute noch stehenden Kaufmannshäuser ist das der Familie Engelbert Luckhaus (1765, Büchelstr. 6). Die Traufseiten der Häuser waren stets zur Straße gerichtet.

Die Ersten, die sich **teuren Schiefer** und **Ziegelbedachung** leisten konnten, waren die Kaufleute. Mit ihren Bauten begann die Blüte des bergischen Hausbaus. Mit **weißen Fensterrahmen und grünen Schlagläden** lockerten sie die dunklen, oft kunstvoll gestalteten Schieferverkleidungen auf. Dazu gestalteten sie ihre Häuser anmutig mit Bauelementen, die sie auf Reisen in die Niederlande, nach Frankreich oder Italien kennengelernt hatten oder im landesherrlichen Düsseldorf vorfanden. Diese schmucken Patrizierhäuser standen nicht in engen Stadtstraßen, vielmehr meist, wie alte Adelssitze, **über den dicht bebauten Höfen**, also nahe den Produktionsstätten. Mit diesen Bauten, oft in herrschaftliche Gärten (sogar mit Springbrunnen) eingebunden, demonstrierten die Kaufleute ihre wirtschaftliche Überlegenheit. Zugleich waren sie der Beginn schärferer Absetzung ihres Standes. Besonders deutlich wird das im Rokoko-Haus Hilger (später Cleff) auf Hasten, heute das Historische Zentrum.

Wo diese Häuser in den Berghang gesetzt waren und mit ihrem Bruchsteinsockel talseitig aus der Erde emporragten, führten **hohe Freitreppen** zum Erdgeschoss hinauf, die Geländer waren oft wahre Meisterwerke der Schmiedekunst, wie sie in den Niederlanden üblich waren. Auch sie unterstrichen die Bedeutung ihrer Bewohner.

Im Stil des Rokoko erhebt sich über dem Hof Rath das Haus Mühlhoff (1773, Bild links). Entsprechende Handelshäuser gibt oder gab es auch in vielen anderen Höfen: Hilger (Cleff) über Hasten, Diederichs über Büchen, Morian (Faulenbach) über Haddenbach, Hasenclever in Bliedinghausen (mit Jahreszahlen 1730-48 u. 1789), Luckhaus in Büchel, Graber auf Goldenberg, oder entsprechende Häuser z.B. auf Holz, Hütz, Bremen, Siepen und Morsbach.

Die schönsten Freitreppen mit kunstvollen Gittern sind heute noch am Haus Cleff zu bewundern (seit 1928 Heimatmuseum, heute Historisches Zentrum)

Mit **Rokoko-Portalen**, oft zweitürig und mit glänzenden Messingknöpfen besetzt, demonstrierten die Besitzer ihren Reichtum. Doch weil es im Bergischen am entsprechenden Stein fehlte, baute man die Vorbilder in Holz nach. Vor allem im **Oberlicht** über dem Portal, mit Muschelschnitzwerk reich verziert, kam dieser Stil zur vollen Entfaltung. Die oft danebengesetzten Seitenfenster sind eher bäuerlicher Herkunft und sollten den dahinter liegenden Flur beleuchten.

Die beiden wohl stolzesten Portale hat wiederum Haus Cleff vorzuweisen (1778/79, Bild links). Kleiner und einfacher gehalten ist das Oberlicht am Portal zum Haus Marksteller in Morsbach 32 (2. H. 18. Jh.). Dafür hat es die im Bergischen oft üblichen beiden Seitenfenster (Bild rechts).

Ursprüngliche Fensterform: Kreuzstockfenster (Ende 19. Jh, Clemenshammer 50).

Weiterentwicklung unter französischem Einfluss: Schiebefenster (Büchel 19)

Giebel mit kunstvollen Wetterfahnen betonen die Mittelachsen der Häuser. So wird Haus Honsberg (Mühlhoff) auf Rath bekrönt von einem Posaunenengel auf einer Kugel.

Große Schiebefenster mit schachbrettartiger Sprosseneinteilung lockerten die Fassade auf und ermöglichten es, neuartige dünne Scheiben einzupassen, wie sie in den Niederlanden üblich waren. Auch die Fensterrahmen wurden immer aufwändiger gestaltet und mit geschweiften Flachbögen, in der Mitte durch Kartusche oder Rose betont, nach oben hin abgeschlossen. Die **Dachgiebel**, im Bergischen erstmals im 18. Jh. nachweisbar, wurden nach Vorbild Düsseldorfer Barockbauten kunstvoll weiterentwickelt, ein weites Feld für Holzarchitektur. Die anfänglich einfachen Dreieckgiebel erhielten zunächst vorgeblendete Schweifungen, dann abgerundete Spitzen. Häufig wurde eine Hausglocke hinein – oder eine Wetterfahne daraufgesetzt. Noch zu Beginn des 18. Jh. waren selbst in aufwändigen Kaufmannsbauten Wendeltreppen üblich. Dann kamen einarmige Winkeltreppen mit Eckpodesten auf, schließlich **einläufige Treppen**, die dem Eingang gegenüber an die Wand gelehnt nach oben führten, vor allem auch genutzt als Schmuckelement im Eingangsbereich.

Eine spätbarocke Treppe im Kaufmannshaus Honsberg, Ibacher Mühle 7 (1780), dazu zahlreiche Innentüren, die Wände teilweise mit Holz verkleidet, die Decken mit Rokokostuck verziert.

2. Patrizierhäuser im klassizistischen Stil

Als **Gegenmodell zur barocken „Verschwendungssucht“** stand der Klassizismus. Wie es der Name sagt, orientierte er sich an klassischen Formen, so an den klar strukturierten Tempelbauten der Antike mit ihren Säulen und flachen Dreieckgiebeln. Direkte Vorbilder für diesen Stil war Düsseldorf mit seinen palaisartigen Bauten italienischer Baumeister. Während die Bauten im Barock/Rokokostil an **Feudalismus** denken ließen, galt der eher puritanische Klassizismus, auch **Louis-Seize-Stil** genannt (nach Ludwig XVI., 1774-92), vor allem in der Architektur auch als **„Stil der Revolution“**. Anstelle der schwunghaften barocken Elemente wurden einfache, gradlinige, wuchtige Formen bevorzugt, **eher schmucklose Schieferfassaden**, dafür in **wohlabgewogenen Formen**. Vor allem das aufstrebende Bürgertum versuchte sich vielerorts mit den neuen Bauformen zu definieren und darzustellen. Gute Beispiele für jene Epoche sind in Remscheid Vieringhausen 54 (siehe Bild) und Bliedinghausener Straße 50, in Lüttringhausen Haus Richthofenstraße 16 (heute Apotheke) und Kirchweg 2 (Goldenberg) und in Lennep die Häuser am Schwelmer und Kölner Tor (siehe nächste Seite).

Erste Ansätze von Klassizismus finden sich am ehemaligen Kaufmannshaus Hindrichs (1787, Vieringhausen 54), direkt am Weg nach Solingen: flacher Dachgiebel und rhombenförmige Sprossenführung im Tür-Oberlicht und im Giebelfenster.

In Holz nachgebildete, etwas vortretende **schlanke Bänder** (Lisenen) gliedern oft die Schieferfassade oder führen, auf Sockeln stehend, wie Pfeiler (Pilaster) zum Dach hinauf, wo sie in klassische, z.B. ionische Kapitelle münden. Rein optisch scheinen sie das dreieckige **Giebelfeld** zu tragen. All das erinnert an antike Tempel mit ihren Rundfenstern im Giebel (Tympanon). Gelegentlich wird auch das **Portal** in solche Säulenstellungen einbezogen und damit betont. Das Schnitzwerk des Barock mit seinen Muschelformen und üppigen Blumengirlanden ist beim „Louis-Seize-Stil" auf geometrische Formen (Kreise und Quadrate) und ein Gehänge von dünnen Zöpfen reduziert, deshalb auch „Zopfstil" genannt. Mit der Vereinnahmung der Revolution durch Napoleon nimmt dieser Stil dann noch erhabenere Züge an und verbreitet sich mit dem Kaiser über ganz Westeuropa. Dieser „Empire-Stil" hat seine Auswirkungen bis 1820.

Anstelle des ovalen Giebelfensters tritt immer mehr das halbrunde, dann oft auch runde Fenster mit kleinen Zwergsäulchen im Giebel.

Als an der Wende des 19. Jh. Lenneps Stadtmauern abgerissen wurden, verlegten zwei Unternehmer ihren Wohnsitz an die alten Haupteingänge zur Altstadt. Repräsentativ im Stil der neuen Zeit errichtete der Textilfabrikant Bauendahl 1800 am Kölner Tor ein Wohnhaus im Empire-Stil (seit 1925 eine Zweigstelle der Deutschen Bank, Bild oben links). Am Schwelmer Tor entstand 1803, noch im Louis-Seize-Stil, das Oelbermannsche Haus (seit 1932 Deutsches Röntgenmuseum, Bild links).

Portal Vieringhausen 54

3. Arbeiterwohnungen zwischen Fachwerk und Schiefer

Arbeiterwohnungen in einem Fachwerkhaus in Friedrichstal bei Krebsöge (2. H. des 19. Jh.). Unternehmer bauten für ihre Arbeiterfamilien Häuser im „Manchester-Kapitalismus" d.h.: Alles arbeitet fürs Kapital. So wurden hier wie so oft, typisch für die damalige Zeit, gleich neben die Fabrik ein Zehnfamilienhaus erbaut. Heute ist dieses Arbeiterhaus „in den Wupperfluten versunken".

Im Laufe des 19. Jh. wurde die Schieferverkleidung auch für den **Mittelstand** interessant. Man baute Mehrfamilienhäuser, unter Berücksichtigung neuer Bedürfnisse, und schmückte sie, wenngleich schlichter, mit dem alten typischen Farbkleid. An der Wende zum 20. Jh. kamen dann immer stärker auch **Mietwohnungen** in Mode, und auch deren Besitzer versahen ihre Häuser meist, allein schon der Haltbarkeit wegen, mit dem schwarzen Schieferkleid.

Arbeiterwohnungen im Schieferkleid am Fuße des Hohenhagen (Ulmenstraße 2-10). Vor genau 100 Jahren wurden die Häuser vom Bauunternehmen Sassenhausen als Mietwohnungen gebaut. Hier lebten Fabrikarbeiter, Tagelöhner und Hilfsarbeiter; Arbeiter der Metallindustrie, der Fuhrbetriebe und des Bauhandwerks. Sieben Parteien, zum Teil kinderreiche Familien, wohnten in jedem Haus. Wie alte Adressbücher belegen, war die Fluktuation enorm, 70 % in drei Jahren.

3. Bauen in Stein - mit neuer Bauphilosophie

1. Lennep als Vorreiter – in Anlehnung an den Historismus

Lenneper Rathaus am Markt, 1787 (unten links)

Fabrikantenvilla am Thüringsberg 20, um 1860. Alle Fenster sind mit Sandstein gerahmt. Vor den Mitteltrakt ist ein gusseiserner Balkon mit korinthischen Säulen gesetzt.

Kammgarn-Arbeitersiedlung, ab 1879

Neues Rathaus in der Bahnhofstraße, 1889

Längst war man in Barmen und Elberfeld dabei, in Stein zu bauen – in Remscheid war man noch nicht über den Fachwerkbau hinausgekommen, da setzte man 1787 in Lennep mitten ins Schieferidyll einen repräsentativen, zeitgemäßen **Steinbau**, direkt an den Marktplatz: das neue Rathaus – im klassizistischen Stil.

Weitere Steinbauten folgten erst gut 70 Jahre später im Rahmen der Stadterweiterung über die frühere Wall- und Grabenzone hinaus. Etwa ab der Mitte des 19. Jh. entstanden hier frei stehende Villen, wie beispielsweise die **Fabrikantenhäuser** am Thüringsberg 18 und 20 am damaligen Stadtrand. Sie markieren in Lennep den Wandel vom verschieferten Fachwerkbau zum verputzten Steinbau.

In der 2. Hälfte des 19. Jh. kam es zu ersten Ziegelbauten auch für die **unteren Schichten**. Bauherren waren die Textilfabrikanten Wülfing, die eben erst am Stadtrand von Lennep ihre Kammgarnspinnerei errichtet hatten. Mit dieser Werkssiedlung, gleich neben ihrer Fabrik und in der Nähe des Güterbahnhofs, begann man 1879 Wohnraum für die neu zuziehenden Arbeiterfamilien zu schaffen, vor allem auch, um die neue Fabrik für besondere Fachkräfte attraktiv zu machen. Sämtliche Wohnungen hatten Keller, Bodenraum und Vorgarten und waren mit Wasserleitungen versehen.

Ausdruck von besonderem Bürgerstolz war das **neue Rathaus**, das aus dem engen mittelalterlichen Rundling hinauf in die Neustadt gezogen war, gleich neben den Bahnhof. Seine Formenvielfalt im Historismus, die farbige Putzfassade, die Sandstein nachahmt, strahlt städtisches Selbstbewusstsein aus. Architekt war Albert Schmidt.

Historismus

Um die Mitte des 19. Jahrhunderts kam ein neuer Trend des Denkens auf, der bald auch auf das Bauen starken Einfluss nahm. Er hatte seine Wurzeln im aufkommenden deutschen Nationalbewusstsein und der Erinnerung an große Vergangenheit. Dieser so genannte Historismus ging davon aus, dass der Mensch in Traditionen verankert und durch die Vergangenheit geprägt ist. Für die Architektur hieß das noch stärkeren Rückgriff auf ältere Stilrichtungen, als es im Klassizismus bereits geschah. Während dieser sich vornehmlich auf antike Vorbilder bezog, imitierte der Historismus vor allem spätere Baustile, war also viel pluralistischer ausgerichtet und weitaus üppiger und dekorfreudiger in seinen Bauten. Dabei kam es häufig zu einer bunten Mixtur unterschiedlicher Stile und Motive an einem Gebäude. Überspitzt könnte man sagen: Der Historismus mit seinen Anfängen der Neoromanik, vor allem der Neugotik und an seinem Ende des Neobarocks durchlief noch einmal die abendländische Baugeschichte.

Zunächst waren es romantische Vorstellungen, die zu solch historisierendem Bauen anregten. Dann ab 1860 und vor allem seit der Reichsgründung (1871) kam das Repräsentationsbedürfnis des reich gewordenen, selbstbewussten Bürgertums als entscheidendes Element hinzu. („Gründerzeitarchitektur")

Die Industrielle Revolution sorgte für einen Bauboom sondergleichen. Bahnhöfe und Fabriken wurden benötigt. Um die Wohnungsnot der Arbeiter zu lindern, bedurfte es mehrstöckiger Zinshäuser (Mietshäuser). Das aufstrebende Bürgertum verlangte nach großen Stadtwohnungen, nach repräsentativen Gebäuden, möglichst im Villenstil. Verwaltungsgebäude wie Rathäuser, Schulen oder Banken liebten die Neo-Renaissance. Kirchen wurden im Stil der Neo-Romanik (St. Suitbertus) oder der Neo-Gotik (Lutherkirche) errichtet. Schließlich griff man immer stärker wieder zu neobarocken Elementen, nach wie vor mit stilfremden Bauzitaten vermischt.

2. Bauboom in Remscheid – im Sog der Gründerzeit

1. In den Fußstapfen des Historismus

Die noch rasantere Entwicklung der Industriestadt Remscheid, zumal im 19. Jh., hat bis heute im Stadtbild ihre Spuren hinterlassen. Immer stärker wurden **Massivhäuser bevorzugt**. Die neuen Patrizierhäuser verloren ihr typisches Farbkleid. Viele Villen entstanden im Stadtzentrum, z.B. auf der „Villenstraße" (heute Konrad-Adenauer-Straße). Da die Baumaterialien preiswerter wurden, nicht zuletzt durch **örtliche Ziegeleien**, wollten sich auch zu neuem Wohlstand gekommene Bürger nicht mehr mit dem spartanischen Stil der 1. Jahrhunderthälfte zufrieden geben und leisteten sich steinerne Repräsentativbauten, z. B. auf der heutigen Martin-Luther- und Hindenburgstraße. Hier einige Beispiele damaliger Wohnbauten im Stadtgebiet:

(1) Noch der Tradition der Klassik verpflichtet, das Haus in der Lindenbergstraße (um 1860)

(2) Hastener Straße 52 (1896)

(3) Freiherr-von-Stein-Straße 17 (1890)

(4) Burger Straße 101 (Ende 19. Jh.)

(5) Hastener Str. 68

(6) Martin-Luther-Straße 65 (mit Bel-Etage, 1901)

Jugendstilelemente in Fassaden:
(7) Schützenstraße 65 (1903)

(8) Martin-Luther-Straße 79 (1905)

(9) Blumenmuster im Eingangsbereich Hastener Str. 68

In dieser Bautenzusammenstellung ist der Hang zu **übersteigerter Monumentalität** unverkennbar. Es zeigt sich aber auch der Wirrwar der Stilrichtungen. Vorspringende Gebäudeteile wie ausbuchtende Erker und Balkone, Türmchen, Kuppeln mit Wetterfahnen spiegeln die soziale Stellung der Bewohner. Säulen, Medusenköpfe, Puttenfriese oder Akanthusblätter, rein dekorativ, erzeugen „**historische Atmosphäre**". Einzelne Elemente, wie etwa Blumenranken, weisen gelegentlich schon auf den aufkommenden **Jugendstil** hin. Die „**Bel-Etage**", das erste Geschoss und bevorzugter Ort großbürgerlichen Wohnens, wurde oft architektonisch besonders betont.

So kunstvoll sich das wohlhabende Bürgertum seine Gründerzeitfassaden mit ihren historisierenden Details auch gestaltete und so eindrucksvoll sie auf uns heute wirken mögen, es bleibt doch festzuhalten, dass es sich bei den reichen Stuckverzierungen in der Regel nur um **Konfektionsware** handelte, also um beliebig wiederholbare Massenartikel. Die Bauherren konnten sich, oft ohne Architekten, ihre Fassaden nach Musterbüchern bei hiesigen Stuckaturfirmen zusammenstellen. Sozusagen nach Katalog wählten sie aus, ob sie nun Säulen vor die Hauswand setzten oder Quaderungen, Wappenschilde; Figuren auf das Mauerwerk hefteten oder Rankenwerk über die Fassade laufen ließen. Trotz aller Anleihen kann man jedoch von einem eigenen Baustil sprechen.

Jugendstil mit „bergischem Gesicht"
An die Seite der üblichen nationalbewussten Prunkstücke des Historismus traten nach und nach auch Gebäude mit alternativen neuen Formen, denen ein unmittelbares Studium der Natur zugrunde lag. In fast schwerelosen, frei schwingenden Linien zogen sich rankende Blumenmuster über die Fassade. Gegenüber dem allzu zackigen Hurra-Patriotismus der wilhelminischen Ära erschien hier eine neue asiatisch bewegte, jugendliche Sinngebung, deshalb „Jugendstil" genannt.
Beispiele „aus einem Guss" gibt es bei uns nicht, dafür war diese Epoche zu kurzlebig. Doch Ansätze finden sich an vielen Stellen, z.B. in der Martin-Luther-, der Hindenburg- oder Schützenstraße, oder auch in der Symbiose mit bergisch deftiger Tradition, am Lüttringhausener Rathaus (entworfen von Arthur Schmidt).

2. Bewegt von der Heimatschutzbewegung

An der Stelle des heutigen Kindergartens in der der Königstraße 53 stand einst dieses 1905 erbaute Haus von Adolf von der Nahmer, Sohn Alexanders v. d. N., dem Gründer des Alexanderwerkes. Über seinem Portal war zu lesen:

„Bau bergisches Haus auf bergischen Höhn. Lass bergische Art nicht untergehn!"

Heimatschutzbewegung
Im Zuge der Industrialisierung zur Gründerzeit veränderten sich vielerorts, auch in Remscheid, die traditionell geprägten Lebenswelten und historischen Ortsbilder. Als Gegenkraft entstand Ende des 19. Jh. die Heimatschutzbewegung. Sie setzte sich ein für die Wiederbelebung „bodenständiger Bauformen", für die Bewahrung der natürlichen, geschichtlichen und kulturellen Vielfalt und Eigenart der deutschen Kulturregionen, für die Ausbildung einer in Material und Bauformen an regionale Traditionen anknüpfenden Baukunst. Im nostalgischen Rückblick auf die mittelalterliche Stadt kam es bei uns auch zur Wiederverwendung von Schiefer- und Fachwerk.

Das Haus in der Königstraße knüpfte mit Leitspruch und Fassade direkt an die Ideen der Heimatschutzbewegung an. Das reformierte Bauen wurde Anfang des 20. Jh. beim gehobenen Bürgertum Mode. Man wollte weg vom preußischen „Fassadenzwang" und kehrte zurück zu „**landschaftstypischen Formen**". Hier einige Beispiele:

Vieringhausen 135 (1906) mit Fachwerkaufsatz

Schützendelle 30 (1907/08) mit Stilelementen im Neobarock und Neorokoko.

Ronsdorfer Straße 174 (1913) mit Neorokoko-Elementen

Wilhelmstr. 44 (1905), ein Beispiel für das zeitgenössische Verständnis eines traditionellen Bauens, angereichert um dekoratives Holzwerk, hier Schwebegiebel im „Laubsägestil".

Es ist zu erkennen, wie bergische Elemente, z. B. Fachwerk, Schiefer, Schiebefenster, aufgegriffen und mehr oder weniger stilvoll integriert oder wiederum im **Stilmix** einbezogen werden. Hervorhebenswert ist auch Vieringhausen 135 (siehe Bild oben): Im Erdgeschoss Empfangszimmer, Speisezimmer und Arbeitszimmer, darüber die Privaträume der „Herrschaften", meist mit getrennten Schlafzimmern, dazu ein kleiner Balkon und unter dem Dach die Zimmer der Dienstboten.

3. Ende des Historismus – Verzicht auf großen Dekor

Brüderstraße (1925) im Neorokoko

Als am Ende des Ersten Weltkriegs die bis dahin stilbildenden Schichten von Adel und Großbürgertum an Macht verloren, kam es zu einem Ende von Historismus und Heimatschutzstil. Sie wurden vom Rigorismus moderner Architektur hinweggefegt. Über die Stilrichtungen von Art-Deco und Expressionismus ging die Entwicklung hin zu **sachlichem Bauen**.

Doppelwohnhaus Wilhelmstraße (1924/25), Verbindung von Traditionellem mit Modernem

4. Bauten mit sozialer Komponente (1. Hälfte 20. Jh.)

1. Beengte Wohnverhältnisse

Trotz aller repräsentativen Bauten der Gründerzeit war Remscheid, wenngleich im Charakter unverwechselbar, nach der Jahrhundertwende **keine Repräsentativstadt**. Nach wie vor dominierten neben den aufkommenden Massivbauten die dem Wetter trotzenden Schieferhäuser aus Fachwerk, meist schlichte Bauten. Viele dienten als Mietwohnungen für die Arbeiter. Deren Quartiere lagen wegen der chronischen Wohnungsnot oft auch in **Hinterhöfen**, in räumlicher Nähe zu ihren Arbeits- und Werkstätten und meist zu Füßen des vornehmeren Stadtkegels.

Nur allzu oft waren die Wohnbedingungen miserabel, **unhygienisch und gesundheitsschädigend**. Nicht selten mussten sechs oder mehr Personen auf einem Zimmer leben. Bäder fehlten, Toiletten lagen in der Regel im Treppenhaus und mussten von mehreren Familien benutzt werden. Allein das äußere Erscheinungsbild verdeutlichte die Klassengesellschaft der Arbeiterstadt.

Arbeiterwohnungen im Osterbusch, vor der Jahrhundertwende

Nordstraße mit dem Gesicht einer Arbeiterstadt um die Jahrhundertwende

2. Menschenwürdige Wohnungen – nicht nur für gehobene Schichten

Nach dem Ersten Weltkrieg kam es mit sozialistischen Mehrheiten im Bauen zu neuen Schwerpunkten. Die Stadt begann **Sozialwohnungen** zu fördern, die auch den unteren Klassen „Luft zum Atmen" geben sollten. Von den städtischen **Kleinwohnungen für kinderreiche Arbeiterfamilien** auf Honsberg (1919), im Volksmund „Klein Moskau" genannt, war bereits die Rede, ebenso von Siedlungen in Selbsthilfe Auf'm Heidchen.

Um preiswerter bauen zu können und die Mietkosten niedrig zu halten, entwickelte Stadtbaumeister Lemmer neue Verfahren, so bei den Sozialwohnungen auch für Obdachlose in der Kleinen Flurstraße, 1927/29, mehrgeschossigen **Zeilenbauten mit Flachdächern**, einfach verputzten Fassaden ohne jeden Zierrat.

Daneben entstand am Stadtrand eine Fülle von Siedlungen, vorab in Eigenleistung und mit städtischer oder Fabrikantenunterstützung. Sie waren meist nach dem gleichen Prinzip gebaut, identische Häuser mit integriertem Stall und großen Gärten, etwas „Eigenes"!

links: Auf'm Heidchen, eine der ältesten Remscheider Siedlungen. Die Häuser eins wie das andere nebeneinandergesetzt, fast wie eine kleine Gartenstadt.
rechts: Zu den städtischen Wohnungen in der Kleinen Flurstraße gehörte auch eine Einbauküche. Eigene Toiletten und Bäder in den Wohnungen gab es jedoch noch nicht.

5. Wohnungstrends der Aufbaujahre nach dem Zweiten Weltkrieg

1. Neubeginn bei Null

Nachdem 1943 mehr als die Hälfte des Wohnraums zerstört wurde und nach dem Krieg dazu noch Flüchtlinge in die Stadt strömten, mussten 40.000 Menschen in Notquartieren leben. Es entstanden meist **Baracken** auf Trümmergrundstücken oder kleine Ansiedlungen von **Hütten**, menschenunwürdige Unterkünfte auf engstem Raum, oft ohne Wasser- und Stromanschluss.

2. Der schlichte Stil der 1950er Jahre

In vielen Bauten dieser Jahre lebte vielfach die gestalterische Reduktion der 1920er und 1930er Jahre fort: Bescheidenheit war das selbst auferlegte Programm, schlicht im Einsatz von Material, mit sparsamem Schwung, suchte man zweckmäßig und effektiv zu bauen.

„Ach, das könnte schön sein, ein Häuschen mit Garten, in dem ich und Frauchen unsre Rosen begießen!" So sang man im „Wirtshaus im Spessart" (1958). Das Lied liefert ein Spiegelbild der westdeutschen Nachkriegs-Gesellschaft der 1950er Jahre. Es ist Ausdruck für den Traum vom eigenen Wohnen.

Die Siedlung im Haddenbruch (1950), noch stark dem Stil der Vorkriegssiedlungen folgend, verkörpert den Traum von den eigenen vier Wänden mit Garten.

Bauten an der Nordstraße – sachlicher Stil ist angesagt, wie er sich bereits in den Bauformen der 20er/30er Jahren andeutete. Heute gelten manche dieser Bauten schon als historisch schützenswert.

Ein Beispiel für den anspruchsvollen und großzügigen Umgang mit Bauform und Nutzungskonzept: Fabrikantenvilla in Ehringhausen (1962/63). Gestaltungsmerkmale: lang gestrecktes Flachdach, zum Teil raumhohe Verglasung.

3. Häuser, die in die Höhe wachsen – in den 1960er/70er Jahren

In den 1960er Jahren standen **Hochhäuser** hoch im Kurs; sie galten als Avantgarde der Architektur. So begann man auch in Remscheid dem Vorbild dieser „himmelstürmenden" und zugleich Platz sparenden Häuser zu folgen. In solchen „Wolkenkratzern" zu wohnen galt als modern, war vielerorts fast ein **Statussymbol,** und ein relativ preiswertes dazu. Man sah darin den Ausdruck eines neuen Gesellschaftsideals: Alle Wohnungen sind über Fahrstühle bequem zu erreichen. Viele Arbeiten, die in einem „Häuschen mit Garten" so anfallen, nimmt einem die Hausverwaltung ab. Die Ausblicke können grandios sein. Man muss nicht das Gefühl haben, ständig beobachtet zu werden, und braucht sich dennoch nicht ausgestoßen zu fühlen.

Später bekamen die Wohntürme **vielfach einen schlechten Ruf,** und in manchen wollte kaum noch jemand freiwillig wohnen, denn sie ziehen Menschen an, die sich teuren Wohnraum nicht leisten können. Sie gelten als monotone Wohnsilos, in denen kaum jemand den anderen kennt. Wo vor allem Menschen mit sozialen Problemen leben, wo Streit und Ärger mit den Nachbarn vorprogrammiert scheinen. Anonymität verhindert Kontakte, Nachbarschaft und Freundschaft bleiben oft auf der Strecke.

Henkelshof (1974-77)

Die drei 16-stöckigen Hochhäuser in Lennep bestehen aus Eigentumswohnungen bis zu einer Größe von 118 qm. Allen Vorurteilen gegenüber solchen Wohntürmen zum Trotz fühlen sich die meisten hier wohl. Es gibt engere Etagenkontakte. Bewohner empfinden den Umgang miteinander als diskret, freundlich und durchaus hilfsbereit. „Hier kann jeder seinen Lebensraum finden und sich sicher fühlen." Sie schätzen die Nähe zu Supermarkt, Schulzentrum, zum H20-Bad und Arzt und zur Natur, die direkt vor der Tür beginnt. Einzige Klagen: Bei Wind fällt das Lüften schwer, bei Sturm gilt es den Balkon zu räumen, und bei Lärm stören die hellhörigen Betonwände.

Klausen (1964)

Das achtstöckige Hochhaus in Lüttringhausen-Klausen besteht aus 96 Mietwohnungen, vor allem Kleinwohnungen (ein und zwei Zimmer), auf jeder Etage 12 Wohneinheiten. Viele Menschen auf der Suche nach preiswertem Wohnraum haben hier ein Dach über dem Kopf gefunden.

In letzter Zeit ist einiges geschehen: Einbeziehung der Mieter in einem Beirat, Verbesserung der Wohnungen und Pflege der weitläufigen Grünanlagen im Umfeld.

4. Balkone zunehmend gefragt – ab den 1960er Jahren

Einst war der Balkon schmückendes und repräsentatives Element der Fassadengliederung **herrschaftlicher Bauwerke**. Dann im Zuge zunehmender Verstädterung seit dem 19. Jahrhundert übernahm ihn auch das aufsteigende Bürgertum. In den 1960er Jahren begannen Balkone zum Allgemeingut zu werden und sind mittlerweile aus unserem Stadtbild nicht mehr wegzudenken.

In großen Neubaugebieten Hasenberg, 1967 / Bredestraße

Balkone dienen nicht nur der **Auflockerung trister Fassaden**. Sie treten auch an die **Stelle des eigenen Gartens**, verkörpern zunehmend ein höchst privates Stück Natur im Stadtzentrum, sind Refugium für gestresste Großstädter und sind vom Frühjahr bis zum Herbst eine Erweiterung des Lebensraums. In diesem grünen Wohnzimmer im Freien lassen sich das Wachsen und Blühen von Pflanzen aus der Nähe beobachten oder sogar Kräuter und Obst ernten. Ein Ort der Erholung. Dazu kann man sie nutzen als **Wirtschaftsraum**, zum Wäschetrocknen und Lagern von Vorräten. Sie sind Orte unverhoffter **Kommunikation** mit den Anwohnern, Brücken auf dem Weg zu mehr nachbarschaftlicher Gemeinschaft, Schaltstelle zwischen Privatsphäre und Öffentlichkeit. Man entdeckt die Vorzüge eines begrünten Zimmers mit Ausblick, von wo man distanziert am öffentlichen Geschehen teilnehmen und dennoch ungestört bleiben kann.

Und weil er auf der Wunschliste bei fast allen Wohnungsgesuchen steht, wird er neuerdings verstärkt auch vor die alten Fassaden gesetzt.

Die alten Gewag-Bauten (1950/51) in der Kantstraße wurden 2008 grundlegend saniert und mit Balkonen versehen.

6. Bauten werden individueller

Bis in die 1980er Jahre haben die meisten Siedlungen mehr oder weniger **uniformen Charakter**. Die Häuser sind gleich in Größe und Grundriss, die Bebauung ist streng durchkonstruiert und genormt. Da und dort gibt es Ansätze, diese gleichförmige Häuserwelt **individuell** zu gestalten bzw. Siedlungen in neuem Stil zu schaffen. Vor allem bei privaten Bauten, zunehmend übergreifend, lässt sich ein Bemühen um Individualität feststellen. Dabei scheinen sich Bauherren und Architekten in einer **Experimentierphase** zu befinden. Eine klare Stilbeschreibung ist noch nicht zu formulieren.

Siedlung Geschwister-Scholl-Straße, Lennep (1980er Jahre)

Neueste Siedlung im Stadtgebiet. An der Windmühle, Lüttringhausen (2008)

Lennep, Heidestr. 11, 1975

Haddenbach, Neuplatzer Weg 8, 1996/97

Kronprinzenstraße 2, 1997/98

Hohenhagen, Am alten Flugplatz, 2007

Das Tor zur Stadt – gegenüber dem Bahnhof

Von der Autobahn kommend, liegt zu Füßen des Stadtkegels gleich gegenüber dem Hauptbahnhof die **größte Verkehrsdrehscheibe** Remscheids. Sie verteilt die Autoströme, die in und um die Stadt fließen. Nur Buslinien können den begrünten Kreisel in direkter Fahrt kreuzen. Im Hintergrund ragt der Turm der Stadtkirche empor, zur Rechten liegt das größte Hotel, zur Linken eines der modernsten Großgebäude der Stadt.

Die attraktive Shoppingmeile unter Glas – das Allee-Center

Im Zentrum der Stadt, mit direkter Anbindung an die Fußgängerzone (Alleestraße), liegt das „**Einkaufsparadies**" Remscheids. 1986 hat es seine Tore geöffnet und wurde 1996 ein erstes Mal und 2008 abermals erweitert. Das von der Hamburger ECE betriebene „Allee-Center" verfügt seitdem über eine Verkaufsfläche von ca. 30.000 Quadratmetern auf drei Etagen mit ca. 100 Fachgeschäften. Rund 1000 Parkplätze im eigenen Haus und zusätzlich 300 Stellplätze in der angrenzenden Tiefgarage bieten komfortable Parkmöglichkeiten. Die überdachte und klimatisierte Ladenpassage mit Sitz- und Ruhezonen bietet viele Annehmlichkeiten für den Besucher. Darüber hinaus wird hier Erlebnisshopping großgeschrieben. Auch wird die Ladenstraße immer wieder genutzt zu Veranstaltungen und Ausstellungen aller Art, vom hauseigenen **Aktionsprogramm** bis hin zu Veranstaltungen in Zusammenarbeit mit Vereinen, Verbänden und Institutionen, die sich hier präsentieren können. So gibt es hier Monat für Monat unterhaltsame, informative und oft spannende Angebote, die alle Generationen ansprechen. Diese zahlreichen Aktivitäten haben mit dazu beigetragen, dass sich das Allee-Center zum Treffpunkt für Remscheid und das Umland etabliert hat.

Verwaltungszentren – in Bürgernähe

Leicht erreichbar für die Bürgerinnen und Bürger sind die Wege zu den wichtigsten Verwaltungsbereichen. Direkt gegenüber dem Allee-Center, auf der höchsten Stelle des Stadtkegels, liegt das Rathaus und etwas unterhalb am Friedrich-Ebert-Platz, dem zentralen Busbahnhof, das Ämterhaus, der jüngste Erweiterungsbau der Stadtverwaltung (2002-2005). Mit ihm verbunden ist auch der markante Neubau der Volkshochschule. Hier haben Remscheider Architekten ein städtebauliches Signal gesetzt.

Theater – ein Musentempel mit gediegener Gemütlichkeit

Ebenfalls in der City liegt das Teo Otto Theater, ein Schmuckstück mit dem Ambiente der 1950er Jahre. Glänzende Lüster sorgen in beiden Foyers und den aufgeschwungenen Treppenaufgängen für angenehmes Licht. Die u. a. hier auftretenden Bergischen Symphoniker erhielten 2001 unter ihrer Dirigentin Romely Pfund den vom Deutschen Musikverlegerverband vergebenen Preis für das „Beste Konzertprogramm".

Glanzpunkt für Freizeit und Sport – am Hackenberg

Rechts vom Schulzentrum Hackenberg liegt das Sportzentrum, die Sport- und Mehrzweckhalle, dahinter die Spielfelder der SG und ganz rechts das H2O. – Von hier aus starten gelegentlich auch Ballons eines in der Nähe ansässigen Veranstalters, der erstgegründete in NRW.

Am Rande Lenneps, nahezu im Grünen, liegt ein Ensemble von **Sporthalle, Sportplätzen und Hallenbad**. Die Halle wird vielseitig genutzt, vom Schulsport bis zu Tanzturnieren und alljährlichem Rollkunstschaulaufen, von Spielen der Regionalliga im Inline-Hockey bis zur 1. Bundesliga im Rollhockey. Die Sportplätze werden von der SG Hackenberg bespielt, die mit der Betreuung von 640 Jugendlichen an ihre Grenze stößt (lange Wartelisten). Dieses „Bayern München“ im Bergischen veranstaltet alljährlich ein **Internationales Pfingstturnier** im Jugendfußball mit 150 Mannschaften, u.a. auch aus den Partnerstädten und dem nahen und fernen Ausland, 2008 kam sogar eine aus Mexiko. Dazu veranstaltet der Stadtsportbund auf diesem Gelände einmal im Jahr ein **großes Spielfest**. Von hier aus startet alljährlich der Röntgenlauf mit 4000 LäuferInnen, die größte Veranstaltung weit und breit. Auf dem so genannten **Röntgenweg** rund um Remscheid werden Ultramarathon (63,3 km), Marathon und Halbmarathon ausgetragen. Was seine Beliebtheit angeht, hält der Röntgenmarathon nach Köln, Münster und Düsseldorf den vierten Platz in NRW. Gleichzeitig ist er der beliebteste Landschaftsmarathon in NRW.

Stärkster Anziehungsmagnet im Bereich Freizeit und Sport ist das **H2O Badeparadies**. Jährlich zieht es über 500.000 Besucher an. Die großzügigen Innen- und Außenbecken, die attraktive Wasserrutsche, Dampfgrotten und Whirlpools bieten hohe Aufenthaltsqualität. Saunabereich, Ruheflächen im Grünen, Meditationsräume und Gartenterrasse sorgen für Erholung von Körper und Geist. In der angrenzenden Saline lässt sich „Nordseeluft“ schnuppern. Die abwechslungsreiche Wasserlandschaft bietet Raum zum Toben und Entspannen. „Wuppertals beliebtestes Schwimmbad liegt in Remscheid.“

Rundherum Natur pur – Wohnen im Grünen

Wer in Remscheid wohnt, ist der Natur immer nah. Die Stadt ist umgeben von Wald und Wiesen, romantischen Tälern mit reizvollen Wasserläufen, dazu zahlreichen großen Talsperren. Von den Höhen bieten sich Ausblicke über die reizvolle Landschaft. Die **Naturfläche** macht ca. 58 % aus, davon je 28,3 % Wald und Landwirtschaft, 1,5 % Wasser. Dazu verfügt die Stadt über die prozentual höchste Naturschutzfläche in NRWs Großstädten. Ein engmaschiges **Wanderwegenetz** lädt ein zum Spazieren, Joggen und Walken. Der Röntgenweg umläuft das gesamte Stadtgebiet (58,7 km).

Aufgrund topographischer Voraussetzungen und der Entwicklung verschiedener Siedlungskerne ragen großzügige Grünflächen bis weit in bebaute Gebiete hinein. Auch die dicht besiedelten Flächen sind in weiten Teilen durch Parks und **Freiflächen begrünt**.

20. Sieben Glanzlichter aus unserer Stadt

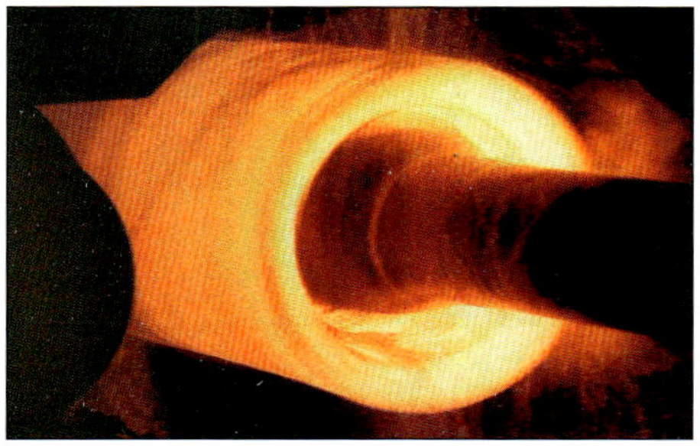

1. Eine bahnbrechende Erfindung – nahtlose Röhren, 1886

Die Brüder Reinhard und Max **Mannesmann** konnten nach unermüdlichen Versuchen mit ihrem zum **Patent** angemeldeten Schrägwalzverfahren 1886 die ersten nahtlosen Rohre der Welt herstellen. Diese für weitere Industrieentwicklungen bahnbrechende Erfindung machte das Unternehmen weltberühmt.

Bis heute hält die Stadt einen Spitzenplatz als „**Erfinderzentrum**" in der deutschen Patentstatistik. Mit 80 Patentanmeldungen pro 100.000 Einwohnern jährlich liegt sie, wenngleich keine Universitätsstadt, vor Wuppertal, den meisten Ruhrgebietsstädten und weit über dem Bundesdurchschnitt und unterstreicht das Innovationspotenzial der Stadt.

2. Die erste deutsche Trinkwassertalsperre, 1891

Am 14.11.1891 wurde mit der **Eschbachtalsperre** die erste Trinkwassersperre im Deutschen Reich fertiggestellt – ein **Weltereignis**. Anlass waren die Wassernot im „Regenloch Remscheid" und die Einsicht, dass nur eine Talsperre der aufblühenden Industriestadt auf dem Berg noch helfen konnte.

3. Die steilste Straßenbahnstrecke Deutschlands, 1893

Remscheid besaß bis 1968 die **erste elektrische Straßenbahn Westdeutschlands**, die **steilste ohne Zahnradantrieb** Deutschlands, deren größter Anstieg an der Alten Bismarckstraße mit einem Steigungsverhältnis von 1:9,6 lag. Was bis dahin nur mit Zahnradbetrieb zu bewältigen war, schaffte man erstmals in Remscheid auch ohne. So errang die „Stadt auf dem Berge" mit ihrer „Elektrischen" den Spitzenplatz unter allen Adhäsionsbahnen im Deutschen Reich.

4. Die höchste Stahlbrücke Deutschlands, 1897

Mit der Müngstener Brücke, die zwischen Remscheid und Solingen in einer Höhe von 107 Metern das Tal der Wupper überspannt, gelang Remscheid einst nicht nur die lang ersehnte Direktverbindung zum Rhein. Sie ist **die höchste stählerne Eisenbahnstahlbrücke** Deutschlands, bis heute sogar die **größte Bogenbrücke Europas,** und sie ist die erste Brücke, die **im freien Vorbau** von beiden Seiten aus aufeinanderzugebaut wurde, ein Meisterstück der Ingenieurkunst. Sie diente als **Vorbild** für den Bau der Brücke über die Niagarafälle zwischen den USA und Kanada.

Kein Wunder, dass sich um die Müngstener Brücke manche Legende rankt, dass zum hundertsten Geburtstag eine Briefmarke ihre Bedeutung unterstrich und sie bis heute, verstärkt noch durch den dort jüngst errichteten Brückenpark, eine Touristenattraktion ist.

5. Der erster Lichtbogen-Elektrostahlofen der Welt, 1906

In Remscheid-Hasten stand der erste Elektrostahlofen der Welt. Am 16.02.1906 gelang Richard Lindenberg (1869-1925) die **erste fabrikmäßige Herstellung von Elektrostahl**. Von Hasten aus eroberte der Elektrostahl die Welt. Noch heute erinnern der Stahlofen im Deutschen Werkzeugmuseum und seit 1928 ein Denkmal an den bedeutenden Fabrikanten Lindenberg. Technologie hat in Remscheid eine lange Tradition. Seine hochwertigen High-Tech-Produkte sind in aller Welt gefragt.

6. Das erste Freiluftbad im Deutschen Reich, 1912.

Das am 29.06.1912 eröffnete **Strandbad im Eschbachtal** war das erste deutsche Freiluftbad mit künstlicher Wasserzufuhr. An heißen Sommertagen vermochte es die bunte Menge der „sonnen- und lichthungrigen Großstadtbürger“ kaum zu fassen.

7. Wilhelm Conrad Röntgen (1845-1923)

Der in Lennep geborene Entdecker der Röntgenstrahlen erhielt dafür den **ersten Nobelpreis** für Physik (10.12.1901). Weltweit geschätzt ist der alljährlich im Lenneper Röntgengymnasium vergebene **Röntgenpreis**. Er wird verliehen für neue, hervorragende wissenschaftliche Arbeiten und Verdienste auf dem Gebiete der strahlen-physikalischen oder strahlen-biologischen Grundlagenforschung. Mit ihm sollen in erster Linie Arbeiten von Nachwuchskräften ausgezeichnet werden. Er gilt als „**kleiner Nobelpreis**“.

Briefmarken in Millionenauflage unterstreichen die Bedeutungsgröße des gebürtigen Lennepers. Der Familienname Röntgen ist auch heute noch in Remscheid präsent: über 30-mal im aktuellen Telefonbuch.

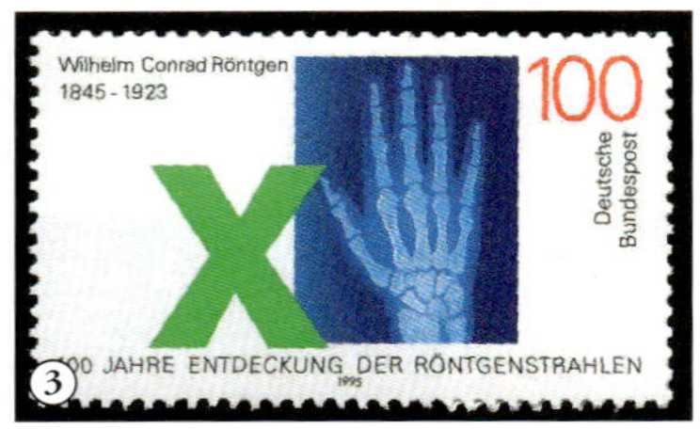

(1) BRD 1951 zum 50jg. Jubiläum der Nobelpreisverleihung (5 Mio. Stück)

(2) DDR 1965 zum 120. Geburtstag (6 Mio. Stück)

(3) BRD 1995 zum 100jg. Jubiläum der Entdeckung der Röntgenstrahlen / Xray (30 Mio. Stück)

*Wer Humor hat, könnte die Stadt noch mit einem **achten Meistertitel** vorstellen.*
Am 17.1.1976 erkämpften sich unter Leitung des unvergessenen Showmasteers Hans Rosenthal die Bürger Alt-Remscheids, Lenneps und Lüttringhausens – vereint – als erste Großstadt im Lande den Titel:

„Unschlagbare Rätselstadt“!

21. Zeittabelle

Lennep	Lüttringhausen	Altremscheid

Ab dem **8. Jh.** verstärkte Besiedlung des Bergischen
Sächsische (westfälische) und fränkische (rheinische) Elemente mischen sich.

Seit 777 wird das Land im Wupperviereck dem Missionssprengel Köln (Deutzgau) zugewiesen.
Im Namen des Kölner Erzbischofs schützen Grafen das Land und errichten Burgen zur Absicherung ihrer Macht.

1101-1225 Grafen von Berg

Sie haben ihren Stammsitz in Altenberg.
1106 ist Adolph I. Lehnsherr über das Gebiet zwischen Dhünn und Wupper.
1133 zieht Adolph II. um auf den ‚Neuen Berg', seine Burg oberhalb der Wupper (Baubeginn **1118**).
In seine alte Burg ruft er Zisterziensermönche.Die Grafen bauen ihre Lehnsverhältnisse aus und festigen sie.
1218-1225 Engelbert II., der mächtigste Graf seines Geschlechts und zugleich Erzbischof von Köln und Stellvertreter des Kaisers nördlich der Alpen, wird bei Gevelsberg ermordet. (Reichsverweser)

Lennep	Lüttringhausen	Altremscheid
1093 Erwähnung eines „Wernherus de Lynepe" **1126** Erste urkundliche Erwähnung eines Fronhofes bei Lennep (heute Kimmenau), welcher der Abtei Essen Werden Abgaben zu entrichten hat **12. Jh.** Erste Erwähnung eines Fronhofes als Herrengut in der Quellmulde des Lennepebaches. Dazu gehörte ein Oberhof (vermutlich der Bongartshof). Ein Verwalter wachte über die abhängigen Güter und Höfe. Beim Hof stand eine Kapelle (an Stelle der heutigen Stadtkirche), die wohl dem heiligen Nikolaus geweiht war. **1184** Nennung „villa" Lennep	Um **1135** Ein gewisser Siegbert schenkt den vierten Teil seines Landes in Walebreke der Abtei Werden. Diese erhebt dafür um **1150** (über ihren Stiftshof Hetterscheid) einen Zins. Damit wird die Pfarrei Lüttringhausen erstmals fassbar. Im Mittelalter gehören zum Kirchspiel vier Honschaften: Walbrecken, Garschagen, Erbschloe und Hohenhagen. Um **1150** erste Eintragungen im Werdener Heberegister **1170** Luthelminichhusen erstmals genannt	**1000/1100** In Remscheid wird eine erste Kapelle (ein Saalkirchlein) gebaut. **1132** „Remigeskede" – älteste bekannte Schreibweise Remscheids
Die Grafen von Berg erwerben den Fronhof in Lennep.	Die Grafen von Berg werden als Besitzer von Gut Steinhaus genannt (an der Fernstraße Köln/Dortmund).	Um **1120** Erste Erwähnung von Haddenbach, das Burg tributpflichtig ist. Um **1180** Die Grafen von Berg rufen Johanniter nach Burg und schenken ihnen die auf ihrem Remscheider Fronhof stehende Kapelle, dazu zum Unterhalt ihrer Zweitniederlassung eine Jahresrente aus diesem Hof. Um **1200** Die Johanniter errichten anstelle der Kapelle eine dreischiffige romanische Kirche und weihen sie dem Erzengel Michael. **1217** Graf Adolf von Berg bestätigt den Johannitern zu Burg die Schenkung seines Vaters zu Remscheid. Dazu erhalten sie noch den Hof Haddenbach.

1225-1348 Grafen aus dem Haus Limburg

Graf Heinrich (**1225-1246**) aus dem Haus Limburg übernimmt Berg.

Lennep	Lüttringhausen	Altremscheid
Um **1230** angenommenes Datum der Stadtgründung Lenneps. Eine Urkunde existiert weder im Original noch in Abschrift, da sie bei dem Stadtbrand 1325 verbrannt ist. So sind auch spätere Datierungen möglich. Eine erste Nennung der Stadt Lennep gibt es erst 1276. **1225-46** Graf Heinrich versieht die Stadt mit starken Mauern, um seine Grenzen zur nahen Grafschaft Mark		

abzusichern. An der Fernstraße entstehen zwei befestigte Ausfalltore (Kölner und Schwelmer Tor). Der Weyerhof wird zu einer Befestigung ausgebaut und mit einer Besatzung versehen. Der Weg zu einer selbständigen Pfarrei dürfte entscheidend beeinflusst sein durch die Ermordung Engelberts (**1225**). Sein Nachfolger Graf Heinrich schenkt den Lenneper Fronhof dem Kölner Stift St. Kunibert. Von dort werden fortan die Pfarrer ernannt, dorthin fließen die Abgaben. In diesen Jahren wird die bisher von Lüttringhausen abhängige Kapelle zur selbständigen Pfarrkirche. Patron ist der Apostel St. Jakob (Jacobus maior).

1243 Im befestigten Lennep wird ein Friedensvertrag zwischen Berg und Mark-Altena unterschrieben.

1250 Der Stiftsherr Theodericus von St. Kunibert zu Köln stirbt als erster Pfarrer Lenneps.

1259-76 Aus dieser Zeit stammt Lenneps ältestes Stadtsiegel, das Kirche und Stadtmauer zeigt.

13. Jh. Lennep profitiert von der Hanse.

1276 Lennep wird Oberhof für das Stadtgericht der neuen Stadt Ratingen, darf damit dort im Zweifelsfall Rechtsbelehrung geben.

1277 Adolf V. von Berg bestätigt Lenneps Freiheiten und verbindet es mit Hohenhagen.

1284 Graf Adolf V. von Berg ruft Kolonisten nach Lennep, welche die Tuchmacherei einführen. Es wird nur grobe Wolle gewebt.

1324 Das Kunibertstift verpachtet Heinrich von dem Bongart und seinen Erben den Bongartshof und den außerhalb liegenden Weyerhof.

1325 Großer Stadtbrand, die Kirche brennt bis auf die Grundmauern ab.

1.10.1325 Graf Adolf VI. (1308–48) bestätigt die Privilegien der Stadt, da alle Archivalien durch den Brand verloren sind.

1325 Hackenberg wird urkundlich erwähnt. Die Urkunde beschreibt die Unterschiede zwischen Bürgern in und außerhalb der Stadt.

1326 Graf Adolf VI. vergrößert die Befestigung am Weyerhof, die bis 1330 von bergischen Grafen bewohnt ist.

Die Mutterpfarrei Lüttringhausen bleibt auch nach der Abtrennung der Lenneper Filialkirche selbstständige Pfarrei.

1296 Graf Adolf V. beruft Kreuzbrüder nach Steinhaus. Sie betreuen die auf der Fernstraße Vorüberziehenden und umliegende Höfe.

1308 Lüttringhausen wird erstmals als Pfarrei genannt.

1336 Verlegung des Kreuzherrenklosters nach Beyenburg (Grund: „böse Sitten der Vorüberziehenden“). Abseits der lauten Handelsstraße an einem von der Wupper umflossenen Berg können sie ihren Gottesdienst ungestörter versehen. Die Grafen von Berg errichten sich in Beyenburg beim Kloster eine Burg.

1251 Der Verweser des Hospitals der Johanniter zu Burg verpachtet erblich die Kirchengüter zu Remscheid an einen Schultheißen.

1308 Remscheid erstmals als Pfarrei genannt.

1348-1380/1521 Grafen / Herzöge aus dem Haus Jülich

1360-1807 Land in Ämter aufgeteilt, unser Bereich zum Amt Bornefeld an der Straße Bergisch Born/Hückeswagen

14. Jh. Das an der Lebensader der Hanse (Straße Köln-Dortmund) liegende Lennep blüht weiter auf.

Um **1350** fällt Lüttringhausen an den bergischen Landmarschall Wennemar von Bottlenberg-Kessel. Damit verliert es den Charakter als Herrenhof und wird zum Rittergut. Zu ihm gehören auch Güter in Lennep und Einkünfte in Remscheid.

1351 Der Ritter Johann von Hoyngen verkauft dem Johanniterorden in Burg den Hof zu Stakelhusen samt Lehnsrechten.

1360-80 Lennep wird Münzstadt.

14. Jh. Lennep wird mehr und mehr zum Zentrum der Tuchindustrie.

1371 Nach der Weberschlacht von Köln (**1371**) verschlägt es Weber von dort ins Bergische, auch nach Lennep.

ca. 1370-1420 Die Tuchmacher bilden eine kirchliche Bruderschaft. Schutzpatron ist der kleine St. Jakob (Jacobus minor).

1371 Lennep erhält Zollrecht.

1355 Eine Schützenbruderschaft wird gegründet.

1365 Die Bottlenbergischen Lehnsleute im Dorf Lüttringhausen erhalten ein Freiheits-Privileg.

Die Johanniter verpachten die Kirchengüter dem von ihnen eingestellten Remscheider Pfarrer.

1369 Wilhelm von Jülich, Graf von Berg, verpachtet den Untertanen zu Remscheid (54 Hofplätze) den Zehnten des Kirchspiels, gibt ihnen die Nutzungserlaubnis des Waldes, „Remscheid" genannt, und bestätigt das Gericht zu Remscheid.

1380-1521 Haus Jülich – aufgestiegen zum Herzogtum

Verlegung der Residenz nach Düsseldorf

Um 1400 Beginn der Wassernutzung als Antriebskraft (Hütten, Schleifkotten, Walkmühlen)

1398 Herzog Wilhelm I. erhält vom König Wenzel Erlaubnis zu zwei neuen Landeszöllen; einen zu Lennep, einen zu Wipperfürth.

Die Jakobus-Pilgerfahrten (13.-15. Jh.) berühren auch Lennep und bringen kirchliche und wirtschaftliche Belebung.

15. Jh. Lennep hat schätzungsweise 1000 Einwohner.

1435 Johann vom Zweiffel, Stiftsherr und Dechant an St. Severin zu Köln, Sohn des gleichnamigen Amtmanns und der Lenneperin Sophia Plackail, nimmt das Herrengut mit Bongarts- und Weyerhof in Erbpacht. Er stiftet einer St. Katharina geweihten Altar mit Vikarie und Geistlichem. Seinen Erben steht das Patronat zu. St. Kunibert ernennt den Altargeistlichen.

1444 In Lennep besteht ein Minoritenkloser der Franziskaner, nahe dem Schwelmer Tor.

Um **1450** Erwähnung einer Trivialschule (mit den drei Disziplinen Grammatik, Rhetorik und Logik; später Lateinschule)

1465-95 Der Bürgermeister Hans Halbbecker stiftet eine Antonius-Vikarie (ohne Altar). Der Magistrat ernennt den Vikar, meist ist es der Schulmeister.

Um **1470** Lennep gehört zu den Städten, „die in der Hanse sind" (jedoch kein Beleg für eine Hansestadt).

1495-1529 Adolf Clarenbach, im Lenneper Außenhof geboren, Lehrer der Reformation

1497 Familie Moll hat einen Vertreter im Magistrat. Jahrhundertelang haben die Molls großen Einfluss, bis 1832 stellen sie 19-mal den Bürgermeister und haben Stadtrichterfunktionen.

Um **1500** Zunft der Weber wird erstmals erwähnt. Lennep ist als Tuchmacherstadt weithin bekannt. Das Gotteshaus ist (sicher seit Anbeginn) Begräbnisstätte, ein Friedhof umgibt die Kirche.

1407 Das Kirchspiel Lüttringhausen wird vom Amt Bornefeld abgetrennt, an Eberhard von Limburg verpfändet und mit dem gleichfalls verpfändeten Amt Beyenburg verbunden.

1427 Die Pfandschaft über das Amt Beyenburg mit dem Kirchspiel Lüttringhausen fällt durch Erbschaft an die Ritterfamilie Quade, bei der es bis 1505 bleibt.

1471 Klausen erwähnt

1505 Das Amt Beyenburg mit dem Kirchspiel Lüttringhausen wird an den Grafen Philipp II. von Waldeck verpfändet, bleibt in der Familie bis 1593.

1400-1500 In dieser Zeit erhält die Stadtkirche einen Kirchturm.

1430 Aus den Fronhöfen Stachelhausen und Menninghausen muss eine Rente an den St.-Nikolaus-Altar in der Pfarrkirche zu Lennep gezahlt werden (Erlass des Herzogs Adolph VII.).

1462 Erwähnung einer Sichelschmiede-Bruderschaft

1475 Erste Bezeugung eines mit Wasser getriebenen Hammers oder Schleifkottens (einem Peter in der Clarenbach gehörend). Ab Ende des 15. Jh. rasche Ausbreitung der Ausnutzung der Wasserkraft.

1497 Gockelshammer

1521-1609 Herzöge aus dem Hause Kleve

1555 Das Amt Bornefeld wird mit Amt Hückeswagen vereinigt.

1527 Luthers Wirken dürfte frühzeitig durch Kaufleute und Reisende in Lennep bekannt geworden sein.		
1527-29 Adolf Clarenbach predigt in seiner Heimat. Nach seiner Festnahme in Köln setzt sich der Lenneper Magistrat vergeblich für ihn ein. In einem Ketzerprozess zum Feuertod verurteilt, wird er am 28.9.1529 in Köln-Melaten hingerichtet.	**1527/28** Reformatorisches Wirken Adolf Clarenbachs	
Um **1540-42** Lenneper Bürger, die der neuen Lehre zuneigen, treffen sich.		
1543 Die Gemeinde versammelt sich in der Kirche und tritt unter Glockengeläut zum evangelischen Glauben über.		
1550 Bei der obrigkeitlichen Erkundigung nach den kirchlichen Verhältnissen werden 65 Personen genannt, die „nicht unter einer Gestalt“ kommunizieren, weitere 46 Personen bekennen sich wieder zur herkömmlichen Messe.	**1550** Ansätze zu ev. Gemeinde sichtbar.	**1550** „Pulverturm“ zu Morsbach
1554 Mord am „steinernen Kreuz“. Bis heute halten die Krammetsvogel-Festtage die Erinnerung daran fest.	Die Magdalenen-Gemeinde in Steinhaus und Beyenburg steht nach wie vor zum katholischen Glauben.	Nach **1550** Übertritt der Remscheider Gemeinde zur evangelisch-lutherischen Lehre. Das Datum lässt sich nicht genau bestimmen. Erster lutherischer Pfarrer ist Ambrosius Vaßbender.
1555 Fünfzehnhöfe erstmals genannt		**1554** Streit der Hammer- und Wiesenbesitzer unterhalb des Büchel über die Wassernutzung
1563 Großer Stadtbrand, Zusammenbruch der Wirtschaft		**8.8.1564** Erlass einer „erneuerten Rolle und Ordnung des Hofgerichts zu Remscheid" (mit Einschluss einer Waldordnung)
1571 Sonderrechte helfen beim Wiederaufbau: Herzog Wilhelm IV. erteilt ein Lammwollprivileg, das Lennep als einzige Stadt das Recht zuspricht, Lammwolle zu verarbeiten und zu verkaufen. Dazu kommt ein Jahrmarktsprivileg.		**2.3.1566** Herzog Wilhelm V. der Reiche (1539-1592) verleiht Remscheid ein Land- und Hofgericht.
1571-75 Wiederaufbau		
1572 Lutheraner gewinnen an Boden. Die von Luther beeinflusste sächsische Kirchenordnung wird eingeführt.		
		1580 Erwähnung des Steffenshammers
1589 Der Kaplan bekennt sich zur Augsburgischen Konfession, lässt aber noch alte Bindungen gelten. Der lateinische Chorgesang wird weiterhin geübt. Luthers Katechismus findet in der Schule teilweise Verwendung. Pfarrer und Kaplan sind verheiratet.		
Nach **1595/96** Der lutherisch eingestellte Magistrat versucht das Patronat über die Vikarie St. Katharina zu erwerben, gewinnt es, verliert es aber 1621 an die Familie v. Zweiffel. Ebenfalls wird das Patronat der Pfarrkirche gegen die Ansprüche von St. Kunibert und dem Landesherrn beansprucht. Schließlich übernimmt der Magistrat die Pfarrerbesetzung.		
1596 Stadtkirche erstmals lutherisch	**1597** Erneute Verpfändung des Kirchspiels Lüttringhausen an Simon VI. zur Lippe (bis 1607)	**1598** Erwähnung des Reinshagener Bergbaus (Tyrol)
	1600 Privilegierung der Sensenzunft im Amt Beyenburg	**1600** Privilegierung der Sensenzunft im Amt Bornefeld
1609 Kirchen und Kirchengüter im Besitz der Lutheraner	**1609** Kirchen und Kirchengüter im Besitz der Lutheraner	**1609** Kirchen und Kirchengüter im Besitz der Lutheraner

1609-1614 Erbfolgestreitigkeiten

1614-1806 Wittelsbacher Herzöge
Die Herzöge von Pfalz-Neuburg (1614-1690)

1618-1648 Zeit des Dreißigjährigen Krieges und der Gegenreformation
1631-1655 Das Amt Hückeswagen / Bornefeld an Gimborn-Neustadt
Dann beendet der bergische Herzog die Herrschaft Gimborn-Neustadt und verpfändet das Amt Bornefeld.

Ab **1622** ständige katholische und evangelische Truppenbewegungen und Einquartierungen

1628 Versuche der Rekatholisierung durch die Stiftsherrn von St. Kunibert und die Zisterzienser aus Altenberg scheitern. Gegner der „Katholischen Liga" liegen zeitweise in der Stadt und lassen die Gegenreformation nicht zu.

Nach **1640** Eskalation des Krieges: Lennep und seine umliegenden Höfe werden von spanisch-kaiserlichen und hessisch-schwedischen Truppen hart mitgenommen. Es kommt zu Plünderungen und Vergewaltigungen. In Windgassen, Garschagen und Hackenberg wüten kaiserliche Truppen, dort bleiben nur noch wenige Bewohner am Leben.

1641 Es gibt in Lennep nur noch eine katholische Familie. Der Herzog erteilt Franziskaner-Minoriten die Genehmigung, sich hier niederzulassen.

März 1642 Die ersten Patres beziehen ein Haus, errichten darin eine kleine Hauskapelle und sehen das Land als Missionsgebiet an.

11.6.1643 Die Minoriten erhalten Pfarrrechte für Lennep und Umgebung.

1643 Papst Urban erteilt dem Minoritensitz Missionsprivilegien.

17. Jh. Es gibt über 50 Textilfabriken in Lennep. In nahezu jeder Familie steht ein Webstuhl.

1650-1810 Am heutigen Kirchplatz 1 gibt es eine Lateinschule.

1654 Johann Scheibler wird erster Prediger in Lennep. Der bedeutende Theologe und Generalinspektor der lutherischen Landeskirche, müht sich um die Neuorganisation der lutherischen Kirche im Herzogtum Berg, verteidigt das Luthertum gegen den katholischen Landesherrn und die reformierten Kräfte im Land und am Niederrhein. Lennep wird zum lutherischen Hauptort.

Um **1674** Gründung Tuchfabrikation Wülfing

1675 Nach schwierigen Verhandlungen mit Magistrat, Tuchmacherzunft und Landesherrn erwirbt das Kunibertstift aus der Katharinenvikarie das Gelände des Bongartshofes für die Minoriten.

1678 Die evangelische Gemeinde bildet ein Konsistorium. Der Gemeinderat hat Befugnisse bis hin zum Kirchengericht.

8.7.1681 Die Minoriten beziehen das neue Kloster (nach vierjähriger Bauzeit). Eine Hauskapelle wird eingerichtet.

1681 Mit der „Deutschen" Schule werden lutherische und „lateinische" Schule voneinander getrennt. Die katholische Schule, gelegentlich auch als Gymnasium bezeichnet, erfreut sich eines guten Besuches.

1686-1736 Franz Vogt wird Rektor der Lenneper Lateinschule (1686-90), dann Prediger an der Lenneper Kirche.

1628 Versuche von Jesuiten scheitern, die Kirchen und Kirchengüter von Lüttringhausen, wieder in ihre Hand zu bringen.

1660 Die Bruderschaft „Zum Kreuz" wird gegründet.

1678 Die evangelische Gemeinde bildet ein Konsistorium; der Gemeinderat hat Befugnisse bis hin zum Kirchengericht.

Rekatholisierungsveruche der Johanniter scheitern.

1629 Kaiserliche Soldaten plündern Remscheid.

1633 Heimische Wälder sind durch Kohlebrennerei ganz verhauen. Kohle und Eisen müssen zunehmend eingeführt werden.

2. Hälfte d. 17. Jh. Wirtschafts- und Glaubensflüchtlinge (Hugenotten)

1658 Der Kampf der Sensenzunft gegen die Konkurrenz der Sensenhämmer (Breithämmer) führt zu deren Stilllegung. Folge dieser zwar später gemilderten und schließlich (**1715**) rückgängig gemachten Maßnahme ist der Niedergang des Sensenhandwerks. Dagegen breitet sich die nicht zünftig gebundene Werkzeugherstellung immer mehr aus.

1690-1777 Herzöge werden zu Kurfürsten

1690 Industrialisierung hält Einzug im Tal der Wupper (Kräwinkler Brücke).

1696 Sozietät der Fabrikanten: Moll, Hardt, Wülfing u.a. Gründung Lenneper Tuchindustrie mit Fabrikation von Feintüchern aus hochwertiger spanischer Wolle

1697 Franz Vogt gibt das lutherische Gesangbuch „Singende und klingende Berge" heraus.

24.8.1700 Einweihung der Klosterkirche durch den Abt von Altenberg. – Die Kirche bekommt den Franziskanergelehrten Bonaventura zum Patron und ist zugleich Pfarrkirche für Lennep, Remscheid und Lüttringhausen einschließlich Ronsdorf.

1720-47 Daniel Christian Francke aus Halle (Saale), Rektor und Gelehrter, macht die Lateinschule zu einer bedeutenden Lehranstalt mit weiter Ausstrahlung.

1723-35 Der Streit der Lenneper Minoriten mit den Beyenburger Kreuzherren um die Ausübung der Seelsorge in Lüttringhausen wird zugunsten der Minoriten entschieden.

1728 In Lennep entsteht eine erste Sterbekasse.

1732 Minoriten bauen Ökonomiegebäude, Schulhaus und Friedhofsanlage.

1732/33 Lateinschule des Klosters erhält eigenes Schulhaus

1736-1746 Ein Zeremonienstreit erschüttert das Gemeindeleben. Die Kaufmannschaft wendet sich gegen alte liturgische Gepflogenheiten des frühen Luthertums aus der sächsischen Kirchenordnung. Orthodoxie, Pietismus und frühe Aufklärung ringen miteinander. Das Gemeindeleben wird ruiniert, die Wirtschaft bricht ein.

1739/40 Ungeheure Kältewelle: Der Boden friert bis 1,25 m Tiefe, Arbeitslosigkeit, Hunger und Tod sind die Folge.

1744 Eine demonstrative Missionsveranstaltung durch Jesuiten auf dem Markt führt zu heftigen Protesten.

6.10.1746 Großer Stadtbrand: 400 Häuser, ca. 1000 Haushalte werden zerstört, darunter alle Einrichtungen der lutherischen Gemeinde. Die Klosterkirche und ihr Schulhaus bleiben verschont. Die Menschen suchen Unterkunft in den Nachbargemeinden. Ein Teil der Fabrikanten verlässt die Stadt (z.B. Familie Hardt).

Nach **1746** Schleppender Wiederaufbau der Stadt. Ein Angebot des Landesherrn Carl Theodor, die Stadt nach dem Vorbild seiner Mannheimer Residenz schachbrettartig wieder aufzubauen, wird abgelehnt.

1750-56 Wiederaufbau der Stadtkirche

1756-61 Ausgestaltung der Stadtkirche als eine barocke Saal- und evangelische Predigtkirche mit Kanzelaltar, Turm mit Birnenhaube und offener Laterne

1760 Rathaus am Alten Markt

1761-86 Das Schul- und Bildungswesen wird von Männern der Aufklärung geprägt. Bedeutend sind die Lateinschulrektoren. Kirchliche Kritik gilt ihrem „Freidenkertum".

Um **1720** In Lüttringhausen wird die Rentei gebaut, die für längere Zeit Sitz der Rentmeisterei des Amtes Beyenburg bleibt.

1726 Leyerhammer am Leyerbach konzessioniert.

1733 Das Dorf Lüttringhausen brennt mit Kirche und Schule nieder. Schneller Wiederaufbau.

1738 Einweihung der wiederaufgebauten Kirche (älteste Glocke 1736)

1745 Ronsdorf – zur Stadt erhoben – scheidet aus Lüttringhausen aus.

18. Jh. Schulgebäude Adolf-Clarenbach-Straße 2

1750 Peter Caspar Moll erwirbt zwei Teiche und Grasbleichen von Familie Goldenberg.

1762 Apotheke

1716 Unteres Dorf brennt.

1716-92 Peter Hasenclever, einer der ersten Großindustriellen in der „Neuen Welt"

1721 Sensenschleifer in der Krise begehren auf.

1722 Schule Büchel

29.11.1723 Oberes Dorf Remscheid brennt mit Kirche und Schule nieder.

1726 Wiederaufbau der Stadtkirche

1726-28 Rote Ruhr verschont keine Familie.

1728 Die Landesregierung verbietet das Schleifen von Eisenwaren durch andere als zünftige Schleifer. Eine Versammlung der „Handels- und Handwerksbrüder" setzt sich für die Freiheit des Schleifens ein.

1730 Schule Fürberg

1752-1838 Daniel Schürmann, Rechenmeister und Pädagoge

1755 Konzession zur Abhaltung eines Wochenmarktes vor der Stadtkirche.

1758 Wiedereröffnung mittelalterlicher Bergwerke in Reinshagen (Wolfskuhle). Sie müssen bereits um 1765 wegen Unrentabilität wieder schließen.

1763 Neuordnung des Armenwesens. Die Gemeinde pachtet ein Haus für Waisen- und Armenpflege, in dem Unterricht und Beschäftigung erfolgen, auch mit einer eigenen Wollspinnerei.

2. Hälfte 18. Jh. Schule in Hackenberg

1770 Ein neues Armenhaus wird bezogen. Kirche und Magistrat bestreiten das Armenwesen. Apotheke und Arzt, später auch eine textile Fabrikationsstätte, gehören dazu.

Um **1773** 280 Webstühle verarbeiten 400.000 Pfund spanische, 50.000 schlesische, 25.121 Pfund münsterländische Wolle. Auf dem Gelände zwischen Albrecht-Thaer-Straße und Mühlenstraße wird Wolle getrocknet.

1774 Gründung Firma Wülfing. Sie wird fortan ausschließlich von Mitgliedern der Familie Hardt geleitet (durch Heirat verbunden).

1775 Kräwinkler Brücke (älteste Wupperbrücke)

1775-79 Die Stadtkirche erhält eine Orgel und die Prinzipalstücke. Altar, Kanzel und Orgel in heutiger Anordnung werden errichtet, dazu die Emporen.

1776 Errichtung einer Poststation an Stelle des heutigen Berliner Hofes. (Historiker schätzen das heutige Gebäude auf 1830.)

1770-73 Daniel Schürmann, Lehrer an der Schule Hohenhagen

1770-80 Wirtschaftliche Hochblüte in Lüttringhausen, Lennep und Remscheid. An die 2500 Menschen sind in Fabriken beschäftigt. Über 100 Fuhrleute gibt es im Kirchspiel. Beinahe 800 Kinder gehen zur Schule.

1776 Schule in Goldenberg erstmals bezeugt.

19.10.1765 Landesherrliche Anordnung an das Handwerksgericht Cronenberg zur Führung einer Zeichenrolle mit Aufzeichnung aller Zeichen des Schmiedehandwerks

1765 Kaufmannshaus Luckhaus auf Büchel

1772 Blausensenwerk Müngsten (Raffinierstahl)

1773 Haus Mühlhoff, Rather Ring

1775 Haus Böker, Vieringhausen

1775 Werkzeugfabrik Arnold Altena, älteste Firma Hastens

Landesherr ist zugleich Kurfürst von Bayern (1777-1806)

1795 Napoleon überschreitet den Rhein. – Die französische Zollpolitik führt zu starkem wirtschaftlichen Rückgang.
1796 Herzogtum Berg unter franz. Vorherrschaft
1805 Maximilian Joseph, Kurfürst von Bayern, tritt Berg an Napoleon ab.

1779 „Harmonische Lesegesellschaft": ein geistiger Mittelpunkt in Stadt und Umland, unter Zensur und Kontrolle des Staates

1780-94 Bau befestigter Straße Bergisch Born–Hückeswagen; sie löst die alte Eisenstraße ab.

1783-1867 Luise Hardt

1788 Der Remscheider Peter Busch errichtet in Dahlerau die Buschhämmer, eine wasserbetriebene Fertigungsstraße für Sensen.

1789 Die bisher üblichen Bestattungen in der Kirche werden verboten. Vorerst aber wird noch um die Kirche herum beerdigt.

1790 Lenneps Straßen sind bei Regen kaum passierbar. 62 wohlhabende Bürger sind bereit, für eine Pflasterung Reichstaler vorzuschießen.

1790-1800 Die alte gezinnte Stadtmauer fällt, der Stadtgraben wird verfüllt. Im ehemaligen Graben entstehen vier Brandteiche.

1790-1802 Katholische Flüchtlinge aus Frankreich und anderen Ländern finden sich auch in Lennep ein.

1791 Bau des steinernen Hauses am Alten Markt, ab 1836 Rathaus.

1792 Die kurfürstliche Regierung genehmigt Straßenzölle zur Verbesserung der Straßen um Lennep.

Ab **1795** Infolge der Kontinentalsperre sinkt die Tuchfabrikation auf den Nullpunkt.

2. H. 18. Jh. Nutznießer des aufblühenden Handels ist nur eine dünne Oberschicht (kapitalkräftige Kaufleute und Unternehmer)

1778 Konflikte zwischen Kaufleuten und Schleifern wegen des Schleiferprivilegs

1778/79 Kaufmannshaus Hilger (später Cleff) auf Hasten (heute Histor. Zentrum)

1782 Wohn- und Geschäftshaus Diederichs an der Schüttendelle

1783-1853 Josua Hasenclever

1789 Erster vergeblicher Versuch Remscheider Katholiken, ein eigenes Gotteshaus mit Friedhof zu erhalten

Um **1790** Feilenfabrik Ehlis in Schlepenpohl im Eschbachtal

1798/99 Pflasterungsbeginn vom Kölner zum Lüttringhausener Tor (Mollplatz)

1800 Verordnung des Herzogs: Auch an Hof- und Nebenschulen sind Lehrer von der Schulaufsicht zu überprüfen.

Um **1800** 300 Tuchmacherfamilien leben in Lennep.

1802 Schließung der städtischen Lateinschule

1803 Nach Niederlegen der Stadtmauern und Verfüllung des Grabens entsteht am Schwelmer Tor das Fabrikantenhaus der Familie Oelbermann (heute Deutsches Röntgenmuseum).

1803 Im Zuge der Säkularisation wird das Minoritenkloster enteignet, die Klosterkirche zur reinen Pfarrkirche. Nur Pater Rinck bleibt als Pfarrer, der Klosterbruder Benvenutus Rötger wird Küster. Die Pfarrei hat etwa 1000 Seelen.

26.12.1803 Einweihung des neuen Friedhofes (Altteil des heutigen Friedhofes an der Mühlenstraße)

1805 Lenneper Schützenverein

1805 Die Firmen Johann Wülfing & Sohn und Schürmann & Schröder wandern nach Eupen aus.

1800 Schule Hohenhagen

9.4.1798 Aufhebung des Zunftzwangs für Schleifer und Eisengewerbe

1801 Anlegung des Stadtfriedhofes aufgrund eines Verbotes der Landesregierung vom Jahre 1797, die Toten in und um die Kirche zu begraben.

1805 Wirtschaftlicher Tiefstand

1806 Ende der Bindungen zum Johanniterorden

6.5.1806 Die kirchliche Armenverwaltung pachtet das Haus der Witwe Pittermann und errichtet darin ein Armenhaus.

1806-1813 Grossherzogtum Berg – unter französischer Herrschaft

Mit dem Herrschaftswechsel erfolgt eine zentrale straffe Organisation von Verwaltung, Rechtsprechung und Finanzwesen.

Murat, Napoleons Schwager (1806-1808)

12.7.1806 Das Großherzogtum Berg – ein Satellitenstaat von Napoleons Gnaden

13.10.1807 Erlass einer Munizipalverfassung nach französischem Vorbild, die Stadt und Land eine einheitliche Verwaltung verordnet.

Napoleon übernimmt Berg (Juli 1808-1813)

1808 Mit Einführung der Munizipalverfassung erhalten Lennep, Lüttringhausen und Remscheid eine gleiche Verfassung mit eigner Verwaltung. Remscheid mit mehr als 6000 Einwohnern wird „Stadt“.

14.11.1808 Anstelle der alten Ämter treten Kantone.

11.1.1809 Aufhebung des Lehnswesens im Großherzogtum

31.3.1809 Aufhebung der Zünfte und Einführung von Gewerbefreiheit

11.1.1810 Einführung des „Code civil“ (Rechtsgrundlage bis 1900)

17.12.1811 In allen Kantonen werden Friedensgerichte gebildet.

1808 Die Einführung der Munizipalverfassung bedeutet für Lennep die Aufhebung bisheriger Privilegien.

1808-24 Amtszeit von Bürgermeister Franz Hasselkus

14.11.1808 Lennep (mit Radevormwald) wird zu einem eigenen Kanton.

Jan. 1810 Tumulte im Zusammenhang mit dem Knüppelrussen-Aufstand

1808 Mit der Munizipalverfassung verliert das Dorf seine alten Privilegien.

1808-10 Amtszeit von Bürgermeister Johann Abraham vom Baur

14.11.1808 Lüttringhausen kommt zum Kanton Beyenburg.

1810/11 Amtszeit von Bürgermeister Theodor Goldenberg

1811 Lüttringhausen wird dem Friedensgericht Lennep zugeteilt.

27.6.1808 Johann Gottlieb Diederichs wird zum ersten Bürgermeister (damals noch „Direktor“, ab Dezember „Maire“) der neuen Stadt Remscheid (damals noch „Munizipalität“ genannt) ernannt.

5.7.1808 Amtseinführung und Vereidigung des Munizipaldirektors in Elberfeld.

14.11.1808 Remscheid und Cronenberg kommen zum Kanton Ronsdorf.

22.1.1810 Junge Burschen aus Remscheid und Cronenberg widersetzen sich, als man sie in Ronsdorf ins Heer Napoleons einberufen will. In den folgenden Tagen kommt es auch in den umliegenden Orten zu Tumulten. Man spricht vom „Knüppelrussen“-Aufstand im Bergischen Land.

1810-53 Johann Peter Hasenclever (Maler)

1.5.1810 In der Lobach wird ein neues Armenhaus bezogen.

1811 Wegen Unstimmigkeiten bei Wegegelderhebungen für den Straßenbau wird Maire Diederichs suspendiert.

1813 Haus Poststraße 27 – eines der schönsten Häuser in Lennep

1811-15 Amtszeit von Bürgermeister Johann Peter Moll

1811 Remscheid wird dem Friedensgericht in Ronsdorf zugeteilt.

1811-14 Amtszeit des Bürgermeisters Georg Heinrich Sonntag

1813-1918 Unter preussischen Königen

1813-15 Nach der Niederringung Napoleons wird das Großherzogtum zunächst als Generalgouvernement verwaltet.

15.4.1815 Der preußische König erlässt ein Besitzergreifungspatent für das Herzogtum Berg.

1816 Remscheid zählt zur Rheinprovinz und damit zum Königreich Preußen.

1813-51 Evangelische Stadtschule an heutigem Kirchplatz 7 (später Mädchenschule)

1815/16 Die Textilfirmen Bauendahl, Schürmann & Schröder, Wülfing & Sohn kehren aus ihrem Eupener Exil zurück und lassen sich an der Wupper in Dahlhausen und Dahlerau nieder. Wülfing & Sohn baut auf den bankrotten Buschhämmern in Dahlerau seine Tuchfabrik.

1816 Lennep wird Kreisstadt eines preußischen Landkreises. Dazu gehören neben Lüttringhausen und Remscheid auch Ronsdorf, Radevormwald, Wermelskirchen, Hückeswagen, Dhünn, Dabringhausen. Der Landrat residiert zunächst im Rathaus (bis 1825).

1816 Die Kreisstadt erhält eine große Poststation. Vom Mollplatz aus gehen Postkutschen in alle Richtungen. 1825 hat die Post 125 Pferde.

1816 Bau der ersten Wasserleitung

1817 Bildung des Kirchenkreises Lennep in der „Altpreußischen Union"

1820 Die Aufhebung der Kontinentalsperre (1813) bewirkt einen Aufschwung der Lenneper Tuchmanufaktur.

1820 Die katholische Kirche wird zu klein. Durch Vorrücken des Hauptaltars und Abbruch der beiden Seitenaltäre können 65 neue Sitzplätze geschaffen werden.

1824/25 Das Rathaus wird wieder ganz Bürgermeisteramt.

1825-32 Amtszeit von Bürgermeister Peter Carl Moll

1826 Vor dem Schwelmer Tor gründet die Firma Haas eine Spinnerei in Verbindung mit einer Werkstatt für Maschinen der Tuchindustrie (Weberhof). Bald wird hier die erste Dampfmaschine auf Lenneper Boden in Betrieb genommen.

1827 Mollsche Fabrik, älteste massive Textilfabrik im Wupperviereck

1815-27 Amtszeit von Bürgermeister Carl Friedrich Morian

Um **1817** Schulhaus in Clarenbachstraße 2

1820 Das Gebäude Schmittenbuscher Str. 4 wird zur Gemeindeschule umgebaut (1861 an einen Kaufmann versteigert).

1827-34 Amtszeit von Bürgermeister Franz Türk

Okt. 1813 Nach Napoleons Niederlage bei Leipzig müssen die Franzosen abziehen. Einziehende russische Truppen werden bejubelt.

25.11.1813 Errichtung Generalgouvernement unter dem preußischen Kommissar Justus Gruner. Aus Mairien werden Bürgermeistereien.

1814-51 Amtszeit von Bürgermeister Abraham Hering

1816 Der Schützenverein verleiht sich eine Satzung.

1816 Gründung der Remscheider Post (Gebäude an Alter Rathausstraße)

1816/17 Hungerjahr

1817 Bittgesuch um Errichtung einer kath. Pfarrei

Febr. 1818 Typhus-Epidemie, in Bliedinghausen sterben mehrere Männer.

März 1818 Abwanderung von Fabrikarbeitern nach Straßburg und ins Elsass

1822 In Vieringhausen wird eine Sägen- und Werkzeugfabrik gegründet.

1823 Kornbrennerei Frantzen

Frühjahr 1823 Schmiede und Schleifer geraten infolge Wassermangels in große Not.

1825-31 Brände zerstören 93 Wohngebäude, trotz Strohdachverbots und Anschaffung mechanischer Feuerspritzen.

22.6.1826 Gründung einer Herberge für Schuster- und Schneidergesellen, verbunden mit Kranken-Pflegeanstalt

1827 Gründung einer Sekundärschule, anfangs als Privatinstitut, ab 1849 städtisch. Später Weiterentwicklung zum Real- (Ernst-Moritz-Arndt-Gymn.) und zum Naturwissenschaftlichen Gymnasium (später Leibniz-Gymn.).

1828 Keuchhusten und Typhus verursachen etliche Todesopfer unter Kindern.

2.5.1828 Einweihung einklassiger Schule Siepen

1829 Gründung des Evangelischen Frauenvereins. Honoratioren leisten aus dem Geist des Evangeliums diakonische Arbeit, in den Anfängen: Säuglings- Wöchnerinnenpflege oder Krankensuppenausgabe

2.6.1830 Die erste Ausgabe des Lenneper Kreisblatts erscheint („Geburtshaus" Kölner Str. 10).

1830 Johann Anton Friedrich Baudri (1804-93) wird Pfarrer in Lennep (bis 1834, seit 1850 Weihbischof).

1831 Inbetriebnahme der ersten Dampfmaschine in der Lenneper Tuchindustrie (Fa. Schürmann & Schröder, Vogelsmühle)

1831 In die ev. Pfarrkirche wird eine Empore eingebaut, die zusätzlich 180 Plätze bietet. Die Zahl der Gemeindemitglieder ist auf fast 3000 angestiegen.

1831 Errichtung einer zweiklassigen Realschule (Rektoratsschule, später Höhere Bürgerschule, Weiterentwicklung zum Röntgengymnasium)

1832-45 Amtszeit von Bürgermeister Carl Wille

18.10.1833 Der Kronprinz (späterer König Wilhelm IV.) ist zu Gast. Ein großer Festzug zieht ihm entgegen.

1834 Tuchfabrik Johann Wülfing, Dahlerau erhält Dampfmaschine.

1835 Lennep gilt neben Aachen als Zentrum des Streichgarngewerbes.

1835 Errichtung einer Privat-Töchterschule, seit 1873 städtisch, wurde Lyzeum und später mit Röntgengymnasium verbunden

1836-91 Einzug der Kommunalverwaltung in das steinerne Haus am Markt

1838/39 Der Friedhof wird vergrößert.

16.5.1840 Errichtung einer „Königlichen Handelskammer" zu Lennep

1840 Die lutherische Gemeinde schließt sich der Preußischen Union von 1817 an und vollzieht damit die Einigung mit den Reformierten. Man nennt sich fortan „Evangelische Kirchengemeinde Lennep".

1841-1932 Albert Schmidt, Architekt der Gründerzeit; von 1865-1902 führt er 460 Bauten in der Region aus.

1842 Gründung einer privaten AG für Gasbeleuchtung

1843 Nach langen Verhandlungen baut die Stadt in der Mühlenstraße die katholische Schule.

1843 Eröffnung einer „Kleinkinderschule" durch den ev. Frauenverein im Hinterhaus Schwelmer Straße 21

1843-46 Straße nach Kräwinklerbrücke zur Chaussee ausgebaut; Beginn der Industrialisierung in Kräwinklerbrücke

1844 Gaswerk in Betrieb, im Jahr darauf brennen 50 Gaslaternen.

1844-1906 Fritz Hardt (Sohn von Friedrich) baut die Kammgarnspinnerei.

1845 Gebrüder Stuhlmann in Wilhelmstal bauen Wasserturbinen ein, mit die ersten Deutschlands.

1829 Clarenbach-Denkmal wird nahe seinem Geburtshof zum 300-jährigen Gedenktag seines Todes eingeweiht.

1834-46 Amtszeit von Bürgermeister Wilhelm Wetter

1844 Gesellschaft „Erholung" wird gegründet.

1828 Gesellschaft „Genügsamkeit"in Schule Siepen gegründet: Bis 1834 fanden die Zusammenkünfte in der Schule statt (eine der älteresten heute noch existierenden geselligen Vereinigungen).

1829-42 Ausbau der Lenneper Straße

17.10.1833 Der Kronprinz besucht Hasenclever in Ehringhausen und am nächsten Tag Remscheid.

1833 Große Arbeitslosigkeit infolge hoher Stahlpreise und hoher Schutzzölle

1834 Adler Apotheke an der Alleestraße

1835-91 Bau der Ronsdorfer Straße (verbindet Remscheid mit Ronsdorf)

1837 Anfänge der Privatbrauerei Kipper in der Gerstau (seit 1899 in der Kipperstraße)

20.4.1839 Neues Rathaus an der Elberfelder Straße

Um **1840** Gründung der ersten Feilenfabrik durch Reinhard Mannesmann in Bliedinghausen

15.6.1841 In Remscheid wird ein Fabrikengericht errichtet.

1841 Eröffnung der Sparkasse

1843 Sängervereinigung Bliedinghausen (zweitältester Chor Remscheids)

1843-1912 Robert Böker, Ehrenbürger

1.4.1844 Remscheid bekommt ein eigenes Friedensgericht.

1845 Gründung des Remscheider Gewerbevereins

1845 Gründung einer Feilenhauerinnung (erster Berufsverband der Metallindustrie)

1845-1923 Wilhelm Conrad Röntgen: macht 1895 seine sensationelle Entdeckung. Bedenkt Lennep in seinem Testament.

1846-72 Amtszeit von Bürgermeister Rudolf Trip

1847 Bürgermeisterei hat 7000 Seelen.

1847/48 Höhepunkt der Tuchindustriekrise: Wassermangel, Absatzrückgang, Arbeitslosigkeit

1846-66 Amtszeit von Bürgermeister Friedrich Wilhelm Herweg

1847 Gründung des „Armen- und Waisenvereins", der später in „Haus Clarenbach" umbenannt wird.

1847-91 Ronsdorfer Str. ausgebaut

1847 St. Suitbertuskirche wird Zentrum einer selbständigen katholischen Gemeinde (in der Palmstraße, genannt nach dem ersten Pfarrer Johann Wilhelm Palm, in Remscheid 1847-55).

1847/48 Inbetriebnahme der ersten Dampfmaschine in einem Hammerwerk (durch Albert Böker auf Platz).

Revolution 1848 und Folgezeit

Die Wogen der Pariser Februarunruhen von **1848** erreichen auch den bergischen Raum.

1856 Einführung der preußischen Städteordnung

1848 Aufstand der unteren Schichten

März 1848 Auswärtige Revolutionäre versuchen die Eisengießerei Haas zu zerstören. Sie werden vom Lenneper Schützenkorps vertrieben. Es bildet sich eine starke Bürgerwehr.

März 1848 „Lenneper Arbeiter-Verein" erlangt bald überörtliche Bedeutung, auch durch das seit dem 15.10.48 erscheinende „Arbeiter-Blatt".

4.5.1848 Zwei Lenneper Pfarrer vertreten den Kreis als Abgeordnete bei der deutschen Nationalversammlung in Frankfurt (Eduard Hülsmann, danach Friedrich Evertsbusch).

1849 Lennep wird von der Cholera heimgesucht. 600 Einwohner erkranken, 211 finden den Tod.

1850 Richard Schmitz gründet erste Vollbuchhandlung (existiert bis heute).

Um **1850** Anlegung (unterirdischer) Löschteiche

1851 Erstes Krankenhaus Lenneps in der Hardtstraße 20

1852 Höhere private Lehranstalt für Knaben

1848 Bildung einer Bürgerwehr, die sich vereinigt mit der Schützenbruderschaft „Zum Kreuz".

1851 Der CVJM wird gegründet.

1854 Gebäude der Schule Goldenberg

17.3.1848 Solinger und Remscheider Arbeiter zerstören die Burgtalfabrik.

März 1848 Auch in Remscheid bildet sich eine bewaffnete und militärisch ausgebildete Bürgerwehr.

März 1848 Ein erster Bürgerverein Remscheids wird am Zentralpunkt gegründet zur Besprechung politischer und kommunaler Themen.

5.-8. April 1848 Krawalle in Remscheid, die aber keine ernsteren Formen annehmen.

1.5.1848 „Allgemeine Krankenanstalt" für Gesellen und Lehrlinge der Metallindustrie

3.5.1848 „Volksblatt für Remscheid und Umgebung", dieses erste Remscheider Presseorgan erscheint zweimal in der Woche.

7.7.1848 Erste öffentliche Sitzung der Remscheider Stadtverordnetenversammlung

1849 Stadt übernimmt Sekundärschule als „Höhere Bürgerschule".

1850 Gründung eines Gewerberates

1851-59 Amtszeit von Bürgermeister Bertram Pfeiffer

1853 Vergrößerung des Marktes

1853 Scheider Straße erhält Alleebäume (vom Markt bis Hof Scheid)

1853-56 Pflasterung der ersten Straßen

1.6.1853 Private Töchterschule (1885 städtisch, dann Lyzeum und Oberlyzeum, heute Gertrud-Bäumer-Gymnasium)

1.6.1853 Erste katholische Schule (Palmstraße, Lehrer Harffen)

22.7.1853 Einweihung der Pauluskirche (nach 3-jähriger Bauzeit)

15.9.1853-1933 Moritz Böker, Ehrenbürger

1854 Inbetriebnahme der ersten Remscheider Dampfschleiferei (Gebrüder Böker an der Alten Wendung, Keimzelle der BSI, ab 1873)

1855 Die Stadt übernimmt die Knabenschule und erhebt sie zur „Höheren Bürgerschule“. **1856** Preußische Städteordnung: Lennep beantragt Stadtrecht, da es zwar auf dem Provinziallandtag im Stand der Städte vertreten war, aber weniger als die notwendigen 10.000 Einwohner hatte. **1856** Die katholische Gemeinde erwirbt einen am Weyerhofsfeld vor dem Schwelmer Tor gelegenen Gemüsegarten zum Neubau einer Kirche.	**1855** Männergesangverein „Liedertafel“ wird gegründet. **1856** Lüttringhausen erhält Stadtrecht	**18.2.1854** König Friedrich Wilhelm IV. verleiht der Stadt ein Stadtwappen. **1856** Preußische Städteordnung: Remscheid besitzt aufgrund der hohen Einwohnerzahl automatisch Stadtrecht. **1856** Scheider Straße in Alleestraße umbenannt. In den folgenden Jahrzehnten entsteht auf dem Bergkegel zwischen Dorf und Scheid ein neuer Siedlungskern. Die Alleestraße wird Hauptgeschäftsstraße. **1856-1922** Reinhard Mannesmann **1856** Mannesmann errichtet erste Remscheider Gussstahlfabrik. **1857** An der Brüderstraße entsteht das erste Krankenhaus (Halbach-Stiftung), zunächst in evangelischer, ab 1866 in städtischer Regie. **1.4.1858** Vereinsschule an der Schützenstraße (1.4.1935 geschlossen). **14.10.1858** Höhere Bürgerschule erhält neues Gebäude in der Alleestraße. **1859** Gebrüder Mannesmann setzen Dampfmaschine ein. **1859-76** Amtszeit von Otto Hoffmeister, ab 1873 Oberbürgermeister mit dem Recht, eine Amtskette zu tragen
1862 Hermann Hardt aus der Dahlhausendynastie kommt nach Lennep und übernimmt die Tuchfabrik Bauendahl. **16.9.1863** Kirchenchor „Männergesangverein Eintracht“ gegründet **1866** Johann Wülfing kauft den Industriekomplex Dahlhausen und macht aus der Tuchfabrik eine Streichgarnspinnerei. **1866-1938** Hermann Hardt **25.10.1867** Kolpingfamilie gegründet	**1862** Errichtung der städtischen Sparkasse	**5.1.1863** Neues Armenhaus (Halbach-Stiftung) in der Lobach bezogen (später Waisenhaus) **24.10.1863** Städtisches Gaswerk auf Stachelhausen wird in Betrieb genommen. 1600 Gaslaternen, zentral gesteuert, bringen Licht in die Stadt. **1864** Gründung Postamt Hasten **1865** Gesellschaft Erholung an der Papenberger Straße
	1867-83 Amtszeit von Bürgermeister Franz Hubert Pütz	**1867** Cholera (9 Tote) **1867** Die ersten beiden Konsumvereine in Remscheid werden gegründet.
1868 Anbindung an die Eisenbahnlinie Oberbarmen-Remscheid **9.9.1868** Einweihung der Kirche St. Bonaventura durch Weihbischof Baudri **1868/69** „Höhere Bürgerschule“ in der Hardtstraße 2 (heute Freiherr-vom-Stein-Grundschule) **1871** Erster Lenneper Kindergarten Hardtstraße 26	**1868** Anbindung an die Eisenbahnlinie Oberbarmen-Remscheid **1869** Lüttringhausener Turnverein gegründet. **1870** Rathaus in der Rathausstraße (heute Gertenbachstraße)	**1.9.1868** Feierliche Eröffnung der Bahnlinie Oberbarmen-Remscheid **1869** Löschzug Freiwillige Feuerwehr Morsbach **1869-1925** Richard Lindenberg **1870** Edscha-Gründung (Eduard Scharwächter)

1871-1918 Deutsches Kaiserreich

1872-97 Amtszeit von Bürgermeister Ferdinand Sauerbronn		**1871** Hastener Turnverein **1871/72** Die Bökerfabrik wird südlich des Bahnhofs neu errichtet als „Bergische Stahlindustrie“ („BSI“). **1871-1945** Julius Spriestersbach, Lehrer und als Geologe Entdecker der „Remscheider Schichten“

1873 Die Stadt übernimmt Höhere private Töchterschule.

1874 Der katholische Pfarrer wird als Local-Schulinspektor abgesetzt (seit 1872 stehen kath. Schulen unter Staatsaufsicht). Er darf auch laut Kulturkampfgesetz keinen Religionsunterricht mehr erteilen.

1875 Das „Brotkorbgesetz“ sperrt Pfarrer und Kaplan die Gehälter; sie müssen durch freiwillige Spenden der Gemeinde unterhalten werden.

1875 Wülfing nimmt in größerem Umfang Kammgarnweben auf. Eine neue Zeit in der Weberei beginnt.

1875 Neues Krankenhaus an der Hackenberger Straße. Das alte Haus wird zum Waisenhaus.

1876 Schule Durchsholz (Schule Hackenberg dorthin verlegt).

1876 Eisenbahn Lennep-Bergisch Born

1876-1954 Auguste Fuhrmann, verh. Hardt – hilfsbereite Förderin sozialer Projekte

1877 Eisenbahnlinie wird verlängert bis Wermelskirchen (1881 bis Opladen), bis Hückeswagen-Wipperfürth (1902 bis Marienheide).

1880 Wülfing & Sohn errichtet in Lennep eine Kammgarnspinnerei (Architekt Albert Schmidt) in Ergänzung zur Kammgarn-Tuchweberei Dahlerau. In den Gebäuden kommt erstmals elektrisches Licht zum Einsatz.

1880 Stahlwerk Urbach in Kräwinklerbrücke in Blütezeit, mit 15 Dampfhämmern

1881 Hermann Haas verlegt seine Maschinenfabrik an die Leverkuser Straße, wo sie bis 1967 besteht.

1883 Eine der fünf ersten Städte Deutschlands mit vollständigem Kanalsystem

1883 Errichtung eines Wasserturms an der Heinrich-Hertz-Straße (1972 abgerissen)

1879-82 Schule Eisernstein errichtet

1883-89 Amtszeit von Bürgermeister Martin Trommershausen

1873 Böker zieht hinauf in die Stadt (BSI)

Jan.-Mai 1873 Erster großer Feilenhauerstreik

1873 Hasten erhält eigenen Friedhof.

2.5.1873 Eingemeindung von Struck, Groß- und Wüstenberghausen (bisher zu Wermelskirchen)

1873 Grundschule Struck

1874 Einweihung des Gefallenendenkmals (Kriege 1864, 1866, 1870/71)

1874 Vaillant lässt sich mit einer kleinen Werkstatt in Remscheid nieder (heute „Europas größte Marke für Heizen, Regeln, warmes Wasser“).

1874 Schule Handweiser, Lenneper Straße

1874 Handwerkerfortbildungsschule nimmt Unterricht auf.

1870er Jahre Schule Neuenkamp

1876 Schule Reinshagen

1876 Gewerbeschule an der unteren Alleestraße (heute Gewerbeschulstraße, 1976 abgerissen)

1876-93 Amtsgericht zieht in das dadurch frei gewordene Gebäude (Ecke Allee/Scharfstraße 1), dann Hilfsschule, 1924 Stadtbücherei (zerstört 1943).

1876–99 Amtszeit Ludwig von Bohlen (1834-1899), ab 1888 Oberbürgermeister

1878 Gustav Grimm, Edelstahlwerk

1878 Gründung kath. Gesellenvereins (Präses Pfarrer Bötticher)

3.7.1878 Gebr. Mannesmann erhalten Patent für Schallverstärker zum Telefon.

8.8.1878 Sitz eines Amtsgerichts der 1. Stufe (bisher Friedensgericht)

16.12.1878 Erstmals ein Stadtbaumeister angestellt

2.4.1879 Einzug ins neue Armenhaus, die Stockder-Stiftung

15.5.1882 Gründung der Königlichen Fachschule für die Stahl- und Eisenindustrie, 1885 vom Staat übernommen, 1932 geschlossen

27.5.1882 Postamt in der Elberfelder Straße eingeweiht

1882/83 Gasleitung nach Feld, Hasten und Ehringhausen

22.8.1883 Der Marktplatz ist trotz Erweiterung zu klein. Deshalb wird der Schützenplatz als zweiter Platz für den Wochenmarkt in Benutzung genommen.

1.9.1883 Bahnlinie nach Hasten in Betrieb (im Volksmund „Bimmel-Bammel-Bummel-Blitz“)

1883/84 Bau der St. Suitbertuskirche (16 Monate)

1.3.1884 Wasserwerk im Eschbachtal und Leitung zum Wasserturm an der Hochstraße („Waterbölles“) werden in Betrieb genommen.

1886 Eisenbahn Lennep-Krebsöge (1889 dann bis Radevormwald

1886 Badeanstalt Lennep (erbaut von Albert Schmidt, heute umgebaut zum Jugendzentrum „Die Welle")

1887 „Lenneper Verein fürs Gemeinwohl". Zusammenschluss bergischer Unternehmer gegen die „Gefahren der Sozialdemokratie und des Anarchismus der Arbeiterschaft"

1887 Die ehemalige Klosterkirche und die Klostergebäude werden vom Fabrikanten Carl Mühlinghaus erworben und zu einer Trikotagenfabrik umgebaut.

1888 Gasversorgungsanstalt wird städtisches Eigentum.

1888 Errichtung einer landwirtschaftlichen Winterschule

1889 Einweihung Kreishaus, bis 1928 Landratsamt

1890 Neues Rathaus im Neurenaissancestil an der Bahnhofstraße 12 (später Amtsgericht)

1891 Wülfing Dahlerau erhält eine große Dampfmaschine, die größte im Berg. Land.

1893 Wegen zunehmender Wassernot in Lennep wird die Panzertalsperre fertiggestellt (Architekt Albert Schmidt).

1888 Gasanstalt in Betrieb genommen.

1890-1925 Amtszeit von Bürgermeister Richard Gertenbach

25.9.1892 Goldenberger Turnverein wird gegründet.

1.9.1884 Postamt am Birgderkamp eröffnet

28.9.1884 Einweihung der St. Suitbertuskirche

1884 Ziegelei Schäfer in Betrieb genommen (letzter Stein 1992 gebrannt)

1884 Cholera in der Stadt

1884 Ortskrankenkasse Remscheid

1885 Private Töchterschule von der Stadt übernommen

1885 Stadtparkgründung (Julius Koch, Carl Hessenbruch, Johann Peter Arns)

1885 Alexanderwerk (Gründung durch Alexander von der Nahmer)

1886 Stadtparkhalle (an Stelle des heutigen Wasserspeichers)

13.4.1886 Ortsgruppe des Bergischen Vereins für Gemeinwohl

5.5.1886 Markthalle am Schützenplatz (heutiger Theodor-Heuss-Platz)

1886 Erfindung der nahtlosen Röhren durch Max und Reinhard Mannesmann

1887 Am Schützenplatz entsteht eine hölzerne Schützenhalle.

1887 „Gemeinnütziger Bauverein" in Remscheid gegründet

1.1.1888 Remscheid scheidet aus dem Landkreis Lennep aus und wird eigener Stadtkreis.

28.5.1888 Volksschule Wilhelmstr. (zweite kath. Volksschule)

1889 Franz Ziegler (1855-1914) gründet den Remscheider Generalanzeiger

1890 Feilenhauerstreik

1890 Gründung des „Bergischen Fabrikanten-Vereins"

1.11.1890 Städtischer Schlachthof eröffnet

1890-1919 Schmalspurbahn von Wermelskirchen nach Burg

1891 Leonhard Tietz eröffnet eine Niederlassung auf der Allee-Straße (später Kaufhof)

1891 Konzerthalle Germania brennt aus und wird wieder aufgebaut.

1891/92 Bau der Concordia (Heute steht hier das Teo Otto Theater.)

1891 Schule Rosenhügel

1891 Aufstellung der Dampfmaschine bei Wülfing in Dahlerau

14.11.1891 Eschbachtalsperre fertiggestellt, erste deutsche Trinkwassertalsperre

1891-1954 Schmalspurbahn von Ronsdorf nach Müngsten

1891-94 Grundsteinlegung zur Lutherkirche

1892 Cholera

1893 Die Firma Zenses in der Haddenbach entwickelt eine verbesserte Feilenhaumaschine.

14.1.1893 Königliches Amtsgericht zieht in die Schützenstraße.

1.4.1893 Im Zuge eines Gebietstausches erhält Lennep von Lüttringhausen Rotzkotten und von Remscheid 80.000 Mark Abfindungssumme für die abgetretenen Gebiete.

1895 Die Wasserturbinen von Schürmann & Schröder (Vogelsmühle) liefern Elektrizität nach Lennep.

1897-1921 Amtszeit von Bürgermeister Rudolf Stosberg

1898/99 Wülfing baut an der Wupper das Elektrizitätswerk Schlenke (Architekt Albert Schmidt).

1899 Schlachthof (htg. Schlachthofstraße erinnert daran)

1899 Zur Unterbringung von Gymnasialschülern wird an der Hackenberger Straße 9 das „Bergische Alumnat“ gegründet.

1901 Wülfing lässt in Dahlerau Drehstromgenerator zur Stromerzeugung aufstellen.

1902 Der Stomverbrauch ist gegenüber 1900 um das Sechsfache gestiegen.

1893 Verleihung eines Stadtwappens

1.4.1893 Lüttringhausen erhält von Lennep: Frielinghausen, Hastberg, Hastbergermühle, Grünenplatz, Wefelpütt, Herbringhausen, Hermannsmühle, Sirachskotten, Stursberg, Bornscheid, Schmitzhalbach, Lohmühle, Schmitterhof.

1894 Anlage von Wasserleitungen und Anschluss an das Lenneper Versorgungsnetz

1896 Einweihung der Stiftung Tannenhof

1898-1900 Bau der Herbinghauser Trinkwassersperrre durch die Stadt Barmen. Lüttringhausen hat das Recht zur Wasserentnahme.

1900 Evangelisches Gemeindehaus

1902 Pfarrer Schönen erwirbt einen Kirchbauplatz, den er dann zum Bau des heutigen Rathauses (1908) mit dem Standort der jetzigen kath. Kirche tauscht.

März 1893 Die „Höhere Töchterschule“ bezieht ein neues Gebäude in der Baulustraße (heutige Stuttgarterstraße).

März 1893 Der Realschule wird ein Realgymnasium angegliedert. Zugleich wird ein einheitliches Schulgeld (nach Steuerzahlung gestaffelt) an allen höheren Schulen erhoben.

1.4.1893 Remscheid erhält von Lennep das Gebiet bis Wüstenhagen und Überfeld, von Lüttringhausen den Hof Hohenhagen bis zur Hägener Mühle.

1.7.1893 Die elektrische Straßenbahn nimmt ihren Betrieb auf.

1893 Inbetriebnahme eines städtischen Elektrizitätswerkes

23.8.1894 Badeanstalt an der Freiheitstraße eröffnet

5.9.1894 Einweihung der Martin-Luther-Kirche

1894/95 Turm St. Suitbertuskirche (12 Monate Bauzeit)

1895 Errichtung von Schloss Küppelstein (1954 abgerissen, heute Waldhof)

1896 Bahnlinie v. Hauptbahnhof nach Bliedinghausen dem Verkehr übergeben.

1896 Bahnhof Güldenwerth und Eisenbahnbrücke Bismarckstraße

15.7.1897 Einweihung der Müngstener Eisenbahnbrücke und der Bahnstrecke nach Solingen

1897 Vaillant baut an Berghauser Straße neue Fabrik

1898 Schule Menninghausen (dritte katholische Schule in Remscheid)

8.7.1899 Fabricius-Klinik, erstes privates Krankenhaus

1899 Kaiserbesuch

1899 Kipper-Brauerei in der Kipperstraße (1993 geschlossen, 2008 abgerissen)

1899-1910 Amtszeit von Oberbürgermeister Otto Nollau (1862-1922)

1900 Wasserturm Baisieper Straße in Betrieb genommen

1901 Grundschule Hasten

10.5.1901 Bismarckturm im Stadtpark eingeweiht (1984 denkmalgeschützt)

1901 Unterführung Bismarckstraße

1901 Letztmals großes Kirmesspektakel in der alten Schützenhalle

24.09.1901 Carl Friederichs stiftet eine öffentliche Bibliothek. Im alten Schulhaus in der Schulgasse wird eine Lesehalle eröffnet.

Mai 1902 Eröffnung der Stadtparkhalle

1902 Erstes Schützen- und Kirmesfest am Stadtpark

27.5.1902 Einweihung des Realgymnasiums an der heutigen Hindenburgstraße

1902/03 Schule Morsbach

1903 Feilenhauerstreik

1903 Beginn mit dem topographisch lange für unmöglich gehaltenen Bau der Kanalisation

1.5.1903 Volksschulen Steinberg und Neuenhof (später umbenannt in Dörpfeld)

1904/05 Wegen trockenen Sommern und zunehmendem Verbrauch für die Wasser schluckenden Lokomotiven wird die Panzertalsperre auf 300.000 qm aufgestockt.

1906 Endgültige Eingemeindung der Fünfzehnhöfe (Lenneper Außenbürger)

1906 Bau eines Dampfkraftwerkes für Strom in der Rathausstraße (heute Düstergasse)

1907 Einrichtung eines Kindergartens an der Ringstraße

1907 Straßenbahn über die Kölner Straße wird in Betrieb genommen.

1910 Wasserturm Trecknase

1910 Baubeginn der Stosberg-Siedlung

1911 Die drei Kraftwerke Schlenke, Dahlerau und Lennep können den Stromverbauch nicht mehr decken. Schlenke und Lennep werden an RWE verkauft: Neuer Strom kommt weitgehend aus den Braunkohlegebieten.

1911 Mit dem Augusta-Hardt-Heim entsteht eine Kleinkinderbewahr- und Pflegeanstalt.

1912/13 Warenhaus Lennep, Kölner Str 38/40 (1926 von Karstadt übernommen)

1913 Krankenhaus beträchtlich erweitert

1905 Einweihung der Turnhalle

1906 Königliche Strafanstalt

1906 Kirche Tannenhof

1907 Ausbau der Straßenbahnverbindung zwischen Remscheid, Lennep und Lüttringhausen

1908 Neues Rathaus (Architekt Arthur Schmidt)

1908 Ballspielverein 08

1911 Schule Neuenhof

1911 Turnhalle „Westenstiftung" in Goldenberg

19.10.1913 Turnspielplatz in Goldenberg

1.5.1903 Volksschulen Steinberg und Neuenhof (später umbenannt in Dörpfeld)

1.6.1903 Friedhöfe Bliedinghausen und Reinshagen zur Belegung freigegeben

27.8.1903 Gründung einer Abteilung des Arbeitgeber-Verbandes

1903 Wasserrutschbahn in Clemenshammer

1904 Schule Kremenholl

1904-68 Teo Otto, im Laspert geboren, bedeutender Bühnenbildner

16.2.1906 Erste fabrikmäßige Herstellung von Elektrostahl durch Richard Lindenberg in seinem „Glockenstahlwerk" in Remscheid-Hasten – erster Elektrostahlofen der Welt

1906 Wasserturm Reinshagen (1991 gesprengt)

29.5.1906 Einweihung des neuen Rathauses am Kaiserplatz

1907 Evangelisches Gemeindehaus Alleestraße 20 eingeweiht

1907 Schule Osterbusch in der Papenberger Straße

1907 Gründung des „Remscheider Konzertvereins" (aus der Remscheider Liedertafel hervorgegangen)

1907-09 Bau der Neye-Talsperre, zweite Remscheider Trinkwassersperre

30.3.1908 Dünkeloh-Klinik eröffnet, zweites privates Krankenhaus

1908 Wasserturm Hasten (abgebrochen 1982)

1909 Erstmals städtische Straßenreinigung und Müllabfuhr eingerichtet

1909 Katholische Schule Honsberg

1909 Schule Schüttendelle

1910 Wasserturm Trecknase (gesprengt 1972)

1910-14 Amtszeit von Oberbürgermeister Karl Jarres, ab 1914 OB von Duisburg, 1923 Reichsinnenminister der Weimarer Republik, 1925 Reichspräsidentenkandidat

1911 Fernstrombezug vom RWE (eigene Stromerzeugung 1920 ganz aufgegeben)

1911 Neue Schule Siepen

1911 Erster Lichtspielpalast (Ecke Stachelhauser Straße)

1911 Städtische Schulzahnklinik ins Leben gerufen.

10.08.1911 Neuer Hauptbahnhof

Ab **1912** Ferngasbezug und Einstellung der eigenen Gaserzeugung

29.6.1912 Strandbad im Eschbachtal, erstes deutsches Freiluftbad mit künstlicher Waszufuhr

Ostern 1913 Realschule und Oberschule werden endgültig getrennt. Die Realschule bleibt in der heutigen Hindenburgstraße und wird 1915 zum Realgymnasium ausgebaut (heute Leibniz-Gymnasium). Die Oberschule zieht in den Neubau an der Elberfelder Straße (heute EMA).

Ostern 1913 Eröffnung der Städtischen Frauenschule als Zweig der Höheren Töchter Schule in der Baulustraße

22.11.1913 Einweihung der Krankenanstalten an der Burgerstraße

Weltkrieg 1914-1918

28.7.1914 Kriegserklärung – **9.11.1918** Kapitulation

1914 Katharinenstift, Altenheim an der Hackenberger Straße

1914 Siegesfeiern werden gelegentlich in der Kirche abgehalten.

1914 Schließung Wülfing, Dahlerau infolge Kriegswirtschaftspolitik

1916 Neubau Realgymnasium

1916 Druck von Notgeld

1917 Die Glocken der kath. Pfarrkirche müssen als Rohstoff für Waffen abgegeben werden.

1915 Wasserturm Garschager Straße Der Wasserlieferungsvertrag mit Lennep läuft aus, fortan bezieht man Wasser aus Barmen (1975 an Privat verkauft). Der Turm ist bis 1973 in Betrieb. Danach wird Lüttringhausen vom Hochbehälter auf der Knusthöhe mit Wasser versorgt.

1914 Neues Schulhaus Palmstraße

1914 Das jüdische Kaufhaus Leonhard Tietz AG bezieht seinen Standort auf der Alleestraße

1914-37 Amtszeit von Oberbürgermeister Dr. Walther Hartmann (1874-1954)

1914-18 Schulbau Hasten

1915 Lebensmittelmarkt für Minderbemittelte im ehemaligen Krankenhaus

1916/17 Gründung von Kinderhorten und Kriegsküchen

1918 Einquartierung von tausenden Soldaten

2.10.1918 Fabrikant Edelhoff schenkt der Stadt Besitz zu Honnef. Dort entsteht ein Kinderheim.

1919-1933 Weimarer Republik

11.11.1918 in Lennep, Lüttringhausen und Remscheid übernehmen vorübergehend Arbeiter- und Soldatenräte die Gewalt.

1921 Postamt in Poststraße erbaut

1921-29 Amtszeit von Bürgermeister Emil Nohl (1882-1959)

1922-24 Hilfsmaßnahmen in der Inflationszeit für Bedürftige

6.2.1923 Französische Besatzungstruppen ziehen in Lennep und Bergisch Born ein.

1923/24 Kirchen erhalten neue Glocken.

1920 Rathausstraße wird in Gertenbachstraße umbenannt.

1920er Jahre Dirostahl zieht aus dem Marscheiderbachtal hinauf zum heutigen Standort.

24.7.1922 Einweihung der neuen zweiklassigen kath. Volksschule in der Remscheider Straße 16

1923 Gründung MGV Klausen

1923 Zwischen dem unbesetzten Lüttringhausen und Remscheid/Lennep verläuft eine Zollgrenze mit reger Schmuggeltätigkeit. Am 11. Nov. wird bei Hermannsmühle der Arbeiter Walter Dannenberg von franz. Zöllnern erschossen (siehe dortiges Mahnmal).

1919 Männer zwischen 17 und 50 müssen im Bedarfsfall Notstandsarbeiten leisten.

1919 „Königliche Handelskammer"(1840) wird von Lennep nach Remscheid verlegt (Martin-Luther-Str).

20.9.1919 Eröffnung des Remscheider Schauspielhauses in der umgebauten Konzerthalle „Germania"

1919 Johannes Resch (1875-1961) gründet die Volkshochschule.

1919-21 Krasse Wohnungsnot – Bau der Siedlung Honsberg

1919-33 Stadtarchitekt Lemmer trägt Maßgebliches zur Stadtgestaltung bei.

19.3.1920 Während des durch den Kapp-Putsch ausgelösten Bürgerkrieges nimmt die „Rote Armee des Ruhrgebiets" Remscheid ein.

1921 Eröffnung eines neuen „Luft- und Sonnenbads"

1921 Großes Bürgerfest des Handwerks mit 160 Wagen

1921 Mannesmannsiedlung an der Bahnstraße / Friedensstraße

1922 Gründung der Stadtwerke (Gas, Elektro, Wasser); Erwerb der Straßenbahnlinien nach Lennep, zur Talsperre und von Wermelskirchen nach Burg

1922 Bahn nach Hasten stellt Personenverkehr ein.

1922 Baubeginn der Siedlungen Bökerhöhe und Rosenhof

7.3.1923 Französische Besatzungstruppen (für 19 Monate)

1923 Mahnmale für die Gefallenen des Bürgerkrieges von 1920: für die Zeitfreiwilligen auf dem Friedhof Reinshagen, für die Arbeiter im Stadtpark

1923/24 Höhepunkt der Inflation

August 1923 Ausgabe von Notgeld, Brotausgabe gegen Marken

1923 Hungernde plündern die Läden.

1925 Barmag von Wuppertal nach Lennep umgesiedelt

1925 Stadionbau auf alter Mülldeponie (ursprünglich Lennepetal)

1925/26 Landwirtschaftschule

1926 Baubeginn Siedlung Hasenberg – für Kinderreiche, Häuschen mit Bewirtschaftung

1929 Barmags erster wirtschaftl. Höhepunkt: 1300 Beschäftigte.

1924-25 Heimatbund wird gegründet.

1925-29 Amtszeit von Bürgermeister Dr. Rudolf Suthoff-Groß

24.7.1927 Einweihung der Kirche „Heilig Kreuz"

15.9.1928 Einweihung Jahnplatz

1928 Gründung der Heimatspiele

1928/29 Feuerwache errichtet

1924 Stadtbücherei zieht in das ehem. Amtsgericht, spätere Hilfsschule (Ecke Allee/Scharfstraße 1, zerstört 1943)

24.10.1924 Abzug der französischen Besatzungstruppen

1924 Remscheider Turnverein weiht Sportplatz am Stadtpark ein.

24.12.1924 Das Amtsgericht zieht von der Schützenstr. an die Freiheitsstraße.

1925 Heimatmuseum und Stadtarchiv im Rathaus eingerichtet

1925 Gründung eines eigenständigen Städtischen Orchesters

12.7.1925 Im neu errichteten Stadion Reinshagen findet die erste größere Veranstaltung statt.

2.8.1925 Einweihung des Ehrenhains für die Gefallenen des Weltkriegs in Reinshagen

1925 Grundstein zur Siedlung Fichtenstraße

1925-29 Siedlung Neuenhof

1926 Neubauten der Schutzpolizei an der Uhlandstraße eingeweiht

1926 Gründung eines Städtischen Musikamtes

1927 Palmstiftung erweitert zu einem Waisenheim

23.11.1928 Heimatmuseum zieht vom Rathaus ins Haus Cleff (Hasten).

1928 Eisbeinhäuser, Siedlung mit Kleinstwohnungen

1.8.1929 Lennep und Lüttringhausen werden im Zuge der großen Umgemeindungsaktion im rheinisch-westfälischen Industriegebiet nach Remscheid eingegliedert. Gleichzeitig kommt es zu Grenzkorrekturen mit Cronenberg, Ronsdorf, Radevormwald und Wermelskirchen. Der östliche Teil von Lüttringhausen mit Beyenburg fällt an die spätere Großstadt Wuppertal.

1929 Größte Protestversammlungen in der Geschichte Lenneps auf dem Jahnplatz (im Gefühl von Ohnmacht und Wut wegen Zusammenlegungsplänen)

1929-33 Depression bei der Barmag. Die Zahl der Arbeiter sinkt auf 300 (1935 wieder volle Produktion).

1930 Das Realgymnasium heißt fortan „Röntgengymnasium".

29.11.1930 Wilhelm Conrad Röntgen wird ein Denkmal gesetzt: eine Bronzeplastik „Genius des Lichts" (Arno Breker).

18.6.1932 Eröffnung des Röntgenmuseums

Vor **1933** Schürmann & Schröder (Vogelsmühle) ersetzt die Dampfmaschine durch einen Elektromotor.

12.4.1930 Badeanstalt eröffnet (1999 eingestellt, 2003 abgerissen)

1931 Lüttringhauser Anzeiger (als „Organ des Heimatbundes")

1932/33 Siedlung Klauserfeld

1929 Die Einwohnerzahl Remscheids steigt nach der Eingemeindung von 78.812 auf 102.899.

1929 Adolf Clarenbachkirche eingeweiht

1929 Einweihung der St. Josefskirche, Rektorat

1930 St. Marienkirche eingeweiht

1930 Wohnsiedlung „Auf'm Heidchen"

1932 Teufelsteich zum Freibad umgebaut

1933-1945 „Drittes Reich“

1933 Verbot der KPD / Ausschaltung der SPD
1.9.1939 Beginn des Zweiten Weltkrieges

Juli 1933 Bei den Kirchenwahlen gehen alle Sitze im Presbyterium an die „Deutschen Christen“ (der NS-Partei nahe stehend).

1933-45 Das Kreishaus wird von der nationalsozialistischen Kreisleitung übernommen und heißt fortan „Hermann Göring Haus“.

24.10.1934 Die „Bekennende Kirche“ versammelt sich zu einer großen Kundgebung im Berliner Hof und in der Stadtkirche und tritt für eine unabhängige Kirche ein.

1934 Zusammenlegung von Röntgengymnasium und Lyzeum

1.5.1936 Die Bekenntnisgemeinde errichtet in einem Fabrikraum an der Lüttringhauser Straße eine von der offiziellen Stadtkirchengemeinde unabhängige „Notkirche“ mit eigenem Prediger.

1936-39 Nationalsozialisten versuchen die evangelischen Kindergärten unter Kontrolle zu bringen, ohne Erfolg.

1938 Beerdigung von Hermann Hardt, die größte, die Lennep je gesehen hatte.

1938 Die Gestapo verbietet nach Hausdurchsuchungen beim Kaplan und in den Jugendräumen den Jungmännerverein.

1939 Autobahnbrücke über den Diepmannsbach (1999 zur Doppelpackbrücke ausgebaut).

1939 Beerdigungen von Katholiken sind auf dem evangelischen Friedhof möglich, und umgekehrt.

1939 Einführung der Deutschen Einheitsschule (Ende der Konfessionsschulen)

1942 Bunkerbau an der Wallstraße

1942 Glockenbeschlagnahmung

10.3.1945 Tieffliegerangriff auf die Neustadt richtet große Zerstörungen an. Es gibt 61 Tote. Die Barmag wird zu 2/5 zerstört. Die Altstadt entgeht nur knapp einer Katastrophe.

1934 Schule Eisernstein

1943 Bombennacht auch in Lüttringhausen

1933 Straßenkämpfe und Großrazzien in Büchen und Honsberg, Inhaftnahme von Sozialisten und Kommunisten

1933 Boykott gegen jüdische Geschäfte

Juli 1933 Auch in Remscheid tendieren viele Evangelische zu den „Deutschen Christen“ (zumal auf Hasten).

1934 Gründung der Bergischen Bühne Remscheid-Solingen

1.4.1935 Vereinsschule geschlossen

1935 Aus den städt. Orchestern von Remscheid und Solingen wird ein „Bergisches Landesorchester“ gebildet.

1936 Verhaftung des Rektors K. Kremer von St. Marien wegen seiner Jugendarbeit

1937 Erster Spatenstich zur „SA Siedlung“ an der Hohenbirker Straße

1937 Neue Turnhalle in der Jan-Wellem-Straße

1937 Arbeitslosenzahl sinkt auf 676.

1937 Realgymnasium umbenannt in Ernst-Moritz-Arndt-Gymnasium

1937-45 Amtszeit Oberbürgermeister Ludwig Kraft

15.3.1938 Sparkassenneubau am Rathausplatz

29.10.1938 Eröffnung des neuen Theatergebäudes an der Brüderstraße

9.11.1938 Judenpogrome unter dem Namen „Reichskristallnacht“

1938 Auflösung des Jungmännervereins

1939 Autobahn von Köln bis Schloss Burg in Betrieb

1.5.1939 Einweihung des „Bergischen Löwen“ auf dem Rathausplatz

1939 Errichtung eines Städtischen Kulturamtes

1941/42 Bunkerbauten in der Humboldtstraße, Bliedinghauser Straße, in Vieringhausen und an der Rudolfstraße

1942 Gründung des Remscheider Kunstvereins

23.8.1942 Eröffnung des Landschaftsmuseums (Kunstmuseum) an der Scharffstr.

1942 Glockenbeschlagnahmung

30./31.7.1943 Zerstörung des Stadtkegels und mehrerer Außenbezirke durch einen schweren nächtlichen Luftangriff (1063 Tote, 40.000 Obdachlose)

1943 Kardinal Frings besucht das zerstörte Remscheid.

1944 Zeitweise müssen die Schulen schließen.

1944 In 210 Betrieben arbeiten 9132 Zwangsarbeiter.

19.3.1945 Ein erneuter Angriff zerstört das Amtsgericht am Alten Markt und die Hardtvilla an der Poststraße. **22.3.1945** Bei einem weiteren Angriff fällt eine Bombe in die Pfarrkirche St. Bonaventura, bleibt jedoch als Blindgänger liegen.	**13.4.1945** Massaker in der Wenzelbergschlucht	

1945-1948 Nachkriegszeit

14.4.1945 Einmarsch der Amerikaner		**15.4.1945** Besetzung des Remscheider Stadtgebiets durch die Amerikaner, die bald durch die britische Besatzung abgelöst werden.
Ab **1945** Hasenberg beliebtes Wohngebiet		**1945-46** Amtszeit von Oberbürgermeister Georg zur Hellen
1946 Das Katholikenkomitee, eine Gruppe aktiver Laien, konstituiert sich und organisiert viele Veranstaltungen.		**22.5.1946** Gustav Flohr (1895-1965, KPD) zum Oberbürgermeister berufen, Amtszeit bis November **13.10.1946** Erste demokratische Stadtverordneten-Wahl nach dem Krieg
1946 Wiedervereinigung der in Stadtkirchen- und Bekennende Gemeinde gespaltene evangelische Kirchengemeinde. – Doch erst ab etwa 1955/56 schließen sich langsam die Wunden aus der Kirchenkampfzeit.		**1946-48** Amtszeit von Oberbürgermeister August Scholz **1946** Neben Gemeinschaftsschulen treten wieder Bekenntnisschulen. **1946/47** Hunger-Winter: Kampf ums Überleben
1947 Wiedereröffnung der katholischen Schule	**1947** Erstmals Karneval mit Kirchenchor Cäcila	**1947/48** Winterhilfsaktion „Remscheid hilft sich selbst“ **1948** Straßenbahnverkehr eingeschränkt (Personalmangel) **20.6.1948** Währungsreform (Einführung der „DM“) **1948** Gemeindewahl **Okt. 1948** Schule Menninghausen als Erste wieder aufgebaut **15.11.1948–10.4.1961** Amtszeit von Oberbürgermeister Walter Frey

Ab 1949 Zeit der Bundesrepublik

25.10.1949 Bergische Morgenpost	**25.11.1949** Lüttringhauser Anzeiger erscheint nach achtjähriger Zwangspause.	**Okt. 1949** Neues Dach fürs Rathaus
1949 Eröffnung der Landwirtschaftsschule	**1949** Erweiterungsbau Haus Clarenbach	**1949** Erste große Nachkriegskirmes **1950** Neubau der Mannesmannschule **1950** Gründung der „Remscheider Bühne GmbH“ **1951** Remscheid hat höchsten Prozentsatz an Notunterkünften in NRW. **1951** Überall Hofkirmesse **Nov. 1951** Erste „Bergische Universitätswoche“ in Remscheid **1951** Schulgebäude an der Hindenburgstraße wieder instandgesetzt
1952 Realschule (damals Mittelschule) nimmt Betrieb in Kreishaus auf. **5.10.1952** Waldkirche am Wallenberg wird eingeweiht.	**1952** CVJM-Heim	**1952** Ende der Besatzungszeit **1952** Hauptpostamt wiederhergestellt **21.12.1952** Evangelische Johannes-Kirche am Neuenhaus eingeweiht **1952** Kaufmännische Berufsschule bezieht wiederhergestelltes Schulgebäude an der Stuttgarter Straße.

1953 Das Jugendheim an der Hackenberger Straße wird mit viel Eigenleistung der Kolpingfamilie erbaut.

1953 Letzte Straßenbahnfahrt

Ostern 1954 Neue Schule an der Leverkuser Straße

1956 Umfassende Renovierung mit Restaurierung der Stadtkirche, Wiederherstellung des ursprünglichen Zustandes (Naturfarben des Holzes)

24.10.1958 Richtfest Altenpflegeheim Lennep

1959 Eröffnung des Altenpflegeheims „Abendfrieden“

1960 Erste Gastarbeiter aus Spanien kommen und arbeiten vor allem in der Lenneper Textilindustrie (Zeiten der Hochkonjunktur).

1960-75 Walter Jansen (1923-2004) Pfarrer, 1970 auch Stadtdechant, geht als Pfarrer ans Bonner Münster, 1983 Weihbischof.

1953 Schule Neuenhof wird in Adolf-Clarenbach-Schule umbenannt.

1953 Letzte Straßenbahnfahrt

9.4.1955 Evangelische Kirche in Goldenberg eingeweiht

1956 Erstmals nach dem Krieg wieder die Lüttringhauser Heimatspiele

1959 Einweihung Jugendheim Hl. Kreuz

1959 Errichtung der Neurologischen Klinik der Stiftung „Tannenhof“

1960 Planung Industriegebiet Großhülsberg

1962 Beginn des ersten Bauabschnitts des neuen Stadtteils Klausen; 576 Wohnungen sind geplant.

1952 Kino auf Alleestraße eröffnet (an altem Ort von 1906)

1952-56 Bau der neuen Bismarckstraße (Marktzufahrtstraße) und Neugestaltung des Marktes

15.7.1953 Wiedereröffnung der Autobahn Burscheid-Remcheid

30.9.1953 Jugendmusikschule

Ostern 1954 Neubau der Schule Menninghausen

7.5.1954 Wiederherstellung des Rathauses abgeschlossen

18.9.1954 Neue Feuerwache an der Schützenstraße

3.10.1954 Eröffnung des neuen Schauspielhauses an der Schützenstraße

20.12.1954 Remscheid übernimmt die Patenschaft für Sensburg / Ostpreußen.

27.2.1955 Einweihung der zerstörten, völlig wiederhergestellten evangl. Stadtkirche

20.3.1955 Wiederaufnahme des Gottesdienstes in der St. Suitbertus-Kirche.

1955 Eröffnung des Waldhofes, eines modernen Waisenhauses auf Küppelstein

1955 Industriegebiet Hohenhagen ausgewiesen

1955 Christuskirche

1956 Noch 7654 Remscheider leben in Baracken.

1956 Neubau Schule Rosenhügel

1956 Neue Schule am Stadtpark

14. 8.1956 Neues Empfangsgebäude des Hauptbahnhofes feierlich übergeben

Ab **1956** Ausbau des Bahnhofsplatzes

29.4.1957 Neubau katholische Palmschule

7.9.1957 Wiedereröffnung des Hallenbades in der Freiheitsstraße

5.1.1958 Eröffnung des Friedrich-Ebert-Platzes, neue zentrale Drehscheibe des innerstädtischen Personenverkehrs

1958 Käthe-Kollwitz-Berufsschule an der Freiheitsstraße eröffnet

1958 Im Wiedenhof erste „Altentagesstätte“ Remscheids eingerichtet

19.9.1958 Akademie Remscheid auf Küppelstein

1958-61 Hochhäuser am Bahnhof

1959 Neue Friedhofskapelle Papenberg

1960 Wohnungsnot: Es fehlen 6000 Wohnungen.

1961 Mahnmal Bahnhofsvorplatz mit Kilometerangaben nach Breslau, Königsberg, Sensburg, Stettin

1961 Einweihung der Daniel-Schürmann-Schule

1961-63 Amtszeit von Oberbürgermeister Gerd Ludwig Lemmer, CDU, 2008 Ehrenbürger

1962 Wasserspeicher im Stadtpark

1962 4295 Ausländer, vornehmlich Italiener und Spanier, gibt es in Remscheid. Noch fehlen über 1700 Arbeitskräfte.

1.1.1962 Bergisch Born wird eine selbständige Kirchengemeinde im Ev. Kirchenkreis Lennep.

Ab **1962** Wohnanlage Bredestraße

1962-72 Wohnsiedlung Hasenberg

1962 Erster Martinszug

1964 Letzte Dampflok auf der Strecke Lennep/Hückeswagen

1964 Neubau des Katharinenstifts, Heimstatt für 60 alte Leute

Dez. 1964 Notkirche St. Theresia am Hasenberg.

Jan. 1965 Haus des Kirchenkreises Lennep (Talsperrenweg 8)

14.12.1966 Kath. Schule Am Stadion

1967 Wilhelm Paschmann-Haus, vornehmlich für Alkoholkranke

1967/68 Brückenbau für die Hochstraße an der Trecknase

1.2.1968 Grundschule Hasenberg

1968 Dritter kath. Kindergarten wird im Altbau des Katharinenstifts eingerichtet

1968 Spanierzentrum an der Schwelmer Straße

1968/69 Konventsgebäude des Minoritenkloster abgebrochen

1969 Seelsorger der Portugiesen kommen nach Lennep.

16.11.1971 Einweihung Lenneper Krankenhaus (nach 3-jg. Bauzeit)

1971 Neue Wasserspeicher auf der Knusthöhe

28.11.1971 Gemeindezentrum Hasenberg eingeweiht

5.2.1973 Umstellung der Versorgung auf Erdgas beginnt.

1963 Bau eines Industriegebiets am Blaffertsberg

1964 In Klausen Richtfest für 1104 Mietwohnungen

1967 Erster Bauabschnitt im Industriegebiet Großhüsberg

1970 Zweiter Bauabschnitt im Industriegebiet Großhülsberg

Nov. 1970 Kath. Heilig Geist Kirche eingeweiht, ab 1990 ungenutzt, 2000 abgetragen

1970 Jugendchor an Hl. Kreuz gegr.

1973 Friedhofskapelle für alle Konfessionen

6.4.1963 Gesundheitshaus fertiggestellt (Grundstein 8.3.1961)

29.8.1963 Erster Supermarkt (Daniel-Schürmann-Str.)

1963 Neues Verwaltungsgebäude des Kirchenkreises

Dez. 1963 Neues Schulgebäude Hölterfeld

1963-64 Amtszeit von Oberbürgermeister Peter Wolf, CDU

1963 Eröffnung der staatl. Ingenieurschule für Maschinenwesen (in der Gesamthochschule Wuppertal aufgegangen)

1964 Neues Pressehaus des RGA am Friedrich-Ebert-Platz

1964 Melanchtonkirche

1964-68 Amtszeit von Oberbürgermeister Heinz Heinrichs, SPD

1965 Bau der neuen Stadtsparkasse am Rathausplatz, Anlage einer Tiefgarage und eines Tiefbunkers

1966 Fertigstellung des Gebäudes für Stadtbücherei und Stadtarchiv

14.12.1966 Neue Gemeinschaftshauptschulen Bökerhöhe und Kremenholler Kopf

Dez. 1967 Leibnizgymnasium an Brüderstraße eingeweiht (nach 3 Jahren Bauzeit)

2.3.1968 Gewerbliche Schule Neuenkamper Straße übergeben, „Remscheids größte und teuerste Schule“

29.6.1968 VfB Marathon Remscheid wird deutscher Amateur-Fußballmeister.

3.10.1968 Der Bismarckturm wird nach 5-jährigen Sanierungs- und Umbauarbeiten und mit Aufbau einer Kuppel der Öffentlichkeit als Volkssternwarte übergeben.

1968 Beginn der Entzerrung des Verkehrsknotens „Unterführung“ durch den Bau einer Stelzenstraße

1968-89 Amtszeit von Oberbürgermeister Willi Hartkopf, SPD

1969 Straßenbahn stellt Betrieb ein.

5.7.1970 Deutsches Werkzeugmuseum

Dez. 1970 Fachschule für Sozialpädagogik

29.6.1971 Besiegelung der Partnerschaft mit der französischen Stadt Quimper (seit 1989 steht eine Partnerschaftssäule auf dem Quimperplatz).

4.11.1971 Eröffnung der Alleestraße als Fußgängerzone und Einkaufszentrum

1973 Umstellung der Versorgung auf Erdgas

1973-75 Henkelshof

21.3.1973 Baubeginn Schul- und Sportzentrum Hackenberg

1974 Schließung Firma Hardt, Pocorny & Co in Dahlhausen

1974 Kindergarten St. Theresia

1.1.1975 Gebietsreform: Eingemeindung von Bergisch Born und der Gebiete westlich von Wupper und Dörpebach

1975 Eröffnung von Sporthalle und Gartenhallenbad auf Hackenberg

1975 Ev. Gemeindezentrum und Kindergarten am Hackenberg

1975 Seniorenwohnheim St. Hedwig, (Am Finkenschlag) wird seiner Bestimmung übergeben.

1975 Firma Mühlinghaus stellt Produktion ein. Die ungenutzte Klosterkirche verfällt.

1977 Kath. Jugendheim renoviert und erweitert

1977 Verstärkter Zustrom von Spätaussiedlern aus den Ostgebieten

1977 Sanierungsprogramm für Lenneper Altstadt beschlossen

1978 Restaurierung der Stadtkirche

1979 St. Andreas Bergisch Born wird abhängiges Rektorat von St. Bonaventura.

18.4.1979 Hallenbad zum Jugendfreizeitzentrum „Die Welle" umgebaut

7.1.1980 Hauptschule Hackenberg

1982 Erster Rosenmontagszug in Lennep

7.2.1982 Filialkirche St. Theresia eingeweiht, 2007 abgetragen

1983 Letzte Eisenbahn von Lennep nach Opladen

1974 Ausmalung der Decke in der Kirche Hl. Kreuz

1977 Erster Weihnachtsmarkt

1981 Neues Altenpflegeheim Haus Clarenbach eingeweiht

1982 Erster bergischer 24-Stundenlauf

1982 Woche der Begegnung

1983-88 Siedlung Eisenstein

24.05.1975 Europawoche mit Blumen- und Wirtschaftsschau

28.11.1977 Eröffnung des Studienzentrums Remscheid der Fern-Uni Hagen

1977 Sanierungsprogramm für Remscheider Altstadt beschlossen

2.3.1978 Heftige Diskussion um die Kooperationsschule (Gesamtschule). Ablehnung mit Volksentscheid

18.9.1978 Unterzeichnung der seit 1950 bereits bestehenden Städtepartnerschaft mit Wansbeck (England)

28.3.1979 Grundsteinlegung zur Krankenhaus-Sanierung

30.5.1979 Stahlgießerei Thyssen wird geschlossen. 500 Arbeiter entlassen.

1980 Erstmals „Tag des ausländischen Mitbürgers"

1.9.1980 Erweiterung der Jugendmusikschule zu einer Jugendmusik- und Kunstschule

26.5.1981 Sanierte Klinikgebäude mit neuer Konzeption eingeweiht (nach 2 Jahren Bauzeit)

12.11.1981 Erschließungsarbeiten im Industriegebiet Überfeld begonnen

12.3.1982 Richtfest Sport- und Freizeitpark an der Fürberger Straße

1982 Woche deutsch-türkischer Freundschaft

9.7.1982 Freizeitanlage Honsberg eingeweiht

1983 Stadtkerntangente, erster Teil freigegeben

19.8.1983 Neubau des Hotels „Remscheider Hof"

29.9.1983 Einweihung der Versorgungsbetriebe für Strom, Gas und Wasser

1983 Betriebsgebäude der Stadtwerke an Neuenkamper Straße

19.11.1983 Erster Waldorf-Kindergarten in Remscheid eröffnet

1985 Einzug der Lebenshilfe in neue Werkstatt Thüringsberg

1985 Wallanlage Thüringsberg zum Naherholungsgebiet ausgestaltet

1985/86 Ev. Gemeindezentrum, Max-von-Laue-Str.

1985-87 Umbau Klosterkirche

Mitte 80er Neues ev. Gemeindezentrum Hackenberg

5.9.1987 Einweihung der restaurierten Klosterkirche als Bürger- und Kulturzentrum

1987 Wuppersperre in Betrieb genommen

1991/92 Mit Schürmann & Schröder, Vogelsmühle schließt die vorletzte Textilfabrik im Bergischen Land ihre Pforten.

1995 Das letzte Teilstück der „Balkanbahn" Lennep-Bergisch Born wird eingestellt.

1995 Erstmals Septembergespräche in der Klosterkirche

1995 Tiefgarage Lennep

1995 Barmag-Umsatz bricht um 23 % ein (Bilanzverlust von 40 Mio.).

1995 RWE-Netz geht in Besitz der Stadtwerke über.

1996 Mit Wülfing in Dahlerau geht die letzte Textilfabrik im Bergischen Land in Konkurs (einst über 5000, zuletzt nur noch 160 Arbeitsplätze).

1996/97 Wohnanlage am Hardtpark

1997 Wohnanlage an der Ringstraße

1997 Kindergarten St. Bonaventura an der Hackenberger Straße.

8.9.1984 Kath. Jugendheim, Einweihung

1987/88 Leibniz-Gymnasium verlagert seinen Standpunkt zugweise nach Lüttringhausen (Klausen)

1990 Hl. Geist Kirche ungenutzt

1991 Gründung des Lüttringhauser Frauenchores

1995 Siedlung Kraner Hof

1996 Fertigstellung des Erweiterungshaus für das Leibniz-Gymnasium. Alle Schüler sind jetzt an einem Standort.

1996 Deutsch/italienischer Kindergarten Klauser Delle eröffnet

1.4.1996 Bürgeramt im Rathaus eröffnet.

1997 Einweihung des neuen evangelischen Gemeindezentrums am Ludwig-Steil-Platz

1983 BVL 08 schafft Klassenerhalt in 2. Bundesliga (als einziger Aufsteiger)

1985/86 Landeszentralbank

1986 Erste Gesamtschule, übernimmt nach und nach die Gebäude der benachbarten Grundschulen und des Leibniz-Gymnasiums.

20.2.1986 Eröffnung des Allee-Centers (Bauzeit 1 1/2 Jahre)

1986/87 Berufsbildungszentrum, Wüstenhagen

1987 Jugendzentrum „Kraftstation" an der Honsberger Straße

17.4.1988 Partnerschaft mit der tschechoslowakischen Stadt Presow

24.9.1988 Stadtkerntangente ganz freigegeben (erhält Namen Wansbeckstraße)

8.12.1988 Ein amerikanisches Kampfflugzeug stürzt in die Stockder Straße.

27.5.1989 Einweihung der neuen Leitstelle der Berufsfeuerwehr in Überfeld

10.11.1989 Einweihung Sporthalle West in Reinshagen

1989-99 Amtszeit von Oberbürgermeister Reinhard Ulbrich, SPD, ab 1995 hauptamtlich

29.8.1990 Städtepartnerschaft mit Pirna (Sachsen)

1990/91 Technologiefabrik, Berghauser Straße

1992 Eröffnung Städtische Galerie

1992 Einweihung des kath. Pfarrzentrums St. Engelbert (Vieringhausen)

1993/94 Stadtloggia am Markt

1994-96 Sophie-Scholl-Gesamtschule

1995 Erstes ökumenisches Gemeindefest

1995-97 Vaßbendersaal

1996 Allee-Center-Erweiterung

1996 Erstmals Fronleichnamsfeier am Theodor-Heuss-Platz

1997/98 Wohnhäuser Schüttendelle (GEWAG)

1997-99 Stadtwerke Remscheid, neues Verwaltungsgebäude in der Neuenkamper Straße

Lennep	Lüttringhausen	Altremscheid
1997 Ökumenisches Gemeindefest, Premiere		
1997 Tuchmuseum zieht in Hardtstraße 2.		
1998 Kammgarnspinnerei geht in Konkurs.	**19.9.1998** Bandwirkerbrunnen	
1998-2000 Wohnanlage Höhenweg (Arns und Partner)		
	1999 Weltladencafé „F(l)air“ eröffnet	**1999-2004** Amtszeit von Oberbürgermeister Fred Schulz, CDU
	29.10.1999 Erste Pläne für ein Gewerbegebiet Blume	
	2000 Abriss Kirche Hl. Geist	Ab **2000** Wohngebiet Hohenhagen
	Ab **2000** Kampf gegen das Gewerbegebiet Blume (bislang nicht realisiert)	
2001 Gewerbegebiet Jägerwald II		
2001/02 Bau neuer Stadtteilbibliothek, Bachstraße		
2001 Freilegung der Lennepe zwischen Neuenteich und Jakobsmühle		
2002 Barmag mit 24 Mio. Euro im Minus	**2002** Erstes ökumenisches Gemeindefest	**2002** Stadtteil Rosenhügel wird Fördergebiet für die „soziale Stadt“, durch das Land NRW anerkannt.
	2002 „Lüttringhauser Gespräche“	**2002** Loggia-Ausbau auf dem Markt
		Ab **2002** Bürogebäude am Bahnhofskreisel (ADAC)
		2002 „Schlieper-Brunnen“ am Markt
2003 Internationales Pfarrfest		**2003** Kreisel am Bahnhof
2004 Abriss des Kammgarngebäudes		**2003-05** Ämterhaus Ludwig-Straße und Elberfelder Straße
2005 Krankenhaus zieht aus, nach Remscheid in die Burgerstraße.	**2004** Abbruch Hallenbad	**2004-2014** Amtszeit von Oberbürgermeisterin Beate Wilding, SPD
	2005 Die traditionsreiche Weberei Sopp stellt Produktion in Großhülsberg ein.	
	2005 850 Jahre Lüttringhausen, 650 Jahre Schützenbruderschaft „Zum Kreuz“	
2006 Familiengericht zieht aus der Bahnhofstraße nach Remscheid in die Freiheitstraße.		**2006** Präsentationsjahr des Strukturprogramms „REGIONALE 2006“
		2006 Eröffnung der Trasse des Werkzeugs
2006 Barmag (von Oerlikon übernommen) hat ein unerwartet hohes Auftragsvolumen.		**2006** Eröffnung des Brückenparks Müngsten als Naherholungsgebiet
2007 Fertigstellung des ersten Bauabschnitts der Neugestaltung des Deutschen Röntgenmuseums.		**2007** Alle 22 Remscheider Grundschulen bieten Angebote des Offenen Ganztags an.
		2007 Stadt erhält im Rahmen „Stadtumbau West“ Förderzusage zur Erneuerung der Stadtteile Honsberg, Stachelhausen und Kremenholl.
	19.9.2008 Feier zum 100-jährigen Geburtstag des Rathauses	**14.9.2008** Offizielle Feier zum 200. Geburtstag der „Stadt Remscheid“
		2014 Beginn der Amtszeit von Burkhard Mast-Weisz, SPD

22. Anhang

1. Register

2. Verarbeitete Literatur

1. **ADAMCZYK-ARNS, Grazyna (Hg)**, *Architekturbüro Walter Arns 1951-1994*, Stuttgart 2001
2. **Amt für Wirtschafts- u. Verkehrsförderung (Hg)**, *Remscheid Großstadt im Bergischen Land*, Remscheid 1960
3. **ARNTZ, Gerd**, *Zeit unterm Messer. Holz- & Linolschnitte 1920-1970*, Köln 1988
4. **BECKER, Jörg**, *Remscheider Ansichten*, Remscheid 1989
5. **BEEK, Karl Hermann (Hg)**, *Bergische Unternehmergestalten. Im Umbruch zur Moderne*, Neustadt/Aisch 1996
6. **Bergischer Geschichtsverein (Hg)**, *Die Zerstörung Remscheids vor 50 Jahren*, Remscheid 1993
7. **BILLINGER, Klaus**, *Lennep wie es einmal war*, Remscheid 1986
8. **BILSTEIN, Jochen; BACKHAUS, Frieder**, *Geschichte der Remscheider Juden*, Remscheid 1992
9. **BLOEM, Walter**, *Das Jürgste Gericht (Der Paragraphenlehrling)*, Leipzig 1911
10. **BOCH, Rudolf; KRAUSE, Manfred**, *Historisches Lesebuch zur Geschichte der Arbeiterschaft im Bergischen Land*, Köln 1982
11. **BORNEWASSER, Erika**, *Festschrift zum 350 jg. Jubiläum der Kath. Schule am Stadion*, Lennep 1991
12. **BÖSEKE, Harry**, *Die Bergische Eisenstraße*, Remscheid 2003
13. **BOVERMANN, Willi**, *190 Jahre Kolpingfamilie Remscheid 1878-1978*, Remscheid 1978
14. **BRANDT-MANNESMANN, Ruthilt; MANNESMANN, Max**, *Reinhard Mannesmann – Dokumente aus dem Leben der Erfinder*, ohne Angaben
15. **BRAUN, Horst**, *Der Boden unter unseren Füßen – eine Einführung zum Boden im Remscheider Raum*, Remscheid 2005
16. **BREIDENBACH, Armin**, *Antifaschistischer Widerstand im Zuchthaus Remscheid-Lüttringhausen 1933-1945. Der Massenmord in der Wenzelnbergschlucht am 13. April 1945*, Remscheid 1992
17. **BREIDENBACH, Armin**, *Die Judenverfolgung im Remscheid 1933-1945*, Berlin 1990
18. **BREIDENBACH, Armin**, *Gestapo-Terror in der Remscheider Polizeikaserne*, Remscheid 1994
19. **BREIDENBACH, Armin**, *Widerstand und Verfolgung in Remscheid 1933-1945 (Materialien für den Unterricht)*, Remscheid o. J.
20. **BREIDENBACH, Nikolaus J.**, *Das Gericht in Wermelskirchen, Hückeswagen und Remscheid 1639-1812 (Texte und Berichte aus den Gerichtsprotokollen und Amtsakten von Bornefeld-Hückeswagen)*, Wermelskirchen 2004
21. **Bürgerverein Gemarke Bökerhöhe (Hg)**, *50 Jahre Bökerhöhe. Remscheids erste Siedlung einst und jetzt – 1922-1972*, Remscheid 1972
22. **Bürgerverein Gemarke Bökerhöhe (Hg)**, *60 Jahre Bökerhöhe. Remscheids erste Stadtrandsiedlung einst und jetzt*, Remscheid 1982
23. **Bürgerverein Gemarke Bökerhöhe (Hg)**, *75 Jahre – Bökerhöhe – die Stadtrandsiedlung mit Herz*, Remscheid 1997
24. **Clarenbach Kirchengemeinde (Hg)**, *50 Jahre Ev. Adolf Clarenbachkirche*, Remscheid 1979
25. **COEPER, C.; HAGEN, W.; THOMAE, H. (Hg)**, *Deutsche Nachkriegskinder (Artikel „Remscheid“, von H. Potyka, u. a.)*, Stuttgart 1954
26. **COURTS, Gerd**, *Remscheid so wie es war*, Düsseldorf 1974
27. **CROON, Helmuth**, *Rheinische Städte und ihre Bürger im 19. Jahrhundert (Vortrag z. Empfang d. Stadt Remscheid anlässlich der 150-Jahrfeier ihrer Stadtwerdung)*, Remscheid 1958
28. **DELLER, Heinz G.**, *175 Jahre Remscheider Schützenverein von 1816 Korporation*, Remscheid 1991
29. **DIEDERICHS, Urs; MANNCHEN, Justus**, *Werkzeug, Mensch, Geschichte – Führer durch das Deutsche Werkzeugmuseum*, Remscheid 2000
30. **DOMINIK, Peter**, *Dampfkraft im Tal der Wupper. Ein Spaziergang durch ein bald vergessenes Industriegebiet*, 1998
31. **DOMINIK, Peter**, *Ein Generator feiert Geburtstag. Aus der Geschichte der Lenneper Stromversorgung*, 2001
32. **DOMINIK, Peter**, *Wasserkräfte in Dahlhausen. Die Geschichte einer Stauanlage*, 2000
33. **DOMINIK, Peter**, *125 Jahre elektrisches Licht in Lennep 1880-2005*, Remscheid/Lennep 2005
34. **EGGERATH, Hanna**, *Im Gesteins. Das ursprüngliche Neandertal in Bildern des 19. Jahrhunderts*, Köln 1996
35. **EICKMEIER, Heinz; MERSMANN, Arno; RÖLLECKE, Harald**, *Vergessene Geschichte der Genossenschaften (Arbeitshilfe in Remscheid)*, Februar 1984
36. **ELLERBRAKE, Wilhelm**, *50 Jahre Forstverband Remscheid (Vortrag zum 50-jährigen Bestehen des Forstverbandes Remscheid am 5.9.1997)*, Remscheid 1997
37. **ELSAS, Heinrich**, *Geschichte der Evangelischen Gemeinde Remscheid 1932-1956 (hsg. v. Frieder Backhaus)*, Köln 1999
38. **ENGELI, Christian u.a.**, *Probleme der Stadtgeschichtsschreibung (in: Informationen zur modernen Stadtgeschichte, Beiheft 1)*, Berlin 1981
39. **ENGELS, Harald**, *Die Bandwebereigewerbe in Lüttringhausen*, Lüttringhausen 1998
40. **ENGELS, Wilhelm; LEGERS, Paul**, *Aus der Geschichte der Remscheider Werkzeug- und Eisenindustrie (Bd. 1 und 2)*, Remscheid 1928
41. **ENGELS, Wilhelm**, *Mittelalterliche Verkehrswege und neuzeitlicher Straßenbau im Remscheider Gebiet und Umgebung*, Remscheid 1939
42. **ENGELS, Wilhelm; WILMS; RINGEL; HOLSCHBACH; STURSBERG; REES; HALBACH u.a.**, *Remscheid – Geschichte einer Stadt*, Remscheid 1958
43. **EULENHÖFER, Max**, *Remscheider Bilderbogen*, Remscheid 1950
44. **Evangelische Luther-Kirchengemeinde (Hg)**, *100 Jahre Lutherkirche*

1894-1994, Remscheid 1994

45. **Evangelische Stadtkirchengemeinde Remscheid (Hg)**, *Evangelische Stadtkirche Remscheid*, Remscheid 1981

46. **Fabricius-Klinik (Hg)**, *100 Jahre Arenberger Dominikanerinnen in der Fabricius-Klinik Remscheid*, Remscheid 2004

47. **FAESKORN, Ilse**, *Es ging um Kopf und Kragen*, Remscheid 1998

48. **FAESKORN, Ilse; STEYLERS, Christel**, *Zeitzeugen des 20. Jahrhunderts. Der Widerstand Remscheider Frauen 1933-1945*, Remscheid 2007

49. **FELDMANN, Helmut; MOUCHARD, Karl Bernd**, *St. Bonaventura Lennep. Die Geschichte einer Pfarrei*, Remscheid-Lennep 1988

50. **FISCHER, G.A.**, *Schloss Burg und andere Burgen des Rheinlandes*, Remscheid 1980

51. **Förderkreis des Deutschen Werkzeugmuseums (Hg)**, *Werkzeug. Mensch. Geschichte. Führer durch das Deutsche Werkzeugmuseum Remscheid*, Remscheid 2000

52. **FÜLLE, Wilhelm; SCHELL, Otto**, *Altbergische Häuser in Wort und Bild*, Barmen 1907

53. **Fünfundzwanzig Jahre Siedlung Grenzwall**, Lennep 1958

54. **FUNKE, Hans**, *Remscheid (Reihe: Archivbilder)*, Erfurt 2002

55. **FUNKE, Hans**, *Zeugen der Remscheider Geschichte. Stadtbilder in Stein und Bronze*, Remscheid 1991

56. **GEPPERT, Stefan; SOECHTING, Dirk (Hg)**, *Johann Peter Hasenclever. Ein Malerleben zwischen Biedermeier und Revolution*, Mainz 2003

57. **Gesellschaft für innovative Sozialforschung und Sozialplanung e.V (Hg)**, *Migration in Remscheid, Daten und Fakten*, Bremen/Remscheid 2006

58. **GROLLE, Joist von**, *Menschen in ihrer Zeit (Bd. 4, In der frühen Neuzeit)*, Stuttgart 1970

59. **GRÜBER, Karl**, *Remscheid: Führer durch die Stadt und Umgebung*, Remscheid 1910

60. **GRÜNEKLEE, Heinz-Günther**, *Der Remscheider Wald im Wandel der Zeiten*, Remscheid o. J.

61. **HAAS, Günther u.a. (Hg)**, *Maschinenfabrik Friedrich Haas Lennep. Geschichte eines Familienunternehmens 1826-1968*, Remscheid 2006

62. **HAENEL, Hubert**, *100 Jahre St. Suitbertus-Kirche*, Remscheid 1983

62a. **HALBACH, Gustav Herrmann**, *Bergischer Sprachschatz, Remscheider Wörterbuch*, 1951

63. **HALLER, Hans W.**, *Handbuch des Schmiedens*, München 1971

64. **HANEWINKEL, Heinz (Hg RGA)**, *Talsperren im Bergischen Land – mit 27 Wandervorschlägen*, Remscheid 2000

65. **HASENCLEVER, Hermann**, *Die Zerstörung der Stadt Remscheid in Bild-Dokumenten*, Remscheid (1963) 1978

66. **Heimatbund Lüttringhausen (Hg)**, *Schönes Lüttringhausen in Vergangenheit und Gegenwart*, Lüttringhausen 2006

67. **Heimatjahrbuch der Bergischen Blätter**, *Bergischer Almanach*, 1992

68. **HEINRICH, August**, *1878-1948 - 70 Jahre Kolpingfamilie Remscheid*, Remscheid 1948

69. **HEINRICHS, Jos.**, *Geschichte des Bergischen Landes*, Köln 1890

70. **HEUSER, Karl Wilhelm**, *Adel, Herrschaft und Landschaft im Bergischen*, Remscheid 1973

71. **HEUSER, Karl Wilhelm (Hg)**, *Bindung an den heimatlichen Raum [darin: 1) 750 Jahre Lennep (Walter Lorenz), 2) Von der Reformation zur preußischen Union. Lennep und seine lutherische Gemeinde (W. Heuser), 3) Register zur Monatsbeilage „Die Heimat spricht zu dir!"]*, Remscheid 1981

72. **HEUSER, Karl Wilhelm**, *Diederich David Bunge. Ein Remscheider Pfarrer der Aufklärung*, Remscheid 1970

73. **HEUSER, Karl Wilhelm**, *Die Remscheider Stadtkirche in der Orts-, Landes- und Kirchengeschichte*, Remscheid 1984

74. **HEUSER, Karl Wilhelm**, *Evangelische Kirche Lüttringhausen 1735-1985 Zur Wiederherstellung des Gotteshauses vor 250 Jahren*, Lüttringhausen 1985

75. **HEUSER, Karl Wilhelm; FELDMANN, Hellmut**, *Kirchliches Leben in Lennep. Ein geschichtlicher Leitfaden*, Remscheid-Lennep 1980

76. **HEUSER, Peter Arnold**, *Das „Steinerne Kreuz" zu Remscheid*, Remscheid 1984

77. **HINDERER, Rudolf (Hg)**, *Bergische Schieferhäuser – entstanden um die Wende des 18. Jahrhunderts*, Frankfurt a. M. 1907

78. **Historische Ausstellung im Reichstagsgebäude Berlin**, *Fragen an die deutsche Geschichte. Ideen, Kräfte, Entscheidungen von 1800 bis zur Gegenwart*, o. J.

79. **Historisches Zentrum Remscheid (Hg)**, *Zeichenrolle*

80. **HOLTHOFF, Fritz**, *Karl Jarres. Prägung und Bewährung*, Remscheid 1993

81. **HORSTMANN, Siegfried**, *Von bergischen Menschen und den Stätten ihrer Arbeit (2. völlig neu überarbeitete Auflage)*, Remscheid 1990

82. **INKELLER, Rudolf,** *Die Wuppertalbahn*, Leichlingen 2004

83. **IRLE, Lothar,** *Unser Siegerland, eine Heimatkunde*, Siegen 1968

84. **KADEREIT, Hans,** *Lüttringhausen wie es war und ist*, Wuppertal 1993

85. **KAISS, Kurt,** *Der Balkanexpress, Die Eisenbahnverbindung Remscheid-Lennep-Opladen*, Leichlingen 2006

86. **KAISS, Kurt,** *Die Eisenbahnlinie Solingen-Remscheid*, Leichlingen 2001

87. **KALKUM, Kurt,** *50 Jahre Siedlung im Rosenhof*, Remscheid 1983

88. **KESSLER, Johannes,** *Die Klosterkirche in Lennep. Kirche – Kommerz – Kultur*, Remscheid 2008

89. **KLAES, Holger; FELD, Jürgen,** *Remscheid Impressionen*, Remscheid 1995

90. **KOCH, Angela; MENNENÖH, Jens, QUADFLIEG, Klaus Udo,** *Architekturführer Remscheid*, Remscheid 2002

91. **KOCH, Heinrich (Hg Mannesmann AG Düsseldorf),** *75 Jahre Mannesmann 1890-1965. Geschichte einer Erfindung und eines Unternehmens*, Düsseldorf 1965

92. **KRIELKE, Hans H. (Hg)** *Altbergische Innenarchitektur (neu hrsg. und*

kommentiert), Remscheid 1980
93. **KRIELKE, Hans H.,** *Bergische Möbel*, Remscheid 1981
94. **KRIELKE, Hans H.,** *Schöne alte Türen in Remscheid (neu hrsg. u. kommentiert)*, Remscheid 1979
95. **KRIELKE, Katrin,** *Haus Cleff in Remscheid Hasten*, Wuppertal 2004
96. **KÜFFNER, Hatto; SPOHR, Edmund,** *Burg und Schloss Düsseldorf*, Kleve 1999
97. **LAMBECK, Alfred,** *Die „Kunstkiste" 1950, Nr 1, 5 und 6*
98. **LAUFF, Werner,** *Eduard Hülsmann. Pfarrer in Lennep und Abgeordneter der Nationalversammlung 1848*, 2002
99. **LAUFF, Werner,** *Die Notkirche in Lennep. Ein Beitrag zur Geschichte des Kirchenkampfs im Kirchenkreis*, Köln 2002
100. **Lehrerkollegium der AVH (Hg),** *Alexander-von-Humboldt-Schule. Städtische Realschule Remscheid 1941-1991*, Remscheid 1991
101. **LEMMER, Ludwig,** *Remscheid. Ein Beitrag zum Gestaltungsproblem einer Industriestadt*, Düsseldorf 1926
102. **LEYENDECKER, Emmi,** *Emmi Leyendecker 1903/87 – Erinnerungen (Archiv Faeskorn)*
103. **LINDEMANN, Erich,** *Deutsches Werkzeugmuseum Remscheid*, Remscheid 1980
104. **LITSAKS, Christos,** *Die Geburt des Bergischen Landes: Wanderung in Remscheids Urzeit*, Remscheid 1994
105. **LOHNEN, Alois,** *Altenberg. Burg-Kloster-Dom*, Düsseldorf o. J.
106. **LORENZ, Heinz-Jürgen,** *Die Innenarchitektur der Bergischen Predigtkirchen vom Barock bis zum Klassizismus und ihre Restaurierung im 20. Jh.*, Radevormwald 2002
107. **LORENZ, Walter; BOBBERT, Jane,** *60 Jahre Orchester in Remscheid 1925-1985*, Remscheid 1985
108. **LORENZ, Walter,** *Remscheid auf alten Postkarten*, Duisburg 1979
109. **LORENZ, Walter,** *Remscheid 175 Jahre Stadt 1808-1983*, Remscheid 1983
110. **LORENZ, Walter,** *75 Jahre Rathaus Remscheid 1906-1981*, Remscheid 1981
111. **LORENZ, Walter,** *100 Jahre Rathaus Remscheid*, Remscheid 2006
112. **LOTZMANN, Rolf,** *Remscheid. Ein verlorenes Stadtbild*, Gudensberg-Gleichen 1994
113. **Lüttringhauser Anzeiger (Hg)** *850 Jahre Lüttringhausen*, Remscheid 2005
114. **MACHAT, Christoph,** *St. Kunibert in Köln (in: Rheinische Kunststätten)*, Köln 1985
115. **MAHLKE, Michael,** *100 Jahre IG Metall Remscheid. Geschichte der Remscheider Gewerkschaftsbewegung*, Remscheid 1990
116. **MAHLKE, Michael (Hg),** *Remscheid in der Zeit des Nationalsozialismus*, Remscheid 1995
117. **Mannesmann AG (Hg),** *Rohre gab es immer schon*, Düsseldorf 1965
118. **Mannesmann Röhrenwerke AG,** *Kleine Chronik der Mannesmannwerke*, Düsseldorf 1940
119. **MENGEL, Erich,** *Bergische Sprachgeschichte. Studien zur historischen Grammatik der innerbergischen Mundarten*, Remscheid 1987
120. **MENGEL, Erich,** *Das Bergische Land nur ein Traum oder eine Erinnerung*, Remscheid 1966
121. **MESENHÖLLER, Peter,** *Europa bot nur Sclaverey. Bergische Amerika-Auswanderung im 19. Jh.* Solingen 1984
122. **METSCHIES, Michael (Hg),** *Schulgeschichte des Röntgengymnasiums in Remscheid-Lennep 1916-1991*, Remscheid-Lennep 1991
123. **MÜLLER, Henning,** *Wer war Wolf?*, Köln 1988
124. **MÜLLER, Manfred,** *Bilder und Ein-Sichten oder Lennep hat Geburtstag*, Remscheid 1980
125. **MÜLLER, Peter,** *Peter Müller – Gummi- und Metallverarbeitungs GmbH (Prospekt der Firma)*, Remscheid 1999
126. **NAGEL, Rolf,** *Rheinisches Wappenbuch*, Remscheid 1986
127. **NEUFERT, Sven; NEUHANN, Florian,** *Hände weg von Lennep: der Kampf Lenneps um die Selbständigkeit 1929*, Remscheid 2003
128. **NEUMEISTER, A. HAEBERLE, Ernst,** *Deutsche Konkurrenzen. Bismarckturm auf dem Knivsberg bei Apenrade und Bismarckturm in Remscheid*, Leipzig o. J.
129. **NITSCHE Hans; SIKORA, Joachim (Hg),** *Adolf Müller (Remscheid) christlich motiviert politisch engagiert*, Bad Honnef 1996
130. **NOSKE, Edgar,** *Der Bastard von Berg. Ein Kriminalroman aus dem Mittelalter*, Köln 2004
131. **OTTEN, Heinrich; KAMMAN, Silke,** *Gottes Häuser. Remscheids Kirchen in Text und Bild*, Remscheid 2008
132. **PALLA, Rudi,** *Falkner, Köhler, Kupferstecher. Ein Kompendium der untergegangenen Berufe*, Frankfurt 1994
133. **Paulus Kirchengemeinde (Hg),** *Hundert Jahre Paulus-Kirche Remscheid Hasten / 1853-1953*, 1953
134. **PEISELER, Heinz-Hermann,** *Festschrift zum 40-jährigen Bestehen der Siedlung Am Ueling 1939-1979*, Remscheid 1979
135. **PFEIFER, Kurt,** *Festschrift 50 Jahre Siedlung Grenzwall*, Lennep 1989
136. **PIEPER, Hermann,** *Das Gericht in Remscheid*, Remscheid 1944
137. **PLÜMER; Friedrich; BREDT, Joh. Victor,** *in: Zeitschrift des Bergischen Geschichtsvereins (69. Band)*, Jahrgang 1941/42
138. **Projektgruppe „Geschichte Bergischer Genossenschaften" (Hg),** *Vorwärts Befreiung. Genossenschaftliche Selbsthilfe*, Essen 1984
139. **RAUCHENBICHLER, Ulrich,** *Bergische Bibliografie, in: Zeitschrift des Bergischen Geschichtsvereins, 91. Band*, Jg. 1984/85
140. **REES, Wilhelm (Hg),** *Aus Remscheids Vergangenheit (Festschrift zum 10jährig. Bestehen der Ortsgruppe Remscheid)*, Remscheid 1931
141. **REES, Wilhelm,** *Blütezeiten der Baukunst im Bergischen Land (Vortrag*

1960), Remscheid-Lennep
142. **REES Wilhelm,** *Remscheid in der Zeit vom Beginn der preußischen Herrschaft bis zum Sturmjahr 1848,* Remscheid 1928
143. **REES, Wilhelm,** *Robert Böker und seine Vorfahren als Wirtschaftler und Kommunalpolitiker,* Remscheid-Lennep 1961
144. **REES, Wilhelm,** *Zur Geschichte des kulturellen Lebens in Remscheid,* Remscheid 1937
145. **REIMANN, Wolfgang R.,** *Eine Bergische Tour. Mit der Linie 15 von Wuppertal nach Remscheid,* Berlin 2005
146. **REIMANN, Wolfgang R.; LÖTTGERS, Rolf,** *Unsere Remscheider Straßenbahn 1893-1969,* Remscheid 1981
147. **RGA-Buchverlag (Hg),** *Adressbuch der Stadt Remscheid, Ausgabe 1998/89,* Remscheid 1999
148. **RGA-Buchverlag (Hg),** *Altes neu betrachtet. Remscheid – Eine historische Bilderreise (CD mit 800 Bildern),* Remscheid 2005
149. **RGA-Buchverlag (Hg),** *Zur Geschichte der Remscheider Sozialdemokratie (1863),* Remscheid 2003
150. **RGA-Buchverlag (Hg),** *50 Jahre Remscheid & die Republik (RGA Schlaglichter aus 50 Jahren),* Remscheid 1999
151. **RGA-Buchverlag (Hg),** *100 Jahre Müngstener Brücke,* Remscheid 2006
152. **RGA-Buchverlag (Hg),** *100 Jahre Müngstener Brücke (Sonderbeilage des RGA),* Remscheid 25.6.1997
153. **RGA-Buchverlag (Hg),** *110 Jahre Zeitgeschehen: 1889-1999. Eine Chronik,* Remscheid 1999
154. **RGA-Buchverlag (Hg),** *125 Jahre Stadt Remscheid 1808-1983 (Sonderbeilage),* Remscheid Juni 1983
155. **RGA Buchverlag (Hg),** *1985-2005 Werkstattgalerie Gundis und Heinz Friege Remscheid,* Remscheid 2006
156. **RGA-Buchverlag (Hg),** *1889-1989 – 100 Jahre RGA (Sonderbeilage),* Remscheid 28.10.1989
157. **Richterrat beim Landgericht Wuppertal (Hg),** *Rechtsprechung und Zeitgeschichte 1834-1984. 50 Jahre Landgericht Wuppertal,* Wuppertal 1984
158. **RINGEL, Hermann,** *Bergische Wirtschaft zwischen 1790 und 1860,* Remscheid 1966
159. **RINNE, Will,** *Moritz Böker. Ein Bergischer Wirtschaftsführer (nach Tagebüchern, Briefen, Reden, Aufsätzen),* Berlin 1940
160. **RINNE, Will,** *Remscheid – die deutsche Werkzeugstadt,* Berlin 1939
161. **ROESCH, Karl,** *1000 Jahre Werkzeugstahlerzeugung im Bergischen Land (in: Heimatkundliche Hefte des Stadtarchivs Remscheid Nr. 15),* Remscheid 1983
162. **ROGGE, Ralf,** *Wir werden siegen, wenn wir einig sind (Quellen zur Revolution 1848/9 in Remscheid, Solingen, Wuppertal),* Solingen 1998
163. **ROSELT, J. Christof,** *Führer durch Schloss Burg an der Wupper,* Remscheid o. J.
164. **ROTH, Hans Jürgen,** *Haus zweier Welten. 1200 Jahre Aachener Dom (Hg Domkapitel Aachen),* Aachen 1999
165. **ROTH, Hans Jürgen,** *Haus zweier Welten. 1200 Jahre Aachener Dom, Arbeitshilfe Bd. I und II (Hg. Bischöfliches Generalvikariat Aachen),* Aachen 2003
166. **ROTH, Hans Jürgen,** *Kirche im Fadenkreuz. Immobilie für den unendlichen Gott (Ein Buch zum Kölner Dom, Hg. Erzbischöfliches Generalvikariat Köln),* Remscheid 1994
167. **ROTH, Hans Jürgen,** *Zeitreise durch 150 Jahre Schulgeschichte. Von der Höheren Töchterschule zum Gertrud-Bäumer-Gymnasium, Remscheid 1853-2003,* Remscheid 2003
168. **SCHARFF&KRAUSS Druck,** *Lüttringhausen – eine Bergische Stadt, die selbständige Stadtgemeinde bleiben will und muß,* Lüttringhausen 1929
169. **SCHELL, Otto,** *Altbergische Häuser in Bild und Wort,* Barmen 1907
170. **Schlossbauverein Burg (Hg),** *Schloß Burg a. d. Wupper 1887-1947 (Festschrift des Schloßbauvereins),* Remscheid-Lennep 1947
171. **SCHMIDT, Günther,** *Entwicklung einer Remscheider Schmiede. BSI – DEW – Thyssen/Krupp 1927-2002,* Remscheid 2002
172. **SCHMIDT, Günther,** *Hämmer- und Kottenforschung in Remscheid [Die Morsbach (Bd. 1), RS 1999, Von Müngsten bis Gerstau (Bd. 2), RS 2000, Von der Gerstau bis Haddenbach mit Gelpetal und Ibach (Bd. 3), RS 2002, Leyerbach, Diepmannsbach, Mückenbach (Bd. 4), RS 2004, Vom Blombach bis Eschbach (Bd. 5)],* Remscheid 2006
173. **SCHMIDT, Richard Wilhelm (Hg),** *Albert Schmidt (1841-1932). Ein Leben in der bergischen Kreisstadt Lennep,* Gießen/Frankfurt 2000
174. **SCHMIDT, Wilhelm R.,** *Remscheid Lennep (Reihe Archivbilder),* Erfurt 2004
175. **SCHMIDT-DE BRUYN, Ruth,** *Das bergische Patrizierhaus bis 1800,* Köln 1983
176. **SCHMOECKEL, Gisela,** *Evangelische Stadtkirche Lennep,* Wuppertal 2006
177. **SCHMOECKEL, Gisela,** *Schaffst du dir einen Wagen an (in Bergische Blätter 1991, Heft 5)*
178. **SCHNEIDER, Wolf,** *Der Kölner Dom. Wie die Deutschen zu ihrem Weltwunder kamen,* Hamburg 1991
179. **SCHWALBE, Marlene u.a.,** *Grundschule Dörpfeld 1903-2003. 100 Jahre Schule am Neuenhof,* Remscheid 2003
180. **SCHWARZE, Wolfgang,** *Bergische Wohnkultur im 18. Jahrhundert,* Wuppertal 1986
181. **SELBACH, Gerd,** *…aber die Jahre waren bestimmt nicht einfach (Remscheider Zeitzeugen berichten aus der Kindheit und Jugend),* Remscheid 1985
182. **SEYMOUR, John,** *Vergessene Künste. Bilder vom alten Handwerk,* Ravensburg 1984
183. **SOECHTING, Dirk,** *Adels Schloß und Ritterburg,* Essen 1988
184. **SOECHTING, Dirk,** *Der heilige Engelbert (Festvortrag 50 Jahre Rektorat*

St. Engelbert), Schloss Burg 2004
185. **Stadt Remscheid (Hg),** *Haushaltsplan 1909*, Remscheid 1909
186. **Stadt Remscheid (Hg),** *Remscheider Bürgerbuch*, Remscheid 1913
187. **Stadt Remscheid (Hg),** *Statistisches Jahrbuch der Stadt 2007*
188. **Stadt Remscheid (Hg),** *Teo Otto (1904-1968). Der Bühnenbildner, der Maler, der Lehrer*, Remscheid 2001
189. **Stadt Remscheid (Hg),** *Veranstaltungskalender der Stadt Remscheid*, Remscheid 1951/52
190. **Stadt Remscheid (Hg),** *Verwaltungsberichte der Stadt Remscheid*
191. **Stadtsparkasse Remscheid (Hg),** *125 Jahre Stadtsparkasse Remscheid 1841-1966*, Remscheid 1966
192. **STRUZT, Edmund,** *Werden und Vergehen Remscheider Familien*, Remscheid-Lennep 1964
193. **STURSBERG, Erwin,** *Alt-Lüttringhausen*, Remscheid 1950
194. **STURSBERG, Erwin,** *Remscheid und seine Gemeinden. Geschichte, Wirtschaft, Kultur*, Remscheid 1969
195. **STURSBERG, Erwin,** *Zur älteren Geschichte Lenneps*, Remscheid 1956
196. **STURSBERG, Erwin,** *650 Jahre Hasten*, Remscheid 1962
197. **SULZENBACHER, Gudrun,** *Alte Handwerke*, Wien/Bozen 2002
198. **TEDERS, Bernhard,** *50 Jahre Siedlung Im Mittenfeld 1934-1984*, Remscheid 1984
199. **TESCHE-FEDER, Erika,** *Bergische Motive*, Neustadt-Aisch 1977
200. **TIGGES Hans,** *Eine Stadt hilft sich selbst. Remscheid nach dem Kriege. Aus den Erinnerungen eines Zeitzeugen*, Remscheid 1989
201. **Verein der Freunde und Förderer (Hg),** *Jugendmusik- und Kunstschule 1953-1983*, Remscheid 1983
202. **Verein Natur- und Vogelschutz Remscheid (Hg),** *Picus - Sonderheft Hohenhagen*, Remscheid 1992
203. **VIEHBAHN, Egon,** *Hämmer und Schleifkotten im Gelpetal*, Wuppertal 1983
204. **VIEHBAHN, Egon,** *Historisches Lennep. Die Altstadt und ihr Umfeld in Wort und Bild*, Remscheid 2002
205. **VOM BERG, Carl,** *Beiträge zur Geschichte der ehemaligen Stadt Lüttringhausen*, Düsseldorf 1941
206. **VOM BERG, Carl; KOLFERTZ, Paul; MEYER, Christian,** *Geschichte der evangelischen Kirchengemeinde Lennep*, Remscheid-Lennep 1956
207. **VOM BERG, Carl, jun.,** *Geschichte der ehemaligen Bergischen Hauptstadt Lennep, Urkundenbuch Bd. 1*, Lennep 1900
208. **VON BERG, Adolf (Hg RGA),** *Die Thalbrücke bei Müngsten und die Strecke Remscheid-Solingen*, Remscheid 1997
209. **WAITERSHAGEN, Paul,** *Die bergische Truhe. Legenden, Sagen, Märchen, Schwänke und Schnurren aus dem Bergischen Land*, Köln 1955
210. **WESSEL, Horst A.,** *Die Familie Mannesmann in Marokko 1907-1914 (Ein Beispiel partnerschaftlicher Wirtschaftsentwicklung)*, ohne Angabe
211. **WESSEL, Horst A.,** *Kontinuität im Wandel - 100 Jahre Mannemann 1890-1990*, Gütersloh 1990
212. **WILMS, Heinrich,** *Remscheid. Im Spiegel zeitgenössischer Darstellungen aus drei Jahrhunderten*, Remscheid 1955
213. **WILMS, Heinrich,** *Zur Geschichte des Sozialwesens im Raume Remscheid*, Remscheid 1967
214. **WOLFF, Arnold (Hg),** *Der gotische Dom von Köln*, Köln 1986
215. **WOLFF, Norbert,** *Versunken in den Wupperfluten*, Horb a. Neckar 1999
216. **ZERRES, Michael P.,** *Hasenclever, Quellen zur Geschäftstätigkeit eines Handelshauses*, Frankfurt 1978
217. **Ziegler, Buchdruckerei,** *Die Remscheider Märzkämpfe im Jahre 1920. Ein Kapitel aus dem Kriege nach dem Kriege*, Remscheid o. J.
218. **Ziegler, Buchdruckerei,** *Regiments-Appell ehem. 16er „Hacketäuer" in Remscheid um 3., 4. und 5. September 1927*, Remscheid 1927
219 **ZÖLZER, Friedrich,** *Aus der Rechtsgeschichte des ehemaligen Herzogtums Berg*, Remscheid 1965

3. Verweise und weiterführende Literatur

Die hier gemachten Angaben sind reduziert auf eine Auswahl von Literatur, welche u. a. in den entsprechenden **Kapiteln** verarbeitet wurde bzw. weiterführen könnte. Um Bezüge zu erleichtern sind die Nummerierungen der **Abschnitte** innerhalb der Kapitel mit Fettdruck markiert. Von zusätzlichen Verweisen auf Archive oder umfangreichen Materialien, die mir von entsprechenden Fachleuten oder Privatpersonen zur Verfügung wurden, ist weitgehend verzichtet worden. Ein ursprünglich erheblich umfangreicher geplanter Apparat wurde fallengelassen, nicht zuletzt aus Platzgründen.

1. Kapitel 1: 59,143/145 - 2: 59,145 - 3: 59,145; 48,1.4 - 4: 104,80f.; 59,144 - 5: 59,23.143; 81,4; 194,19; 158,64 - 6: 197

2. Kapitel 1: Archiv Holtschneider; 63,13; 194,19f; 137,1/7; 59,37 - 2: 194,21/24; 42,12; 42,181ff; 104,71; 140,24/26; 104,71 - 3: 194,23f.; 59,35/40 - 4. 194,20/23; 59,31/37; 29,6f; 42,9f.; 104,11; 140,64; 119,6.15.17.19.22.30; 120

3. Kapitel 1: 59,24; 59,248; 59,31; 71,11/14; 42,11/14; 71,22/5; 42,37; 136,7; 175,12; 194,26; 137,8; HIZ - 2: 185; 183,14; 183; 183,5f.; 183,9; 170; 163; 50; 69; 130; 184; 194,27/30; 194,51f.; 158,13, 42,12; 42,21f; 74,7; 59,248; 137,11f. - 3. 42,113/115; 137,12; 71; 194,57; 194,146/148; 194,188; 74,7; 74,10f. - 4: 194,48/63; 42,14/16; 137,15. - 5: 132,18f.; 42,24; 158,16; 158,103; 194,160f. - 6: 154,11

4. Kapitel 1: 42,40f.; 194,165; 110,4; 59,93/95; 81,146; 109,10/14.20.26/27.42 - 2: 109,24; 42,41; 110; Zitat S. 58 unten:110,12; 81,46; 59,120/124; 110,12.16.19.26; 81,46; Zitate S. 60: 59,123f. - 3: 154,24. - 4: 42,33.44; 81,77; 59,40. - 5: 194,221/228.188; 42,45/47.136f.; 155,21/23 - 6: 168; 194,214; 127

5. Kapitel 1: 154,20.31; 42,42; 109,16; 194,166; 59,93.97ff.; 121,17/19; Zitate S.76: 141,20f. - 2: 594,99; 141,6/17. - 3: 59,15.21.123.154.158.155f.; 181,47f.; 159,140f.; 128; Zitat S. 83: 59,123f; Zitate S. 85f.: 59,117f.; 167,117; 170,19; Zitat S. 87 links: 159,145; rechts: 159,163 - 4: 181,46; 181,117/125; 154,44; Zitate S. 91: RGA: 28,123, unten 181,125f.; 218,17/19 - 5: Zitat: 144,112; 144, 112.123; 127,100

6. Kapitel 1: 71,11/15; 194,23; 194,32.36f.; 42,114.118/120; 12,23f.; 39,8; 41,5f.12/15.48.64; 140,29ff.; 158,38f. - 2: 81,24f.; 12,5.26/32.62; 41,20/29; 194,133.136; 158,38; 67,115 - 3: 41,32/37.41; 81,24; 158,51 - 4: 41,48/56.80/97.100/115; 42.48/50; 156,85; 140,36/42; 194,179f.196; 158,40; 109,28.32; 141,24/37; 137,23; 159,43f.; 67,115; 158,50f. - 5: 59,209/114; 42,28f.50/54; 141,37f; 156,80f.; 194,200f.; 67,115f.; 140,42; 124; 151; 208,25; 152,4; 152,10f.; 168,5; 85 - 6: 143,49.62/66.76f.80/86.92/96; 194,178.208, 41,114.116; 156,82f.; 42,54f.; 143,46; 159,43; 59,151; 168,5f.; 39,44; 146,17; 146,68f.; 146,159.305.424ff.7: 43,46; 156,78f.84; 159,43f.; 181,16; 158,40; 51,19; 42,54

7. Kapitel 1: 194,56.194,66/158.85/88.128/131; 42,80.90.93.120f.126.130/132; 144,25; 158,62/65; 156,25 - 2: 42,121.128.131f.; 39,9f.12/14.19/37.54.59/68; 158,61; 194,175.202/205 - 3: 194,67f.72/76.81/91. 124/136.140.152.168.173.175.198.201; 59,68/78.87/91.128/134; 158,5/7.66f.74/77.84.104/107.118.121f.125; 42,52.121/123; 158,143f; 42,26f.30/37.87; 141,95; 141,98/101.105; 12,15.19;25.40/44; 172,III,5ff.16f.178ff.; 172,IV,38ff.138.140f.157f.174ff.197.200/206; 172,V,8ff.60ff.68/72.78.81/86.90.109.117f.216ff; 132,92.309; 159,14f.26.29.34/36.40f.51f.78.80/94; 141,98; 63,13f.; 81,2ff.7/15.27f.54f.89/97.138f; 41,57/63; 158,58f.; 121,51f.; 156,89.98; 143,46.49.62/66.76/80; 196,81f.; 171; Zitate S. 153: Mannesmannarchiv; Zitat S. 156: 115,26f.; Zitat S. 159: 9,341ff. - 4: 194,122f.; 141,84ff.; 42,78; 159; 81,2.29; 60,31; 60,35.101.111.116ff.; Zitat S. 164 oben: 42

8. Kapitel 1: 42,27; 41,32; 194,176; 141,104; Zitat S. 167: 141,86 - 2: 154,42; 42,192f.; 42,96/105.112f.; 59,176/179; 194,207f; 141,81; 156,95; 81,29/31; 159,45/47; 64,12f.40f.; 81,32; Zitat S. 169: 81,30 - 3: 156,94; 158,99; 194,196.206; 42,56; 59,108; 143,83f.; 181,66 - 4: 156,94; 76,2; 33,6/13.25; 194,201.205f.225; 159,96; 42,56

9. Kapitel 1: 136,7/12.24f.; 194,69 - 2: 219; 136,12/17.27; 194,46f.117/120 - 3: 136,18/22.30/5158.62/67; 194,120/125.132; 41,78/80; Zitat S. 178: 136,32; Zitat S. 179 unten: 136,56; - 4: 76,5/11; Zitat S. 180: 76,15; 194,102 - 5: 136,69/72.95/08; 141,109/113; 158,128/132 - 6: 157; 136,39.43.76/80.84/87; 194,166; 154,31; 59,46; 42,133; 141,21/23; 157; Zitat S. 181 (Harry):

10 Kapitel 1: 141,10/13 - 2: 115,11f.; 194,184/186; 42,61; 115,9; 141,108f; 154,36; 59,103 - 3: 27,14/16; 140,43/52; 59,105; 158,145f.; 156,92; 154,36; 140,46; 194,196; 115,15/18.22; - 4: 156,92; 158,146; 115,22f.; 144,76 - 5: 115,23/29.34f.47/50.53.59; 158,146; 27,16; 156,92; 81,102.120.143 - 6: 156,92; 115,71.75/79.89; 181,35f.41/46; 217,6 - 7: 42,20, 115,83f.; 217,11/13.21/26.32.43f.; 55,52f - 8: 156,75; 18,10.30/33; 115,98; 48,15/18; 47,5/7.11.42.49.64.66.69; 47,78.83.90; 16,21; Zitat S. 196: 18,45/49 - 9: 156,93; 129,62.88/90; 3; 115,114f.121

11. Kapitel 1: 194,92/95.140; 74,7f.10; 42,112.124 - 2. 194,95/98.129.140f.146f; 42,24; 42,124/126.129; 74,5.12/15.19/24.29; 42,125f; Archiv Roth; 144,12f.29/31; 141,30; 156,27; 206,64f.; 74,19; 71,27/29.36/40; Zitat S. 203 unten: Gemeindearchiv St. Suitbertus - 3: 194,102f.142f.98f.; 42,26.127f; 74,16.27f; 71,35/46; 74,26/28; 141,122f; 206,110; 88 - 4: 194,179/82; 141,70/76.114/125; 44,25/32; 156,29; 71,46; 160,7f. - 5 Zitat 212 oben: Chronik Marien; 99,35.64f.

12. Kapitel 1: 42,123f.138; 194,103/106; 144,49 - 2. 42,138/143; 194,104 - 3: 144,49; 74,22; 194,105f.143f.146 - 4: 194,144.146.166.182; 144,49.55.72.216; 141,5; 141,52/65.68f.; 42,148; 158,24; 181,59; 181,88f.; --- 5: 42,144.148.150; 144,50f.74/76; 141,47/51; 194,217.182f; 154,33; 159,23; 156,33f; 156,86; 90,202 - 6: 194,109f.218f.; 144,73f.; 156,87.87; 42,150; Zitat S. 220 unten rechts: 59,36; - 7: 181,83/87.91/96; 156,32; 194,108f.; Zitat S. 221: 181,91; Zitate S. 222: Kirchenarchiv Hl. Kreuz und St. Marien - 8: 194,227; 156,32/35.86

13. Kapitel 1: 42,165/177; 141,130/134; 140,43; 59,65f.; 136,65; 194,182f.213; 181,21.30; 144,52; 156,47/49; 81,40/45; Zitat S. 227 unten: 181,20; - 2: 42,125.145.150/153.180; 144,47f.71.77.100.110.106/108.120 f.; 156,108; 141,136; 194,183f.219; 43,77; 156,102/105.108/110.113; Zitat S. 230 oben rechts: 144,48; - 3: 194,184.219f; 144,34.44ff.64/67.77.83/85.99/105.116/119; 141,136; 42,125.145/148.150.152; 156,102/107; 43,77 - 4: 194,184.197.219f.224; 144,34.58.64.77. 97f.115f; 42,135.150 - 5: 42,144f; 59,66f; 194,184; 144,64; 156,3; - 7: 156,123; 88 - 8: 194,220.224; 144,85/92.113; 42,152; 156,118/120

14. Kapitel 1: 194,128.193; 141,70/77; 42,57/60.69; 181,36; 184,67f.; 156,28.57.65/67f.76; - 2: 194,107.109.154.193.214; 109,2; 42,63.71; 141,108; 90,199; 181,74f.; 156,31.55.63.66.69.72.76; 62 - 3: 144,74; 42,62f.; 141,82; 141,107f.; 203,77; 181,36; 159,61.69.96.103.105.114/117.127/133.157; 158,99

15 Kapitel 1: 141,71.78; 194,196; 129,23/25; 156,56.62; 81,58.67; 115,40f. - 2: 194,106/109.148.194.214; 141,71; 42,63f.68f.; 156,28.54/61 - 3: 194,194.196.206.214; 42,69.105/108; 141,78; - 4: 42,69; 156,60; 141,80; 115,23; 194,214; 25,523/525; Gesundheitsbericht der Stadt Remscheid

16. Kapitel 1: 121,2/8.15f.19; 141,3f; 158,31f.158; 59,101; 154,31; Zitat S. 259 oben links: 121,6; unten rechts: 121,4 - 2: 158,26f.30.110; 42,60.160; 141,2/4; 55,35; 43,26f; 8; 153,151-166; 25,522; 153, Jg. 1952,1963,1965,1977,1983; 194,228; 156,13; 121,3; 57,41/43; Archiv Hl Kreuz; Archiv St. Marien; - 3: Armutsbericht der Stadt Remscheid 2004; 195

17. Kapitel 1: 194,126/130; 71,5f; 206,56f.74/76; 42,126.130; 59,40.49.52; 74,5f; 74,17; 181,106; Zitat S. 269f: 206 - 2: Zitat S. 270 oben: 206; unten: 59,40; Zitat S. 271 oben: 74,17; 181,103/106.110f. 129/132; 194,224; Zitat S. 272 links unten: 181,133f; rechts 181,133 - 3: 6,10.15.30.41/49.73/75; 154,47.50/52; 42,47; 25,522; 75; Zitat S. 273 unten rechts: 154,52; Zitate S. 271f: Gemeinde- chroniken Hl. Kreuz und St. Marien; Zitat S. 274 rechts 154,54; Zitat S. 275: Kriegschronik St. Bonaventura - 4: 154,50ff; 200,5.7/9.12.15; 65,147; 150,18f; Zitate S. 278: 200,7ff.

18. Kapitel 1: 4,26f; 109 - 2. 4,30; 109; 153, Jg. 1909/96; 156,18; 35; 138, 63.122; 101; 21,13; 87; 22; 23; 156,18; 198; 194,226 - 3. 194,226f; 90,211.205; 156,20

19. Kapitel 1: 194,21f; 175,34; .39,36 - 2: 42,157f; 175,7.13.18.29.39f.42f.45f.53ff.58f; 59,85; 4,34 - 3: 90,38.188.216; 42,158; 59,27; 4,15/18 - 4: 42,158 - 5: 90,145 - 6: 181,3

4. Bildzitate

Kapitel 1
S. 19: von oben: 104,41; Roth **S. 20**: Litsakis; 104, Abb. 9 **S. 21**: oben von links: Graphik Roth; Stadt Remscheid; unten: RGA 27.2.08, Keusch (RGA); 81,4 **S. 22**: oben: 104,78; unten: 104,103f; 104,121 S. 23: oben von links: 122,33; 191,15; 191,13; RGA 5.8.06; 158,64 S. 24: oben: Roth; Mitte von links: Roth; Roth; BM 11.6.98; unten: Roth, Roth, Roth, 81,02 S. 25: 62,67; 43,71; Peter Müller; Mitte von links:55,38; 3x Roth; unten von links: 43,91; Roth S. 26: oben: Roth, Roth, Georg Müller; Mitte: alle Roth; unten: alle Georg Müller

Kapitel 2
S. 27: Karte: Roth; 59,92 S. 28: Bild und Karte: Roth S. 29: Grafik: Roth/Specht S. 31: Bild und Karte: Roth S. 32: oben: 172,V,150; 156,38; unten: 172,I.,103

Kapitel 3
S. 33: oben: 137,2; unten: Archiv Roth (Quelle unbek.) S. 34: Roth S. 35: oben: Berg Anzeiger 17.12.87; unten: Archiv Roth S. 36: oben: HIZ; Mitte: Roth; unten: 183,15 S. 37: von links: Roth; Archiv Roth; 59,257; unten: 62,61 S. 38: von links: 196,28; 196,33; Graphik: Roth S. 39: oben: 204,29; unten: Archiv Roth; 175,103 S. 40: Fotos Roth S. 41 oben von links: Archiv Roth, Roth, 3x Archiv Roth; Grundrisse: Archiv Roth; 214,112; unten: Fotos Roth S. 42: 126,72 (verändert); 114,7 S. 43: 196,24; 193,Karte 1; Foto Roth S. 44: oben: Fotos Roth; unten von links: LA 22.9.04; Archiv Roth S. 45: RGA Okt 1988; 189,13 S. 46: oben: 207,Tafel 6; unten von links: Roth; 204,15; Archiv Roth S. 47: links: 59,13; rechts von oben: 96,55; Benrath Quelle? S. 48: Karte: 137,14; Foto Roth S. 49: Archiv Roth S. 50: oben: Schloss Neuburg Quelle unbek.; unten von links: 58,56; Roth S. 51: oben: 131,37; Mitte: Jan Wellem; unten: Schloss Ddf; Fotos Roth S. 52: oben von links: Mannheim; Karl Theodor; unten: 175,115; 175,119 S. 53: links von oben: Archiv Roth (Quelle unbekannt); rechts von oben: Roth; Hantsche, Atlas zur Geschichte des Niederrheins S. 54: 165,472; 111,140

Kapitel 4
S. 55: 109,2 S. 56: von links: 109,19; 109,18; HIZ, Archiv Roth S. 57: von links: 109,24; 109,39; Karte Roth S. 58: oben rechts: 109,24; Mitte von links: 109,30; HIZ; 26,20; unten: 43,55 S. 59: 111,15; 111,42 S. 60: oben: 43,59; alle übrigen Fotos: Roth S. 61: alle Fotos: Roth; bis auf Foto unten rechts: RGA 9.1.1995; Dokument von Karl Manfred Halbach S. 62/64: alle Bilder: Oberbürgermeisteramt S. 65: Grafiken Stephan Junker; rechts von oben: Oberbürgermeisteramt; 111,4; Roth S. 66: oben: 154,8; rechts von oben: 44,40; Oberbürgermeisteramt S. 67: Roth S. 68: Roth S. 69: 59,5; 7,45; 168,Umschlag S. 70: oben von links: Oberbürgermeisteramt, 110,64; 127,47; 110,64; 127,54; 168,Umschlag; unten von links: Zitat Nohl (RGA oder Kreisblatt); 18.6.08 (RGA oder Kreisblatt) S. 71: oben: 148; 7,75 S. 72: oben: Lenneper Kreisblatt 14.3.1929; unten: HIZ S. 73: Tabelle: Heck; oben von links: HIZ; 108,3; 7,19; Mitte von links: 109,2; 2x HIZ; 124,19; 113,8; Archiv Roth; unten Roth S. 74 Dunnerkiele

Kapitel 5
S. 75: Roth S. 76: von oben: Archiv Roth; 38,20; 38,Umschlag S. 77: links von oben: 2x Archiv Roth (Quelle unbek.); rechts: 162,72 S. 78: 98,38; Archiv Roth S. 79: oben von links Archiv Roth (Quelle unbek.); 38,38; 26,78; unten von links: Archiv Roth (Quelle unbek.); 56,285 S. 80: rechts oben: 110,20; übrige Bilder: Roth S. 81: unten Rechts: 26,54; übrige Bilder: Archiv Roth; S. 82: links: 54,60; rechts: HIZ; 26,29; S. 83: oben rechts: links von oben: 2x HIZ; Mitte rechts: 3x Roth S..84: links von oben: 111,4; 26,29; HIZ, HIZ; rechts: 2x HIZ S. 85: oben: 38,93; HIZ; unten: alle Bilder HIZ S. 86: alle Bilder: HIZ S. 87: von oben: HIZ, Roth S. 88: 167,117 S. 89: oben: 26,101; unten: 197,120 S. 90: von oben: HIZ; 181,116 S. 91: links: 181,118f; rechts von oben: 181,122; 181,120 S. 92: von oben: 181,125; HIZ; HIZ S. 93: Bild: HIZ S. 94: alle Bilder: HIZ S. 95: Bilder oben: Roth; Bild unten: Archiv Roth S. 96: Bilder rechts: Roth

Kapitel 6
S. 97: links: Archiv Roth; Karte: Roth S. 98: Bilder: Roth S. 99: rechts: Archiv Roth, links: 189,13 S. 100: Zeichnungen Roth S. 101: BM 26.8.91 S. 102: von oben: BM 27.8.91; Archiv Roth; Roth S. 103: Karte: Roth; unten: 108,109; 84, 80 S. 104: Roth/Specht S. 105: 2,1 S. 106: Zeichnung Roth S. 108: 59,235; Karte: Roth S. 109: Zeichnung: Roth; Bild :26,43 S. 110: Karten: Roth; Bild: 12,33 S. 111: oben von links: HIZ; 54,16; Mitte von links: 124,10; Archiv Roth; unten: 54,118 S. 112: links von oben: 54,118; 108,88; rechts von oben: HIZ; 54,120 S. 113: Karte: Roth S. 114: Karten: Roth; Bilder von oben: HIZ; 43,37 S. 115: oben von links: HIZ, 172,V,104; HIZ; unten von links: Archiv Roth; ganz unten: 15 ,16 S. 116: von oben: 208,68; 208,97; 208,54; HIZ S. 117: oben von links: HIZ; 108,30; 54,117; Mitte von links: 54,116; 26,93; 215,17; unten von links: HIZ; Wilfried Sieberg; Bild Hans Jürgen Röttger; Karte: Roth S. 118: links von oben: 108,85; 208,21; Mitte von links: HIZ; Roth; unten: Roth S. 119: Tabelle: Heck; Zeichnung: HIZ S. 120: Bild: Roth (Rathaus) S. 121: links von oben: HIZ; 146,432; rechts von oben: HIZ, 108,5; 3x HIZ S. 122: oben von links: 43,22; 186,1120; unten von links: 146,158; 146,19 S. 123: links von oben: 54,124, 54,124; rechts von oben: 146,40; 146,69; Roth; unten Mitte: Roth S. 124: von oben: 26,87; 196,35; Roth S. 125: links: 43,52; Mitte: 181,16; rechts von oben: 26,44; HIZ; 196,45; Werner Vöpel S. 126: Alle Bilder HIZ S. 127: von oben: Archiv Bauordnungsamt; HIZ; HIZ, Roth S. 128: links von oben: HIZ; Roth; Tabelle: Heck; unten: RGA 15.3.07

Kapitel 7
S. 129: oben von links: Archiv Roth; Roth; Bilder unten: Tuchmuseum S. 130: oben: Tuchmuseum; rechts: Roth; HIZ S. 131: 158,96 S. 132: von links: 158,64, 61,9; BM 4.9.98 S. 133: 155,25; Barmag-Oerlikon S. 134: oben von links: 39,15; Roth; unten: 39,31 S. 135: oben von links: 39,Umschlag; Roth; unten: 39,69 S. 136: links von oben: Roth; 140; rechts von oben: 104,71; Roth S. 137: Viehbahn S. 138: links von oben: 81,71; 81,150; links von oben: Werkzeugmuseum; 59,205 S. 139: von links: 154,8; 154,1 S. 140: alle Bilder: Roth S. 141: Aufnahmen Roth (Deutsches Werkzeugmuseum) S. 142: links von oben: 43,123; 2x Roth; rechts von oben: 81,6; 81,12 S. 143: Tabelle: Heck; rechts von oben: 81,6; 81,9; 81;13 S. 144: links: 81,83; rechts von oben: Roth; 43,128; 81,84; 81,86 S. 145: links von oben: 81,90; 43,126; 81,108; 81,101; HIZ; rechts von oben: 81,96; HIZ; 81,107 S. 146: links von oben: Roth; Archiv Roth; rechts von oben: Archiv Roth; 197,42 S. 147: links von oben: 81,54; 81,65; Roth; 81,68; rechts: 81,56; Tabelle: Heck S. 148: oben rechts: 172,V,142; links:unten: Archiv Roth; Ritscher; ganz unten Roth S. 149: Bilder aus Werkzeugmuseum (Roth) S. 150: von links: 40, 213 ; Landkarte: Werkzeugmuseum S. 151: Bilder oben: Werkzeugmuseum (Roth;; Tabelle: Heck; unten: 143,4 S. 152: links: Mannesmannarchiv; rechts 143,50 S. 153: links: Mannesmannarchiv; rechts: Werkzeugmuseum (Roth) S. 154: links: Mannesmannarchiv; rechts von oben: Graphik: Roth; 158,72 (nochmals überprüfen in meiner Liste): Mannesmannarchiv S. 155: links: 171,14; rechts: HIZ S. 156: 156,79 S. 157: Bilder oben: Mannesmannarchiv; unten rechts: Archiv Roth S. 158: links von oben: 196,83; Werkzeugmuseum; (Roth); rechts: alle Bilder: HIZ S. 159: Roth (Werkzeugmuseum) S. 160: oben von links: 108,83; 54,72; rechts unten: alle Bilder vom HIZ; Stadtplan: Archiv Roth S. 161: links von oben: Roth; 171,59; Roth; unten von rechts: 171,149; 171,117 S. 162: oben von links: HIZ; Tabelle Heck; ThyssenKrupp; Tabelle Heck; Mitte: Tabelle Heck; Archiv ThyssenKrupp; unten: 211,15; Stadtplan: Archiv Roth; Bild: Archiv Ruepp S. 163: rechts oben: 2x Roth ; unten von links: Uwe Vogt (Gedore); Gedore S. 164: oben: Horst Braun; Tabelle: Heck; unten von links: 81,28a; Roth; RGA 8.8.07 S. 165: oben: Umweltamt; links: Roth; unten von links: Umweltamt; Roth S. 166: oben: 3x Roth; unten: 54,67; 54,68

Kapitel 8
S.167: von oben: 83,19; 182,37; 161;35 S. 168: oben von links: 203,51; 161,43; Mitte von links: 81,56; 158,69; unten v links: 81,26; 81,11; 81,32 S. 169: von oben: 54,45; 43,105 S. 170: 59,176; 43,107 S. 171: von oben: 81,31; 59,171; 159;49 S. 172: von oben: Wupperverband, Archiv Stadtwerke; Roth S. 173: oben von links: 112,28; 43,67; Mitte von links: alle Bilder HIZ; unten von links: HIZ, Roth; Zeichnungen: Roth S. 174: von oben: 204,28;

Archiv Stadtwerke; Roth S. 175: von links nach rechts unten: 31,6; 33,26; Roth. HIZ, Roth S. 176: alle Bilder : Vaillant; unten rechts: 191,15; Roth

Kapitel 9

S. 177: Archiv Roth, rechts: 154,8 S. 178: oben: 169,53; unten von links: 154,8; RGA Okt. 88; 205,129 S. 179: Archiv Roth S. 180: Roth; unten: HIZ S. 182: rechts von oben: 43,55; 43; 54; Roth; unten v links: 204,36; 7,45; Roth

Kapitel 10

S. 183: Oben: Archiv Roth; unten: Werkzeugmuseum S. 184: oben: 56,281; unten: RGA 20./21.7.1935 S. 185: von oben: 26,7; 204,36; verhandelt zu Lennep 17.3.1848 S. 186: 56,285 S. 187: oben: 56,220; unten: Archiv Roth S. 188: oben: RGA 15.8.00; unten: 81,103 S. 189: Roth, Archiv Roth S. 190: HIZ; Roth S. 191: links: 115,87; rechts: 217,42 S. 192: oben: 217,65; unten von links: 217,58; 217,25 S. 193: oben: BM 13,8.93; unten von links: 55,52; 217,61; 217,43 S. 194: oben: 154,27; unten von links: 18,30; 18,31 S. 195: oben: Archiv Roth; unten von links: HIZ; RGA 9.1.99; Privatarchiv Faeskorn S. 196: von oben: 18,56; 47,11; 188,66 S. 197: links von oben: 47,Umschlag; 18,65; Archiv Faeskorn; 48,24; rechts von oben: Archiv Hl Kreuz; 2x Roth S. 198: oben: HIZ; unten von links: 37,112; Archiv St. Marien; LA 11.8.91, Roth S. 199: links: RGA März 1996; RGA Febr. 96; rechts: 55,69 S. 200: rechts oben: 3,84; links: 154,93; 36,Umschlag; unten: RGA 3.5.07

Kapitel 11

S. 201: Bilder aus Archiv Roth S. 202: links: Roth; 90,34; rechts: RGA Okt 99 S. 203: beide Bilder: RGA Okt 99 S. 204: 193,Karte 3 S. 205: von links: Roth; 177,7; 131,43 S. 206: links: 75,29; 144,29; 72,1; rechts: Roth S. 207: von links: Roth; 49,63 S. 208: von links: 75,37; 75;35 S. 209: links: Roth; rechts: 45,24; 133,Umschlag S. 210: links: 49,71; rechts von oben: 44,Umschlag; 191,34; 49,4; 131,84 S. 211: links v oben: 131,52; 62,67; rechts von oben: Chronik St. Joseph; Chronik St. Marien S. 212: Links: Roth; rechts: 124,171 S. 213: links von oben: Roth; Roth; Archiv Hl. Kreuz; BM 6.12.75; rechts von oben: RGA 6.2.04; Roth, BM 18.1.03; 131,147 S. 214: Tabelle: Heck, Fotos: Roth

Kapitel 12

S. 215: von oben: 204,72; 49,63 S. 216: 43,44 S. 217: links: HIZ; 56, 246; rechts von oben: HIZ; 196,65; 54,97 S. 218: oben von links: 43,68; 156;33; HIZ; 179,Umschlag; 59,116; unten von links: 59,116; 59,116; HIZ S. 219: links: 43,54; rechts: alle Bilder HIZ S. 220: von links: Roth; 204,25; Archiv Roth (Quelle unbek.); HIZ S. 221: HIZ; 181,84 S. 222: oben von rechts: Günther Halbach; Archiv Roth; unten von oben: HIZ; 6,18 S. 223: oben: Roth; übrige Bilder: HIZ S. 224: Roth

Kapitel 13

S. 225: oben: 54,16; unten: 43,115; 43,117 S. 226 Archiv Roth (Quelle unbek.) S. 227: 181,22; Roth S. 228: links: 54,64; rechts von oben: HIZ; 54,64; 108,39 S. 229: oben von links: 186,1118; 108,34; unten: 148 S. 230: HIZ; 107,15 S. 231: oben: 156,112; unten: HIZ; 43,80; HIZ S. 232: alle Bilder: Archiv Vogel S. 233: von oben: Roth, Rotationstheater; HIZ; 26,33; privat (Schelenz) S. 234: oben von links: 26,31; 2x Roth; unten von links: 59,285; 156,3 S. 235: von oben: Akademie; HIZ, Roth S. 236: Bilder: HIZ

Kapitel 14

S. 237: 26,55 S. 238: oben: alle Bilder: Roth; rechts: Tuchmuseum; HIZ S. 239: oben: 156,63; Roth; unten: HIZ; Archiv Roth S. 240: oben: RGA 7.11.07; RGA 31.10.01; unten: BM 14.2.89; Roth S. 241: links: 168,27; 168,26; rechts von oben: Engelshaus Wuppertal; Roth; Archiv St. Suitbertus; 191,97 S. 242: von oben: Archiv Roth; BM 22.8.03; Tuchmuseum; Roth S. 243: oben v. links: Roth; „Die Welle"; Bergische Morgenpost, Nico Hertgen ((oder RGA, Michael Sieber)); rechts unten: Roth; BM 20.7.00 S. 244: HIZ; Mersmann; Roth S. 245: Archiv Roth: BM 20.8.91 S. 246: 191,28 S. 247: oben:: priv. (Kottsieper;) priv. (Herbertz) unten: 181,62 S. 248: Bilder oben: Roth, unten: Lüttringh. Anzeiger 14.11.01

Kapitel 15

S. 249: 90,96; 63,121; 84,91 S. 250: von links: 63,125; 63,126; 28,146 S. 251: HIZ; Roth S. 252: von oben: 45,55; HIZ; BM 1.5.96; Roth; Tuchmuseum S. 253: links: HIZ; rechts von oben: 53;65; HIZ; 45,47; RGA 15.10.03 S. 254: von oben: Sana-Klinikum; 2x Roth; unten: HIZ S. 255: links: 3,180; rechts von oben: HIZ; RGA 22.8.00; Webeagentur sgp gmbh S. 256: links: 45,59; rechts: HIZ S. 257: links: HIZ; rechts: alle Bilder: Roth S. 258: oben: Gesundheitsamt; unten: Roth S. 259: von links: 9,5; Esther Halbach S. 260: RGA Nov. 85; Graphik 115,151 S. 261: 164,63; 105,25 S. 262: links: 105,157; rechts: 105,155; 105,157 S. 263: links von oben: Peter Ronn, 105,158; Peter Ronn; Roth; Bilder rechts: Roth S. 264: 116,Jg.1952 S. 265: oben: Louis Gambra; RGA 29.9.05 S. 266: RGA 30.3.89 S. 267: oben: RGA 27.9.94 S. 268: Luigino Scarpino; Roth; Mitte: Erdogan Kolbasi; Roth; unten: Timur Artchhoev; Roth

Kapitel 17

S. 269: 123,1 S. 270: HIZ S. 271: alle Bilder: Archiv Roth S. 272: 28,106 S. 273: 99,19 S. 275: BM 10.3.95 S. 276: links: 23,68; rechts von oben: Archiv Roth (RGA); 99,143; 37,27 S. 277: von oben: 99,147; Archiv Roth; 27,10 S. 278: alle Plakate: Specht; unten 168,18

Kapitel 18

S. 279: oben: 179, Umschlag; unten von links: 232; Roth; Archiv Roth S. 280: links v oben: 63,51; 60,16; 46,27; 2x HIZ; rechts von oben: Katasteramt; 53,54; 99,42; HIZ; Mitte unten: 2x Roth S. 281: von oben: 3x HIZ; Roth S. 282: links: HIZ; BM 12.8.03; rechts: RGA Nov 97; HIZ S. 283: Roth; 176,11 S. 284: von oben: RGA Nov 97; Roth; HIZ S. 285: von oben: Roth; Archiv Roth; unten; 2x HIZ S. 286: oben von links: BM 24,4,97; LA 15.7.98; HIZ; unten: HIZ; RGA 25.5.98 S. 287: oben: HIZ; Mitte von links: HIZ; RGA 19.6.99; HIZ; unten: Archiv Roth; RGA 3.2.01 S. 288: links: RGA 9.2.96; 211,214; rechts: 2x Roth S. 289: oben: 194;24, unten: 3,116 S. 290: HIZ S. 291: HIZ; Roth S. 292: Katasteramt; Krauskopf

Kapitel 19

S. 293: oben von links: HIZ; Roth; Mitte: 48,30; 48,17; unten: 130,0 S. 294: von oben: HIZ; Roth; 33,26; Roth S. 295: alle Bilder: Roth; Mitte rechts: 183 S. 296: oben von links: Roth; 215,Tafel 18; Roth; Mitte 185,103; unten von links: Archiv Roth, Roth S. 297: 69,14; 3,188; 3,216; 3,195 S. 298: oben von links: GWG; Roth; 3,101; 3,130; alle übrigen Bilder: Roth S. 299: oben: 215, Tafel 20; unten links: 3,106; alle übrigen Bilder: Roth S. 300: unten: 168,19; alle übrigen Bilder: HIZ S. 301: oben von links: HIZ; Roth; 3,145; Bilder unten: Roth S. 302: von oben, jeweils von links nach rechts: RGA 13.5.00; Roth; Roth, BM 7.9.91; Roth; unten von links: 3,208; 3,149; 3,95; Roth S. 303: Mitte rechts: Alleecenter; alle übrigen Bilder: Roth S. 304: oben: Roth; Ballonfahrten; Mitte: H20/Webeagentur sgp gmbh; unten: Roth

Kapitel 20

S. 305: von oben: 117,19; 44,176; 65;14; Marke BRD 1997 S. 306: oben: Werkzeugmuseum; Roth; Mitte: HIZ; unten: Marken nach Angabe

Seite 359 RGA (Körschgen)

5. Autor, Team und Dankeschön

Team der Helfer

Das Buch belegt, wie wichtig **Teamwork auch in Geisteswissenschaften** ist, zumal wenn es sich um Vernetzung von Ereignissen handelt, die eine ganze Stadt betreffen. Für die gelungene Zusammenarbeit bin ich dankbar.

Mein besonderer Dank gilt Paul Hans Specht, Karl Manfred Halbach und Marlene Schwalbe.

Paul Hans Specht, Personalleiter der Stadt Remscheid a. D., hat sich mit Bravour in die Recherche für das Buch hineingefunden. Er nutzte seine nach wie vor hervorragenden Kontakte und Beziehungen zur Stadt bei der zielstrebigen Suche nach Informationen. Mit Erfolg: Er fand immer wieder neues, ergänzendes Material, welches wir gezielt verwerten konnten. Er hatte viele gute Anregungen und arbeitete intensiv an der Inhaltskorrektur mit. Und er gab einen entscheidenden Hinweis für unseren Bucheinband, indem er die Stadtsilhouette kritisch betrachtete und wichtige Verbesserungsvorschläge machte. Ein unendlich wertvoller Helfer.

Karl Manfred Halbach, Ur-Remscheider und Stadtdirektor a. D., ist als Historiker ein Insider, der speziell in der Anfangsphase wertvolle Hinweise zur Konzeption und zu Querverbindungen gab. Seine Beiträge waren hilfreich für die konzeptionelle Grundlegung dieses umfangreichen Werkes. Dazu stand er während dessen weiterer Vollendung stets mit Rat und Tat zur Seite.

Marlene Schwalbe, Grundschulleiterin a. D., unterstützt mich seit 40 Jahren bei meiner Arbeit und hält mir weitgehend den Rücken frei. Wenngleich sie gerne im Hintergrund bleiben möchte, ist sie eine enorm wichtige Kraft. Für ihren unermüdlichen Einsatz, auch bei den umfangreichen Korrektur- und Lektoratsarbeiten, ein ganz herzlicher Dank.

Zu großem Dank verpflichtet bin ich auch den Lektoren für ihre unschätzbare mühevolle Arbeit: Dazu zählen neben Marlene Schwalbe, Paul Hans Specht und Karl Manfred Halbach auch Michael Birker (Historiker, Leiter des Gertrud Bäumer Gymnasiums).

Erwähnt seien auch diejenigen, die **in Teilen Korrektur** gelesen haben: Wilhelm Ellerbrake (Oberstadtdirektor a. D.), Dr. Angela Koch (*Untere Denkmalbehörde) [*kennzeichnet MitarbeiterInnen der Stadt] und Ingeborg Specht.

Mein Dank geht an alle **Archive, Bibliotheken und Museen**, die mich unterstützt haben, indem sie Literatur, Bilder, Quellen und weitere Informationen zur Verfügung stellten. In Remscheid sind dies das Historische Zentrum, Deutsches Werkzeugmuseum, Tuchmuseum, Deutsches Röntgen-Museum und Stadtbücherei; die Archive der evangelischen und katholischen Gemeinden sowie Unterlagen von Katasteramt und Denkmalbehörde, Bauordnungsamt, des RGA und der Bergischen Morgenpost, der Stadtwerke und die Archive des Gertrud-Bäumer- und des Ernst-Moritz-Arndt-Gymnasiums. Zu nennen sind auch die Stadtbücherei, das Ronsdorfer Bandwirkermuseum, das Wülfing-Museum in Dahlerau, das Wuppertaler Stadtarchiv sowie das Mannesmann-Archiv und das Landesgerichts-Archiv und das Landesarchiv NRW Hauptstaatsarchiv Düsseldorf, dazu die Privatarchive von Krista und Michel Ruepp und von Heinrich Vogel.

Als ausgesprochen hilfreich erwies sich dazu mein **eigenes umfangreiches Archiv**, das ich in den letzten Jahrzehnten systematisch aufgebaut habe.

Geholfen haben auch mit großer Bereitwilligkeit **Bürger der Stadt** aus den verschiedenste Lebensbereichen. Sie zeigen am deutlichsten, dass hier nicht ein Schreibtischbuch entstehen sollte, sondern ein aus dem vielfältigen Wissen der Bürger getragenes Werk. Da jede/jeder auf ihre/seine Art dazu beigetragen hat, gilt die alphabetische Reihenfolge, lediglich die eine oder andere Position sei hervorgehoben, um Aufgabenbereiche kenntlich zu machen.

Markus Adloff (Die Welle), Alfons Ackermann, Joachim Althoff, (RGA), Walter Arns (Architekt), Timur Artchhoev
Frieder Backhaus (Aktion Stolpersteine), Heike Baites, (*Büro OB), Renate Bargenda, (*Gebäudemanagement), Peter Bartsch (Kirchengemeinde Clarenbach), Doris Baxmeier (Barmag), Friedrich Behr (Kirchengemeinde Clarenbach), Gisela Behre, Hans Jürgen Behrendt (Vorstand der GEWAG), Artur Berghaus, Sandra Berkard (Gedore), Susanne Beyer (Barmag), Marion Birker (Grundschule Freiherr-vom-Stein), Silke Blankemeyer (*Teo Otto Theater), Heido Blass, Adolf Böker (Architekt), Brigitte Borgstedt (Sophie Scholl Gesamtschule, Leiterin), Erika Bornewasser (Grundschullehrerin a. D.), Horst Braun (Landesgemeinschaft Naturschutz und Umwelt NRW), Oliver Bredel, (Sana-Klinikum, Geschäftsführer), Stefan Brewing (Richter, Landgericht Wuppertal), Jürgen Brüninghaus (*Öffentliche Bücherei, Leiter), Elinor Bube Klubertz (Tannenhof),
Margot Clauberg,
Ramazan Dalgali (Stadtteil e.V. Ausländer- & Beratungszentrum), Waldemar Dellinger (Halle Hackenberg), Dr. Manfred Diederichs (Dirostahl), Dr. Urs Diederichs (* Historisches Zentrum, Leiter), Alexander Drügg (Beigeordneter a. D., Vorsitzender des Remscheider Geschichtsvereins), Herbert Dünnebeil † (Caritas), Sabine Düwell (* Öffentliche Bibliothek),
Jürgen Elei (Deutsche Bank Lennnep), Klaus Ehlers (*VHS), Ernst Ehlis (Feilenfabrikant), Reiner Eisert (*Ltd. Landschaftsdirektor a. D.), Markus Eschweiler (*Schulverwaltung),
Elli Faecke (*Bauaktenarchiv), Christina Falkenberg, (*Deutsches Röntgen-Museum), Renate Falkenberg (*Untere Denkmalbehörde), Edgar Falkenhain (Schloss Burg), Werner Fäskorn (Aktion Stolpersteine), Helmut Faßbender (Pfarrer an Hl. Kreuz), Dirk Faust (Arge Remscheid, Leiter), Hellmut Feldmann (Historiker), Christina Feth (Dirostahl), Susanne Fiedler (Stadtarchiv Wuppertal), Detlef Franzen (*ehem. Büro OB), Angelika Frietsch (Stadtkirche Lennep), Volker Fritsch, Daniel Fröhlich (*Gebäudemanagement), Marie-Therese Frommenkord (*Jugend und Soziales), Werner Fußwinkel (Caritas, Leiter),
Jose Luis Gambra (Pfarrer der Spanischen Mission), Michael Ganzmüller, Lothar Garweg (Plattkaller); Katrin Geißler (twominds-mediendesign), Marion

Goder (RGA), Stefan Göllner (Lüttringhauser Anzeiger), Silavan Grecco (Dirostahl), Georg Gregull (ehem. Geschäftsführer der Caritas), Bernd Griese (*Statistikstelle), Rolf Griesenbeck (Stadtwerkedirektor a. D.), Michael Gross (LEG), Hanise und Seda Güngör,

Arnold Haag (Grundschulleiter a. D.), Paul Hahn (*Historisches Zentrum), Esther Halbach (Grundschullehrerin a .D.), Günther Halbach, Ulrike Hartmann (*Büro OB), Hans Adolf und Waltraud Hammermann, Theo Heck, Sabine Hedtfeld (Wupperverband), Iris Heidenreich (Ballonfahrten ASA), Sandra Hefen, Gerald Hein (*Straßen und Brückenbau, Leiter), Ute Heinrich (Gesamtverband ev. Kirchengemeinde), Ralf Henke (Mannesmann-Archiv), Dr. Christian Henkelmann (*Beigeordneter), Klaus Herbertz, Fabian Herzog (RGA), Heribert Hibbeln (Seelsorger am Sana-Klinikum), Heike Hildebrandt (*Migrationsbüro), Bernd Hoffmann (*Statistikstelle, Leiter), Thomas Holland-Moritz (*Musik- und Kunstschule, Leiter), Norbert Horn (AWO), Martina Hornung (Käthe-Kollwitz-Kolleg, Leiterin), Ulrich Horz (*Historisches Zentrum), Christopher Hucke (Vaillant), Monika Hückesfeld (Grundschule Freiherr-vom-Stein), Friedhelm Hünninger (Pfarrer i. R.), Bettina Hürter (*Vermessung, Kataster und Liegenschaften), Holger Husemann (Arge Remscheid),

Dr. Bärbel Jansen-Kriesel (*Ärztin am Gesundheitsamt), Thomas Judt (*Gebäudemanagement, Leiter), Daniel Juhr (RGA), Thea Jüttner, (Partnerschaft Pirna), Stephan Junker (*Statistikstelle),

Sven Kaiser (Foto Kaiser), Kurt Kaiß, Hans Helmut Klein (Wansbeck-Partnerschaft), Jürgen Kammin (Ev. Kirche Lüttringhausen), Thomas Kaster (Pfarrer an St. Marien, Dechant), Hans W. Kirchhoff, Fritz Kleuser (Remscheider Donnerkiele), Sonja Kleuser, David Kloß (Druckerei Loose-Durach, Layout), Jörg Koch to Krax (Stadtsparkasse), Heinz Koch (Plattkaller), Andreas Körber (*Vermessung, Kataster und Liegenschaften), Erdoban Kolbasi, Jana Kolot, Jürgen Körschgen (Agentur), Harald Kostuch, Eberhard Kotthaus (Bauunternehmer / Architekt), Erhard Kottsieper, Katrin Krause (Sana-Klinikum), Gerd Krauskopf, Werner Krauskopf, Kersten Kremers (Brüder Mannesmann), Hans Krielke (*Historisches Zentrum), Dr. Günter Krug (*Oberstadtdirektor a. D.), Maria Kusche (Alexander-von-Humboldt-Realschule),

Bernward Lamerz (Bergische Morgenpost), Siegfried Landau (Pfarrer in Hasten), Barbara Landgraff (*Vermessung, Kataster und Liegenschaften), Gerd Lehmann, Gerhard Leicht (Berufskolleg Wirtschaft und Verwaltung, Leiter), Winfried Leimgardt (BZI Ausbildungsleiter), Stefanie Lewandowski, Andrea Ley (*Untere Denkmalbehörde), Stephanie Licciardi, Bernd Lindmeyer (*Kämmerei, Leiter), Jörg Liesendahl (*VHS, Naturschule Grund), Dr. Christos Litsakis (*VHS), Anja Löffler (*Büro OB), Paul Heinrich Loers (*Teo Otto Theater), Monika Lo Gatto (*Historisches Zentrum), Christiane Loose (Druckerei Loose-Durach),

Peter Maar (Lüttringhauser Heimatbund), Sabina Malik (Dirostahl), Susanne Marquart (Gesamtverband ev. Kirche), Burkhard Mast-Weisz (*Beigeordneter), Wilhelm Matthies (Stadtwerke-Archiv), Petra Meierhöfer (RGA), Martin Meyer („SGP" marketing gmbh), Dr. Arno Mersmann („Geschichte live", stadthistorische Wanderungen), Bernd Molz (*ehem. Straßen und Bückenbau), Horst Günter Morgenroth (ThyssenKrupp), Hans Georg Müller (Foto Müller), Peter Müller (Fabrikant), Thomas Müller (Druckerei Loose-Durach), Jörg Neumann (Druckerei Loose-Durach), Dr. Frank Neveling (*Gesundheitsamt, Leiter), Rolf Nöding (Plattkaller), Cornelius Nolte (H_20), Günter Nübel,

Dr. Eva Maria Oehrens (Akademie Remscheid), Ursula Olbrich (Katharinenstift, Leiterin), Dieter Orth (*ehem. Historisches Zentrum), Christina Ottersbach (BZI),

Gerd Pabst, Sabrina Pittiu (Gedore), Holger Piwowar (*Büro OB), Zbigniew Pluszcynski (Die Welle), Sabine Poppe (*Jugend, Soziales und Wohnen), Annette Potthoff (Suchtberatung, Diakonie), Edda Prenz (Allee-Center Managerin), Wolfgang Putz (*Umweltamt, Leiter),

Siegfried Quiencke (*Vermessung, Kataster und Liegenschaften),

Fréderic Ranft, Siegfried Reif (Henkelshof), Axel Richter (RGA), Axel Ritscher (Wolfskuhle Bergwerkstollen), Jochen Robra (Pfarrer an der Stadtkirche), Constanze Rockenberg (*Jugend, Soziales und Wohnen), Barbara Rodler (Geschichtsverein Remscheid), Peter Ron (ehem. Bürger Remscheids, heute in Israel), Theo Rosen, Hans Jürgen Röttger, Michael Rüb, Ute Rüenaufer (Caritas, Wohnungsnotfallhilfe), Krista und Michel Ruepp (Adler-Apotheke), Luigino Scarpino, Dr. Michael Schaub (Arzt), Silvia Schaeffer, Horst Schelenz (Gesellschaft Erholung), Max Wilhelm Schenck (Mannesmann Maschinenfabrik), Rolf Scherer (*Vermessung, Kataster und Liegenschaften), Kerstin Schlesener (*Öffentliche Bibliothek), Ute Schlichting (Caritas, Wohnungsnotfallhilfe), Paul Werner Schmidt (*Büro OB), Gisela Schmoeckel (Journalistin); Holger Schödder (Berufskolleg Technik, Leiter), Eugen Schreitmüller (Briefmarken/Münzen), Barbara Schul (Schlawiner), Fred Schulz (*Oberbürgermeister a. D.), Bernd Schützenberg (Mannesmann Mahnwache), Jens Schymanietz,

Friedhelm Selbach (*Gebäudemanagement), Lothar Sill (Personalleiter Mannesmann DMV Stainless), Sarah Singh, Hans Gerd Sonnenschein (*Stadtentwicklung und Wirtschaftsförderung, Leiter), Michael Sonntag (Druckerei Loose-Durach), Martin Sternkopf (Jugend, Soziales und Wohnen), David Strack (LEG), „Stolpern an der EMA" (Schülerarbeitsgemeinschaft), Martin Strieder, (Stadtwerke), Bernd Strieder (KARE), Alfons Ströter (*VHS), Redmer Studemund (Pfarrer an der Lenneper Stadtkirche), Marica Sturbeck (*Bauaktenarchiv), Wolfgang Stüwe (RGA-Archiv),

Dr. Klaus Ludwig Thiel (Oberkonservator Bau- und Denkmalpflege, Brauweiler), Helmuth Tomscheit (Partnerschaft Sensburg), Klaus Dieter Trzeciok (*Kämmerei), Frauke Türk (*Gesundheitsamt),

Reinhard Ulbrich (*Oberbürgermeister a. D.), Richard Ulrich (Schlawiner)

Ulrike Venn (*Kindergarten Fürberg), Heinrich Vogel (privates Musikarchiv), Uwe Vogt (Dirostahl), Ernst und Werner Vöpel (Spedition),

Joachim Weber (SG Hackenberg), Thomas Weise (*Städt. Druckerei), Peter Wesel (Druckerei Loose-Durach), Prof. Dr. Horst A. Wessel (Verwalter des Mannesmann-Archivs), Li Wieting, Sven Wiertz (Büro OB), Beate Wilding (Oberbürgermeisterin), Werner von Wismar (Tuchmuseum), Markus Wolff (*Forstwirtschaft, Leiter),

Christa Zimmermann (Lehrerin a. D.), Martin Zirngiebl (Remscheider Entsorgungsbetriebe, Werkleiter), Wolfgang Zöller (Kraftstation)

Der Autor

Hans Jürgen Roth ist ein Wanderer zwischen den Welten. Ein Universalist auf der Suche nach Zusammenhängen: zwischen Gestern und Heute, zwischen Glaube und Vernunft. Einer, der ganzheitlich denkt und eine Sprache spricht mit Wurzeln in Kunst und Literatur. Der manches auch zwischen den Zeilen auszusprechen pflegt.
Einer, der Menschen braucht.
Fürs Arbeiten, fürs Leben, für seine Geschichten und für das Erzählen dieser Geschichten.

Ein Lehrer aus tiefstem Herzen, der viele Jahre am Gertrud-Bäumer-Gymnasium Religion und Geschichte unterrichtete - und ergänzend dazu auch Lehrer ausbildete. Alles Tätigkeiten, die auf dialogisches Arbeiten angelegt waren. Beste Voraussetzungen also für die Recherche an einem solchen Buch. Neben seiner Lehrertätigkeit ist Hans Jürgen Roth zugleich Priester des Erzbistums Köln und als solcher offen für die Fragen und die Sinnsuche der Menschen. Seit 40 Jahren ist er zudem mit Remscheid und seiner Kirchengeschichte vertraut.

Als ihn im Jahr 2006 die Stadt Remscheid fragte, ob er es sich vorstellen könne, ein Buch über die Geschichte dieser Stadt zu schreiben, zögerte er anfangs, einen solchen Auftrag anzunehmen. Denn er hatte, mittlerweile pensioniert, seiner Kirche angeboten, im Bistum oder im Dekanat Remscheid einen Aufgabenbereich in der Sonderseelsorge mitzutragen. Erst als nach längerer Wartezeit kein Bedarf dafür angezeigt wurde, das Jubiläum Remscheids aber freilich näher und näher rückte, entschied sich Roth für das Buch, für die Stadt.

Da war ihm noch nicht bewusst, welch ein Projekt da auf ihn zukommen würde. Zwei Jahre lang ist er auf lokale Reise gegangen und hat die Wege der Zeit und Orte der Geschichte buchstäblich erfahren und durchwandert. Remscheid in all seinen Facetten offenbarte sich ihm dabei so tiefgründig wie wohl nur wenigen.

Auf seinem Weg begegnete er fast 250 Zeitzeugen und Zeitkundigen, sprach mit ihnen, recherchierte in allen wichtigen Archiven der Stadt und ihrer Medien. Er schrieb und fotografierte, überarbeitete, veränderte, kreierte und sammelte nicht nur Seiten, sondern auch Arbeitsstunden. Als er das Vorwort für die erste Auflage des Buches 2008 schrieb, hatte er bereits 4000 Arbeitsstunden gesammelt, nicht ahnend, dass es zum Ende der Produktion hin sogar knapp 5000 sein würden. Das Ergebnis sehen Sie vor sich und seine Leistung ist gar nicht hoch genug einzuschätzen.

Geschichte entsteht jeden Tag neu.
Hans Jürgen Roth hält sie für uns fest.